신청사례로 보는

개인기업 법인전환실무

서 제 진 著

◎ 현물출자에 의한 법인전환

◎ 세 감면 사업양도양수에 의한 법인전환

◎ 일반 사업양도양수에 의한 법인전환

◎ 중소기업간의 통합에 의한 법인전환

법률&출판

머 리 말

"현물출자에 의한 법인전환"은 세제지원을 위하여 조세특례제한법에서 사용되는 용어입니다. 개인기업을 현물출자에 의한 법인으로 전환하고자 하는 주요 목적 중의 하나는 현물의 이전으로 발생하는 취득세 등을 면제 받으면서 양도소득세를 추후 법인이 현물출자 한 재산을 양도한 시점으로 이월하기 위함입니다.

정부에서는 개인기업의 규모가 커지게 되어 법인화의 필요가 절실한 규모의 사업체임에도 불구하고 조세의 부담으로 인하여 법인화가 어려운 개인기업을 위하여 조세특례제한법에 요건을 마련하여 이를 지키는 경우 조세혜택을 주도록 한 것입니다.

조세특례제한법은 조세의 감면 또는 중과 등 조세특례와 이의 제한에 관한 사항을 규정하여 과세의 공평을 기하고 조세정책을 효율적으로 수행함으로써 국민경제의 건전한 발전에 이바지함을 목적으로 하는데, 특히 중소기업의 투자촉진, 고용지원, 기업 구조조정, 현물출자 등에 대하여 조세특례를 규정하고 있습니다.

현물출자는 토지 · 건물과 같은 부동산, 유가증권 · 상품 등의 동산, 그 밖에 특허권 · 지상권 등의 무형자산을 법인설립 또는 유상증자시 이를 출자하는 것을 말하는데, 상법에서는 이것을 변태설립(變態設立) 사항으로 규정하여 엄격히 규제하고 있습니다.

주식회사의 경우 현물출자된 재산은 금전으로 평가되어 주식이 발행되고 자본으로 구성되는데, 이 과정에서 무가치한 재산이 출자되거나 출자재산이 과대하게 평가되어 회사의 자본충실을 해할 염려가 있으므로 상법은 이를 "상대적 기재사항"으로 정하고 편법에 의한 법인의 설립이 없도록 소정의 규율을 가하고 있습니다.

이 책의 편찬방법은

현물출자에 의한 법인전환, 세 감면 사업양도양수에 의한 법인전환, 일반 사업양도양수에 의한 법인전환, 중소기업간의 통합에 의한 법인전환 이렇게 4개편으로 편찬하였습니다.

이 책은 필자가 현물출자에 의한 법인설립을 하면서 실무에 참고할 만한 자료가 없어 여러 선후배에게 도움을 받아 어렵게 마치게 되었는데 그 자료를 모은 것으로서 책으로 내기는 부족한 것이 많아 망설였습니다.

아무쪼록 이 책이 업무자료집으로써 실무자들에게 조금이나마 도움이 되어 주길 바라며 많은 격려와 지도편달을 바라겠습니다. 부족한 부분은 계속하여 보완을 할 것이며, 이 자리를 빌어 그동안 도움을 주신 선후배와 이 책의 출간을 맡아 주신 법률&출판사 양갑수 사장님께 고마움을 전합니다.

2018. 2. 5 .

著者 법무사 서 제 진

총 목 차

목 차

제1편 개인사업자의 법인전환

제1장 개인사업자의 법인전환 총설

제2장 현물출자에 의한 법인전환

제1절 현물출자에 의한 법인전환 총설

제3관 발기설립 등기신청절차

제4관 현물출자(부동산) 발기설립등기 신청서 사례

제3절 모집설립방법에 의한 법인전환

제4절 명의이전 및 조세감면신청

제2편 세 감면 사업양도양수에 의한 법인전환

제1관 세 감면 사업양도양수에 의한 법인전환 총설

제2관 발기설립방법에 의한 법인설립절차

제3관 세 감면 사업양수도에서의 명의이전 및 조세감면신청

제3편 일반 사업양도양수에 의한 법인전환

제1관 일반 사업양수도의 법인전환 총설

제2관 발기설립방법에 의한 법인전환절차

제4편 중소기업간의 통합에 의한 법인전환

제1관 중소기업간의 통합에 의한 법인전환 총설

제2관 개인기업간 통합의 경우 전환절차

제3관 기존법인이 개인기업 흡수통합

제4관 통합의 경우 현물의 소유권이전

부 록 편

제1편

개인사업자의 법인전환

제1장 개인사업자의 법인전환 총설

1. 서 설

가. 의 의

개인사업자의 "법인전환"이란 개인사업자의 조직형태를 법인사업자의 조직형태로 바꾸는 것을 말한다. 즉, 이미 사업을 영위하는 개인기업의 일체가 신설되는 법인에 이전되는 것을 말한다.

개인사업자가 법인사업자로 전환할 경우에는 신용도를 향상할 수 있고 자금조달이 용이해지며, 세(稅) 부담이 줄어든다는 장점이 있다. 이에 따라 개인사업자의 사업 규모가 일정 규모 이상으로 성장한 경우에는 법인세율과 소득세율의 차이로 인해 법인사업자로 사업을 운영하는 것이 세(稅) 부담 측면에서 유리하므로 법인전환이 많이 이용되고 있다(조세특례제한법 제32조).

앞으로 개인사업자에게 있어서 세금은 갈수록 증대될 전망이다. 2018년 적용되는 세법 개정안을 살펴보면, 소득세 과표 3억~5억 원의 고소득자 구간을 신설하고 현행 적용하던 세율 38%에서 2% 포인트 올린 40%를 적용하게 된다. 또한 5억 원을 초과하는 초고소득자에 대해서는 현행 40%에서 2% 포인트 인상한 42%의 세율을 부과하도록 하는 개정안을 내놓았다. 따라서 2018년에는 법인으로 전환하는 개인사업자가 늘어날 전망이다.

개인기업을 법인으로 전환하는 데는 양도소득세, 취득세 등의 세금과 수수료 등을 고려하여 법인 전환 방식을 결정해야 한다. 개인사업자의 부동산과 법인대표의 주식은 재산 형태가 다르기에 세법상 과세 문제에도 차이가 있다.

개인기업을 법인으로 전환하는 방법에는 ①현물출자, ②세 감면 양도양수도, ③중소기업 통합, ④일반 사업양도양수도 등의 방법이 있다.

양도소득세 및 취득세 등 세금 문제를 해결하기 위해서는 "현물출자에 의한 법인 전환 또는 세 감면 사업양도양수에 의한 법인 전환"을 해야 한다. 다만, 가업 승계가 문제되지 않고, 사업용 부동산이 없는 개인기업의 경우 "일반 사업양도양수에 의한 법인 전환(493면 참조)"을 하면 다소 간편하게 처리할 수 있다.

(1) 법인전환의 유형

방 법	내 용	적용법률
①현물출자에 의한 법인전환	개인기업 운영자가 부동산, 동산, 각종의 채권과 채무 등 일체의 자산을 포괄적으로 법인에 출자하여 회사를 설립하는 방법	조특법 제32조
②조세 감면 사업양도양수도에 의한 법인전환	개인사업을 영위하던 자가 법인을 설립하고 그 법인의 설립일부터 3월 이내에 당해 법인에게 사업에 관한 모든 권리와 의무를 포괄적으로 양도하는 방법	조특법 제32조
③중소기업 통합에 의한 법인전환	개인기업간 또는 법인기업간의 통합으로 사업용 자산 및 부채를 포괄적으로 현물출자 하는 방법	조특법 제31조
④조세 지원 없는 일반적인 사업양도양수에 의한 법인전환	개인사업을 영위하던 자가 법인을 설립하고 조세지원을 받지 않고 당해 법인에게 개인사업에 관한 모든 권리와 의무를 포괄적으로 양도하는 방법(위 ②와 다른 점은 조세지원을 받지 않는데 있다.)	부가가치세법 제10조제9항

(2) 유형별 특징

구분	현물출자	세금감면 사업양도양수	중소기업 통합	일반적인 사업양도양수
법인전환 방법	현물출자로 인한 법인전환 (조세혜택을 목적)	대통령령이 정하는 사업양도양수방법에 의한 법인전환 (조세혜택을 목적)	대통령령으로 정하는 업종을 경영하는 중소기업 간의 통합 (조세혜택을 목적)	사업의 영속성 유지(부가세면제를 목적)
대상자	거주자이면서 발기인이어야 함	현물출자와 같음	통합후 존속하는 법인 또는 통합으로 설립되는 법인의 주주 또는 출자자일 것	개인사업을 영위하던 자일 것
대상 자산	사업용 고정 자산이고, 소비성 서비스사업이 아닐 것	현물출자와 같음	대통령령으로 정하는 사업용고정자산일것	개인기업의 사업자산일 것
신설법인의 자본금	법인으로 전환하는 사업장의 순자산가액 이상을 요함	현물출자와 같음 다만, 법인설립 시 순자산가액상당의 현금을 자본금으로 납입을	통합으로 인하여 소멸하는 사업장의 순자산가액 이상을 요함	일반 법인설립 시와 같이 100원 이상의 현금을 자본금으로

		하여야 함		함
법인설립 시기	인가된 조사보고서가 송달된 날로부터 2주간 이내에 관할등기소에 설립등기	먼저 법인설립 후 3개월 이내 사업양도양수	①신규법인설립의 경우는 현물출자와 같음 ②기존법인과 통합의 경우 신주발행절차에 의함	일반 법인설립 시기와 같음
양도소득세	이월과세	현물출자와 같음	현물출자와 같음	이월과세적용 안됨
취득세	면제	현물출자와 같음	현물출자와 같음	면제안됨
등록세	면제	현물출자와 같음	현물출자와 같음	면제안됨
국민주택 채권	면제	면제없음 매입하여야 함	현물출자와 같음	면제안됨
취득세면제 신청서	신청하여야 함	현물출자와 같음	현물출자와 같음	해당없음
취득세감면 재산의추징	취득일부터 2년 이내에 폐업하거나 처분(임대포함)하는 경우 추징(지세특 제57조의2④)	현물출자와 같음	취득일부터 5년 이내에 조세특제31조⑦사유가 발생하는 경우추징(지세특 제57조의2③5호)	해당없음
이월과세적용신청서	신청하여야 함	현물출자와 같음	현물출자와 같음	해당없음
이월과세금 추징	법인전환 후 5년 이내에 사업을 폐지하거나 자본금의 50% 이상을 처분하는경우 이월과세된 양도소득세 추징	현물출자와 같음	고정자산양도일부터 5년 이내에 사업을 폐지하거나 승계받은 사업용고정자산을 50% 이상을 처분하거나 사업에 사용하지 않는 경우 이월과세된 양도소득세 추징	해당없음

나. 법인전환의 회사형태

개인기업의 법인전환시 어떤 형태의 법인으로 전환할 것인가에 대하여 실무에서는 주식회사로의 전환이 주를 이루고 있다. 그러나 선택가능한 법인의 형태는 상법상의 법인이며 상법상의 법인에는 합명회사, 합자회사, 유한회사, 주식회사, 유한책임회사가 있으며 이 회사들에 대한 요점은 다음과 같다.

(1) 합명회사

합명회사의 사원은 회사의 채무를 회사채권자에 대하여 직접 연대하여 변제할 무한책임을 진다(상법 제212조). 따라서 정관에 다른 규정이 없는 한, 사원은 회사의 업무를 집행하고 회사를 대표하는 권한을 가진다(상법 제200조, 제207조).

합명회사는 각 사원이 회사의 채권자에 대하여 직접 책임을 지는 데에서 대외적으로 인적 신용이 중시(重視)되고, 사원의 책임강도는 내부적으로 사원 상호간의 신뢰관계를 필요로 한다.

(2) 합자회사

합자회사는 사원이 회사채권자에 대해서 직접·연대·무한의 책임을 지는 무한책임사원과 채권자에 대해서 직접·연대책임을 지지만 출자액을 한도로 하여 유한책임을 지는 유한책임사원으로 구성되는 복합적 조직의 회사이다.

합자회사의 경우는 책임의 유한성으로 인하여 유한책임사원은 회사의 업무를 집행하거나 회사를 대표할 권한이 없다(상법 제278조). 사업의 경영은 무한책임사원이 하므로, 회사의 업무집행, 대표권은 무한책임사원이 가지고 유한책임을 가진 출자자는 감시권을 가질 뿐이다. 그리고 업무집행사원의 경우는 무한책임을 진다.

(3) 유한회사

유한회사는 주식회사의 주주들처럼 회사 채권자에 대해 아무런 직접적인 책임을 지지않는 사원들로 구성되나, 회사경영을 위해 이사 등이 개인재산을 연대보증하여 부채를 질 경우 그 책임은 무한책임이 된다.

주식회사·합명회사·합자회사와 함께 물적 회사(物的會社)와 인적 회사(人的會社)의 요소를 가미한 중간형태의 회사이다. 사원 전원의 책임이 간접이며 유한인 점, 분화된 기관을 가지는 점 등 많은 점에서 주식회사와 유사하나, 복잡하고 엄격한 규정이 완화되고 지분의 양도가 자유롭지 못한 점이 주식회사와 다르다.

(4) 주식회사

주식회사의 주주는 주식을 매개로 회사에 간접적인 책임만을 지는데 회사의 채권자에 대해서는 회사만 책임을 질뿐 주주가 직접책임을 지지 않는다. 회사의 업무집행권은 이사회에 있고 회사의 대표권은 대표이사가 가지므로 주주는 전혀 업무집행이나 대표권에 개입할 수 없다.

주주(株主)의 출자로 이루어지며, 권리 ·의무의 단위인 주식으로 나눠진 일정한 자본금을 갖는다. 주식회사의 근본적 특색은 자본금과 주식과 주주의 유한책임에 있다고 할 수 있다.

(5) 유한책임회사

우리나라의 유한책임회사는 기존의 합명회사제도에서의 장점인 법인격을 지니면서 정관자치가 철저한 점을 선택하고 모든 사원의 무한책임을 배제하고 그 책임을 유한책임으로 변경한 것이라고 할 수 있으며, 유한책임제라는 주식회사의 장점과 자유로운 경영활동이 광범위하게 보장되는 조합의 장점을 결합한 법인형태이다.

유한책임회사는 기존의 합명회사제도에서 구성원 전원이 무한책임을 지는 것을 수정한 것으로 정관과 개정 상법을 우선 적용하고, 정관과 상법에 다른 규정이 있지 않으면 합명회사의 규정을 준용하는 것으로 규정하고 있다. 합명회사제도에서 장점만을 선택하고 모든 사원이 무한책임사원이라는 것을 유한책임사원으로 변경한 회사형태라고 할 수 있다.

유한책임회사에는 무한책임을 부담하는 사원이 존재하지 않는다. 따라서 유한책임회사는 모든 사원들이 유한책임을 부담함으로서 자유로운 사업을 운영할 수 있고, 사업이 실패하더라도 회사의 채무에 대하여 유한책임의 보호를 받을 수 있는 점이다.

다. 과세관청의 자금출처조사

개인기업에서 법인으로 전환할 때 과세관청의 자금출처조사가 이루어 질 수 있다. 주식회사 설립에는 1인 이상의 발기인이 필요하며 각 발기인은 1주 이상의 주식을 인수 및 취득하게 되는데 발기인이 취득한 주식금액이 일정액 이상이 되는 등 세법상 부당요건에 해당되는 경우에는 동 주식취득자금에 관한 자금출처조사를 받게 된다. 또한 세무서에서는 부동산을 취득한 사람의 당해 연도와 직전 5년간의 소득상황과 자산의 양도 취득상황, 증여추정 등을 전산 분석하여 자금출처 소명자료가 불충분한 혐의자를 색출한다.

현물출자로 인한 법인전환의 경우에는 부동산 등을 취득하거나 부채를 상환할 때, 그 사람의 직업이나 그 동안의 세금납부 실적 등을 조사할 수 있다.

자금출처조사 대상자로 선정되어 세무서에서 자금출처를 소명하라고 하였다면 증빙서류를 제출하여 취득자금의 출처를 밝혀야만 과세를 피할 수 있다. 이 때, 취득자금의 80% 이상을 소명하지 못하면 취득자금에서 소명금액을 뺀 나머지를 과세한다.

제2장 현물출자에 의한 법인전환

제1절 현물출자에 의한 법인전환 총설

1. 서 설

가. 의 의

"현물출자에 의한 법인전환"이란 개인사업자가 개인기업을 운영하면서 가지고 있던 동산 및 부동산, 각종의 채권과 채무 등 일체의 자산을 포괄적으로 상법이 정한 설립절차에 따라 현물출자의 방식으로 법인에 출자하여 회사를 설립하는 방법을 말한다.

"현물출자"란 토지 · 건물과 같은 부동산, 유가증권 · 상품 등의 동산, 그 밖에 특허권 · 지상권 등의 무형자산을 법인설립 또는 유상증자 시 이를 출자하는 것을 말한다. 상법에서는 이것을 변태설립(變態設立) 사항으로 규정하여 엄격히 규제하고 있으며, 주식회사의 경우에는 발기인뿐만 아니라 누구나 현물출자가 가능하다. "현물출자"는 기업의 조직변경 · 매수합병 등의 경우에 현물출자가 행하여지는 일이 많다.

현물출자 된 재산은 금전으로 평가되어 주식이 발행되고 자본으로 구성되는데, 이 과정에서 무가치한 재산이 출자되거나 출자재산이 과대하게 평가되어 회사의 자본충실을 해할 염려가 있으므로 상법은 이를 "상대적 기재사항"으로 정하고 편법에 의한 법인의 설립이 없도록 소정의 규율을 가하고 있다.

원칙적으로 현물출자에 의해 주식회사를 설립하더라도 그 기본은 일반적인 주식회사의 설립과 동일하다. 다만 현물출자에 있어 현물의 가치를 객관적으로 평가하여야 하며, 또한 이에 대해 법원의 인가를 받아야 하는 절차가 있기에 설립절차에 있어 차이가 있다.

출자하는 재산가액이 주식인수가액을 초과하더라도 현물출자자에게 금전을 지급하는 것은 허용되지 않으며 설립시에는 발기인만이 현물출자를 할 수 있다. 현물출자의 목적이 될 수 있는 재산은 대차대조표 중 자산에 계상할 수 있는 모든 재산을 포함한다. 현물출자의 이행시기는 납입기일이며, 출자의 목적인 재산을 인도하여야 하며, 권리의 설정 또는 이전에 등기 · 등록 기타를 요할 경우에는 이에 관한 서류를 완비하여 교부하여야 한다.

개인사업장의 법인전환에서의 단점은 상법상 현물출자라는 변태설립에 따라 검사인 및 감정인, 회계사 등의 조사를 받아야 한다.

그리고 법인설립과 사업의 승계절차가 있어 비교적 많은 시간이 소요되고 또한 조세특례법상의 조세지원을 받기 위한 요건을 갖추어야 비로소 조세감면을 받을 수 있으므로 필요한 절차가 소요가 되며, 현물출자의 비용으로는 자산감정료, 회계감사보수, 검사인 보수 등이 소요가 되는 것이 단점이라 할 수 있다.

나. 법인전환절차

(1) 법인설립일정표

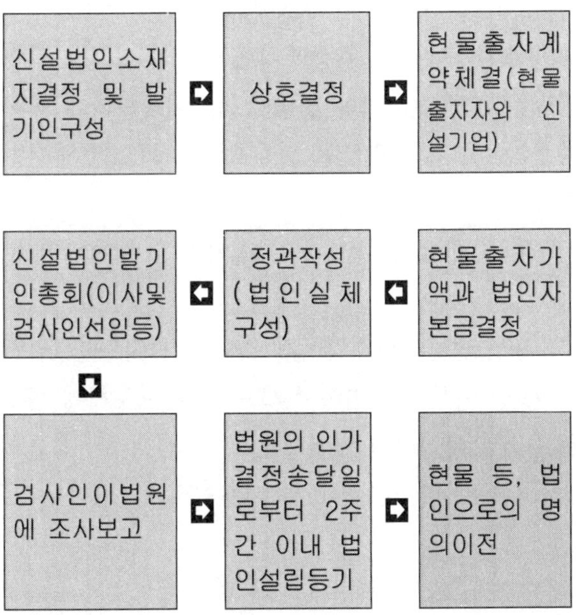

(위 절차 약30일~45일 소요)

(2) 현물출자계약

현물출자계약의 체결은 현물출자로 인하여 새로 설립되는 법인의 발행주식을 인수하는 개인사업자와 설립중인 법인의 발기인이 체결하는 것이다. 계약내용은 조세특례법의 세감면이 적용될 수 있게 작성하여야 한다.

현물출자의 목적물은 개인사업자의 사업장과 관련하여 포괄적으로 이전하여야 하므로 현물출자계약서에 포함하는 승계대상 및 자산, 부채 등은 사업의 동일성이 훼손되지 않도록 기재하여야 하고, 귀속주체를 명확히 하여야 하며, 현물출자액의 평가방법, 현물출자가액에 대하여 교부할 주식의 종류와 수, 종업원에 대한 승계 및 현물출자 자와 새로 설립되는 법인의 책임에 관한 내용을 기재하여야 한다. 그리고 현물출자 기준일을 정하여 기준일을 기점으로 회계단위를 새로 설립되는 법인으로 이관하여야 한다.

현물출자 계약시에는 현물출자가액을 확정할 수 없는 것이 일반적이다. 현물출자평가액은 현물출자 기준일을 평가시점으로 결정된 감정가액이 되는 것이다. 따라서 현물출자에 대한 가액의 결정은 토지·건물, 기계장치, 차량운반구, 집기비품 등 공인된 감정기관의 감정을 마친 후에 결정되는 것이다.

새로 설립되는 법인의 자본금은 현물출자하여 법인으로 전환하는 사업장의 순자산가액 이상이어야 한다(조세특례제한법 제32조제2항. 동시행령 제29조제5항).

한편 상법에 의하면 현물출자의 납입이 완료된 후, 발기인 총회에서 이사와 감사를 선임하고, 변태설립사항(현물출자)에 대한 조사를 위해 검사인을 선임한 후, 현물출자에 대한 감정평가를 법원에 보고하고 인가 받도록 되어 있다. 그러므로 현물출자는 최소한 발기인 총회가 개최되기 이전에 이루어 져야 한다.

계약서 작성일자는 정관의 효력발생일인 정관인증일과 같거나 그 후의 일자로 하여야 한다.

한편 신설법인의 사업자등록신청을 위하여는 현물출자계약서가 있어야 한다. 신설법인의 사업자등록 신청시기는 법인의 설립등기신청 이전에 하여야 하므로 이때 세무서에 첨부서류로 제출하여야 하기 때문이다. 계약서를 5부 작성하여 법인사업자등록신청 시, 감정조사보고서 인가신청 시, 법인설립 시, 현물의 소유권이전 등기 시 사용한다.

[서식] 현물출자계약서

현 물 출 자 계 약 서

갑 : ○○사
○○시 ○구 ○○로○길 ○, ○호(○○동)
대 표 : ○○○

을 : ○○주식회사(가칭)
○○시 ○구 ○○로○길 ○, ○호(○○동)
대표이사 : ○○○

"갑" 이 운영하고 있는 개인기업 ○○사의 사업에 관한 권리 및 의무일체를 설립 중인 법인 "을"이 포괄적으로 양수함에 있어서 다음과 같이 현물출자계약을 체결한다.

제1조(목적)
"갑" 이 운영하고 있는 개인기업 ○○사의 자산 및 부채를 포괄하여 "을" 에게 현물출자 하여 법인으로 전환함으로서 부가가치세법 제10조 제9항의 규정에 의한 사업 양도를 하고, 조세특례제한법 제32조 규정에 의한 조세특례를 받기 위함에 있다.

제2조(현물출자의 대상물)
"갑" 의 명의로 되어있는 다음 각호의 부동산 및 일체의 자산 및 부채를 말한다.
1. 서울 ○○구 ○○동 ○-○(토지, 건물)
2. 그 외 일체의 자산, 부채

제3조(현물출자기준일)
"갑" 은 20○○년 ○월 ○일을 현물출자기준일로 하여, 현제 "갑" 의 장부상 자산의 총액과 부채의 총액을 현물 출자하기로 하고, 그 기준일을 "을" 의 법인설립일로 한다.

제4조(현물출자 가액 및 평가)

"갑" 은 법인설립에 따른 양도소득세, 부가가치세, 취득세 등을 면제 또는 감면받기 위하여 "갑" 의 20○○년 ○월 ○일 현재의 사업용 자산총액에서 부채총액을 차감한 잔액에 상당하는 가액으로 하되

1. 토지, 건물 등 유형 고정 자산은 공인감정평가사의 감정평가액으로 평가한다.

2. 위 제1호의 고정자산을 제외한 자산, 부채는 공인회계사의 감정보고서에 의하며, 사업용 자산총액에서 차감될 부채총액은 공이회계사의 감정보고서에 의한 부채잔액으로 한다.

3, 위 제1호, 제2호 가액은 검사인이 인정하는 금액으로 하며, 변경처분에 의해 변경될 수 있다.

제5조 (포괄적양도 및 사업승계)

① "갑" 이 운영하고 있는 개인기업 ○○사의 자산 및 부채와 권리를 "을" 이 포괄적으로 승계한다.

②사업양도양수일 현재 갑과 거래중인 모든 거래처는 "을"이 인수하여 계속 거래를 보장하도록 한다.

제6조(현물출자 자에 대하여 교부할 주식)

1. "을" 은 제4조에서 의해 평가된 가액에 따라 산정된 금액에 상당하는 액면의 보통주식(1주의 금액 금5,000원)을 "갑" 에게 교부하여야 한다.

제7조(출자의 이행)

"갑"은 현물출자를 이행하기 위하여 상법 제295조 제2항에 정한 바에 따라 현물출자 대상 개인기업 ○○사의 점유를 신설회사에게 이전하고 소유권의 이전에 관한 일체의 서류를 신설회사에게 인도한다.

제8조(종업원)

"을"은 갑의 전 종업원을 계속 근무케 함은 물론 종업원들과의 개별 고용계약 및 단체협약상의 사용자로서의 모든 권리, 의무를 사업양도양수 이행 일에 신설회사에 이전하며 신설회사는 이를 승계한다.

제9조(비용부담) 갑은 사업양수일 이전에 발생한 제세공과금(국세 및 지방세 포함) 일체를 책임지며, 을은 갑의 사업양도에 따른 비용전부를 부담키로 한다.

제10조(협조의무)
① “갑” 은 “을” 의 설립등기 및 사업수행에 필요한 일체의 협조를 하여야 한다.
②본 계약규정 이외에도 현물출자에 관하여 협정할 사항 또는 본 계약내용에 변경, 추가할 사항이 발생한 경우에 “갑” , “을” 은 쌍방간 협의에 의하여 변경하기로 한다.
③갑은 본 계약 체결후 사업인수를 완료할 때까지 그 재산의 관리운영에 있어 선량한 관리자의 주의를 게을리 하지 말 것이며, 또한 정상의 거래를 제외하고 재산에 영향을 미치는 중요한 사항에 관하여는 을의 사전승인에 의하도록 한다.

제11조(현물출자계약의 효력)
본 계약은 20○○년 ○월 ○일에 효력이 발생 한다.

이상으로 위와 같이 계약을 체결하고 계약서 4통을 작성, 서명 날인 후 "갑"과 "을"이 각각 1통씩 보관하고 나머지는 법인의 사업자등록 및 현물에 관한 소유권이전등기 시 사용하기로 한다.

20 년 월 일

갑 : ○○사
대 표 : ○○○ (인)

을 : ○○정밀주식회사
대표이사 : ○○○ (인)

(3) 현물출자에 대한 감정

현물에 대한 객관적인 평가가 이루어 지지 않는다면 정관작성이나 현물출자계약서 등의 작성이 현실적으로 불가능하기 때문에 법인설립에 앞서서 그 현물에 대한 객관적인 평가절차가 필요하게 된다. 감정대상은 개인사업체의 토지, 건물, 기계장치, 자동차. 중기, 집기, 비품 등 이다.

감정평가는 원칙적으로 법원에서 선임한 감정인이 할 수 있었으나, 상법의 개정(제299조의2)에 의하여 공인된 감정인의 감정평가로 이를 대신 할 수 있으므로(상법 제299조의2 전단, 제310조제3항), 실무에서는 발기인이 법원과 무관하게 공인된 감정인을 선임하여 감정평가를 실시한 후 감정인이 그 감정결과를 법원에 보고(인가신청서 205면 참조)하고 법원의 심사를 받는다. 모집설립에서는 창립총회에 보고하고 창립총회의 승인을 받아야 한다.

조사보고서에는 ①조사·감정을 위임한 이사(상법 제299조의2· 제422조) 또는 발기인(상법 제310조)의 성명·주소·전화번호 ②상법 제299조의2의 규정에 의한 조사·감정의 경우 발기인의 성명·주소·전화번호 ③상법 제422조의 규정에 의한 감정의 경우 현물출자자의 성명·주소·전화번호 ④조사·감정의 목적⑤조사·감정 사항⑥감정인의 주소·전화번호를 기재하고 감정인이 기명날인하여야 한다(재민 99-3, 제5조).

감정인의 감정결과보고서는 발기인 총회 당일 또는 그 이후의 일자를 신청일로 기재한다. 상법 제299조의2· 제422조의 규정에 의하여 조사보고서·감정인의 감정서가 제출된 때에는 그 조사·감정을 위임한 이사를, 상법 제310조의 규정에 의하여 감정인의 감정서가 제출된 때에는 그 감정을 위임한 발기인을 신청인으로 본다(재민 99-3, 제4조).

현물출자에 대한 감정은 토지·건물, 기계장치, 차량운반구, 집기비품 등 사업용 고정자산의 경우 공인된 감정기관인 한국감정원이나 감정평가법인에 의뢰하고, 개인사업체의 자산과 부채 중 감정대상 사업용 고정자산을 제외한 나머지 자산과 부채는 공인회계사의 감정을 받아야 한다. 특허권을 현물출자하는 경우, 공인된 감정인에는 감정평가업자가 포함된다(감정평가에 관한 규칙 제23조 제3항).

벤처기업에 대한 현물출자의 경우와 외국투자가가 산업재산권 등을 출자하는 경우 등에는 그 가격에 대해 벤처기업육성에 관한 특별조치법 시행령 제4조의 기술평가기관(이하, '기술평가기관'이라고 한다)이 평가한 내용을 상법 제299조의2의 규정에 의하여 공인된 감정인이 감정한 것으로 볼 수 있으나(벤처기업육성에 관한 특별조치법 제6조 제2항, 외국인투자촉진법 제30조 제4항 등), 그러한 법률 규정이 있는 경우 이외의 현물출자의 경우에 기술평가기관을 공인된 감정인으로 볼 수 없다(상업등기선례 제2-15호, 현물출자에 의한 주식회사의 설립과 공인된 감정인 제정 2006. 7. 13. 공탁상업등기과-640 질의회답).

벤처기업에 산업재산권 등을 현물로 출자하는 경우에는 한국산업기술평가원, 기술신용보증기금, 환경관리공단 등 기술평가기관의 평가서가 필요하고, 외국인 투자자가 현물출자를 하는 경우에는 관세청장이 확인한 현물출자완료확인서가 필요하다(등기선례 제6-631호, 1999. 3. 10. 등기 3402-242 질의회답).

공인된 감정인이 감정결과를 법원에 보고하면(본점소재지 지방법원 합의부) 법원은 경우에 따라서 감정평가사와 발기인을 소환하여 사실을 확인한다.

첨부서류로는 정관, 현물출자계약서, 현물출자물에 대한 감정평가서, 등기부등본, 토지대장, 건축물관리대장, 토지이용계획확인원, 관련도면, 기계장치목록, 취득원가증명서, 자동차등록원부, 비품목록 및 취득원가증명서, 기타 현물출자조사보고에 필요한 서면 등이다. 감정평가시점은 법인전환기준일과 일치시키는 것이 바람직하다.

감정결과보고서를 법원에 제출함에는 부본 1통을 첨부하고 인지 1,000원을 붙이고, 송달료 2회분을 납부하여야 한다(재민 99-3, 제6조).

법원은 위 서류가 접수되면 법원은 출자된 현물의 가치가 적정하게 평가되었는지 등에 대한 조사를 하게 되고, 상법 제299조의2의 규정에 의한 조사보고서·감정서를 부당하다고 인정하여 변경결정을 한 때에는 발기인에게도, 상법 제422조의 규정에 의한 감정서를 부당하다고 인정하여 변경결정을 한 때에는 현물출자자에게도, 각 그 변경결정 등본을 송달한다(재민 99-3, 제7조).

감정평가에 대한 인가결정은 법원에 따라 소요기간이 최소 10일부터 1개월까지 걸린다.

(4) 새로운 법인의 사업자등록신청

일반적으로 새로 설립되는 법인의 사업자등록은 법인의 설립등기 후에 이루어지게 되나 현물출자에 의한 법인전환의 경우에는 법인의 설립이전에 사업자등록을 신청하여야 한다.

정관 및 현물출자계약서를 제출하여 법인 전환중임을 소명하면 설립중인 회사명의로 사업자등록증을 발급받을 수 있고 법인 계좌개설도 가능하다.

현물출자에 의한 법인전환은 상법의 규정에 의한 설립절차를 따른다. 따라서 상법상의 제반절차 즉, 현물출자계약서의 작성, 현물출자의 조사·보고, 정관작성, 이사회 결의 및 주주총회 등을 거쳐 새로운 법인의 실체를 구성하는 데 많은 시간이 필요한데 개인기업의 현물출자기준일 이후 신설법인의 사업자등록일 까지 상당기간 영업의 공백기간이 발생하므로 폐업한 개인기업의 사업을 중단없이 수행하여야하기 때문이다. 따라서 법인전환기준일의 3일 전까지는 법인의 사업자등록을 신청하여야 한다.

부가가치세법(제8조제1항 단서)에서는 새로운 사업을 개시하려는 자는 사업개시일 전이라도 사업자등록을 할 수 있도록 규정하고 있다.

(5) 개인사업체의 결산

개인사업체의 결산은 현물출자의 기준일 전일을 결산일로 하여 신규법인에 승계할 자산과 부채를 확정하고 동 결산일을 개인사업자의 폐업일로 한다.

따라서 결산일이 폐업 기준일이 되고 감정의 기준일이 되며 순자산액 평가의 기준일이 된다.

폐업신고 시에는 현물출자계약서를 첨부하여야 한다. 개인기업 폐업신고는 전술한 새로운 법인의 사업자등록신청과 동시에 한다. 개인사업자는 폐업일로부터 25일 이내에 부가가치세 확정신고를 하여야 한다.

한편 회계상 개인기업을 결산하더라도 법인설립까지는 1개월 이상이 소요되므로 이 기간에 추가로 이익이 발생하여 순자산가액이 증가할 수 있다. 따라서 실무에서는 현물출자 외에 그 예상되는 증가분만큼 현금으로도 출자하고 있다.

Q [질의회신] 현물출자에 의한 법인전환 후 법인설립등기 전 거래분의 부가가치세 신고납부 방법 등

A 개인사업자가 현물출자에 의해 법인을 설립하여 「부가가치세법」 제10조제1항제2호 규정에 따라 해당 법인에 사업을 양도함에 있어서 사업양도 이후 법인설립등기 전까지 개인명의 거래분이 실질적으로 해당 법인에 귀속되는 경우에는 해당 법인명의로 부가가치세를 신고납부하여야 하는 것입니다.(부가 문서번호 사전-2017-법령해석, 부가-0302 생산일자 2017. 05.19.)

(6) 법인자본금의 결정

개인기업의 법인전환에 따른 법인의 자본금은 현물출자하여 법인으로 전환하는 사업장의 순자산가액 이상이어야 하고(조세특례제한법 제32조제2항. 동시행령 제29조제5항), 개인기업의 순자산액은 시가로 계산하여야 하고, 개인기업의 순자산 계상시점은 법인의 설립등기일이다. 신주인수가액도 현물출자되는 개인기업의 순자산평가액을 산정하여 결정한다.

순자산가액 관련 (103면 참조)

Q 법인전환 관련 조세특례제한법상 자본금에 대한 질의사항 변경회신

A 사업용고정자산을 현물출자하거나 사업양수도 하는 방식으로 법인전환하는 사업장의 순자산가액은 전환일 현재의 시가로 평가한 자산합계액에서 충당금을 포함한 부채합계액을 공제한 금액인 바, 새 법인의 자본금이란 이에 주식발행 초과금을 포함하는 총자본을 의미한다(지방세정팀-6413, 2006.12.22.).

- 당초 : 조세특례제한법 제32조제2항 및 동법시행령 제29조제4항에서 사업용고정자산을 현물출자하거나 사업양수도 하여 법인으로 전환하는 사업장의 순자산가액이라 함은 법인전환일 현재 시가로 평가한 자산의 합계액에서 충당금을 포함한 부채의 합계액을 말한는 것이므로 "새로이 설립되는 법인의 자본금"이라 함은 주식발행 초과금을 포함한 총 자본을 의미하는 것입니다. 끝.
- 변경 : 조세특례제한법 제32조제2항에서 "새로이 설립되는 법인의 자본금"에서 "자본금"이란 법인회계기준에 의한 대차대조표상 자본금을 의미하는 것입니다.

(7) 정관작성

"정관(定款)"이란 회사의 조직과 활동을 정한 근본규칙 또는 이를 기재한 서면을 말한다(상법 제288조).

정관의 기재사항에는 ① 정관에 반드시 기재해야 하고 만일 누락될 경우 정관이 무효가 되어 결과적으로 회사설립 자체가 무효로 되는 절대적 기재사항, ② 정관에 기재가 누락되더라도 정관의 효력에는 영향이 없지만, 해당 내용이 구속력을 가지기 위해서는 정관에 기재되어야 하는 상대적 기재사항, ③ 정관에 기재되어야만 효력이 생기는 것은 아니지만, 그 내용을 기재하면 그 기재대로 효력이 발생하는 임의적 기재사항이 있다(구체적 설명은 147면 참조).

(8) 현물출자의 인가 후 절차

법원에서 인가가 나게 되면 인가일로부터 2주간 이내에 설립등기신청을 하여야 하고 설립등기완료 후 60일 이내에 설립되는 회사에 현물에 대한 소유권이전을 하여야 한다.

설립등기 176면 참조, 소유권이전 415면 참조.

Q [심사] 현물출자법인으로 소유권이 이전되지 아니한 자산은 현물출자자산이 아님

A 토지거래허가지역으로 허가를 받지 못해 소유권이전이 안된 점, 출자자산의 양도소득세 신고서에 쟁점임야 명세가 없는 점, 법인 출자자산 계정에 쟁점임야 명세가 없는 점, 출자자산 수용시 쟁점임야 양도소득세 신고를 청구인개인이 한 것으로 보아 출자 안됨(양도, 심사양도2011-0145 , 2011.07.22, 기각, 완료 귀속연도 2008).

Q 현물출자시 양도시기

A 거주자가 공동사업(주택신축판매업 등)을 경영할 것을 약정하는 계약에 의해 토지 등을 당해 공동사업에 현물출자하는 경우에는 현물출자하는 날 또는 등기접수일 중 빠른 날에 당해 자산 전체가 사실상 유상양도된 것으로 보는 것임(양도, 서면인터넷방문상담5팀-1528 , 2007.05.11.).

Q [질의] 법인 전환 시 인수한 자산에 현물출자 외의 자산이 포함되어 있는 경우 처리방법

A 현물출자에 의해 개인 기업을 법인으로 전환함에 있어, 개인기업 으로부터 인수한 자산에 현물출자 이외의 자산이 포함되어 있는 경우 익금산입하며, 익금산입 된 자산은 그 후 사용 또는 판매 시에 원가 또는 손비처리 함(법인, 법인22601-1213, 1988. 04. 28.).

Q 법인전환 기준일(개인폐업일)과 상법상의 등기완료일이 다른 경우 사업의 양도여부

A 현물출자에 의하여 법인을 설립하는 경우 법인설립등기는 현물출자의 이행에 관한 검사인의 조사 보고 후에 하는 것이므로 법인설립등기 전에 현물출자하는 경우에도 부가가치세법 기본통칙 제2-1-15...6(개인사업자의 현물출자와 사업양도)이 적용됨(부가, 부가46015-1337, 1995.07.20.).

2. 현물출자에 의한 법인전환에 대한 조세지원

가. 개 설

조세특례는 법인 설립에 따른 등록세 등을 면제해주는 아니고 현물을 신설법인으로 소유권이전등기를 할 때에 조세특례제한법의 요건을 충족한 경우 양도세 및 취, 등록세의 조세혜택을 받을 수 있는 것이다.

현물출자에 있어서 법인설립둥기가 완료된 후 현물의 소유권은 과거 소유자에게서 새로 설립한 법인으로 이전하여야 하는데 부동산이라면 부동산소유권이전등기를 하게 되고, 주식이라면 명의개서를, 그리고 채권이라면 채권양도를, 차량·기계장치인 경우에는 등록 및 통지를 하여야 한다.

현물출자에 의한 법인을 설립하고자 하는 주요 목적 중의 하나는 현물의 이전으로 발생하는 취득세 등을 면제 받으면서 양도소득세를 추후 법인이 현물출자 한 재산을 양도한 시점으로 이월하기 위함이다. 또한 현물출자를 통한 법인 설립시 법인의 자본금구성 비율을 적절하게 조정함으로써 차후 발생할 수 있는 상속세 및 증여세의 세 부담을 완화 할 수 있다. 정부에서는 개인기업의 규모가 커지게 되어 법인화의 필요가 절실한 규모의 사업체임에도 불구하고 조세의 부담으로 인하여 법인화가 어려운 개인기업을 위하여 조세특례제한법에 요건을 마련하여 이를 지키는 경우 조세혜택을 받도록 한 것이다.(조세특례제한법 제32조).

조세특례제한법은 조세(租稅)의 감면 또는 중과(重課) 등 조세특례와 이의 제한에 관한 사항을 규정하여 과세(課稅)의 공평을 기하고 조세정책을 효율적으로 수행함으로써 국민경제의 건전한 발전에 이바지함을 목적으로 하는데, 특히 중소기업의 투자촉진, 고용지원, 기업 구조조정, 현물출자, 기타 조세특례를 규정하고 있다.

"조세특례"란 일정한 요건에 해당하는 경우의 특례세율의 적용, 세액감면, 세액공제, 소득공제, 준비금의 손금산입 등의 조세감면과 특정목적을 위한 익금산입, 손금불산입 등의 중과세를 말한다(조세특례제한법 제2조제8호).

다음에서 조세지원의 요건에 관하여만 보기로 한다.

나. 조세지원의 요건

현물출자에 의한 법인전환에 대한 조세특례의 요건에 관하여 조세특례제한법 제32조가 규정하고 있으며 그 요건을 갖추어야 비로소 현물에 대한 취득세 등의 면제 및 양도세를 이월과세 받을 수 있는 것이다.

(1) 현물출자 자가 발기인이고 거주자일 것

현물출자는 발기인에 한하므로 개인기업 대표는 반드시 발기인이어야 하고, 거주자이어야 한다(조세특례제한법 제32조제1항). "거주자"란 국내에 주소를 두거나 183일 이상의 거소(居所)를 둔 개인을 말한다(소득세법 제1조의2). 아래 소득세법 시행령 참조

"거주자"는 법인설립일부터 소급하여 1년이상 당해사업을 영위하던 자가 아니어도 이월과세 규정을 적용받을 수 있는 것이다(양도, 서면인터넷상담 4팀-1567, 2004. 10. 05.)

> 소득세법 시행령
>
> 제2조(주소와 거소의 판정) ①「소득세법」(이하 "법"이라 한다) 제1조의2에 따른 주소는 국내에서 생계를 같이 하는 가족 및 국내에 소재하는 자산의 유무등 생활관계의 객관적 사실에 따라 판정한다. <개정 2010.2.18.>
>
> ②법 제1조의2에 따른 거소는 주소지 외의 장소 중 상당기간에 걸쳐 거주하는 장소로서 주소와 같이 밀접한 일반적 생활관계가 형성되지 아니한 장소로 한다. <개정 2010.2.18.>
>
> ③국내에 거주하는 개인이 다음 각 호의 어느 하나에 해당하는 경우에는 국내에 주소를 가진 것으로 본다. <개정 2015.2.3.>
>
> 1. 계속하여 183일 이상 국내에 거주할 것을 통상 필요로 하는 직업을 가진 때
> 2. 국내에 생계를 같이하는 가족이 있고, 그 직업 및 자산상태에 비추어 계속하여 183일 이상 국내에 거주할 것으로 인정되는 때
>
> ④ 국외에 거주 또는 근무하는 자가 외국국적을 가졌거나 외국법령에 의하여 그 외국의 영주권을 얻은 자로서 국내에 생계를 같이하는 가족이 없고 그 직업 및 자산상태에 비추어 다시 입국하여 주로 국내에 거주하리라고 인정되지 아니하는 때에는 국내에 주소가 없는 것으로 본다.
>
> ⑤외국을 항행하는 선박 또는 항공기의 승무원의 경우 그 승무원과 생계를 같이하는 가족이 거주하는 장소 또는 그 승무원이 근무기간외의 기간중 통상 체재하는 장소가 국내에 있는 때에는 당해 승무원의 주소는 국내에 있는 것으로 보고, 그 장소가 국외에 있는 때에는 당해 승무원의 주소가 국외에 있는 것으로 본다.

Q [심판사항] 청구법인이 개인사업자 4명으로부터 현물출자방법에 따라 취득한 부동산이 조세특례제한법 제119조제4항 등의 면제요건을 충족하고 있는지 여부

A [결정요지] 부동산 임대업을 영위하던 정주화, 최두연이 기존 세입자의 임차기간만료 등으로 인해 공실상태가 되어 2010.6.20.과 2010.3.15.에 각각 폐업신고를 하였고, 이후 현물출자일인 2010.7.14. 이후인 2010.7.15.을 폐업일로 수정한 것으로 나타나고 있는 점에 비추어 볼 때 사실상 부동산임대업의 폐업시기를 임차기간 만료로 공실상태에서 폐업신고를 한 2010.6.20.과 2010.3.15.로 보는 것이 보다 합당하다 하겠으므로 정주화, 최두연이 2010.7.14. 청구법인에 이 건 부동산을 현물출자할 당시에는

사업자인 거주자에 해당되지 아니하여 동 부동산을 사업용고정자산으로 보기 어려우므로 정주화, 최두연이 청구법인에 현물출자한 부동산에 대하여는 취득세 및 등록세를 면제할 수는 없음(조심2011지0271, 2011.10.19).

(2) 소비성 서비스사업이 아닐 것

조세특례제한법 소정의 현물출자에 해당하려면 신설법인의 영위 업종이 소비성서비스업이 아니어야 한다.

조세특례제한법 제32조 제1항에서는 "㉠호텔업 및 여관업(관광진흥법에 따른 관광숙박업은 제외한다), ㉡주점업(일반 유흥주점업, 무도 유흥주점업 및 식품위생법 시행령 제21조에 따른 단란주점 영업만 해당하되, 관광진흥법에 따른 외국인 전용 유흥음식점업 및 관광 유흥음식점업은 제외한다), ㉢그 밖에 오락·유흥 등을 목적으로 하는 사업으로서 기획재정부령으로 정하는 사업"에 해당하는 업종에 대하여는 이월과세를 적용 받을 수 없도록 하였다. 여기서 업종은 소득세법 제19조에 의하여 판정한다.

(3) 사업용 고정자산일 것

거주자가 사업용 고정자산을 현물출자에 의하여 법인으로 전환하는 경우 그 사업용 고정자산에 대해서는 이월과세를 적용받을 수 있으며(조세특례제한법 제32조제1항), 취득세를 면제한다(지방세특례제한법 제57조의2제3항).

“사업용 고정자산”이란 해당 사업에 직접 사용하는 유형자산 및 무형자산[1981년 1월 1일 이후에 취득한 부동산으로서 업무와 무관부동산(법인세법 시행령 제49조제1항제1호에 따른 업무와 관련이 없는 부동산을 말함)을 제외함]을 말한다. 이 경우 업무무관부동산에 해당하는지의 여부에 대한 판정은 양도일을 기준으로 한다(조세특례제한법 시행령 제28조제2항 및 조세특례제한법 시행규칙 제15조제3항).

판례는 “사업용 재산이라 함은 조세특례제한법 제32조의 규정에 의하여 '제조업, 건설업 등을 영위하는 거주자가 재산을 현물출자하여 자본금이 대통령령이 정하는 금액 이상인 법인으로 전환하는 경우에 그 법인이 취득하는 사업용 재산'을 의미한다고 볼 것이지, 현물출자에 의한 법인전환시 양도소득세의 이월과세를 적용받는 대상에 맞추어 사업용 고정자산인 사업용 재산만을 의미한다고 한정 해석할 것은 아니다(대법원 2003.03.14. 선고 2002두12182 판결).”라고 한다.

현물출자의 목적이 될 수 있는 재산은 대차대조표에 자산으로 게재할 수 있는 것이면 동산 · 부동산 · 특허권 · 채권 · 유가증권 · 컴퓨터소프트웨어 등 무엇이든 가능하다.

현물출자의 목적물은 경제적 가치를 확정할 수 있고 양도가 가능한 대차대조표의 자산으로 계상할 수 있는 재산으로서, 영업의 전부나 일부도 그 적극재산이 소극재산보다 많은 경우에는 현물출자의 목적물이 될 수 있으므로 사채도 영업의 일부로 이전되는 채무에 포함될 수 있을 것이다. 기존회사의 영업을 현물출자하여 신설회사를 설립함에 있어 그 영업을 구성하는 채무 중 기존회사가 발행한 사채를 기존회사와 신설회사간 병존적 채무인수의 방법으로 이전하는 것이 불가능한 것으로 보이지는 않지만, 현물출자의 이행의 타당성 여부는 검사인 또는 공증인 감정인의 조사, 감정, 법원 또는 창립총회의 심사 등을 통해 구체적으로 판단되어야 할 것이다(등기선례 제200305-13호, 2003. 5. 2. 공탁법인 3402-105 질의회답).

사업용 자산은 수목도 현물출자의 목적물이 될 수 있고(등기선례 제5-840호, 1998. 9. 7. 등기 3402-861 질의회답), 사무실 임차보증금채권도 현물출자를 할 수 있다(등기선례 제5-829호, 1997. 4. 4. 등기 3402-255 질의회답). 그러나 부동산매매업의 재고자산인 토지는 이에 해당하지 아니한다(조특, 서면인터넷방문상담2팀-1352 , 2007.07.23.).

Q 쟁점토지를 사업용 고정자산으로 보아 「조세특례제한법」 제32조에 따른 법인전환에 대한 양도소득세 이월과세 규정을 적용할 수 있는지 여부

A 쟁점토지는 청구인들이 증여로 취득한 후 현재까지 공부상 지목이 답으로 등재되어 있고, 부동산임대업을 영위할 수 있는 건축물이 존재하지 아니한 점, 청구인들은 쟁점토지가 임대사업에 공하는 고정자산임을 주장하면서 사업자등록증을 교부받았으나, 법인전환 출자시점까지 임대를 개시하거나 사업용으로 사용한 사실이 없는 점 등에 비추어 이 건 과세처분은 잘못이 없음(양도, 조심-2014-서-4849, 2015.03.18, 기각, 완료 귀속연도 2013)

Q 고정자산이 아닌 것으로 보아 취득세 면제를 배제한 처분이 타당한지 여부

A 조세법은 조세법률주의 원칙에 따라 엄격해석하게 해석하여야 하는 것으로 자동차부품 제조업 등을 목적으로 하는 법인이 공동사업자등록 이전부터 사업용으로 사용하던 현물출자부동산을 현황에 맞게 사업자등록을 하였고, 사업용으로 사용된 기간이 짧다 하여도 출자전환 당시 사업용 고정자산으로 현물출자방식을 적용한 것은 부인할 수

없는 것이라 법인에게 취득세를 과세한 과세청의 처분은 취소되어야 한다(조심 2015지0339, 2015. 04. 27. 취소).

Q 임대를 목적으로 취득한 소규모 공동주택용 부동산

A 지방세특례제한법 제32조 제1항에서 국가 또는 지방자치단체의 계획에 따른 것은 감면대상에서 제외한다거나 택지개발지역 외의 부동산만을 감면대상으로 규정하고 있지 아니하는 점, 동 조항의 "취득하여 소유하는"은 취득세 및 재산세의 감면요건을 각 규정한 것으로 임대기간이 경과한 후 분양전환되는 임대주택용 부동산을 배제하기 위한 의미로 해석되지는 아니하는 점 등에 비추어 쟁점부동산은 청구법인이 임대를 목적으로 취득하는 전용면적 60㎡이하의 소규모 공동주택이므로 동 조항에 따른 취득세 등의 감면대상에 해당함(조심 2017지0480, 2017.09.13, 취소).

Q 청구법인이 현물출자로 취득한 쟁점토지가 현물출자자의 사업용 고정자산에 해당하는지 여부

A 부동산임대업을 영위하는 현물출자자가 임야인 쟁점토지를 취득하여 개발행위가 진행중인 상태였으므로 실질적으로 부동산임대업에 공여되었다고 보기 어려운 점, 임차법인의 대표이사가 현물출자자인 것으로 보아 해당 임대차계약을 신뢰하기 어려운 점 등에 비추어 쟁점토지를 부동산 임대업에 직접사용하는 사업용 고정자산으로 보기는 어렵다.(조심 2017지0460, 2017.07.05. 기각).

Q 고정자산 출자에 따른 면제요건을 충족하고 있는지 여부

A 4인의 개인사업자가 현물출자로 취득한 주식의 가액이 소멸하는 사업장의 순자산가액 및 설립된 법인의 자본금을 초과하는 것은 확인되었으나, 그 중 2인의 사업자가 현물출자일 이전에 사실상 폐업했던 상태로서 고정자산을 출자한 것이라 볼 수 없는 바, 이에 해당하는 취득세 및 등록세 만을 감면대상에서 제외하여 경정 처분하는 것이 타당하다.(조심 2011지0271, 2011.10.19. 경정)

Q 쟁점부동산을 개인사업자의 사업용 고정자산이 아닌 것으로 보아 취득세 면제를 배제

한 처분이 타당한지 여부

A 조세법은 조세법률주의 원칙에 따라 엄격해석하게 해석하여야 하는 것으로 자동차부품 제조업 등을 목적으로 하는 법인이 공동사업자등록 이전부터 사업용으로 사용하던 현물출자부동산을 현황에 맞게 사업자등록을 하였고, 사업용으로 사용된 기간이 짧다 하여도 출자전환 당시 사업용 고정자산으로 현물출자방식을 적용한 것은 부인할 수 없는 것이라 법인에게 취득세를 과세한 과세청의 처분은 취소되어야 한다(조심 2015지0339, 2015.04.27, 취소).

Q [질의] 법인세법 제47조의 2항에 해당하는 법인이 토지, 건물 및 수목(70년대부터 90년대까지 식재한 호두나무, 자작나무, 잣나무, 은행나무 등 활엽수, 침엽수 30여종, 향후 벌채하여 용재생산목적임)을 현물로 출자하여 신설법인을 설립 함에 있어

- 이 수목이 취, 등록세 신고대상인 취득가액에의 포함 여부
- 조세특례제한법 제119조, 제120조에 의하여 취,등록세를 감면받는 경우 농어촌특별세를 납부하여야 하는지 여부
- 현물로 출자하는 법인이 취득한 지 5년이내의 토지, 건물 및 수목도 조세특례제한법 제119조, 제120조에 의하여 취,등록세 감면대상인지 여부?

A [회신] 귀하께서 문의하신 법인이 현물로 출자하는 부동산 및 수목에 대한 취득세 등록세 감면 등에 대하여 아래와 같이 답변 드립니다.

가. 법인세법 제47조의2항에 해당하는 법인이 토지,건물 및 수목을 현물 출자하여 신설법인을 설립함 있어 수목이 취, 등록세 신고대상인지 여부의 경우 지방세법 제105조에서 입목은 취득세 신고대상입니다. 그리고 등록세는 입목을 등기 등록하는때 성립하므로 등기 등록를 하면 신고대상이고 등기등록을 하지 않으면 신고대상이 아닙니다.

나. 조세특례제한법 제119조1항7호, 제120조1항6호에 의하여 취, 등록세를 감면받는 경우 농어촌특별세를 납부하여야 하는지 여부의 경우 취, 등록세의 감면세액의 20% 납부할 의무가 있습니다.

다. 현물출자하는 법인이 취득한지 5년이내의 토지, 건물 및 수목도 조세특례제한법 제119조, 제120조에 의하여 취, 등록세 감면대상인지 여부의 경우 내국법인이 법인세법 제47의2 제1항 요건을 갖춘 현물출자에 따라 취득하는 사업용자산이라면 출자하는 법인의 사업용자산이 5년이내 소유 여부관계없이 취, 등록세 감면대상이 된다고

할 것입니다.
[문서번호] 재무과-12085 [생산일자] 2009.5.22. [생산기관] 충청북도 영동군

Q 임대사업자 등록 없이 부동산임대업을 영위하던 개인사업자가 임대용 부동산을 현물출자하여 법인전환 후 임대업을 영위하는 경우 취득세 등이 감면되는지 여부

A 개인사업자인 ○○○와 청구법인이 쟁점부동산에서 사실상 임대사업을 영위한 사실이 부가가치세신고서 등에서 확인됨에도 청구법인이 목적사업에 임대업을 추가 등재하였다하여 이를 업종의 동일성이 유지되지 않는 것으로 보는 것은 '개인사업자의 법인전환'에 대하여 조세감면혜택을 부여하는 입법취지 상 불합리한 측면이 있는 것으로 보이므로 처분청이 쟁점부동산에 대하여 이 건 취득세 등을 과세한 처분은 잘못이 있다(조심 2015지0226, 2015.08.19, 취소).

Q 승계받은 고정자산의 범위에 부동산 이외 주식이 포함되는지 여부

A 승계받은 고정자산의 범위에 주식이 포함되며, 승계받은 사업의 계속이나 폐지의 판단은 개별사업장이 아닌 승계받은 사업 전체를 기준으로 함(대법원 2016두51535, 2017.01.25.)

Q 법인전환 이월과세 적용시 시가의 산정 방법 등

A 1. 부동산임대업을 영위하는 거주자가 임대용으로 사용하던 부동산을 「조세특례제한법」 제32조 및 「같은법 시행령」 제29조의 규정에 의하여 현물출자하거나 사업양수도방법에 의하여 법인(소비성서비스업을 영위하는 법인을 제외함)으로 전환하는 경우 당해 부동산에 대하여는 양도소득세의 이월과세를 적용받을 수 있는 것입니다.
2. 「같은법 시행령」 제28조제1항 및 제29조제4항의 순자산가액을 계산함에 있어서 '시가'라 함은 불특정다수인 사이에 자유로이 거래가 이루어지는 경우에 통상 성립된다고 인정되는 가액을 말하며, 수용 · 공매가격 및 감정가액 등 「상속세 및 증여세법 시행령」 제49조의 규정에 의하여 시가로 인정되는 것을 포함하는 것입니다. 한편, 사업용고정자산에 대한 감가상각누계액은 "충당금을 포함한 부채의 합계액"에 포함되지 아니하는 것입니다(양도, 부동산거래관리과-772 , 2010.06.03.).

Q [심판사항] 소유하고 있는 부동산을 당해 법인에게 현물출자한 후 그 대가로 주식을 취득하여 과점주주가 된 경우 과점주주 취득세를 부과한 처분의 당부

A [결정요지] 현물출자의 경우에 있어서도 출자자산은 본래 출자자의 지배 아래 있던 것이므로 현물출자를 한 과점주주가 이를 지배할 수 있는 지위를 새롭게 취득하는 것이 아닐 뿐만 아니라, 자산의 출자와 주식의 취득이 서로 대가적 관계에 있어 출자자가 주식을 취득하지 못하는 경우 출자한 자산도 법인의 소유로 될 수 없는 것이므로(대법원 2012두331, 2012.2.14.), 출자자가 주식의 취득대가로 현물출자한 부동산은 위 「지방세법」 제105조 제6항의 규정에 의한 "당해 법인의 부동산"에 포함된다고 보기는 어려움(조심2012지0495, 2013.01.24).

Q [질의] 기존의 과점주주(甲)가 현물출자로 과점주주 지분이 증가하였을 경우 현물출자한 부동산에 대하여 과점주주 취득세 납세의무 여부

A [회신] 과점주주가 현물출자로 인해 지방세법시행령 제11조에서 규정하는 지분증가에 해당된다면 그 과점주주는 당해 법인의 부동산 등을 취득하는 것으로 보는 것이므로 법인의 부동산 현물출자에 따른 증자의 경우, 당해 증자로 인한 과점주주 납세의무 성립시점에서 당해 법인이 현물출자된 부동산을 소유하고 있는 것으로 보아야 할 것으로서 당해 과점주주 취득세 과세대상에는 현물출자된 부동산이 포함되어야 할 것(행정안전부 지방세정팀-897, 2006.3.3. 참조)으로 판단됩니다. 다만 이에 대하여는 과세권자가 사실관계 등을 면밀히 검토 후 최종 판단 할 사항임을 알려드립니다.
[문서번호] 세제과-3298
[세목] 취득세
[생산일자] 2012.3.19
[생산기관] 서울특별시 본청

Q 포괄승계한 쟁점부동산이 취득세 등 면제대상에 해당하는지 여부 및 도시계획실시인가를 받은 도로부지가 취득세 비과세 대상에 해당하는지 여부(경정)

A 국가에 귀속될 토지이고 이러한 토지의 소유권을 승계받았으므로 취득한 토지중 정부가 출연한 출연금 등에 상당하는 토지부분은 국유재산의 현물출자로 취득한 부동산에 해당되며 토지 중 도시계획도로 개설부지는 국가 등에 무상귀속을 목적으로 취득한

토지로서 취득세 비과세 대상에 해당된다고 보아야 할 것으로 지방세법 제106조제2항 및 조세특례제한법 제120조 제1항 제1호에 의거 취득세를 부과 고지한 처분은 잘못이다(조심 제2001-198호, 2001.04.30. 경정).

Q 조경용 수목이 구 지방세법 제104조 제2호의3에서 취득세의 과세대상으로 규정하는 '입목'에 해당하고, 구 조세감면규제법상 부동산인 '사업용 재산'에 해당하지 아니하여 취득세 면제대상이 아니라고 한 사례

A 조경용 수목이 구 지방세법(1994. 12. 22. 법률 제4794호로 개정되기 전의 것) 제104조 제2호의3에서 취득세의 과세대상으로 규정하는 '입목'에 해당하고, 나아가 구 조세감면규제법(1994. 12. 22. 법률 제4806호로 개정되기 전의 것) 제114조 제1항 제3호에서 법인전환시 거주자가 현물출자하는 부동산에 대하여 취득세를 면제하도록 한 규정 가운데 '부동산'의 개념은 그 제2조 제2항, 제3조 제1항 제15호에 따라, 구 지방세법 제104조 제1호 소정의 '토지·건축물·선박·광업권 및 어업권'만을 가리키는 것으로 보아 같은 조 제2호의3에서 따로 규정한 '입목'은 이에 포함되지 않으므로, 위 조경용 수목이 취득세 면제대상이 아니라고 한 사례(대법원 2004.03.12. 선고 2002두5955 판결).

Q [판례] 개인사업자가 법인전환시 현물출자한 영업용택시가 조세감면규제법이 정하는 취득세 면제대상인지 여부

A 취득세 면제에 관한 조세감면규제법 제85조 제1항이 면제대상을 부동산이라고 명시하고 있는 이상 이는 지방세법 제104조 제1호의 정의에 따라 토지, 건축물, 선박, 광업권 및 어업권을 말하는 것이고, 설사 위 조세감면규제법 제85조 제1항 제3호에서 사업용재산이라고 규정하였다 하여 위 제1항의 명문을 무시하고 위 부동산 이외에 차량을 포함하는 것으로 확장해석하는 것은 허용되지 않는다(대법원 1993.10.22. 선고 93누14622 판결).

Q [심판사항] 개인사업자로부터 현물출자 받아 취득한 부동산을 외주업체에 임대한 경우 취득세 면제대상으로 볼 수 있는지 여부

A [결정요지] 개인사업자가 사업용 고정자산을 현물출자하는 과정에서 취득하는 사업용

재산에 대하여는 취득세 등을 과세면제하지만, 취득일부터 2년 이내에 정당한 사유없이 해당 재산을 처분(임대 포함)하는 경우에는 감면 받은 세액을 추징하는 것인바, 청구법인이 쟁점부동산을 직접 사용하지 아니하고 이를 임대하고 있는 이상 감면대상으로 보기는 어려움(조심2012지0500, 2012.10.10).

Q [질의] 농지를 현물출자 하여 농업회사 법인을 설립하는 경우와 농업법인 설립 후 영농 등 당해 법인의 고유목적사업에 직접 사용하기 위하여 제3자 등으로부터 농지를 현물출자 받아 취득하는 경우 취득세와 등록세의 면제대상이 되는지 여부

A [회신내용] 가. 지방세법 제266조제7항 및 그 제1호와 제3호에서 농업·농어촌기본법 제15조 규정에 의한 영농조합법인과 제16조 규정에 의한 농업회사법인이 영농 등에 직접 사용하기 위하여 창업 후 2년 이내에 취득하는 부동산에 대하여는 취득세와 등록세를 면제하고, 농업법인의 설립등기에 대하여는 등록세를 면제한다고 규정하고 있습니다.

나. 조세특례제한법 제6조제3항에서 창업중소기업의 범위를 규정하면서 작물재배업 등 농업과 관련된 업종은 창업중소기업의 범위에 포함하고 있지 않으므로 농지를 현물출자 하여 농업법인을 설립한 경우 조세특례제한법 제119조제3항과 제120조제3항 규정에 의한 창업중소기업에 해당되지 않으므로 동법에 의한 취득세와 등록세의 면제대상에는 해당되지 않는다 할 것입니다.

다. 다만, 지방세법 제266조제7항에서 창업에 대하여 별도로 규정하고 있지 않으나 조세특례제한법에 의한 창업중소기업의 감면적용시 중소기업창업지원법시행령 제3조제1호 규정에 의거 창업자가 법인인 경우에는 법인설립등기일을 창업일로 보도록 규정하고 있으므로 농업·농어촌기본법 제15조제1항과 제16조제2항 규정에 의한 기준에 맞게 농업인이나 농산물생산자단체가 농지를 현물출자 하여 영농조합법인이나 농업회사법인을 설립하는 경우 당해 법인의 설립등기에 대한 등록세와 법인설립 후 2년 이내에 영농 등에 직접 사용하기 위하여 제3자 등으로부터 현물출자 받아 취득하는 부동산(농지 등)은 취득세와 등록세의 면제대상이 된다 할 것입니다. 끝.

[문서번호] 지방세운영과-498

[생산일자] 2008.6.19

[생산기관] 행정안전부

Q [질의] 농축산물가공 및 판매업, 식품가공 및 판매업 등을 목적사업으로 설립된 영농조합법인이 창업일부터 4년 이내에 해당 사업을 영위할 목적으로 공장용 건축물 등을 취득할 경우 구 「조세특례제한법」 제119조제3항 및 제120조제3항에 따른 창업중소기업의 취득·등기로 보아 취득·등록세를 면제할 수 있는지 여부

A [회신] 가. 구 「조세특례제한법(2010.12.27. 법률 제10406호로 개정되기 이전의 것)」 제119조제3항 및 제120조제3항에서 창업중소기업이 해당 사업을 영위하기 위하여 창업일부터 4년 이내에 취득·등기하는 사업용 재산에 관한 취득세 및 등록세를 면제한다고 규정하고 있으며, 같은 법 제6조제3항에서 창업중소기업과 창업벤처중소기업의 범위는 다음 각 호의 업종을 경영하는 중소기업으로 한다고 하면서 그 제1호는 광업, 제2호는 제조업 등으로 규정하고 있고, 같은 법 제2조제3항에서 이 법에서 사용되는 업종의 분류는 이 법에 특별한 규정이 있는 경우를 제외하고는 「통계법」 제22조에 따라 통계청장이 고시하는 한국표준산업분류에 따른다고 규정하고 있으며, 같은법 제6조제6항에서 제1항부터 제5항까지의 규정을 적용할 때 다음 각 호의 어느 하나에 해당하는 경우는 창업으로 보지 아니한다고 하면서 그 제1호는 합병·분할·현물출자 또는 사업의 양수를 통하여 종전의 사업을 승계하거나 종전의 사업에 사용되던 자산을 인수 또는 매입하여 같은 종류의 사업을 하는 경우로, 제2호는 거주자가 하던 사업을 법인으로 전환하여 새로운 법인을 설립하는 경우로, 제3호는 폐업 후 사업을 다시 개시하여 폐업 전의 사업과 같은 종류의 사업을 하는 경우로, 제4호는 사업을 확장하거나 다른 업종을 추가하는 경우 등 새로운 사업을 최초로 개시하는 것으로 보기 곤란한 경우로 규정하고 있습니다.

나. 영농조합법인 등 농업법인이라도 중소기업의 범위기준을 충족하는 경우 중소기업으로 보고 있는 점(중소기업청, 2010), 당해 자치단체에서 가금류가공 및 저장처리업으로 중소기업창업 사업계획을 승인받은 점, 당해 법인의 영위 업종인 가금류 가공 및 저장처리업(표준산업분류 10121)의 경우 한국표준산업분류표에서 제조업으로 분류하고 있는 점, 한국표준산업분류표상 제조업의 경우 「조세특례제한법」 제6조 제3항에서 중소기업의 창업 업종으로 구분하고 있는 점, 새로이 설립되는 영농조합법인이 현물출자가 아닌 현금출자 방식으로 설립된 점 등을 종합하여 볼 때, 당해 영농조합법인이 창업중소기업의 요건을 충족하였다고 할 것이므로 창업일부터 4년 이내에 가금류 가공 및 저장처리업을 영위할 목적으로 공장용 건축물 등을 취득할 경우 취득세 및 등록세 면제대상에 해당된다고 판단됩니다만, 이에 해당되는지 여부는 당해 과세

권자가 사실관계 등을 조사하여 최종 판단할 사항입니다. 끝.
[문서번호] 지방세운영과-5090
[세목] 취득세
[생산일자] 2011. 11. 1
[생산기관] 행정안전부

Q [질의] 개인기업을 현물출자 방법으로 법인으로 전환하는 경우 개인기업의 사업용자산중 개인기업의 대표자가 거주하는 공장의 부속건물인 사택이 취득세 감면대상 여부?

A [회신] 가. 조세특례제한법 제120조 제5항에 "조세특례제한법 제32조에 따른 현물출자 또는 사업 양수·양도에 따라 취득하는 사업용자산에 대하여는 취득세를 면제한다"고 규정하고 있습니다.
나. 위 규정에서의 사업용재산이란 "해당사업에 직접 사용하는 유형자산 및 무형자산을 말한다"고 지방세특례제한법시행령 제28조제 2항에 규정하고 있는바, 대표자가 거주하는 사택은 해당사업에 직접 사용하는 재산에 해당되지 아니하므로 취득세 감면대상에서 제외됨을 알려 드립니다.
[문서번호] 세정과-8272
[생산일자] 2012.8.16
[생산기관] 대전광역시 본청

Q [질의] 개인사업자가 영위해오고 있는 임대사업 목적물(부동산)을 현물출자로 전환할 목적으로 부동산공유자들을 주주로하여 법인을 설립하고 주주들로부터 당해부동산을 현물출자 받아 법인의 자산으로 취득하여 소유권이전등기를 할 경우 취득세·등록세가 면제되는지 여부

A [회신] 개인사업자가 임대사업에 제공하던 부동산을 현물출자하여 법인으로 전환하는 경우(법인설립등기 전에 현물출자계약, 당해 재산의 감정평가 및 자본금 결정 등)가 아니라 이미 설립된 법인에게 현물출자한 경우라면 현물출자로 취득한 사업용재산에 대한 취득세 및 등록세가 면제되지 않는다고 판단됩니다. 다만, 이에 해당하는지의 여부등은 과세권자가 사실관계를 면밀히 검토하여 판단할 사항임
[문서번호] 세제과-2749

[생산일자] 2010.3.5
[생산기관] 서울특별시 본청

Q 사업용 고정자산에 해당 여부

A 현물출자자는 음식 및 숙박업(펜션)을 영위하는 개인사업자이고 청구법인은 숙박업 및 주택 신축판매업을 영위할 목적으로 설립되어 업종 및 업태가 상이한 점, 개인사업자가 이 사건 토지를 취득하여 주택 건축허가(단독주택 6동)만 득하였을 뿐 실질적으로 음식 및 숙박업에 제공한 사실이 없고 청구법인도 취득한 후 분양을 위한 단독주택(단독주택 12동)의 건축·분양사업을 진행 중일 뿐이어서 음식 및 숙박업 등에 제공한 사실이 없는 점 등에 비추어 처분청이 이 사건 토지가 사업용 고정자산에 해당하지 아니하는 것으로 보아 경정청구를 거부한 이 건 처분은 달리 잘못이 없다고 판단됨(조심 2017지0663, 2017.10.27 기각).

Q 현물출자 및 포괄양수도의 방법으로 법인전환하는 경우 국고보조금 취득 사업용고정자산의 처분에 해당하는지

A 국고보조금으로 건물 및 기계장치를 취득한 개인사업자가 영위하던 사업을 현물출자 및 포괄양수도의 방법으로 법인사업자로 전환함에 따라 위 자산을 전환한 법인에게 이전하는 경우에 해당 개인사업자는 감가상각비와 상계하고 남은 관련 일시상각충당금의 잔액을 그 처분한 날이 속하는 과세기간의 총수입금액에 산입해야 함(소득, 서면-2016-소득-3782, 소득세과-692, 2016.05.04.)

Q 조세특례제한법 제119조 제1항 제4호와 제120조 제1항 제3호 소정의 ' 제32조의 규정에 의한 현물출자에 따라 취득하는 사업용 재산'의 범위

A 현물출자에 따라 취득하는 사업용 재산'이라 함은 제32조의 규정에 의하여 '제조업, 건설업 등을 영위하는 거주자가 재산을 현물출자하여 자본금이 대통령령이 정하는 금액 이상인 법인으로 전환하는 경우에 그 법인이 취득하는 사업용 재산'을 의미한다고 볼 것이지, 현물출자에 의한 법인전환시 양도소득세의 이월과세를 적용받는 대상에 맞추어 사업용 고정자산인 사업용 재산만을 의미한다고 한정해석할 것은 아니다.현물출자에 따라 취득하는 사업용 재산'이라 함은 제32조의 규정에 의하여 '제조업, 건설

업 등을 영위하는 거주자가 재산을 현물출자하여 자본금이 대통령령이 정하는 금액 이상인 법인으로 전환하는 경우에 그 법인이 취득하는 사업용 재산'을 의미한다고 볼 것이지, 현물출자에 의한 법인전환시 양도소득세의 이월과세를 적용받는 대상에 맞추어 사업용 고정자산인 사업용 재산만을 의미한다고 한정해석할 것은 아니다(대법원 2002두12182, 2003.03.14.).

Q 청구법인이 이 건 부동산을 사실상 취득한 것으로 보아 취득세를 과세한 처분의 당부

A 청구법인은 이 건 부동산을 취득한 것이 아니라 신탁수익권을 취득한 것으로 보아야 하고, 신탁수익권은 취득세 과세대상에 해당되지 아니하므로, 처분청에서 청구법인이 이 건 부동산을 취득한 것으로 보아 취득세 등을 부과한 처분은 잘못이다(조심 2013지0577, 2014.09.18, 취소).

Q 현물출자에 따라 취득하는 재산"의 범위에서 광업권이 포함되지는지 여부

A 조세특례제한법 제120조제1항제6호에서 "동법 제38조의 현물출자에 따라 취득하는 재산"에 대하여는 취득세를 면제하도록 규정하고 있지만, 재산의 범위에는 광업권이 포함되지 아니하므로 광업권을 면제대상이 아니라고 보아 과세한 이 사건 부과처분은 부당(대법원 2006두13695, 2008.09.25.)

Q [질의회신] 현물출자시 교부받은 투자주식의 취득가액

A 법인이 특수관계 있는 자로부터 현물출자 받은 자산에 대하여 시가보다 높은 가액으로 당해 법인의 주식을 교부한 경우에는 부당행위의 유형에 해당하는 것임(법인, 서이46012-11703 , 2003.09.26.).

Q 사업용 고정자산 여부

A 개인사업자로 사업자 등록하고 건물을 신축하여 사업용 자산으로 기계 등을 구입하였으나, 기계장치로 설치하지도 아니하고 일반 건축물과 포장된 기계라는 재화인 상태로 현물출자한 경우 사업용자산의 현물출자로 보지 아니함.(양도, 국심2006전2755, 2006.11.01, 기각).

Q 사업용 고정자산 여부

A 쟁점토지는 청구인들이 증여로 취득한 후 현재까지 공부상 지목이 답으로 등재되어 있고, 부동산임대업을 영위할 수 있는 건축물이 존재하지 아니한 점, 청구인들은 쟁점토지가 임대사업에 공하는 고정자산임을 주장하면서 사업자등록증을 교부받았으나, 법인전환 출자시점까지 임대를 개시하거나 사업용으로 사용한 사실이 없는 점 등에 비추어 이 건 과세처분은 잘못이 없음(전심번호, 양도, 조심-2014-서-4849 , 2015.03.18 , 기각 , 완료 귀속연도 2013).

Q 현물출자에 의하여 인수한 자산에 불량채권이 포함되어 있는지 여부

A 현물출자 방식에 의하여 개인사업자에서 법인으로 전환한 청구법인이 인수한 자산에 불량채권이 포함되어 있는 것으로 보아 과세한 처분은 잘못된 것임(문서번호 국심 2003중3819 (20041025)

Q 사업용 고정자산의 양도가액

A 조세감면규제법 제32조 제1항의 규정에 의하여 "법인전환에 대한 감면" 적용시 양도가액의 특례를 적용하는 경우에는 당해 사업용 고정자산의 양도가액을 반드시 장부가액으로 하거나 소득세법 제23조 제2항 각호 및 같은법 제45조에서 규정하는 금액의 합계액으로 함(조특, 재일46014-1725 , 1994.06.28.)

(4) 자본금이 순자산가액 이상일 것

개인기업의 법인전환에 따른 양도소득세의 이월과세 및 취득세 등의 면제 요건에 해당하려면 새로 설립되는 법인의 자본금이 현물출자하여 법인으로 전환하는 사업장의 순자산가액 이상이어야 한다(조세특례제한법 제32조제2항. 동시행령 제29조제5항). 판례는 “새로 설립되는 법인의 자본금이 현물출자일 현재 개인사업장의 순자산가액 이상이 되면 취득세 등의 감면요건을 충족한다고 보는 것이 타당하므로 현물출자 이전에 인출된 예금은 자산에 포함되지 않는다(대법원 2017.3.9. 선고 2016두62771 판결, 같은 뜻임).”고 한다.

여기서 “새로 설립되는 법인의 자본금”이란 기업회계기준에 의한 대차대조표상의 자본금을 의미하고(경상남도 본청 세정과-1541), 사업장의 순자산가액으로서 조세특례제한법

시행령 제28조제1항제2호의 규정을 준용하여 계산한 금액을 말한다(조세특례제한법 시행령 제29조제5항).

여기서 "전환하는 사업장의 "순자산가액"이란 현물출자기준일 현재의 시가로 평가한 자산의 합계액에서 충당금을 포함한 부채의 합계액을 공제한 금액을 의미하며 순자산가액을 계산함에 있어서 영업권은 포함하지 아니한다.

소멸하는 개인사업장의 장부에 계상되지 않은 자산이라 하더라도 자산가액에 반영하여야 하는 특별한 사유가 있는 경우에는 이러한 사정을 반영하여 순자산가액을 산정하여야 한다(조세심판원 2010. 9. 17.자 2009지977 결정, 조세심판원 2012. 12. 4.자 2012지0685 결정).

조세특례제한법 제32조에서 개인기업의 순자산가액 이상으로 출자될 것을 요구하고 있는 것은 법인전환으로 경제실체의 재산이 유출되지 아니하고 보전되어야 한다는 법인의 자본유지의 원칙을 도모하려는 취지라 할 것이다.

Q 순자산가액이 음수(−)인 경우

A 개인기업에서 법인으로 전환하는 사업장의 순자산가액이 음수(−)인 경우 순자산가액 이상 출자요건의 경우 음수(−)로 나타난 순자산가액 상쇄 등의 규정이 별도로 없고 오로지 '순자산가액 이상 출자' 로만 규정하고 있으므로 순자산가액이 음수(−)라도 최소 출자금액(100원) 이상으로만 출자하였다면 순자산가액 이상 출자라는 감면요건을 충족하였다고 본다(지방세운영과−1325, 2013.07.01 질의회신).

[본문] 위 규정 내용을 종합하여 보면, 개인기업이 법인으로 전환시의 취득세 감면요건 중의 하나가 '개인기업을 영위하던 자가 발기인이 되어 개인기업의 순자산가액 이상을 출자하여 법인을 설립하는 것'이라고 할 것이며, 위 개인기업의 '순자산가액'이란 '법인전환일 현재의 시가로 평가한 자산의 합계액에서 충당금을 포함한 부채의 합계액을 공제한 금액을 의미하는 것'이므로 순자산가액이 음수(−)로 나타날 수도 있고, 음수(−)로 나타나는 경우는 "0'원으로 봄이 합리적(조특법 제106조의8 등 참조)이라고 할 것임. 하지만, 위 순자산가액 이상 출자요건의 경우 음수(−)로 나타난 순자산가액 상쇄 등의 규정이 별도로 없고 오로지 '순자산가액 이상 출자' 로만 규정하고 있으므로 순자산가액이 음수(−)라도 최소 출자금액(100원) 이상으로만 출자하였다면 순자산가액 이상 출자라는 감면요건을 충족하였다고 봄이 합리적이라고 판단됨

Q 개인기업 법인전환시 경정등기분 인정 여부에 대한 질의회신

A 사실관계는 검토해야 하나, 법인설립 당시에는 자본금이 순자산가액에 미달했으나 수일내 착오신청을 원인으로 경정등기하여 그 소급효과로 법인설립일부터 자본금이 순자산가액 이상이 된 경우로 취득세 등 면제대상에 해당된다(지방세운영과-5089, 2011.11.01 질의회신).

Q 골프장 코스 조성비

A 건설중인 재산이 사업용 고정자산에 해당되고,골프장 코스 조성비가 순자산가액에 포함되며, 현물출자로 법인이 농지를 취득하는 것이 적법하다(지방세특례제도과-985, 2014.07.10 질의회신).

[본문] 이 건 골프장 조성공사를 하면서 그린티, 벙커 조성공사를 한 것은 골프장 용지 조성에 필수불가결한 것으로 골프장 토지에 부합되어 토지와 일체를 이룸으로써 골프장 용지의 구성부분이 되므로 2012. 12 .21. 현물출자시점에서 이미 조성된 골프장 코스 조성공사 부분을 평가하여 출자재산의 순자산가액에 포함됨이 타당하다 판단됨

Q 청구법인이 현물출자 방식으로 법인전환시 개인사업자의 순자산가액 이상으로 출자하였는지 여부

A 자산의 합계액에서 충당금을 포함한 부채의 합계액을 공제한 금액이란 법인전환일 현재 개인사업장의 대차대조표상 가액 또는 자산 및 부채를 재평가한 가액이고, 무허가 건축물 등 개인사업장대차대조표에 미기재 된 자산 등을 자산가액에 반영하여야 하는 등의 특별한 사유가 있는 경우에는 이러한 사정을 반영하여 순자산가액을 산정하는 것이 타당하다 할 것이다(조심 2014지0057, 2014. 11. 13. 취소).

[본문] 청구법인의 경우 청구법인과 청구법인의 대표이사가 체결한 현물출자내역 등을 보면, 사업용고정자산만을 현물출자한 것이 아니라 개인사업자의 모든 자산과 부채를 포괄적으로 양수도한 것이므로 이는 실질상 현물출자에 의한 법인전환이라기 보다는 사업양수도의 방법으로 법인전환한 것으로 보아야 할 것이고, 이와 같이 실질상 사업양수도의 방법으로 전환하면서 단기금융상품(정기적금)을 사업용 고정자산에 해당되지 아니한다는 사유로 자산가액에서 제외하여 순자산가액을 산정하여야 한다는

청구주장을 인정하기 어렵다고 보인다.

Q 현물출자방법에 따라 취득한 부동산이 조세특례제한법 제119조 제4항 등의 면제요건을 충족하고 있는지 여부

A 개인사업장의 현물출자로 법인전환된 경우, 소멸하는 개인사업자의 대차대조표 자산항목에서 누락한 사업용 건축물이 있다면 그 가액을 소멸기업의 순자산가액에 반영해야 하고, 그에 따라 법인 설립당시 자본금이 소멸기업의 순자산가액에 미달하다면 조세특례제한법 제32조, 제120조 제5항 등의 감면요건에 해당하지 않는다(조심 2012지0685, 2012.12.04. 기각).

Q 청구법인의 자본금이 현물출자로 소멸하는 개인사업장의 순자산가액에 미달하여 취득세 등의 감면요건을 충족하지 못한 것으로 보아 취득세 등을 과세한 처분의 당부

A 개인사업자 OOO이 2014.6.16. 사업용 자산 등을 현물출자하여 설립한 청구법인의 설립 당시 자본금이 현물출자일 현재 개인사업자 OOO의 순자산가액 이상인 사실이 청구법인의 등기사항전부증명서, 개시대차대조표 및 공인회계사 OOO이 2014.4.8. 작성하여 의정부지방법원에 제출한 감정인 조사보고서 등에 의하여 확인되는 점, 개인사업자 OOO이 2013.12.31. 쟁점금액을 인출하였으나 나머지의 사업용 자산·부채 전체를 현물출자하여 2015.6.16. 청구법인을 설립하였다 하더라도 사업의 동질성이 없다고 보기는 어려운 점 등에 비추어, 청구법인은 조세특례제한법 제120조 제5항 및 제32조에 따른 취득세 등의 감면요건을 충족한 것으로 보이므로 처분청이 이 건 취득세 등을 과세한 처분은 잘못이 있다고 판단된다(조심 2017지0500, 2017.09.14, 취소).

Q 사업장의 순자산가액에 미달하여 취득세 면제요건을 충족하지 못한 것으로 보아 취득세 등을 부과한 처분의 당부

A 처분청은 현물출자 방법에 의한 법인 전환으로 법인을 설립하는 경우 취득하는 주식이 소멸하는 사업장 순자산가액 이상에 해당하여야 함에도 이에 미달하여 「조세특례제한법」 제120조 제5항의 취득세 면제 대상에 해당하지 않는 것으로 보고 취득세를 부과하였다. 그러나 「상법」 제329조 제3항 및 제330조에 의하면 주식발생시 부득

이 단주처리하는 경우에는 순자산가액에 미달하게 발행될 수 있음에도 이를 간과하고 취득세를 부과한 처분청의 부과는 잘못이 있어 취소되어야 한다(조심 2014지1426, 2015.01.16. 취소).

Q 개인사업자 3인의 단주처리금액 합계가 주당 액면가액 이상인 경우

A 조세특례제한법상 개인사업자가 사업용고정자산을 현물출자하여 법인전환하면서 그 대가로 취득하는 주식가액이 소멸하는 사업장의 순자산가액 이상이 된다고 보아야 할 것이고, 개인사업자 3인의 단주처리금액 합계가 주당 액면가액 이상이라 하여 달리 볼 사안이 아닌 것으로 판단된다(세제과-16921, 2012. 12. 31 질의회신).

[본문] 귀문의 경우 감정평가법인이 당초 개인사업장의 순자산가액을 OOO원으로 평가하여 이에 따른 발행주식수 OOO주를 이사회에서 결정한 후 법원의 인가를 받아 현물출자 3인에게 각각 OOO주, XXX주, %%%주, 액면가 총액 ***원을 발행하면서 차액 6,703원은 이익잉여금으로 처리하였음을 알 수 있습니다. 최초에 현물출자자 3인이 현물출자한 금액 중 각각 3,428원, 2,084원, 1,191원, 합계 6,703원은 상법 제330조에서 액면미달의 가액으로 발행할 수 없도록 규정하고 있어 부득이하게 단주처리하였음을 알 수 있습니다. 그렇다면, 조세특례제한법상 개인사업자가 사업용고정자산을 현물출자하여 법인전환하면서 그 대가로 취득하는 주식가액이 소멸하는 사업장의 순자산가액 이상이 된다고 보아야 할 것(행정안전부 지방세운영과-2637, 2011.6.8.)이고, 개인사업자 3인의 단주처리금액 합계가 주당 액면가액 이상이라 하여 달리 볼 사안이 아닌 것으로 판단됩니다. 다만, 이에 해당 여부는 사실관계를 종합적으로 고려하여 판단할 사안임을 알려드립니다. 끝.

Q 순자산가액에 미달하므로 취득세 감면대상에 해당되지 아니하는 것으로 보아 취득세 등을 부과한 처분이 적법한지 여부

A 종전의 3인의 개인사업자가 운영하던 사업장과 청구법인은 사업의 동질성이 유지되고 있다고 보이므로, 이러한 경우까지 단주처리로 인하여 3개 사업장의 순자산가액의 합계액보다 자본금이 미달한다고 하여 취득세 면제대상에서 제외하는 것은 타당하다고 보기 어렵다(조심 2016지0161, 2016.05.25. 취소)

Q 공동담보 장기차입금을 현물출자 부채로 볼 수 있는지 여부 관련 질의 회신

A 거주자가 사업용 고정자산을 현물 출자하여 법인전환 할 때 사업과 관련하여 발생한 부채에 해당되는 경우라면 당해 현물출자 부동산이 개인소유 부동산의 공동담보 여부와 관계없이 장기차입금은 부채에 해당하고 현물출자일 현재의 시가로 평가한 자산에서 부채를 공제하여 계산한 금액이 통합으로 인하여 소멸하는 법인의 순자산가액 이상 이라면 감면대상이라고 보는 것이 타당하다 할 것입니다(지방세특례제도과-846, 2017.04.28 질의회신).

Q 거주자가 종전 사업장의 순자산가액 이상으로 출자하여야 취득세가 면제되는지 여부

A 처분청이 인용한 선결정(국심 2005중2993, 2005.1.1.)은 거주자가 사업용 고정자산을 사업양수도의 방법으로 법인전환하는 경우의 심판결정사례이므로 현물출자에 의한 경우까지 동일하게 적용할 수는 없으며, 따라서 거주자의 출자금액의 크기(종전 개인사업장의 순자산가액 이상인지 여부)와 상관없이 새로 설립되는 법인의 자본금이 종전 개인사업장의 순자산가액 이상이면 취득세 및 등록세 면제대상에 해당한다(조심 2010지0516, 2011. 11. 22. 취소).

Q 현물출자시 소액 자산을 비용으로 인식하여 순자산가액 산정 가능여부

A 소액자산의 경우 비용으로 인식하여 자산에서 제외하고 순자산가액을 산정할 수 있다.- 구 소득세법 시행령 제67조 제4항은 '감가상각자산으로서 그 취득가액이 거래단위별로 100만 원 이하인 것에 대하여는 (감가상각액의 필요경비계산에 관한) 제62조 제1항의 규정에 불구하고 이를 그 사업용으로 제공한 날이 속하는 연도의 필요경비에 산입한다. 다만, 당해 고유업무의 성질상 대량으로 보유하는 자산(제1호), 당해 사업의 개시 또는 확장을 위하여 취득한 자산(제2호)의 어느 하나에 해당하는 것은 그러하지 아니하다'라고 규정하고 있는바, 이 사건 주차요금징수실은 000이 2006. 6. 21. 200,000원에 이를 매수한 사실은 앞서 본 바와 같고, 위 구 소득세법 시행령 제67조 제4항 단서 각 호에서 규정하고 있는 자산에도 해당하지 아니하므로, 결국 법인전환 전 사업장의 2006년도 필요경비로 산입된 것으로 보아야 할 것이지, 별도로 법인전환 전 사업장의 자산으로 평가하여서는 아니 된다고 할 것이다.(대법원 2014두36990, 2014.08.26.)

Q 현물출자로 법인전환시 자본금 요건 충족 여부에 대한 질의회신

A 새 법인의 자본금이 소멸하는 사업장의 순자산가액 이상이기만 하면 되는 상황에서, 현금출자 또한 가능함에도 1주(5천원)이상이 부족한 경우이므로 취득세 감면요건을 충족하지 않는다(지방세운영과-713, 2014.02.27 질의회신).

Q 개인사업자의 순자산가액을 축소시킨 상태에서의 법인전환한 경우

A 개인사업자의 순자산가액을 축소시킨 상태에서 법인전환을 하였더라도 현물출자 대상 사업장의 순자산가액 이상을 출자하였다면 취득세 면제요건을 충족한다 할 것이다(조심2017지0793, 2017.11.01)

Q 현물출자를 받아 취득한 토지의 취득가액

A 현물출자를 받아 취득한 토지의 취득가액은 특별한 조작이나 착오없이 기장된 이상, 법인장부상 취득가액을 과세표준으로 적용해야한다(지방세운영과-1668, 2014. 05. 15 질의회신).

[본문] 현물출자의 경우에는 그 현물출자재산의 가액에 대응하는 주식이 그 출자자에게 주어지므로 그 재산을 정당한 가액에 의하여 평가하도록 제도적으로 규율하고 있으며 자산의 매수의 경우에는 장부상가액인 매수가액을 현실로 지급하여야 하거나 법인의 부채로 남아 후에라도 지급하여야 할 것이어서 정당한 매수가액을 장부상에 기재하지 아니할 수 없으므로, 특별히 그 취득가액을 조작하였다고 인정되지 아니하는 한 그 장부상의 가액은 그 취득원인이 현물출자이거나 매매이거나에 관계없이 실제로 취득가액을 나타내는 것이라고 할 것(대법원 1992.5.8. 선고 91누9701 판결 참조)이다.

Q 설립되는 법인의 자본금은 주식발생 초과금을 포함하는지 여부

A 조세특례제한법 제32조에 의거 법인전환하는 사업장의 순자산가액은 법인전환일 현재시가에 의한 자산합계액에서 충당금을 포함한 부채합계액을 공제한 금액이며, 설립되는 법인의 자본금은 주식발생 초과금을 포함한 총 자본을 의미한다(지방세정팀-5273, 2006.10.26 질의회신).

Q 현물출자한 순자산가액 충족여부

A 소멸하는 사업장의 실제로 현물출자한 순자산가액 중 신설법인의 주식액면가에 미달하는 가액은 주식을 발행할 수 없어 부득이하게 단주처리한 것이고 기계기구 감정평가액이 미계상된것은 이미 법인설립 심사시 확인되었던 것이므로, 처분청이 취득세와 등록세 면제요건을 충족하지 못하였다고 보아 부동산의 면제된 취득세 등을 추징한 처분은 잘못이 있다.(조심 2010지0259, 2011.03.16. 취소).

Q [심판사항] 현물출자방법에 따라 법인전환하는 경우 거주자가 종전 사업장의 순자산가액 이상으로 출자하여야 취득세가 면제되는지 여부

A [결정요지] 사업용 고정자산을 현물출자하여 법인으로 전환하는 경우에는 거주자의 출자금액의 크기(종전 개인사업장의 순자산가액 이상인지 여부)와 상관없이 새로이 설립되는 법인의 자본금이 종전 개인사업장의 순자산가액 이상이면 취득세 및 등록세의 면제대상으로 보아야 할 것임(조심2010지0516, 2011.11.22).

Q 개인사업장의 현금성 자산 등을 사업주가 대부분 인출하여 현저하게 축소시킨 순자산가액을 출자한 경우

A 조세특례제한법 제32조 및 제120조, 같은 법 시행령 제28조 제1항 및 제29조 제5항에서 법인 전환시 개인사업에 관한 주된 자산을 모두 승계하여 사업의 동일성이 유지되는 것으로서 소멸하는 개인사업의 순자산가액 이상으로 출자하여 법인으로 전환하는 등의 법 소정 요건을 갖춘 경우에만 취득세 면제 등의 조세혜택을 부여하고자 하는 취지상 법인 전환 전 개인사업장의 현금성 자산 등을 사업주가 대부분 인출하여 현저하게 축소시킨 순자산가액 상당액을 출자하여 법인을 설립하였다면 취득세를 면제할 수 없다(조심 2014지0937, 2015.04.16. 기각).

Q 개인사업자가 사업용고정자산을 현물출자하여 법인으로 전환시 무허가 공장건축물의 가액을 순자산가액에 포함하여야 하는지 여부(기각)

A [결정요지] 개인사업체 운영 당시부터 무허가 공장건축물을 소유하고 있었으나 법인전환할 당시 순자산가액에 이를 포함하지 않은 경우로서, 무허가 공장건축물의 시가

표준액을 포함한 총자산액에서 총부채액을 공제한 순자산가액이 신설법인의 자본금을 초과하는 것은 물론 당초 총부채액 평가 절차에 착오가 발견되지 않는 바, 취득세 등을 부과한 처분은 타당하다(조심 2009지0828, 2010.06.21, 기각).

Q [질의] 법인설립 당시에는 자본금이 순자산가액에 미달하였으나 수일내 착오신청을 원인으로 경정등기하여 자본금을 순자산가액 이상으로 증가시킨 경우 구 조세특례제한법 제119조 및 제120조에 따른 개인기업 법인전환 취득세 및 등록세 면제대상에 해당 되는지 여부

A <회신내용> 가. 구 「조세특례제한법(2010.12.27. 법률 제10406호로 개정되기 이전의 것)」 제119조제3항 및 제120조제4항에서 제32조에 따른 현물출자 또는 사업양수·양도에 따라 취득하는 사업용 재산에 관한 취득·등기에 대해서는 취득세 및 등록세를 면제한다. 다만, 취득·등기일부터 2년 이내에 대통령령으로 정하는 정당한 사유 없이 해당 사업을 폐업하거나 해당 재산을 처분(임대를 포함한다)하는 경우에는 감면받은 세액을 추징한다고 규정하고 있으며, 같은법 제32조제1항에서 거주자가 사업용고정자산을 현물출자하거나 대통령령으로 정하는 사업 양도·양수의 방법에 따라 2012년 12월 31일까지 법인(대통령령으로 정하는 소비성서비스업을 경영하는 법인은 제외한다)으로 전환하는 경우 그 사업용고정자산에 대해서는 이월과세를 적용받을 수 있다고 규정하고 있고, 같은 조 제2항에서 제1항은 새로 설립되는 법인의 자본금이 대통령이 정하는 금액 이상의 경우만 적용한다고 규정하고 있는 한편, 같은법 시행령 제29조 제5항에서 법 제32조제2항에서 대통령령으로 정하는 금액이란 사업용고정자산을 현물출자하거나 사업양수도하여 법인으로 전환하는 사업장의 순자산가액으로서 제28조제1항제2호의 규정을 준용하여 계산한 금액을 말한다고 규정하고 있고 또한, 같은법 시행령 제28조제1항제2호에서 통합으로 인하여 소멸하는 사업장의 중소기업자가 당해 통합으로 인하여 취득하는 주식 또는 지분의 가액이 통합으로 인하여 소멸하는 사업장의 순자산가액(통합일 현재의 시가로 평가한 자산의 합계액에서 충당금을 포함한 부채의 합계액을 공제한 금액을 말한다. 이하 같다)이상일 것으로 규정하고 있습니다.

나. 개인기업의 법인전환에 따른 취득세 및 등록세의 면제 요건으로 새로이 설립되는 법인의 자본금의 경우 소멸하는 개인기업의 순자산가액 이상으로 출자될 것을 요구하고 있는바, 이는 법인전환으로 경제실체의 재산이 유출되지 아니하고 보전되어야 한

다는 법인의 자본유지의 원칙을 도모하려는 취지라 할 것인 점, 경정등기는 원시적 착오, 또는 유루(당초의 등기절차에 신청의 착오나 등기관의 과오가 있어 등기와 실체가 불일치하는 경우)가 있는 경우에 할 수 있고, 등기완료 후에 발생한 사유에 의해서는 할 수 없는 점(경정등기절차에 관한 업무처리지침, 대법원 등기예규 제1148호, 2006.9.15), 위 사실관계와 같이 2010.2.5. 법인설립 당시에는 자본금이 순자산가액에 미달하였으나, 2010.2.26. 착오신청을 원인으로 경정등기를 신청하여 2010.3.10. 법원의 승인으로 경정등기가 이루어진 점 등을 종합적으로 고려할 때, 경정등기의 소급효로 인해 당해 법인설립일부터 자본금이 순자산가액 이상이 된 경우로서 취득세 등 면제대상에 해당된다고 할 것입니다만, 이에 해당되는지 여부는 당해 과세권자가 사실관계 등을 조사하여 최종 판단할 사항입니다. 끝.

[문서번호] 지방세운영과-5089, [생산일자] 2011.11.1 [생산기관] 행정안전부

Q (1)법인전환에 따라 현물출자로 전환한 부동산에 대한 취득가액 산정의 적법 여부 (2)조세특례제한법제32조에 따라 취득한 부동산이 중과세 대상인지 여부

A (1) 이 건 부동산은 개인사업자가 청구법인에게 현물출자를 추진하는 과정에서 감정평가법인에게 의뢰하여 산정한 가액이 있다하더라도, 이는 당해 부동산의 가치평가를 위한 감정가격에 불과한 것이고, 실제 현물출자는 법원의 보정명령 등에 따라 감정평가법인의 감정가액에서 개인사업자의 근저당 채권을 제외한 가액으로 이루어진 사실이 확인되므로, 청구법인의 이 건 부동산의 취득가격은 실제 현물출자가액에 취득 부대비용의 합계액으로 보는 것이 타당하다. (2)구 조세특례제한법에서는 개인사업자가 현물출자로 인하여 법인전환하는 과정에서 취득하는 부동산에 대하여는 중과세 적용을 배제하였으나, 2006.12.30. 조세특례제한법개정으로 중과세 배제 규정이 삭제되었는바, 청구법인이 이 건 부동산 취득을 중과세 대상으로 보아 감면세액을 산출하는 것은 적법하다(조심 2013지0300, 2014.01.27. 경정).

Q 부동산의 취득이 「조세특례제한법」 상 현물출자에 따른 취득·등록세 면제요건에 해당 여부 (취소)

A 주식 인수가액이 소멸사업장 순자산가액에 미달하고 있으나 현물출자한 순자산가액 중 주식액면가인 5,000원에 미달하는 934원은 주식을 발행할 수 없기에 부득이하게

단주처리하고 이는 주식발행초과금으로 적립한 것인 바, 면제요건에 해당함이 타당하다(조심 2010지0040. 2010.11.19).

관련 규정을 살펴보면, 「조세특례제한법」 제119조 제4항 및 같은 법 제120조 제5항에 의하면 제32조의 규정에 따른 현물출자에 따라 취득등기하는 사업용 재산에 대하여는 취득등록세를 면제한다고 규정 하고, 「조세특례제한법」 제32조 제1항 및 제2항의 규정에 따른 현물출자란 거주자가 사업용 고정자산을 현물출자하여 2009년 12월 31일까지 법인(소비성서비스업을 영위하는 법인을 제외)으로 전환하는 경우 새로이 설립되는 그 법인의 자본금이 대통령령이 정하는 금액이상인 경우에 한하여 이를 적용한다라고 규정하면서, 같은 법 시행령 제29조 제4항에 의하면 “대통령령이 정하는 금액”이라 함은 사업용 고정자산을 현물출자하여 법인으로 전환하는 사업장의 순자산가액으로서 제28조 제1항 제2호의 규정을 준용하여 계산한 금액으로 규정하고 있다.

살피건데, 처분청은 소멸하는 사업장의 중소기업자인 OOO의 주식 인수가액이 235,725,000원으로 소멸사업장의 ‘OOOO’의 순자산가액 235,725,934원에 934원 미달하고 있어「조세특례제한법」 제32조 제1항 및 제2항의 현물출자방식에 의한 법인전환에 해당된다고 볼 수 없어 감면을 배제하고 있으나, 「상법」 제329조 제3항 및 제330조에 의하면 주식의 금액은 균일하여야 하고, 주식은 액면미달가액으로 발행하지 못한다고 규정되어 있어 전환법인은 OOO이 현물출자한 순자산가액 235,725,934원 중 주식액면가인 5,000원에 미달하는 934원은 주식을 발행할 수 없어 부득이하게 단주처리하고 주식발행초과금으로 적립한 것이므로 「조세특례제한법」 제32조 제1항 및 제2항의 현물출자방식에 의한 법인전환에 해당하는 것으로 해석된다.

Q [질의회신] 현물출자에 의하여 법인전환하여 양도소득세 이월과세 적용하는 경우 순자산가액의 평가 방법

A 조세특례제한법 제32조에 따라 거주자가 사업용고정자산을 현물출자하여 법인으로 전환하는 경우 그 사업용고정자산에 대해 이월과세를 적용함에 있어 법인으로 전환하는 사업장의 순자산가액의 시가는 법인세법 시행령 제89조제1항에 해당하는 가격, 같은 조 제2항제1호의 감정가액, 「상속세및증여세법」 제61조 내지 제64조의 규정을 준용하여 평가한 가액의 순서대로 적용하는 것입니다(조특, 기준-2016-법령해석재산-0015 법령해석과-1475 2016.05.04.).

Q 법인전환에 대한 양도소득세의 이월과세 충족 여부

A 이 사건 건물의 시가가 장부가액이 아닌 감정가액이며, 현물출자한 사업용자산의 순자산가액이 이 사건 법인의 자본금를 초과하지 않으므로 이월과세 요건에 충족함(양도, 창원지방법원-2016-구합-51823, 2017.05.30, 국가패소, 진행중 귀속연도 2009).

살피건대, 다음과 같은 사정들을 종합하면, 이 사건 건물의 시가는 감정가액인 1,539,037,500원으로 봄이 상당하고, 피고의 주장과 같이 장부가액인2,464,801,525원이 이 사건 건물의 시가에 해당한다고 볼 수 없다. 따라서 원고의 위 주장은 이유 있다.

① 이월과세는 개인이 권리 · 의무의 주체가 되어 경영하던 기업을 개인 기업주와 독립된 법인이 권리 · 의무의 주체가 되어 경영하도록 기업의 조직 형태를 변경하는 경우 실질적으로 동일한 사업주가 사업의 운영 형태만 바꾸는 것에 불과한 경우 적용되는 것이고, 자본금이 순자산가액 이상일 것을 요구하는 법의 취지는 이와 같이 실질적으로 동일한 사업주가 사업의 운영 형태만 바꾸는 것으로 평가되기 위하여 현물출자 대상인 순자산가액이 새로 설립되는 법인에 그대로 승계되어야 하기 때문이다. 따라서 사업장의 자산 및 부채를 전부 현물출자하여 법인을 설립하는 경우 '현물출자액'과 조세특례제한법 시행령이 규정한 '순자산가액'은 모두 기존 사업장의 가치를 평가하는 것이므로 개념상 동일한 금액이 되어야 한다.

② 원고는 현물출자 당시 법원으로부터 00회계법인의 재산확인감사보고서를 인가받았다. 위 감사보고서에는 이 사건 건물의 가치가 2009. 7. 17.자 주식회사 000감정법인의 감정평가(이하 '이 사건 감정'이라 한다)에 따라 1,539,037,500원으로 평가되어 있다.

③ 피고는 1개의 감정기관이 평가한 감정가액은 이 사건 건물의 시가로 인정할 수없다고 주장한다.

④ 원고가 피고에게 양도소득세 신고당시 이 사건 건물의 취득가액을 장부가액으으로 계산하여 양도소득세 과세표준을 적게 신고하였다고 하더라도 건물과 관계없는 비용과 관련된 취득가액이 수정되는 것은 별론으로 하고, 그것만으로 장부가액이 법인 전환일 당시 이 사건 건물의 시가라고 보기 어렵다. 결국 원고가 현물출자를 할 당시 이 사건 법인의 자본금은 3,600,000,000원이고, 이 사건 건물의 가액을 포함하여 원고가 현물출자 한 사업용자산의 순자산가액은3,440,222,505원이므로, 구 조세특례제한법 제32조에서 정한 이월과세요건을 충족한다고 봄이 상당하다. 따라서 이월과세요

건을 충족하지 못하였음을 전제로 한 피고의 이사건 처분은 위법하다.

Q 법인전환 사업장의 순자산가액 산정 시 비사업관련 부채를 제외하는 것은 정당함

A 법인전환을 위한 현물출자 직전에 소멸하는 사업장(개인사업체)과 직접 관련이 없이 금융채무를 발생시켜 축소된 순자산가액을 출자하여 법인으로 전환하는 경우 사업의 동일성을 유지하면서 사업을 운영하는 형태만 변경하였다고 보기 어려운 점 등에 비추어 이 건 처분은 잘못이 없다고 판단됨(양도, 조심-2015-중-2375, 2016.10.17, 기각, 진행중 귀속연도 2012).

Q 법인전환 이월과세 적용시 순자산가액 계산방법

A 거주자가 사업용 고정자산을 현물출자하여 법인으로 전환하는 사업장의 순자산가액은 현물출자일 현재의 시가로 평가한 자산의 합계액에서 충당금을 포함한 부채의 합계액을 공제하여 계산하는 것이며, 이 경우 공제대상 부채는 당해 사업과 관련하여 발생된 부채를 말하는 것임(양도, 부동산납세과-478, 2014.07.08.)

「조세특례제한법」 제32조 및 같은법 시행령 제29조의 규정을 적용함에 있어 거주자가 사업용 고정자산을 현물출자하여 법인으로 전환하는 사업장의 순자산가액은 현물출자일 현재의 시가로 평가한 자산의 합계액에서 충당금을 포함한 부채의 합계액을 공제하여 계산하는 것이고, 이 경우 공제대상 부채는 당해 사업과 관련하여 발생된 부채를 말하는 것임

'당해 사업과 관련하여 발생된 부채'라 함은 귀 질의의 경우 출자를 위한 차입금 외에 당해 공동사업을 위하여 차입한 차입금을 말하는 것으로 그 차입금이 출자를 위한 차입금인지 아니면, 공동사업장의 사업을 위한 차입금인지 여부는 공동사업 구성원 간에 정한 동업계약의 내용 및 출자금의 실제 사용내역 등에 따라 판단하는 것임

Q [질의] 비상장주식의 순자산가액 계산시 조세특례제한법상 이월과세액을 부채에 가산할 수 있는지 여부

A [회 신] 「상속세 및 증여세법 시행령」 제55조에 따른 비상장주식의 순자산가액을 계산할 때에 부채에 가산하는 법인세액등은 평가기준일 현재 「법인세법」 등에 따라 실제 납부하여야 할 것으로 확정된 법인세액등을 말하는 것으로서, 「조세특례제한

법」 제32조에 따른 이월과세액은 양수한 법인이 그 사업용고정자산을 양도하는 경우 법인세로 납부할 의무가 확정되므로, 평가기준일 현재 해당 이월과세액은 순자산가액 계산시 부채에 가산하여 계산할 수 없는 것입니다(상증, 기준-2015-법령해석재산-0136 [법령해석과-2155] , 2015.09.02.).

Q [질의회신] 소멸하는 사업장의 순자산가액 계산

A 조세특례제한법제32조 법인전환에 대한 양도소득세의 이월과세에 따라 소멸하는 사업장의 순자산가액 계산시 관계회사대여금(중국현지법인 출자금 및 대여금), 장기미수 외상매출금을 순자산에서 제외할 수 없는 것임(양도 문서번호 법규재산 2009-0018, 생산일자2009.02.17.)

Q 현물출자한 토지의 기준시가 적용 여부

A 토지를 취득하여 취득가액으로 출자한 사실이 확인되고 또한 이러한 사실을 과세관청이 인정한 바가 있으므로 기준시가로 양도차익을 계상함은 잘못임(문서번호 국심1998서2108, 19990628)

Q 현물출자한 토지가액의 산정

A 감정평가가액이 현물출자 당시의 시가로 보기에 불분명하다고 보아 기준시가에 의해 평가한 처분은 적법함(문서번호 국심1999구0628 (19990817)

Q 현물출자액 이외 현금출자액도 법인의 자본금에 포함되나

A 법인전환시 규모의 축소방지를 위해 신설되는 법인의 자본금이 개인사업자의 순자산가액 이상일 것을 감면요건으로 규정하고, 법인전환시 투여한 현물출자액 이외 현금출자액도 법인의 자본금에 포함되나, 다른 주주의 출자액은 포함되지 않으며 「조세특례제한법」 제28조제1항제2호의 규정을 준용하여 산출한 가액을 순자산가액으로 적용하여 「조세특례제한법」 제119조제4항 및 같은 법 제120조제5항에 따른 감면 여부를 결정한다(지방세운영과-344, 2010.01.26.).

(5) 동일성이 인정될 것

법인전환을 위해서는 개인기업과 전환법인의 동일성이 인정되어야 한다. 개인기업을 법인으로 전환하는 경우 동일성이 인정된다면 개인기업주가 경영하던 권리와 의무는 모두 그 법인에 승계되며, 채권과 채무도 법인에 귀속하게 되는 것이다. 예컨대 개인사업자가 가지고 있는 인허가권, 면허권, 채권, 채무 등은 새로 설립되는 법인에 승계되는 것이다.

사업의 동일성이 유지되는 사업의 양도로 볼 수 있는지 여부는 양도하는 사업의 계약내용, 양도당시의 현황, 양도양수 후 부동산의 이용실태 등 관련사실을 종합하여 판단하여야 한다(부가, 서면인터넷방문상담3팀-1949, 2005.11.03.).

사업의 동일성여부는 일반적인 사회통념에 따라 결정될 사실인정의 문제이나, 양도계약관계가 사업양도로 인정되느냐는 어떠한 사업재산이 어느 정도로 이전되는지가 아니고 종래의 사업조직이 유지되어 전부 또는 중요한 일부로 기능하는지에 따라 결정된다. 사업재산의 전부를 양도해도 그 조직을 해체하여 양도하면 사업양도가 되지 않는 반면에, 일부를 유보하고 양도해도 그 양도한 부분만으로 종래의 조직이 유지된다면 사업양도이다.

사업의 양도는 사업장별로 그 사업에 관한 모든 권리와 의무를 포괄적으로 양도하여 사업의 동일성을 그대로 유지하면서 경영주체만이 바뀌는 것을 말하는 것이다. 따라서 거래당사자간 사업양도양수계약서를 작성하지 않았더라도 사업장별로 모든 권리와 의무를 포괄적으로 이전하는 경우에는 사업양도에 해당하는 것으로서 재화의 공급으로 보지 아니한다(부가, 부가가치세과-366, 2011.04.07.)

부가가치세법 제10조 제9항에서 규정하는 사업의 양도라 함은 당해 사업장의 사업에 관련된 모든 권리(미수금에 관한 것을 제외함)와 의무(미지급금에 관한 것을 제외함)를 포괄적으로 양도하는 것이며, 사업의 포괄적 양도양수라 함은 양수인에게 모든 사업시설뿐만 아니라 영업권 및 그 사업에 관한 채권 채무 등 일체의 인적, 물적 권리와 의무를 양도하여 양도인과 동일시되는 정도로 법률상의 지위를 그대로 승계시키는 것을 말하는 것이다(부가 46015-1006, 1998.05.14.). 당해 사업장의 사업 일부만을 양도하는 경우에는 부가가치세법 제10조 제9항의 규정에 의한 사업양도에 해당되지 아니한다(서면3팀-1852, 2005. 10. 26.).

Q 개인사업자가 임대업에 사용하던 자산을 현물출자하여 법인으로 전환한 후 계속하여 임대업으로 사용하는 경우

A [답변요지] 개인사업자가 임대업에 사용하던 자산을 현물출자하여 법인으로 전환한

후 계속하여 임대업으로 사용하는 경우, 사업의 동질성이 유지된 것으로 보아 추징대상인 처분에 해당되지 않으며, 건설중인 재산이 사업용 고정자산에 해당되고, 골프장 코스 조성비가 순자산가액에 포함되며, 현물출자로 법인이 농지를 취득하는 것이 적법하다(지방세특례제도과-985, 2014.07.10).

Q [판례] 재고재화를 제외한 회사의 일체의 인적·물적 시설을 설립중인 회사에 양도한 행위가 부가가치세 비과세대상이 되는 사업의 양도에 해당한다고 한 사례

A 재고재화를 제외한 회사의 일체의 인적·물적 시설을 설립중인 회사에 양도한 사안에서, 제품 재고재화가 양도 대상에서 제외되었다 하더라도 그 설립중인 회사 사업의 동일성을 유지하면서 사업을 계속하는 데 아무런 지장이 없는 점, 그 재고재화 상당액이 양도 당시 당해 연도분기 분 매출액의 약 6%이고, 현물출자액의 약 8%에 불과한 점, 물적·인적 시설을 그 설립중인 회사에 한꺼번에 포괄적으로 양도하였고, 종전 회사의 사업주 자신도 설립중인 회사의 대표이사로 취임한 점, 종전 회사나 설립중인 회사의 업태·종목 등 사업의 종류 및 사업장 소재지 등이 모두 동일한 점, 위 사업주가 양도 후 양도 대상에 제외한 재고재화의 매출에 상당하는 부가가치세예정 및 확정신고를 함으로써 그 재고재화에 대한 부가가치세 과세가 누락될 염려가 없게 된 점, 양도시 재고재화를 제외한 동기·경위 등에 비추어, 그 양도 행위는 사업용 재산을 비롯한 물적·인적 시설 및 권리의무 등을 포괄적으로 양도하여 사업의 동일성을 유지하면서 경영주체만을 승계시킨 부가가치세 비과세 경우에 해당한다고 한 사례(대구고법 1997. 1. 23. 선고 96구1802 판결 : 상고).

Q [판례] 개인사업체를 법인으로 전환하면서 개인사업체의 물적·인적 시설을 현물출자 형식으로 포괄적으로 양도하였으나 잔존채무 정리를 위하여 재고자산 중 일부를 현물출자 대상에서 제외한 경우, 부가가치세의 비과세대상인 사업의 양도에 해당하는지 여부

A 개인사업체를 법인으로 전환하면서 개인사업체의 사업용 재산을 비롯한 물적·인적 시설 및 권리의무를 포괄적으로 양도하여 사업의 동일성이 유지되면서 경영주체만이 승계된 경우 이는 부가가치세의 비과세 대상인 사업의 양도로 보아야 하는바, 위 개인사업체가 현물출자 대상에서 재고자산 중 일부를 제외하고 그 처분을 위하여 1년 가량

종전의 사업을 계속하였다고 하더라도 이는 실질적으로 종전 사업을 폐업하기로 하면서 은행에 대한 대출금채무 상환이라는 잔존사무를 정리하기 위하여 불가피하게 취하여진 조치에 불과하다면, 위와 같은 사유는 개인사업체가 위 법인에게 위와 같이 재화를 현물출자 형식으로 양도한 것이 사업의 양도에 해당한다고 보는데 장애가 되지 아니한다(대법원 1998. 3. 27. 선고 97누3224 판결).

Q 개인사업의 순자산가액 이상으로 출자하여 사업용 재산에 대한 취득세 면제 요건을 충족하였는지 여부

A 쟁점토지는 개인사업자의 사업용 자산으로 사용되었음에도 이를 청구법인에 현물출자하지 아니한 것은 해당 사업이 청구법인에게 승계되어 사업의 동일성을 유지한 것으로 보기 어려운 점 등에 비추어 개인사업자가 법인전환으로 취득하는 주식의 가액이 쟁점토지를 개인사업장의 사업용 고정자산에 포함하여 산정한 순자산가액 미만이므로 청구법인이 이 건 부동산에 대한 취득세 등의 면제요건을 충족하지 못한 것으로 보아 이 건 취득세 등을 부과한 처분은 잘못이 없다(조심 2016지0178. 2016.09.21).

[판단] 쟁점토지가 이 건 부동산과 한울타리 내에 있고 일부가 아스팔트로 포장되어 사업장 내의 도로 및 자재적치공간 등으로 사용되고 있으며 쟁점토지 일부에 가설건축물이 설치되어 자재보관창고로 사용되고 있는 점, 쟁점토지가 이 건 토지와 함께 개인사업장의 공동담보로 제공되었고 현재는 청구법인의 사업을 위한 공동담보로 제공되고 있는 점 등으로 보아 쟁점토지가 정윤영의 개인사업에 사용되고 있는 사실은 부인하기 어려운 점, 이 건과 같이 사실상 개인사업장의 사업용 자산으로 사용하고 있음에도 형식상 계상하지 아니하였다 하여 이를 제외한 순자산가액 상당액을 출자하여 법인을 설립한 경우 개인사업과 관련된 주된 자산이 모두 신설된 법인에게 승계되어 사업의 동일성을 유지하면서 사업을 운영하는 형태만 변경된 것이라 인정하기 어려워 보이는 점 등에 비추어 처분청이 개인사업자가 법인전환으로 취득하는 주식의 가액이 쟁점토지를 개인사업장의 사업용 고정자산으로 보아 이를 포함하여 산정한 순자산가액 미만이라 청구법인이 이 건 부동산에 대한 취득세 등의 면제요건을 충족하지 못한 것으로 보아 이 건 취득세 등을 부과한 처분은 달리 잘못이 없는 것으로 판단된다.

다. 감면되는 세금

(1) 취득세

현물출자이행으로 인한 소유권이전등기에서 다루었다. 416면 참조

(2) 등록세

현물출자이행으로 인한 소유권이전등기에서 다루었다. 418면 참조

(3) 농어촌특별세

현물출자이행으로 인한 소유권이전등기에서 다루었다. 418면 참조

(4) 국민주택채권

현물출자이행으로 인한 소유권이전등기에서 다루었다. 419면 참조

라. 개인기업의 조세감면 등의 승계

현물출자에 의한 법인전환 시 전환 전 개인개업이 받고 있던 조세지원혜택이 신설법인에 승계되는 것이 있는바, 창업중소기업 및 창업벤처중소기업(조세특례제한법 제31조제4항,), 수도권과밀억제권역 밖으로 이전하는 중소기업(조세특례제한법 제31조제5항), 미공제 세액이 있는 통합법인은 대통령령으로 정하는 바에 따라 그 내국인의 미공제 세액을 승계하여 공제받을 수 있다(조세특례제한법 제31조제6항, 조세특례제한법 제32조제4항).

마. 감면한 취득세의 추징

조세특례제한법 제32조에 따른 현물출자에 따라 취득세를 면제받은 부동산에 대하여 취득일부터 2년 이내에 대통령령으로 정하는 정당한 사유 없이 해당 사업을 폐업하거나 해당 재산을 처분(임대를 포함한다)하는 경우에는 감면받은 세액을 추징한다(지방세특례제한법 제57조의2 제4항).

여기서 "대통령령으로 정하는 정당한 사유"란 ① 해당 사업용 재산이 공익사업을 위한 토지 등의 취득 및 보상에 관한 법률 및 그 밖의 법률에 따라 수용된 경우 ②법령에 따른 폐업·이전명령 등에 따라 해당 사업을 폐지하거나 사업용 재산을 처분하는 경우를 말한다(지방세특례제한법 시행령 제28조의2 제3항).

Q 법인전환 후 2년 이내 주식을 양도한 경우 추징 여부 질의 회신

A 현물출자방법으로 법인전환 또는 사업양수도 방식으로 감면받은 법인이 2년 이내 주식지분 50%이상(전부)을 이전한 경우라 하더라도 주식 비율조정에 대하여 별도 규정이 없다는 점을 감안할 때, 현물출자 또는 사업 양수?양도에 따라 취득하는 사업용재산이 법인전환 이후에도 그 법인이 계속 사업용 재산으로 제공되어 사업의 동일성이 유지되는 경우라면 사업의 운영형태만 변경한 것에 불과한 것이므로 이를 처분으로 볼 수는 없다(지방세특례제도과-1530, 2016.07.05 질의회신).

Q [질의] 법인전환 이월과세 적용 후 업종추가 변경시 사후관리 적용방법

A [회신] 귀 서면질의의 경우, 「조세특례제한법」 제32조 제1항에 따라 설립되는 전환법인이 거주자로부터 승계받은 종전의 업종에 새로운 업종을 추가하거나 새로운 업종으로 변경하는 것은 같은 법 제32조 제5항 제1호에 따른 사업을 폐지하는 경우에 해당하지 아니하는 것입니다(양도, 서면법규과-1265 , 2014.12.02.).

Q 법인전환 후에도 계속 임대사업에 사업용재산을 제공하는 경우

A 임대사업을 고유목적사업으로 영위하면서 법인전환 후에도 계속 임대사업에 사업용재산을 제공하는 경우라면, 현물출자라는 법인전환 방식을 통하여 사업의 운영형태만 개인사업자에서 법인으로 변경한 것에 불과하므로 조세특례제한법 제120조제5항에 따른 취득세 추징대상에 해당하지 않는다(지방세특례제도과-698, 2014.06.20 질의회신).

Q 조특법상 추징사유인 "재산을 처분한 경우"에 해당여부 질의회신

A 임대업에 사용하던 부동산을 현물출자받아 건물 철거후 토지신탁으로 건물을 신축하여 일부는 분양하고 나머지는 임대한 경우 종전 임대업에 사용하던 범위내에서 임대건물의 부속토지는 처분한 것으로 볼 수 없으나 현물출자 받은 토지를 취득일로부터 2년내에 수탁자(신탁회사)에게 소유권 이전한다면 해당 토지는 처분한 경우에 해당되므로 임대 또는 분양 건물의 부속토지인지 여부와 상관없이 감면된 토지에 대한 취득세를 추징하여야 한다(지방세운영과-42, 2014.01.06 질의회신).

[본문] 구 조세특례제한법" 제120조 제5항에서 "처분"이라 함은 지방세법에서 규정하고 있는 취득의 정의(지방세법 제6조제1호 참조), 취득은 취득자가 실질적으로 완전한 내용의 소유권을 취득하는가의 여부에 관계없이 소유권이전의 형식에 의한 취득의 모든 경우를 포함하는 것이라는 그 간 일관된 판례의 입장, 법인 합병으로 인하여 소멸법인의 사업용 재산에 대한 소유권을 존속법인 앞으로 소유권을 이전한 경우에도 "처분"으로 보고 있는 점(대법원 2010.7.8. 2010두6007 판결), 지방세특례제한법제36조의2(생애최초 주택 취득에 대한 취득세의 면제) 및 같은 법 제40조의2(주택거래에 대한 취득세의 감면)의 "처분"에 대한 질의회신 등을 종합적으로 고려할 때"취득"에 반대되는 개념으로 매각, 증여 등으로 인하여 타인에게 해당 재산에 대한 새로운 취득이 발생되는 경우와 건물이 철거 등에 따라 물리적으로 없어져 해당 재산에 대한 지배 권리를 상실하게 되는 것을 말하는 것으로 볼 수 있다. 따라서 임대업에 사용하던 부동산을 구 조세특례제한법 제32조에 따라 현물출자로 법인전환한 법인이 취득하여 지상 건물을 철거한 다음 새로 건물을 신축하여 일부는 분양하고 나머지는 임대한 경우라면 종전 임대업에 사용하던 범위내에서 임대 건물의 부속토지는 "처분"한 것으로 볼 수 없을 것이다. 그러나 현물출자 받은 토지를 취득일로부터 2년내에 수탁자(신탁회사)에게 소유권을 이전하였다면 이는 해당 토지를"처분"한 경우에 해당되어 임대 또는 분양 건물의 부속토지인지 여부와 상관없이 감면된 토지에 대한 취득세를 추징하는 것이 타당하다고 판단된다.

Q 부동산 임대업을 사업목적으로 하는 법인전환한 다음 사업용 재산의 취득 등기일부터 2년 이내에 그 전부를 임대한 경우

A 현물출자 및 사업양수도에 취득하는 사업용 재산 및 등기에 대하여는 취등록세를 면제하고 2년 이내에 정당한 사유없이 사업을 폐지하거나 처분하는 경우 감면받은 세액을 추징하므로 거주자인 부동산 임대사업자가 사업용 재산을 현물출자 또는 사업양수도 방법에 따라 부동산 임대업을 사업목적으로 하는 법인전환한 다음 사업용 재산의 취득 등기일부터 2년 이내에 그 전부를 임대한 경우 면제된 취득세을 추징할 수는 없다(지방세정팀-3215, 2007.08.13 질의회신).

Q 부동산업(임대)을 목적사업으로 하여 설립된 법인

A 종전 소유자가 부동산업(임대)에 사용하던 이 건 부동산을 현물출자하여 법인을 설립하였다면, 당해 법인은 부동산업(임대)을 목적사업으로 하여 설립된 법인이라 할 것인바, 2년 이상 이 건 부동산을 해당 사업에 사용하여야 할 것이고, 사실상 이를 해당 사업에 사용하지 아니하고 제조업 및 도소매업으로 사용하였다면, 법령에서 규정하는 정당한 사유가 없는 이상, 기 감면받은 취득세 등을 추징하는 것이 적법한 것으로 판단된다(세정과-8245, 2015.04.03 질의회신).

Q 부동산 분양한 경우

A 현물출자 및 사업 양수・양도에 취득한 사업용재산의 취·등록세 면제하고 단 취득일로부터 2년이내에 정당한 사유없이 사업을 폐업, 재산을 처분시 감면받은 세액을 추징하므로 부동산 임대사업자가 사업용 재산을 현물출자 방법에 따라 법인전환 후 사업용재산의 취득일부터 2년 이내에 임대는 면제된 취득・등록세는 추징대상이 아니고 부동산 분양은 추징대상이 된다(세정과-15477, 2010.12.30 질의회신).

Q 현물출자 법인전환에 따른 취・등록세 감면관련 질의회신

A 현물출자 또는 사업 양수·양도에 따라 취득하는 사업용재산에 대해 취·등록세를 면제하지만, 취득일로부터 2년이내에 정당한 사유없이 폐업하거나 재산을 처분하는 경우는 감면받은 세액을 추징한다. 임대사업에 제공하던 부동산을 현물출자하여 법인으로 전환하는 경우에는 조세특례제한법 제32조 관련법령의 요건에 부합될 경우 감면대상이 되며, 법인 설립 후 A가 임대하던 건물일부를 임대업에서 음식점으로 업종을 변경할 경우 감면받은 세액을 추징 할 수 없다(세정과-14315, 2010.12.07 질의회신).

Q 현물출자에 의한 법인전환에 따라 취득한 재산의 취득세 등을 감면받은 후 2년 내에 흡수합병으로 인하여 해산한 경우, 조세특례제한법제120조 제5항의 해당 사업을 폐업하거나 해당 재산을 처분한 것으로 볼 수 있는지 여부

A 합병이 조세특례제한법제120조 제5항 에서 규정한 '정당한 사유'에 해당하는지 여부를 보면, 조세법률주의 원칙상 과세요건이거나 비과세요건 또는 조세감면요건을 막론

하고 조세법규의 해석은 특별한 사정이 없는 한 법문대로 하여야 할 것이고 합리적 이유 없이 확장해석 하거나 유추해석 하는 것은 허용되지 아니하며, 특히 감면요건 규정 가운데에 명백히 특혜규정이라고 볼 수 있는 것은 엄격하게 해석하는 것이 공평과세의 원칙에 부합되는 것(대법원 2003.1.24. 선고, 2002두9537 판결 참조)이라 할 것으로, 조세특례제한법 제120조 제5항의 위임규정인 같은 법 시행령 제116조 제8항에서 '정당한 사유'를 해당 사업용 재산이 공익사업을 위한 토지 등의 취득 및 보상에 관한 법률 및 그 밖의 법률에 따라 수용된 경우와 법령에 따른 폐업·이전명령 등에 따라 해당 사업을 폐지하거나 사업용 재산을 처분하는 경우로만 한정하였고, 청구법인이 주장하는 합병(적격합병)에 대하여 정당한 사유로 달리 규정하고 있지 아니한 이상, 피합병법인의 합병을 조세특례제한법 제120조 제5항에서 규정한 '정당한 사유'로 인정하기 어렵다 하겠다(조심 2014지0616, 2014.07.15. 기각).

Q 청구법인의 설립을 거주자가 하던 사업을 법인으로 전환하여 새로운 법인을 설립한 경우로 보아 창업중소기업에 해당하지 아니하는 것으로 판단하여 기 면제한 취득세 등을 추징한 처분의 당부

A 청구법인의 상호, 업종 및 매출처가 청구법인 대표이사의 배우자가 운영하던 개인사업과 유사한 점 등에 비추어 거주자가 하던 사업을 법인으로 전환하여 청구법인을 설립한 것으로 봄이 타당하므로 처분청이 청구법인을 창업중소기업으로 보지 아니하고 이 건 취득세 등을 부과한 처분은 잘못이 없다고 판단된다(조심 2016지0106, 2017.04.03. 기각).

Q 청구법인이 이 건 부동산을 취득한 날부터 2년 이내에 정당한 사유 없이 부동산임대업을 폐업하였다고 볼 수 있는지 여부

A 이 건 부동산의 취득일부터 2년 이내에 청구법인이 이 건 부동산을 해당 사업인 부동산임대업에 사용하지 않았다고 하더라도 청구법인이 법인등기부의 목적 사업에서 부동산임대업을 삭제하지 않았다면 부동산임대업을 폐업한 것으로 보지 않는 것이 조세법규의 엄격해석 원칙에 부합한다고 보이는 점 등에 비추어 청구법인이 이 건 부동산의 취득일부터 2년 이내에 정당한 사유 없이 부동산임대업을 폐업하였다고 보아 처분청이 청구법인에게 이 건 취득세 등을 부과한 처분은 잘못이 있다(조심 2016지0433,

2016.07.25, 취소).

Q 개인사업자가 현물출자하여 법인으로 전환하는 과정에서 당초 작성된 감정인의 실사보고서에 따라 순자산가액 이상으로 출자하여 법인을 설립하였다가 추후 순자산가액 산정의 오류 등을 수정한 후 경정등기를 통해 자본금을 증자한 경우 기 감면한 취득세 등을 추징한 처분의 적법 여부

A 청구법인은 현물출자계약서에 따라 감정인이 작성한 개인기업의 자산・부채 실사보고서(2014.1.15. 작성)의 순자산가액(00억원)을 출자가액으로 하여 자본금(00억원) 등기를 경료 하였다가 그 후 수정된 실사 보고서(2014.7.29. 작성)에 의한 순자산가액(**억원)을 반영하여 법원의 승인을 받아 자본금(**억원)에 대한 경정등기를 완료하여 청구법인은 개인기업의 순자산가액에 맞추어 그 이상으로 출자하였으므로 청구법인은 개인기업의 동질성의 훼손이나 축소 없이 쟁점부동산을 그대로 현물출자하여 법인으로 전환된 경우로서 「조세특례제한법」 제120조 제5항의 감면 요건을 충족하고 있는 것으로 보는 것이 타당하다(조심 2015지0235, 2015.08.20, 취소).

Q 청구법인이 현물출자에 의한 법인전환에 따라 취득한 임대용 재산을 취득일부터 2년 이내에 신탁회사 명의로 소유권이전등기를 하여 처분한 것으로 보아 취득세 등을 추징한 처분의 당부

A 임대사업용 부동산을 「조세특례제한법」 에 따른 현물출자방식으로 취득하여 법인전환 하였다가 2년 이내에 신탁회사 명의로 소유권이전등기를 하였다면 임대하지 않고 분양공고를 하여 분양중인 부분에 대하여는 임대사업용 재산인 토지의 취득일부터 2년 이내에 해당 재산을 '처분'한 것으로 보아 취득세를 추징하여야 한다. 다만, 건축물 중 입주자 모집공고를 하지 않은 1층 부분과 입주자 모집공고를 한 부분 중 임대한 면적을 제외한 나머지 토지를 추징대상으로 하여 과세하는 것이 타당함에도 전체 면적을 그 대상으로 삼은 것은 잘못이 있다(조심 2014지0689, 2014.12.16. 경정).

Q 청구법인이 사업양도・양수에 따라 취득한 부동산의 일부를 취득일부터 2년 이내에 정당한 사유 없이 다른 용도로 사용하였다고 보아 취득세 등을 추징한 처분의 당부

A 청구법인은 2011.3.22. 이 건 부동산을 법인전환에 따른 사업양도・양수를 원인으로

하여 취득하고, 유예기간(2년) 이내인 2011.9.19. ㈜00000과 이 건 부동산의 일부(공장용 건축물 323.4.㎡)를 임대한 것으로 보는 것이 타당하나, 처분청은 청구법인이 ㈜00000에게 임대한 면적을 898.75㎡인 것으로 보아 이 건 취득세 등을 과세하였으므로 이 건 취득세 등의 부과처분은 청구법인이 임대한 면적을 323.4㎡로 하여 경정하는 것이 타당하다(조심 2014지1365, 2015.01.09. 경정).

Q 개인사업자가 임대사업용으로 사용하던 부동산을 현물출자하여 법인을 설립하고 그 법인이 부동산을 임대업이 아닌 제조업에 사용한 경우 부동산임대업을 폐업한 것으로 보아 「조세특례제한법」 제120조 제5항에 따라 기 감면한 취득세 등을 추징한 처분의 당부

A 청구법인은 소비성서비스업이 아닌 제조업을 영위하고 있고, 법인의 정관 상 목적사업에 부동산임대업이 포함되어 있으므로 처분청이 현물출자한 사업용 재산을 변경된 업종에 사용한 것을 정당한 사유 없이 해당 사업을 폐업한 것으로 보기 어렵다(조심 2015지1346, 2016.03.18, 취소).

Q 청구인이 사업용부동산을 취득하여 취득세를 면제받고 법인전환을 하여 쟁점부동산을 법인에게 양도한 경우 취득세 추징대상에 해당하는지 여부

A 개인사업자인 청구인이 법인을 설립하여 부동산을 양도하였다 하더라도 개인과 법인은 별개의 권리주체이며, 「조세특례제한법」 조문에서 개인이 창업중소기업을 만들어 취득한 사업용 재산을 법인으로 전환하여 그 재산을 양도한 경우에 이를 처분으로 보지 않거나, 정당한 사유에 해당하는 것으로 달리 규정하고 있지 아니한 이상, 청구인이 부동산을 양도한 것은 그 취득일부터 2년 이내에 정당한 사유 없이 처분한 것으로 보는 것이 타당하다. 그렇다면 기 감면된 취득세는 추징되는 것이다(조심 2014지0810, 2014.12.01. 기각).

Q 산업단지내의 공장용 토지와 건축물을 취득한 후 일시 사용하다가 각각 임대 및 현물출자한 경우 과세면제한 취득세 등의 추징대상에 해당하는지 여부와 법인의 비업무용토지로 보아 중과세한 처분이 적법한지 여부

A 청구인은 공장 신설목적으로 취득한 토지와 공장용 건축물을 일시적으로 공장으로 직

접 사용하다가, 토지 및 건축물을 매각 및 임대한 데에는 정당한 사유가 있다할 것이므로, 취득세 등 감면세액의 추징대상 비업무용 토지로 보아 취득세를 중과세한 처분은 잘못이 있다(조심 제1998-0640, 1998.11.28. 취소).

Q 현물출자를 통하여 설립된 농업회사법인이 설립일부터 2년 내에 취득한 부동산

A 현물출자를 통해 종전의 사업을 승계한 법인에 해당되더라도 창업일(설립등기일)인 2006.12.18.부터 2년 내인 2007.5.8. 영농에 사용하기 위해 부동산을 취득한 이상 취득세 등의 면제대상에 해당 하며 100분의 50 경감대상으로 보아 가산세를 가산하여 취득세 등을 추징한 것은 잘못이 있다.(조심 2010지0338, 2010.11.19. 취소)

Q 처분청으로부터 산업단지의 잔금지급일 전에 건축허가를 받아 공장을 신축하여 2년 이상 사업을 영위한 후 법인전환하여 양도한 경우 그 부속토지를 2년 이상 직접 사용한 것으로 볼 수 있는지 여부

A 청구인이 이 건 공장용 건축물을 3년 4개월 이상 직접 사용하면서 연간 **억원의 매출이 발생하였고 제3자가 아니라 청구인의 법인전환으로 설립된 ****㈜에게 현물출자 등으로 양도하여 심리일 현재까지 계속하여 공장용으로 사용하고 있는 점 등에 비추어 처분청이 이 건 토지에 대한 잔금이 완납된 날부터 2년 이상 직접 사용하지 아니한 것으로 보아 이 건 취득세 등을 부과한 처분은 잘못이 있다고 판단된다(조심2017지0291, 2017.06.22. 취소)

Q 개인사업자의 현물출자에 의한 법인전환으로 취득한 임대사업용 부동산을 취득일부터 2년 이내에 멸실하고 같은 용도의 건축물을 신축한 것을 해당 재산을 처분한 것으로 보아 기 감면한 취득세 등을 추징한 처분의 당부

A 청구법인은 쟁점토지상에 임대용 건축물을 신축하기 위하여 2016.8.29. 착공을 하였고 준공예정일이 2017.12.15. 인 점 등을 감안할 때 쟁점건축물의 멸실을 사업을 폐업하거나 재산을 처분하는 경우로 보기에는 무리가 있으므로 처분청이 이 건 취득세 등을 부과한 처분은 잘못이 있다고 판단된다(조심2017지0422, 2017.09.18. 취소)

Q [심판사항] 농업협동조합이 취득한 토지를 2년 이상 고유업무에 직접 사용하지 아니하고 자회사에 현물출자한 경우 기 감면한 취득세 등을 추징한 처분의 당부

A [결정요지] 청구법인이 쟁점토지를 취득한 후 2년 이상 고유업무에 직접 사용하지 아니하고 이를 자회사인 농업회사법인에 현물출자(매각)한 사실이 확인되고 있는 반면, 유예기간내에 현물출자한데 대한 정당한 사유를 인정할 만한 증빙이 달리 확인되지 아니하므로 기 감면한 취득세 등을 추징한 처분은 적법함(조심2012지0265, 2012. 08. 30 기각).

Q [심판사항] 자경농민이 취득한 농지를 영농조합법인에 현물출자한 경우 기 경감한 취득세 등을 추징한 처분의 당부

A [결정요지] 청구인이 이 건 농지를 취득한 후 유예기간(2년) 내에 이를 영농조합법인에 현물출자(매각)한 사실이 확인되고 있고, 「조세특례제한법」 제68조 제2항에서 영농조합법인에 현물출자한 경우 양도소득세를 면제하도록 규정하고 있는 것과는 달리 취득세 등에 대하여는 별도의 특례규정이 없으므로 기 경감한 취득세 등을 추징한 처분은 달리 잘못이 없음(조심2011지0419, 2011.12.08. 기각).

Q [심판사항] 이 건 부동산의 매각에 정당한 사유가 있는지 여부

A [결정요지] 청구인은 이 건 부동산을 취득하여 조세특례제한법 제119조 제3항 및 제120조 제3항에 따라 취득세 등을 면제받은 후 그 취득·등기일부터 2년 이내에 매각하였고, 동 매각은 같은 법 제32조에 따른 현물출자 또는 사업양수도 방식으로 개인사업자가 법인전환한 경우에 해당하지 아니하므로 이 건 부동산을 유예기간 이내에 매각한데 정당한 사유가 있다고 볼 수는 없다(조심2010지0857, 2011.07.26. 기각).

Q [질의] 조세특례제한법 제32조에 따른 현물출자 등의 방법으로 법인전환(목적사업 : 부동산임대업, 휴게음식업 등)하여 같은 법 제120조 제5항에 따라 보유 부동산에 대하여 사업용 재산으로서 취득세를 면제받은 법인이

(1) 취득일부터 2년 이내에 해당 부동산의 직접사용면적을 줄이고 임대면적을 증가시킬 경우 임대증가부분에 대한 감면분 취득세가 추징되는지

(2) 동일면적의 1층 직접사용부분과 5층 임대부분을 맞바꾸어 사용하는 경우 임대전환된 1층 부분에 대하여 취득세가 추징되는지

(3) 위 법인이 목적사업을 그대로 유지한 채 특수관계자인 타 법인과 합병을 하는 경우'해당 사업의 폐지나 해당 재산의 처분'에 해당되어 추징요건이 성립되는지 여부

A [회신] 가. 조세특례제한법 제120조 제5항에서 같은 법 제32조에 따른 현물출자 또는 사업양수·양도에 따라 취득하는 사업용 재산에 대하여는 취득세를 면제하되, 취득일부터 2년 이내에 대통령령으로 정하는 정당한 사유 없이 해당 사업을 폐업하거나 해당 재산을 처분(임대 포함)하는 경우에는 감면받은 세액을 추징한다고 규정하고 있고, 같은 법 시행령 제116조 제8항 각호에서는 정당한 사유로서 해당 사업용 재산이 「공익사업을 위한 토지 등의 취득 및 보상에 관한 법률」 및 그 밖의 법률에 따라 수용된 경우와 법령에 따른 폐업·이전명령 등에 따라 해당 사업을 폐지하거나 사업용 재산을 처분하는 경우를 정하고 있습니다.

나. 위 규정에서 감면된 취득세의 추징사유에 해당하는'처분'에 임대를 포함하는 취지는 법인전환하면서 취득한 사업용재산을 고유목적사업에 사용하지 않고 수익 등을 위하여 임대하는 경우 처분에 준하는 추징대상으로 보겠다는 의미라 할 것이므로(구 행정안전부 지방세운영과-4434, 2010.9.20.참조),

다. 귀 질의(1)의 경우 당해법인이 직접사용부분을 줄이고 임대면적을 증가시키는 것은 해당부분을 종전의 고유목적사업(휴게음식업 등)에 사용하지 않는 것이므로 감면세액의 추징사유에 해당된다고 판단되며, 질의(2)의 경우와 같이 동일면적의 직접사용부분과 임대부분을 맞바꿔 종전 직접사용부분을 임대하더라도 그에 상응하는 동일면적의 임대부분을 종전의 고유목적사업에 사용한다면 추징사유에 해당하지 아니한다고 보이고, 질의(3)의 경우에서 목적사업을 그대로 유지한 채 타 법인과 합병하여 존속법인으로 소유권이 이전되는 것은 위 규정의 정당한 사유에 해당되지 아니하므로 추징사유에 해당된다고 판단됩니다. 다만 이에 해당하는지 여부는 당해 과세권자가 사실관계를 종합적으로 고려하여 판단할 사항입니다. 끝.

[문서번호] 세제과-5803

[세목] 취득세

[생산일자] 2013.5.10

[생산기관] 서울특별시 본청

Q [질의] 현물출자로 신설된 법인이 부동산 취득후 임대업 사용시 추징여부

A [회신] 1. 조세특례제한법 제119조제1항제7호 및 제120조제1항제6호에서 제38조의 규정에 의한 현물출자에 따라 취득하는 재산에 관한 등기에 대하여 등록세와 취득세를 면제하도록 규정하고 있고, 같은 법 제38조제1항에서 현물출자의 요건을 규정하면서 현물출자 대상 자산을 주식 또는 대통령령으로 정하는 자산으로 규정하고 있고, 같은법시행령 제35조제1항 본문 및 각호에서 대통령령이 정하는 자산이라 함은 법인이 사업에 직접 사용하던 자산으로서 토지, 건축물 및 제3조제2항의 규정에 의한 자산으로 규정하고 있는 바,

2. 위 규정에서 직접 사용하던 자산은 현물출자를 한 법인의 사업을 기준으로 판단하여야 하는 것으로서, 귀 질의의 경우에 있어서 현물출자를 한 법인이 일부는 임대하고 일부는 직접 사용하고 있던 부동산을 현물출자로 취득 등기한 경우 임대용 부분에 대하여 현물출자법인의 법인등기부상 부동산임대업이 있다면 당해 임대부분도 사업에 직접 사용하던 자산으로서 현물출자대상 자산에 해당된다 할 것이고 이러한 임대업에 공여하던 부동산을 현물출자로 신설된 법인이 취득 등기하는 경우에는 취득세와 등록세 면제대상에 해당되는 것이며, 현물출자로 신설된 법인이 부동산임대업이 목적사업에 등기되어 있지 않음에도 현물출자 부동산을 취득 등기한 후 임대업에 사용한다고 하더라도 이에 대하여 별도로 추징규정을 두고 있지 아니한 이상 추징대상에도 해당되지 않는 것으로 판단됩니다.

[문서번호] 지방세정담당관-1555
[생산일자] 2003.10.17
[생산기관] 행정안전부

Q [질의] 개인사업자(갑)가 「조세특례제한법」 제32조에 따른 현물출자방식으로 법인을 신설(A법인)하면서 사업용재산의 취득·등기에 대한 취득·등록세를 감면받은 후, A법인이 법인신설 후 즉시 갑과 특수관계에 있는 B법인(주식 지분율 : 갑 60%, 특수관계인 25%, 기타 15%)에게 흡수합병되는 경우, A법인이 「조세특례제한법」 제119조 제4항 및 제120조 제5항 규정에 의하여 감면받은 취득·등록세가 추징대상에 해당하는지의 여부

A [회신] 가. 「조세특례제한법」 제119조 제4항 및 제120조 제5항에서 제32조 규정에

따른 현물출자 또는 사업양수도에 따라 취득·등기하는 사업용재산에 관한 취득·등기에 대하여는 취득·등록세를 면제하되, 취득·등기일부터 2년이내에 대통령령이 정하는 정당한 사유없이 당해사업을 폐지하거나 당해 재산을 처분(임대를 포함한다)하는 경우에는 감면받은 세액을 추징한다고 규정하고 있고, 구 「조세특례제한법 시행령」(2007.2.28. 대통령령 제19888호로 개정되기 이전의 것, 이하 같다) 제78조 제3항 및 제116조 제9항에서는 법 제119조 제4항 단서 및 제120조 제5항 단서에서 "대통령령이 정하는 정당한 사유"란 당해 사업용재산이 「토지수용법」 그 밖의 법률에 의하여 수용 된 경우 및 법령의 규정에 의한 폐업·이전명령 등에 의하여 당해 사업을 폐지하거나 당해 사업용재산을 처분하는 경우라고 규정하고 있습니다('정당한 사유'의 구체적인 내용을 정한 「조세특례제한법」 제78조 제3항 규정의 경우 2007.2.28. 대통령령 제19888호로 삭제됨).

나. 한편, 법인간의 합병이 이루어지는 경우 사업용재산의 소유권의 이전과 이에 따른 등기가 수반되는 점, 합병일 현재 소비성서비스업(소비성서비스업과 다른 사업을 겸영하고 있는 경우에는 합병일이 속하는 사업연도의 직전 사업연도의 소비성서비스업의 사업별 수익금액이 가장 큰 경우에 한함)을 제외한 사업을 1년이상 계속 영위한 법인간의 합병에 한하여 등록세를 면제하고 있는 점(조세특례제한법 제119조 제1항 제2호 및 같은 법 시행령 제116조 제1항), 합병으로 인하여 취득세 중과대상 물건이 되는 경우에는 취득세 비과세를 배제하고 있는 점(지방세법 제110조 제4호) 등을 고려해 볼 때, 흡수합병으로 인하여 사업용재산의 소유권이 이전되는 경우에도 「조세특례제한법」 제119조 제4항 및 제120조 제5항 단서에서 추징대상으로 규정하고 있는 재산의 '처분'에 해당한다고 보는 것이 합리적이라 할 것입니다.

다. 또한 「조세특례제한법」 제119조 제4항 단서 및 제120조 제5항 단서에서 사업용재산을 처분한데 '대통령령이 정하는 정당한 사유'가 있는 경우에는 추징을 배제하도록 규정하고 있으나, 구 「조세특례제한법 시행령」 제78조 제3항 및 제116조 제9항에서 '합병'을 추징을 배제할 수 있는 '정당한 사유'로 규정하고 있지 아니하므로, 조세법률주의의 원칙상 '합병'으로 인한 사업용재산의 처분에 대하여 추징을 배제할 수 있는 '정당한 사유'에 해당한다고 보기도 어렵다고 할 것입니다.

라. 따라서 귀문의 경우, 개인사업자(갑)가 「조세특례제한법」 제32조에 따른 현물출자방식으로 법인을 신설(A법인)하여 사업용재산의 취득·등기에 대한 취득, 등록세를 감면받은 후, 추징유예기간 이내(2년)에 B법인에게 흡수합병되어 감면받은 사업용재산의 소유권이 이전된 경우라면 「조세특례제한법」 제119조 제4항 단서 및 제

120조 제5항 단서규정에 의한 감면받은 취득· 등록세 추징대상에 해당한다고 사료되나, 이에 해당하는지의 여부는 과세권자가 사실조사 후 최종 결정할 사항이라 할 것입니다. 끝.

[문서번호] 지방세운영과-3013 [생산일자] 2009.7.28.

Q [질의] 양도소득세 이월과세 적용중인 건물을 철거하고 신축하는 경우

A [회신] 부동산임대업을 영위하는 거주자가 해당 사업용 건물과 토지를 현물출자하여 법인으로 전환하고 「조세특례제한법」 제32조에 따른 양도소득세의 이월과세를 적용받은 다음 「도시 및 주거환경정비법」 상 도시환경 정비사업에 따라 건물을 철거 후 신축하여 그 사업을 계속하는 경우는 「조세특례제한법」 제2조 제1항 제6호에 따른 사업용고정자산 등을 양도하는 경우와 같은 법 제32조 제5항 제1호에 따른 사업을 폐지하는 경우에 해당되지 아니하는 것임(조특, 기획재정부 재산세제과-360, 2015. 05. 07.).

Q [질의] 구 건물을 철거 한 후 건물을 신축하는 경우 과세특례 적용여부

A [회신] 임대업 건물을 현물출자받은 피출자법인이 현물출자자산의 일부는 임대업에 사용하고 나머지는 피출자법인의 사업인 부동산공급업에 사용하고자 구 건물을 철거 한 후 건물을 신축하는 경우 법인세법 제47조의2에 따른 과세특례를 적용받을 수 있는 것임. 다만 피출자법인이 현물출자일의 다음 사업연도 개시일부터 2년 이내에 출자법인으로부터 승계받은 고정자산가액의 1/2이상을 처분하는 경우에는 승계한 사업의 폐지에 해당됨(법인, 서면법규과-142 , 2013.02.07.)

Q [질의] 현물출자 과세특례 요건(사업의 계속성) 충족 여부

A [회신] 출자법인이 임대업에 사용하던 건물과 토지(이하 현물출자자산)를 현물출자받은 피출자법인이 현물출자자산의 일부는 부동산임대업에 계속 사용하고 나머지는 피출자법인의 사업인 부동산공급업에 사용하고자 구 건물을 철거 한 후 건물을 신축하는 경우 해당 현물출자자산은 출자법인으로부터 승계받은 사업과 피출자법인의 사업에 사용하는 것임(법인, 법인세과-104 , 2013.02.19.)

바. 양도소득세의 이월과세

(1) 개 설

현물출자방법에 의하여 개인기업을 법인으로 전환함에 따라 개인에서 사용하던 부동산이나 기계장치 등을 법인명의로 승계 또는 이전하여야 하는데, 조세특례제한법 제32조에서는 법인전환과정에서 발생하는 양도소득세에 대하여 요건을 충족하는 경우에는 이월과세하도록 하고 있다.

"이월과세(移越課税)"란 개인이 해당 사업에 사용되는 사업용고정자산 등(이하 이 호에서 "종전사업용고정자산 등"이라 한다)을 현물출자(現物出資) 등을 통하여 법인에 양도하는 경우 이를 양도하는 개인에 대해서는 소득세법 제94조에 따른 양도소득에 대한 소득세(이하 "양도소득세"라 한다)를 과세하지 아니하고, 그 대신 이를 양수한 법인이 그 사업용고정자산 등을 양도하는 경우 개인이 종전사업용 고정자산 등을 그 법인에 양도한 날이 속하는 과세기간에 다른 양도자산이 없다고 보아 계산한 같은 법 제104조에 따른 양도소득 산출세액 상당액을 법인세로 납부하는 것을 말한다(조세특례제한법 제2조 제1항제6호). 즉, 거주자가 사업용 고정자산을 현물출자하여 법인으로 전환하고 당해 사업용 고정자산에 대하여 이월과세를 적용받은 경우, 당해 법인이 당해 사업용 고정자산을 양도한 날이 속하는 사업연도에 이월과세액을 법인세로 납부하여야 하는 것이다.

(2) 이월과세 적용대상자산의 취득가액

중소기업간의 통합(영 제28조) 및 개인기업의 법인전환(영 제29조)에 따른 이월과세를 적용함에 있어서 이월과세적용대상자산의 취득가액은 당해자산 취득당시의 실지거래가액으로 한다(조세특례제한법 시행규칙 제15조제1항). 취득당시의 실지거래가액이 불분명한 때에는 통합일·법인전환일 또는 현물출자일 현재의 당해자산에 대하여 다음 각호의 규정을 순차로 적용하여 계산한 금액을 소득세법 시행령 제176조의2 제2항 제2호의 규정을 준용하여 환산한 가액으로 한다(조세특례제한법 시행규칙 제15조제2항).

1. 감정평가 및 감정평가사에 관한 법률에 따른 감정평가업자가 감정한 가액이 있는 경우 그 가액. 다만, 증권거래소에 상장되지 아니한 주식등을 제외한다.
2. 상속세 및 증여세법 제38조·동법 제39조 및 동법 제61조 내지 제64조의 규정을 준용하여 평가한 가액

(3) 이월과세 적용의 인부(認·否)

이월과세 적용의 인부에 관하여 아래의 질의회신 등에서 보기로 한다.

Q 현물출자에 의한 법인전환시 부동산의 양도가액을 과소신고하여 「조세특례제한법」 제32조의 이월과세 적용을 배제하여 양도소득세를 과세함

A 청구인은 쟁점건물을 시가가 아닌 장부가액에 의해 부가가치세 신고시 매입세액 공제를 받았고, 1개 감정기관의 감정가액은 같은 법 제60조 제2항 후단의 시가로 인정되는 감정가액이 아닌 점 등에 비추어, 현물출자에 의한 법인전환시 부동산의 양도가액을 과소신고한 것으로 보고 이월과세의 적용을 배제하여 양도소득세를 과세한 처분은 잘못이 없음(양도, 조심-2015-부-4572, 2016.04.25, 기각, 진행중).

Q 양도가액의 특례적용의 필수적요건

A 거주자가 사업용 고정자산을 현물출자 방법에 의하여 법인전환하는 경우의 당해 사업용자산에 대하여 조세감면규제법 제32조 제1항의 규정에 의한 양도가액의 특례를 적용받은 경우 그 양도가액의 특례 적용금액을 법인의 장부가액으로 계상하였는지 여부는 동 규정에 의한 양도가액의 특례적용의 필수적요건에 해당하지 아니하는 것이나 동 규정에 의하여 양도가액의 특례가 적용된 사업용고정자산을 법인이 양도하는 경우의 양도가액에서 공제할 취득가액은 그 양도가액의 특례적용 금액이 되는 것임(양도, 재일46014-2267, 1996.10.09.).

Q [판시사항] 의사 갑이 을 의료법인을 설립하고 개인병원 운영과 관련하여 보유하던 부동산 등 자산과 부채를 을 법인에 포괄적으로 양도한 후 위 부동산에 대해 구 조세특례제한법 제32조에 따른 양도소득세 이월과세를 신청하였으나 과세관청이 갑에게 양도소득세를 부과한 사안에서, 재단법인 설립을 위한 '출연'은 위 법조항이 정한 '출자'와 다르다는 이유로 위 부동산의 양도는 이월과세의 적용을 받을 수 없다고 본 원심판단을 수긍한 사례

A [판결요지] 의사 갑이 재산을 출연하여 을 의료법인을 설립하고 갑의 개인병원 운영과 관련하여 보유하던 부동산 등 자산과 부채를 을 법인에 포괄적으로 양도한 후 위 부동산에 대해 구 조세특례제한법(2009. 5. 21. 법률 제9671호로 개정되기 전의 것, 이하

'구 조특법'이라 한다) 제32조에 따른 양도소득세 이월과세를 신청하였으나 과세관청이 갑에게 양도소득세를 부과한 사안에서, 구 조특법 제32조, 구 조세특례제한법 시행령(2009. 6. 19. 대통령령 제21545호로 개정되기 전의 것) 제29조에서 말하는 '출자'는 법인에 대하여 그 구성원이 자본적 가치가 있는 지출을 하고 그에 따라 법인의 이익을 분배받을 권리 등을 가지는 경우로서, 재단법인의 설립자가 재산상 손실로 재단법인의 재산을 구성하되 그로부터 어떠한 이득을 취하지 않는 '출연'과는 본질적으로 다른 개념이라는 전제에서 위 부동산의 양도는 구 조특법 제32조에 의한 이월과세의 적용을 받을 수 없다고 본 원심판단을 수긍한 사례(대법원 2012.09.27. 선고 2012두11607 판결).

Q [질의] 개인사업자가 현물출자로 법인전환을 하고자 할 때 사업용고정자산에 대한 양도소득세 이월과세신청이 조세특례제한법 제120조의 취득세 감면적용의 필수 조건인지 여부

A [회신] 조세특례제한법 제120조에서는 동법률 제32조에 따른 현물출자 또는 사업 양도·양수에 따라 취득하는 사업용 재산에 대하여는 취득세를 면제하도록 규정하고 있고, 취득세를 면제하는 취지는 실질적으로 동일한 사업주가 사업의 운영형태만을 바꾸는 것에 불과하여 재산이전에 따르는 취득세 등을 부과할 필요가 적음과 더불어 개인사업의 법인 전환을 장려함에 있다는 점에 비추어 볼 때 현물출자에 의한 법인전환 시 양도소득세의 이월과세를 적용받는 대상에 맞추어 사업용 고정자산인 재산만을 의미한다고 한정 해석할 것은 아니므로(대법원 2003.3.14.선고 2002두 12182 판결 참조) 귀 질의와 같이 취득세 감면을 받기위하여 조세특례제한법 제32조 제3항의 이월과세 적용신청이 필수적이 아니라고 판단됩니다. 다만 이에 대하여는 과세권자가 사실관계 등을 면밀히 검토 후 최종 판단할 사항임을 알려드립니다.

[문서번호] 세제과-7425

[세목] 취득세

[생산일자] 2012.6.19

[생산기관] 서울특별시 본청

Q [질의] 법인전환에 따른 이월과세 신청한 양도물건이 명의신탁재산으로 확인된 경우

A [회신] 위 과세기준자문 신청의 사실관계와 같이, 거주자가 명의신탁한 부동산을 양도한 후 명의수탁자 명의로 법정 신고기한에 양도소득세를 신고하고 「조세특례제한법」 제32조 제1항 및 같은법 시행령 제29조 제4항에 따라 이월과세적용신청서를 납세지 관할 세무서장에게 제출한 경우로서 명의신탁 사실이 확인되어 실제 소유자에게 양도소득세를 부과하는 경우 해당 양도소득세 상당액은 같은법 제32조에 따른 이월과세를 적용받을 수 없는 것입니다(양도, 기준-2015-법령해석재산-0199 [법령해석과-2527], 2015.10.02.).

Q [심판결정례] 쟁점토지를 사업용 고정자산으로 보아 「조세특례제한법」 제32조에 따른 법인전환에 대한 양도소득세 이월과세 규정을 적용할 수 있는지 여부

A 쟁점토지는 청구인들이 증여로 취득한 후 현재까지 공부상 지목이 답으로 등재되어 있고, 부동산임대업을 영위할 수 있는 건축물이 존재하지 아니한 점, 청구인들은 쟁점토지가 임대사업에 공하는 고정자산임을 주장하면서 사업자등록증을 교부받았으나, 법인전환 출자시점까지 임대를 개시하거나 사업용으로 사용한 사실이 없는 점 등에 비추어 이 건 과세처분은 잘못이 없음(전심번호, 양도, 조심-2014-서-4849, 2015.03.18, 기각, 완료 귀속연도 2013).

Q [심판결정례] 법인전환으로 양도소득세의 이월과세를 적용받았다가 사후관리 규정의 위반에 해당한다 하여 청구인에게 양도소득세를 과세한 처분의 당부

A 청구인 등은 이미 주식 전부를 양도하였으므로 법인의 사업을 폐지하는 경우의 사후관리 규정을 적용하기 어려워 보이는 점 등에 비추어 이 건 처분은 잘못이 있는 것으로 판단됨(양도, 조심-2016-서-1185 , 2016.06.03, 취소, 완료 귀속연도 2011)/
사실관계 및 관련 법령 등을 종합하여 살피건대, 「조세특례제한법」 상 양도소득세의 이월과세는 개인이 해당 사업에 사용되는 사업용고정자산 등을 현물출자 등을 통하여 법인에 양도하는 경우 이를 양도하는 개인에 대해서는 양도소득세를 과세하지 아니하고, 그 대신 이를 양수한 법인이 그 사업용고정자산 등을 양도하는 경우 개인이 종전 사업용고정자산 등을 그 법인에 양도한 날이 속하는 과세기간에 다른 양도자산이 없다고 보아 계산한 「소득세법」 제104조에 따른 양도소득 산출세액 상당액을 법인세

로 납부하는 것인바, 청구인 등이 쟁점토지를 OOO에 현물출자할 당시에는 이월과세에 대한 사후관리 규정이 없었던 점, 청구인 등이 현물출자로 취득한 주식을 양도할 당시(2012.6.29.)에도 주식양도에 대하여 사후관리 규정이 없었고, 지병으로 중환자실에서 치료중 사망한 김OOO이 사망 3일전 OOO 주식을 양도한 것은 법인전환에 대한 사후관리 규정을 위배하였다고 보기 어려운 점, 청구인 등은 이미 OOO 주식 전부를 양도하였으므로 법인의 사업을 폐지하는 경우의 사후관리 규정을 적용하기 어려워 보이는 점 등에 비추어 처분청이 2013.1.1. 개정된 「조세특례제한법」 제32조 제5항 제1호 규정을 적용하여 쟁점토지의 현물출자에 따른 양도소득세 이월과세액을 청구인들에게 과세한 이 건 처분은 잘못이 있는 것으로 판단된다.

Q 개인사업자가 법인전환 후 양도한 사업용자산을 임차하여 계속 개인사업 영위시 이월과세 적용여부

A 법인전환 후 거주자가 당초 법인에 사업 양도한 사업용 고정자산을 임차하여 법인전환 전 사업을 계속 영위할 경우에는 이월과세를 적용받을 수 없는 것임(양도, 서면법규과-310, 2014.04.02.).

(4) 이월과세적용신청서 제출

양도소득세의 이월과세를 적용받고자 하는 자는 현물출자 또는 사업양수도를 한 날이 속하는 과세연도의 과세표준신고(예정신고를 포함한다)시 새로이 설립되는 법인과 함께 기획재정부령이 정하는 이월과세적용신청서를 납세지 관할세무서장에게 제출하여야 한다(조세특례제한법 시행령 제29조제4항).

Q 이월과세를 신청한 후 확정신고기한내에 착오발견시 수정신고 해당 여부 등

A 조세특례제한법 제32조에 따라 현물출자한 자가 양도소득세 예정신고기한내에 이월과세를 신청을 한 후 확정신고기한 전에 착오를 발견한 경우로서 확정신고기한까지 같은 법 시행령 제29조제4항에 따라 이월과세적용신청서를 수정하여 납세지 관할세무서장에게 제출하는 경우에는 양도소득세의 이월과세를 적용받을 수 있는 것이며, 이는 「국세기본법」 제47조의 2의 규정이 개정(2010.1.1. 법률 제9911호로 개정된 것을 말함)된 이후 현물출자하여 법인전환하는 경우에도 동일하게 적용되는 것입니다

(양도, 상속증여세과-67, 2013.04.25.).

Q 양도소득세 이월과세적용신청서 제출기한

A 조세감면의 경우 감면요건을 충족하는 경우에는 감면신청을 하지 않더라도 감면대상이 되는 것으로 해석함으로써 위와 같은 기한 내의 제출규정을 단순한 협력의무에 불과한 것으로 보고 있으나, 이 건의 경우는 조세감면이 아니라 이월과세에 관한 것이고, 조세감면의 경우는 납세자가 변경되지 않지만 이월과세의 경우는 납세자가 개인에서 법인으로 변경되어 부과하여야 할 조세가 개인에서 법인으로 전가되는 문제가 있기 때문에 납세자의 명확한 의사표시가 요구되는 점을 감안할 때, 이월과세적용신청서의 기한(당해 과세연도의 양도소득 과세표준 확정신고)내의 제출규정을 납세자의 단순한 협력의무로 보기 보다는 최소한 당해 과세연도 양도소득 과세표준 확정신고 기한까지 납세자가 이를 선택하도록 한 것으로 봄이 타당하므로, 청구인이 현물출자한 쟁점부동산에 대하여 양도소득 과세표준 확정신고 기한까지 양도소득세 이월과세적용신청서를 제출하지 아니한 데 대하여 처분청이 이월과세 적용을 배제하여 양도소득세를 과세한 이 건 처분은 잘못이 없다(양도, 조심2010중1618 , 2010.09.15 , 기각 , 완료 귀속연도 2006).

[서식] 이월과세적용 신청서

조세특례제한법 시행규칙 [별지 제12호서식] <개정 2015.3.13.>

이월과세적용 신청서

※ 뒤쪽의 작성방법을 읽고 작성하시기 바랍니다. (앞쪽)

구분		
신청인 (양도자)	① 상호	② 사업자등록번호
	③ 성명	④ 생년월일
	⑤ 주소 (전화번호 :)	

구분		
양수인	⑥ 상호	⑦ 사업자등록번호
	⑧ 성명	⑨ 생년월일
	⑩ 주소 (전화번호 :)	

이월과세적용 대상 자산

⑪ 자산명	⑫ 소재지	⑬ 면적	⑭ 취득일	⑮ 취득가액

⑯ 양도일	⑰ 양도가액	⑱ 이월과세액	⑲ 비고

소멸하는 사업장의 순자산가액의 계산

⑳ 사업용자산의 합계액(시가)	부채 ㉑ 과목	 ㉒ 금액	㉓ (⑳ - ㉒) 순자산가액

「조세특례제한법 시행령」 [ ]제28조제3항 [ ]제29조제4항 [ ]제63조제10항 [ ]제65조제5항 에 따라 이월과세의 적용을 신청합니다.

년 월 일

신청인(양도인) (서명 또는 인)
양수인 (서명 또는 인)
세무서장 귀하

첨부 서류	1. 사업용자산 및 부채명세서 1부 (전자신고 방식으로 제출하는 경우에는 구비서류를 제출하지 않고 법인이 보관합니다) 2. 현물출자계약서 사본 1부(「조세특례제한법 시행령」 제63조제10항에 따라 신청하는 경우로 한정합니다)	수수료 없 음
담당 공무원 확인사항	이월과세적용대상자산의 건물(토지) 등기사항증명서	

210mm×297mm[백상지 80g/㎡ 또는 중질지 80g/㎡]

(5) 이월과세에 대한 양도소득세 징수

법인전환에 대하여 이월과세가 적용된 법인이 법인의 설립등기일부터 5년 이내에 다음의 어느 하나의 사유가 발생하는 경우에는이월과세 적용받은 거주자가 사유발생일이 속하는 달의 말일부터 2개월 이내에 제1항에 따른 이월과세액(해당 법인이 이미 납부한 세액을 제외한 금액을 말한다)을 양도소득세로 납부하여야 한다. 이 경우 사업 폐지의 판단기준 등에 관하여 필요한 사항은 대통령령으로 정한다(조세특례제한법 제32조 제5항).

(가) 해당 법인이 양도소득세 이월과세를 적용받은 거주자로부터 승계받은 사업을 폐지하는 경우 : 이 경우, 해당 법인이 현물출자 또는 사업양도양수 방법으로 취득한 사업용고정자산의 2분의1 이상을 처분하거나 사업에 사용하지 않은 경우에는 사업의 폐지로 보나, 다음의 어느 하나에 해당하는 경우에는 사업의 폐지로 보지 아니한다(조세특례제한법 시행령 제29조 제6항).

1. 전환법인이 파산하여 승계받은 자산을 처분한 경우
2. 전환법인이 「법인세법」 제44조제2항에 따른 합병, 같은 법 제46조제2항에 따른 분할, 같은 법 제47조제1항에 따른 물적분할, 같은 법 제47조의2제1항에 따른 현물출자의 방법으로 자산을 처분한 경우
3. 전환법인이 법 제37조에 따른 자산의 포괄적 양도에 따라 자산을 장부가액으로 양도한 경우
4. 전환법인이 「채무자 회생 및 파산에 관한 법률」에 따른 회생절차에 따라 법원의 허가를 받아 승계받은 자산을 처분한 경우

(나) 양도소득세 이월과세를 적용받은 거주자가 법인전환으로 취득한 주식 또는 출자지분의 100분의 50 이상을 처분하는 경우(조세특례제한법 제32조 제5항 제2호) : 이 경우 “처분”이란 주식 또는 출자지분의 유상이전, 무상이전, 유상감자 및 무상감자를 포함하는 것이나, 다음의 어느 하나에 해당하는 경우에는 처분으로 보지 아니한다(조세특례제한법 제29조 제7항).

1. 법 제32조제1항을 적용받은 거주자(이하 이 조에서 "해당 거주자"라 한다)가 사망하거나 파산하여 주식 또는 출자지분을 처분하는 경우
2. 해당 거주자가 법인세법 제44조제2항에 따른 합병이나 같은 법 제46조제2항에 따른 분할의 방법으로 주식 또는 출자지분을 처분하는 경우
3. 해당 거주자가 법 제37조에 따른 자산의 포괄적 양도, 법 제38조에 따른 주식의 포괄

적 교환·이전 또는 법 제38조의2에 따른 주식의 현물출자의 방법으로 과세특례를 적용받으면서 주식 또는 출자지분을 처분하는 경우

4. 해당 거주자가 「채무자 회생 및 파산에 관한 법률」에 따른 회생절차에 따라 법원의 허가를 받아 주식 또는 출자지분을 처분하는 경우
5. 해당 거주자가 법령상 의무를 이행하기 위하여 주식 또는 출자지분을 처분하는 경우
6. 해당 거주자가 가업의 승계를 목적으로 해당 가업의 주식 또는 출자지분을 증여하는 경우로서 수증자가 법 제30조의6에 따른 증여세 과세특례를 적용받은 경우

여기에 해당하는 경우에는 수증자를 해당 거주자로 보아 법 제32조제5항을 적용하되, 5년의 기간을 계산할 때 증여자가 법인전환으로 취득한 주식 또는 출자지분을 보유한 기간을 포함하여 통산한다(조세특례제한법 제29조 제8항).

Q 2013.1.1. 개정된 조세특례제한법 제32조 제5항 제2호가 적용되는 경우는 '2013. 1. 1. 이후 주식을 처분한 분부터'이다

A 법문 내용과 관련 규정들의 조문체계, 입법의 경과, 입법취지 등을 종합하여 보면, 조세특례제한법(2013. 1. 1. 법률 제11614호로 개정된 것) 제32조 제5항 제2호가 적용되는 경우는 '2013. 1. 1. 이후 주식을 처분한 분부터'이다(양도, 창원지방법원-2015-구합-1616 , 2016.04.12 , 국승 , 완료 귀속연도 2013).

[판단]

1) 조세법률주의의 원칙상 조세법규의 해석은 특별한 사정이 없는 한 법문대로 해석하여야 하고 합리적 이유 없이 확장해석하거나 유추해석하는 것은 허용되지 않지만, 법규 상호 간의 해석을 통하여 그 의미를 명백히 할 필요가 있는 경우에는 조세법률주의가 지향하는 법적 안정성 및 예측가능성을 해치지 않는 범위 내에서 입법 취지및 목적 등을 고려한 합목적적인 해석을 하는 것은 허용된다(대법원 2008. 2. 15. 선고 2007두4438 판결, 대법원 2008. 4. 24. 선고 2006두187 판결, 대법원 2014. 5. 16. 선고 2011두13088 판결 등 참조).

2) 이 사건의 쟁점은 이 사건 개정법률조항이 2013. 1. 1. 이후 주식을 취득한 분부터 적용되는지, 아니면 2013. 1. 1. 이후 주식을 처분한 분부터 적용되는지 여부이다. 그런데 아래에서 보는 바와 같이 법 제32조의 법문 내용과 관련 규정들의 조문체계, 입법의 경과, 입법취지 등을 종합하여 보면, 이 사건 개정법률조항이 적용되는 경우는 '2013. 1. 1. 이후 주식을 처분한 분부터'라고 할 것이다.

① 부칙 제11조는 "법 제32조 제5항의 개정규정은 2013. 1. 1. 이후 승계받은 사업을 폐지하거나 취득한 주식 또는 출자지분을 처분하는 분부터 적용한다."라고 규정하고 있다. 그런데 위 조항의 문언 자체만 놓고 볼 때 '2013. 1. 1. 이후'라는 문구가 원고의 주장과 같이 '승계받은' 및 '취득한' 이라는 단어를 수식하는 것으로 볼 수 있지만, 다른 한편으로 '폐지' 및 '처분' 이라는 단어를 수식하는 것으로 해석될 여지도 있다. 따라서 위 규정은 법문만으로는 그 의미를 일의적으로 확정하기 어렵고, 법 제32조 제5항의 법문 내용과 인접 조문들의 체계, 입법의 경과, 입법취지 등을 종합하여 파악할 수밖에 없다.

② 부칙 제11조는 법 제32조 제5항의 적용시기를 2013. 1. 1. 이후로 규정하면서 나머지 부분에 관하여는 법 제32조 제5항의 문언(승계받은 사업을 폐지, 취득한 주식 또는 출자지분을 처분)을 그대로 사용하고 있다. 따라서 부칙 제11조의 정확한 의미는 부칙만을 놓고 볼 것이 아니라 그 전제가 된 법 제32조 제5항의 의미에 따라 해석해야 할 것이다. 그런데 법 제32조 제5항은 법인이 (5년 이내에) 거주자로부터 승계받은 사업을 폐지하거나(1호), 거주자가 (5년 이내에) 법인전환으로 취득한 주식 또는 출자지분의 100분의 50 이상을 처분하는 경우(2호)를 규정하고 있는바, 위 조항의 문언에 비추어 '승계받은'이라는 문구는 '사업'이라는 단어를, '취득한'이라는 문구는 '주식 또는 출자지분'이라는 단어를 각 수식할 뿐 그 자체로 독자적인 의미를 갖고 있지는 않다. 결국 위 규정들을 종합하여 보면, 부칙 제11조의 '2013. 1. 1. 이후'라는 문구가 수식하는 단어는 '폐지' 및 '처분'으로 봄이 상당하고, '승계' 또는 '취득'이라는 문구는 법 제32조 제5항의 법문을 그대로 차용하면서 삽입된 것으로, '사업', '주식 또는 출자지분'이라는 단어를 수식할 뿐 그 자체로 적용시점을 정하는 기준이 되는 것은 아니라고 봄이 상당하다.

③ 이는 법 제32조 제5항 및 부칙규정의 개정경과를 보더라도 알 수 있다. 즉 법 제32조 제5항은 2011. 12. 31. 법률 제11133호로 신설되었는데, 당시 구법 부칙 제12조는 "제32조 제5항의 개정규정은 2012. 1. 1. 이후 사업을 폐지하거나 유상감자하는 분부터 적용한다."고 규정하여 법이 금지하는 행위를 한 시점을 기준으로 적용시기를 정하였다. 그리고 위 조항은 2013. 1. 1. 법률 제11614호로 개정되었는데, 이는 제32조 제5항 제2호의 요건을 자본금 유상감자에서 주식 또는 출자지분의 유상이전, 무상이전, 유상감자, 무상감자로 확대하기 위한 것으로 보인다(법 시행령 제29조 제7항 참조). 따라서 구법이 개정된 것은 법이 금지하는 행위의 범위를 일부 달리 하기 위한 것일 뿐이므로, 적용시점에 관한 기준(금지하는 행위를 한 시점을 기준으로 법을 적용

하는 것)을 구법과 달리 인정할 이유가 없다. 그 후 부칙 제11조는 2014. 12. 23. "법 제32조 제5항의 개정규정은 2013. 1. 1. 이후 사업을 폐지하거나 주식 또는 출자지분을 처분하는 분부터 적용한다."라고 하여 구법 부칙과 마찬가지로 법이 금지하는 행위를 한 시점을 기준으로 적용시기를 분명히 하였다.

④ 법 제32조 제5항의 입법취지는 개인기업이 법인으로 전환할 때 인정되는 양도소득세 이월과세규정이 양도소득세 회피수단으로 악용되는 것을 방지하는 데 있으므로, 위 조항을 적용하기 위한 기준시점은 방지하고자 하는 행위가 발생한 때, 즉 사업을 폐지하거나 주식 또는 지분을 처분한 때를 기준으로 하는 것이 상당하다.

3) 따라서 피고가 2013. 3. 18. 이 사건 주식을 처분한 원고에게 이 사건 개정법률조항이 적용된다고 보아 한 이 사건 처분은 적법하다.

제2절 발기설립방법에 의한 현물출자 법인설립

제1관 총 설

1. 의 의

“주식회사”란 자본금을 주식으로 분할하여 그 분할된 자본금에 대한 지분을 가진 주주가 주식의 인수가액을 한도로 출자의무를 부담하는 유한책임의 회사를 말한다. 주주는 그 주식의 인수가액을 한도로 하는 출자의무를 부담할 뿐, 회사채무에 대하여 아무런 책임도 지지 않는다. 따라서 주식회사의 근본적 특색은 자본과 주식과 주주의 유한책임에 있다고 할 수 있다.

주식은 자본금의 구성분자인 금액을 의미한다. 각 주주는 자기가 가지고 있는 주식금액에 따라 자본금액에 대한 비율로 회사사업에 참여하고 회사재산에 대한 몫을 가지고 있으므로 주주의 회사에 대한 권리와 의무는 주식을 단위로 하여 정하여진다.

자본금은 발기인과 주식청약자의 출자로 이루어지는 일정한 기금으로서 발행주식의 총액을 말하고, 주식은 자본금의 구성요소이다.

구 상법에서는 액면주식의 발행만이 허용되었으므로 모든 주식회사의 자본금이 발행주식의 액면총액으로 인식되었으나, 개정상법에서는 무액면주식이 발행될 수 있으므로 자본금은 액면주식과 무액면주식의 발행으로 구성된다.

“발기설립”이란 발기인이 회사의 설립시에 발행하는 주식총수의 전부를 인수하는 것에 의하여 주식회사를 설립하는 것을 말한다.

발기설립은 비교적 인적관계가 있는 소수의 발기인들이 회사 설립 시에 발행하는 주식의 전부를 인수함으로써 회사를 설립하기 때문에 주금의 납입도 편리한 방법으로 할 수 있고, 그 납입을 해태하는 때에는 일반원칙에 의하여 채무불이행의 경우와 같이 다루며, 이사와 감사도 간단하게 선임할 수 있다.

2. 설립절차

주식회사 설립시 자본금이 10억 이상인지 미만인지에 따라 설립절차에 있어 크게 차이가 난다. 10억미만의 경우에는 임원 중 1인 이사도 가능하지만 10억이상인 경우에는 3인이상의 이사와 감사가 필수기관으로 이사회를 구성하여야 한다.

그리고 현물과 현금출자가 병존하는 경우 주금납입에 있어서도 10억 이상은 은행발행의 주금납입서가 첨부되지만 10억미만의 경우에는 잔고증명서로 갈음하고, 10억 이상인 경우에는 정관 및 의사록의 공증을 받아야 한다.

다음에서 주식회사 발기설립의 절차를 보기로 한다.

(1) 상호를 결정한다.

주식회사 상호를 정한다. 따라서 "주식회사"를 해당 상호의 앞뒤 중 어디에 위치시킬지를 결정한다. 상호를 정하였으면 사용하고자하는 상호가 해당 관할등기소에 이미 등록이 되어 있는 상호인지의 여부를 대법원 사이트에서 상호검색을 이용하여 찾아본다. 동일 관할등기소에서는 동일한 상호를 사용할 수 없다.(이하 상호의 구체적설명은 148면 참조)

(2) 법인 사무실(본점)을 정한다.

본점 소재지를 정하여야 한다. 주소는 도로명 주소로 기재하여야 한다.

(3) 현물출자가액과 자본금을 결정한다.

법인의 자본금은 100원부터 가능하다. 여기서는 현물출자인 경우이므로 현물출자가액이 자본금으로 정해진다.

현물출자가액이란 법인기업의 자산과 부채를 법인에 현물출자하는 가액, 즉 법인전환일 현재 시가로 평가한 순자산가액을 말한다. 이것은 현물출자 하는 자산총액에서 부채총액을 차감한 것이다. 이때 자산과 부채의 평가는 유형자산 등과 같은 감정대상 자산은 감정기관의 감정금액, 이외의 자산과 부채에 대하여는 공인회계사 감사보고서에 나타나는 수정금액을 기준으로 평가한다.

(4) 사업목적을 정한다.

설립회사가 하고자하는 사업과 관련된 목적사항을 정한다. 사업목적의 범위가 너무 광범

위해서는 안되고, 구체적이어야 한다. 신청서의 등기할 사항(197면 참조)

(5) 발기인을 구성한다.

"발기인"이란 주식회사의 정관의 작성자로 원시정관 말미에 발기인으로서 기명날인 또는 서명한 자를 말하며(상법 제289조 제1항), 실질적으로 발기인으로서 회사의 설립에 진력하였다 하더라도 원시정관에 기명날인 또는 서명하지 아니한 자는 발기인이라고 할 수 없다(학설과 판례). 발기인과 임원은 동일인이 아니어도 상관없다.

(6) 임원으로 이사, 감사, 대표이사를 정한다.

법인의 대표이사, 사내이사, 감사 등 등기부등본에 기재 될 임원을 정한다. 그리고 이사, 감사 중 발기인이 아닌 자(주식이 없는 자) 1인을 임원으로 정하여 조사보고자로 선임하여야 한다. 구체적 설명은 166면 참조.

(7) 정관을 작성한다.

구체적 설명은 147면 참조.

(8) 출자의 이행과 주식을 인수한다.

현물출자를 하는 발기인은 납입기일에 지체없이 출자의 목적인 재산을 인도하고 등기, 등록 기타 권리의 설정 또는 이전을 요할 경우에는 이에 관한 서류를 완비하여 교부하여야 한다(상법 제295조 제2항).

상법상 주식인수인이 납입기일에 납입을 하지 아니하면 그 권리를 잃는 다는 뜻을 기일 2주 전에 그 주식인수인에게 통지하여야 하고, 이 통지를 받은 주식인수인이 그 기일내에 납입을 이행하지 아니한 때에는 그 권리를 잃는다(상법 제307조).

설립중의 회사가 성립하기 위해서는 정관이 작성되고 발기인이 주식을 인수하였을 것을 요건으로 한다(상법 제293조, 대법원 2000. 1. 28. 선고 99다35737 판결).

주식회사의 자본금은 주식에 의한 출자로써 형성되므로 발기인은 설립시에 발행하는 주식을 반드시 인수하여야 한다. 이 규정은 모집설립의 경우와 발기설립의 경우에 모두 적용된다.

(9) 발기인총회를 열어 법인의 실체를 구성한다.

발기인총회는 주식회사의 주식인수인으로서 구성되는 설립 중의 회사의 의사결정기관이다. 발기인총회를 열어 이사와 감사의 선임(상법 제296조)등 상법상 주식회사의 실체를 구성한다. 구체적 설명은 162면 참조.

제2관 정관의 작성

1. 서 설

가. 개 설

주식회사설립의 경우 정관은 1인 이상의 발기인이 작성하여야 하고(상법 제288조), 상법 제289조 제1항에서 규정하고 있는 절대적 기재사항을 기재하여야 한다.

"발기인"이란 형식적으로는 정관에 발기인으로 기명날인 또는 서명한 사람을 말하는 것으로, 실질적으로 볼 때는 회사의 설립사무에 참가하더라도 정관에 발기인으로서 기명날인 또는 서명하지 않은 이상 법률상 발기인이 되지 못한다. 즉 정관에 발기인으로서 기명날인 또는 서명한 이상은 실제로 설립사무를 담당하지 않았다고 하더라도 발기인으로서의 책임을 져야 한다(상법 제289조, 제322조, 제323조 및 제326조).

주식회사를 설립하기 위한 발기인은 1명 이상이어야 하고(상법 제288조), 발기인은 반드시 1주 이상의 주식을 인수해야 한다(상법 제293조).

나. 현물출자

현물출자에 의한 법인의 설립 시에는 출자자의 성명과 그 목적인 재산의 종류, 수량, 가격과 이에 대하여 부여할 주식의 종류와 수를 정관에 기재하여야 그 효력이 있다.

현물출자계약에 관하여는 80면 참조, 현물에 대한 감정평가에 대하여는 84면 참조.

2. 절대적 기재사항

가. 개 설

주식회사 설립의 정관에는 절대적 기재사항, 상대적 기재사항 및 임의적 기재사항이 있다. 정관의 절대적 기재사항은 ①목적, ②상호, ③회사가 발행할 주식의 총수, ④액면주식을 발행하는 경우 1주의 금액, ⑤회사의 설립 시에 발행하는 주식의 총수, ⑥본점의 소재지, ⑦회사가 공고를 하는 방법, ⑧발기인의 성명·주민등록번호 및 주소이며 이들 절대적 기재사항 중 하나라도 기재를 누락하면 정관은 무효가 된다(상법 제289조).

나. 목 적(상법 제289조 제1항 제1호)

"목적"이란 회사가 경영하고자 하는 사업을 말한다. 법인의 목적을 등기사항으로 정하고 있는 것은 법인은 원래 정관으로 정한 목적의 범위 내에서만 권리능력이 있으며(민법 제34조), 그 목적사업 이외의 사업은 영위할 수 없기 때문에 목적을 특정함으로써 법인의 권리능력의 범위를 일반인에게 공시하기 위한 것이다.

목적은 회사가 경영하려고 하는 사업을 뜻하므로, 사회통념상 그 사업이 무엇인가를 알 수 있을 정도로 구체적이고 명확하게 기재하여야 하며, 상업, 물품제조업, 물품판매업 등과 같이 불분명하게 기재하여서는 안 된다. 그리고 "회사"란 상행위나 그 밖의 영리를 목적으로 하여 설립한 법인(상법 제169조)이기 때문에 비영리사업을 회사의 목적으로 할 수 없고, 강행법규나 공서양속에 위반하는 것은 회사의 목적으로 정할 수 없다. 회사의 설립목적이 불법한 것인 때에는 법원이 해산을 명할 수 있다(상법 제176조 제1항).

회사의 목적은 위와 같은 제한이 따르지만, 원칙적으로 어떠한 사업을 목적으로 할 것인가는 회사의 자유이다. 다만, 특별법 등에 의하여 관청의 인·허가를 필요로 하는 경우에는 등기 시에 그 인·허가서를 등기신청서에 첨부하여야 한다.

다. 상 호(상법 제289조 제1항 제2호)

(1) 개 설

"상호"란 상인이 영업상 자기를 표시하기 위하여 사용하는 명칭을 말한다. 상업등기법은 제29조 중 "확연히 구별할 수 있는 상호가 아니면"을 "동일한 상호는"으로 개정(2009. 5. 28)하였다. 개정취지는 현재 회사를 설립하기 위하여 동일 또는 유사한 상호가 이미 등기되어 있는지 여부를 조사·확인하기 위한 시간의 지연과 추가 상호선정에 많은 시간이 소요되어 신속한 법인 설립에 걸림돌이 되고 있고, 기업활동의 광역화 추세에 부합하지 못하며, 등기관이 상호의 유사성 여부를 자의적으로 판단할 우려가 있으므로 유사상호이더라도 등기할 수 있도록 하려는 취지이다.

기존의 상업등기법 하에서는 법인 설립 시 특정한 상호와 동일하지는 않으나 일반 거래상 이와 혼동, 오인될 우려가 있는 상호는 사용할 수가 없었다. 따라서 동일한 영업을 위하여 동일한 특별시 · 광역시 · 시 또는 군 내에서 다른 사람이 등기한 상호와 동일하지만 아니하면 상호로 사용할 수 있는 것이다.

대법원은 "유사상호 등의 판단 기준에 관한 예규(제1295호 2009. 5. 28 개정)를 개정하여 위 법률의 개정에 뒷받침 하였다.

(2) 등기할 수 없는 상호

등기관은 다음 각 호의 어느 하나에 해당하는 경우에는 등기신청을 각하한다(등기예규 제1547호).

1. 상법등기법 제29조에 의해 등기할 수 없는 상호
2. 법령으로 상호에 사용하는 것을 금지한 문자를 사용한 경우

【예시】 회사가 아니면서 상호에 회사임을 표시하는 문자를 사용한 경우(상법 제20조), 금융투자업자가 아니면서 상호에 금융투자라는 문자를 사용한 경우(자본시장과 금융투자업에 관한 법률 제38조제1항), 보험회사가 아니면서 상호에 보험회사임을 표시하는 문자를 사용한 경우(보험업법 제8조제2항) 등. 다만, '보험대리점'이라는 문자는 보험회사임을 표시하는 문자로 볼 수 없다(보험업법 제2조제1호, 제5호, 제9호 등).

3. 법령으로 상호에 일정한 문자(증권, 신탁 등)를 사용할 것을 규정 하였음에도 불구하고 그러한 문자를 사용하지 아니한 경우
4. 상호에 지점, 지사, 지부, 출장소 등의 문자나 영업부문임을 표시하는 문자(영업부, 판매부 등)를 사용한 경우(상법 제21조제2항에 따라 지점의 상호에 본점과의 종속관계를 표시하기 위하여 사용하는 경우는 제외한다). 다만, 대리점, 특약점 등의 문자는 상호에 사용할 수 있다.
5. 상호가 국가·공공단체 또는 그 소속기관 및 공법인과 관련성이 있다고 오인될 우려가 있는 경우

【예시】 국가기관으로 오인하게 할 수 있는 문자를 상호에 사용한 경우, 지방공기업법 등 관련 법령에 따라 설립된 것이 아니면서 지방공사, 지방공단, 공사, 공단 등의 문자를 상호에 사용한 경우 등

6. 상호가 선량한 풍속 기타 사회질서에 반하는 경우

【예시】 상호에 외설스러운 문자를 사용한 경우

7. 사회적 유명 인사의 성명권을 침해할 우려가 있는 경우

8. 회사의 종류를 표시하는 부분을 제외하면 신청인의 상호가 업종을 표시하는 문자만으로 구성되어 있는 경우

(3) 동일상호 판단을 요하는 등기사건

㉮ 등기관이 동일상호 여부를 조사·판단하여야 하는 등기 사건은 다음 각 호와 같다.

1. 회사의 설립 등기
2. 상호의 등기
3. 상호의 변경 등기
4. 목적의 변경 등기
5. 본점 또는 영업소를 다른 등기소의 관할 구역에서 당해 등기소의 관할구역으로 이전하는 등기(본점을 이전하는 회사의 지점 등기가 당해 등기소의 관할 구역에 이미 있는 경우에도 마찬가지이다).
6. 상호의 가등기
7. 주식회사 또는 유한회사를 설립하고자 할 때, 회사의 상호를 변경하고자 할 때, 회사의 본점을 이전하고자 할 때의 상호 가등기의 등기사항 중 목적을 변경하는 등기

㉯ 회사의 지점 및 외국회사의 영업소를 설치하거나 이전하는 등기, 지점의 등기기록에서 상호 또는 목적을 변경하는 등기신청에서는 동일상호 여부를 조사하지 아니한다.

(4) 타인의 동의가 있는 경우 등

상호를 등기한 타인이 신청인의 상호에 관한 등기에 동의하거나 신청인이 발행한 주식을 100% 소유한 모회사라 하더라도, 동일상호인 경우에 등기관은 상호에 관한 등기 신청을 수리할 수 없다.

(5) 동일상호의 판단 요건

상호에 관한 등기 신청이 다음 각 호의 요건을 충족할 경우 등기관은 그 신청을 각하하여야 한다.

1. 신청인이 타인의 상호의 등기가 있는 특별시·광역시·시·군의 관할 등기소에 상호에 관한 등기를 신청하였을 것
2. 신청인의 상호가 타인의 상호와 동일할 것

3. 신청인이 타인과 동일 또는 동종의 영업을 하거나 하려고 할 것

(6) 타인이 등기한 상호의 범위

㉮ 등기관은 신청인의 상호가 회사의 상호(지점 및 외국회사 영업소의 상호를 포함한다), 가등기된 상호, 자연인인 상인의 등기된 상호에 대하여 동일상호인지를 조사하여야 한다.

㉯ 등기관은 등기신청된 상호가 타인이 등기한 상호와 동일한지를 판단하기 위하여 해산 또는 파산선고된 회사의 상호에 대하여도 조사하여야 한다. 다만, 청산종결, 파산종결 또는 파산폐지의 등기가 되어 그 등기기록이 폐쇄된 회사의 상호는 그러하지 아니하다.

(7) 상호 자체의 판단방법

상호 자체의 동일성을 판단할 때 다음 각 호의 문자가 있는 경우에는 이를 제외한 나머지 부분만으로 동일성을 판단한다.

1. 회사의 종류를 표시하는 문자(합명회사, 합자회사, 주식회사, 유한회사)
2. 상업등기의 상호 및 외국인의 성명 등기에 관한 예규에 근거하여 상호에 병기된 로마자 등

(8) 목적의 적격성

1. 목적(본 절에서 '업종'을 포함한다)은 적격성이 있어야 하며, 적격성이 없는 목적은 등기할 수 없고, 등기되었어도 동일상호 여부를 판단할 때 고려하지 아니한다.
2. 목적은 영리성이 있어야 하고, 강행법규나 선량한 풍속 기타 사회질서에 반하여서는 아니 된다.
3. 목적은 상인이 수행하거나 하려고 하는 영업을 사회 일반인이 쉽게 인식할 수 있도록 명확하고 구체적이어야 한다.
4. 등기관은 통계청장이 작성·고시하는 한국표준산업분류중 소분류 이하를 참고하여 목적의 구체성을 판단할 수 있다.

(9) 영업의 동종성 판단

1. 목적의 전부 또는 주된 부분이 동일하거나 동종인 경우뿐 아니라 일부가 그러한 경우에도 원칙적으로 영업의 동종성은 인정된다.

2. 두 상인의 목적 중 어느 일방의 목적이 상대방의 목적을 포함하는 경우에는 영업의 동종성이 인정된다.
3. 목적 중 '전 각 호에 부대하는(또는 관련되는) 일체의 업무'라는 부분은 영업의 동종성을 판단할 때 고려하지 않는다.

라. 회사가 발행할 주식의 총수(상법 제289조 제1항 제3호)

회사가 발행할 주식의 총수란 회사가 장래 발행하기로 예정하고 있는 주식의 총수, 즉 이사회에 대하여 발행을 수권한 주식수의 최대한을 의미하는 것으로 발행예정 주식의 총수를 말한다(상법 제289조 제1항 제3호).

위 발행예정주식총수 중 설립시에 발행하는 주식 수를 공제한 나머지는 소위 수권주식(授權資本)으로서, 원칙적으로 이사회의 결의에 의하여 수시로 신주를 발행하게 된다.

마. 액면주식을 발행하는 경우 1주의 금액(상법 제289조 제1항 제4호)

구 상법에서의 "1주의 금액"을 개정법에서 "액면주식을 발행하는 경우 1주의 금액"으로 하였는바, 이는 개정상법(2012. 4. 15시행)이 무액면주식 발행제도를 도입하여 회사가 액면주식과 무액면주식을 선택적으로 발행할 수 있도록 함으로서 비롯된 것이다(상법 제291조 및 제329조 제1항).

액면주식을 발행할 경우 1주의 금액은 균일하여야 하고, 액면주식 1주의 금액은 100원 이상이어야 한다(상법 제329조 제2항). 이 금액은 설립 시에 발행하는 주식에 대하여서 뿐만 아니라 장래 발행될 주식의 액면가를 정하고 있다.

액면주식은 액면가의 기재가 있는 주식으로서, 주권에 그 표창하는 주식의 수 이외에 1주의 금액이 기재되고(상법 제356조 제4호), 정관에도 그 금액의 기재를 하여야 한다.

회사는 정관으로 정하는 바에 따라 발행된 액면주식을 무액면주식으로 전환하거나 무액면주식을 액면주식으로 전환할 수 있다(상법 제329조 제4항).

바. 회사의 설립 시에 발행하는 주식의 총수(상법 제289조 제1항 제5호)

개정상법(2012. 4. 15시행)은 제289조 제2항의 "회사설립 시 발행하는 주식의 총수는 회사가 발행할 주식총수의 1/4이상이어야 한다"는 요건을 폐지하였다(상법 제289조 제2항 삭제). 이에 따라 회사설립 시 발행하여야 하는 주식수에 대한 제한이 전혀 없게 되었다.

구 상법이 이런 비율의 유지를 요구한 이유는 회사설립 시에 발행주식총수에 비하여 과

다한 발행예정주식총수를 표방하지 못하도록 하고 회사설립 후 이사회에 지나치게 넓은 신주발행권한을 부여하는 것을 억제하기 위한 것이었다.

개정취지는 회사설립 시 발행하는 주식수의 최저한도제도가 소규모 자본으로 사업을 시작하려는 기업에 대해서 장애가 되고, 수권자본을 변경하기 위해서는 정관을 변경하여야 하는데, 정관변경은 주주총회의 특별결의를 요구하고 있기 때문에 자금조달이 원활히 이루어지지 못하는 등의 문제가 있으므로 이를 해결하기 위한 것이다. 따라서 정관변경의 필요가 없을 정도로 충분한 수량의 발행예정주식총수를 정해 놓을 수 있다.

그러나 설립 시 발행주식의 수를 폐지함으로써 적정 자본규모에 비해 지나치게 많은 발행예정주식수를 가진 회사가 출현할 수 있고, 투자자에게 잘못된 정보로 위험을 끼칠 수 있다는 우려가 있다.

사. 본점의 소재지(상법 제289조 제1항 제6호)

주식회사설립의 경우 실무에서는 이사회에서 구체적인 장소를 정하고, 정관에는 본점소재지의 최소독립행정구역(특별시, 광역시)만 기재하고 있다.

아. 회사가 공고를 하는 방법(상법 제289조 제1항 제7호)

설립등기사항은 관보 또는 시사에 관한 사항을 게재하는 일간신문에 하여야 한다. 다만, 회사는 그 공고를 정관으로 정하는 바에 따라 전자적 방법으로 할 수 있다(상법 제289조 제3항).

회사가 정관에서 전자적 방법으로 공고할 것을 정한 경우라도 전산장애 또는 그 밖의 부득이한 사유로 전자적 방법으로 공고를 할 수 없는 때에는 미리 정관에서 정하여 둔 관보 또는 시사에 관한 사항을 게재하는 일간신문에 공고하여야 한다(상법 시행령 제6조 제4항).

자. 발기인의 성명·주민등록번호 및 주소(상법 제289조 제1항 제8호)

이는 발기인이 누구인가를 명백히 하고 그 책임소재를 분명히 하기 위한 것이다. 정관에 기명날인 또는 서명할 때에 그곳에 주소와 주민등록번호를 병기하여 이 기재요건을 충족시킬 수 있다. 발기인이 법인이면 상호, 등록번호, 본점소재지를 기재하면 된다.

3. 상대적 기재사항

가. 개 설

"상대적 기재사항"이란 이를 정관에 기재하지 아니하여도 정관자체의 효력에는 아무런 영향을 미치는 않지만 그 사항을 정관에 기재하지 않으면 그 사항이 회사와 주주에 대한 관계에 있어서 효력이 발생하지 않는 사항을 말한다(상법 제290조). 즉 ㉠변태설립사항, ㉡주식에 관한 사항, ㉢주주총회에 관한 사항, ㉣이사·감사·청산인에 관한 사항, ㉤기타사항 등 크게 5가지로 나눌 수 있다. 차례로 본다.

나. 변태설립사항

변태설립사항이란, 발기인의 권한 남용에 의하여 자본충실을 해할 우려가 있는 사항, 즉 회사의 자본적 기초를 약화시킬 우려가 있는 사항들을 말한다(상법 제290조). 즉, 현물출자나 재산인수와 같이 금전 이외의 재산으로 이루어지는 경우, 그 과대평가에 의하여 자본충실의 원칙에 반하여 다른 사원이나 채권자를 해할 염려가 있으므로 회사의 부담으로 돌아갈 설립비용, 발기인이 받아야 할 보수·특별 이익 등을 말한다(상법 제290조, 제544조, 제295조, 제299조, 제550조).

변태설립사항은 원시정관에 기재해야만 그 효력이 인정되고, 원칙적으로 법원이 선임한 검사인의 조사를 받아야 하며(상법 제299조, 제310조), 그것이 부당하다고 인정하는 때에는 발기설립의 경우에는 법원이, 모집설립의 경우는 창립총회에서 이를 변경할 수 있도록 하고 있다(상법 제310조, 제314조). 변태설립사항을 정관에 기재한 회사설립을 변태설립이라 한다. 모집설립의 경우에는 주식청약서에도 변태설립사항을 기재하여야 한다(상법 제302조 제1항).

다. 변태설립사항의 종류

(1) 발기인이 받을 특별이익과 이를 받을 자의 성명(상법 제290조 제1호)

특별이익은 회사설립을 위한 발기인의 공로에 대하여 회사가 주는 일정한 우선적 특권을 인정하는 것을 말한다.

특별이익은 보통 회사성립 후 계속적으로 주어지는 재산상의 이익이며, 이익배당이나 잔여재산분배에 있어서의 우선권, 신주인수에 관한 우선권, 회사의 설비이용에 관한 특권, 계속적 거래의 약속 등을 인정하는 것이 이에 해당된다. 그러나 발기인에게 이사, 감사 등의 지위를 약속하는 것은 다른 주주의 의결권을 제약하는 것이므로 허용되지 아니하고, 소유주식에 대한 확정이자의 지급, 주금납입의 면제, 무상주의 교부 등 자본충실의 원칙에 위배되는 특별이익을 받을 것은 인정되지 않는다. 특별이익은 발기인 전부에게 평등할 필요는 없으며, 주주의 지위와는 상관없는 것이므로 정관에 다른 정함이 없는 한 특별이익만을 분리하여 양도 또는 상속할 수 있다.

(2) 현물출자를 하는 자의 성명과 그 목적인 재산의 종류, 수량, 가격과 이에 대하여 부여할 주식의 종류와 수(상법 제290조 제2호)

정관에는 현물출자자의 성명과 출자 목적물인 재산의 종류, 수량, 가격과 이에 대하여 부여할 주식의 종류와 수를 기재하여야하며, 목적물인 재산은 그 동일성을 파악할 수 있을 정도로 구체적으로 특정하여 기재하여야 한다(상법 제290조 제2호).

정관에 현물출자의 내용을 기재하기 위하여는 현물출자 재산의 감정평가를 거친 후 그 평가액을 기재하여야 한다.

(3) 회사성립 후에 양수할 것을 약정한 재산의 종류, 수량, 가격과 그 양도인의 성명(상법 제290조 제3호)

회사설립에 있어서 그 성립 후에 특정인으로부터 일정한 재산을 회사가 매수할 것을 약정하는 것을 재산인수라 한다. 이것은 발기인이 설립중의 회사를 위하여 회사의 성립을 조건으로 특정재산을 양수할 것을 내용으로 하는 계약이다.

"회사성립 후에 양수할 것을 약정"한다. 함은 이른바 재산인수로서 발기인이 설립될 회사를 위하여 회사성립을 조건으로 다른 발기인이나 주식인수인 또는 제3자로부터 금전 이외의 재산을 회사에서 양수할 것을 약정하는 계약을 의미한다(상법 제290조 제3호).

재산인수는 금전이외의 재산을 제공하는 점에서 현물출자와 유사하지만, 개인법상의 거래행위인 점에서 단체법상의 출자행위인 현물출자와 구별된다. 재산인수는 정관에 기재하여야 효력이 있는 것이므로, 정관에 기재되지 않은 재산인수는 무효이며 창립총회의 승인, 회사설립 후의 추인, 정관변경이 있더라도 그 무효가 치유될 수 없다(다수설). 다만 판례(아래 판례 참조)는 재산인수가 동시에 상법 제375조가 규정하는 사후설립에 해당하고, 이에 대하여 주주총회의 특별결의에 의한 추인이 있다면 유효하다고 판시하였다.

[판례] 갑과 을이 공동으로 축산업 등을 목적으로 하는 회사를 설립하기로 합의하고 갑은 부동산을 현물로 출자하고 을은 현금을 출자하되, 현물출자에 따른 번잡함을 피하기 위하여

회사의 성립 후 회사와 갑 간의 매매계약에 의한 소유권이전등기의 방법에 의하여 위 현물출자를 완성하기로 약정하고 그 후 회사설립을 위한 소정의 절차를 거쳐 위 약정에 따른 현물출자가 이루어진 것이라면, 위 현물출자를 위한 약정은 그대로 상법 제290조 제3호가 규정하는 재산인수에 해당한다고 할 것이어서 정관에 기재되지 아니하는 한 무효라고 할 것이나, 위와 같은 방법에 의한 현물출자가 동시에 상법 제375조가 규정하는 사후설립에 해당하고 이에 대하여 주주총회의 특별결의에 의한 추인이 있었다면 회사는 유효하게 위 현물출자로 인한 부동산의 소유권을 취득한다고 한 사례(대법원 1992.09.14. 선고 91다33087 판결).

[판례] 상법 제290조 제3호 소정의 "회사 성립 후에 양수할 것을 약정"한다는 것의 의미와 회사 성립 후 회사와 현물출자자 사이의 매매계약의 방법에 의하여 현물출자를 완성하기로 한 약정의 효력

상법 제290조 제3호 소정의 "회사 성립 후에 양수할 것을 약정"한다 함은 회사의 변태설립의 일종인 재산인수로서 발기인이 설립될 회사를 위하여 회사의 성립을 조건으로 다른 발기인이나 주식인수인 또는 제3자로부터 일정한 재산을 매매의 형식으로 양수할 것을 약정하는 계약을 의미하므로, 당사자 사이에 회사를 설립하기로 합의하면서 그 일방은 일정한 재산을 현물로 출자하고, 타방은 현금을 출자하되, 현물출자에 따른 번잡함을 피하기 위하여 회사의 성립 후 회사와 현물출자자 사이의 매매계약에 의한 방법에 의하여 위 현물출자를 완성하기로 약정하고 그 후 회사설립을 위한 소정의 절차를 거쳐 위 약정에 따른 현물출자가 이루어진 것이라면, 위 현물출자를 위한 약정은 그대로 위 법조가 규정하는 재산인수에 해당한다고 할 것이어서 정관에 기재되지 아니하는 한 무효이다(대법원 1994.05.13. 선고 94다323 판결).

(4) 회사가 부담할 설립비용과 발기인이 받을 보수액(상법 제290조 제4호)

"설립비용"이란 회사의 설립사무를 집행하는데 필요한 비용으로 정관의 작성, 인증비, 주식청약서, 법인설립등록세, 등기수수료, 설립사무의 임차료, 설립 사무를 위한 통신비, 비품비, 인건비, 주식 모집의 광고비, 주금납입의 취급을 위탁한 은행이나 신탁회사 등에 지급할 수수료, 창립총회의 소집 비용, 현물 출자의 목적물을 감정인에게 감사 내지 감정시킨 경우 그 비용 등을 포함한다(상법 제290조 제4호).

여기에서 주의할 것은 설립비용이란 회사의 설립 사무소에 소요된 경비이므로 회사의 설립 시까지만 발생된 비용이며 그 이후의 비용은 설립비용이 될 수가 없다.

설립비용이나 발기인의 보수를 변태설립사항으로 규정한 것은 발기인의 권한남용에 의한 과다한 비용이나, 보수의 책정을 막기 위하여 원시정관에 기재하도록 한 것이다.

(5) 변태설립사항의 변경

변태설립사항이 부당하다고 인정한 때에는 이를 변경할 수 있다. 변경 통고가 있은 후

2주 내에 주식의 인수를 취소한 발기인이 없는 때에는 정관은 변경통고에 따라 변경된 것으로 본다(상법 제300조 제3항).

라. 주식에 관한 사항

(1) 설립 당시의 주식발행사항의 결정

회사가 발행할 주식의 총수, 액면주식을 발행하는 경우 1주의 금액, 회사의 설립시에 발행하는 주식의 총수는 반드시 정관으로 정하는 것이나(상법 제289조 제1항), 그 외의 주식발행에 관한 사항은 정관에 다른 규정이 없는 한 발기인이 정할 수 있다. 즉, "①주식의 종류와 수, ②액면주식의 경우에 액면 이상의 주식을 발행할 때에는 그 수와 금액, ③무액면주식을 발행하는 경우에는 주식의 발행가액과 주식의 발행가액 중 자본금으로 계상하는 금액"은 정관에 다른 규정이 없으면 발기인 전원의 동의로 정하여야 한다(상법 제291조).

차례로 본다.

(2) 주식의 종류와 수(상법 제291조 제1호)

(가) 의 의

개정상법은 제344조에서 종류주식에 대한 총괄규정을 둔 다음 제344조의2부터 제351조까지 각 종류주식의 유형별로 별도의 조문을 규정하였다.

'종류주식'이란 소정의 권리에 관하여 특수한 내용을 부여한 주식을 말한다. 개정상법은 다양한 종류의 주식을 발행하는 제도를 도입하였다(상법 제344조, 제345조 및 제346조 개정, 제344조의2부터 제344조의4까지 신설).

구 상법 제344조에서는 이익배당이나 잔여재산분배 등에 관하여 그 내용이 다른 종류주식만을 인정하고 있어서 종류주식 중 이익배당에 있어서 내용이 다른 주식, 즉 배당우선주 외의 주식은 발행사례가 거의 없는 바, 기업 측에서 보면 자금조달수단으로 활용할 수 있는 종류주식이 배당우선주 하나뿐이어서 원활한 자금조달을 실현하는데 상당한 애로가 있었다.[1)]

(나) 종류주식의 발행

회사는 이익의 배당, 잔여재산의 분배, 주주총회에서의 의결권의 행사, 상환 및 전환 등에 관하여 내용이 다른 종류의 주식을 발행할 수 있으며, 이 경우에는 정관으로 각 종류주

---

1) 국회 법제사법위원회 상법 일부개정법률안 심사보고서

식의 내용과 수를 정하여야 한다(상법 제344조 제2항).

(다) 무액면주식을 발행하는 경우에는 주식의 발행가액과 주식의 발행가액 중 자본금으로 계상하는 금액(상법 제291조 제3호)

개정 상법은 경영상 어려운 여건에 처한 기업이 자금조달을 원활하게 할 수 있도록 하기 위하여 무액면주식 제도를 도입하였다. 다만 완전한 무액면주식 제도를 도입하지 않고 액면주식과 무액면주식 제도를 허용하면서 기업들의 필요에 따라 그 중 한 가지 제도를 선택하도록 하였는바(상법 제291조, 제329조제1항), 개정상법 제291조 제3호는 "무액면주식을 발행하는 경우에는 주식의 발행가액과 주식의 발행가액 중 자본금으로 계상하는 금액"은 정관에 다른 규정이 없으면 발기인 전원의 동의로 정하도록 하였다(상법 제291조 제3호).

(라) 주식의 전자등록

개정상법 제356조의2는 주식의 전자등록에 관한 근거 및 등록절차, 법적 효력 등에 관하여 규정하였다.

전자등록제도는 회사가 임의로 채택할 수 있으며, 이를 채택하기 위해서는 정관에 규정을 두어야 한다(상법 제356조의2 제1항). 이 경우 전자등록부를 주주명부로 간주한다.

회사는 회사가 성립한 날 또는 주금납입 후 지체 없이 전자등록을 하여야 하며, 전자등록부에 주식을 등록한 자는 그 주식을 적법하게 소유한 것으로 추정하는 한편, 전자등록부에 주식을 등록한 회사의 주주는 실물 주권의 발행을 청구할 수 없다.

개정상법 제478조제3항은 회사가 채권(債券)을 발행하는 대신 정관으로 정하는 바에 따라 공인된 전자등록기관의 전자등록부에 채권자의 권리를 등록할 수 있게 하고, 전자등록부에 등록된 채권자의 권리에 관하여는 주식의 전자등록에 관한 규정을 준용하도록 하였다[2]. 같은 취지에서 개정상법 제516조의7에서는 신주인수권의 전자등록제도도 신설하였다.

개정상법은 IT기술의 발전과 유가증권의 무권화(無券化)추세에 따라 주권·사채권을 실물로 발행하는 대신 전자등록기관에 등록하여 증권을 소지하지 않고서도 권리의 양도·담보

2) 주식과 사채의 전자등록 외에도 상업증권에 대한 전자화규정도 신설하였다. 즉, 금전의 지급청구권·물건이나 유가증권의 인도청구권 또는 사원의 지위를 표시하는 유가증권도 실물유가증권을 발행하지 않고 공인된 전자등록기관의 전자등록부에 그 권리를 등록할 수 있는데 이 경우 주식의 전자등록에 관한 규정을 준용하도록 하고 있다(상법 제65조제2항).

설정·권리행사가 가능한 전자등록제도를 도입할 필요성을 반영한 것이다.[3)]

(마) 주식의 강제매도·매수청구

① 서 설

개정상법은 제360조의24 이하에서 지배주주에 의한 소수주식의 전부 취득규정을 신설하여 대주주가 발행주식을 95% 이상 보유하는 경우에는 공정한 가격을 지불하고 소수주주의 주식을 강제로 매수할 수 있도록 하는 한편, 소수주주도 대주주에게 주식의 매수를 청구할 수 있도록 하였다. 이는 특정주주가 주식의 대부분을 보유하는 경우 주주간에 대등한 관계를 유지하기 어렵기 때문에 주주총회 개최비용 등 소수주주 관리비용을 절감하고 기동성 있는 의사결정이 가능하도록 하기 위해 소수주주로부터 주식을 매입하여 100% 주주가 되는 길을 마련함과 동시에 소수주주에게도 출자를 회수할 수 있는 길을 열어주기 위한 것이다.[4)]

② 지배주주의 강제매도청구

1) 개 설

회사의 발행주식 총수의 100분의 95 이상을 자기의 계산으로 보유하고 있는 주주(이하 이 관에서 "지배주주"라 한다)는 회사의 경영상 목적을 달성하기 위하여 필요한 경우에는 회사의 다른 주주(이하 "소수주주"라 한다)에게 그 보유하는 주식의 매도를 청구할 수 있다(상법 제360조의24 제1항).

보유주식의 수를 산정할 때에는 모회사와 자회사가 보유한 주식을 합산한다. 이 경우 회사가 아닌 주주가 발행주식 총수의 100분의 50을 초과하는 주식을 가진 회사가 보유하는 주식도 그 주주가 보유하는 주식과 합산한다(상법 제360조의24 제2항).

매도청구를 할 때에는 미리 주주총회의 승인을 받아야 한다(상법 제360조의24 제3항). 주주총회의 소집을 통지할 때에는 ㉠지배주주의 회사 주식의 보유 현황 ㉡매도청구의 목적 ㉢매매가액의 산정 근거와 적정성에 관한 공인된 감정인의 평가 ㉣매매가액의 지급보증에 관한 사항을 적어야 하고, 매도를 청구하는 지배주주는 주주총회에서 그 내용을 설명하여야 한다(상법 제360조의24 제4항).

지배주주는 매도청구의 날 1개월 전까지 ㉠소수주주는 매매가액의 수령과 동시에 주권을 지배주주에게 교부하여야 한다는 뜻 ㉡교부하지 아니할 경우 매매가액을 수령하거나 지

3) 국회 법제사법위원회 상법 일부개정법률안 심사보고서

4) 국회 법제사법위원회 상법일부개정 법률안 심사보고서

배주주가 매매가액을 공탁(供託)한 날에 주권은 무효가 된다는 뜻을 공고하고, 주주명부에 적힌 주주와 질권자에게 따로 그 통지를 하여야 한다(상법 제360조의24 제5항).

2) 매매가액의 결정

매도청구를 받은 소수주주는 매도청구를 받은 날부터 2개월 내에 지배주주에게 그 주식을 매도하여야 한다(상법 제360조의24 제6항). 이 경우 그 매매가액은 매도청구를 받은 소수주주와 매도를 청구한 지배주주 간의 협의로 결정한다(상법 제360조의24 제7항).

매도청구를 받은 날부터 30일 내에 제7항의 매매가액에 대한 협의가 이루어지지 아니한 경우에는 매도청구를 받은 소수주주 또는 매도청구를 한 지배주주는 법원에 매매가액의 결정을 청구할 수 있다(상법 제360조의24 제8항). 법원이 주식의 매매가액을 결정하는 경우에는 회사의 재산상태와 그 밖의 사정을 고려하여 공정한 가액으로 산정하여야 한다(상법 제360조의24 제9항).

③ 소수주주의 매수청구

지배주주가 있는 회사의 소수주주는 언제든지 지배주주에게 그 보유주식의 매수를 청구할 수 있다(상법 제360조의25 제1항). 매수청구를 받은 지배주주는 매수를 청구한 날을 기준으로 2개월 내에 매수를 청구한 주주로부터 그 주식을 매수하여야 한다(상법 제360조의25 제2항). 이 경우 그 매매가액은 매수를 청구한 주주와 매수청구를 받은 지배주주 간의 협의로 결정한다(상법 제360조의25 제3항).

매수청구를 받은 날부터 30일 내에 제3항의 매매가액에 대한 협의가 이루어지지 아니한 경우에는 매수청구를 받은 지배주주 또는 매수청구를 한 소수주주는 법원에 대하여 매매가액의 결정을 청구할 수 있다(상법 제360조의25 제4항).

법원이 주식의 매매가액을 결정하는 경우에는 회사의 재산상태와 그 밖의 사정을 고려하여 공정한 가액으로 산정하여야 한다(상법 제360조의25 제5항).

④ 주식의 이전 등

주식을 취득하는 지배주주가 매매가액을 소수주주에게 지급한 때에 주식이 이전된 것으로 본다(상법 제360조의26 제1항).

매매가액을 지급할 소수주주를 알 수 없거나 소수주주가 수령을 거부할 경우에는 지배주주는 그 가액을 공탁할 수 있다. 이 경우 주식은 공탁한 날에 지배주주에게 이전된 것으로 본다(상법 제360조의26 제2항).

⑤ 주식 인수금을 납입하지 않은 경우

주식인수인이 주식 인수금을 납입하지 않는 경우에는 강제이행의 방법 또는 실권(失權) 절차를 밟거나 납입되지 않은 주식을 발기인이 인수하는 방법이 있다.

1) 금전 또는 현물출자 등의 주식 인수금을 납입하지 않은 경우

회사가 발행한 주식을 인수한 주식인수인이 금전 또는 현물출자 등의 주식 인수금을 즉시 납입하지 않으면, 발기인은 그 주식 인수금을 이행하지 않은 주식인수인에 대해 강제이행절차를 통해 납입을 강제할 수 있으며(민법 제389조), 손해배상도 청구할 수 있다(민법 제390조).

2) 주식 인수금을 납입하지 않은 주식인수인에 대한 실권(失權)절차 집행

주식인수인에 대한 실권절차는 주식 인수금을 금전 등으로 지급하는 경우에만 집행되고 현물출자를 약속한 주식 인수인에게는 실권절차를 집행할 수 없다.

현물출자를 약속한 주식인수인에게 실권절차를 집행하여도 다른 사람으로부터 약속한 현물을 확보하는 것이 쉽지 않기 때문에, 현물출자를 이행하지 않은 주식인수인에게 실권절차를 집행할 수 없다.

주식인수인에 대한 실권절차는 다음과 같다(상법 제307조).

㉠ 발기인은 일정한 기간을 정하여 그 기간 내에 주식 인수금을 납입하지 않으면 '주식인수인의 권리를 잃는다'는 뜻을 그 기간 2주 전에 주식 인수금을 납입하지 않은 주식인수인에게 통지한다(상법 제307조제1항).

통지의 방법에는 제한이 없기 때문에 주식배정 통지와 같은 방법으로 통지할 수 있다. 발기인이 이 통지를 게을리 하거나 부정한 통지를 한 때에는 500만원 이하의 과태료가 부과된다(상법 제635조제1항제2호). 다만, 위반행위에 형(刑)을 받는 경우에는 과태료가 부과되지 아니한다(상법 제635조제1항 단서).

㉡ 발기인의 실권통지를 받은 주식인수인이 그 기간 내에 주식 인수금을 납입하지 않은 때에는 주식인수인으로서의 권리를 잃게 된다(상법 제307조제2항 전단).

권리를 잃은 주식인수인이 이후에 주식 인수금을 납입하여도 주식인수인으로서의 지위가 회복되지 않으며, 해당 주식인수인이 청약증거금 등을 납입한 경우에는 그 청약증거금의 반환을 청구할 수 있다.

㉢ 권리를 잃은 주식에 대해서 발기인은 다시 주식을 인수할 사람을 모집할 수 있다(상법 제307조제2항 후단).

주식을 인수할 사람을 모집하고 있음에도 인수할 사람이 없는 경우에는 발기인이 해당 주식을 인수하여 회사설립 절차를 진행할 수 있다.

㉣ 주식 인수금을 납입하지 않은 주식인수인은 손해배상 책임을 부담한다(상법 제307조 제3항).

주식청약서에 위약금에 대한 내용이 있으면 그에 따른 위약금 등을 지급하거나, 그러한 내용이 없는 경우에는 상행위로 인한 채무의 연 6%의 법정이율(상법 제54조)로 지연이자 등을 지급한다.

주식 인수금을 납입하지 않은 주식인수인이 있음에도 불구하고 발기인이 그에 대해 실권절차를 집행하지 않는 경우에는 그는 주식인수인으로서 권리를 잃지 아니한다. 주식인수인의 권리는 발기인이 실권절차를 집행하는 경우에만 상실되기 때문이다.

마. 주주총회에 관한 사항

(1) 개 설

주주총회에 관한 정관의 상대적 기재사항으로는 ㉮법정의 결의사항 이외의 것을 주주총회 결의사항으로 정하려는 경우(상법 제361조), ㉯본점소재지 또는 그 인접지 이외의 地에서 총회소집 취지(상법 제364조), ㉰정족수의 배제 기타 총회의 의결방법에 관한 다른 규정(상법 제368조 제1항, 제434조), ㉱서면에 의한 주주의 의결권 행사(상법 제368조의3) 등이 있다. 다음에서 주주총회에서 결의 할 수 있는 사항에 관하여 보기로 한다.

(2) 주주총회결의사항

주주총회의 결의사항은 반드시 주주총회에서 결의하여야 하며, 정관으로 다른 기관의 결정에 일임하지 못한다. 다만, 기본사항은 총회에서 결정하고 세부사항은 이사회에서 맡길 수 있다. 또한, 주주총회는 ①상법 또는 ②정관에 정해 놓은 사항에 한하여 결의할 수 있다(상법 제361조). 만약 정관에 없는 사항을 결의하는 경우 그 결의는 법률상 효력이 없다. 다음에서 상법상의 결의 사항과 정관에 의한 결의 사항에 관하여 보기로 한다.

(가) 상법상의 결의사항

상법상의 결의사항은 결의방법에 따라 다음 3가지로 분류할 수 있다

㉮ 보통결의사항(기본결의)

보통결의사항(기본결의)은 출석한 주주의 의결권의 과반수와 발행주식총수의 4분의1 이상의 수로 결의할 수 있는 사항을 말한다.

① 검사인의 선임(상법 제366조 제3항, 제367조), ② 이사, 감사의 선임(상법 제382조 제1항, 제409조 제1항), ③ 이사, 감사에 대한 보수의 결정(상법 제388조, 제415조), ④ 청산인의 선임, 해임과 그 보수의 결정(상법 제531조, 제539조 제1항; 제542조 제2항, 제388조), ⑤ 재무제표의 승인(상법 제449조 제1항, 제533조 제1항, 제534조 제5항), ⑥ 주식배당(상법 제462조의2 제1항), ⑦ 청산종결의 승인(상법 제540조 제1항), ⑧ 흡수합병의 합병보고총회(상법 제526조 제1항), ⑨총회의 연기 또는 속행의 결정(상법 제372조 제1항) 등이 있다.

㉯ 특별결의사항

특별결의사항은 출석한 주주의 의결권의 3분의2 이상의 수와 발행주식총수의 3분의1 이상의 수로 결의할 수 있는 사항을 말한다.

① 정관의 변경(상법 제434조), ② 회사의 영업에 중대한 영향을 미치는 다른 회사의 영업 전부 또는 일부의 양수(상법 제374조제1항제3호)[5], ③ 사후설립(상법 제375조), ④ 이사·감사의 해임(상법 제385조 제1항, 제415조), ⑤ 자본금의 감소(상법 제438조 제1항), ⑥ 주식의 액면미달 발행(상법 제417조 제1항), ⑦ 주식의 분할(상법 제329조의2), ⑧ 주주 이외의 자에게 전환사채 · 신주인수권부사채를 발행하는 경우에 중요한 사항(상법 제513조 제3항, 제516조의2 제4항), ⑨ 회사의 해산(상법 제518조), ⑩ 회사의 계속(상법 제519조), ⑪ 신설합병의 경우 설립위원의 선임(상법 제175조 제2항), ⑫ 회사의 합병계약서의 승인(상법 제522조 제1항, 제3항), ⑬ 회사의 분할·분할합병, 물적분할(상법 제530조의3, 상법 제530조의12), ⑭ 주식의 포괄적 이전·교환(상법 제360조의3, 제360조의16), ⑮ 주식의 소각(상법 제343조), ⑯ 주식매수선택권의 부여(상법 제340조의2, 상법 제542조의3) 등이 있다.

---

5) 개정상법(제374조제2항제3, 4호)은 영업의 전부와 일부를 구별하지 않고 영업에 중대한 영향을 미치는 경우에 주주총회의 특별결의를 얻도록 하였다. 즉 회사의 영업에 중대한 영향을 미치지 않는 영업전부의 양수는 개정상법 하에서는 주주총회의 특별결의가 불필요하게 된 것이다.

㉰ 특수결의사항

특수결의사항은 총주주의 동의 내지 총주주의 일치에 의한 총회의 결의를 필요로 하는 사항을 말한다. ①발기인, 이사, 감사 또는 청산인 등의 회사에 대한 책임의 면제(상법 제324조, 제400조, 제415조, 제462조의3, 제542조 제2항), ②주식회사의 유한회사로의 조직변경(상법 제604조 제1항)이 있다.

(나) 정관에 의한 결의사항

상법상 이사회 결의사항임에도 이를 주주총회 결의사항으로 확대하여 정관에 규정할 수 있다.

① 대표이사의 선임(상법 제389조 제1항 단서), ② 신주발행사항의 결정(상법 제416조 단서), ③ 준비금의 자본전입(상법 제461조 제1항 단서), ④ 전환사채 및 신주인수권부사채의 발행사항의 결정(상법제513조 제2항 단서, 제516조의2 제2항 단서 등)이 있다.

(다) 특별법상의 결의사항

특별법상의 결의사항으로 청산 중이거나 파산선고를 받은 회사에 대한 회생절차개시(채무자 회생 및 파산에 관한 법률 제35조)가 있다.

(3) 주주총회결의방법과 의결권의 행사

(가) 개 설

총회의 결의는 이 법 또는 정관에 다른 정함이 있는 경우를 제외하고는 출석한 주주의 의결권의 과반수와 발행주식 총수의 4분의 1 이상의 수로써 하여야 한다(상법 제368조). 의결권은 1주마다 1개로 한다(상법 제369조 제1항).

"의결권"은 주주가 자신의 의사표시를 통해 주주총회의 공동의 의사결정에 지분적으로 참가할 수 있는 권리를 말한다. 의결권은 주주의 가장 중요한 공익권이며, 보유권의 일종으로서 정관의 규정으로도 이를 박탈하거나 제한할 수 없고, 주주도 이를 포기하지 못한다.

의결권을 행사하기 위해서는 기명주식의 경우에는 주주명부에 주주로 등재되어 있어야 하며, 무기명주식의 경우에는 회일(會日)의 1주간 전에 주권을 회사에 공탁하여야 한다(상법 제368조 제2항).

(나) 정족수, 의결권수의 계산

개정상법 제371조는 정족수, 의결권수의 계산에 관하여 규정하고 있는바, 개정상법에서는 신설된 종류주식으로서의 의결권배제 및 제한주식(상법 제344조의3), 자기주식(상법 제369조 제2항) 그리고 의결권이 제한되는 상호주(상법 제369조 제3항)를 발행주식 총수에서 차감할 주식으로 명문화하였다.

개정상법은 의결권이 부분적으로 제한되는 주식도 인정하므로, 이 의결권제한주식은 의결권이 제한되는 의안을 위한 정족수계산에서는 발행주식 총수에서 제외시켜야 한다.

결의에 대해 특별한 이해관계가 있는 자는 의결권을 행사하지 못하고(상법 제368조 제4항), 감사를 선임할 때에는 발행주식 총수의 100분의3 이상을 가진 주주의 의결권을 100분의 3까지로 축소된다(상법 제409조 제2항, 542조의12 제3항). 구 상법 제371조 제2항은 특별 이해관계가 있는 자의 의결권만을 출석한 의결권에 산입하지 않았으나, 개정상법은 이에 더하여 감사선임 시에 의결권이 없는 주식도 적용대상에 포함시킨 것이다.

바. 이사와 감사, 이사회에 관한 사항

(1) 개 설

발기인은 인수한 주식의 인수가액 전액의 납입과 현물출자의 이행을 완료한 때에는 지체없이 주주총회에서 의결권의 과반수로 이사와 감사를 선임하여야 하는데(상법 제296조 1항), 발기인의 의결권은 그 인수주식 1주에 대하여 1개로 한다(상법 제296조 2항).

(2) 이사와 이사회에 관한 규정

(가) 개 설

㉮ 개정상법(2009. 2. 4시행)은 자본 총액이 10억원 미만인 소규모 회사는 이사가 2인인 경우에도 이사회에 관한 규정의 적용을 배제하고(상법 제383조 제5항), 이사회의 권한을 이사(정관에 의하여 대표이사가 있는 경우에는 대표이사)와 주주총회에 부여하였다(상법 제383조 제4, 6항).

㉯ 정관에서 이사 수의 상한을 규정하거나 또는 이사 수를 확정적으로 규정하는 것(예를 들어 이사 수는 7명으로 한다)은 회사의 규모에 따른 이사 수를 일정 규모로 제한함으로써 효율적인 경영을 도모하고 혹시 있을지 모를 적대적 기업인수 시도에 미리 대비하기 위함이나, 이사 수를 확정적으로 규정하는 것은 이사의 사임, 사망 등으로 결원이 발생하는 경우 지체 없이 주주총회를 개최하여 이사를 선임하여야 하는 불편이 있다.

㉰ 이사의 임기는 3년을 초과하지 못한다(상법 제383조 제2항). 그러나 정관으로 그 임기 중의 최종의 결산기에 관한 정기주주총회의 종결에 이르기까지 연장할 수 있다(상법 제383조 제3항). 여기의 "임기 중의 최종의 결산기"라 함은 임기 중에 도래한 최종의 결산기로서 당해 결산기가 임기 중에 도래한 경우를 말한다.

상법에서 이사의 임기는 정관으로 그 임기 중의 최종의 결산기에 관한 정기주주총회의 종료 시까지로 연장할 수 있도록 한 것은 이사의 임기가 결산기 말 이후 정기주주총회 전에 만료된 경우에 일시적으로 회사 내에 이사가 부족한 결과를 초래할 수 있기 때문에 이러한 사태를 미연에 방지할 수 있도록 한 것이다. 따라서 이러한 문제를 해결하기 위하여 회사에 따라서는 감사에 관한 임기 규정방식을 원용하여 정관상에 "이사의 임기는 취임후 ○년 내의 최종의 결산기에 관한 정기주주총회 종결 시까지로 한다"라고 규정하는 경우도 있다.

㉱ 사업연도 중에 이사의 결원이 생겨 보선을 하고자 할 때에는 주주총회에서 선임하여야 하는데, 이때 보선이사의 임기를 전임자의 잔여임기로 하고자 하면, 주주총회의 결의에 의하여 보선이사의 임기를 전임자의 잔여임기로 하거나, 정관에 "보선에 의하여 선임된 이사의 임기를 전임자의 잔여 임기로 한다"라는 규정을 두어야 한다.

(나) 이사회의 권한을 이사와 주주총회에 부여한 경우 주주총회의 권한

자본금 총액이 10억원 미만인 회사가 이사의 인원을 1, 2인으로 한 경우 이사회의 권한을 이사(정관에 의하여 대표이사가 있는 경우에는 대표이사)와 주주총회에 부여한 권한은 기존의 이사회가 가지고 있는 권리이다. 따라서 양도제한주식의 양도 시 승인, 주식매수선택권 부여 취소, 경업금지, 이사의 자기거래 승인, 신주의 발행결정, 전환사채, 신주인수권부사채의 발행결정, 준비금의 자본전입, 중간배당의 경우 주주총회에서 결정한다.

회사의 설립 시의 자본금의 총액이 10억원 이상으로 반드시 3명 이상의 이사를 선임하여야 하거나(상법 제383조 제1항 본문), 자본금의 총액이 10억원 미만임에도 불구하고 3명 이상의 이사를 선임한 경우(상법 제383조 1항 단서)에는 대표이사를 주주총회에서 선정한다는 정관의 규정에 의하여 발기인이 대표이사를 선정하는 경우를 제외하고는 이사회에서 대표이사를 선정하여야 한다(상법 제389조 1항).

(다) 이사의 선임

회사의 설립 시에 자본금의 총액이 10억원 미만인 경우에는 1명 또는 2명의 이사만을 선임할 수 있다(상법 제383조 제1항 단서). 특히 1명 또는 2명의 이사만을 두는 경우에는 이들을 모두 사내이사로 선임하여야 한다(등기예규 제1297호 2). 왜냐하면 회사가 1명 또

는 2명의 이사를 선임한 경우에는 원칙적으로 각 이사가 회사를 대표하고, 일정한 경우 회사의 업무집행과 관련하여 이사회의 기능을 담당하기 때문에(상법 제383조 제6항) 회사의 상무에 종사하지 않는 사외이사를 선임할 수가 없기 때문이다.

회사가 2명의 이사만을 선임하면서 예외적으로 정관에 따라 대표이사를 정한 경우에도 이들 이사는 모두 사내이사이어야 한다(등기예규 제1297호 2.나.).

수인의 이사를 선임하는 경우에는 반드시 해당 이사가 사내이사인지 사외이사(상무에 종사하지 아니하는 이사)인지를 구분하여 선임하여야 한다(상법 제317조 제2항 제8호). 그런데, 회사의 설립 시에 발기인이 3명 이상의 이사를 선임하는 경우에, 만약 정관에 이사와 사외이사는 주주총회에서 구분하여 선임하되 주주총회에서 선임된 이사 중 사내이사와 사외이사를 이사회에서 선임하도록 규정하고 있다면 이사회에서 사내이사 또는 사외이사(상법 제317조 제2항 8호)를 선임할 수 있으므로, 이 경우에는 발기인이 이사와 사외이사를 선임한 후에 이사들로 구성된 이사회에서 사내이사와 사외이사를 구분하여 선임할 수 있다.

(라) 이사·감사의 조사보고

발기설립 시 이사와 감사는 취임후 지체없이 회사의 설립에 관한 모든 사항이 법령 또는 정관의 규정에 위반되지 아니하는지의 여부를 조사하여 발기인에게 보고(보고서 203면 참조)하여야 한다(상법 제298조제1항). 그러나 이사와 감사중 발기인이었던 자·현물출자자 또는 회사성립후 양수할 재산의 계약당사자인 자는 조사·보고에 참가하지 못한다(상법 제298조제2항). 따라서 실무에서는 이사 2인으로 법인을 설립할 경우 이사 1인만이 발기인이 되고 나머지 이사 1인으로 하여금 조사·보고를 하게 한다.

조사할 사항은 ① 발기인이 받을 특별이익과 이를 받을 사람의 성명, ② 현물출자를 하는 사람의 성명과 그 목적인 재산의 종류, 수량, 가격과 이에 대해 부여할 주식의 종류와 수, ③ 회사성립 후에 양수할 것을 약정한 재산의 종류, 수량, 가격과 그 양도인의 성명, ④ 회사가 부담할 설립비용과 발기인이 받을 보수액 등(상법 제290조)이 회사사정에 맞게 적정하였는지 여부를 조사한다.

현물출자를 통한 법인전환 시에 현물출자의 목적물이 부당하게 평가되어 회사의 설립절차가 진행된 경우에 그 책임이 발기인 및 이사의 임무해태로 인한 경우에 있어서 우리 상법은 그 발기인 및 이사가 연대하여 회사에 손해배상책임을 지도록 규정하고 있다(상법 제322조).

검사인은 조사보고서를 작성한 후 즉시 그 등본을 각 발기인에게 교부해야 하고(상법 제

299조제2항), 검사인의 조사보고서가 사실과 다를 경우, 발기인은 이에 대한 설명서를 법원에 제출할 수 있다(상법 제299조제3항).

(마) 소규모회사의 이사회결의 대체방법

자본금의 규모가 10억원에 미달하는 회사는 이사를 1인 또는 2인만 둘 수 있고(상법 제383조 제1항), 이에 해당하는 회사에서는 이사회의 결의를 다른 수단으로 대체한다.

개정상법 제383조 제4항에서는 이사회의 결의사항을 주주총회의 결의로 대신할 경우를 열거하고 있다. 개정법에 이사가 회사의 영업기회를 이용할 때에는 이사회의 승인을 받도록 하는 제도가 신설되었고(상법 제397조의2), 무액면주식을 발행할 경우 발행가의 일부를 이사회의 결의로 자본금에 계상하도록 하였으므로(상법 제451조 제2항), 이 두 가지 이사회결의를 주주총회의 결의로 대체하도록 규정하였다.

개정상법 제383조 제6항은 이사회의 결의로 할 사항을 소규모회사의 경우 대표이사가 단독으로 결정·집행할 수 있도록 하는 규정인데, 개정법에서 자기주식의 소각(상법 제343조 제1항 단서), 전환주식의 전환의 통지(상법 제346조 제3항), 중간배당(상법 제462조의3 제1항)을 대표이사의 권한으로 추가하였다.

개정상법 제383조제4항부터 제6항까지 소규모 회사에 예외적으로 적용되거나 적용이 배제되는 규정이 추가된 사항은 다음의 표와 같다.

<표> 소규모 회사에 대한 예외규정의 추가사항

제383조	특칙 내용	개정상법에 따른 추가사항
제4항	이사회를 주주총회로 봄	○양도제한주식의 양도 시 승인(제344조의4제1항) ○회사의 사업기회유용 시 승인(제398조제3항) ○무액면주식발행 시 발행가액 중 자본금액을 정하는 기관(제451조제2항)
	이사회의 결의가 있는 때를 주주총회의 소집통지가 있는 때로 봄	○주식의 포괄적 교환에 관한 소집통지(제360조의5제1항)
제5항	상법규정의 적용배제	○자기주식취득 시 일정한 사항에 관한 이사회의 결의(제341조제2항 단서) ○집행임원제도(제408조의2제3항·제4항, 제408조의3제2항, 제408조의4제2호, 제408조의5제1항, 제408조의6 및 제408조의7)

		○감사의 이사회소집청구(제412조의4) ○재무제표 등의 승인을 이사회에 부여하는 특칙(제449조의2) ○이익배당결정권을 이사회에 부여하는 특칙(제46조 제2항 단서)
제6항	이사(또는 대표이사)가 회사를 대표하고 이사회의 기능을 담당	○자기주식소각결정(제343조제1항 단서) ○회사의 전환권 행사(제346조제3항) ○주주총회에서 전자투표방법의 결정(제368조의4제1항) ○중간배당의 결정(제462조의3제1항)

(바) 이사의 등기방법

1) 개 설

상법 제317조 제2항 제8호가 개정(2009. 2. 4 시행)됨에 따라 주식회사의 이사명칭 등기방법이 변경되었다. 따라서 주식회사 이사의 명칭을 사내이사, 사외이사로 구분하여 등기하여야 한다.

주식회사의 정관에 이사와 사외이사는 주주총회에서 구분하여 선임하되, 주주총회에서 선임된 이사 중 사내이사와 사외이사를 이사회에서 선임하도록 규정하고 있는 경우, 정관과 이사로 선임한 주주총회의사록 및 사내이사와 사외이사를 구분하여 선임한 이사회의사록을 첨부하여 위 사내이사와 사외이사의 선임에 따른 등기를 신청할 수 있다(상업등기선례200907-1, 2009. 7. 2. 사법등기심의관-1538 질의회답).

2) 사내이사

사내이사란 상근하면서 회사의 상무를 수행하는 이사를 말하고, 사외이사란 주주총회에서 선임된 이사이나 회사에 상근하여 업무집행을 담당하지는 않고, 이사회 구성원의 일원으로 회의에 출석하여 주로 이사회 제출의안에 대한 심의를 통하여 회사의 경영의사결정에 관여하는 이사를 말하고, 사외이사는 회사의 상무에 종사하지 아니하는 이사 중 후술하는 상법 제382조 제3항의 각호에 해당하는 이사를 말한다.

신청서에 첨부된 주주총회의사록 등에 사내이사, 사외이사로 구분하여 선임한 사실이 기재되어 있어야 한다. 특히 사외이사는 명확히 의사록에 나타나 있어야 한다.

3) 사외이사

자본시장과 금융투자업에 관한 법률에 의하여 설립되는 투자회사는 집합투자업자인 법인이 이사(법인이사)가 되어 법인을 대표하는 특별규정이 있다(동법 제197조, 제198조).

구 상법에는 규정이 없었으나, 개정상법(2009. 2. 4. 시행)은 주권상장법인과 코스닥상장법인에 적용되던 구 증권거래법상의 사외이사 제도를 상법상 주식회사에 전면적으로 도입하였다(상법 제382조 제3항). 종래 상장회사 중심으로 이용되고 있었지만 비상장회사에서도 감사위원회 제도를 도입한 것이다. 사외이사의 자격에 관하여는 상법 제382조 제3항과 제542조의8 제2항에서 규정하고 있다.

상장회사의 경우는 자산 규모 등을 고려하여 대통령령으로 정하는 경우를 제외하고는 이사 총수의 4분의 1 이상을 사외이사로 하여야 한다. 다만, 자산 규모 등을 고려하여 대통령령으로 정하는 상장회사의 사외이사는 3명 이상으로 하되, 이사 총수의 과반수가 되도록 하여야 한다(상법 제542조의8 제1항). 상장회사의 사외이사 등에 관하여는 상법 시행령(안) 제33조에서 규정하고 있다.

(사) 이사회의 결의

이사회의 결의는 이사 과반수의 출석과 출석 이사의 과반수로 하여야 한다. 다만, 정관으로 그 비율을 높게 정할 수 있다(상법 제391조①), 여기서 과반수란 2분의1 이상이 아닌 2분의1 초과를 의미하므로 예컨대 이사 총수가 6인인 경우 과반수 출석은 3인 이상이 아닌 4인 이상이 출석한 것을 말한다. 이사회에서의 의결권은 이사 1인에 대해 1개씩 주어지며 정관에 의해서도 이에 대한 예외를 둘 수 없다.

결의요건은 정관으로 그 비율을 높게 정할 수는 있지만 그 요건을 완화하는 것은 허용되지 않는다. 정관으로 결의요건을 강화할 수 있다고 하더라도 예컨대 이사 전원의 6분의 5의 동의를 요구하거나 전원출석에 3분의2이상을 요구하는 것, 혹은 과반수출석에 전원동의를 요구하는 것은 무효이다. 이사회의 결의는 그 내용이 법령이나 정관에 위반된 경우는 물론 그 소집의 절차 또는 결의의 방법에 하자가 있는 경우에도 당연히 무효가 된다.

이사회에서의 결의에 대해서는 이사가 책임을 져야 하므로 각자의 찬반의사가 밝혀져야 한다. 즉, 기명투표만이 가능하다. 의사록에는 의사의 안건, 경과요령, 그 결과에 반대한 자와 그 반대이유를 기재하고 출석한 이사 및 감사가 기명날인 또는 서명하여야 한다(상법 제391조).

개정상법에서는 정관에서 다른 정함이 없는 한, 이사회는 이사들이 직접 회의에 출석하지 아니하고 모든 이사가 음성을 동시에 송수신하는 원격통신수단에 의하여 결의에 참가하는 것을 허용하였다(상법 제391조 제2항).

(아) 개정상법에서의 이사에 관한 사항

1) 회사의 기회 및 자산의 유용 금지

개정상법 제397조의2는 이사가 현재 또는 장래 회사이익이 될 수 있는 회사의 사업기회를 제3자로 하여금 이용하도록 하여 회사와 거래하도록 한 경우에는 자기거래와 마찬가지로 이사회의 승인을 받도록 규정하는 한편, 회사의 사업기회란 개념을 '직무수행과정에서 알게 되거나 회사의 정보를 이용한 경우' 또는 '회사가 수행 중이거나 수행할 사업과 밀접한 관계가 있는 경우'로 정하였다. 이사회의 승인은 이사 3분의2 이상의 수로써 하여야 한다.

최근 일부 대표이사나 지배주주들이 회사의 사업기회를 이용하여 지배력을 강화하거나 경영권을 승계하는 방법으로 악용하는 사례가 증가하고 있고, 구 상법이 이사에게 포괄적인 충실의무(상법 제382조의3)를 부과하고 있으나 개념의 모호성·인식부족 등으로 회사기회의 편취를 인정하는 사례가 거의 없는 상황이어서 개정상법은 이사에게 책임을 물을 수 있는 명문의 근거규정을 두려는 것이다.

2) 이사 등과 회사 간의 거래

개정상법 제398조는 이사와 회사간 자기거래를 제한하는 대상 범위를 확대하는 한편 거래의 공정성 요건을 추가하였다. 상법 제398조는 이사의 선관의무(상법 제382조제2항) 및 충실의무(상법 제382조의3)의 내용을 구체화한 것으로서 구 상법이 회사와의 거래제한대상을 이사만으로 한정하고 있어서 이사의 직계존비속·배우자 또는 그들의 개인회사 등이 회사와 거래하는 경우와 같이 실질상 이사의 자기거래에 해당하나 형식상 이에 해당하지 않는 부당한 거래를 규율하지 못하는 문제가 있으므로 개정상법은 회사의 이익을 위하여 이를 제한하기 위한 것이다.

3) 이사의 회사에 대한 책임감면(상법 제400조)

개정상법 제400조는 이사의 책임에 대하여 총주주의 동의에 의한 면제 외에 정관에서 정하는 바에 따라 일부를 감경하는 경우를 추가하고 있는 바, 이사의 회사에 대한 배상책임 중 연봉의 6배(사외이사의 경우는 3배)를 초과하는 부분에 대해서는 면제할 수 있도록 하되, 단서에서 이사의 고의·중과실로 인한 경우와 경업금지(상법 제397조), 회사의 기회 및 자산의 유용 금지(상법 제397조의2), 자기거래금지(상법 제398조)를 위반한 경우에는 면제하지 못하도록 하였다. 이 규정은 집행임원의 회사에 대한 책임의 경우에도 적용이 되도록 하고 있다(상법 제408조의9).

구 상법 제400조는 이사의 책임을 총 주주의 동의로만 면제할 수 있도록 하고 있어서 주주 1명이라도 반대하면 그 책임을 면제할 수 없으므로 실질적으로 면제를 인정하지 않는 것과 다름이 없고, 이러한 과도한 책임부담은 전문경영인의 적극적인 기업경영을 어렵게 하는 요인으로 작용하므로 이를 보완할 실질적인 책임감면제도의 필요성에 따른 것이다.[6)]

(3) 감사 선임

(가) 개 설

기존에는 발기설립의 경우 주식의 인수가액 납입과 현물출자의 이행이 완료된 때에는 발기인은 지체 없이 의결권의 과반수로 감사를 선임하여야 하고(상법 제296조제1항), 창립총회에서도 감사를 선임(상법 제312조)하여야 했으나, 개정상법은 소규모(자본금의 총액이 10억원 미만)인 회사를 설립하는 경우에 감사 선임을 회사가 자율적으로 할 수 있도록 하였다(상법 제409조 제4항).

자본금 총액이 10억원 미만인 회사를 설립하는 경우에는 감사 선임 여부를 회사의 임의적 선택사항으로 하고(상법 제409조 제4항), 감사를 선임하지 아니할 경우에는 주주총회가 이사의 업무 및 재산상태에 관하여 직접 감독·감시하도록 하였다(상법 제409조 제6항).

(나) 감사의 선임

의결권 없는 주식을 제외한 발행주식의 총수의 100분의 3을 초과하는 수의 주식을 가진 주주는 그 초과하는 주식에 관하여 감사의 선임에 있어서는 의결권을 행사하지 못한다. 그러나 회사는 정관으로 위 비율보다 낮은 비율을 정할 수 있다(상법 제409조제2항).

이와 같이 감사를 선임하는 경우 대주주의 의결권이 발행주식 총수의 3%로 제한되어 있으나, 감사위원회의 위원선임에 대하여는 이러한 대주주의 의결권제한규정이 없으며, 감사위원회를 설치할 경우 감사를 둘 수 없도록 되어 있다.

---

6) 국회 법제사법위원회 상법일부개정 법률안 심사보고서

(다) 임 기

감사의 임기는 취임 후 3년 내의 최종의 결산기에 관한 정기주주총회의 종결 시까지로 한다(상법 제410조). 감사의 임기는 정관이나 주주총회의 결의로 달리 정할 수 없는 강행규정이므로 감사가 사업연도 중 결원이 되어 보선이 되더라도 감사는 상법 제410조에 의한 임기가 적용되어야 하므로 보선의 개념이 적용되지 아니한다.

(라) 감사의 이사회 소집청구

감사는 필요하면 회의의 목적사항과 소집이유를 서면에 적어 이사(소집권자가 있는 경우에는 소집권자를 말한다)에게 제출하여 이사회 소집을 청구할 수 있으며, 위 청구를 하였는데도 이사가 지체 없이 이사회를 소집하지 아니하면 그 청구한 감사가 이사회를 소집할 수 있다(상법 제412조의4).

구 상법상 감사는 이사가 법령 또는 정관에 위반하거나 위반할 염려가 있다고 인정한 때에는 이사회에 보고할 의무(상법 제391조의2)가 있음에도, 감사에게는 주주총회소집청구권만 인정되고 이사회 소집청구권은 인정되지 않고 있으므로 감사기능의 효율성을 확보하기 위해서 개정상법 제412조의4를 신설하여 감사에게 이사회 소집청구권을 부여한 것이다.

여기서 “필요하면”이란 감사가 상법 제391조의2에 의해 의견을 진술하거나 이사회에 보고하기 위해 필요한 경우를 의미한다.

(4) 집행임원

(가) 개 설

개정상법은 회사가 선택적으로 업무집행기관으로서 ‘집행임원(이하 "집행임원 설치회사"라 한다)’을 둘 수 있도록 하였다(상법 제408조의2 제1항). 따라서 집행임원을 둔 회사는 대표이사를 두지 못한다(제408조의2). 회사와 집행임원과의 관계는 이사의 경우(상법 제382조제2항)와 같이 위임에 관한 규정을 준용함과 아울러 집행임원의 임기·권한, 대표집행임원, 이사회에 대한 보고, 집행임원의 이사회 소집청구·책임 등에 대하여 규정하였다(상법 제408조의2부터 제408조의9까지 신설).

“집행임원”이란 이사회에서 선임되어 이사회의 경영방침에 따라 업무집행을 맡는 회사의 집행기관으로서 경영, 재무, 기술 등 분야별 집행임원이 경영 전반에 권한을 갖고 책임을 지는 제도로서 흔히 CEO(최고집행임원), CFO(재무집행임원), CTO(기술집행임원),

COO(운영집행임원)등이 있다.

집행임원제도를 도입하는 취지[7]는

첫째, 자본시장과 금융투자업에 관한 법률에서 대규모 상장회사(최근 사업연도말 현재의 자산총액이 2조원 이상)의 이사회에 사외이사를 3인 이상 두고 이사총수의 과반수를 사외이사로 두도록 규정하고 있어, 회사는 사외이사를 최소한으로 두기 위하여 종래의 등기이사의 수를 대폭 축소하는 대신, 정관이나 내규에 의하여 집행임원(비등기임원)을 두고 종래 등기이사의 직무를 수행하고 있으면서도 그 권한과 책임과 관련하여 법률상 근거가 없어 문제가 되고 있으므로 이를 법제화할 필요가 있기 때문이다.

둘째, 집행임원의 의무와 책임 등을 명확히 함으로써, 집행임원의 지위를 둘러싸고 회사와 집행임원 간에 야기되는 문제를 해소하고, 경영활동의 안정화를 기하며, 제3자 보호에 충실하려는 것이다. 대법원은 집행임원에 대하여 주주총회에서 선임되지도 않았고, 등기도 되지 않았다는 이유로 이를 근로자로 판시(대법원 2003. 9. 26. 선고 2002다64681 판결) 함으로써 회사가 실적부진 등을 이유로 집행임원을 해임한 경우 노동법상 부당해고라 하여 회사와 집행임원간에 분쟁이 발생하고 있다.

셋째, 구 상법상에서의 이사회에는 업무집행기능과 업무감독기능이 함께 부여되어 있으므로 업무집행기능을 분리하여 이사회는 업무감독기능에 충실하고자 한 것이다.

한편, 집행임원제도에 대하여 경제계는 첫째, 상법상 임의규정으로 유지되더라도 간접적 강제 효과로 기업의 지배구조 자율선택권을 침해할 우려가 있고, 둘째, 집행임원의 책임추궁은 업무집행지시자의 책임규정(상법 제401조의2)이나 표현대표이사제도(상법 제395조) 등으로 충분히 가능하며, 셋째, 집행임원 도입기업의 경우 규제만 늘어나므로 규정의 실효성에 의문이 든다는 이유로 도입을 반대하였다(전국경제인연합회).[8]

(나) 집행임원 설치회사, 집행임원과 회사의 관계

집행임원 설치회사와 집행임원의 관계는 민법 중 위임에 관한 규정을 준용한다(상법 제408조의2 제2항). 집행임원 설치회사는 이사회의 회의를 주관하기 위하여 이사회 의장을 두어야 하고, 이사회 의장은 정관의 규정이 없으면 이사회 결의로 선임한다(상법 제408조의2 제4항).

집행임원 설치회사의 이사회는 ㉠집행임원과 대표집행임원의 선임·해임 ㉡집행임원의

7) 국회 법제사법위원회 상법 일부개정법률안 심사보고서
8) 국회 법제사법위원회 상법 일부개정법률안 심사보고서

업무집행 감독 ㉢집행임원과 집행임원 설치회사의 소송에서 집행임원 설치회사를 대표할 자의 선임 ㉣집행임원에게 업무집행에 관한 의사결정의 위임(이 법에서 이사회 권한사항으로 정한 경우는 제외한다) ㉤집행임원이 여러 명인 경우 집행임원의 직무 분담 및 지휘·명령관계, 그 밖에 집행임원의 상호관계에 관한 사항의 결정 ㉥정관에 규정이 없거나 주주총회의 승인이 없는 경우 집행임원의 보수 결정을 한다(상법 제408조의2 제3항).

(다) 집행임원의 임기

집행임원의 임기는 정관에 다른 규정이 없으면 2년을 초과하지 못한다. 임기는 정관에 그 임기 중의 최종 결산기에 관한 정기주주총회가 종결한 후 가장 먼저 소집하는 이사회의 종결 시까지로 정할 수 있다(상법 제408조의3).

(라) 집행임원의 권한

집행임원의 권한은 ㉠집행임원 설치회사의 업무집행 ㉡정관이나 이사회의 결의에 의하여 위임받은 업무집행에 관한 의사결정을 한다(상법 제408조의4).

(마) 대표집행임원

2명 이상의 집행임원이 선임된 경우에는 이사회 결의로 집행임원 설치회사를 대표할 대표집행임원을 선임하여야 한다. 다만, 집행임원이 1명인 경우에는 그 집행임원이 대표집행임원이 된다. 대표집행임원에 관하여는 이 법에 다른 규정이 없으면 주식회사의 대표이사에 관한 규정을 준용한다(상법 제408조의5).

(바) 집행임원의 이사회에 대한 보고

집행임원은 3개월에 1회 이상 업무의 집행상황을 이사회에 보고하여야 하고, 집행임원은 이사회의 요구가 있으면 언제든지 이사회에 출석하여 요구한 사항을 보고하여야 한다(상법 제408조의6).

(사) 집행임원의 이사회 소집 청구

집행임원은 필요하면 회의의 목적사항과 소집이유를 적은 서면을 이사(소집권자가 있는 경우에는 소집권자를 말한다)에게 제출하여 이사회 소집을 청구할 수 있다. 이사회 소집청구를 한 후 이사가 지체 없이 이사회 소집의 절차를 밟지 아니하면 소집을 청구한 집행임원은 법원의 허가를 받아 이사회를 소집할 수 있다. 이 경우 이사회 의장은 법원이 이해관계자의 청구에 의하여 또는 직권으로 선임할 수 있다(상법 제408조의7).

(아) 집행임원의 책임

집행임원이 고의 또는 과실로 법령이나 정관을 위반한 행위를 하거나 그 임무를 게을리 한 경우에는 그 집행임원은 집행임원 설치회사에 손해를 배상할 책임이 있다(상법 제408조의8 제1항). 집행임원이 고의 또는 중대한 과실로 그 임무를 게을리 한 경우에는 그 집행임원은 제3자에게 손해를 배상할 책임이 있으며, 집행임원이 집행임원 설치회사 또는 제3자에게 손해를 배상할 책임이 있는 경우에 다른 집행임원·이사 또는 감사도 그 책임이 있으면 다른 집행임원·이사 또는 감사와 연대하여 배상할 책임이 있다(상법 제408조의8 제2, 3항).

사. 기타의 상대적 기재사항

기타 정관의 상대적 기재사항으로는 ㉮회사의 존립기간, 해산사유(상법 제517조), ㉯건설이자의 배당(상법 제463조), ㉰청산에 관한 규정(상법 제531조 제1항), ㉱중간배당에 관한 규정(상법 제462의3 제1항), ㉲신주발행에 관한 규정(상법 제416조), 준비금의 자본전입(상법 제461조) 등 이사회가 결정할 사항을 주주총회의 결의사항으로 정하려는 경우 등이 있다.

4. 임의적 기재사항

이것은 정관에 기재할 것인가, 기재하지 않을 것인가를 완전히 회사의 자유의사에 맡기는 사항이다.

정관의 임의적 기재사항으로는 ㉮주권의 종류, ㉯주권의 재발행의 절차, ㉰주식의 명의개서의 절차, ㉱질권의 등록 및 신탁표시에 관한 사항, ㉲주주와 법정대리인의 주소, 성명, 인감의 신고, ㉳정기주주총회의 소집시기, ㉴주주총회의 의장·장소·의결권의 대리행사, ㉵이사·감사의 원수, ㉶이사·보선이사의 임기, ㉷회사의 영업연도, ㉸준비금·배당금의 청구기간, ㉹이익의 처분방법 등이 있다.

제3관 발기설립 등기신청절차

1. 개 설

현물출자에 의한 설립등기는 인가된 조사보고서가 송달된 날로부터 2주간 이내에 관할 등기소에 설립등기를 할 수 있다.

설립등기의 신청은 회사의 대표자가 한다(상업등기법 제23조 1항). 즉, 회사가 3명 이상의 이사를 선임한 경우 또는 설립시의 자본금의 총액이 10억원 미만으로 2명의 이사를 선임하면서 정관에 따라 대표이사를 정한 경우에는 그 대표이사가 설립등기를 신청하여야 한다(상법 제389조 1항, 383조 6항). 하지만 설립 시의 자본금의 총액이 10억원 미만인 회사가 1명 또는 2명의 이사만을 선임한 경우(대표이사를 정하지 않은 경우만 해당한다)에는 각 이사가 회사를 대표하기 때문에(상법 제383조 6항) 각 이사가 설립등기를 신청할 수 있다. 즉, 1명의 이사를 선임한 경우에는 그 이사가 설립등기를 신청하여야 하고, 2명의 이사를 선임한 경우에는 각 이사가 신청할 수 있다.

한편 회사가 설립 시에 수인의 대표이사가 공동으로 회사를 대표할 것을 정한 때에는 대표이사 전원이 공동으로 설립등기를 신청하여야 한다(상법 제389조 2항·3항, 209조 1항, 법 20조 1항, 예규 1626호 2.나. 후단).

2. 등기신청서의 기재사항

설립등기에 있어서는 다음의 사항을 등기신청서에 기재하여야 한다(상법 제317조 제2항).

(1) 목적, 상호, 회사가 발행할 주식의 총수, 액면주식을 발행하는 경우 1주의 금액, 본점의 소재지, 회사가 공고를 하는 방법(상법 제2항 제1호)

전술의 정관의 기재사항(148면 내지 153면 참조)에서 다루었다.

(2) 자본금의 액(상법 제2항 제2호)

상법(2009.5.28개정)은 제329조 제1항의 "주식회사의 자본금은 5천만원 이상이어야 한다."를 삭제하여 최저자본금제도를 폐지하였다.

최저자본금제도를 폐지한 것은 주식회사의 설립을 용이하게 한다는데 있다. 그리고 회사의 신용도는 자본금의 규모보다는 재무상태의 영향을 더 받으므로 채권자보호의 실효성에 의문이 있고, 채권자보호에 필요한 최소한도의 금액은 업종별로 차이가 있음에도 상법이 일률적으로 이를 정하는 것은 부적절하다는 것이다.

액면주식의 법정 최소단위가 100원이어서 사실상 자본금을 100원 이상으로만 하면 주식회사 설립이 가능하다.

(3) 발행주식의 총수, 그 종류와 각종주식의 내용과 수(제2항 제3호)

(4) 주식의 양도에 관하여 이사회의 승인을 얻도록 정한 때에는 그 규정(제2항 제3의2호)

(5) 주식매수선택권을 부여하도록 정한 때에는 그 규정(제2항 제3의3호)

(6) 지점의 소재지(제2항 제3의4호)

(7) 회사의 존립기간 또는 해산사유를 정한 때에는 그 기간 또는 사유(제2항 제4호)

(8) 개업 전에 이자를 배당할 것을 정한 때에는 그 규정(제2항 제5호 삭제)

건설이자배당제도를 폐지하였다.

(9) 주주에게 배당할 이익으로 주식을 소각할 것을 정한 때에는 그 규정(제2항 제6호)

(10) 전환주식을 발행하는 경우에는 상법 제347조에 게기한 사항(제2항 제7호)

전환주식을 발행하는 경우에는 주식을 다른 종류의 주식으로 전환할 수 있다는 뜻, 전환의 조건, 전환으로 인하여 발행할 주식의 내용, 전환을 청구할 수 있는 기간을 기재한다.

(11) 사내이사, 사외이사, 그 밖에 상무에 종사하지 아니하는 이사, 감사 및 집행임원의 성명과 주민등록번호(제2항 제8호)

개정상법에서 집행임원제도를 도입함에 따라 "집행임원설치회사의 경우"는 집행임원의 성명과 주민등록번호를 등기하도록 하였다.

(12) 회사를 대표할 이사 또는 집행임원의 성명 · 주민등록번호 및 주소(제2항 제9호)

개정상법에서 집행임원제도를 도입함에 따라 "대표집행임원의 성명과 주민등록번호, 주소"를 등기하도록 하였다.

(13) 둘 이상의 대표이사 또는 대표집행임원이 공동으로 회사를 대표할 것을 정한 경우에는 그 규정(제2항 제10호)

구 상법에서는 "수인의 대표이사가 공동으로 회사를 대표할 것을 정한 때에는 그 규정"을 기재하도록 하였던 것을 위와 같이 개정하였다.

둘 이상의 대표이사 또는 대표집행임원을 두면서 정관 또는 선임기관의 결의로 공동대표 규정을 둔 경우에는 공동대표규정도 등기하여야 하는데, 대표이사 또는 대표집행임원을 선임함과 동시에 공동대표규정을 둔 경우에는 공동대표이사의 취지만을 추가로 등기하여야 한다. 한편, 자본금의 총액이 10억원 미만인 회사가 2명의 이사를 둔 경우에도 정관 또는 주주총회의 결의로 각 이사가 공동으로 대표권을 행사하도록 정할 수 있다(상법 제389조 2항 유추적용).

(14) 명의개서 대리인을 둔 때에는 그 상호 및 본점소재지(제2항 제11호)

(15) 감사위원회를 설치한 때에는 감사위원회 위원의 성명 및 주민등록번호 (제2항 제12호)

3. 등기신청의 방법

가. 개 설

설립등기는 회사의 대표자 또는 그 대리인이 등기소에 출석하여 서면으로 신청하거나, 등기소에 출석할 필요 없이 대법원 규칙으로 정하는 바에 따라 전산정보처리조직을 이용한 전자문서로 신청(전자신청)할 수 있다.

나. 등기기간

(1) 변태설립사항에 관한 법원의 변경처분이 없는 때에는 법원의 검사종료의 통고를 받은 날로부터 2주 내에 한다.

(2) 변태설립사항에 관한 법원의 변경처분이 있는 경우

발기인이 주식의 인수를 취소한 때에는 정관을 변경하여 공증인의 인증을 받은 날로부터 2주 내에 한다.

발기인이 주식의 인수를 취소하지 아니한 때에는 법원의 변경통고를 받은 날로부터 2주가 경과한 날로부터 2주 내에 한다.

(3) 등기기간의 계산

기간의 계산에 관하여는 상법에 특별한 규정이 없으므로 민법의 규정에 의한다(상법 제1조), 즉, 초일을 산입하지 아니하고 기간말일의 종료로 기간이 만료한다. 초일이 오전영시로부터 시작되는 때에는 초일을 산입하므로(민법 제157조, 제159조) 예컨대 이사, 감사 등이 예선되어 미리 그 취임승낙을 한 경우 등에는 초일을 산입하여야 한다. 기간의 말일이 공휴일인 때에는 그 익일에 만료되는 점도 또한 같다.

관청의 허가를 요하는 등기에 관하여는 그 서류가 도달한 날로부터 등기기간을 기산한다(상법 제177조).

다. 전자신청의 경우

(1) 개 설

전자신청을 하기 위해서는 사용자등록번호와 공인인증서 정보를 입력하거나 이용등록 절차를 거친 전자증명서 정보를 입력하여 사용자인증을 받아야 한다(등기예규 제1612호 제5조).

상업등기 및 법인등기를 전산정보처리조직을 이용하여 전자문서로 신청하는 경우 “전산정보처리조직에 의한 상업등기 등의 신청에 관한 업무처리지침”이 규정하고 있다(등기예규 제1612호).

(2) 전자신청을 할 수 있는 사람

① 전자신청은 당사자가 직접 하거나 변호사나 법무사[법무법인·법무법인(유한)·법무조합·법무사합동법인을 포함한다. 이하 “자격자대리인”이라 한다]가 당사자를 대리하여 할 수 있다. 자격자대리인이 아닌 사람은 당사자를 대리하여 전자신청을 할 수 없다(등기예규 제1612호 제3조).

② 전자신청을 하려는 당사자 또는 그 자격자대리인은 미리 상업등기법과 상업등기규칙의 관련 규정에 따라 전자증명서를 발급받거나 사용자등록을 하여야 한다.

(3) 공인인증서 발급

1. 시중금융기관(증권 및 우체국 포함)으로부터 공인인증서를 발급받아야 한다.
2. 개인 : 원칙적으로 공인인증서를 발급받아야한다. (단 일정한 요건 구비시는 제외) 다만 법무사, 변호사는 공인인증서를 예외 없이 무조건 발급받아야 한다.

3. 법인 : 등기소로부터 전자증명서를 발급받아 인터넷등기소에서 이용등록을 완료해야 전자신청 이용이 가능하다.

(4) 등기소 방문

① 전자신청을 원하는 당사자 또는 자격자가 아래의 서면을 지참하고 직접 등기소를 방문하여 등기소로부터 접근번호를 취득한다.

② 위 접근번호를 부여받은 날로부터 10일내에 대법원인터넷등기소를 방문하여 자신의 공인인증서와 접근번호를 이용하여 사용자등록번호를 만들어야 비로소 절차가 완성된다.

\- 사용자등록 시 필수첨부서면 -

① 개인 : 신분증, 인감증명서, 주민등록등본 및 인감도장

② 자격자 : 신분증, 인감증명서, 주민등록등본, 인감도장 및 자격자등록증 사본

(5) 온라인 사용자등록

전산정보처리조직을 이용하여 사용자등록을 하는 절차는 다음과 같다(등기예규 제1612호 제4조의2).

1. 온라인 사용자등록을 하려는 자는 인터넷등기소(http://www.iros. go.kr/)에 로그인하여 전산정보처리조직을 이용하여 성명, 주민등록번호, 주소, 전화번호, 인터넷등기소 회원 ID, 전자우편주소를 기재한 신청서를 전자적으로 제출하여야 한다. 이 경우 인터넷등기소에 회원으로 가입되어 있지 아니한 자는 회원가입과 동시에 위 신청서를 제출하여야 한다.

2. 온라인 사용자등록신청서를 전자적으로 제출하는 경우 신청인은 전자서명법 제15조의 공인인증서로 인증을 하여야 한다.

3. 온라인 사용자등록을 하는 경우 사용하고자 하는 공인인증서와 사용자등록번호를 등록하여야 한다.

(6) 사용자등록

1. 자격자(법무사 및 변호사) : 본인이 직접 사무소 소재지 관할등기소를 방문하여 접근번호를 부여받은 후 대법원인터넷 등기소에서 공인인증서 및 접근번호를 이용하여 사용자등록절차를 완료하여야 한다.

2. 개인 및 법인 : 본인이 신청하되 전국 등기과(소) 어디서나 사용자등록신청이 가능하

다. 등기 권리자와 등기 의무자의 공동신청인 경우 권리자와 의무자 모두 사용자등록신청을 하여야 한다. 다만 전자신청사건을 자격자에게 위임할 경우에는 사용자등록절차는 없다.

(7) 신청정보 및 첨부정보의 송신 등

① 당사자 또는 자격자대리인은 인터넷등기소(http://www.iros.go.kr/)에 접속하여 "인터넷등기전자신청"을 선택한 후, 등기신청서에 기재하여야 할 정보(이하 "신청정보"라 한다) 및 등기신청서에 첨부하여야 하는 서면(이하 "첨부서면"이라 한다)에 해당하는 정보(이하 "첨부정보"라 한다)를 송신함으로써 전자신청을 한다(등기예규 제1612호 제6조).

② 신청정보 또는 등기신청에 관한 대리권한을 증명하는 서면(이하 "위임장"이라 한다)에 해당하는 첨부정보는 반드시 인터넷등기소에서 전자문서로 작성하여야 한다. 다만, 다음 각 호의 하나에 해당하는 등기신청의 경우 위임장에 해당하는 첨부정보는 별지 제3호 양식의 위임장을 전자적 이미지 정보로 변환[스캐닝]하여 송신할 수 있다.

1. 대표자 주소 또는 주민등록번호의 변경이나 경정등기
2. 대표자를 제외한 임원(회사, 민법법인 및 특수법인의 사원, 이사, 감사, 감사위원회 위원, 지배인·대리인 등을 말한다)의 변경이나 경정등기
3. 본·지점 공통등기사항에 관하여 지점 소재지에서 하는 등기

(8) 전자증명서 등의 송신

① 전자신청을 하는 당사자는 신청정보를 송신할 때 전자증명서를 함께 송신하여야 하고, 자격자대리인은 공인인증서와 사용자등록번호를 송신하여야 한다(등기예규 제1612호 제8조).

② 설립등기, 대표자 변경등기 등에 의하여 비로소 등기되는 등기신청권자나 그 밖에 등기기록에 등기되어 있지 않은 등기신청권자가 신청정보를 송신할 때에는 공인인증서와 사용자등록번호를 함께 송신하여야 한다.

③ 관공서가 등기를 전자촉탁할 때에는 전자정부법 제2조제6호의 행정전자서명(이하 '행정전자서명'이라 한다)을 송신하여야 한다.

④ 자격자대리인이 위임장에 해당하는 첨부정보를 송신할 때에는 위임인의 전자증명서 또는 공인인증서(제2항의 등기신청권자의 위임에 따라 전자신청을 하는 경우)를 함께 송신하여야 한다. 다만, 등기예규 제1612호 제6조제2항 단서의 첨부정보를 송신하는 경우에는 그러하지 아니하다.

⑤ 첨부정보를 전자문서로 송신할 때에는 작성명의인의 공인인증서를 함께 송신하여야 한다. 다만, 작성명의인이 법인인 경우에는 그 법인 대표자의 전자증명서를, 관공서인 경우에는 행정전자서명을 송신하여야 한다.

⑥ 첨부정보를 등기예규 제1612호 제6조제3항의 전자적 이미지 정보로 송신할 때에는 위임인의 전자증명서 또는 공인인증서(제2항의 등기신청권자의 위임에 따라 전자신청을 하는 경우)를 함께 송신하여야 한다. 다만, 동예규 제6조제2항 단서 각 호의 등기신청의 경우에는 그러하지 아니하다.

⑦ 등기예규 제1612호 제6항 본문의 경우 위임인이 전자증명서 등에 의하여 전자적 이미지 정보를 인증한 후에는 자격자대리인이 첨부정보를 변경할 수 없다. 다만, 신청 후 보정을 하는 때에는 그러하지 아니하다.

(9) 등기신청을 공동으로 하는 경우의 승인

공동대표이사 등이 등기신청을 공동으로 하는 경우에는 그 중 1인이 신청정보와 첨부정보를 입력한 후 등기신청을 공동으로 하는 다른 사람을 지정하고, 지정된 다른 사람은 전자증명서 또는 공인인증서(제8조제2항의 경우에 한한다)에 의하여 승인을 하여야 한다(등기예규 제1612호 제9조).

(10) 전자신청의 경우 첨부정보의 제출 방법

① 전자신청을 하는 경우 법령에 의하여 등기신청서에 첨부하여야 하는 서면에 해당하는 정보(이하 "첨부정보"라 한다)는 전자문서로 송신하여야 한다. 다만, 대법원예규로 정하는 바에 따라 첨부서면을 스캐닝하여 전자적 이미지 정보로 송신하거나 그 밖의 방법으로 제출할 수 있다.

② 첨부정보를 전자문서로 송신할 때에는 작성명의인의 공인인증서를 함께 송신하여야 한다. 다만, 작성명의인이 법인인 경우에는 그 법인대표자의 전자증명서를, 관공서인 경우에는 대법원예규로 정하는 전자인증서를 송신하여야 한다.

③ 자격자대리인이 그 권한을 증명하는 정보를 전자문서로 송신할 때에는 위임인의 전자증명서를 송신하여야 한다. 다만, 설립등기, 대표자 변경등기 등에 의하여 비로소 등기기록에 등기신청권자로 기록되는 사람의 위임에 의하여 그 설립등기 또는 대표자 변경등기 등을 신청하는 경우에는 그 위임하는 사람의 공인인증서를 송신하여야 한다(상업등기규칙 규칙 제62조).

(11) 인감신고서의 전자적 제출

설립등기를 전자신청하는 경우에는 그 신청과 동시에 인감을 제출할 때에 등기소에 출석하여 인감신고서를 제출하는 대신 인터넷을 이용하여 제출할 수 있다(상업등기규칙 제36조 2항 단서, 등기예규 제1626호 2.다.7)나)). 즉, 신청인이 자격자대리인인 경우에는 그 인감신고서를 전자적 이미지 정보로 변환(스캐닝)하여 송신할 수 있는데(등기예규 제1612호 6조 3항 단서), 이 경우에는 위임인, 즉 회사의 대표자의 공인인증서를 함께 송신하여야 하고(예규 1612호 8조 6항 본문) 위임인이 인감신고서의 전자적 이미지 정보를 인증한 후에는 자격자대리인이 이를 변경할 수 없다(예규 1612호 8조 7항 본문). 위와 같이 인감신고서를 전자적 이미지 정보로 변환(스캐닝)하여 제출할 때에는 인감대지는 제출하지 아니한다(등기예규 제1626호 2.다.7)가) 단서).

4. 첨부서면

가. 개 설

설립등기의 신청서에는 상업등기규칙 제129조 및 그 밖의 법령에서 요구하는 첨부서면을 제출하여야 한다. 다만 전자정부법에 규정된 행정정보공동이용의 절차에 따라 다른 행정기관의 행정정보를 공동으로 이용할 수 있는 경우에는 대법원규칙으로 정하는 바에 따라 등기신청에 필요한 서면 중 일부를 제출하지 아니할 수 있다(상업등기법 제24조).

관청의 허가를 필요로 하는 사항의 등기를 신청하는 때에는 신청서에 관청의 허가서 또는 그 인증이 있는 등본을 첨부하여야 한다(상업등기규칙 제51조).

나. 상업등기규칙 제129조의 첨부서면

(1) 정관(상업등기규칙 제129조 제1호)

현물출자의 경우 정관에는 현물출자내역이 기재되어있어야 한다. 그리고 그 출자목적물명세서를 정관에 첨부하여 제출한다.

(2) 주식의 인수를 증명하는 서면(상업등기규칙 제129조 제2호)

발기인은 서면에 의하여 주식을 인수하여야 하므로(상법 제293조), 주식의 인수를 증명하는 서면을 첨부하게 되는데, 발기인이 기명날인(서명)한 주식인수증이 여기에 해당하는 서면이다. 발기인이 인수한 주식수가 기재된 정관도 이에 해당하는 서면으로 볼 수 있다.

(3) 주식청약서(상업등기규칙 제129조 제3호)

주식청약서는 모집설립의 경우에만 첨부한다. 따라서 후술 모집설립에서 설명한다.

(4) 발기인이 상법 제291조에 규정된 사항을 정한 때에는 이를 증명하는 서면(상업등기규칙 제129조 제4호)

회사설립 시에 발행하는 주식의 종류와 수, 액면이상의 주식을 발행하는 때에 그 수와 금액을 발기인 전원의 동의로 정한 경우에 이를 증명하는 서면으로서 발기인 전원이 기명날인 또는 서명한 주식발행사항동의서가 이에 해당된다(상업등기규칙 제129조 제4호).

정관의 규정, 법원의 허가 또는 총주주나 종류주주 전원의 동의가 없으면 효력이 없거나 취소할 수 있는 사항의 등기에 관하여는 신청서에 정관, 법원의 허가서 또는 총주주나 종류주주 전원의 동의서를 첨부하여야 한다(등기예규 제1296호 제10조).

(5) 상법 제298조 및 제313조에 따른 이사와 감사 또는 공증인의 조사보고서와 그 부속서류(상업등기규칙 제129조 제5호)

이사와 감사는 취임 후 지체 없이 회사의 설립에 관한 모든 사항이 법령 또는 정관의 규정에 위반되지 아니하는지의 여부를 조사하여 발기인총회 또는 창립총회에 보고하여야 하는 바(상법 제298조, 제313조), 이에 따른 조사보고서(203면 참조)를 제출하여야 한다.

(6) 상법 제299조, 제299조의2 및 제310조에 따른 검사인이나 공증인의 조사보고서와 그 부속서류 또는 감정인의 감정서와 그 부속서류(상업등기규칙 제129조 제6호)

변태설립사항(상법 제290조), 현물출자 등의 증명(상법 제299조의2), 변태설립의 경우의 조사(상법 제310조)에 따른 검사인이나 공증인의 조사보고서와 그 부속서류 또는 감정인의 감정서와 그 부속서류를 제출하여야 한다.

주식회사를 설립함에 있어 상법 제290조 제2호의 사항에 대하여 공인된 감정인의 감정결과를 법원에 보고한 경우, 설립등기신청서에는 위 감정결과에 대하여 법원이 변경하는 결정을 한 경우에는 감정결과보고서(법원에 제출되었다가 환부받은 감정결과보고서를 의미함, 이하 같다)와 결정의 등본을, 법원이 변경하는 결정을 하지 않은 경우에는 감정결과보고서를 각 첨부하여야 할 것이다(등기선례 제6-633호, 1999. 4. 22. 등기 3402-444 질의회답).

발기인이 주식 인수금을 현물출자로 납입하는 경우, 발기인은 납입기일에 즉시 출자의 목적인 재산을 발기인에게 인도해야 하고 그 재산인수증을 첨부하여야 한다(상법 제295조 제2항).

등기·등록 그 밖의 권리의 설정 또는 이전이 필요한 경우에는 그에 관한 서류를 완비하여 발기인에게 교부해야 하고(상법 제295조제2항), 관련 서류를 교부받은 발기인은 회사 성립 후 회사 명의로 등기·등록을 하여야 한다.

주식회사는 1명의 발기인으로도 회사를 설립할 수 있으므로 1명의 발기인만 존재하는 경우에는 그 발기인이 회사 성립 후 회사 명의로 현물을 등기·등록을 한다.

외국인의 현물출자에서 외국인투자촉진법 제30조 제3항의 규정에 의하여 검사인의 조사보고서로 간주되는 관세청장의 현물출자완료확인서는 설립등기절차에서 그 내용을 법원에 보고할 필요가 없으나, 같은 법 제30조 제4항의 규정에 의한 소정의 기술평가기관이 외국인의 현물출자대상인 산업재산권 등에 대하여 작성한 평가서는 그 내용을 법원에 보고하여야 하며 설립등기신청서 등에는 법원으로부터 송달받은 부본을 첨부하여야 한다(등기선례 제200301-14호, 2003. 1. 27. 공탁법인 3402-21 질의회답).

(7) 검사인 또는 공증인의 조사보고나 감정인의 감정결과에 관한 재판이 있은 때에는 그 재판의 등본(상업등기규칙 제129조 제7호)

법원은 발기설립 시에 검사인 또는 공증인의 조사보고서 또는 감정인의 감정서와 발기인의 설명서를 심사하여 정관에서 정한 변태설립사항(상법 제290조 각호)을 부당하다고 인정한 때에는 이를 변경하는 재판을 이유(理由)를 붙인 결정(決定)으로 한 후(상법 제300조 1항, 비송사건절차법 제75조 1항) 그 결정의 취지가 기재된 조사보고서 또는 감정서 부본과 변경결정등본을 이사에게 송달하여야 하는데(재판예규 제719호 7조 2항 2호), 이 경우에는 설립등기 시에 앞서 언급한 변태설립사항에 관한 조사보고서 또는 감정서 및 그 부속서류 외에 법원의 변경결정등본을 함께 제출하여야 한다(예규 제979호 2).

검사인 또는 공증인의 조사보고나 감정인의 감정결과에 관한 재판은 비송사건절차법에 의한다.

(8) 발기인이 이사와 감사 또는 감사위원회 위원을 선임한 때에는 그에 관한 서면(상업등기규칙 제129조 제8호)

발기설립의 경우에 주금의 납입과 현물출자의 이행이 완료된 때에는 발기인은 지체 없이 그 인수주식 1주에 대하여 1개로 하는 의결권의 과반수로 이사와 감사를 선임하여야 한다(상법 제296조). 이 경우 발기인은 그 선임에 관한 의사(議事)의 경과와 결과를 기재한 의사록을 작성하여 기명날인 또는 서명하여야 하는데(상법 제297조), 설립등기 시에 이 의사록을 이사와 감사의 선임에 관한 사실을 증명하는 서면으로 제출하여야 한다. 특히 설립 시의 자본금의 총액이 10억원 이상인 경우에는 공증인의 인증을 받아 제출하여야 한다(공증인법 제66조의2 1항 본문).

(9) 발기인(주주)총회의 의사록(상업등기규칙 제129조 제9호)

발기인은 의사록을 작성하여 의사의 경과와 그 결과를 기재하고 기명날인 또는 서명하여야 한다(상법 제297조). 발기인총회는 주식회사의 주식인수인으로서 구성되는 설립 중의 회사의 의사결정기관이다. 발기인(주주)총회는 상법 또는 정관에 정하는 사항에 한하여 결의할 수 있다(상법 제361조). 발기인의 의결권은 그 인수주식 1주에 대하여 1개이다.

발기인이 주식인수가액의 전액과 현물출자의 이행을 완료한 때에는 발기인은 지체없이 의결권의 과반수로서 이사와 감사를 선임하여야 한다(상법 제296조).

발기인총회는 이사와 감사의 선임(상법 제296조), 설립에 관한 사항의 보고청취(상법 제298조), 법원의 변경처분에 따른 통지수령(상법 제300조), 본점과 지점의 소재장소 결정 등이 있다. 정관으로 주주총회에서 대표이사를 선정할 것을 정한 때에는 대표이사도 발기인이 선정한다(상법 제389조).

자본금 총액이 10억원 미만인 회사가 이사의 인원을 1, 2인으로 한 경우 이사회의 권한을 이사(정관에 의하여 대표이사가 있는 경우에는 대표이사)와 주주총회에 부여한 권한은 기존의 이사회가 가지고 있는 권리이다. 따라서 양도제한주식의 양도 시 승인, 주식매수선택권 부여 취소, 경업금지, 이사의 자기거래 승인, 신주의 발행결정, 전환사채, 신주인수권부사채의 발행결정, 준비금의 자본전입, 중간배당의 경우 주주총회에서 결정한다.

회사의 주주총회 소집통지와 공고기간을 기명주주의 경우 2주전 통지, 무기명주주에게는 3주전에 공고하여야 하나 자본금 총액이 10억원 미만인 회사가 주주총회를 소집하는 경우에는 주주총회일의 10일 전에 각 주주에게 서면으로 통지를 발송하거나 각 주주의 동의를 받아 전자문서로 통지를 발송할 수 있고, 무기명식의 주권을 발행한 경우에는 주주총회일의 2주 전에 주주총회를 소집하는 뜻과 회의의 목적사항을 공고할 수 있도록 각 1주일씩 줄였다(상법 제363조 제4항).

자본금 총액이 10억원 미만인 회사는 주주 전원의 동의가 있을 경우에는 소집절차를 생략할 수 있도록 하고, 서면에 의한 결의로써 주주총회의 결의를 갈음할 수 있도록 하였다(상법 제363조 제5항).

(10) 이사·대표이사, 집행임원·대표집행임원과 감사 또는 감사위원회 위원의 취임승낙을 증명하는 서면(상업등기규칙 제129조 제10호)

법인의 임원(이사, 감사, 대표이사, 집행임원·대표집행임원 등)은 그 직에 취임함을 승낙하는 내용의 취임승낙서를 제출하고 그 사실을 증명하는 인감증명서를 제출하여야 한다.

주식회사의 정관에 이사와 사외이사는 주주총회에서 구분하여 선임하되, 주주총회에서 선임된 이사 중 사내이사와 사외이사를 이사회에서 선임하도록 규정하고 있는 경우 정관과 이사로 선임한 주주총회의사록 및 사내이사와 사외이사를 구분하여 선임한 이사회의사록을 첨부하여 위 사내이사와 사외이사의 선임에 따른 등기를 신청할 수 있다(상업등기선례 200907-1, 2009. 7. 2. 사법등기심의관-1538 질의회답).

(11) 명의개서대리인을 둔 때에는 명의개서대리인과의 계약을 증명하는 서면(상업등기규칙 제129조 제11호)

회사가 명의개서 대리인을 둔 때에는 그 상호 및 본점소재지를 등기하여야 한다. 명의개서 대리인은 명의개서를 대행하는 자로서 회사의 이행보조자 내지 수임인의 지위를 가진다. 따라서 회사와 명의개서 대리인 간에 위임계약을 체결하여야 할 것 이므로 그 계약을 증명하는 서면을 첨부하도록 하고 있다.

(12) 주금의 납입을 맡은 은행, 그 밖의 금융기관의 납입금보관에 관한 증명서(상업등기규칙 제129조 제12호)

자본금의 총액이 10억원 미만인 회사를 상법 제295조제1항에 따라 발기설립을 한 경우에는 은행이나 그 밖의 금융기관이 발급한 잔고증명서)로써 납입금 보관에 관한 증명서를 대체할 수 있다(상법 제318조 3항, 상업등기규칙 제129조 12호 단서). 그런데 회사의 발기설립 시에 주금의 납입이 전부 이행된 사실을 증명하기 위하여 납입금 보관에 관한 증명서 대신에 잔고증명서를 제출하는 경우에는 금융실명거래 및 비밀보장에 관한 법률에 의하여 설립중의 회사 자체 명의로는 금융거래가 불가능하기 때문에 발기인의 명의로 작성된 잔고증명서를 발급받아 제출하여야 한다(금융실명거래 및 비밀보장에 관한 법률 3조 1항, 2조 4호 및 동법 시행령 제3조 3호).

법인 설립 및 사업자등록 후 법인등기부등본, 법인인감증명서, 법인인감도장, 법인통장, 사업자등록증사본 대표이사 신분증, 입금 영수증을 가지고 은행에 가서 법인통장에 자본금 이체 후 사무실 보증금 및 공제조합 출자금 등 법인에 관련된 지출비를 사용한다.

다. 그 밖의 첨부서면

(1) 이사회의사록

이사회의 의사에 관하여는 의사록을 작성하여야 하고, 의사록에는 의사의 경과요령과 그 결과를 기재하고 출석한 이사 및 감사가 기명날인 또는 서명하여야 한다(상법 제391조제3항). 감사가 불출석한 경우에도 출석한 이사들만으로 이사회를 개최하고 이사회의사록을 작성할 수 있다.

이사회의 결의는 이사 과반수의 출석과 출석 이사의 과반수로 하여야 한다. 다만, 정관으로 그 비율을 높게 정할 수 있다(상법 제391조 제1항).

상법 및 공증인법은 자본금의 총액이 10억원 미만인 회사를 발기설립하는 경우에는 정관, 발기인총회의사록, 이사회의사록의 인증의무를 면제하였다(상법 제292조, 공증인법 제66조의2제1항).

등기할 사항에 관하여 이사회의 결의를 필요로 하는 경우에는 신청서에 이사회의사록을 첨부하여야 한다(상업등기규칙 제128조 제2항). 이사회에서 대표이사를 선임한 경우(상법 제389조 제1항), 정관상의 본점소재지표시가 최소독립행정구역(특별시, 광역시, 시·군)으로 기재된 때에 이사회에서 구체적인 본점소재장소를 정한 경우, 회사의 설립과 동시에 지점을 설치하기로 이사회에서 결정한 경우(상법 제393조 제1항), 정관에 명의개서대리인을 둘 것을 정하고 이를 특정하지 아니하여 이사회에서 이를 정한 경우 등이다(상법 제337조 제2항).

(2) 이사 · 감사 등의 주소, 주민등록번호 또는 생년월일을 등기하는 경우 이를 증명하는 서면

설립등기 시에는 사내이사, 사외이사, 그 밖에 상무에 종사하지 아니하는 이사, 감사(또는 감사위원회) 및 집행임원의 성명과 주민등록번호를 등기하여야 하고(상법 제317조 2항 8호 및 12호), 회사를 대표할 이사 또는 집행임원의 성명·주민등록번호 및 주소(상법 제317조 2항 9호), 둘 이상의 대표이사 또는 대표집행임원이 공동으로 회사를 대표할 것을 정한 경우에는 그 규정을 등기하여야 한다(상법 제317조 2항 10호). 이와 같이 이사와 감사 등의 성명·주민등록번호 또는 주소를 등기하여야 하는 경우에는 설립등기신청 시에 이를 증명하는 서면을 첨부하여야 하는데(상업등기규칙 제59조 1항), 발행일로부터 3개월 이내의 것을 첨부하여야 한다(동 규칙 제59조 2항).

주민등록번호 또는 주소를 증명하는 서면은 원칙적으로 주민등록등·초본 또는 주민등록증사본이라고 할 것이나, 자동차운전면허증도 운전면허를 받은 사람의 동일성 및 신분을 증명하기에 충분하고 그 기재내용의 진실성도 담보되어 있으므로 자동차운전면허증사본도 주민등록번호 또는 주소를 증명하는 서면에 해당될 수 있다(1992.12.30. 등기 제2662호 통첩). 그러나 인감증명제도는 행정청이 출원자의 현재 사용하고 있는 인감을 증명함으로써 국민의 편의를 도모하기 위한 제도이므로 인감증명서는 주민등록번호 또는 주소를 증명하는 서면으로 보기 어렵다(등기선례 200302-16, 2003. 2. 18. 공탁법인 3402-40 질의회답).

(3) 관청의 허가서, 총주주나 종류주주 전원의 동의서

관청의 허가(인가)를 필요로 하는 사항의 등기를 신청할 때에는 관청의 허가서(인가서) 또는 그 인증이 있는 등본을 첨부하여야 한다(상업등기규칙 제52조).

등기신청서에는 법원으로부터 송부된 감정서 부본을 첨부한다(재판예규 제719호).

등기신청서에 허가서 또는 그 인증이 있는 등본을 첨부하여야 하는 것은 관청의 허가가 등기의 효력요건인 경우에 한하며, 관공서의 허가가 단순히 영업수행을 위한 요건인 경우는 해당되지 아니한다. 법문상 허가라고 되어 있지만 등록을 요하는 사항도 그 등록이 등기의 효력요건인 경우에는 등록증 또는 그 인증이 있는 등본을 첨부하여야 한다.

비송사건절차법 제153조에 의하여 등기신청서에 첨부하여야 할 관청의 허가서 또는 그 인증이 있는 등본은 당해 허가(인가)가 등기할 사항의 효력요건인 경우[예, 상사법인의 설립에 있어 관청의 허가(인가)가 있어야 한다는 법령상의 근거가 있는 경우, 설립중인 회사에 대한 허가(인가) 신청절차가 있는 경우 등]에 한하고 그 밖의 경우에는 관청의 허가서 등의 첨부를 요하지 아니한다(상업등기선례 1-92, 등기예규 제544호).

총주주나 종류주주 전원의 동의가 없으면 등기할 사항에 관하여 무효 또는 취소의 원인이 있는 때에는 그 동의서를 첨부하여야 한다.

(4) 등기신청대리인의 경우

대리인에 의하여 등기를 신청할 때에는 그 권한을 증명하는 서면(변호사 또는 법무사의 위임장)을 첨부하여야 한다(상업등기규칙 제52조).

대리인의 등기신청권한을 증명하는 서면인 위임장에는 그 권한의 범위를 명확히 기재하여야 하는바, 주식회사 설립의 경우 "본 회사의 설립등기 신청 및 취하에 관한 일체의 행위"와 같이 구체적으로 기재하여야 한다.

라. 등기의 동시신청 시 첨부서면

동일한 등기기록에 대한 여러 개의 등기신청은 일괄하여 하나의 신청서로 할 수 있는바, 동일한 등기소에 동시에 여러 개의 등기신청서를 제출하는 경우에 각 신청서에 첨부하여야 할 서류 중 내용이 동일한 것이 있을 때에는 하나의 신청서에만 첨부하면 된다(상업등기규칙 규칙 제54조 제2항). 이 경우 다른 신청서에는 그 뜻을 기재하여야 한다. 전자신청의 경우에는 제2항을 적용하지 아니한다(상업등기규칙 규칙 제54조 제3항).

마. 대표이사의 인감의 제출

(1) 개 설

회사가 설립 시에 3명이상의 이사를 선임한 경우에는 대표이사가 인감을 제출하여야 한다. 그리고 회사의 대표이사가 수인인 경우에는 설립등기를 신청하는 대표이사만 인감을 제출하여도 되지만, 정관 또는 선임기관의 결의로 공동으로 대표할 것을 정한 때(상법 제389조 2항)에는 공동대표이사 전원의 인감을 제출하여야 하고, 이 경우 공동대표이사의 인감은 각각 달라야 한다(등기예규 제1626호 2.나.).

한편 회사의 설립 시의 자본금의 총액이 10억원 미만으로 1명 또는 2명의 이사만을 선임한 경우에는 각 이사가 회사를 대표하므로(상법 제383조 1항 단서 및 6항) 등기를 신청하는 이사가 인감을 제출하여야 한다. 즉, 이사를 1명만 둔 경우에는 그 이사가 인감을 제출하여야 하고, 2명의 이사를 둔 경우에는 등기를 신청하는 이사가 인감을 제출하여야 한다. 다만 2명의 이사를 둔 경우에 정관에 따라 대표이사를 둔 경우에는 그 대표이사가 회사를 대표하므로(상법 제383조 6항) 그의 인감을 제출하여야 한다.

위 인감신고서에는 인감증명법에 따라 신고한 인감을 날인하고 그 인감증명서(발행일로부터 3개월 이내의 것에 한함)을 첨부하여야 한다(규칙 36조 3항).

(2) 이사가 1명인 경우

'사내이사'로 기재하고, 그 성명, 주민등록번호 및 주소를 같이 기재한다. 이사가 1명인 경우에는 해당 이사가 회사를 대표하여 등기를 신청하여야 하므로(상법 제383조 6항, 법 23조 1항), 즉 등기신청서에 기명날인할 자에 해당하므로 설립등기신청 시에 인감을 제출하여야 하고, 대리인에 의하여 등기를 신청하는 경우에도 동일하다.

(3) 공동대표인 경우

정관 또는 주주총회의 결의로 둘 이상의 대표이사 또는 대표집행임원이 공동으로 회사를 대표할 것을 정한 경우에는 그 규정을 등기하여야 하고(상법 제317조 제2항 10호), 이 경우에는 이사 전원이 인감을 제출하여야 한다(예규 제1626호 2.나.).

한편, 정관에 따라 대표이사를 정한 경우(상법 제383조 6항)에는 각 이사를 '사내이사'로 기재하고 그 성명, 주민등록번호를 기재하고, 대표이사의 성명, 주민등록번호 및 주소를 같이 기재하여야 하는데, 대표이사는 설립등기신청 시에 그 인감을 제출하여야 한다.

(4) 인감의 전자적 제출

가) 인감의 제출 또는 개인(改印)은 상업등기규칙 제36조 제2항 단서에 따라 인터넷등기소를 이용하여 신청할 수 있다(인감의 제출·관리 및 인감증명서 발급에 관한 업무처리지침 등기예규 제1311호 2010.05.19 개정).

나) 인감신고서를 전자적으로 제출하는 경우 전자서명법 제15조의 공인인증서 정보를, 개인신고서를 전자적으로 제출하는 경우 전자증명서 정보를 송신하여야 한다.

다) 회사의 지배인 또는 특수법인의 대리인이 전자적으로 인감을 신고하거나 개인(改印)을 하는 경우 위 나)의 정보 송신 외에 보증서면에 해당하는 첨부정보와 대표자의 전자증명서 정보를 함께 송신하여야 한다.

라) 인감신고서 또는 개인신고서를 전자적으로 제출하는 경우에는 인감대지를 첨부하지 아니 한다

(5) 등기관의 처리

위와 같이 설립등기신청 시에 회사의 대표자가 인감신고서를 제출한 때에는 등기관은 설립등기신청을 수리하는 경우에 한하여 일정한 신분증명서 즉, 주민등록증, 운전면허증, 주민등록번호 및 주소가 기재된 장애인등록증, 여권, 외국인등록증 등에 의하여 인감신고서를 제출하는 회사의 대표자의 신분을 확인한 후 제출된 인감 및 인감제출자에 관한 사항을 인감부에 기록하여야 한다(상업등기규칙 37조).

6. 주식회사 설립비용

가. 등록면허세 등

(가) 현물출자로 인한 법인설립 또는 증자등기 시에는 등록세 등의 감면이 없고, 현물을 신설법인으로 소유권이전등기를 할 때 조세특례제한법의 적용을 받아 부동산등기의 취득세, 등록면허세 등을 감면 받을 수 있는 것이다. 취득세에 관하여는 현물출자에 의한 소유권이전등기(416면 참조)에서 다루었다.

(나) 법인설립 시는 자본금의 4/1000에 해당하는 등록면허세를 납부하여야 한다(지방세법 제28조 제1항제6호). 그러나 대통령으로 정하는 대도시내에서의 설립등기 시에는 당해 세율의 3배의 등록면허세를 납부하여야 한다(지방세법 제28조 제2항). 여기서 대도시라 함은 수도권정비계획법 제6조제1항제1호의 규정에 의한 과밀억제권을 말한다.

사회기반시설사업(사회간접자본시설에 대한 민간투자법 제2조제2항), 전기통신사업(전기통신사업법 제4조), 소프트웨어산업(소프트웨어산업진흥법) 등은 중과세 대상에서 제외된다.

(다) 등록면허세의 20%를 지방교육세로 납부하여야 한다.

(라) 등록면허세·지방교육세는 관할시, 군, 구청을 방문하여 등록면허세액신고서(등록면허세액신고서는 각 시, 군, 구청에 비치되어 있다)를 작성하고 납세고지서를 발부받아 직접 금융기관에 납부하고 그 영수증(등록면허세영수필확인서)을 등기신청서 “을”지 즉, “신청등기소 및 등록면허세/수수료”란에 붙인다. 등록면허세액이 112,500원 미만일 때에는 112,500원으로 한다.

(마) 법인의 설립등기 신청 시 납부할 등록면허세는 설립등기사항의 필요적·임의적 기재사항과 관계없이 지방세법 제28조 제1항 제1호 내지 제2호의 등록면허세만 납부한다. 이 경우 지배인등기를 동시에 신청하는 경우 또한 같다(등기예규 제1038호 제2조).

정액등록면허세(40,200원, 112,500원 등)의 경우는 대법원사이트(www.iros.go.kr)에서 “정액등록면허세납부서작성”란을 이용하여 법인의 기본사항을 입력하여 출력한 납부서를 가지고 직접 금융기관에 납부할 수 있다.

다. 등기신청 수수료

설립등기의 경우 서면제출의 등기신청수수료는 30,000원이다. 법원구내 금융기관에서 수수료 납부서를 작성, 납부하고 그 영수증(등록면허세영수필확인서)을 등기신청서 “을”지 즉, “신청등기소 및 등록면허세/수수료”란에 붙인다.

라. 정관 · 의사록의 인증 및 비용

(1) 개 설

정관이나 의사록 인증 제도는 결의절차나 내용의 진실성을 담보하여 허위 또는 위조된 정관이나 의사록에 의한 부실등기를 방지하고 법적 분쟁을 미연에 방지하기 위해 도입된 것이다.

"정관의 인증"이란 정관을 공정증서로 작성하는 것이 아니라 발기인이 공증인에게 정관을 제출하고 공증인은 발기인으로부터 기명날인 또는 서명을 확인하여 그 뜻을 기재하는 제도를 말한다.

한편 상법 제292조는 소규모 회사 창업의 원활화를 위하여 자본금 총액이 10억원 미만인 회사를 발기 설립하는 경우 정관의 공증(인증)의무를 면제하고 발기인들의 기명날인 또는 서명만으로도 효력이 발생할 수 있도록 하였으며, 발기인총회의사록, 이사회 의사록의 경우(공증인법 제66조의2)도 인증의무를 면제하였다.

상법이 공증(인증)의무를 면제한 것은 소규모회사를 창업하거나 운영하는데 필요한 절차를 간소화하여 활발한 투자여건을 조성하고 경영환경을 개선하여 기업의 경쟁력을 높이고자 하는 취지이다. 그러나 모집설립의 경우 자본금 총액이 10억원 미만이더라도 정관 및 의사록의 인증을 받아야 하고, 현물출자가 있는 경우에는 발기설립이나 모집설립을 가리지 않고 정관을 인증 받아야 한다.

(2) 인증촉탁

상법 제292조와 그 준용 규정에 따라 정관의 인증을 촉탁하려면 정관(전자문서로 작성된 정관은 제외한다) 2통을 제출하도록 하였으나(공증인법 제63조 제1항), 실무에서는 정관3통을 제출하고 있다. 공증인은 정관 중 1통은 공증인이 보존하고 2통은 촉탁인 또는 그 대리인에게 돌려준다.

정관의 인증은 정관에 한 서명 또는 기명날인은 공증인이 보는 앞에서 한 것이 아니고 정관에 서명 또는 기명날인한 당사자나 그 대리인이 공증인 앞에 나와서 그 서명 또는 기명날인이 본인이 한 것이라는 것을 진술하는 것을 듣고 이를 확인하는 방법(자인인증)으로 한다(공증인법 제63조 제2항).

공증인의 직무집행구역은 그 소속 지방검찰청의 관할 구역에 따른다. 다만, 서울특별시는 하나의 직무집행구역으로 한다(공증인법 제16조).

(3) 준비서류

준비서류는 정관, 발기인총회의사록, 발기사항보고서, 조사보고서, 이사회의사록, 주주명부, 진술서 각 3부를 준비하고 공증용 위임장을 작성하여야 한다.

이사회의사록에 날인한 이사는 공증용 위임장에 인감을 날인하고 개인인감증명을 각 2통씩과 인감도장을 준비한다.

(4) 공증(인증)비용

현재 공증인수수료규칙 제21조 제1항은 “상법의 규정에 의한 정관인증의 수수료는 발행주식의 액면총액 5천만원까지는 80,000원으로 하고, 5천만원을 초과할 경우에는 그 초과액의 2천분의 1을 더하되 100만원을 초과하지 못한다.”고 규정하고 있다.

“예” 자본금이 2억원인 경우

(자본금 2억－50,000,000)×1/2,000+80,000=155,000원(여기에 정관인증비용은 포함 되어있다.) 주주총회의사록 30,000원+이사회의사록 30,000원=60,000원 따라서 총 인증비용은 215,000원이 되는 것이다.

마. 감정비용

감정비용은 “감정평가업자의 보수에 관한 기준”에 의한다. 797면 참조

제4관 현물출자(부동산) 발기설립등기 신청서 사례

[서식] 주식회사 발기설립등기{개인기업 법인전환, 현물(부동산)과 현금출자 병행, 발기인2인, 이사3인, 감사1인}

주식회사 설립등기신청

접 수	년 월 일	처리인	등기관확인	각종통지
	제 호			

등 기 의 목 적	주식회사 설립
등 기 의 사 유	정관을 작성하여 공증인의 인증[9]을 받아 발기인이 회사설립시 발행하는 주식의 전부를 인수하고 20○○년 ○월○일 발기인회에서 상법 제298조의 절차를 종료하였으므로 다음 사항의 등기를 구함
본/지점 신청구분	1. 본점신청 □ 2. 지점신청 □ 3. 본 · 지점 일괄신청 □
등 기 할 사 항	
상 호	주식회사 한진정밀
본 점	서울특별시 ○○구 ○○동 ○-○
공 고 방 법	○○시에서 발행되는 ○○신문에 한다.
액면주식 1주의 금액	금5,000원
발행할 주식의 총수	1,000,000주
발행주식의 총수, 그 종류와 각종 주식의 내용과 수	328,687주 보통주식[10]
자본금의 액	금1,643,435,000원

9) 발기설립의 경우 자본금 총액이 10억 원 미만인 소규모 회사의 경우 공증인의 인증 면제

10) 개정상법(2012.4.15시행)은 회사설립 시 발행하는 주식의 총수는 회사가 발행할 주식총수의 1/4 이상이어야 한다는 요건을 폐지하였다(상법 제289조 제2항 삭제). 이에 따라 회사설립 시 발행하여야 하는 주식 수에 대한 제한이 전혀 없게 되었다.

등 기 할 사 항	
목 적	1. 주형 및 금형 제조판매업 2. 사출성형기 제조판매업 3. 전자제품 제조판매업 4. 위 각호에 관련된 부대사업
이사·감사·집행임원의 성명 및 주민등록번호[11]	사내이사 김 성 원 (00000-0000000) 사내이사 정 한 민 (00000-0000000) 사내이사 신 종 식 (00000-0000000) 감 사 이 동 석 (00000-0000000)
대표이사 또는 대표집행임원의 성명, 주민등록번호, 주소[12]	김 성 원 (-)
지 점	없음
존립기간 또는 해산사유	없음(정관에 규정이 되어있으면 기재)
기 타 (주식의 양도에 관하여 이사회의 승인을 얻도록 정한 때에는 그 규정, 명의개서대리인을 둔 때에는 그 상호와 본점소재지 등)	없음(정관에 규정이 되어있으면 기재)

11) 개정 상법은 선택적으로 업무집행기관으로서 '집행임원'을 둘 수 있도록 하였다.
12) 집행임원제도를 둔 회사는 대표이사를 두지 못한다(상법 제408조의2).

신청등기소 및 등록세/수수료						
순번	신청등기소	구분	등록면허세 지방교육세	농어촌 특별세	세액합계	등기신청수수료
			금19,721,220원 금3,944,244원	금 원	금23,665,464원	금 30,000원
합 계						
등기신청수수료 납부번호						
과 세 표 준 액	금1,643,435,000원					

첨 부 서 면			
1. 정관(자본금 10억 이상일 경우 공증)	통	1. 공인된 감정인의 감정서	통
1. 주식의 인수를 증명하는 서면	통	1. 검사인조사보고서등본	통
1. 주식발행사항동의서	통	1. 취임승낙서(인감증명서포함)	통
1. 발기인회의사록(자본금 10억 이상 공증)	통	1. 주민등록표등본	통
1. 이사회의사록(공증)	통	1. 인감신고서	통
1. 주금납입보관증명서 또는 잔고증명서	통	1. 등록세영수필확인서	통
1. 현물출자재산인도증	통	1. 위임장(대리인이 신청할 경우)	통
1. 이사·감사 조사보고서	통	1. 법인인감카드발급신청서	통
		<기 타>	

년 월 일

신청인 상 호 주식회사 한진정밀
본 점 서울 ○○구 ○○동 ○-○
대표이사 성 명 김 성 원 (인) (전화 :)
주 소 서울 ○○구 ○○동 ○-○
대리인 성 명 법무사 000 (인) (전화 : 456-7890)
주 소 서울 ○○구 ○○동 ○-○

서울중앙지방법원 상업등기소 귀중

– 신청서 작성요령 및 등기수입증지 첨부란 –

1. 해당란이 부족할 때에는 별지를 이용합니다.
1. 해당 등기신청과 관계없는 사항에 대하여는 "해당없음"으로 기재하거나 삭제하고, 필요한 사항은 추가 기재합니다.

(용지규격 21㎝× 29.7㎝)

※ 이 사례는 발기인 2인이 부동산인 현물과 현금출자를 병행하여 개인기업이 법인(주식회사)으로 전환하는 발기설립의 사례이다. 자본금의 액이 10억 원 이상이어서 소규모

회사에 해당하지 아니하므로 창업절차의 간소화에 따른 개정법은 적용되지 아니한다.

[서식] 위임장(등기소 제출용)

<table>
<tr><td>

위 임 장

법무사 성 명 ○○○
주 소 서울특별시 강동구 명일동 246-5
전 화 585-3635

본인은 위 사람을 대리인으로 정하고 다음의 권한을 위임합니다.

다 음

신청인 김○○의 주식회사 발기설립에 따른 신청서작성 및 동 신청서를 제출하는 행위, 송달장소 및 송달영수인신고서를 제출하는 행위, 기타 일체의 행위.

20○○년 월 일

위임인 김 성 원
서울특별시 ○○구 ○○동 ○-○
연락처 000-0000-0000

</td></tr>
</table>

※ 이 위임장은 법무사에게 주식회사설립등기를 의뢰하는 경우 대리의 권한을 법무사에게 위임하는 서류로써 등기소에 제출하는 서류이다.

[서식] 발기인총회의사록

발기인총회의사록

20○○년 월 일, 13:00 창립사무실에서 발기인 총회를 개최하다.

발기인 총수	2명	발행주식총수	328,687 주
출석발기인수	2명	출석주식총수	328,687 주

발기인 대표 김 성 원은 위와 같이 상법 소정의 정족수에 달하게 발기인이 출석하였으므로 본 총회는 적법하게 성립됨을 고하고, 의사를 진행하기 전에 의장을 선임할 것을 구한바 발기인 전원 만장일치로 발기인 대표 김성원을 의장으로 선임한 즉 동인은 그 취임을 승낙하고 의장석에 등단하여 개회를 선언하고 다음 의안의 심의를 구하다.

제1호 의안 : 정관승인의 건

의장은 정관을 낭독하고 축조설명을 한 후 현재 발기인 김성원이 서울 ○○구 ○○동 ○-○ 소재에 사업용으로 사용하던 ○○정밀금형사의 토지와 건물 그리고 그에 따른 유형자산외의 자산을 전부 현물출자 하여 법인전환을 위하여 정관을 작성하여 발기하였음을 부연설명 한 후, 이를 승인하여 줄 것을 구한바, 전원일치 원안대로 승인하다.

제2호 의안 : 임원 선임의 건

의장은 이사 3인 이상, 감사 1인을 두기로 하는 정관규정에 따라 이사, 감사의 선임방법을 물은 즉 무기명 비밀투표로 선출하기로 전원 일치되어 즉시 투표한 결과 다음과 같이 선출되다. 단, 감사는 상법 제409조 제2항의 규정에 의하여 선임하다.

사내이사	김 성 원	(00000-0000000)
사내이사	정 한 민	(00000-0000000)
사내이사	신 종 식	(00000-0000000)
감 사	이 동 석	(00000-0000000)

위 피선자는 즉석에서 각자 그 직의 취임을 승낙한다.

제3호 의안 : 변태설립사항 감정보고의 건

본 회사 설립사항 중 현물출자의 이행사항이 있어 검사인이 이를 조사하여 법원에 보고해야 하는바, 상법 제299조의2에 따른 공인감정인의 조사, 보고로 갈음할 것임을 설명하였으며, 그 재산을 감정한 사실을 이미 배포한 별첨 감정보고서와 같다고 보고하니 발기인 전원의 동의로 이의없이 원안대로 승인 가결하다.

제4호 의안 : 현물출자 자산의 평가 및 부여받을 주식의 종류와 수량의 승인의 건

의장은 설립중인 ㈜한진정밀은 현물출자자인 김성원의 개인기업인 서울 ○○구 ○○동 ○-○ 소재 ○○정밀금형사의 토지 및 건물과 공장설비 등을 현물로 출자하여 법인으로 전환하기로 상세히 설명하고 이에 대하여 현물출자 자산의 가격은 감정평가에 의하고, 이에 따라 현물출자 자가 부여받을 주식의 수량이 정하여 질 것이라는 설명을 한 후, 이를 승인하여 줄 것을 구한바, 전원일치 원안대로 승인하다.

제5호 의안 : 현물출자의 이행여부

의장은 상법 제295조 규정에 의한 납입에 관하여 현물출자자 작성의 재산인도증에 의해 회사설립 시에 발행하는 주식의 총수 중 328,689주(1주의 금액5,000원)로서 전부 인수되고 그 중 현금출자에 대한 발행가액 전액이 20○○년 월 일 우리은행 ○○지점에서 발행한 주금납입보관증명서에 의하여 납입이 완료되었으므로 전원 이의 없이 이를 승인가결하다.

제6호 의안 : 상법 제298조의 소정사항 조사보고의 건

의장은 이사는 상법 제298조 소정사항을 조사 보고하여야 함을 설명하고, 이어 발기인이었던 이사는 그러한 조사에 참가하지 못함을 밝히고 발기인이 아닌 이사, 감사로 하여금 조사보고케 하여야 한다고 하자, 전원 이의없이 다음 사람이 별지 조사보고서와 같이 보고하다.

조사보고자	사내이사	정 한 민
	사내이사	신 종 식
	감 사	이 동 석

출석주주들은 그 조사보고서를 검토한 후 그를 만장일치로 승인하다.

의장은 이상으로서 의안 전부의 심의를 종료하였으므로 폐회한다고 선언하다(회의종료시간 14:00)

위 의사의 경과요령과 결과를 명확히 하기 위하여 이 의사록을 작성하고 의장과 출석한 발기인이 다음과 같이 기명날인하다.

20○○년 월 일

(주) 한진정밀

의장겸 발기인 김 성 원 (인)

발기인 김 수 희 (인)

[서식] 검사인의 조사보고서(이사의)

조사보고서

20○○년 9월 6일 (주) 한진정밀 발기인총회에서 본인 등은 상법 제298조 소정 사항의 조사보고자로 선임되었으므로 동법에 규정된 사항을 조사하여 다음과 같이 보고함.

조사사항 및 조사결과

1. 회사설립 시에 발행하는 주식의 총수에 대한 인수의 정확여부

회사가 발행할 주식의 총수 1,000,000 주

설립시에 발행하는 주식의 총수 328,687주

1주의 금액 5,000원으로서 그 인수 내역은 다음과 같음.

발기인이 인수한 주식수

발기인 김성원 : 보통주식 328,686주(20○○ 년 월 일 인수완료)

발기인 김수희 : 보통주식 : 1주 (20○○ 년 월 일 인수완료)

2. 인수주식에 대한 납입의 정확여부

회사설립 시에 발행하는 주식총수 중 328,686주에 대하여 금1,643,430,000원의 현물출자 재산이 이행되었음은 공인감정인의 감정결과보고와 같이 명확하고, 1주에 관하여는 금5,000원의 현금 납입이 완료되었음은 20○○년 월 일 ○은행 ○○지점이 발행한 주식납입보관증명서에 의하여 명확히 확인됨.

3. 현물출자 기타 조사사항

상법 제290조 제2호 현물출자에 관한사항은 상법 제299조의2에 해당되어 공인감정인의 감정서로 갈음하였는바, 그 사항은 타당하다.

이와 같이 조사 보고함.

20○○년 7월 ○일

(주) 한진정밀
사내이사 정 한 민
사내이사 신 종 식
사내이사 이 동 석

※ 검사인의 조사보고

○ 발기설립 시 이사와 감사는 취임후 지체없이 회사의 설립에 관한 모든 사항이 법령 또는 정관의 규정에 위반되지 아니하는지의 여부를 조사하여 발기인에게 보고하여야 한다(상법 제298조제1항). 그러나 이사와 감사중 발기인이었던 자·현물출자자 또는 회사성립후 양수할 재산의 계약당사자인 자는 조사·보고에 참가하지 못한다(상법 제298조제2항). 따라서 실무에서는 이사 2인으로 법인을 설립할 경우 이사 1인만이 발기인이 되고 나머지 이사 1인으로 하여금 조사·보고를 하게 한다. 조사할 사항은 ① 발기인이 받을 특별이익과 이를 받을 사람의 성명, ② 현물출자를 하는 사람의 성명과 그 목적인 재산의 종류, 수량, 가격과 이에 대해 부여할 주식의 종류와 수, ③ 회사성립 후에 양수할 것을 약정한 재산의 종류, 수량, 가격과 그 양도인의 성명, ④ 회사가 부담할 설립비용과 발기인이 받을 보수액 등(상법 제290조)이 회사사정에 맞게 적정하였는지 여부를 조사한다.

○ 현물출자를 통한 법인전환 시에 현물출자의 목적물이 부당하게 평가되어 회사의 설립절차가 진행된 경우에 그 책임이 발기인 및 이사의 임무해태로 인한 경우에 있어서 우리 상법은 그 발기인 및 이사가 연대하여 회사에 손해배상책임을 지도록 규정하고 있다(상법 제322조).

○ 검사인은 조사보고서를 작성한 후 즉시 그 등본을 각 발기인에게 교부해야 하고(상법 제299조제2항), 검사인의 조사보고서가 사실과 다를 경우, 발기인은 이에 대한 설명서를 법원에 제출할 수 있다(상법 제299조제3항).

[서식] 발기설립조사보고 인가신청서

발기설립조사보고 인가신청

사건본인 주식회사 한진정밀
서울 ○○구 ○○동 ○-○
대표이사 김 성 원

신 청 인 사건본인의 대표이사 김 성 원
전화번호 : 010-505-0000

감 정 인 1. 감정평가사 ○○○
○○감정평가법인(주)
서울 ○○구 ○○동 ○-○

2. ○○회계법인
서울 ○○구 ○○동 ○-○
대표이사 ○○○

신청인의 송달 장소 : 서울 ○○구 ○○동 ○-○
송달영수인 : ◇◇◇법무사

현물 및 현금출자가액
현물출자액 금1,643,430,000원
현금출자액 금5,000원

현물 및 현금출자할 재산의 표시
별지 1. 기재 부동산과 같음
별지 2. 기재 재무상태표와 같음

부여주식수
328,687주

신 청 취 지

신청인은 현물출자자인 김성원이 운영하는 개인업체의 권리의무 일체를 포괄적으로 이전하여 사건본인 주식회사 한진정밀을 설립함에 있어 상법 제299조의2에 의하여 현물출자하는 부동산은 감정인에게, 유형자산 이외에 관하여는 공인감정인의 감정을 받았으므로 그 결과를 보고하오니 인가하여 주시기 바랍니다.

신 청 원 인

1. 사건본인 회사 설립을 위하여, 발기인 전원이 모여 20○○년 ○월 ○일 정관을 작성하고 공증인의 인증[13]을 받아 발기인이 회사설립시 발행하는 주식의 전부를 인수하고 주식인수 방법으로서 사건본인 회사와 발기인이 별지 기재 부동산과 유형자산 이외에 관한 현물출자 계약을 하고 출자 재산의 인도 및 이전등기에 필요한 서류를 교부함으로서 그 출자이행을 하였습니다.
   가. 부동산은 ○○감정평가법인(주)의 ○○○감정평가사에게,
   나. 유형자산이외는 ○○회계법인에게 그 감정 및 조사를 의뢰하여 검사받았음
   (본 조사보고서는 재판예규 제719호에 의하여 작성하였습니다.)

2. 감정결과를 위임한 발기인, 현물출자자, 조사감정의 목적과 조사금액 사항은 다음과 같습니다.

다 음

1. 감정을 위임한 이사의 성명, 주소, 전화번호
   사건본인의 대표이사 김 성 원
   전화번호 : 010-000-0000 김 성 원

2. 발기인 겸 현물 및 현금출자자의 성명, 주소, 전화번호
   가. 사건본인의 대표이사 김 성 원

13) 발기설립의 경우 자본금 총액이 10억 원 미만인 소규모 회사의 경우 공증인의 인증 면제

전화번호 : 010-000-0000 김 성 원

나. 현금출자자

발기인 김 수 희

전화번호 : 010-000-0000

3. 감정의 목적

발기인 김성원이 현물을 출자하고, 현물출자의 이행을 마쳤기에 상법 제299조의 2조에 따라 공인감정인으로서 이에 대한 감정을 행하였음.

4. 감정사항

현물출자를 하는 자의 성명과 그 목적인 재산의 종류, 수량, 가격과 이에 대하여 부여할 주식의 종류와 수, 현물출자의 이행 여부

1) 현물출자자 : 김 성 원

2) 재산의 종류, 수량, 가격 :

가. 재산의 종류 : 별지1. 기재 부동산

별지2. 기재 유형자산이외(재무상태표)

나. 수량 : 토지, 건물, 재무상태표 상의 자산

다. 가격 : 금1,643,430,000원

3) 이에 대하여 부여할 주식의 종류와 수

가. 현물출자 재산가액 : 금1,643,430,000원

나. 부여할 주식의 종류와 수 : 기명식 보통주식 328,686주

다. 1주당 발행가액 : 금 5,000원(액면가 금5,000원)

4) 현물출자의 이행 여부

현물출자재산은 이미 사건본인의 회사에 확실히 인수되었음을 출자자 작성의 재산인도증에 의해 확인할 수 있었음.

첨 부 서 류

1. 정관(인증 등본)
1. 현물출자계약서
1. 재산 인수증
1. 주식 인수증
1. 주금납입증명서 사본 1부
1. 발기인총회 의사록
1. 감정인의 감정결과보고서
1. 감정평가서
1. 감정인 등록증 사본
1. 감정인의 법인등기부등본 각1부
1. 현물출자 부동산등기부등본 각1부
1. 부동산에 관한 임대차계약서(임차보증금 존재 확인용) 1부
1. 감정인의 감정결과보고서 부본
1. 송달영수인 신고서 1통
1. 위임장 1통
1. 인지1,000원, 송달료 3,000원

20○○년 8월 일

사건본인 주식회사 한진정밀
서울 ○○구 ○○동 ○-○
대표이사 김 성 원
신 청 인 사건본인의 대표이사 김 성 원

서울중앙지방법원 귀중

※ 감정결과보고 인가신청에 대한 설명은 84면 "현물출자에 대한 감정" 참조

[별지 1] 현물출자 재산목록

현물출자 재산 목록

1. 토지

서울 ○○구 ○○동 ○-○ 대 628㎡

[도로명주소] 서울특별시 ○○로 ○-○

2. 건물

서울 ○○구 ○○동 ○-○

[도로명주소] 서울특별시 ○○로 ○-○

철근콘크리트조 슬래브지붕 2층 근린생활시설 및 업무시설

1층 674.15㎡,

2층 674.15㎡

층별용도

1층 근린생활시설

(공장)614.15㎡, 기계실 33.35㎡, 계단실 22.36㎡

2층 근린생활시설

(사무실)624.15㎡, 계단실 화장실 33.45㎡

3. 공장시설

가. 기계기구 등

1. 건조기 DHB-T
2. 고속분쇄기 DHSC-10
3. 사출성형기 PRO-100WD

나. 차량 등

체어맨(서울1가1234)

스타렉스장축6밴(서울1모5478)

포터초장축슈퍼캡(서울3더9875) -이 상-

[별지2] 현물출자에 따른 기초 재무상태표

재 무 상 태 표

20 년 월 일 현재 (단위: 원)

과 목	금 액		비 고
자 산			
Ⅰ.유동자산		201,976,059	
(1)당좌자산		201,976,059	
현금	8,250,333		
보통예금	15,008,006		
선급비용	800,123		
미수금	1,725,726		
가지급금	7,007,896		
Ⅱ.비유동자산		1,193,514,621	
(1)투자자산		1,000,064,731	
(2)유형자산		2,193,449,890	
1.토지		565,200,000	
2.건물		520,469,800	
(3)무형자산		-	
(4)기타비유동자산		-	
자산총계		3,786,661,906	
부 채			
Ⅰ.유동부채		6,540,680	
1.부가세예수금		6,540,680	
Ⅱ.비유동부채		6,258,232,000	
부채총계		2,143,228,283	
현물출자가액		1,643,433,623	
현금출자가액		5,000	
자본금		1,643,435,000	

[서식] 정관의 인증서 표지

등부 년 제 호
인 증 서 정 관 **등 본** 공증 인가 法務法人 ○○ (공증부 : 593-0000)

210mm×297mm
(보존용지(1종) 70g/㎡)

※ 이 사례는 등기신청대리인이 공증사무소에 정관인증을 촉탁하여 공증사무소에서 작성한 정관의 인증서 표지이다.

[서식] 정관

정 관

제1장 총 칙

제1조(상호) 당회사는 주식회사 "한진정밀"이라 칭하고 영문으로는 ○○○로 표기 한다.

제2조(목적) 당 회사는 다음 사업을 경영함을 목적으로 한다.
본 회사는 다음 사업을 경영함을 목적으로 한다.
1. 주형 및 금형 제조판매업
2. 사출성형기 제조판매업
3. 전자제품 제조판매업
4. 위 각호에 관련된 부대사업

제3조(본점의 소재지) 당 회사의 본점은 서울특별시내에 둔다.

제4조(공고방법) 당 회사의 공고는 회사의 인터넷 홈페이지(http://www.○○○.….)에 게재한다. 다만, 전산장애 또는 그 밖의 부득이한 사유로 회사의 인터넷 홈페이지에 공고를 할 수 없을 때에는 ○○시에서 발행되는 ○○신문에 한다.

제2장 주 식

제5조(발행예정 주식의 총수) 당 회사가 발행할 주식의 총수는 1,000,000주로 한다.

제6조(1주의 금액) 당 회사가 발행하는 주식 액면주식 1주의 금액은 금5,000원으로 한다.

제7조(회사가 설립시에 발행하는 주식의 총수) 당 회사는 설립시에 328,687주의 주식을 발행하기로 한다.

제8조(주식 및 주권의 종류) 당 회사의 주식은 보통주식으로 전부 기명식으로 하고 주권은 1주권, 10주권, 100주권, 1,000주권, 10,000주권의 5종으로 한다.

제9조(주권 불소지) 당 회사는 주권 불소지 제도를 채택하지 아니한다.

제10조(주금납입의 지체) 주금 납입을 지체한 주주는 납입기일 다음날부터 납입이 끝날 때까지 지체 주금 100원에 대하여 일변 10전의 비율로서 과태금을 회사에

지급하고 또 이로 인하여 손해가 생겼을 때는 그 손해를 배상하여야 한다.

제11조(명의개서) ① 당 회사의 주식에 관하여 명의개서를 청구함에 있어서는 당 회사에서 정하는 청구서에 기명날인 또는 서명하고 이에 주권을 첨부하여 제출하여야 한다.

② 양도 이외의 사유로 인하여 주식을 취득한 경우에는 당 회사의 청구에 의하여 제1항의 청구서 이외에 그 사유를 증명한 서면과 주권을 제출하여야 한다.

제12조(질권의 등록 및 신탁재산의 표시) 당 회사의 주식에 관하여 질권의 등록 또는 신탁재산의 표시를 청구함에 있어서는 당 회사가 정하는 청구서에 당사자가 기명날인 또는 서명하고 이에 주권을 첨부 제출하여야 한다. 그 등록 또는 표시의 말소를 청구함에 있어서도 같다.

제13조(주권의 재발행)①주권의 분할, 병합, 오손 등의 사유로 인하여 주권의 재발행을 청구함에 있어서는 당 회사가 정하는 청구서에 기명날인 또는 서명하고 이에 주권을 첨부하여 제출하여야 한다.

② 주권의 상실로 인하여 그 재발행을 청구함에 있어서는 당 회사가 정하는 청구서에 기명날인 또는 서명하고 이에 제권판결의 정본 또는 등본을 첨부하여 제출하여야 한다.

제14조 (수수료) 제11조 내지 제13조에서 정하는 청구를 하는자는 당 회사가 정하는 수수료를 납부하여야 한다.

제15조(주주명부의 폐쇄)① 당 회사는 매년 1월 1일부터 정기주주총회의 종결일까지 주주명부의 기재의 변경을 정지한다.

② 제1항의 경우 이외에 주주 또는 질권자로서 권리를 행사할 자를 확정하기 위하여 필요한 때에는 이사회의 결의에 의하여 주주명부의 기재의 변경을 정지하고 또는 기준일을 정할 수가 있다. 이 경우에는 그 기간 또는 기준일의 2주 전에 공고하는 것으로 한다.

제16조(주주의 주소등의 신고) 당 회사의 주주 및 등로된 질권자 또는 그 법정대리인이나 대표자는 당 회사가 정하는 서식에 의하여 그의 성명, 주소와 인감을 당 회사에 신고하여야 한다. 신고사항에 변경이 있는 때에도 또한 같다.

제3장 사　　채

제17조(사채발행과 차입) ① 이 회사는 원리금의 상환 기타 조건에 관하여 내용이 다른 수종의 사채를 발행할 수 있다.

② 이 회사는 자기자본금의 2배를 초과하지 아니하는 범위 내에서 자금을 차입할 수 있다.

③ 이 회사는 자본금과 적립금의 합계액의 10배를 초과하지 아니하는 범위 내에서 사채를 발행할 수 있다. 다만, 사채발행의 한도를 계산함에 있어 이 회사가 채권금융 기관으로부터 약정체결기업에 대한 채권을 양도받고 그 대가를 지급하기 위하여 발행하는 사채는 이를 사채발행액에 산입하지 아니한다.

제18조(전환사채의 발행) ① 이 회사는 이사회의 결의로 전환사채를 발행할 수 있다.

② 주주는 그가 소유한 주식의 수에 비례하여 전환사채의 배정을 받을 권리를 갖는다.

③ 제2항에 불구하고 회사는 다음 각 호의 경우에 사채의 액면총액이 금 50억원을 초과하지 않는 범위 내에서 이사회의 결의로 주주 이외의 자에게 전환사채를 발행할 수 있다.

1. 회사가 긴급한 자금의 조달을 위하여 전환사채를 발행하는 경우
2. 회사가 약정체결기업의 채권 또는 주식을 매입하는 등 경영상 필요로 내국법인 또는 외국투자자에게 전환사채를 발행하는 경우
3. 회사가 경영상 필요로 국내외 투자가에게 전환사채를 발행하는 경우

④ 제 3항의 전환사채에 있어서 이사회는 그 일부에 대하여만 전환권을 부여하는 조건으로도 이를 발행할 수 있다.

⑤ 전환으로 인하여 발행하는 주식은 기명식 보통주식으로 하고 전환가액은 주식의 액면금액 또는 그 이상의 가액으로 사채발행시 이사회가 정한다.

⑥ 전환을 청구할 수 있는 기간은 당해 사채의 발행일 후 1개월이 경과되는 날로부터 그 상환기일의 직전일까지로 한다. 다만, 위 기간의 범위내에서는 이사회의 결의로 전환청구기간을 조정할 수 있다.

⑦ 전환으로 인하여 발행하는 주식에 대한 이익의 배당과 전환사채에 대한 이자의 지급에 관하여는 제12조의 규정을 준용한다.

제19조(신주인수권부사채의 발행) ① 이 회사가 신주인수권부사채를 발행함에는 이사회의 결의에 의하여야 한다.

② 주주는 그가 소유한 주식의 수에 비례하여 신주인수권부사채의 배정을 받을 권리를 갖는다.

③ 제2항에 불구하고 회사는 사채의 액면총액이 금 50억원을 초과하지 않는 범

위 내에서 이사회의 결의로 다음 각 호의 경우 주주 외의 자에게 신주인수권부사채를 발행할 수 있다.

1. 회사가 긴급한 자금의 조달을 위하여 신주인수권부사채를 발행하는 경우
2. 회사가 약정체결기업의 채권 또는 주식을 매입하는 등 경영상 필요로 내국법인 또는 외국투자자에게 신주인수권부사채를 발행하는 경우

④ 신주인수권의 행사로 발행하는 주식은 기명식 보통주식으로 하고 그 발행가액은 주식의 액면금액 또는 그 이상의 가액으로 사채발행시 이사회가 정한다.

⑤ 신주인수권을 행사할 수 있는 기간은 당해 사채의 발행일 후 1개월이 경과되는 날로부터 그 상환기일의 직전일까지로 한다. 다만, 위 기간의 범위 내에서는 이사회의 결의로 신주인수권 행사기간을 조정할 수 있다.

⑥ 신주인수권의 행사로 인하여 발행하는 주식에 대한 이익의 배당에 관하여는 제12조의 규정을 준용한다.

제20조(사채발행에 관한 준용규정) 이 정관에 정한 "주주명부 폐쇄, 주주 등의 주소, 성면 및 인감 또는 서명 등 신고" 규정은 사채발행의 경우에 준용한다.

제3장 주주총회

제21조(소집) 당 회사의 정기주주총회는 영업연도 말일의 다음날부터 3월이내에 소집하고 임시주주총회는 필요한 경우에 수시 소집한다.

제22조(의장) 대표이사가 주주총회의 의장이 된다. 그러나 대표이사 유고시에는 이사회에서 선임한 다른 이사가 의장이 된다.

제23조(결의) 주주총회의 결의는 법령 또는 정관에 다른 규정이 있는 경우를 제외하고는 출석한 주주의 의결권의 과반수와 발행주식 총수의 4분의1이상의 수로서 한다.

제24조(의결권의 대리행사)주주는 대리인으로 하여금 의결권을 행사할 수 있다. 대리인이 의결권을 행사함에는 표결전에 그 권한을 증명하는 서면을 의장에게 제출하여야 한다.

제25조(총회의 의사록) 주주총회의사록에는 의사의 경과요령과 그 결과를 기재하고 의장과 출석한 이사가 기명날인 또는 서명하여야 한다.

제4장 임원과 이사회

제26조(이사와 감사의 수) 당 회사의 이사는 3인 이상, 감사는 1인 이상으로 한다.

제27조(이사, 감사의 선임) 당 회사의 이사, 감사는 제23조의 결의방법에 의하여 선임한다. 그러나 감사의 경우에 의결권 없는 주식을 제외한 발행주식총수의 100분의 3을 초과하는 주식을 가지는 주주는 그 초과하는 주식에 관하여는 의결권을 행사하지 못한다.

제28조(이사의 임기)이사의 임기는 취임후 3년으로 한다. 그러나 이사의 임기가 재임중 최종의 결산기에 관한 정기주주총회의 종결전에 끝날 때는 그 정기주주총회 종결에 이르기까지 그 임기를 연장한다. 보궐 또는 증원에 의하여 선임된 이사의 임기는 다른 이사의 전임기와 같이 한다.

제29조(감사의 임기) 감사의 임기는 취임후 3년내의 최종의 결산기에 관한 정기주주총회의 종결시까지로 한다.

제30조(이사회의 소집) 이사회는 대표이사 또는 이사회에서 따로 정한 이사가 있는 때에는 그 이사가 회의일의 3일전에 각 이사 및 감사에게 통지하여 소집한다. 그러나 이사 및 감사 전원의 동의가 있는 때에는 소집 절차를 생략할 수 있다.

제31조(이사회의 결의) 이사회의 결의는 이사 과반수의 출석과 출석이사의 과반수로 한다.

제32조(이사회의 의사록) 이사회의 의사록에는 의사의 경과요령과 그 결과를 기재하고 출석한 이사 및 감사가 기명날인 또는 서명하여야 한다.

제33조(대표이사)① 당 회사는 사장 1인과 필요한 경우에 전무이사 및 상무이사 각 약간명을 둔다.

② 사장, 전무이사와 상무이사는 이사회의 결의에 의하여 이사중에서 선임한다.

③ 사장은 당 회사를 대표한다.

제34조(업무집행) ① 사장은 당회사의 업무를 통할하고 전무이사 또는 상무이사는 대표이사를 보좌하여 그 업무를 분장한다.

② 사장이 유고시에는 미리 이사회에서 정한 순서에 따라 전문이사 또는 상무이사가 사장의 직무를 대행한다.

제35조(감사의 직무) 감사는 당회사의 업무 및 회계를 감사한다.

제36조(보수와 퇴직금) 임원의 보수 또는 퇴직한 임원의 퇴직금은 주주총회의 결의로 정한다.

제5장 계 산

제37조(영업연도) 당 회사의 영업연도는 매년 1월 1일부터 동년 12월 31일까지로

한다.

제38조(재무제표, 영업보고서의 작성비치) ① 당 회사의 사장은 정기주주총회 회일 6주간 전에 다음의 서류 및 그 부속명세서와 영업보고서를 작성하여 이사회의 승인과 감사의 감사를 받아 정기주주총회에 제출하여야 한다.

1. 대차대조표
2. 손익계산서
3. 이익금처분계산서, 또는 결손금처리계산서

② 제1항의 서류는 영업보고서, 감사보고서와 함께 정기총회 1주간 전부터 당 회사의 본점과 지점에 비치하여야 하고 총회의 승인을 얻었을 때에는 그중 대차대조표를 지체없이 공고하여야 한다.

제39조(이익금의 처분) 매기 총수입금에서 총지출금을 공제한 잔액을 이익금으로 하여 이를 다음과 같이 처분한다.

1. 이익준비금 금전에 의한 이익배당액의 10분의 1이상
2. 별도적립금 약간
3. 주주배당금 약간
4. 임원상여금 약간
5. 후기 이월금 약간

제40조(이익배당) 이익배당금은 매결산기에 있어서의 주주명부에 기재된 주주 또는 질권자에게 지급한다.

부　　칙

제1조(최초의 영업연도) 당 회사의 최초의 영업연도는 20○○년 6월 10일부터 동년 12월 31일까지로 한다.

제2조(세칙 내규) 당 회사의 업무추진과 경영을 위하여 필요한 세칙내규는 이사회에서 결정 시행한다.

제3조(규정외 사항) 이 정관에 규정되지 않은 사항은 주주총회 결의와 상법, 기타 법령에 따른다.

제4조(현물출자) 현물출자를 하는 자의 성명, 주소와 그 목적인 재산의 종류, 수량, 가격과 이에 대하여 부여할 주식의 종류와 수는 별지와 같다.

제5조(설립제비용) 법인설립에 따라 회사가 부담할 설립 제비용은 금20,000,000원을 한도로 하며 다음 각 항의 경우에 한한다.

1. 회계 및 감정에 관한 비용
2. 설립절차 및 등기에 관한 비용
3. 기타 회사설립에 직접 소요되는 비용

제6조(발기인) 발기인의 성명, 주소, 주민등록번호와 그가 설립시에 인수한 주식수는 이 정관 말미에 기재함과 같다.

위와 같이 주식회사 한진정밀을 설립하기 위하여 이 정관을 작성하고 발기인 전원이 이에 기명날인하다.

20○○년 6월 10일

발기인 김 성 원(-)
서울 ○○구 ○○동 ○-○
인수주식수 : 328,686주(현물)

발기인 김 수 희(-)
서울 ○○구 ○○동 ○-○
인수주식수 : 1주(현금)

○ 정관은 1인 이상의 발기인이 작성한다(상법 제288). 발기인은 정관의 작성자로서 각 발기인이 정관의 말미에 기명날인 또는 서명하여야 한다(상법 제289①). 이런 뜻에서 발기인이란 주식회사의 원시정관에 발기인으로서 기명날인 또는 서명한 자를 말하며, 실질적으로 발기인으로서 회사의 설립에 진력하였다 하더라도 원시정관에 기명날인 또는 서명하지 아니한 자는 발기인이라고 할 수 없다(학설과 판례).

○ 현물출자에 의한 법인설립 시에는 정관에 현물출자에 대한 기재가 있어야 하나 신주발행의 경우에는 정관에 기재하지 않아도 된다.

[별지] 현물출자에 관한 사항

현물출자에 관한 사항

현물출자에 관한 사항은 다음과 같다.

-다 음-

1) 현물출자자 : 김 성 원(000000-000000)

2) 재산의 종류, 수량, 가격 :

가, 재산의 종류: 별지1, 기재 부동산, 별지2, 재무상태표

나. 수량 : 별지1,기재 토지, 건물, 별지2, 재무상태표의 자산, 부채

다. 가격 : 금1,643,430,000원

3) 이에 대하여 부여할 주식의 종류와 수

기명식 보통주식 328,686주

- 이 상 -

[별지 1] 현물출자 재산목록

현물출자 재산 목록

1. 토지

서울 ○○구 ○○동 ○-○ 대 628㎡

[도로명주소] 서울특별시 ○○로 ○-○

2. 건물

서울 ○○구 ○○동 ○-○

[도로명주소] 서울특별시 ○○로 ○-○

철근콘크리트조 슬래브지붕 2층 근린생활시설 및 업무시설

1층 674.15㎡,

2층 674.15㎡

층별용도

1층 근린생활시설

(공장)614.15㎡, 기계실 33.35㎡, 계단실 22.36㎡

2층 근린생활시설

(사무실)624.15㎡, 계단실 화장실 33.45㎡

3. 공장시설

가. 기계기구

1. 건조기 DHB-T
2. 고속분쇄기 DHSC-10
3.사출성형기 PRO-100WD

나. 차량 등

체어맨(서울1가1234)

스타렉스장축6밴(서울1모5478)

포터초장축슈퍼캡(서울3더9875)

-이 상-

[별지2] 현물출자에 따른 기초 재무상태표

재 무 상 태 표

20○○년 월 일 현재 (단위: 원)

과 목	금 액		비 고
자 산			
Ⅰ.유동자산		201,976,059	
(1)당좌자산		201,976,059	
현금	8,250,333		
보통예금	15,008,006		
선급비용	800,123		
미수금	1,725,726		
가지급금	7,007,896		
Ⅱ.비유동자산		1,193,514,621	
(1)투자자산		1,000,064,731	
(2)유형자산		2,193,449,890	
1.토지		565,200,000	
2.건물		520,469,800	
(3)무형자산		-	
(4)기타비유동자산		-	
자산총계		3,786,661,906	
부 채			
Ⅰ.유동부채		6,540,680	
1.부가세예수금		6,540,680	
Ⅱ.비유동부채		6,258,232,000	
부채총계		2,143,228,283	
현물출자가액		1,643,433,623	
현금출자가액		5,000	
자본금		1,643,435,000	

[서식] 정관의 인증시 붙임용지

등부 년 제 호
인 증
위 ○○주식회사 …………………………………………………………………
정관에 기재된 발기인 ○○○, ○○○, ○○○의 대리인 ○○○ ……………은
……………………………………………………………………………본 공증인의
면전에서 위 정관의 작성 및 그 기명 날인을 본인 등이 자인하는 것이라
고 진술하였다.
본 공증인은 위 촉탁인이 제시한 주민등록증……………………………………
에 의하여 그 사람이 틀림없음을 인정하고 촉탁에 관한 대리권은 본인의
인감 증명서가 첨부된 위임장에 의하여 이를 인정하였다.
년 월 일 이 사무소에서 위 인증한다.
공증사무소명칭 공증인가 法務法人 ○○
소속 서울중앙지방검찰청
소 재 지 표 시 서울특별시 서초구 서초동 1234-1
공증담당변호사 김 철 수 ㉠

210mm×297mm
(보존용지(1종) 70g/㎡)

※ 이 사례는 공증사무소에서 작성하여 정관 뒤에 첨부하는 인증문이다.

[서식] 정관의 인증시 붙임용지 중 서명날인용지

등부 년 제 호	
위는 등본이다.	
년 월 일	
공증사무소명칭 공증 인가	法務法人 ○○
소속 서울중앙지방검찰청	
소 재 지 표 시 서울특별시 서초구 서초동 1234-1	
공증담당변호사 김 철 수 ㊞	

210mm×297mm
(보존용지(1종) 70g/㎡))

※ 서명날인용지 : 이 서식은 공증인이 정관인증서를 작성하는 경우에 서명용지로 사용하는 붙임서식이다.

[서식] 현물출자계약서

현 물 출 자 계 약 서

갑 : ○○사
○○시 ○구 ○○로○길 ○, ○호(○○동)
대 표 : ○○○

을 : ○○주식회사(가칭)
○○시 ○구 ○○로○길 ○, ○호(○○동)
대표이사 : ○○○

"갑" 이 운영하고 있는 개인기업 ○○사의 사업에 관한 권리 및 의무일체를 설립 중인 법인 "을"이 포괄적으로 양수함에 있어서 다음과 같이 현물출자계약을 체결한다.

제1조(목적)

"갑" 이 운영하고 있는 개인기업 ○○사의 자산 및 부채를 포괄하여 "을" 에게 현물출자 하여 법인으로 전환함으로서 부가가치세법 제10조 제9항의 규정에 의한 사업 양도를 하고, 조세특례제한법 제32조 규정에 의한 조세특례를 받기 위함에 있다.

제2조(현물출자의 대상물)

"갑" 의 명의로 되어있는 다음 각호의 부동산 및 일체의 자산 및 부채를 말한다.

1. 서울 ○○구 ○○동 ○-○(토지, 건물)
2. 그 외 일체의 자산, 부채

제3조(현물출자기준일)

"갑" 은 20○○년 ○월 ○일을 현물출자기준일로 하여, 현제 "갑" 의 장부상 자산의 총액과 부채의 총액을 현물 출자하기로 하고, 그 기준일을 "을" 의 법인설립일로 한다.

제4조(현물출자 가액 및 평가)

“갑” 은 법인설립에 따른 양도소득세, 부가가치세, 취득세 등을 면제 또는 감면받기 위하여 “갑” 의 20○○년 ○월 ○일 현재의 사업용 자산총액에서 부채총액을 차감한 잔액에 상당하는 가액으로 하되

1. 토지, 건물 등 유형 고정 자산은 공인감정평가사의 감정평가액으로 평가한다.

2. 위 제1호의 고정자산을 제외한 자산, 부채는 공인회계사의 감정보고서에 의하며, 사업용 자산총액에서 차감될 부채총액은 공이회계사의 감정보고서에 의한 부채잔액으로 한다.

3, 위 제1호, 제2호 가액은 검사인이 인정하는 금액으로 하며, 변경처분에 의해 변경될 수 있다.

제5조 (포괄적양도 및 사업승계)

① “갑” 이 운영하고 있는 개인기업 ○○사의 자산 및 부채와 권리를 “을” 이 포괄적으로 승계한다.

②사업양도양수일 현재 갑과 거래중인 모든 거래처는 “을”이 인수하여 계속 거래를 보장하도록 한다.

제6조(현물출자 자에 대하여 교부할 주식)

1. “을” 은 제4조에서 의해 평가된 가액에 따라 산정된 금액에 상당하는 액면의 보통주식(1주의 금액 금5,000원)을 “갑” 에게 교부하여야 한다.

제7조(출자의 이행)

“갑”은 현물출자를 이행하기 위하여 상법 제295조 제2항에 정한 바에 따라 현물출자 대상 개인기업 ○○사의 점유를 신설회사에게 이전하고 소유권의 이전에 관한 일체의 서류를 신설회사에게 인도한다.

제8조(종업원)

“을”은 갑의 전 종업원을 계속 근무케 함은 물론 종업원들과의 개별 고용계약 및 단체협약상의 사용자로서의 모든 권리, 의무를 사업양도양수 이행 일에 신설회사에 이전하며 신설회사는 이를 승계한다.

제9조(비용부담) 갑은 사업양수일 이전에 발생한 제세공과금(국세 및 지방세 포함) 일체를 책임지며, 을은 갑의 사업양도에 따른 비용전부를 부담키로 한다.

제10조(협조의무)

① "갑" 은 "을" 의 설립등기 및 사업수행에 필요한 일체의 협조를 하여야 한다.

②본 계약규정 이외에도 현물출자에 관하여 협정할 사항 또는 본 계약내용에 변경, 추가할 사항이 발생한 경우에 "갑" , "을" 은 쌍방간 협의에 의하여 변경하기로 한다.

③갑은 본 계약 체결후 사업인수를 완료할 때까지 그 재산의 관리운영에 있어 선량한 관리자의 주의를 게을리 하지 말 것이며, 또한 정상의 거래를 제외하고 재산에 영향을 미치는 중요한 사항에 관하여는 을의 사전승인에 의하도록 한다.

제11조(현물출자계약의 효력)

본 계약은 20○○년 ○월 ○일에 효력이 발생 한다.

이상으로 위와 같이 계약을 체결하고 계약서 4통을 작성, 서명 날인 후 "갑"과 "을"이 각각 1통씩 보관하고 나머지는 법인의 사업자등록 및 현물에 관한 소유권이전등기 시 사용하기로 한다.

20 년 월 일

갑 : ○○사

대 표 : ○○○ (인)

을 : ○○정밀주식회사

대표이사 : ○○○ (인)

[서식] 현물출자재산인수증

현 물 출 자 재 산 인 수 증

인수한 재산의 표시

<유형자산>

별지 1. 부동산의 표시와 같음

<유형자산이외>

별지 2. 재무재표와 같음

위 자산은 발기인 김성원의 소유로서 본 법인의 설립을 위하여 현물출자하여 본 회사가 이를 인도받고 이전등기에 필요한 서류를 교부받음으로써 동 재산을 정히 인수하였습니다.

20○○년 월 일

주식회사 한진정밀

서울특별시 강남구 ○○로 ○-○(○○동)

대표이사 김 성 원

[별지 1] 현물출자 재산목록

현물출자 재산 목록

1. 토지

서울 ○○구 ○○동 ○-○ 대 628㎡

[도로명주소] 서울특별시 ○○로 ○-○

2. 건물

서울 ○○구 ○○동 ○-○

[도로명주소] 서울특별시 ○○로 ○-○

철근콘크리트조 슬래브지붕 2층 근린생활시설 및 업무시설

1층 674.15㎡,

2층 674.15㎡

층별용도

1층 근린생활시설

(공장)614.15㎡, 기계실 33.35㎡, 계단실 22.36㎡

2층 근린생활시설

(사무실)624.15㎡, 계단실 화장실 33.45㎡

3. 공장시설

가. 기계기구

1. 건조기 DHB-T

2. 고속분쇄기 DHSC-10

3.사출성형기 PRO-100WD

나. 차량 등

체어맨(서울1가1234)

스타렉스장축6밴(서울1모5478)

포터초장축슈퍼캡(서울3더9875) -이 상-

[별지2] 현물출자에 따른 기초 재무상태표

재 무 상 태 표

20○○년 월 일 현재 (단위: 원)

과 목	금 액		비 고
자 산			
Ⅰ.유동자산		201,976,059	
(1)당좌자산		201,976,059	
현금	8,250,333		
보통예금	15,008,006		
선급비용	800,123		
미수금	1,725,726		
가지급금	7,007,896		
Ⅱ.비유동자산		1,193,514,621	
(1)투자자산		1,000,064,731	
(2)유형자산		2,193,449,890	
1.토지		565,200,000	
2.건물		520,469,800	
(3)무형자산		–	
(4)기타비유동자산		–	
자산총계		3,786,661,906	
부 채			
Ⅰ.유동부채		6,540,680	
1.부가세예수금		6,540,680	
Ⅱ.비유동부채		6,258,232,000	
부채총계		2,143,228,283	
현물출자가액		1,643,433,623	
현금출자가액		5,000	
자본금		1,643,435,000	

[서식] 주식인수증(현금출자)

주 식 인 수 증	
상 호	㈜한진정밀
인수할 주식의 종류와 수	보통주식 1주
위 총 액	금5,000원
1 주 의 금 액	금5,000 원

위의 주식을 현금출자 자로서 인수합니다.

20○○ 년 월 일

발기인 김 수 희
서울 ○○구 ○○동 ○-○

㈜한진정밀 발기인 대표 귀하

[서식] 주식인수증(현물출자)

주 식 인 수 증	
상 호	㈜한진정밀
인수할 주식의 종류와 수	보통주식 328,686주
위 총 액	금1,643,430,000원
1 주 의 금 액	금 5,000 원

위의 주식을 현물출자자로서 인수합니다.

20○○ 년 월 일

발기인 김 성 원
서울 ○○구 ○○동 ○-○

㈜한진정밀 발기인 대표 귀하

[서식] 주식납입금 보관증명서

주식납입금 보관증명서

㈜ 한진정밀 귀하

보 관 금 액	금 오천원정 (₩5,000)
총 주 수	1주분(1주당 금 5,000원정)

위의 금액을 귀하의 주식납입금조로 당행에서 보관하고 있음을 증명함.

20○○ 년 월 일

우리은행 0000 지점 (부)지점(인)

지점장(지배인) 이 문 식

[서식] 감정인 감정결과 보고서

감정인 감정결과 보고서

보고인 감정평가사 ○○○는 유형자산(부동산)평가에 관한 공인된 감정인이고 , ○○회계법인 대표이사(공인회계사)○○○는 유형자산 이외 평가에 관한 공인된 감정인으로, 김성원이 운영하는 개인기업의 권리의무 일체를 포괄적으로 설립중인 (주) 한진정밀에 현물출자함에 있어 현물출자 재산에 대한 감정평가의뢰를 받고 이를 완료하였기에 다음과 같이 결과를 보고합니다.

다 음

1. 감정을 위임한자

주식회사 한진정밀

서울특별시 강남구 ○○로 ○-○(○○동)

전화번호 : 010-0000-0000

2. 현물출자자

김 성 원 (0000000-0000000)

서울특별시 강남구 ○○로 ○-○(○○동)

3. 감정의 목적

주) 한진정밀을 설립함에 있어, 위 출자자가 현물을 출자하고, 현물출자의 이행을 마쳤기에 상법 제299조의 2조에 따라 공인감정인으로서 이에 대한 감정을 행함.

4. 감정사항

현물출자를 하는 자의 성명과 그 목적인 재산의 종류, 수량, 가격과 이에 대하여 부여할 주식의 종류와 수, 현물출자의 이행 여부

1) 현물출자자 : 김 성 원

2) 재산의 종류, 수량, 가격 :

가. 재산의 종류 : 별지1. 기재 유형자산(부동산)

별지2. 기재 유형자산이외(재무상태표)

나. 수량 : 토지, 건물, 재무상태표 상의 자산

다. 가격 : 금1,643,430,000원

3) 이에 대하여 부여할 주식의 종류와 수

가. 현물출자 재산가액 : 금1,643,430,000원

나. 부여할 주식의 종류와 수 : 기명식 보통주식 328,686주

다. 1주당 발행가액 : 금 5,000원(액면가 금5,000원)

4) 현물출자의 이행 여부

현물출자 자가 출자 부동산을 인도하고, 이에 관한 이전등기 서류를 모두 교부하였으므로 완료되었습니다.

5. 조사방법 및 의견

평가개요, 절차, 방법 및 가격결정에 대하여는 첨부한 감정평가서 기재와 같습니다.

20○○년　월　일

감 정 인　1. ○○감정평가법인(주)
서울 ○○구 ○○동 ○-○
대표이사　○○○
(전화 : 031-0000-0000)

감 정 인 2. ○○회계법인
서울 ○○구 ○○동 ○-○
대표이사　○○○
(전화 : 02-501-0000)

서울중앙지방법원 귀중

[별지 1] 현물출자 재산목록

현물출자 재산 목록

1. 토지

서울 ○○구 ○○동 ○-○ 대 628㎡

[도로명주소] 서울특별시 ○○로 ○-○

2. 건물

서울 ○○구 ○○동 ○-○

[도로명주소] 서울특별시 ○○로 ○-○

철근콘크리트조 슬래브지붕 2층 근린생활시설 및 업무시설

1층 674.15㎡,

2층 674.15㎡

층별용도

1층 근린생활시설

(공장)614.15㎡, 기계실 33.35㎡, 계단실 22.36㎡

2층 근린생활시설

(사무실)624.15㎡, 계단실 화장실 33.45㎡

3. 공장시설

가. 기계기구

1. 건조기 DHB-T

2. 고속분쇄기 DHSC-10

3.사출성형기 PRO-100WD

나. 차량 등

체어맨(서울1가1234)

스타렉스장축6밴(서울1모5478)

포터초장축슈퍼캡(서울3더9875)　　　-이 상-

[별지2] 현물출자에 따른 기초 재무상태표

재 무 상 태 표

20○○년 월 일 현재 (단위: 원)

과 목	금 액		비 고
자 산			
Ⅰ.유동자산		201,976,059	
(1)당좌자산		201,976,059	
현금	8,250,333		
보통예금	15,008,006		
선급비용	800,123		
미수금	1,725,726		
가지급금	7,007,896		
Ⅱ.비유동자산		1,193,514,621	
(1)투자자산		1,000,064,731	
(2)유형자산		2,193,449,890	
1.토지		565,200,000	
2.건물		520,469,800	
(3)무형자산		–	
(4)기타비유동자산		–	
자산총계		3,786,661,906	
부 채			
Ⅰ.유동부채		6,540,680	
1.부가세예수금		6,540,680	
Ⅱ.비유동부채		6,258,232,000	
부채총계		2,143,228,283	
현물출자가액		1,643,433,623	
현금출자가액		5,000	
자본금		1,643,435,000	

[서식] 감정평가보고서(○○회계법인)

감정평가보고서

(주) 한진정밀 발기인 대표 및 이사회 귀중

20○○년 7월 16일

본 감정인은 설립중인 주식회사 한진정밀에 대한 현물출자 자산가액의 산정을 위하여 출자대상인 ○○정밀금형사의 20○○년 6월 10일 현재의 자산과 부채의 각 계정잔액에 대한 감정를 실시하고 그 결과를 토대로 동사의 순자산가액을 평가하였습니다. 이를 위하여 본 감정인은 회계감사기준을 준수하였으며 회사의 자산 중 토지와 건물 등 유형자산은 주식회사 ○○감정 20○○년 월 일의 감정가액을 기준으로 순자산가액을 평가하고 그 외의 자산과 부채에 대하여는 취득원가에 의하여 순자산가액을 평가하였습니다.

본 감정인의 평가결과 대한정밀금형사의 20○○년 6월 10일자의 순자산가액은 1,643,433,623원으로 산정되었습니다.

이 감정 및 평가보고서는 설립중인 주식회사 한진정밀에 대한 현물출자 자산가액의 산정을 위하여, 출자대상인 대한정밀금형사의 20○○년 6월 10일 현재 순자산가액 평가를 목적으로 발행된 것이므로 다른 목적으로 사용될 수 없습니다.

○○회계법인

대표이사 ○ ○ ○

[별지] 감정평가보고서(표지)

※ 표지

감정평가보고서

20○○년 6월 10일 현재

○○회계법인

목 차

1. 감정평가보고서
2. 현물출자 순자산가액계산서
3. 자산의 과목과 금액
4. 부채의 과목과 금액
5. 회사제시 대차대조표
6. 수정사항
7. 현물출자 자산과 부채의 과목별 명세서

[위 첨부서류] 감정평가서

(공장) 평 가 표	기호	

○○회계법인 대표이사(공인회계사)○○○는 20○○년 월 일을 기준일로 (주)한진정밀로 현물출자되는 ○○정밀금형사의 사업관련 일체의 자산 및 부채에 대한 감정용역을 의뢰 받았습니다.

본 감정의 목적은 (주)한진정밀에 현물출자될 ○○정밀금형사의 현물출자 대상 자산 및 부채에 대한 실재성과 완전성을 검증하고, 현물출자 대상 자산 및 부채의 현물출자가액을 감정하기 위한 것입니다.

당 법인은 유형자산 이외 평가에 관한 공인된 감정인으로 회계감사기준을 준수하였으며, 회사의 자산 중 토지와 건물 등 유형자산은 주식회사 ○○감정원의 20○○년 월 일의 감정가액을 기준으로 순자산가액을 평가하고 그 외의 자산과 부채에 대하여는 취득원가에 의하여 순자산가액을 평가하였음.

평 가 가 액	금2,144,808,800-			
평가의뢰인	대한정밀금형사 대표 김성원	평 가 목 적	법인현물출자	
채 무 자		제 출 처	법원(등기소)	
소 유 자 (대상업체명)	김성원 (대한정밀금형사)	평 가 조 건	의견란 참조	
목록표시근거	등기부등본, 의뢰목록	가격시점	조사시간	작성일자
		20○○. 6. 10.	20○○. 7.13.~8. 15	20○○. 7. 10.

[서식] 평가의견서

평 가 의 견 서

1. 회사의 개요

(주)한진정밀은 20○○년 월 일에 ○○정밀금형사로부터 20○○년 월 일을 기준일로 하여 사업관련 일체의 자산 및 부채를 현물출자 받는 계약을 체결하고, 20○○년 월 일 발기인 이사회 결의를 거쳐 법인설립 절차를 진행 중입니다.

20○○년 월 일 현재 ○○구 ○○동 준공업지역 내에 소재하는 중소규모의 금형제작 및 프라스틱 사출성형업체로서 일반적인 필요시설을 구비하고 현재 가동중에 있습니다.

2. 토지의 평가

본건 토지는 당해 토지와 유사한 이용가치를 지닌 표준지의 공시지가를 기준으로 하되, 공시기준일부터 가격시점까지의 지가변동추이 및 당해 토지의 위치·형상·환경·이용상황 기타 가격형성상의 제요인을 종합적으로 참작하여 평가하였습니다.

3. 건물의 평가

본건 건물은 구조·용도·용재·시공상태·부대설비 및 관리상태 등을 종합 참작한 복성식평가법으로 평가하였습니다.

4. 기계기구의 평가

본건은 대부분 국산 기계기구로서 구조, 규격, 형식, 용량 등을 종합 참작하여 복성식평가법으로 평가하되, 일부는 현상 등을 고려하여 관찰감가법을 병용하였습니다.

5. 본건의 가격시점은 귀 요청에 의거 20○○. 6. 10.자임.

[서식] 감정결과 요약

감정결과 요약

당 법인의 감정결과, (주)한진정밀에 현물출자 될 ○○정밀금형사의 현물출자 대상 자산 및 현재 감정가액은 다음과 같습니다.

1. 자 산

구 분	명 세	금 액
1. 예 금	별지와 같음	533,088,026원
2. 외 상 매 출 금	〃	855,668,495원
3. 받 을 어 음	〃	43,498,383원
4. 선 급 금	〃	35,095,192원
5. 선 급 비 용	〃	25,141,882원
6. 원 재 료	〃	16,034,000원
7. 재 공 품	〃	6,518,568원
8. 전신전화가입권	〃	1,694,000원
9. 임 차 보 증 금	〃	30,000,000원
10. 국민연금전환금	〃	33,749,560원
11. 토 지	〃	565,200,000원
12. 건 물	〃	520,469,800원
13. 기 계 장 치	〃	1,059,139,000원
자 산 총 계		3,786,661,906원

2. 부 채		
구 분	명 세	금 액
1. 외 상 매 입 금	별지와 같음	379,510,509원
2. 미 지 급 금	〃	143,550원
3. 부가세 예수금	〃	56,219,263원
4. 미 지 급 비 용	〃	1,866,783원
5. 장 기 차 입 금	〃	1,508,373,800원
6. 퇴직급여충당금	〃	197,114,378원
부 채 총 계		2,143,228,283원

3. 이에 대하여 부여할 주식의 종류와 수

가. 현물출자재산가액 :

자산총계 3,786,661,906원 - 부채총계 2,143,228,283원=1,643,433,623원)

나. 부여할 주식의 종류와 수 :

보통주식 : 328,686주

1주의 금액 : 5,000원

[별지 1] 자산

<자 산>

1. 예금명세서

단위 : 원

종 류	계좌번호(은행명)	금 액
상호부금	00-0-000-00(○○은행 ○○동지점)	276,291,148
상호부금	00-0-000-00(○○은행 ○○동지점)	61,446,000
정기적립신탁	00-0-000-00(○○은행 ○○동지점)	121,140,369
정기적립신탁	00-0-000-00(○○은행 ○○동지점)	16,311,266
정기적금	00-0-000-00(○○은행 ○○동지점)	52,750,000
신종적립금전신탁	00-0-000-00(○○은행 ○○동지점)	5,149,243
합 계		533,088,026

2. 외상매출금 명세서

단위 : 원

거래처 명	적 요	금 액
(주) ○ ○	외 상 대	2,118,710
(주) ○○엔지니어링	외 상 대	5,388,702
(주) ○○ 시스템	외 상 대	184,905,539
○○전기(주)	외 상 대	12,207,872
(주) ○ ○	외 상 대	380,229,421
○○전자(주)	외 상 대	89,541,149
○○정보통신(주)	외 상 대	90,341,102
○○반도체통신(주)	외 상 대	59,268,000
POCYBERLINE INC	외 상 대	31,668,000
합 계		855,668,495

3. 받을 어음 명세서

단위 : 원

거래처 명	적 요	금 액
○○정보통신 ○○화학	자가123456789(6/29) 자23456789(7/30)	19,043,777 24,454,606
합 계		43,498,383

4. 선급금 명세서

단위 : 원

거래처 명	적 요	금 액
○○기술공업	방전가공기선급금(US$43,200)	35,095,192

5. 선급비용 명세서

단위 : 원

구 분	적 요	금 액
보 험 료 어음할인이자 어음할인이자 어음할인이자 (– 이 하 생 략 –)	281,870×(211/215) 454,941×(10/114) 6,820,446×(40/113) 3,535,244×(70/116)	276,625 454,941 2,414,317 2,133,336
합 계		25,141,882

6. 전신전화가입권 명세서

단위 : 원

구 분	적 요	금 액
전화, 팩스 가입권	500–1000 500–1001 (– 이하 생략 –)	242,000 242,000
합 계		1,694,000

7. 원재료 명세서

단위 : 원

품 명	규 격	수 량	단 가	금 액
1P.C	141R 701	200.00	3,850.00	770,000
2P.C	141R 50075	1,875.00	4,240.00	7,950,000
3P.C	141R 80093	450.00	4,240.00	1,908,000
4P.C	141R 50018	1,000.00	4,240.00	4,240,000
합 계				16,034,000

8. 재공품 명세서

단위 : 원

품 명	수 량	단 가	금 액
FLIP COVER	216.00	806.60	173,578
SHIELD TOP	605.00	259.00	156,695
B/T PACK TOP	9,847.00	90.50	891,154
B/T PACK TOP	921.00	690.50	635,951
(– 이하 생략 –)			
합 계			6,518,568

9. 임차보증금 명세서

단위 : 원

구 분	적 요	금 액
임차 보증금	기숙사 아파트	30,000,000

10. 국민연금전환금 명세서

단위 : 원

구 분	적 요	금 액
퇴직전환금	전직원 퇴직전환금	33,749,560

11. 토 지 명 세 서

단위 : 원

지 번	지목, 용도	면 적	평 가 액
서울 ○○구 ○○동 123-3	대	628㎡	565,200,000

12. 건 물 명 세 서

단위 : 원

지 번	구 조	면 적	평 가 액
서울 ○○구 ○○동 112-3	철근콘크리트조 슬래브 지붕	1,348.3㎡	520,469,800

13. 기계장치 명세서

단위 : 원

명 칭(종류)	제작자	제작일	평 가 액
1. 건조기 DHB-T	○○전기	20○○년 5월	1,500,000
2. 고속분쇄기 DHSC-10	○○전기공업	20○○년 2월	5,900,000
3.사출성형기 PRO-100WD	○○유압	20○○년 3월	42,000,000
(- 이하 생략 -)			
합 계			1,059,139,000

14. 차량운반 명세서

단위 : 원

자 산 명	취 득 일	취득가액	평 가 액
그랜져(서울1가1234)	20○○년 7월 30일	36,225,766	1,500,000
티뷰론오토메틱(서울4나3492)	20○○년10월 25일	19,663,070	5,000,000
스타펙스장축6밴(서울1모5478)	20○○년 1월 6일	11,603,242	8,000,000
포터초장축슈퍼캡(서울3더9875)	20○○년 5월 8일	9,584,496	7,500,000
합 계		94,065,524	24,500,000

15. 공구와 기구 명세서

단위 : 원

자 산 명	취 득 일	취득가액	평 가 액
유압바이스	20○○년 4월 6일	1,000,000	158,000
PRECISION VICE	20○○년11월 24일	1,275,000	205,000
금형적치대	20○○년 7월 30일	2,700,000	1,703,000
합 계		4,975,000	2,066,000

16. 집기비품 명세서

단위 : 원

자 산 명	취 득 일	취득가액	평 가 액
컴퓨터	20○○년 1월 5일	1,454,546	-
PROLINEA	20○○년 4월 7일	3,063,637	-
냉온수기	20○○년 8월 8일	7,620,000	300,000
진공청소기	20○○년 5월 3일	2,600,000	-
(- 이하 생략 -)			
합 계		91,894,184	34,799,000

[별지2] 부 채

1. 외상매입금 명세서

단위 : 원

거 래 처 명	적 요	금 액
○○공업	외 상 매 입 대	273,350
○○페인트	외 상 매 입 대	118,860
○○상사	외 상 매 입 대	15,778,244
○○정밀	외 상 매 입 대	2,388,139
○○공업	외 상 매 입 대	5,778,244
(-이하 생략-)		
합 계		379,510,509

2. 미지급금 명세서

단위 : 원

거 래 처 명	적 요	금 액
○○산업	수수료미지급	143,550

3. 부가세예수금 명세서

단위 : 원

거 래 처 명	적 요	금 액
○○세무서	1기부가세납부액	56,219,263

4. 미지급비용 명세서

단위 : 원

구 분	적 요	금 액
미지급이자	2,404,109×(18/31)	1,395,934
미지급이자	560,958×(18/32)	145,132
합 계		1,866,783

5. 장기차입금 명세서

단위 : 원

구 분	적 요	금 액
기업운전일반대출	000-00-000-0(○○은행 ○○동지점)	100,000,000
부동산저당대출	000-00-000-0(○○은행 ○○동지점)	300,000,000
(-이하생략-)		
합 계		1,508,373,800

6. 퇴직급여충당금 명세서

단위 : 원

구 분	적 요	금 액
김 ○ ○	20○○. 11. 3. - 20○○. 6. 10.	3,733,137
한 ○ ○	20○○. 11. 3. - 20○○. 6. 11.	1,883,397
(-이하생략-)		
합 계		197,114,378

[서식] 토지 · 건물 감정평가서

감정평가서

건명	서울 ○○
의뢰인	서울 중앙○○
감정평가서번호	130△△△△△

이 감정평가서는 감정평가 의뢰목적 이외의 목적에 사용하거나 타인(의뢰인 또는 담보감정평가 시 확인은행이 아닌 자)이 사용할 수 없을 뿐 아니라 복사, 개작, 전재할 수 없으며 이로 인한 결과에 대하여 감정평가업자는 책임을 지지 않습니다.

○○감정평가법인(주) ○○지사

○○시 ○○구 ○○동 ○-○

TEL.000-0000 FAX.000-0000

[서식] 감정평가심의인증서

감정평가 심의인증서

감정서번호 : 236-155354
담당평가사 : □ □ □

제 출 처 :
발 의 처 : 주식회사일 경우(대표자제외 인으로한다)
평가목적 : 현 물 출 자
물건소재지 :
감정평가금액 :

✿. 심의 내용
-감정평가가격의 적정성
-감정평가방법의 적정성
-평가자료채택 및 기재내용의 적정성
-관련법규 및 재규정과의 적합성
-협약내용 및 협조사항의 이행
-기타 감정평가에 관련된 사항

본강정평가서는 우리 법인의 감정평가심의 위원회 규정에 따라 심의 하였으며 제 규정의 절차 및 방법에 따라 적정 하게 작성 되었음을 확인합니다.

강정평가심의 위원회 위원장 [인]

위 감정평가서는 우리 법인의 감정평가신의 위원회 규정의 심의 절차 및 방법에 따라 공정하게 수행하였기에 본 심의 인증서를 발행합니다.

(주) 감정평가법인□□□ [인]

[서식] (토지 · 건물)감정평가표

(토지·건물)감정평가표

<table>
<tr><td colspan="6">이 감정평가서는 감정평가에 관한 법규를 준수하고 감정평가이론에 따라 성실하고 공정하게 작성하였기에 서명날인합니다.
감정평가사 (인)</td></tr>
<tr><td>감정평가액</td><td colspan="5">一金 일십억팔천오백육십만팔백 整 (₩1,085,600,800원)</td></tr>
<tr><td>의뢰인</td><td colspan="2">김성원</td><td>감정평가목적</td><td colspan="2">일반거래 (현물출자용)</td></tr>
<tr><td>채무자</td><td colspan="2">–</td><td>제출처</td><td colspan="2">–</td></tr>
<tr><td rowspan="2">소유자
(대상업체명)</td><td rowspan="2" colspan="2">김성원</td><td>기준가치</td><td colspan="2">시장가치</td></tr>
<tr><td>감정평가조건</td><td colspan="2">–</td></tr>
<tr><td rowspan="2">목록표시근거</td><td rowspan="2" colspan="2">일반건축물대장
등기사항전부증명서 등</td><td>기준시점</td><td>조사기간</td><td>작성일</td></tr>
<tr><td>20○○. . .</td><td>20○○. . .</td><td>20○○. . .</td></tr>
<tr><td colspan="6">감정평가 내 용</td></tr>
<tr><td colspan="2">공부(公簿)(의뢰)</td><td colspan="2">사정</td><td colspan="2">감정평가액</td></tr>
<tr><td>종 별</td><td>면적(㎡)
또는 수량</td><td>종 별</td><td>면적(㎡)
또는 수량</td><td>단가</td><td>금액</td></tr>
<tr><td>토 지</td><td>628㎡</td><td>토지</td><td>628㎡</td><td>90,000</td><td>565,200,000</td></tr>
<tr><td>건 물</td><td>1,348.34㎡</td><td>건물</td><td>1,348.34㎡</td><td>–</td><td>520,469,800</td></tr>
<tr><td></td><td></td><td></td><td></td><td></td><td></td></tr>
<tr><td></td><td></td><td></td><td></td><td></td><td></td></tr>
<tr><td></td><td></td><td></td><td></td><td></td><td></td></tr>
<tr><td>합 계</td><td></td><td></td><td></td><td></td><td>1,085,669,800</td></tr>
<tr><td>심사확인</td><td colspan="5">본인은 이 감정평가서에 제시된 자료를 기준으로 성실하고 공정하게 심사한 결과 이 감정평가 내용이 타당하다고 인정함으로 이에 서명날인합니다.</td></tr>
</table>

심사자 : 감정평가사 000 (인)

[서식] 평가의견

평 가 의 견

1. 평가목적

본건은 ○○시 ○○구 ○○동 ○-○ "○○역(○호선)" 서측으로 인접한 부동산으로서, 일반거래(현물출자용)를 위한 감정평가 건입니다.

2. 평가기준

본건 평가에 있어서는 「부동산 가격공시 및 감정평가에 관한 법률」,「감정평가에 관한 규칙」등 관련 제 규정과 감정평가의 일반 이론을 근거로 하여 시장가치 즉. 통상적인 시장에서 충분한 기간 거래를 위하여 공개된 후 그 대상물건의 내용에 정통한 당사자 사이에 신중하고 자발적인 거래가 있을 경우 성립될 가능성이 가장 높다고 인정되는 대상물건의 가액(價額)을 기준으로 감정평가 하였습니다.

3. 평가방법

가. 토지의 평가

본건 토지는 당해 토지와 유사한 이용가치를 지닌 표준지의 공시지가를 기준으로 하되, 공시기준일부터 가격시점까지의 지가변동추이 및 당해 토지의 위치·형상·환경·이용상황 기타 가격형성상의 제요인을 종합적으로 참작하여 평가하였습니다.

나. 건물의 평가

본건 건물은 구조·용도·용재·시공상태·부대설비 및 관리상태 등을 종합 참작한 복성식평가법으로 평가하였습니다.

4. 기타

- 본건은 기준시점은 귀 제시일인 20○○년 월 일을 기준하였습니다.

[서식] 토지·건물 감정평가명세표(1쪽)

토지 · 건물 감정평가명세표									
일 련 번호	소재지	지번	지목용도	용도지역및 구조	면적(㎡)		감정평가액		비고
					공부	사정	단가	금액	
1	○○시 ○○구 ○○동	○-○	대	일반주거지역	555.4	555.4	4,788,000	2,659,255,200	
	소계							2,659,255,200	
2	○○시 ○○구 ○○동	○-○	근린생활시설및업무시설	철근콘크리트조기와지붕 2층					
				1층 공장시설	233,89	596.29	150.000	560,236,000	
				2층 근린생활시설(사무실)	223,555	456,200	140,560	45,233,000	

[서식] 감정평가액의 산출근거 및 결정의견

감정평가액의 산출근거 및 결정의견

Ⅰ. 대상물건 개요

본건은 ○○시 ○○구 ○○동 ○-○ 소재 "○○역(3호선)" 서측으로 인접한 부동산으로서, 일반거래(현물출자용)를 위한 감정평가 건임.

Ⅱ. 기준가치 및 감정평가조건 등

1. 기준가치

기준가치는 감정평가의 기준이 되는 가치로서, 본건의 경우 시장가치 즉, 통상적인 시장에서 충분한 기간 거래를 위하여 공개된 후 그 대상물건의 내용에 정통한 당사자 사이에 신중하고 자발적인 거래가 있을 경우 성립될 가능성이 가장 높다고 인정되는 대상물건의 가액(價額)을 기준으로 감정평가 하였음.

2. 기준시점

기준시점은 대상물건의 감정평가액을 결정하는 기준이 되는 날짜를 말하며, 감정평가에 관한 규칙 제9조 제2항 단서조항에 따라 귀 제시일자인 20○○년 월 일을 기준시점으로 정함.

3. 감정평가조건

없 음.

Ⅲ. ○○구 지역분석 현황

1. 사회적요인

가. 자연환경

· ○○구는 서울특별시 정남쪽에 위치하며 북측은 한강, 남측은 ○○산, ○○산, ○○산 등으로 ○○시 및 ○○시와 경계를 이루고 있고, 동측은 ○○대로를 경계로 ○○구와 경계를 이루고 있으며, 서측은 ○○대로를 경계로 하여 ○○구 및 ○○구와 경계를 이루고 있는 서울의 최남단이며, ○○고속도로의 관문으로서 시가지는 대체로 구획정리가 완료된 대단위 아파트 등 공동주택이 밀집한 중산층 이상 주

거지대를 형성하고 있으며 구 외곽은 개발제한구역으로서 녹지대를 형성하고 있으며 녹지대 일부에 위치한 자연부락은 취락구조 개선사업을 하여 전원주택이 형성된 지역으로서, 시가지가 잘 정비된 지역으로 구 전체면적의 52%가 GREEN BELT인 쾌적한 도시환경을 구비하고 있음.

나. 인문환경

◈ 인구 변동 분석(시군구 단위 인구변동 추이)

구분 연도별	세대수 (가구)	전년대비 증감 (%)	인구수 (명)	전년대비 증감 (%)	세대당 인구 (명)
2011	168,988	(−)1.10	439,012	(−)0.23	2.57
2012	168,878	(−)0.06	439,998	0.22	2.58
20○○ 1/4분기	169,397	0.30	442,600	0.59	2.59

〈 출처: ○○구 통계정보 〉

[서식] 토지감정평가요항표

토지감정평가요항표		
기재항목		기재사항
입지조건	위치 및 부근의 상황	본건은 서울특별시 ○○구 ○○동에 소재하며, 주변은 업무시설 및 각종 근린생활시설 등이 있는 상가지대임.
	교통상황	본건까지 차량 접근 용이하며, 인근에 노선버스 정류장 및 지하철 '○○역'이 소재하는 등 대중교통사정은 양호함.
	주위환경	주변으로 ○○, ○○ 등 관공서가 위치하고 있으며 노변으로는 근린상가 및 업무시설로 형성되어 있으며 후면으로는 음식점 및 소규모점포가 혼재하는 역세권임.
토지의 상황	인접 도로상태	본건 북측 및 동측으로 각각 노폭 약 본건 남측으로 노폭 약 30m 및 약 10m의 아스콘 포장도로와 접하며, 도로 상태는 양호함.
	토지이용계획관계 및 공법상 제한상태	일반상업지역, 일반미관지구, 지구단위계획구역(○○로변지구), 도로(접함), 과밀억제권역, 폐기물매립시설 설치제한지역, 건축선지정(도로경계선에서 3미터후퇴). 건축법 제2조 제1항 제11호 나목에 따른 도로(도로일부포함).
제시목록외의 물건	구조, 규모및 이용상태	없음
	감정물건에 미치는 영향	없음
기타	임대상황	미상임
	공부와의 차이	없음

[서식] 건물감정평가요항표

건물감정평가요항표	
기재항목	기재사항
건물의 구조	철근콘크리트조 슬래브지붕 2층 건물로서. 외 벽 : 화강석 붙임 및 일부 드라이비트 마감 등. 내 벽 : 몰탈위 페인팅 및 일부 타일 붙임 마감 등. 창 호 : 알미늄샷시 및 하이샷시 창호 등.
이용상태	근린생활시설 및 업무시설 등으로 이용 중임.
급배수시설	위생설비 및 급·배수시설을 갖추고 있음
냉난방설비	냉 ·난방설비를 갖추고 있음
기타설비	소화전, 화재탐지 및 경보설비, 기계식주차설비 등을 갖추고 있음

[서식] 위치도

위 치 도

소재지	서울특별시 Oo구 Oo동 --

[서식] 지적 및 건물개황도

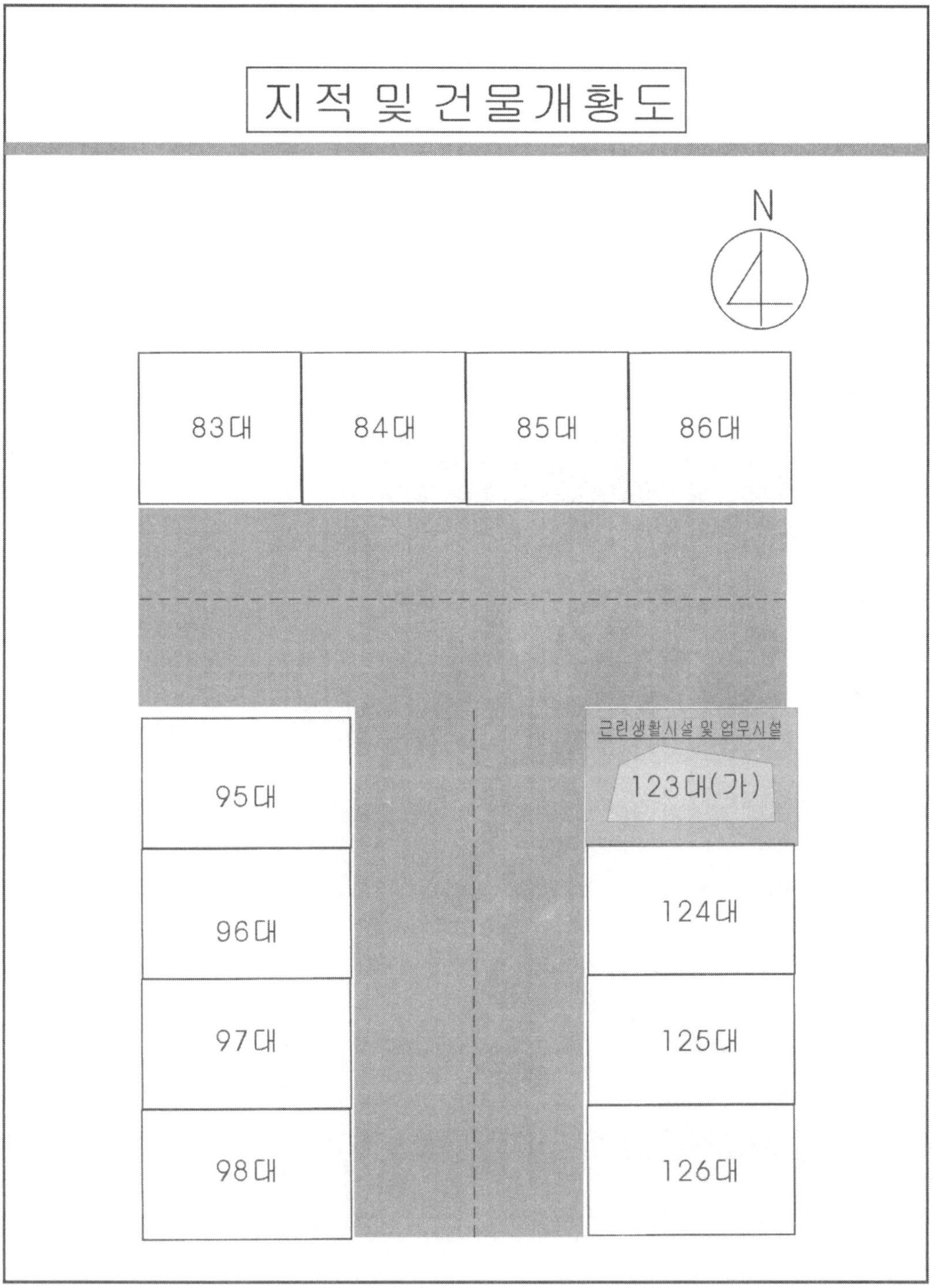
지적 및 건물개황도
N
83대
84대
85대
86대
근린생활시설 및 업무시설
123대(가)
95대
96대
97대
98대
124대
125대
126대

[서식] 건물개황도

건물개황도

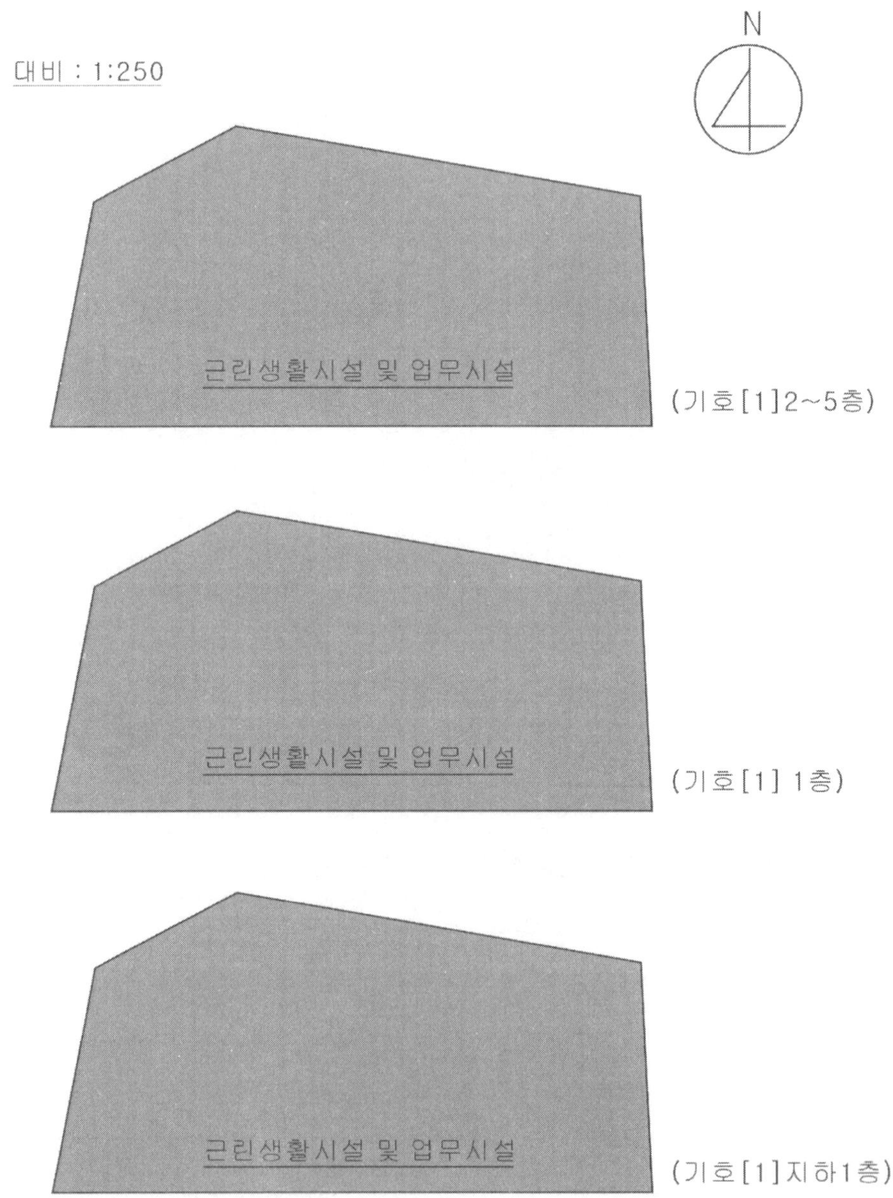

[서식] 영수증

영 수 증

서울중앙지방법원 20○○비합 0000
법원사무관 000

1. 사건본인 (주) 한진정밀의 발기설립조사보고 결정문 수령등 기타 일체의 행위·인가서

위의 서류를 틀림없이 20○○. . . 영수하였습니다.

20○○. . .

위임인 김 성 원

[서식] 이사회의사록 인증(인증서 표지)

등부 년 제 호

인 증 서

공증
인가 法務法人 ○○

(공증부 : 593-0000)

210mm×297mm
(보존용지(1종) 70g/㎡)

※ 사서증서의 인증서 표지

○ 현물출자가 있는 경우에는 발기설립이나 모집설립을 가리지 않고 정관을 인증 받아야 한다. 공증절차를 마치면 정관 및 각 의사록에 따른 인증서를 내어주는데 이를 첨부하여 등기소에 제출한다.

[서식] 이사회 의사록

이사회 의사록

20○○년 8월 11일 14시 10분 서울특별시 ○○구 ○○동 ○-○에서 이사, 감사 전원의 동의로 상법 제390조 제3항 소정의 소집절차를 생략하고 이사회를 개최하다.

이사총수	3명	출석이사수	3명
감사총수	1명	출석감사수	1명

이사 전원의 호선으로 사내이사 김성원을 임시의장으로 선출하다.

피선자는 즉석에서 이를 승낙하고 의장석에 등단하여 개회를 선언하고 다음 의안의 심의를 구하다.

제1호 의안 : 대표이사 선임의 건

의장은 발기인총회 종결에 이어 본 회사를 대표할 대표이사 1명을 선임하여 줄 것을 구한 즉 출석이사 전원의 찬성으로 다음사람 대표이사로 선임되어 피선자는 즉석에서 그 취임을 승낙하다.

대표이사 김 성 원

제2호 의안 : 본점설치 장소 결정의 건

의장은 본 회사 본점을 다음 장소에 설치함이 적당한 뜻을 설명하고 그 가부를 물은즉 만장일치로 이의 없이 승인하다.

본 점 : 서울시 서초구 서초로50길 10

이상으로 금일의 의안 전부를 심의 종료하였으므로 의장은 폐회를 선언하다. (폐회시각은 14시)

위 결의를 명확히 하기 위하여 이 의사록을 작성하고 의장과 출석한 이사, 감사가

다음에 기명날인 또는 서명하다.

20○○년 8월 11일

주식회사 한진정밀

의장 대표이사 김 성 원

사내이사 정 한 민

사내이사 신 종 식

감 사 이 동 석

※ 이사회의사록

○ 이사회의 결의는 이사 과반수의 출석과 출석 이사의 과반수로 하여야 한다. 다만, 정관으로 그 비율을 높게 정할 수 있다(상법 제391①), 감사가 불출석한 경우에도 출석한 이사들만으로 이사회를 개최하고 이사회의사록을 작성할 수 있다.

※ 이사회의 소집

○ ①이사회는 각 이사가 소집한다. 그러나 이사회의 결의로 소집할 이사를 정한 때에는 그러하지 아니하다. ②제1항 단서의 규정에 의하여 소집권자로 지정되지 않은 다른 이사는 소집권자인 이사에게 이사회 소집을 요구할 수 있다. 소집권자인 이사가 정당한 이유없이 이사회 소집을 거절하는 경우에는 다른 이사가 이사회를 소집할 수 있다. ③이사회를 소집함에는 회일을 정하고 그 1주간 전에 각 이사 및 감사에 대하여 통지를 발송하여야 한다. 그러나 그 기간은 정관으로 단축할 수 있다. ④이사회는 이사 및 감사 전원의 동의가 있는 때에는 제3항의 절차없이 언제든지 회의할 수 있다(상법 제390조).

[서식] 이사회의사록 인증서 붙임용지

등부 년 제 호

인 증

위 ○○주식회사 ……………………………………………………………… 의

20○○년 ○월 ○일자 이사회 의사록에 대하여 ……………………………………

의결권자 의장 대표이사 ○○○, 사내이사 ○○○, 사내이사 ○○○의 대리인 ○○

○은 본 공증인의 면전에서 위 의사록의 내용이 진실에 부합한다고 진술하고, 그

기명 날인이 본인의 것임을 확인하였다.

본 공증인은 위 진술과 아래 기재 자료에 의하여 그 결의의 절차와 내용이 진실

에 부합함을 확인하였다.

년 월 일 이 사무소에서 위 인증한다.

공증사무소명칭	공증 인가	法務法人 ○○
소 속	서울중앙지방검찰청 소속	
소재지 표시	서울 강남구 00동 123-7	
공증담당	변호사 ○○○ ㊞	

아 래

1. 진술서 2. 주주명부

3. 법인등기부 등본 4. 정관

5. 주민등록증 6.

210mm×297mm
(보존용지(1종) 70g/㎡)

※ 의사록인증시 공증사무소에서의 붙임용지이다.

[서식] 송달장소 및 송달영수인 신고서

송달장소 및 송달영수인 신고서

사건번호 : 20○○ 비합 호
신청인 : 김 성 원
서울 ○○구 ○○동 ○-○

위 사건에 관하여 신청인은 민사소송법 제184조에 따라 다음과 같이 송달장소 및 송달영수인을 신고합니다.

-다 음-

신청인의 송달장소 및 송달 영수인
송달장소 : ○○시 ○○구 ○○동 ○-○
송달영수인 : 법무사 ○○○

20○○년 월 일

위 신청인 김 성 원
○○시 ○○구 ○○동 ○-○

서울중앙지방법원 귀중

[서식] 접수증명원

접 수 증 명 원

사 건 20○○비합 000000호
신 청 인 김 성 원

위 사건에 관하여 발기설립조사보고 신청서가 접수되었음을 증명하여 주시기 바랍니다.

20○○년 월 일

신청인 김 성 원

위 증명합니다.

20○○. .

서 울 중 앙 지 방 법 원
법원주사보 000

서울중앙지방법원 귀중

[서식] 현물출자(부동산) 재산인수 확인서

현물출자(부동산) 재산인수 확인서

인수한 부동산의 표시
서울 ○○구 ○○동 ○-○ (토지, 건물)

위 부동산은 발기인 김성원의 소유로서 본 회사 설립을 위하여 동 발기인이 위 부동산을 현물출자하여 본 회사가 이를 인도받고 부동산 이전등기에 필요한 서류일체를 교부받음으로써 동 재산을 정히 인수하였습니다.

20○○년　　월　　일

신청인(현물출자) 김 성 원

사건본인(설립회사) 주식회사 한진정밀
서울특별시 ○○구 ○○로 ○-○(○○동)
대표이사 김 성 원

[서식] 취임승낙서

취 임 승 낙 서

본인 등은 20○○. 3. 23. 발기인총회에서 이사, 감사로, 이사회에서 대표이사로 각 선임되었으므로 그 취임을 승낙함.

20○○. 3. 23.

주식회사 한진정밀
사내이사인 대표이사 김 성 원
사내이사 정 한 민
사내이사 신 종 식
감 사 이 동 석

주식회사 한진정밀 귀중

※ 취임승낙서에는 각 취임임원은 인감을 날인하고 인감증명서를 첨부하여야 한다. 이사는 취임승낙서에 사내이사, 사외이사로 구분하여 표시하도록 한다.

[서식] 인감신고서

인감 · 개인(改印) 신고서

(신고하는 인감날인란) (인감제출자에 관한 사항)

상 호(명칭)		주식회사 한진정밀	등기번호	
본점(주사무소)		서울특별시 ○○구 ○○동 ○-○		
인감제출자	자격/성명	대표이사 김 성 원		
	주민등록번호	-		
	주 소	서울특별시 ○○구 ○○동 ○-○		

␣ 위와 같이 인감을 신고합니다.
␣ 위와 같이 개인(改印)하였음을 신고합니다.

20○○년 월 일 (개인인감 날인란)

신고인 본 인 성 명 (인)
대리인 성 명 (인)

○○지방법원 ○○등기소 귀중

주 1. 개인인감 날인란에는 「인감증명법」에 의하여 신고한 인감을 날인하고 그 인감증명서(발행일로부터 3개월 이내의 것)를 첨부하여야 합니다. 개인(改印)신고의 경우, 개인인감을 날인하는 대신에 등기소에 신고한 유효한 종전 인감을 날인하여도 됩니다.
2. 인감·개인신고서에는 신고하는 인감을 날인한 인감대지를 첨부하여야 합니다.
3. 지배인이 인감을 신고하는 경우에는 인감제출자의 주소란에 지배인을 둔 장소를 기재하고, 「상업등기규칙」 제36조제4항의 보증서면(영업주가 등기소에 신고한 인감 날인)을 첨부하여야 합니다.

위 임 장

성 명 : 주민등록번호(-)
주 소 :

위의 사람에게, 위 인감신고 또는 개인신고에 관한 일체의 권한을 위임함.

200 년 월 일

인감(改印) 신고인 성 명 (인)

※ 인감의 제출방법 : 인감의 제출 또는 인감의 변경(이하 "개인(改印)"이라 한다) 신고는, 위 양식의 인감(改印)신고서를 작성하여 신고할 인감을 날인하고 관할 등기소에 제출하는 방식으

로 한다(등기예규 제1579호, 시행 2015.11.01.).

※ 1개의 법인을 대표하는 자가 2인인 경우에 등기를 신청하는 대표자만 인감을 제출하여도 되지만, 공동으로 대표권을 행사하여야 하는 자가 등기를 신청할 경우에는 공동으로 대표권을 행사하도록 되어 있는 자 전원의 인감을 제출하여야 하며, 1개의 법인을 대표하는 여러 명의 인감은 각각 달라야 한다(등기예규 제1579호).

※ 인감의 규격 등 : 인감은 대조에 적당한 것이어야 한다. 인감은 규칙 제35조 제4항에서 정한 크기(가로 · 세로 2.4센티미터의 정사각형 안에 들어갈 수 있어야 하고, 가로 · 세로 1센티미터의 정사각형 안에 들어가는 것이 아니어야 함)로, 선명하지 않거나 너무 복잡한 것이어서는 안 된다(등기예규 제1579호, 시행 2015.11.01).

※ 인감을 제출할 수 있는 자는 다음 각 호의 구분에 따라 인감(改印)신고를 하여야 한다.

- 인감을 제출할 수 있는 자가 개인인 경우에는 인감(改印)신고서에 「인감증명법」에 따라 신고한 인감을 날인하고 그 인감증명서(발행일로부터 3개월 이내의 것에 한한다. 이하 같다)를 첨부하거나 등기소에 제출한 유효한 종전 인감을 날인하여야 한다. 다만, 그 신고서에 본인이 기명날인 또는 서명하였다는 공증인의 인증서면을 제출하는 경우에는 그러하지 아니한다(등기예규 제1579호, 시행 2015.11.01).
- 인감을 제출할 수 있는 자가 법인인 경우에는 인감(改印)신고서에 그 법인이 등기소에 제출한 유효한 인감을 날인하여야 한다(등기예규 제1579호).
- 외국인의 경우에는 다음의 방법으로 할 수 있다(등기예규 제1579호).
  가) 인감증명제도가 있는 국가의 국민이 신고하는 경우에는 인감(改印)신고서에 본국 관공서에 신고한 인감을 날인하고 그 인감증명서를 제출
  나) 인감증명제도가 없는 국가의 국민이 신고하는 경우에는 인감(改印)신고서에 서명을 하고, 그 서명이 본인의 것이라는 취지의 본국 관공서의 증명을 제출

[사례] 인감대지

	신고하는 인감날인란	상 호(명 칭) : 주식회사 ○○ 자격 및 성명 : 대표이사 ○○ 주민등록번호 : 00000-000000

※ 인감(個人)신고서를 제출할 때에는 인감대지(위 양식 3장)도 함께 제출하여야 한다(등기예규 제1579호).

[서식] 인감카드 등 (재)발급신청서

인감카드 등 (재)발급신청서

(인감제출자에 관한 사항)

상호(명칭)		○○○○	등기번호	
본점(주사무소)		서울특별시 ○○구 ○○동 ○-○		
인감 제출자	자격 / 성명	대표이사 김성원		
	주민등록번호			

발급사유	␣ 최초발급 ␣ 카드분실 ␣ 카드훼손 ␣ 인감증명서발급기능 ␣ 기타 ( )		
매체구분	␣ 인감카드 ␣ HSM USB	인감카드 비밀번호	
수수료	금 원	납부번호	

위와 같이 인감카드 등의 (재)발급을 신청합니다.

년 월 일

신청인 인감제출자 (본 인) 성 명 (인) (전화 :)

(대리인) 성 명 (인) (전화 :)

지방법원 등기소 귀중

접수번호		인감카드번호	

주 1. 인감카드 비밀번호란에는 (재)발급받아 사용할 인감카드의 비밀번호를 기재하며, 아라비아숫자 6자릿수를 기재하여야 합니다. 비밀번호는 인감카드와 함께 인감증명서의 발급을 신청할 권한이 있는 것으로 보게 되는 중요한 자료이므로 권한이 없는 사람이 알지 못하도록 주의하시기 바랍니다.

2. 인감카드의 재발급을 신청할 때에는 「등기사항증명서 등 수수료규칙」으로 정하는 수수료를 납부하여야 합니다. 다만, 인감카드를 반납할 때에는 수수료를 납부할 필요가 없습니다.

위 임 장

성 명 : 법무사 ○ ○ ○ 주민등록번호(123456 - 7891234)

주 소 : 서울 ○○구 ○○동 123-4

위의 사람에게, 위 (재)발급신청서에 기재된 인감카드 등의 발급신청과 그 수령 등에 관한 일체의 권한을 위임함.

200 년 월 일

인감신고인 성 명 (인)

[서식] 주주명부(공증용)

주 주 명 부

주 주	주 소	인수 주식수	1주 금액	납 입 금 액
김 성 원	서울시 ○○구 ○○동 ○-○	현물 328,686주	금5,000원	현물출자액 금1,643,430,000원
김수희	서울시 ○○구 ○○동 ○-○	현금 1주	금5,000원	현금출자액 금5,000원
합 계		328,687주	금5,000원	금1,643,435,000원

위 주주명부는 본사에 비치된 주주명부와 대조하여 틀림이 없음을 증명합니다.

20○○년 9월 6일

상 호	주식회사 한진정밀
본점주소	서울특별시 ○○구 ○○동 ○-○
대표이사 성 명	김 성 원

[서식] 진술서(공증용)

진 술 서

법 인 명	주식회사 한진정밀
소 재 지	서울특별시 ○○구 ○○동 ○-○
회의의 종류	발기인총회( ) 이사회( )
소 집 일 시	20 년 9월 6일
소 집 장 소	본점 회의실

본인은 공증인가 법무법인 ○○ 에서 위 법인의 의사록의 인증을 촉탁함에 있어서, 위 법인의 대표이사로서 위 회의가 적법하게 소집되었으며, 결의의 절차와 내용이 진실에 부합함을 진술합니다.

20○○년 9월 일

위 진술인 상 호 주식회사 한진정밀
주 소 서울특별시 ○○구 ○○동 ○-○
대표이사 김 성 원

※ 공증시 준비서류이다.

[서식] 위임장(공증용)

위 임 장

법무사 성 명 ○○○
주 소 서울특별시 ○○구 ○○동 ○-○
전 화 585-3635

위 사람을 본인의 대리인으로 정하여 공증인가 법무법인 서울합동법률사무소에서 다음 사서증서 인증을 촉탁하는 일체의 권한을 위임합니다.

다 음

1. 발기인총회의사록
1. 이사회의사록
1. 정관

20 년 월 일

위임인 ○○○ (인)
서울 ○○구 ○○동 ○-○

위임인 ○○○ (인)
서울 ○○구 ○○동 ○-○

위임인 ○○○ (인)
서울 ○○구 ○○동 ○-○

※ 공증 시 준비서류 : 정관, 발기인총회의사록, 조사보고서, 이사회의사록, 주주명부, 진술서 각 3부를 준비한다. 정관, 발기인총회의사록 또는 이사회의사록에 날인한 발기인과 이사는 공증용 위임장에 인감을 날인하고 개인인감증명을 첨부한다.

※ 이 위임장은 법무사에게 주식회사설립등기를 의뢰하는 경우 공증(인증)대리의 권한을 법무사에게 위임하는 서류로써 공증사무소에 제출하는 서류이다.

제5관 특허권 현물출자에 의한 법인전환

1. 서 설

특허권에 의한 현물출자는 개인의 명의로 특허권을 보유한 개인기업 운영자가 특허권 및 각종의 채권과 채무 등 일체의 자산을 포괄적으로 법인에 출자하여 회사를 설립하는 방법이다.

벤처기업육성에 관한 특별조치법 제6조는 "① 벤처기업에 대한 현물출자 대상에는 특허권·실용신안권·디자인권, 그 밖에 이에 준하는 기술과 그 사용에 관한 권리(이하 "산업재산권등"이라 한다)를 포함한다. ② 대통령령으로 정하는 기술평가기관이 산업재산권등의 가격을 평가한 경우 그 평가 내용은 상법 제299조의2와 제422조에 따라 공인된 감정인이 감정한 것으로 본다."고 규정하여 산업재산권 등의 출자 특례에 관하여 규정하고 있다.

여기서 대통령령으로 정하는 기술평가기관은 "①한국산업기술진흥원 ②기술보증기금 ③산업기술혁신 촉진법 제39조에 따른 한국산업기술평가관리원 ④한국환경공단법에 따른 한국환경공단(환경기술 및 환경산업 지원법 제2조제1호에 따른 환경기술에 대한 기술평가만 해당한다) ⑤국가기술표준원 ⑥과학기술분야 정부출연연구기관 등의 설립·운영 및 육성에 관한 법률에 따른 한국과학기술연구원과 한국과학기술정보연구원 ⑦정보통신산업진흥원"을 말한다(벤처기업육성에 관한 특별조치법 시행령 제4조). 따라서 위 각 기관은 검사인을 대신할 수 있으며, 벤처기업에 대한 현물출자의 경우와 외국투자가가 산업재산권 등을 출자하는 경우 등에는 그 가격에 대해 벤처기업육성에 관한 특별조치법 시행령 제4조의 기술평가기관(이하, '기술평가기관'이라고 한다)이 평가한 내용을 상법 제299조의2의 규정에 의하여 공인된 감정인이 감정한 것으로 볼 수 있으나(벤처기업육성에 관한 특별조치법 제6조 제2항, 외국인투자촉진법 제30조 제4항 등), 그러한 법률 규정이 있는 경우 이외의 현물출자의 경우에 기술평가기관을 공인된 감정인으로 볼 수 없다(상업등기선례 제2-15호, 2006. 7. 13.).

개인사업자의 특허권 현물출자에 관한 법인전환은 위 기술평가기관만 다를 뿐 모든 사항은 부동산 현물출자의 경우와 같다(78면 이하 참조). 다만, 공인된 감정인에는 감정평가업자도 포함된다(감정평가에 관한 규칙 제23조 제3항).

2. 특허권의 소유권이전

특허권의 소유권이전은 특허청의 특허등록원부에 등록함으로서 그 효력이 발생한다(특허법 제101조 제1항). 특허권의 이전등록의 등록면허세는 건당 1만8천원이다(지방세법 제28조제1항제11호).

3. 현물출자(특허권) 발기설립등기신청서 사례

[서식] 주식회사 발기설립등기{개인기업 법인전환, 현물(특허권)과 현금출자 병행}

주식회사 설립등기신청

<table>
<tr><td rowspan="2">접 수</td><td>년 월 일</td><td rowspan="2">처리인</td><td>등기관확인</td><td>각종통지</td></tr>
<tr><td>제 호</td><td></td><td></td></tr>
</table>

등기의목적	주식회사 설립
등기의사유	정관을 작성하여 공증인의 인증을 받아 발기인이 회사설립시 발행하는 주식의 전부를 인수하고 20○○년 ○월○일 발기인회에서 상법 제298조의 절차를 종료하였으므로 다음 사항의 등기를 구함
본/지점 신청구분	1. 본점신청 □ 2. 지점신청 □ 3. 본 · 지점 일괄신청 □
등기할사항	
상 호	주식회사 지앤에이
본 점	서울특별시 ○○구 ○○동 ○-○
공고방법	회사의 인터넷 홈페이지(http://www.○○○.····)에 게재한다. 다만, 전산장애 또는 그 밖의 부득이한 사유로 회사의 인터넷 홈페이지에 공고를 할 수 없을 때에는 ○○시에서 발행되는 ○○신문에 한다.
액면주식 1주의 금액	금5,000원
발행할 주식의 총수	500,000주
발행주식의 총수, 그 종류와 각종 주식의 내용과 수	100,000주 보통주식14)
자본금의 액15)	금500,000,000원

14) 개정 상법(2012.4.15시행)은 회사설립 시 발행하는 주식의 총수는 회사가 발행할 주식총수의 1/4이상이어야 한다는 요건을 폐지하였다(상법 제289조 제2항 삭제). 이에 따라 회사설립 시 발행하여야 하는 주식수에 대한 제한이 전혀 없게 되었다.

15) 종전 “자본의 총액”을 “자본금의 액”으로 개정하였다.

등 기 할 사 항	
목 적	1. 보안시스템 제조, 판매사업 1. 시스템 통합사업 1. 전기, 전자 제조, 판매사업 1. 광통신, 광섬유 제조, 판매사업 1. 전자상거래, 인터넷, 소프트웨어 제조, 판매사업 1. 각호에 부대하는 사업
이사·감사·집행임원의 성명 및 주민등록번호[16]	사내이사 문 준 오 (00000-0000000) 사내이사 정 한 민 (00000-0000000) 사내이사 신 종 식 (00000-0000000) 감 사 이 동 석 (00000-0000000)
대표이사 또는 대표집행임원의 성명, 주민등록번호, 주소[17]	문 준 오 (-)
지 점	없음
존립기간 또는 해산사유	없음(정관에 규정이 되어있으면 기재)
기 타 (주식의 양도에 관하여 이사회의 승인을 얻도록 정한 때에는 그 규정, 명의개서대리인을 둔 때에는 그 상호와 본점소재지 등)	없음(정관에 규정이 되어있으면 기재)

16) 개정 상법은 선택적으로 업무집행기관으로서 '집행임원'을 둘 수 있도록 하였다.
17) 집행임원제도를 둔 회사는 대표이사를 두지 못한다(제408조의2).

신청등기소 및 등록세/수수료						
순번	신청등기소	구분	등록면허세 지방교육세	농어촌특별세	세액합계	등기신청수수료
			금6,000,000원 금1,200,000원		금 7,200,000원	금 30,000원
합 계						
등기신청수수료 납부번호						
과 세 표 준 액	금500,000,000원					

첨 부 서 면	
1. 정관 통	1. 공인된 감정인의 감정서 통
1. 주식의 인수를 증명하는 서면 통	1. 검사인조사보고서등본 통
1. 주식발행사항동의서 통	1. 취임승낙서(인감증명서포함) 통
1. 발기인회의사록(자본금 10억 이상 공증) 통	1. 주민등록표등본 통
1. 이사회의사록(공증받은 것) 통	1. 인감신고서 통
1. 주금납입보관증명서 또는 잔고증명서 통	1. 등록세영수필확인서 통
1. 재산인도증 통	1. 위임장(대리인이 신청할 경우) 통
1. 이사·감사 조사보고서 통	1. 법인인감카드발급신청서 통
	<기 타>

년 월 일

신청인 상 호 주식회사 지앤에이
본 점 서울 ○○구 ○○동 ○-○
대표이사 성 명 문 준 오 (인) (전화 :)
주 소 서울 ○○구 ○○동 ○-○
대리인 성 명 법무사 000 (인) (전화 : 456-7890)
주 소 서울 ○○구 ○○동 ○-○

서울중앙지방법원 상업등기소 귀중

- 신청서 작성요령 및 등기수입증지 첨부란 -

1. 해당란이 부족할 때에는 별지를 이용합니다.
1. 해당 등기신청과 관계없는 사항에 대하여는 "해당없음"으로 기재하거나 삭제하고, 필요한 사항은 추가 기재합니다.

(용지규격 21㎝× 29.7㎝)

※ 이 사례는 발기인2인이 특허권인 현물과 현금출자를 병행하여 개인기업이 법인(주식회

사)으로 전환하는 발기설립의 사례이다.

[서식] 위임장(등기소 제출용)

위 임 장

법무사 성 명 이 장 수
주 소 서울특별시 강동구 명일동 246-5
전 화 585-3635

본인은 위 사람을 대리인으로 정하고 다음의 권한을 위임합니다.

다 음

신청인 문○○의 주식회사 발기설립에 따른 신청서작성 및 동 신청서를 제출하는 행위, 송달장소 및 송달영수인신고서를 제출하는 행위, 기타 일체의 행위.

20○○년 월 일

위임인 문 준 오
서울특별시 ○○구 ○○동 ○-○

※ 이 위임장은 법무사에게 주식회사설립등기를 의뢰하는 경우 대리의 권한을 법무사에게 위임하는 서류로써 등기소에 제출하는 서류이다.

[서식] 발기인총회의사록

발기인총회의사록

20○○년 월 일, 13:00 창립사무실에서 발기인 총회를 개최하다.

발기인 총수	2 명	발행주식총수	100,000 주
출석발기인수	2 명	출석주식총수	100,000 주

발기인 대표 문 준 오는 위와 같이 법정수에 달하는 발기인이 출석하였으므로 본 총회가 적법하게 성립되었음을 알리고 회의진행상 의장을 선임할 것을 구한 바, 발기인 전원의 일치된 의견으로 발기인 문준오를 의장으로 선임한 즉, 동인은 즉석에서 그 취임을 승낙하고 의장석에 등단하여 개회를 선언한 후 다음 의안을 부의하고 심의를 구하다.

제 1 호 의안 : 정관승인의 건

의장은 별지 정관 안을 낭독하고 축소설명을 하고, 현제 발기인 문준오가 서울 ○○구 ○○동 ○-○ 소재에 개인기업을 경영해 왔으나, 금번 사업용으로 사용하던 무형자산(특허권)과 무형자산 이외의 자산을 전부 현물출자하여 조세특례제한법 제32조 규정에 의한 법인전환을 위하여 정관을 작성하여 발기하였음을 부연설명 한 후, 그 승인 여부를 물은 바 전원 이의없이 원안대로 승인 가결하다.

제 2 호 의안 : 임원 선임의 건

의장은 임원을 선임하겠다고 말하고 그 선임방법에 대하여 의견을 구한 바, 무기명 비밀 투표로 선출하자는 의견이 일치되어 즉시 투표를 실시한 결과 다음과 같이 이사와 감사가 선출되다. 단, 감사는 상법 제409조 제2항의 규정에 의하여 선임하다.

사내이사 문 준 오 (00000-0000000)
사내이사 정 한 민 (00000-0000000)
사내이사 신 종 식 (00000-0000000)
감 사 이 동 석 (00000-0000000)

위 피선자는 즉석에서 각자 그 직의 취임을 승낙한다.

제 3 호 의안 : 공인감정인의 상법 제299조의2 변태설립사항 감정보고의 건

의장은 본 회사 설립사항 중 상법 제 290조 제2호의 사항과 상법 제295조의 규정에 의한 현물출자의 이행사항이 있어 검사인이 이를 조사하여 법원에 보고해야 하는 바, 상법 제299조의2에 따른 공인감정인의 조사, 보고로 갈음할 것임을 설명하고, 그 재산을 감정한 사실을 별첨 감정보고서와 같다고 보고하니 발기인 전원의 동의로 이의 없이 원안대로 승인 가결하다.(감정보고서는 생략)

제 4 호 의안 : 현물출자 승인의 건

의장은 설립중인 ㈜지앤에이는 현물출자자인 문준오의 서울 ○○구 ○○동 ○-○ 소재에 개인기업의 모든 재산을 출자하여 조세특례제한법 제32조의 규정에 의하여 법인으로 설립하기로 상세히 설명하고 이에 대한 현물출자자, 현물출자 자산, 수량, 가격 및 평가액 그리고 현물출자 자가 부여받을 주식의 수량 등에 대하여 결정하여 줄 것을 구한 바 전원일치로 다음과 같이 가결하다.

의결내용

1. 현물출자자의 성명: 문 준 오(000000-1111111)
   현물출자의 시기 : 20○○년 월 일

1. 현물출자 자산의 수량, 가격, 평가액
   가, 재산의 종류: 별지1기재 특허권, 별지2, 재무상태표
   나. 수량 : 별지1,기재 특허권, 별지2, 재무상태표의 자산, 부채
   다. 가격 : 금450,000,000원

1. 현물출자자가 부여받을 주식의 종류와 수량
   가. 현물출자 재산가격: 금450,000,000원
   나. 부여할 주식의 종류와 수: 기명식 보통주식 90,000주

제5호 의안 : 현물출자의 이행여부

의장은 상법 제295조 규정에 의한 납입에 관하여 현물출자자 작성의 재산인도증

에 의해 회사설립 시에 발행하는 주식의 총수 중 328,689주(1주의 금액5,000원)로 서 전부 인수되고 그 중 현금출자에 대한 발행가액 전액이 20○○년 월 일 우리 은행 ○○지점에서 발행한 주금납입보관증명서에 의하여 납입이 완료되었으므로 이를 승인하여 줄 것을 요청하자 전원 이의 없이 이를 승인가결하다.

제 6 호 의안 : 상법 제298조의 소정사항 조사보고의 건

의장은 모든 이사 및 감사로 하여금 상법 제298조 소정의 변태설립사항에 관한 제반사항을 조사보고케 하여야 할 것이나 의장은 발기인이었던 관계로 동법 제2항에 의하여 이 보고를 할 수 없으므로 발기인이 아닌 이사, 감사(으)로 하여금 조사보고케 하도록 요청하다. 그러한 요청에 따라서 다음 사람이 별지 조사보고서와 같이 보고하다.

조사보고자 사내이사 정 한 민
사내이사 신 종 식
감 사 이 동 석

출석주주들은 그 조사보고서를 검토한 후 그를 만장일치로 승인하다.

의장은 이상으로서 의안 전부의 심의를 종료하였으므로 폐회한다고 선언하다(회의종료시간 14:00)

위 의사의 경과요령과 결과를 명확히 하기 위하여 이 의사록을 작성하고 의장과 출석한 발기인이 다음과 같이 기명날인하다.

20○○년 월 일

(주) 지앤에이
의장겸 발기인 : 문 준 오 (인)

[서식] 발기설립조사보고 인가신청서

발기설립조사보고 인가신청

사건본인 주식회사 지앤에이
서울 ○○구 ○○동 ○-○
대표이사 문 준 오

신 청 인 사건본인의 대표이사 문 준 오
전화번호 : 010-505-0000

감정평가인 ○○○기술평가원장
서울 ○○구 ○○동 ○-○
이사장 ○○○
(소관: ○○평가센타)
서울 ○○구 ○○동 ○-○
지점장 ○○○

신청인의 송달 장소 : 서울 ○○구 ○○동 ○-○
송달영수인 : ◇◇◇법무사

현물출자액 금450,000,000원
현금출자액 금50,000,000원

현물출자할 재산의 표시

특허등록번호	발명의 명칭	등록일	출원인
10-0000000	광섬유 및 그 제조방법	2012. 9. 28.	문준오

신 청 취 지

신청인은 사건본인 주식회사 지앤에이를 설립함에 있어 상법 제299조의2에 의하여 현물출자하는 특허를 기술보증기금의 기술평가서에 기재한 바와 같은 감정결과를 보고하오니 인가하여 주시기 바랍니다.

신 청 원 인

1. 사건본인 회사 설립을 위하여, 정관을 작성하고 발기인이 회사설립시에 발행하는 주식총수를 인수한바, 주식인수 방법으로서 사건본인 회사와 발기인이 특허를 현물출자 계약을 하고 상법 제295조 제2항에 따라 출자 재산의 인도 및 이전등기에 필요한 서류를 교부함으로서 그 출자이행을 하였습니다.
 이에 신청인은 설립중인 주식회사 지앤에이의 설립을 위하여 상법 제290조 제2호, 제295조 제2항, 제299조의 2에 따라 특허의 감정을 기술보증기금(서울 ○○구 ○○동 ○-○)에 의뢰하여 기술평가를 받았으므로 이의 인가를 위하여 본 신청에 이르게 된 것입니다.
 (본 조사보고서는 재판예규 제719호(처리요령)에 의하여 작성하였습니다.)

2. 기술평가결과를 위임한 이사와 현물출자자, 조사감정의 목적과 조사금액 사항은 다음과 같습니다.

가. 감정을 위임한 이사
 주식회사 지앤에이
 서울 관악구 신림동 123-4
 사내이사 문 준 오
 전화번호 : 000-0000

나. 현물출자자
 문 준 오
 서울 ○○구 ○○동 ○-○
 전화번호 : 010-0000-0000

다. 조사감정의 목적
 기술보증금의 기술평가에 대한 감정평가

라. 조사감정 사항

현물출자를 하는 자의 성명과 그 목적인 재산의 종류, 수량, 가격과 이에 대하여 부여할 주식의 종류와 수

1) 현물출자자 : 문 준 오

2) 재산의 종류, 수량, 가격 :

특허등록번호	발명의 명칭	등록일	출원인
10-0000000	광섬유 및 그 제조방법	2012. 9. 28.	문준오

3) 이에 대하여 부여할 주식의 종류와 수

가. 현물출자 재산가액 : 금 450,000,000원

나. 부여할 주식의 종류와 수 : 기명식 보통주식 90,000주

다. 1주당 가액 : 금 5,000원

라. 이 주식의 금액 : 금 450,000,000원

마. 조사방법 및 의견

본 조사를 실시함에 있어서 기술보증기금평가는 성실, 공정하게 평가하였으며, 평가 목적물인 위 특허권(특허등록번호 10-0000000호)의 가액은 기술보증기금의 평가기준을 준용하여 확인하였으며 사건본인은 주식회사 지앤에이가 체결한 현물출자 계약서상 출자재산의 평가액은 일금 450,000,000원정으로 되어 있는 것을 기준으로 하여 평가하였습니다.

첨 부 서 류

1. 정관
1. 현물출자계약서
1. 감정인의 조사보고서
1. 감정인의 조사보고서 부분
1. 기술보증기금평가서(감정)

20○○. 8월 일

사건본인 주식회사 지앤에이
서울 관악구 신림동 123-4
사내이사 문 준 오

신청인 사건본인의 사내이사 문준오
서울 ○○구 ○○동 ○-○

서울중앙지방법원 귀중

※ 감정평가는 원칙적으로 법원에서 선임한 감정인이 할 수 있었으나, 상법의 개정(제299조의2)에 의하여 공인된 감정인의 감정평가로 이를 대신 할 수 있으므로(상법 제299조의2 전단, 제310조제3항), 실무에서는 발기인이 법원과 무관하게 공인된 감정인을 선임하여 감정평가를 실시한 후 감정인이 그 감정결과를 법원에 보고(인가신청)하고 법원의 심사를 받는다. 모집설립에서는 창립총회에 보고하고 창립총회의 승인을 받아야 한다.

※ 감정결과보고인가신청서는 발기인 총회 당일 또는 그 이후의 일자를 신청일로 기재한다.

[서식] 조사보고서(이사의)

조사보고서

본인 등은 20○○년 7월 15일 본 회사 발기인총회에서 상법 제298조 소정사항의 조사보고자로 선임되었으므로 동법에 규정된 사항을 조사하여 다음과 같이 보고함.

조사사항 및 조사결과

1. 회사설립시에 발행하는 주식의 총수에 대한 인수의 정확여부

회사가 발행할 주식의 총수 500,000 주

설립시에 발행하는 주식의 총수 100,000 주

1주의 금액 5,000원으로서 그 인수 내역은 다음과 같음.

발기인이 인수한 주식수

보통주식 : 100,000 주 (20○○ 년 월 일 인수완료)

2. 인수주식에 대한 납입의 정확여부

회사설립 시에 발행하는 주식총수 중 90,000주에 대하여 금450,000,000원의 현물출자 재산이 이행되었음은 공인감정인의 감정결과보고와 같이 명확하고, 10,000주에 관하여는 금50,000,000원의 현금 납입이 완료되었음은 20○○년 월 일 우리은행 ○○지점이 발행한 주식납입보관증명서에 의하여 명확히 확인됨.

3. 현물출자 기타 조사사항

정관에서 정한 변태설립사항(상법 제298조 2호. 현물출자에 관한사항)은 상법 제299조의2에 해당되어 감정인의 감정서로 갈음하였는바 그 사항은 타당하다.

이와 같이 조사 보고함.

20○○년 7월 ○일

(주) 지앤에이

사내이사 정 한 민
사내이사 신 종 식
사내이사 이 동 석

※ 이사와 감사는 취임 후 지체 없이 회사의 설립에 관한 모든 사항이 법령 또는 정관의 규정에 위반되지 아니하는지의 여부를 조사하여 발기인에게 보고하여야 한다(상법 제298의 제1항). 이때 이사와 감사 중에 발기인이었던 자·현물출자자·회사성립 후 양수할 재산의 계약당사자인 자는 이러한 조사·보고에 참가하지 못하고(상법 제298조 제2항), 이사와 감사 전원이 이에 해당하는 때에는 이사는 공증인으로 하여금 이러한 조사·보고를 하게 하여야 한다(상법 제298조 제3항).

[서식] 감정인 감정결과 보고서

감정인 감정결과 보고서

기술보증기금 ○○○는 무형자산(특허권)평가에 관한 공인된 감정인이고 , ○○ 회계법인 대표이사(공인회계사)○○○는 무형자산이외 평가에 관한 공인된 감정인으로, (주) 지앤에이를 설립함에 있어, 현물출자 재산에 대한 감정평가의뢰를 받고 이를 완료하였기에 다음과 같이 결과를 보고합니다.

다 음

1. 감정을 위임한자

주식회사 지앤에이

서울특별시 강남구 ○○로 ○-○(○○동)

전화번호 : 010-0000-0000

2. 현물출자자

문 준 오 (0000000-0000000)

서울특별시 강남구 ○○로 ○-○(○○동)

3. 감정의 목적

주) 지앤에이를 설립함에 있어, 위 출자자가 현물을 출자하고, 현물출자의 이행을 마쳤기에 상법 제299조의 2조에 따라 공인감정인으로서 이에 대한 감정을 행함.

4. 감정사항

현물출자를 하는 자의 성명과 그 목적인 재산의 종류, 수량, 가격과 이에 대하여 부여할 주식의 종류와 수, 현물출자의 이행 여부

1) 현물출자자 : 문 준 오

2) 재산의 종류, 수량, 가격 :

가. 재산의 종류 : 별지1. 기재 무형자산(특허권)

별지2. 기재 무형자산이외(재무상태표)

나. 수량 : 특허권, 재무상태표 상의 자산

다. 가격 : 금450,000,000원

이 무형자산(특허권)의 (평가)가격 금450,000,000원과 무형자산이외(평가)가격 금52,040,790원 총(평가)가격 금502,040,790원 으로부터 부채 금52,040,790원을 공제한, 순자산가액을 이 재산의 가격으로 함.

3) 이에 대하여 부여할 주식의 종류와 수

가. 현물출자 재산가액 : 금450,000,000원

나. 부여할 주식의 종류와 수 : 기명식 보통주식 90,000주

다. 1주당 발행가액 : 금 5,000원(액면가 금5,000원)

4) 현물출자의 이행 여부

현물출자 자가 출자 특허권을 인도하고, 이에 관한 이전등록 서류를 완비하여 교부하였음.

5. 조사방법 및 의견

평가개요, 절차, 방법 및 가격결정에 대하여는 첨부한 감정평가서 기재와 같습니다.

20○○년 월 일

감정평가인 1. ○○○기술평가원장

서울 ○○구 ○○동 ○-○

이사장 ○○○

(소관: ○○평가센타)

서울 ○○구 ○○동 ○-○

지점장 ○○○

감 정 인 2. ○○회계법인

서울 ○○구 ○○동 ○-○

대표이사 ○○○

(전화 : 02-501-0000)

서울중앙지방법원 귀중

[서식] 별지1. 현물출자 재산의 목록

현물출자 재산의 목록

1. 특허권

특허등록번호	발명의 명칭	등록일	출원인
10-000000	광섬유 및 그 제조방법	2018. 9. 28.	문준오

2. 현물출자 대상채권

출자재산(특허)	출자금(액면금액)	평가액(원)	출자가액(원)
현물출자 대상채권	금450,000,000원 (금5,000원)	금450,000,000원	금450,000,000원

-이 상-

[서식] 별지2. 현물출자에 따른 기초 재무상태표

재 무 상 태 표

20○○년 월 일 현재 (단위: 원)

과 목	금 액		비 고
자 산			
Ⅰ.유동자산		1,976,059	
(1)당좌자산		1,976,059	
현금및현금성자산	250,333		
미수수익	1,725,726		국고채권기간이자
(2)재고자산		-	
Ⅱ.비유동자산		3,514,621	
(1)투자자산		2,064,731	국고채권
(2)유형자산		-	
(3)무형자산		450,000,000	
(4)기타비유동자산		-	
자산총계		455,490,680	
부 채			
Ⅰ.유동부채		6,540,680	
부채총계		6,540,680	
현물출자가액		450,000,000	
현금출자가액		50,000,000	
자본금		500,000,000	

[서식] 영수증

영 수 증

서울중앙지방법원 20○○비합 0000
법원사무관 000

1. 사건본인 (주) 지앤에이의 발기설립조사보고 결정문 수령등 기타 일체의 행위·인가서

위의 서류를 틀림없이 20○○. . . 영수하였습니다.

20○○. . .

위임인 문 준 오

[서식] 기술사업분석보고서

평가서 번호 0000-00000

기술사업 분석보고서

평가기술	□□광섬유 및 그 제조방법
평가용도	사업화 타당성 평가

○○기술보증기금

○○기술평가원장 (인)

1. 본 평가서는 평가용도 외로 사용할 수 없으며 기슬평가기관은 본 평가서를 기초로 한 행위결과에 대하여 어떠한 책임도 부담하지 아니합니다.
2. 본 평가서에서 사용된 가정들은 향후 사업환경의 변화, 사용된 주요 가정 등의 변경 및 평가대상기술을 적용하는 경영진이나 기술인력 등의 능력에 따라 영향을 받으며, 이에 따라 그 평가가 변동될 수 있습니다.

제 출 문

(주) 지앤에이 대표이사 귀하

본 평가서를 "광섬유 및 그 제조방법"에 관한 기타 사업화 타당성 평가용 최종보고서로 제출합니다.

20○○. ○월 ○일

평가기관 : ○○○기술보증기금 ○○기술평가원

평가자 : 팀장/공학박사	김 ○ ○
팀원/ 기술평가사	김 ○ ○
팀원/ 공학박사	박 ○ ○
교수/ 공학박사	이 ○ ○
변리사	정 ○ ○
회계사	유 ○ ○

※ 특허 현물출자에 대한 감정평가

○ 벤처기업의 경우 대통령령이 정하는 기술평가기관이 산업재산권 등의 가격을 평가한 경우 그 평가내용은 공인된 감정인이 감정한 것으로 본다(벤처법6②).

목 차

※ 이하 기술평가에 관한 내용 생략

[서식] 특허증

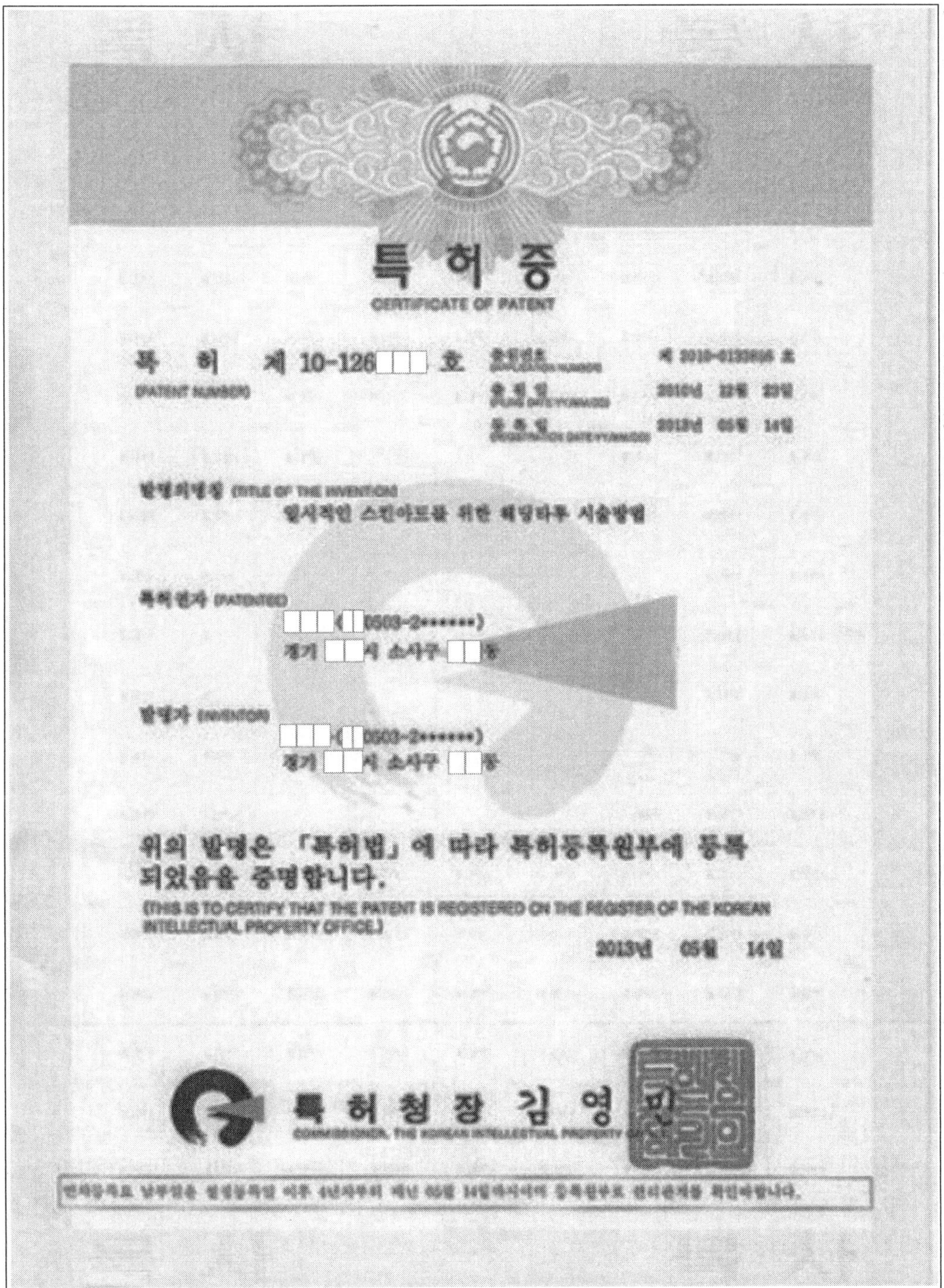
특 허 증

CERTIFICATE OF PATENT

특 허 제 10-126□□□ 호
(PATENT NUMBER)

출원일 2010년 12월 23일

등록일 2013년 05월 14일

발명의 명칭 (TITLE OF THE INVENTION)
일시적인 스킨아트를 위한 헤나타투 시술방법

특허권자 (PATENTEE)
□□□(□0503-2******)
경기 □□시 소사구 □□동

발명자 (INVENTOR)
□□□(□0503-2******)
경기 □□시 소사구 □□동

위의 발명은 「특허법」에 따라 특허등록원부에 등록되었음을 증명합니다.
(THIS IS TO CERTIFY THAT THE PATENT IS REGISTERED ON THE REGISTER OF THE KOREAN INTELLECTUAL PROPERTY OFFICE.)

2013년 05월 14일

특허청장 김영민

COMMISSIONER, THE KOREAN INTELLECTUAL PROPERTY OFFICE

[서식] 정관의 인증서 표지

등부 년 제 호

인 증 서

정 관

등 본

공증 인가 法務法人 ○○

(공증부 : 593-0000)

210mm×297mm
(보존용지(1종) 70g/㎡)

※ 이 사례는 등기신청 대리인이 공증사무소에 정관인증을 촉탁하여 공증사무소에서 작성한 정관의 인증서 표지이다. 현물출자가 있는 경우에는 발기설립이나 모집설립을 가리지 않고 정관을 인증 받아야 한다. 공증절차를 마치면 정관 및 각 의사록에 따른 인증서를 내어주는데 이를 첨부하여 등기소에 제출한다.(공증절차는 194면 참조)

[서식] 정관

정 관

제1장 총 칙

제1조(상호) 당회사는 주식회사 “지앤에이”라 칭하고 영문으로는 ○○○로 표기한다.

제2조(목적) 당 회사는 다음 사업을 경영함을 목적으로 한다.

1. 보안시스템 제조, 판매사업
1. 시스템 통합사업
1. 전기, 전자 제조, 판매사업
1. 광통신, 광섬유 제조, 판매사업
1. 전자상거래, 인터넷, 소프트웨어 제조, 판매사업
1. 각호에 부대하는 사업

제3조(본점의 소재지) 당 회사의 본점은 서울특별시내에 둔다.

제4조(공고방법) 당 회사의 공고는 회사의 인터넷 홈페이지(http://www.○○○.….)에 게재한다. 다만, 전산장애 또는 그 밖의 부득이한 사유로 회사의 인터넷 홈페이지에 공고를 할 수 없을 때에는 ○○시에서 발행되는 ○○신문에 한다.

제2장 주 식

제5조(발행예정 주식의 총수) 당 회사가 발행할 주식의 총수는 500,000주로 한다.

제6조(1주의 금액) 당 회사가 발행하는 주식 액면주식 1주의 금액은 금5,000원으로 한다.

제7조(회사가 설립시에 발행하는 주식의 총수) 당 회사는 설립 시에 100,000주의 주식을 발행하기로 한다.

제8조(주식 및 주권의 종류) 당 회사의 주식은 보통주식으로 전부 기명식으로 하고 주권은 1주권, 10주권, 100주권, 1,000주권, 10,000주권의 5종으로 한다.

제9조(주권 불소지) 당 회사는 주권 불소지 제도를 채택하지 아니한다.

제10조(주금납입의 지체) 주금 납입을 지체한 주주는 납입기일 다음날부터 납입이 끝날 때까지 지체 주금 100원에 대하여 일변 10전의 비율로서 과태금을 회사에 지급하고 또 이로 인하여 손해가 생겼을 때는 그 손해를 배상하여야 한다.

제11조(명의개서) ① 당 회사의 주식에 관하여 명의개서를 청구함에 있어서는 당 회사에서 정하는 청구서에 기명날인 또는 서명하고 이에 주권을 첨부하여 제출하여야 한다.

② 양도 이외의 사유로 인하여 주식을 취득한 경우에는 당 회사의 청구에 의하여 제1항의 청구서 이외에 그 사유를 증명한 서면과 주권을 제출하여야 한다.

제12조(질권의 등록 및 신탁재산의 표시) 당 회사의 주식에 관하여 질권의 등록 또는 신탁재산의 표시를 청구함에 있어서는 당 회사가 정하는 청구서에 당사자가 기명날인 또는 서명하고 이에 주권을 첨부 제출하여야 한다. 그 등록 또는 표시의 말소를 청구함에 있어서도 같다.

제13조(주권의 재발행)①주권의 분할, 병합, 오손등의 사유로 인하여 주권의 재발행을 청구함에 있어서는 당 회사가 정하는 청구서에 기명날인 또는 서명하고 이에 주권을 첨부하여 제출하여야 한다.

② 주권의 상실로 인하여 그 재발행을 청구함에 있어서는 당 회사가 정하는 청구서에 기명날인 또는 서명하고 이에 제권판결의 정본 또는 등본을 첨부하여 제출하여야 한다.

제14조 (수수료) 제11조 내지 제13조에서 정하는 청구를 하는자는 당 회사가 정하는 수수료를 납부하여야 한다.

제15조(주주명부의 폐쇄)① 당 회사는 매년 1월 1일부터 정기주주총회의 종결일까지 주주명부의 기재의 변경을 정지한다.

② 제1항의 경우 이외에 주주 또는 질권자로서 권리를 행사할 자를 확정하기 위하여 필요한 때에는 이사회의 결의에 의하여 주주명부의 기재의 변경을 정지하고 또는 기준일을 정할 수가 있다. 이 경우에는 그 기간 또는 기준일의 2주 전에 공고하는 것으로 한다.

제16조(주주의 주소등의 신고) 당 회사의 주주 및 등로된 질권자 또는 그 법정대리인이나 대표자는 당 회사가 정하는 서식에 의하여 그의 성명, 주소와 인감을 당 회사에 신고하여야 한다. 신고사항에 변경이 있는 때에도 또한 같다.

제3장 사　　채

제17조(사채발행과 차입) ① 이 회사는 원리금의 상환 기타 조건에 관하여 내용이 다른 수종의 사채를 발행할 수 있다.

② 이 회사는 자기자본금의 2배를 초과하지 아니하는 범위 내에서 자금을 차입

할 수 있다.

③ 이 회사는 자본금과 적립금의 합계액의 10배를 초과하지 아니하는 범위 내에서 사채를 발행할 수 있다. 다만, 사채발행의 한도를 계산함에 있어 이 회사가 채권금융 기관으로부터 약정체결기업에 대한 채권을 양도받고 그 대가를 지급하기 위하여 발행하는 사채는 이를 사채발행액에 산입하지 아니한다.

제18조(전환사채의 발행) ① 이 회사는 이사회의 결의로 전환사채를 발행할 수 있다.

② 주주는 그가 소유한 주식의 수에 비례하여 전환사채의 배정을 받을 권리를 갖는다.

③ 제2항에 불구하고 회사는 다음 각 호의 경우에 사채의 액면총액이 금 50억원을 초과하지 않는 범위 내에서 이사회의 결의로 주주 이외의 자에게 전환사채를 발행할 수 있다.

1. 회사가 긴급한 자금의 조달을 위하여 전환사채를 발행하는 경우
2. 회사가 약정체결기업의 채권 또는 주식을 매입하는 등 경영상 필요로 내국법인 또는 외국투자자에게 전환사채를 발행하는 경우
3. 회사가 경영상 필요로 국내외 투자가에게 전환사채를 발행하는 경우

④ 제 3항의 전환사채에 있어서 이사회는 그 일부에 대하여만 전환권을 부여하는 조건으로도 이를 발행할 수 있다.

⑤ 전환으로 인하여 발행하는 주식은 기명식 보통주식으로 하고 전환가액은 주식의 액면금액 또는 그 이상의 가액으로 사채발행시 이사회가 정한다.

⑥ 전환을 청구할 수 있는 기간은 당해 사채의 발행일 후 1개월이 경과되는 날로부터 그 상환기일의 직전일까지로 한다. 다만, 위 기간의 범위내에서는 이사회의 결의로 전환청구기간을 조정할 수 있다.

⑦ 전환으로 인하여 발행하는 주식에 대한 이익의 배당과 전환사채에 대한 이자의 지급에 관하여는 제12조의 규정을 준용한다.

제19조(신주인수권부사채의 발행) ① 이 회사가 신주인수권부사채를 발행함에는 이사회의 결의에 의하여야 한다.

② 주주는 그가 소유한 주식의 수에 비례하여 신주인수권부사채의 배정을 받을 권리를 갖는다.

③ 제2항에 불구하고 회사는 사채의 액면총액이 금 50억원을 초과하지 않는 범위 내에서 이사회의 결의로 다음 각 호의 경우 주주 외의 자에게 신주인수권부사

채를 발행할 수 있다.

1. 회사가 긴급한 자금의 조달을 위하여 신주인수권부사채를 발행하는 경우
2. 회사가 약정체결기업의 채권 또는 주식을 매입하는 등 경영상 필요로 내국법인 또는 외국투자자에게 신주인수권부사채를 발행하는 경우

④ 신주인수권의 행사로 발행하는 주식은 기명식 보통주식으로 하고 그 발행가액은 주식의 액면금액 또는 그 이상의 가액으로 사채발행시 이사회가 정한다.

⑤ 신주인수권을 행사할 수 있는 기간은 당해 사채의 발행일 후 1개월이 경과되는 날로부터 그 상환기일의 직전일까지로 한다. 다만, 위 기간의 범위 내에서는 이사회의 결의로 신주인수권 행사기간을 조정할 수 있다.

⑥ 신주인수권의 행사로 인하여 발행하는 주식에 대한 이익의 배당에 관하여는 제12조의 규정을 준용한다.

제20조(사채발행에 관한 준용규정) 이 정관에 정한 “주주명부 폐쇄, 주주 등의 주소, 성면 및 인감 또는 서명 등 신고” 규정은 사채발행의 경우에 준용한다.

제3장 주주총회

제21조(소집) 당 회사의 정기주주총회는 영업연도 말일의 다음날부터 3월이내에 소집하고 임시주주총회는 필요한 경우에 수시 소집한다.

제22조(의장) 대표이사가 주주총회의 의장이 된다. 그러나 대표이사 유고시에는 이사회에서 선임한 다른 이사가 의장이 된다.

제23조(결의) 주주총회의 결의는 법령 또는 정관에 다른 규정이 있는 경우를 제외하고는 출석한 주주의 의결권의 과반수와 발행주식 총수의 4분의1이상의 수로서 한다.

제24조(의결권의 대리행사)주주는 대리인으로 하여금 의결권을 행사할 수 있다. 대리인이 의결권을 행사함에는 표결전에 그 권한을 증명하는 서면을 의장에게 제출하여야 한다.

제25조(총회의 의사록) 주주총회의사록에는 의사의 경과요령과 그 결과를 기재하고 의장과 출석한 이사가 기명날인 또는 서명하여야 한다.

제4장 임원과 이사회

제26조(이사와 감사의 수) 당 회사의 이사는 1인 이상, 감사는 1인 이상으로 한다.

제27조(이사, 감사의 선임) 당 회사의 이사, 감사는 제23조의 결의방법에 의하여 선

임한다. 그러나 감사의 경우에 의결권 없는 주식을 제외한 발행주식총수의 100분의 3을 초과하는 주식을 가지는 주주는 그 초과하는 주식에 관하여는 의결권을 행사하지 못한다.

第28조(이사의 임기)이사의 임기는 취임후 3년으로 한다. 그러나 이사의 임기가 재임중 최종의 결산기에 관한 정기주주총회의 종결전에 끝날 때는 그 정기주주총회 종결에 이르기까지 그 임기를 연장한다. 보궐 또는 증원에 의하여 선임된 이사의 임기는 다른 이사의 전임기와 같이 한다.

第29조(감사의 임기) 감사의 임기는 취임후 3년내의 최종의 결산기에 관한 정기주주총회의 종결시까지로 한다.

第30조(이사회의 소집) 이사회는 대표이사 또는 이사회에서 따로 정한 이사가 있는 때에는 그 이사가 회의일의 3일전에 각 이사 및 감사에게 통지하여 소집한다. 그러나 이사 및 감사 전원의 동의가 있는 때에는 소집 절차를 생략할 수 있다.

第31조(이사회의 결의) 이사회의 결의는 이사 과반수의 출석과 출석이사의 과반수로 한다.

第32조(이사회의 의사록) 이사회의 의사록에는 의사의 경과요령과 그 결과를 기재하고 출석한 이사 및 감사가 기명날인 또는 서명하여야 한다.

第33조(대표이사)① 당 회사는 사장 1인과 필요한 경우에 전무이사 및 상무이사 각 약간명을 둔다.

② 사장, 전무이사와 상무이사는 이사회의 결의에 의하여 이사중에서 선임한다.

③ 사장은 당 회사를 대표한다.

第34조(업무집행) ① 사장은 당회사의 업무를 통할하고 전무이사 또는 상무이사는 대표이사를 보좌하여 그 업무를 분장한다.

② 사장이 유고시에는 미리 이사회에서 정한 순서에 따라 전문이사 또는 상무이사가 사장의 직무를 대행한다.

第35조(감사의 직무) 감사는 당회사의 업무 및 회계를 감사한다.

第36조(보수와 퇴직금) 임원의 보수 또는 퇴직한 임원의 퇴직금은 주주총회의 결의로 정한다.

第5장 계 산

第37조(영업연도) 당 회사의 영업연도는 매년 1월 1일부터 동년 12월 31일까지로 한다.

제38조(재무제표, 영업보고서의 작성비치) ① 당 회사의 사장은 정기주주총회 회일 6주간 전에 다음의 서류 및 그 부속명세서와 영업보고서를 작성하여 이사회의 승인과 감사의 감사를 받아 정기주주총회에 제출하여야 한다.

1. 대차대조표
2. 손익계산서
3. 이익금처분계산서, 또는 결손금처리계산서

② 제1항의 서류는 영업보고서, 감사보고서와 함께 정기총회 1주간 전부터 당 회사의 본점과 지점에 비치하여야 하고 총회의 승인을 얻었을 때에는 그중 대차대조표를 지체없이 공고하여야 한다.

제39조(이익금의 처분) 매기 총수입금에서 총지출금을 공제한 잔액을 이익금으로 하여 이를 다음과 같이 처분한다.

1. 이익준비금 금전에 의한 이익배당액의 10분의 1이상
2. 별도적립금 약간
3. 주주배당금 약간
4. 임원상여금 약간
5. 후기 이월금 약간

제40조(이익배당) 이익배당금은 매결산기에 있어서의 주주명부에 기재된 주주 또는 질권자에게 지급한다.

부　　칙

제1조(최초의 영업연도) 당 회사의 최초의 영업연도는 20○○년 6월 10일부터 동년 12월 31일까지로 한다.

제2조(세칙 내규) 당 회사의 업무추진과 경영을 위하여 필요한 세칙내규는 이사회에서 결정 시행한다.

제3조(규정외 사항) 이 정관에 규정되지 않은 사항은 주주총회 결의와 상법, 기타 법령에 따른다.

제4조(현물출자) 현물출자를 하는 자의 성명, 주소와 그 목적인 재산의 종류, 수량, 가격과 이에 대하여 부여할 주식의 종류와 수는 별지와 같다.

제5조(설립제비용) 법인설립에 따라 회사가 부담할 설립 제비용은 금20,000,000원을 한도로 하며 다음 각 항의 경우에 한한다.

1. 회계 및 감정에 관한 비용

2. 설립절차 및 등기에 관한 비용
3. 기타 회사설립에 직접 소요되는 비용

제6조(발기인) 발기인의 성명, 주소, 주민등록번호와 그가 설립시에 인수한 주식수는 이 정관 말미에 기재함과 같다.

위와 같이 주식회사 지앤에이를 설립하기 위하여 이 정관을 작성하고 발기인 전원이 이에 기명날인하다.

20○○년 6월 10일

발기인 문 준 오(-)
서울 ○○구 ○○동 ○-○

발기인 문 석 오(-)
서울 ○○구 ○○동 ○-○

○ 정관은 1인 이상의 발기인이 작성한다(상법 제288). 발기인은 정관의 작성자로서 각 발기인이 정관의 말미에 기명날인 또는 서명하여야 한다(상법 제289①).

○ 정관은 1인 이상의 발기인이 작성한다(상법 제288). 발기인은 정관의 작성자로서 각 발기인이 정관의 말미에 기명날인 또는 서명하여야 한다(상법 제289①). 이런 뜻에서 발기인이란 주식회사의 원시정관에 발기인으로서 기명날인 또는 서명한 자를 말하며, 실질적으로 발기인으로서 회사의 설립에 진력하였다 하더라도 원시정관에 기명날인 또는 서명하지 아니한 자는 발기인이라고 할 수 없다(학설과 판례).

○ 현물출자에 의한 법인설립 시에는 정관에 현물출자에 대한 기재가 있어야 하나 신주발행의 경우에는 정관에 기재하지 않아도 된다.

[별지] 현물출자에 관한 사항

현물출자에 관한 사항

현물출자에 관한 사항은 다음과 같다.

-다 음-

1)현물출자자 : 문 준 오(000000-000000)

2)재산의 종류, 수량, 가격 :

가, 재산의 종류 : 별지1 특허권, 별지2 재무상태표

나. 수량 : 별지1 특허권, 별지2 재무상태표의 자산, 부채

다. 가격 : 금450,000,000원

3)이에 대하여 부여할 주식의 종류와 수

가. 현물출자 재산가격 : 금450,000,000원

나. 부여할 주식의 종류와 수: 기명식 보통주식 90,000주

-이 상-

[서식] 별지1. 현물출자 재산의 목록

현물출자 재산의 목록

1. 특허권

특허등록번호	발명의 명칭	등록일	출원인
10-000000	광섬유 및 그 제조방법	2012. 9. 28.	문준오

2. 현물출자 대상채권

출자재산(특허)	출자금(액면금액)	평가액(원)	출자가액(원)
현물출자 대상채권	금450,000,000원 (금5,000원)	금450,000,000 원	금450,000,000 원

-이 상-

[서식] 별지2. 현물출자에 따른 기초 재무상태표

재 무 상 태 표

20○○년 월 일 현재 (단위: 원)

과 목	금 액		비 고
자 산			
Ⅰ.유동자산		1,976,059	
(1)당좌자산		1,976,059	
현금및현금성자산	250,333		
미수수익	1,725,726		국고채권기간이자
(2)재고자산		-	
Ⅱ.비유동자산		3,514,621	
(1)투자자산		2,064,731	국고채권
(2)유형자산		-	
(3)무형자산		450,000,000	
(4)기타비유동자산		-	
자산총계		455,490,680	
부 채			
Ⅰ.유동부채		6,540,680	
부채총계		6,540,680	
현물출자가액		450,000,000	
현금출자가액		50,000,000	
자본금		500,000,000	

[서식] 정관의 인증시 붙임용지

등부 년 제 호
인 증
위 ○○주식회사 ………………………………………………………………
정관에 기재된 발기인 ○○○, ○○○, ○○○의 대리인 ○○○ ……………은
………………………………………………………………………………본 공증인의
면전에서 위 정관의 작성 및 그 기명 날인을 본인 등이 자인하는 것이라
고 진술하였다.
본 공증인은 위 촉탁인이 제시한 주민등록증………………………………………
에 의하여 그 사람이 틀림없음을 인정하고 촉탁에 관한 대리권은 본인의
인감 증명서가 첨부된 위임장에 의하여 이를 인정하였다.
년 월 일 이 사무소에서 위 인증한다.
공증사무소명칭 공증 인가 法務法人 ○○
소속 서울중앙지방검찰청
소 재 지 표 시 서울특별시 서초구 서초동 1234-1
공증담당변호사 김 철 수 ㉢

210mm×297mm
(보존용지(1종) 70g/㎡)

※ 이 사례는 공증사무소에서 작성하여 정관 뒤에 첨부하는 인증문이다.

[서식] 정관의 인증시 붙임용지 중 서명날인용지

등부 년 제 호
위는 등본이다.
년 월 일
공증사무소명칭 공증인가 法務法人 ○○
소속 서울중앙지방검찰청
소 재 지 표 시 서울특별시 서초구 서초동 1234-1
공증담당변호사 김 철 수 ㉿

210mm×297mm
(보존용지(1종) 70g/㎡))

※ 서명날인용지 : 이 서식은 공증인이 정관인증서를 작성하는 경우에 서명용지로 사용하는 붙임서식이다.

[서식] 현물출자계약서

현 물 출 자 계 약 서

갑 : ○○사
　　○○시 ○구 ○○로○길 ○, ○호(○○동)
　　대 표 : ○○○

을 : ○○주식회사(가칭)
　　○○시 ○구 ○○로○길 ○, ○호(○○동)
　　대표이사 : ○○○

현물출자자 갑과 설립중의 회사 "을" 은 다음과 같이 현물출자 계약을 체결한다.

제1조(목적)

본 계약은 "갑" 이 운영하고 있는 개인기업 ○○사의 자산 및 부채를 포괄하여 "을" 에게 현물출자 하여 법인으로 전환함으로서 부가가치세법 제10조 제9항의 규정에 의한 사업 양도를 하고, 조세특례제한법 제32조 규정에 의한 조세특례를 받기 위함에 있다.

제2조(현물출자의 대상물)

"갑" 이 "을" 에게 현물출자하는 대상은 다음 각호의 특허권 및 일체의 자산 및 부채를 말한다.

1. 특허권

특허등록번호	발명의 명칭	등록일	출원인
10-000000	광섬유 및 그 제조방법	2012. 9. 28.	문준오

2. 그 외 일체의 자산, 부채

제3조(현물출자기준일)

"갑" 은 20○○년 월 일을 현물출자기준일로 하여, 현제 "갑" 의 장부상 자산의 총액과 부채의 총액을 현물 출자하기로 하고, 그 기준일을 “을” 의 법인설립일로 한다.

제4조(현물출자 자에 대하여 교부할 주식)

“을” 은 제5조에서 의해 평가된 가액에 따라 산정된 금액에 상당하는 액면의 보통주식(1 주의 금액 금5,000원)을 “갑” 에게 교부하여야 한다.

제5조(평가 및 양도)

가. “갑” 소유의 특허권에 대하여는 공인된 기술보증 기금에 평가를 의뢰한다.

나. “갑”은 공인된 감정기관의(기술보증기금) 조사보고서에 의하여 평가한 금액을 “을”에게 채권 양도한다.

제6조 (포괄적양도 및 사업승계)

① “갑” 이 운영하고 있는 개인기업 ○○사의 자산(특허권포함) 및 부채와 권리를 “을” 이 포괄적으로 승계한다.

②사업양도양수일 현재 갑과 거래중인 모든 거래처는 “을” 이 인수하여 계속 거래를 보장하도록 한다.

제7조(출자의 이행)

“갑”은 현물출자를 이행하기 위하여 상법 제295조 제2항에 정한 바에 따라 현물출자 대상 개인기업 ○○사의 점유를 신설회사에게 이전하고 소유권의 이전에 관한 일체의 서류를 신설회사에게 인도한다.

제8조(종업원)

“을”은 갑의 전 종업원을 계속 근무케 함은 물론 종업원들과의 개별 고용계약 및 단체협약상의 사용자로서의 모든 권리, 의무를 사업양도양수 이행 일에 신설회사에 이전하며 신설회사는 이를 승계한다.

제9조(비용부담) 갑은 사업양수일 이전에 발생한 제세공과금(국세 및 지방세 포함) 일체를 책임지며, 을은 갑의 사업양도에 따른 비용전부를 부담키로 한다.

제10조(협조의무)

① “갑” 은 “을” 의 설립등기 및 사업수행에 필요한 일체의 협조를 하여야 한다.

②본 계약규정 이외에도 현물출자에 관하여 협정할 사항 또는 본 계약내용에 변경, 추가할 사항이 발생한 경우에 “갑” , “을” 은 쌍방간 협의에 의하여 변경하기로 한다.

③갑은 본 계약 체결후 사업인수를 완료할 때까지 그 재산의 관리운영에 있어 선량한 관리자의 주의를 게을리 하지 말 것이며, 또한 정상의 거래를 제외하고 재산에 영향을 미치는 중요한 사항에 관하여는 을의 사전승인에 의하도록 한다.

제11조(현물출자계약의 효력)

본 계약은 20○○년 ○월 ○일에 효력이 발생 한다.

이상으로 위와 같이 계약을 체결하고 계약서 4통을 작성, 서명 날인 후 "갑"과 "을"이 각각 1통씩 보관하고 나머지는 법인의 사업자등록 및 현물에 관한 소유권이전등기 시 사용하기로 한다.

20 년 월 일

갑 : 현물출자자

○○○사

대표자 : 문 준 오(0000000-00000000)

서울 ○○구 ○○동 ○-○

을 : 설립 중 회사

(가칭) ㈜지앤에이

대표이사 : 문 준 오

서울 ○○구 ○○동 ○-○

[서식] 현물출자재산인수증

현 물 출 자 재 산 인 수 증

인수한 재산의 표시

<무형자산>

별지 1. 특허권

<무형자산이외>

별지 2. 재무상태표의 자산

위 재산은 발기인 문준오의 소유로서 본 회사 설립을 위하여 동 발기인 문준오가 금450,000,000원으로 현물출자하여 본 회사가 이를 인도받고 이전등록에 필요한 서류를 교부받음으로써 동 재산을 정히 인수하였습니다.

20○○년 월 일

주식회사 지앤에이

서울특별시 강남구 ○○로 ○-○(○○동)

대표이사 문 준 오

[서식] 주식인수증(현물출자)

주 식 인 수 증	
상 호	㈜지앤에이
인수할 주식의 종류와 수	보통주식 90,000주
위 총 액	금 450,000,000원
1 주 의 금 액	금 5,000 원

위의 주식을 현물출자 자로서 인수합니다.

20○○ 년 월 일

발기인 문 준 오
서울 ○○구 ○○동 ○-○

㈜지앤에이 발기인 대표 귀하

[서식] 주식인수증(현금출자)

주 식 인 수 증	
상 호	㈜지앤에이
인수할 주식의 종류와 수	보통주식 10,000주
위 총 액	금50,000,000원
1 주 의 금 액	금 5,000 원

위의 주식을 현금출자자로서 인수합니다.

20○○ 년 월 일

발기인 문 준 오
서울 ○○구 ○○동 ○-○

㈜지앤에이 발기인 대표 귀하

[서식] 주식납입금 보관증명서

주식납입금 보관증명서

㈜ 지앤에이 귀하

보 관 금 액	금 오천만원정 (₩50,000,000정)
총 주 수	10,000주분(1주당 금 5,000원정)

위의 금액을 귀하의 주식납입금조로 당행에서 보관하고 있음을 증명함.

20○○ 년 월 일

우리은행 0000 지점 (부)지점(인)

지점장(지배인) 이 문 식

[서식] 이사회의사록 인증(인증서 표지)

등부 년 제 호

인 증 서

공증
인가 法務法人 ○○

(공증부 : 593-0000)

210mm×297mm
(보존용지(1종) 70g/㎡)

※ 사서증서의 인증서 표지

○ 현물출자가 있는 경우에는 발기설립이나 모집설립을 가리지 않고 정관을 인증 받아야 한다. 공증절차를 마치면 정관 및 각 의사록에 따른 인증서를 내어주는데 이를 첨부하여 등기소에 제출한다.(구체적 공증절차는 194면 참조).

[서식] 이사회 의사록

이사회 의사록

20○○년 8월 11일 14시 10분 서울특별시 ○○구 ○○로 ○-○에서 이사, 감사 전원의 동의로 상법 제390조 제2항 소정의 소집절차를 생략하고 이사회를 개최하다.

이사총수	3명	출석이사수	3명
감사총수	1명	출석감사수	1명

이사 전원의 호선으로 사내이사 문준오를 임시의장으로 선출하다.

피선자는 즉석에서 이를 승낙하고 의장석에 등단하여 개회를 선언하고 다음 의안의 심의를 구하다.

제1호 의안 : 대표이사 선임의 건

의장은 발기인총회 종결에 이어 본 회사를 대표할 대표이사 1명을 선임하여 줄 것을 구한 즉 출석이사 전원의 찬성으로 다음사람 대표이사로 선임되어 피선자는 즉석에서 그 취임을 승낙하다.

대표이사 문 준 오

제2호 의안 : 본점설치 장소 결정의 건

의장은 본 회사 본점을 다음 장소에 설치함이 적당한 뜻을 설명하고 그 가부를 물은즉 만장일치로 이의 없이 승인하다.

본 점 : 서울시 서초구 서초로50길 10

이상으로 금일의 의안 전부를 심의 종료하였으므로 의장은 폐회를 선언하다. (폐회시각은 14시)

위 결의를 명확히 하기 위하여 이 의사록을 작성하고 의장과 출석한 이사, 감사가

다음에 기명날인 또는 서명하다.

20○○년 8월 11일

주식회사 지앤에이

의장 대표이사 문 준 오

사내이사 정 한 민

사내이사 신 종 식

감 사 이 동 석

※ 이사회의사록

○ 이사회의 결의는 이사 과반수의 출석과 출석 이사의 과반수로 하여야 한다. 다만, 정관으로 그 비율을 높게 정할 수 있다(상법 제391①), 감사가 불출석한 경우에도 출석한 이사들만으로 이사회를 개최하고 이사회의사록을 작성할 수 있다.

[서식] 이사회의사록 인증서 붙임용지

등부 년 제 호	
인 증	
위 ○○주식회사 ………………………………………………………………… 의	
20○○년 ○월 ○일자 이사회 의사록에 대하여 …………………………………	
의결권자 의장대표이사 ○○○, 사내이사 ○○○, 사내이사 ○○○의 대리인 ○○	
○은 본 공증인의 면전에서 위 의사록의 내용이 진실에 부합한다고 진술하고, 그	
기명 날인이 본인의 것임을 확인하였다.	
본 공증인은 위 진술과 아래 기재 자료에 의하여 그 결의의 절차와 내용이 진실	
에 부합함을 확인하였다.	
년 월 일 이 사무소에서 위 인증한다.	
공증사무소명칭	공증인가 法務法人 ○○
소 속	서울중앙지방검찰청 소속
소재지 표시	서울 강남구 00동 123-7
공증담당	변호사 ○○○ ㊞
아 래	
1. 진술서 2. 주주명부	
3. 법인등기부 등본 4. 정관	
5. 주민등록증 6.	

210mm×297mm
(보존용지(1종) 70g/㎡)

※ 의사록 인증 시 공증사무소에서의 붙임용지이다.

[서식] 송달장소 및 송달영수인 신고서

송달장소 및 송달영수인 신고서

사건번호 : 20○○ 비합 호

신청인 : 문 준 오

서울 ○○구 ○○로 ○-○

위 사건에 관하여 신청인은 민사소송법 제184조에 따라 다음과 같이 송달장소 및 송달영수인을 신고합니다.

- 다 음-

신청인의 송달장소 및 송달 영수인

송달장소 : ○○시 ○○구 ○○로 ○-○

송달영수인 : 법무사 ○○○

20○○년 월 일

위 신청인 문 준 오

○○시 ○○구 ○○로 ○-○

서울중앙지방법원 귀중

[서식] 접수증명원

접 수 증 명 원

사　　건　　　20○○비합 000000호
신 청 인　　　문 준 오

위 사건에 관하여 발기설립조사보고 신청서가 접수되었음을 증명하여 주시기 바랍니다.

20○○년　월　일

신청인　문 준 오

위 증명합니다.

20○○.　.

서 울 중 앙 지 방 법 원
법원주사보　000

서울중앙지방법원　귀중

[서식] 취임승낙서

취 임 승 낙 서

본인 등은 20○○. 3. 23. 발기인총회에서 이사, 감사로, 이사회에서 대표이사로 각 선임되었으므로 그 취임을 승낙함.

20○○. 3. 23.

주식회사 지앤에이

사내이사인 대표이사 문 준 오

사내이사 정 한 민

사내이사 신 종 식

감 사 이 동 석

주식회사 지앤에이 귀중

※ 취임승낙서에는 각 취임임원은 인감을 날인하고 인감증명서를 첨부하여야 한다. 이사는 취임승낙서에 사내이사, 사외이사로 구분하여 표시하도록 한다.

[서식] 인감신고서

인감 · 개인(改印) 신고서

(신고하는 인감날인란) (인감제출자에 관한 사항)

상 호(명칭)		주식회사 지앤에이	등기번호	
본점(주사무소)		서울특별시 ○○구 ○○로 ○-○		
인감제출자	자격/성명	대표이사 문 준 오		
	주민등록번호	-		
	주 소	서울특별시 ○○구 ○○로 ○-○		

␣ 위와 같이 인감을 신고합니다.
␣ 위와 같이 개인(改印)하였음을 신고합니다.

20○○년 월 일 (개인인감 날인란)

신고인 본 인 성 명 (인)
대리인 성 명 (인)

서울○○지방법원 ○○등기소 귀중

주 1. 개인인감 날인란에는 「인감증명법」에 의하여 신고한 인감을 날인하고 그 인감증명서(발행일로부터 3개월 이내의 것)를 첨부하여야 합니다. 개인(改印)신고의 경우, 개인인감을 날인하는 대신에 등기소에 신고한 유효한 종전 인감을 날인하여도 됩니다.
2. 인감·개인신고서에는 신고하는 인감을 날인한 인감대지를 첨부하여야 합니다.
3. 지배인이 인감을 신고하는 경우에는 인감제출자의 주소란에 지배인을 둔 장소를 기재하고, 「상업등기규칙」 제36조제4항의 보증서면(영업주가 등기소에 신고한 인감 날인)을 첨부하여야 합니다.

위 임 장

성 명 : 주민등록번호(-)
주 소 :
위의 사람에게, 위 인감신고 또는 개인신고에 관한 일체의 권한을 위임함.
200 년 월 일
인감(改印) 신고인 성 명 (인)

※ 인감의 제출방법 : 인감의 제출 또는 인감의 변경(이하 "개인(改印)"이라 한다) 신고는, 위 양식의 인감(改印)신고서를 작성하여 신고할 인감을 날인하고 관할 등기소에 제출하는 방식으

로 한다(등기예규 제1579호, 시행 2015.11.01.).

※ 1개의 법인을 대표하는 자가 2인인 경우에 등기를 신청하는 대표자만 인감을 제출하여도 되지만, 공동으로 대표권을 행사하여야 하는 자가 등기를 신청할 경우에는 공동으로 대표권을 행사하도록 되어 있는 자 전원의 인감을 제출하여야 하며, 1개의 법인을 대표하는 여러 명의 인감은 각각 달라야 한다(등기예규 제1579호).

※ 인감의 규격 등 : 인감은 대조에 적당한 것이어야 한다. 인감은 규칙 제35조 제4항에서 정한 크기(가로·세로 2.4센티미터의 정사각형 안에 들어갈 수 있어야 하고, 가로·세로 1센티미터의 정사각형 안에 들어가는 것이 아니어야 함)로, 선명하지 않거나 너무 복잡한 것이어서는 안 된다(등기예규 제1579호, 시행 2015.11.01).

※ 인감을 제출할 수 있는 자는 다음 각 호의 구분에 따라 인감(改印)신고를 하여야 한다.

- 인감을 제출할 수 있는 자가 개인인 경우에는 인감(改印)신고서에 「인감증명법」에 따라 신고한 인감을 날인하고 그 인감증명서(발행일로부터 3개월 이내의 것에 한한다. 이하 같다)를 첨부하거나 등기소에 제출한 유효한 종전 인감을 날인하여야 한다. 다만, 그 신고서에 본인이 기명날인 또는 서명하였다는 공증인의 인증서면을 제출하는 경우에는 그러하지 아니한다(등기예규 제1579호, 시행 2015.11.01).
- 인감을 제출할 수 있는 자가 법인인 경우에는 인감(改印)신고서에 그 법인이 등기소에 제출한 유효한 인감을 날인하여야 한다(등기예규 제1579호).
- 외국인의 경우에는 다음의 방법으로 할 수 있다(등기예규 제1579호).
  가) 인감증명제도가 있는 국가의 국민이 신고하는 경우에는 인감(改印)신고서에 본국 관공서에 신고한 인감을 날인하고 그 인감증명서를 제출
  나) 인감증명제도가 없는 국가의 국민이 신고하는 경우에는 인감(改印)신고서에 서명을 하고, 그 서명이 본인의 것이라는 취지의 본국 관공서의 증명을 제출

[사례] 인감대지

	신고하는 인감날인란	상 호(명 칭) : 주식회사 ○○ 자격 및 성명 : 대표이사 ○○ 주민등록번호 : 00000-000000

※ 인감(個人)신고서를 제출할 때에는 인감대지(위 양식 3장)도 함께 제출하여야 한다(등기예규 제1579호).

[서식] 인감카드 등 (재)발급신청서

인감카드 등 (재)발급신청서

(인감제출자에 관한 사항)

상호(명칭)		○○○○	등기번호	
본점(주사무소)		서울특별시 ○○구 ○○로 ○-○		
인감 제출자	자격 / 성명	대표이사 문준오		
	주민등록번호			

발급사유	␣ 최초발급 ␣ 카드분실 ␣ 카드훼손 ␣ 인감증명서발급기능 ␣ 기타 ( )		
매체구분	␣ 인감카드 ␣ HSM USB	인감카드 비밀번호	
수수료	금 원	납부번호	

위와 같이 인감카드 등의 (재)발급을 신청합니다.

년 월 일

신청인 인감제출자 (본 인) 성 명 (인) (전화 :)

(대리인) 성 명 (인) (전화 :)

지방법원 등기소 귀중

접수번호		인감카드번호	

주 1. 인감카드 비밀번호란에는 (재)발급받아 사용할 인감카드의 비밀번호를 기재하며, 아라비아숫자 6자릿수를 기재하여야 합니다. 비밀번호는 인감카드와 함께 인감증명서의 발급을 신청할 권한이 있는 것으로 보게 되는 중요한 자료이므로 권한이 없는 사람이 알지 못하도록 주의하시기 바랍니다.

2. 인감카드의 재발급을 신청할 때에는 「등기사항증명서 등 수수료규칙」으로 정하는 수수료를 납부하여야 합니다. 다만, 인감카드를 반납할 때에는 수수료를 납부할 필요가 없습니다.

위 임 장

성 명 : 법무사 ○ ○ ○ 주민등록번호(123456 - 7891234)

주 소 : 서울 ○○구 ○○로 123-4

위의 사람에게, 위 (재)발급신청서에 기재된 인감카드 등의 발급신청과 그 수령 등에 관한 일체의 권한을 위임함.

200 년 월 일

인감신고인 성 명 (인)

제3절 모집설립방법에 의한 법인전환

1. 의 의

"모집설립"이란 발기인이 회사의 설립 시에 발행한 주식의 총수를 인수하지 아니하고 발기인이 인수한 주식 이외의 나머지 주식에 대하여 주주를 모집하고 회사를 설립하는 절차를 말한다.

2. 발기설립과 모집설립과의 차이점

가. 주식의 청약

발기설립과 모집설립과의 가장 큰 차이는 회사 설립시에 발행하는 주식을 발기인이 전부 인수하는지 여부에 있다.

모집설립의 경우 발기인은 회사설립시에 발행한 주식의 총수 가운데 적어도 1주 이상을 서면으로 인수하여야 하고, 설립시에 발행하는 주식의 총수를 인수하지 아니한 부분은 주주를 모집하여야 한다. 모집방법에는 제한이 없으므로 공모(公募)이든 사모(私募, 연고모집)이든 상관이 없다.

모집설립에서의 주주모집 시에는 반드시 주식청약서에 의하여 청약하여야 하며(상법 제302조 제1항), 청약서에 기재할 사항은 법정되어 있으며, 청약서에 의하지 아니한 주식의 청약은 무효가 된다.

모집주식의 총수에 대한 청약이 있으면 발기인은 주식배정을 하여야 한다. 주식배정은 주식청약인에 대한 의사표시이다.

주식의 배정은 청약의 순서, 청약주식수에 관계없이 발기인이 자유로이 배정한다. 그러나 실무에 있어서는 일률적으로 발행가액에 의하여 청약을 하게하고 그 전액을 청약증거금으로 납입케 하여 청약이 모집주식수에 달할 때에 마감하는 방법을 사용하는 것이 상례이다.

주식청약자는 주식청약서 2통에 인수할 주식의 종류 및 수와 주소 등을 기재하여 주식인수를 청약하고(사실상 이때에 인수가액 상당의 주식청약증거금을 납입시킨다) 발기인이 이에 대하여 주식배정을 한다. 이 배정을 받은 주식수에 따라 주식청약자는 주식인수인이 되고, 주금납입의무를 지며 회사성립과 동시에 주주가 되는 것이다.

실무상으로는 주식청약증거금이 주금에 충당되므로 실권의 문제는 발생하지 않는다.

현물출자를 하는 자는 즉시 출자물을 인도하고 이 절차가 완료되면 창립총회를 개최하여 설립절차 및 현물출자 등의 이행의 유무 그리고 변태설립사항의 조사·보고를 하고 부당한 경우에는 변경처분을 하고 정관변경 및 설립폐지의 결의가 없는 한 설립등기를 함으로써 회사가 성립한다.

나. 주금납입

발기설립의 경우 발기인이 지정한 납입은행 기타 금융기관의 납입장소에 하여야 하나(상법 제295조 후단), 모집설립의 경우 주식청약서에 기재한 은행 기타 금융기관의 납입장소에 하여야 한다(상법 제305조제2항, 302조제2항).

그리고 자본금 총액이 10억원 미만인 주식회사를 발기설립하는 경우에는 잔고증명서를 첨부하면 되나, 자본금의 총액이 10억원 미만이라도 모집설립의 경우에는 공정성 확보를 위하여 현재와 같은 주금납입금보관증명서 제도를 유지하고 있다.

다. 변태설립사항에서의 차이점

"변태설립사항"에서의 차이점은 검사인의 조사(상법 제299조, 제310조)가 부당하다고 인정하는 때에는 발기설립의 경우에는 법원이 변경하나, 모집설립의 경우는 창립총회에서 이를 변경할 수 있다(상법 제310조, 제314조). 모집설립의 경우에는 주식청약서에도 변태설립사항을 기재하여야 한다(상법 제302조 제1항).

라. 현물출자의 이행

현물출자가 있는 모집설립 방식으로 법인전환을 하는 경우, 출자의 이행과 관련하여 현물출자자는 납일기일까지 그 목적인 재산의 전부를 인도하고, 등기·등록 기타 권리의 설정·이전을 요할 경우에는 이에 관한 서류를 완비하여 교부하여야 하는바, 상법 제310조의 규정에 의한 검사인의 조사나 공인된 감정인의 감정의 대상에는 변태설립사항인 현물출자의 내용만이 포함되며, 현물출자의 이행에 관한 것은 같은 법 제313조의 규정에 의하여 이사와 감사가 이를 조사하여 창립총회에 보고하여야 할 사항이다(등기선례 제200302-17호, 2003. 2. 25. 공탁법인 3402-43 질의회답).

따라서 모집설립에 의한 법인전환절차에서는 현물출자의 이행이 감정인의 감정대상에 포함되지 아니한다.

마. 법원의 심사 등

발기설립의 경우 법원은 검사인 또는 공증인의 조사보고서, 감정인의 감정서와 발기인의 설명서를 심사하여 변태설립에 관한 사항이 부당하다고 인정한 때에는 변태설립사항에 관한 정관의 규정을 변경하는 결정을 하여 각 발기인에게 통고하는데(상법 제300조 제1항, 재판예규719호, 비송 제75조), 모집설립의 경우에는 법원의 변경결정에 해당하는 사항을 창립총회에서 담당한다(상법 제310조, 제314조).

따라서 창립총회에서는 변태설립사항(상법 제290조)에 게기한 사항이 부당하다고 인정한 때에는 이를 변경할 수 있다(상법 제314조).

바. 정관 및 의사록의 인증

상법 제292조는 소규모 회사 창업의 원활화를 위하여 자본금 총액이 10억원 미만인 회사를 발기설립하는 경우 정관의 공증(인증)의무를 면제하였으나, 모집설립의 경우에는 자본금의 총액이 10억원 미만이더라도 면제되지 아니하므로 기존의 방법 그대로 인증절차를 거쳐야 한다. 그러나 현물출자가 있는 경우에는 발기설립이나 모집설립을 가리지 않고 정관을 인증 받아야 한다(구체적 공증절차는 194면 참조).

사. 이사 · 감사의 선임

발기설립에서는 발기인총회의사록이라고 하나 모집설립에서는 창립총회의사록이라고 한다. 이사 등은 발기설립에서는 발기인의 의결권의 과반수로 이사 등을 선임하나(상법 제296조 제1항), 모집설립에서는 창립총회에서 출석한 주식인수인의 의결권의 2/3이상이며, 인수된 주식 총수의 과반수에 해당하는 다수로 이사 등을 선임한다(상법 제309조, 제312조).

아. 설립경과의 조사

발기설립의 경우 이사와 감사가 조사하여 발기인에게 보고하는데(상법 제298조제1항), 모집설립의 경우 이사와 감사가 조사하여 창립총회에 보고한다(상법 제313조제1항).

3. 등기신청절차

발기설립의 경우와 같다(176면 참조).

4. 모집설립등기신청서 사례

[서식] 주식회사 모집설립등기(개인기업 법인전환, 현물과 현금출자 병행)

주식회사 설립등기신청

접 수	년 월 일	처리인	등기관확인	각종통지
	제 호			

등 기 의 목 적	주식회사 설립
등 기 의 사 유	정관을 작성하고 공증인의 인증을 받아 발기인이 회사 설립시에 발행하는 주식의 일부를 인수하고 주주를 모집하여 주금납입을 완료하여 20○ 년 12월 20일 창립총회를 종결하였으므로 다음 사항의 등기를 구함.
본/지점 신청구분	1. 본점신청 □ 2. 지점신청 □ 3. 본 · 지점 일괄신청 □
등 기 할 사 항	
상 호	주식회사 대한금형
본 점	서울특별시 ○○구 ○○로 ○-○
공 고 방 법	회사의 인터넷 홈페이지(http://www.○○○.….)에 게재한다. 다만, 전산장애 또는 그 밖의 부득이한 사유로 회사의 인터넷 홈페이지에 공고를 할 수 없을 때에는 ○○시에서 발행되는 ○○신문에 한다.
액면주식 1주의 금액	금5,000원
발행할 주식의 총수	1,000,000주
발행주식의 총수, 그 종류와 각종 주식의 내용과 수	328,689주 보통주식[18]
자본금의 액[19]	금1,643,445,000원

18) 개정상법(2012.4.15시행)은 회사설립 시 발행하는 주식의 총수는 회사가 발행할 주식총수의 1/4 이상이어야 한다는 요건을 폐지하였다(상법 제289조 제2항 삭제). 이에 따라 회사설립 시 발행하여야 하는 주식 수에 대한 제한이 전혀 없게 되었다.

19) 종전 "자본의 총액"을 "자본금의 액"으로 개정하였다.

등 기 할 사 항	
목 적	1. 주형 및 금형 제조판매업 2. 사출성형기 제조판매업 3. 전자제품 제조판매업 4. 위 각호에 관련된 부대사업
이사·감사·집행임원의 성명 및 주민등록번호[20]	사내이사 정 한 영 (00000-0000000) 사내이사 강 동 민 (00000-0000000) 사내이사 오 구 영 (00000-0000000) 감 사 한 정 섭 (00000-0000000)
대표이사 또는 대표집행임원의 성명, 주민등록번호, 주소[21]	정 한 영 (-)
지 점	없음
존립기간 또는 해산사유	없음(정관에 규정이 되어있으면 기재)
기 타 (주식의 양도에 관하여 이사회의 승인을 얻도록 정한 때에는 그 규정, 명의개서대리인을 둔 때에는 그 상호와 본점소재지 등)	없음(정관에 규정이 되어있으면 기재)

20) 개정 상법은 선택적으로 업무집행기관으로서 '집행임원'을 둘 수 있도록 하였다.
21) 집행임원제도를 둔 회사는 대표이사를 두지 못한다(상법 제408조의2).

<table>
<tr><td colspan="7">신청등기소 및 등록세/수수료</td></tr>
<tr><td rowspan="2">순번</td><td rowspan="2">신청등기소</td><td rowspan="2">구분</td><td>등록면허세</td><td rowspan="2">농어촌특별세</td><td rowspan="2">세액합계</td><td rowspan="2">등기신청 수수료</td></tr>
<tr><td>지방교육세</td></tr>
<tr><td rowspan="2"></td><td rowspan="2"></td><td rowspan="2"></td><td>금19,721,340원</td><td rowspan="2">금 원</td><td rowspan="2">금23,665,464원</td><td rowspan="2">금 30,000원</td></tr>
<tr><td>금3,944,268원</td></tr>
<tr><td colspan="3" rowspan="2">합 계</td><td></td><td rowspan="2"></td><td rowspan="2"></td><td rowspan="2"></td></tr>
<tr><td></td></tr>
<tr><td colspan="4">등기신청수수료 납부번호</td><td colspan="3"></td></tr>
<tr><td colspan="2">과 세 표 준 액</td><td colspan="5">금1,643,445,000원</td></tr>
<tr><td colspan="7">첨 부 서 면</td></tr>
<tr><td colspan="4">1. 정관(자본금 10억 이상일 경우 공증) 통
1. 창립사항보고서 통
1. 주식의 인수를 증명하는 서면 통
1. 주식발행사항동의서 통
1. 주식청약서 통
1. 창립총회의사록(공증받은 것) 통
1. 이사회의사록(공증) 통
1. 주금납입보관증명서 또는 잔고증명서 통
1. 재산인도증 통
1. 이사·감사 조사보고서 통</td><td colspan="3">1. 공인된 감정인의 감정서 통
1. 검사인조사보고서등본 통
1. 취임승낙서(인감증명서포함) 통
1. 주민등록표등본 통
1. 인감신고서 통
1. 등록세영수필확인서 통
1. 위임장(대리인이 신청할 경우) 통
1. 법인인감카드발급신청서 통
<기 타></td></tr>
<tr><td colspan="7">년 월 일
신청인 상 호 주식회사 대한금형
본 점 서울 ○○구 ○○로 ○-○
대표이사 성 명 정 한 영 (인) (전화 :)
주 소 서울 ○○구 ○○로 ○-○
대리인 성 명 법무사 000 (인) (전화 : 456-7890)
주 소 서울 ○○구 ○○로 ○-○
서울중앙지방법원 상업등기소 귀중</td></tr>
</table>

<table>
<tr><td>- 신청서 작성요령 및 등기수입증지 첨부란 -
1. 해당란이 부족할 때에는 별지를 이용합니다.
1. 해당 등기신청과 관계없는 사항에 대하여는 "해당없음"으로 기재하거나 삭제하고, 필요한 사항은 추가 기재합니다.</td></tr>
</table>

(용지규격 21㎝× 29.7㎝)

※ 이 사례는 발기인 3인이 부동산인 현물과 현금출자를 병행하여 개인기업을 법인(주식회사)으로 전환하는 모집설립의 사례이다.

[서식] 위임장(등기소 제출용)

위 임 장

법무사 성 명 ○○○

주 소 서울특별시 강동구 명일동 246-5

전 화 585-3635

본인은 위 사람을 대리인으로 정하고 다음의 권한을 위임합니다.

다 음

신청인의 주식회사 모집설립에 따른 신청서작성 및 동 신청서를 제출하는 행위, 송달장소 및 송달영수인신고서를 제출하는 행위, 기타 일체의 행위.

20○○년 월 일

위임인 정 한 영

서울특별시 ○○구 ○○로 ○-○

※ 이 위임장은 법무사에게 주식회사설립등기를 의뢰하는 경우 대리의 권한을 법무사에게 위임하는 서류로써 등기소에 제출하는 서류이다.

[서식] 창립총회의사록

창립총회 의사록

20○○년 월 일, 13:00 창립사무실에서 총회를 개최하다.

발기인 총수	3명	발행주식총수	328,688 주
출석발기인수	3명	출석주식총수	328,688 주

발기인 대표 정 한 영은 위와 같이 법정수에 달하는 발기인이 출석하였으므로 본 총회가 적법하게 성립되었음을 알리고 회의진행상 의장을 선임할 것을 구한 바, 발기인 전원의 일치된 의견으로 발기인 정한영을 의장으로 선임한 즉, 동인은 즉석에서 그 취임을 승낙하고 의장석에 등단하여 개회를 선언한 후 다음 의안을 부의하고 심의를 구하다.

제1호 의안 : 창립총회 사항의 보고에 관한 건

의장은 발기인을 대표하여 별지의 창립사항의 보고서와 같이 본 창립총회까지의 경과를 소상히 설명·보고한바, 주주 만장일치로 이를 승인하다.

제2호 의안 : 정관승인의 건

의장은 별지 정관 안을 낭독하고 축소설명을 하고, 현제 발기인 정한영이 서울 ○○구 ○○로 ○-○ 소재에 개인기업을 경영해 왔으나, 금번 사업용으로 사용하던 유형자산(부동산)과 유형자산 이외의 자산을 전부 현물출자하여 조세특례제한법 제32조 규정에 의한 법인전환을 위하여 정관을 작성하여 발기하였음을 부연설명 한 후,그 승인 여부를 물은 바 전원 이의 없이 원안대로 승인 가결하다.

제3호 의안 : 임원 선임의 건

의장은 이사 3인 이상, 감사 1인을 두기로 하는 정관규정에 따라 이사, 감사의 선임방법을 물은 즉 무기명 비밀투표로 선출하기로 전원 일치되어 즉시 투표한 결과 다음과 같이 선출되다. 단, 감사는 상법 제409조 제2항의 규정에 의하여 선임하다.

사내이사 정 한 영 (00000-0000000)

사내이사 강 동 민 (00000-0000000)
사내이사 오 구 영 (00000-0000000)
감 사 한 정 섭 (00000-0000000)

위 피선자는 즉석에서 각자 그 직의 취임을 승낙한다.

제4호 의안 : 변태설립사항 감정보고의 건

의장은 본 회사 설립사항 중 상법 제310조 제2항에 따라 검사인이 이를 조사하여 창립총회에 제출하여야 하는바, 공인감정인의 조사, 보고로 갈음할 것임을 설명하고, 그 재산을 감정한 사실을 별첨 감정보고서와 같다고 보고하니 발기인 전원의 동의로 이의없이 원안대로 승인 가결하다.(감정보고서는 생략)

제5호 의안 : 현물출자 자산의 평가 및 부여받을 주식의 종류와 수량의 승인의 건

의장은 설립중인 ㈜대한금형은 현물출자자인 정한영의 개인기업인 서울 ○○구 ○○로 ○-○ 소재 ○○정밀금형사의 토지·건물 및 공장설비 등을 현물로 출자하여 법인으로 전환하기로 상세히 설명하고 이에 대하여 현물출자 자산에 대한 가격은 감정평가에 의하고, 이에 따라 현물출자 자가 부여받을 주식의 수량이 정하여 질 것이라는 설명을 한 후, 이를 승인하여 줄 것을 구한바, 전원일치 원안대로 승인하다.

제6호 의안 : 상법 제305조의 규정에 의한 납입과 현물출자의 이행여부

의장은 상법 제305조 제2항 규정에 의한 납입에 관하여 현물출자자 작성의 재산인도증에 의해 회사설립 시에 발행하는 주식의 총수 중 328,689주(1주의 금액 5,000원)로서 전부 인수되고 그 중 현금출자에 대한 발행가액 전액이 20○○년 월 일 우리은행 ○○지점에서 발행한 주금납입보관증명서에 의하여 납입이 완료되었으므로 이를 승인하여 줄 것을 요청하자 전원 이의 없이 이를 승인가결하다.

제7호 의안 : 상법 제313조의 소정사항 조사보고의 건

의장은 이사는 상법 제298조 소정사항을 조사 보고하여야 함을 설명하고, 이어 발기인이었던 이사는 그러한 조사에 참가하지 못함을 밝히고 발기인이 아닌 이사, 감사로 하여금 조사보고케 하여야 한다고 하자, 전원 이의없이 다음 사람이 별지 조사보고서와 같이 보고하다.

조사보고자 사내이사 강 동 민

사내이사　오 구 영
감　　사　한 정 섭

출석주주들은 그 조사보고서를 검토한 후 그를 만장일치로 승인하다.

의장은 이상으로서 의안 전부의 심의를 종료하였으므로 폐회한다고 선언하다(회의종료시간 14:00)

위 의사의 경과요령과 결과를 명확히 하기 위하여 이 의사록을 작성하고 의장과 출석한 발기인이 다음과 같이 기명날인하다.

20○○년　월　일

(주) 대한금형
의장겸 대표이사 정 한 영　(인)
사내이사 한 영 희　(인)
사내이사 정 동 주　(인)

[서식] 발기인의 창립사항 보고서

창립사항 보고서

정한영, 한영희, 정동주는 주식회사 태평양의 발기인으로서 상법 제311조에 의거하여 창립에 관한 사항을 다음과 같이 보고합니다.

1. 발기인 전원은 사업목적을 정관 제2조와 같이 정하고 회사가 발행할 주식의 총수를 10,000,000주, 설립시에 발행할 주식의 총수를 328,689주, 액면주식 1주의 금액을 금5,000원으로 하는 주식회사를 설립하고자 20 년 11월 26일 정관을 작성하여 공증인 공증인가 평화합동 법률사무소에게 20 년 11월 27일 동 정관의 인증을 받았음.

2. 발기인 전원은 회사 설립시 기명식 보통주 328,689주를 발행하기로 하여 이 중 328,686주를 정한영이 인수하고, 발기인 한영희, 정동주가 각 1주씩을 인수하기로 하고, 인수되지 아니한 1주는 그를 인수한 주주를 연고 모집하여 20 년 11월 27일 동 주식의 인수를 청약한 명주영이 이를 배정 받음.

3. 주식을 인수한 발기인 등은 20 년 11월 30일까지 그 인수한 주식의 가액에 상응하는 현금 및 현물을 출자할 것을 통지한바, 동월 현재 현금을 출자한 한영희, 정동주 및 명주영이 ○○은행 ○○로지점에 납입을 완료하였으며 납입금은 발기인 대표 명의로 별단예금으로 보관되어 있을뿐더러 위 은행에서 발행한 주금납입금 보관증명서에 의하여 납입이 확증되었고 현물을 출자한 정한영의 경우 상법 제295조 제2항에 의거 이를 이행하였음.

4. 정한영은 회사의 주식 328,686주를 인수하는 조건으로 금1,643,430,000원에 상응하는 현물을 출자하기로 하였고, 그 사항에 대하여 상법 제299조의2에 의거하여 공인된 감정인 및 조사인으로서 ○○회계법인, 한강감정평가법인과 공증인가 서울합동법률사무소의 감정 및 조사를 실시하였고 그 결과는 다음에 보고하는 바와 같음.

5. 설립을 위해 회사는 금20,000,000원의 설립비용을 지출하였습니다.

이상의 창립에 관한 사항의 보고를 발기인 대표가 낭독함.

20 . 12. 15.

발기인 대표 정한영 (인)
발기인 한 영 희 (인)
발기인 정 동 주 (인)

※ 발기인의 보고

○ 발기인은 회사의 창립에 관한 사항을 서면에 의하여 창립총회에 보고하여야 하는바, 보고서에는 주식인수와 납입에 관한 제반 상황, 상법 제290조에 게기한 사항에 관한 실태를 기재하여야 한다(상법 제311조).

[서식] 조사보고서(이사의)

조사보고서

20○○년 9월 6일 (주) 대한금형 창립총회에서 본인 등은 상법 제313조 소정사항의 조사보고자로 선임되었으므로 동법에 규정된 사항을 조사하여 다음과 같이 보고함.

1. 조사사항 및 조사결과

가. 회사설립 시에 발행하는 주식의 총수에 대한 인수의 정확여부

회사가 발행할 주식의 총수 1,000,000 주

설립시에 발행하는 주식의 총수 328,689주

1주의 금액 5,000원으로서 그 인수 내역은 다음과 같음.

나. 발기인이 인수한 주식수

발기인 정한영 : 보통주식 328,686주(20○○ 년 월 일 인수완료)

발기인 한영희 : 보통주식 : 1주 (20○○ 년 월 일 인수완료)

발기인 정동주 : 보통주식 : 1주 (20○○ 년 월 일 인수완료)

다. 주식청약인이 인수한 주식수

보통주식 1주(20○○ 년 월 일 인수완료)

2. 인수주식에 대한 납입의 정확여부

회사설립 시에 발행하는 주식총수 중 328,686주에 대하여 금1,643,430,000원의 현물출자 재산이 이행되었음은 공인감정인의 감정결과보고와 같이 명확하고, 나머지 3주에 관하여는 현금출자금으로 금15,000원의 현금 납입이 완료되었음은 20○○년 월 일 ○은행 ○○지점이 발행한 주식납입보관증명서에 의하여 명확히 확인됨.

3. 현물출자 기타 조사사항

상법 제290조 제2호의 현물출자에 관한사항은 상법 제299조의2에 해당되어 공인

감정인의 감정서로 갈음하였는바, 그 사항은 타당하다.
이와 같이 조사 보고함.

20○○년 7월 ○일

(주) 대한금형
사내이사 강 동 민
사내이사 오 구 영
사내이사 한 정 섭

※ 이사, 감사의 조사, 보고 : ① 이사와 감사는 취임후 지체없이 회사의 설립에 관한 모든 사항이 법령 또는 정관의 규정에 위반되지 아니하는지의 여부를 조사하여 창립총회에 보고하여야 한다. ②제298조제2항 및 제3항의 규정은 제1항의 조사와 보고에 관하여 이를 준용하므로(상법 제313조), 이사와 감사 중에 발기인이었던 자 · 현물출자자 · 회사성립 후 양수할 재산의 계약당사자인 자는 이러한 조사·보고에 참가하지 못하고(상법 제298조 제2항), 이사와 감사전원이 이에 해당하는 때에는 이사는 공증인으로 하여금 이러한 조사·보고를 하게 하여야 한다(상법 제298조 제3항).

[별지 1] 현물출자 재산목록

현물출자 재산 목록

1. 토지
   서울 ○○구 ○○로 ○-○ 대 628㎡
   [도로명주소] 서울특별시 ○○로 ○-○

2. 건물
   서울 ○○구 ○○로 ○-○
   [도로명주소] 서울특별시 ○○로 ○-○
   철근콘크리트조 슬래브지붕 2층 근린생활시설 및 업무시설
   1층 674.15㎡,
   2층 674.15㎡

   층별용도
   1층 근린생활시설
   (공장)614.15㎡, 기계실 33.35㎡, 계단실 22.36㎡
   2층 근린생활시설
   (사무실)624.15㎡, 계단실 화장실 33.45㎡

3. 공장시설
   가. 기계기구 등
      1. 건조기 DHB-T
      2. 고속분쇄기 DHSC-10
      3. 사출성형기 PRO-100WD
   나. 차량 등
      체어맨(서울1가1234)
      스타렉스장축6밴(서울1모5478)
      포터초장축슈퍼캡(서울3더9875) -이 상-

[별지2] 현물출자에 따른 기초 재무상태표

재 무 상 태 표

20○○년 월 일 현재 (단위: 원)

과 목	금 액		비 고
자 산			
Ⅰ.유동자산		201,976,059	
(1)당좌자산		201,976,059	
현금	8,250,333		
보통예금	15,008,006		
선급비용	800,123		
미수금	1,725,726		
가지급금	7,007,896		
Ⅱ.비유동자산		1,193,514,621	
(1)투자자산		1,000,064,731	
(2)유형자산		2,193,449,890	
1.토지		565,200,000	
2.건물		520,469,800	
(3)무형자산		-	
(4)기타비유동자산		-	
자산총계		3,786,661,906	
부 채			
Ⅰ.유동부채		6,540,680	
1.부가세예수금		6,540,680	
Ⅱ.비유동부채		258,232,000	
부채총계		2,143,228,283	
현물출자가액		1,643,433,623	
현금출자가액		15,000	
자본금		1,643,445,000	

[서식] 취임승낙서

취 임 승 낙 서

본인 등은 20○○. 3. 23. 발기인총회에서 이사 및 감사로 각 선임되었으므로 그 취임을 승낙함.

20○○. 3. 23.

주식회사 대한금형

사내이사인 사내이사 정 한 영

사내이사 강 동 민

사내이사 오 구 영

감 사 한 정 섭

주식회사 대한금형 귀중

※ 취임승낙서에는 각 취임임원은 인감을 날인하고 인감증명서를 첨부하여야 한다. 이사는 취임승낙서에 사내이사, 사외이사로 구분하여 표시하도록 한다.

[서식] 정관의 인증서 표지

<table>
<tr><td>
등부 년 제 호

인 증 서

정 관

등 본

공증 인가 法務法人 ○○
(공증부 : 593-0000)
</td></tr>
</table>

210mm×297mm
(보존용지(1종) 70g/㎡)

※ 이 사례는 등기신청대리인이 공증사무소에 정관인증을 촉탁하여 공증사무소에서 작성한 정관의 인증서 표지이다. 공증절차를 마치면 정관 및 각 의사록에 따른 인증서를 내어주는데 이를 등기소에 제출한다.

[서식] 정관

정 관

제1장 총 칙

제1조(상호) 당회사는 주식회사 "대한금형"이라 칭하고 영문으로는 ○○○로 표기한다.

제2조(목적) 당 회사는 다음 사업을 경영함을 목적으로 한다.

본 회사는 다음 사업을 경영함을 목적으로 한다.

1. 주형 및 금형 제조판매업
2. 사출성형기 제조판매업
3. 금형전자제품 제조판매업
4. 위 각호에 관련된 부대사업

제3조(본점의 소재지) 당 회사의 본점은 서울특별시내에 둔다.

제4조(공고방법) 당 회사의 공고는 회사의 인터넷 홈페이지(http://www.○○○.….)에 게재한다. 다만, 전산장애 또는 그 밖의 부득이한 사유로 회사의 인터넷 홈페이지에 공고를 할 수 없을 때에는 ○○시에서 발행되는 ○○신문에 한다.

제2장 주 식

제5조(발행예정 주식의 총수) 당 회사가 발행할 주식의 총수는 1,000,000주로 한다.

제6조(1주의 금액) 당 회사가 발행하는 주식 액면주식 1주의 금액은 금5,000원으로 한다.

제7조(회사가 설립시에 발행하는 주식의 총수) 당 회사는 설립시에 328,689주의 주식을 발행하기로 한다.

제8조(주식 및 주권의 종류) 당 회사의 주식은 보통주식으로 전부 기명식으로 하고 주권은 1주권, 10주권, 100주권, 1,000주권, 10,000주권의 5종으로 한다.

제9조(주권 불소지) 당 회사는 주권 불소지 제도를 채택하지 아니한다.

제10조(주금납입의 지체) 주금 납입을 지체한 주주는 납입기일 다음날부터 납입이 끝날 때까지 지체 주금 100원에 대하여 일변 10전의 비율로서 과태금을 회사에

지급하고 또 이로 인하여 손해가 생겼을 때는 그 손해를 배상하여야 한다.

제11조(명의개서) ① 당 회사의 주식에 관하여 명의개서를 청구함에 있어서는 당 회사에서 정하는 청구서에 기명날인 또는 서명하고 이에 주권을 첨부하여 제출하여야 한다.

② 양도 이외의 사유로 인하여 주식을 취득한 경우에는 당 회사의 청구에 의하여 제1항의 청구서 이외에 그 사유를 증명한 서면과 주권을 제출하여야 한다.

제12조(질권의 등록 및 신탁재산의 표시) 당 회사의 주식에 관하여 질권의 등록 또는 신탁재산의 표시를 청구함에 있어서는 당 회사가 정하는 청구서에 당사자가 기명날인 또는 서명하고 이에 주권을 첨부 제출하여야 한다. 그 등록 또는 표시의 말소를 청구함에 있어서도 같다.

제13조(주권의 재발행)①주권의 분할, 병합, 오손등의 사유로 인하여 주권의 재발행을 청구함에 있어서는 당 회사가 정하는 청구서에 기명날인 또는 서명하고 이에 주권을 첨부하여 제출하여야 한다.

② 주권의 상실로 인하여 그 재발행을 청구함에 있어서는 당 회사가 정하는 청구서에 기명날인 또는 서명하고 이에 제권판결의 정본 또는 등본을 첨부하여 제출하여야 한다.

제14조 (수수료) 제11조 내지 제13조에서 정하는 청구를 하는자는 당 회사가 정하는 수수료를 납부하여야 한다.

제15조(주주명부의 폐쇄)① 당 회사는 매년 1월 1일부터 정기주주총회의 종결일까지 주주명부의 기재의 변경을 정지한다.

② 제1항의 경우 이외에 주주 또는 질권자로서 권리를 행사할 자를 확정하기 위하여 필요한 때에는 이사회의 결의에 의하여 주주명부의 기재의 변경을 정지하고 또는 기준일을 정할 수가 있다. 이 경우에는 그 기간 또는 기준일의 2주 전에 공고하는 것으로 한다.

제16조(주주의 주소등의 신고) 당 회사의 주주 및 등로된 질권자 또는 그 법정대리인이나 대표자는 당 회사가 정하는 서식에 의하여 그의 성명, 주소와 인감을 당 회사에 신고하여야 한다. 신고사항에 변경이 있는 때에도 또한 같다.

제3장 사　　채

제17조(사채발행과 차입) ① 이 회사는 원리금의 상환 기타 조건에 관하여 내용이 다른 수종의 사채를 발행할 수 있다.

② 이 회사는 자기자본금의 2배를 초과하지 아니하는 범위 내에서 자금을 차입할 수 있다.

③ 이 회사는 자본금과 적립금의 합계액의 10배를 초과하지 아니하는 범위 내에서 사채를 발행할 수 있다. 다만, 사채발행의 한도를 계산함에 있어 이 회사가 채권금융 기관으로부터 약정체결기업에 대한 채권을 양도받고 그 대가를 지급하기 위하여 발행하는 사채는 이를 사채발행액에 산입하지 아니한다.

제18조(전환사채의 발행) ① 이 회사는 이사회의 결의로 전환사채를 발행할 수 있다.

② 주주는 그가 소유한 주식의 수에 비례하여 전환사채의 배정을 받을 권리를 갖는다.

③ 제2항에 불구하고 회사는 다음 각 호의 경우에 사채의 액면총액이 금 50억원을 초과하지 않는 범위 내에서 이사회의 결의로 주주 이외의 자에게 전환사채를 발행할 수 있다.

1. 회사가 긴급한 자금의 조달을 위하여 전환사채를 발행하는 경우
2. 회사가 약정체결기업의 채권 또는 주식을 매입하는 등 경영상 필요로 내국법인 또는 외국투자자에게 전환사채를 발행하는 경우
3. 회사가 경영상 필요로 국내외 투자가에게 전환사채를 발행하는 경우

④ 제 3항의 전환사채에 있어서 이사회는 그 일부에 대하여만 전환권을 부여하는 조건으로도 이를 발행할 수 있다.

⑤ 전환으로 인하여 발행하는 주식은 기명식 보통주식으로 하고 전환가액은 주식의 액면금액 또는 그 이상의 가액으로 사채발행시 이사회가 정한다.

⑥ 전환을 청구할 수 있는 기간은 당해 사채의 발행일 후 1개월이 경과되는 날로부터 그 상환기일의 직전일까지로 한다. 다만, 위 기간의 범위내에서는 이사회의 결의로 전환청구기간을 조정할 수 있다.

⑦ 전환으로 인하여 발행하는 주식에 대한 이익의 배당과 전환사채에 대한 이자의 지급에 관하여는 제12조의 규정을 준용한다.

제19조(신주인수권부사채의 발행) ① 이 회사가 신주인수권부사채를 발행함에는 이사회의 결의에 의하여야 한다.

② 주주는 그가 소유한 주식의 수에 비례하여 신주인수권부사채의 배정을 받을 권리를 갖는다.

③ 제2항에 불구하고 회사는 사채의 액면총액이 금 50억원을 초과하지 않는 범

위 내에서 이사회의 결의로 다음 각 호의 경우 주주 외의 자에게 신주인수권부사채를 발행할 수 있다.

1. 회사가 긴급한 자금의 조달을 위하여 신주인수권부사채를 발행하는 경우
2. 회사가 약정체결기업의 채권 또는 주식을 매입하는 등 경영상 필요로 내국법인 또는 외국투자자에게 신주인수권부사채를 발행하는 경우

④ 신주인수권의 행사로 발행하는 주식은 기명식 보통주식으로 하고 그 발행가액은 주식의 액면금액 또는 그 이상의 가액으로 사채발행시 이사회가 정한다.

⑤ 신주인수권을 행사할 수 있는 기간은 당해 사채의 발행일 후 1개월이 경과되는 날로부터 그 상환기일의 직전일까지로 한다. 다만, 위 기간의 범위 내에서는 이사회의 결의로 신주인수권 행사기간을 조정할 수 있다.

⑥ 신주인수권의 행사로 인하여 발행하는 주식에 대한 이익의 배당에 관하여는 제12조의 규정을 준용한다.

第20조(사채발행에 관한 준용규정) 이 정관에 정한 "주주명부 폐쇄, 주주 등의 주소, 성면 및 인감 또는 서명 등 신고" 규정은 사채발행의 경우에 준용한다.

제3장 주주총회

제21조(소집) 당 회사의 정기주주총회는 영업연도 말일의 다음날부터 3월이내에 소집하고 임시주주총회는 필요한 경우에 수시 소집한다.

제22조(의장) 대표이사가 주주총회의 의장이 된다. 그러나 대표이사 유고시에는 이사회에서 선임한 다른 이사가 의장이 된다.

제23조(결의) 주주총회의 결의는 법령 또는 정관에 다른 규정이 있는 경우를 제외하고는 출석한 주주의 의결권의 과반수와 발행주식 총수의 4분의1이상의 수로서 한다.

제24조(의결권의 대리행사)주주는 대리인으로 하여금 의결권을 행사할 수 있다. 대리인이 의결권을 행사함에는 표결전에 그 권한을 증명하는 서면을 의장에게 제출하여야 한다.

제25조(총회의 의사록) 주주총회의사록에는 의사의 경과요령과 그 결과를 기재하고 의장과 출석한 이사가 기명날인 또는 서명하여야 한다.

제4장 임원과 이사회

제26조(이사와 감사의 수) 당 회사의 이사는 1인 이상, 감사는 1인 이상으로 한다.

제27조(이사, 감사의 선임) 당 회사의 이사, 감사는 제23조의 결의방법에 의하여 선임한다. 그러나 감사의 경우에 의결권 없는 주식을 제외한 발행주식총수의 100분의 3을 초과하는 주식을 가지는 주주는 그 초과하는 주식에 관하여는 의결권을 행사하지 못한다.

제28조(이사의 임기)이사의 임기는 취임후 3년으로 한다. 그러나 이사의 임기가 재임중 최종의 결산기에 관한 정기주주총회의 종결전에 끝날 때는 그 정기주주총회 종결에 이르기까지 그 임기를 연장한다. 보궐 또는 증원에 의하여 선임된 이사의 임기는 다른 이사의 전임기와 같이 한다.

제29조(감사의 임기) 감사의 임기는 취임후 3년내의 최종의 결산기에 관한 정기주주총회의 종결시까지로 한다.

제30조(이사회의 소집) 이사회는 대표이사 또는 이사회에서 따로 정한 이사가 있는 때에는 그 이사가 회의일의 3일전에 각 이사 및 감사에게 통지하여 소집한다. 그러나 이사 및 감사 전원의 동의가 있는 때에는 소집 절차를 생략할 수 있다.

제31조(이사회의 결의) 이사회의 결의는 이사 과반수의 출석과 출석이사의 과반수로 한다.

제32조(이사회의 의사록) 이사회의 의사록에는 의사의 경과요령과 그 결과를 기재하고 출석한 이사 및 감사가 기명날인 또는 서명하여야 한다.

제33조(대표이사)① 당 회사는 사장 1인과 필요한 경우에 전무이사 및 상무이사 각 약간명을 둔다.

② 사장, 전무이사와 상무이사는 이사회의 결의에 의하여 이사중에서 선임한다.

③ 사장은 당 회사를 대표한다.

제34조(업무집행) ① 사장은 당회사의 업무를 통할하고 전무이사 또는 상무이사는 대표이사를 보좌하여 그 업무를 분장한다.

② 사장이 유고시에는 미리 이사회에서 정한 순서에 따라 전문이사 또는 상무이사가 사장의 직무를 대행한다.

제35조(감사의 직무) 감사는 당회사의 업무 및 회계를 감사한다.

제36조(보수와 퇴직금) 임원의 보수 또는 퇴직한 임원의 퇴직금은 주주총회의 결의로 정한다.

제5장 계 산

제37조(영업연도) 당 회사의 영업연도는 매년 1월 1일부터 동년 12월 31일까지로

한다.

제38조(재무제표, 영업보고서의 작성비치) ① 당 회사의 사장은 정기주주총회 회일 6주간 전에 다음의 서류 및 그 부속명세서와 영업보고서를 작성하여 이사회의 승인과 감사의 감사를 받아 정기주주총회에 제출하여야 한다.

1. 대차대조표
2. 손익계산서
3. 이익금처분계산서, 또는 결손금처리계산서

② 제1항의 서류는 영업보고서, 감사보고서와 함께 정기총회 1주간 전부터 당 회사의 본점과 지점에 비치하여야 하고 총회의 승인을 얻었을 때에는 그중 대차대조표를 지체없이 공고하여야 한다.

제39조(이익금의 처분) 매기 총수입금에서 총지출금을 공제한 잔액을 이익금으로 하여 이를 다음과 같이 처분한다.

1. 이익준비금 금전에 의한 이익배당액의 10분의 1이상
2. 별도적립금 약간
3. 주주배당금 약간
4. 임원상여금 약간
5. 후기 이월금 약간

제40조(이익배당) 이익배당금은 매결산기에 있어서의 주주명부에 기재된 주주 또는 질권자에게 지급한다.

부　　칙

제1조(최초의 영업연도) 당 회사의 최초의 영업연도는 20○○년 6월 10일부터 동년 12월 31일까지로 한다.

제2조(세칙 내규) 당 회사의 업무추진과 경영을 위하여 필요한 세칙내규는 이사회에서 결정 시행한다.

제3조(규정외 사항) 이 정관에 규정되지 않은 사항은 주주총회 결의와 상법, 기타 법령에 따른다.

제4조(현물출자) 현물출자를 하는 자의 성명, 주소와 그 목적인 재산의 종류, 수량, 가격과 이에 대하여 부여할 주식의 종류와 수는 별지와 같다.

제5조(설립제비용) 법인설립에 따라 회사가 부담할 설립 제비용은 금20,000,000원을 한도로 하며 다음 각 항의 경우에 한한다.

1. 회계 및 감정에 관한 비용
2. 설립절차 및 등기에 관한 비용
3. 기타 회사설립에 직접 소요되는 비용

제6조(발기인) 발기인의 성명, 주소, 주민등록번호와 그가 설립시에 인수한 주식수는 이 정관 말미에 기재함과 같다.

위와 같이 주식회사 대한금형을 설립하기 위하여 이 정관을 작성하고 발기인 전원이 이에 기명날인하다.

20○○년 6월 10일

발기인 정 한 영(-)
서울 ○○구 ○○로 ○-○
인수주식수 : 328,686주(현물)

발기인 한 영 희(-)
서울 ○○구 ○○로 ○-○
인수주식수 : 1주(현금)

발기인 정 동 주(-)
서울 ○○구 ○○로 ○-○
인수주식수 : 1주(현금)

○ 정관은 1인 이상의 발기인이 작성한다(상법 제288). 발기인은 정관의 작성자로서 각 발기인이 정관의 말미에 기명날인 또는 서명하여야 한다(상법 제289①). 이런 뜻에서 발기인이란 주식회사의 원시정관에 발기인으로서 기명날인 또는 서명한 자를 말하며, 실질적으로 발기인으로서 회사의 설립에 진력하였다 하더라도 원시정관에 기명날인 또는 서명하지 아니한 자는 발기인이라고 할 수 없다(학설과 판례).

○ 현물출자에 의한 법인설립 시에는 정관에 현물출자에 대한 기재가 있어야 하나 신주발행의 경우에는 정관에 기재하지 않아도 된다.

[별지] 현물출자에 관한 사항

현물출자에 관한 사항

현물출자에 관한 사항은 다음과 같다.

-다　　음-

1) 현물출자자 : 정 한 영(000000-000000)

2) 재산의 종류, 수량, 가격 :

가, 재산의 종류: 별지1, 기재 부동산, 별지2, 재무상태표

나. 수량 : 별지1,기재 토지, 건물, 별지2, 재무상태표의 자산, 부채

다. 가격 : 금1,643,430,000원

3) 이에 대하여 부여할 주식의 종류와 수

기명식 보통주식 328,686주

- 이 상 -

[별지 1] 현물출자 재산목록

현물출자 재산 목록

1. 토지

서울 ○○구 ○○로 ○-○ 대 628㎡

[도로명주소] 서울특별시 ○○로 ○-○

2. 건물

서울 ○○구 ○○로 ○-○

[도로명주소] 서울특별시 ○○로 ○-○

철근콘크리트조 슬래브지붕 2층 근린생활시설 및 업무시설

1층 674.15㎡,

2층 674.15㎡

층별용도

1층 근린생활시설

(공장)614.15㎡, 기계실 33.35㎡, 계단실 22.36㎡

2층 근린생활시설

(사무실)624.15㎡, 계단실 화장실 33.45㎡

3. 공장시설

가. 기계기구

1. 건조기 DHB-T

2. 고속분쇄기 DHSC-10

3.사출성형기 PRO-100WD

나. 차량 등

체어맨(서울1가1234)

스타렉스장축6밴(서울1모5478)

포터초장축슈퍼캡(서울3더9875) -이 상-

[별지2] 현물출자에 따른 기초 재무상태표

재 무 상 태 표

20○○년 월 일 현재 (단위: 원)

과 목	금	액	비 고
자 산			
Ⅰ.유동자산		201,976,059	
(1)당좌자산		201,976,059	
현금	8,250,333		
보통예금	15,008,006		
선급비용	800,123		
미수금	1,725,726		
가지급금	7,007,896		
Ⅱ.비유동자산		1,193,514,621	
(1)투자자산		1,000,064,731	
(2)유형자산		2,193,449,890	
1.토지		565,200,000	
2.건물		520,469,800	
(3)무형자산		-	
(4)기타비유동자산		-	
자산총계		3,786,661,906	
부 채			
Ⅰ.유동부채		6,540,680	
1.부가세예수금		6,540,680	
Ⅱ.비유동부채		258,232,000	
부채총계		2,143,228,283	
현물출자가액		1,643,433,623	
현금출자가액		15,000	
자본금		1,643,445,000	

[서식] 정관의 인증시 붙임용지

등부 년 제 호
인 증
위 ○○주식회사 …………………………………………………………………
정관에 기재된 발기인 ○○○, ○○○, ○○○의 대리인 ○○○ ……………은
……………………………………………………………………………본 공증인의
면전에서 위 정관의 작성 및 그 기명 날인을 본인 등이 자인하는 것이라
고 진술하였다.
본 공증인은 위 촉탁인이 제시한 주민등록증……………………………………
에 의하여 그 사람이 틀림없음을 인정하고 촉탁에 관한 대리권은 본인의
인감 증명서가 첨부된 위임장에 의하여 이를 인정하였다.
년 월 일 이 사무소에서 위 인증한다.
공증사무소명칭 공증인가 法務法人 ○○
소속 서울중앙지방검찰청
소 재 지 표 시 서울특별시 서초구 서초동 1234-1
공증담당변호사 김 철 수 ㊞

210mm×297mm
(보존용지(1종) 70g/㎡)

※ 이 사례는 공증사무소에서 작성하여 정관 뒤에 첨부하는 인증문이다.

[서식] 정관의 인증시 붙임용지 중 서명날인용지

등부 년 제 호
위는 등본이다.
년 월 일
공증사무소명칭 공증 인가 法務法人 ○○
소속 서울중앙지방검찰청
소 재 지 표 시 서울특별시 서초구 서초동 1234-1
공증담당변호사 김 철 수 ㊞

210mm×297mm
(보존용지(1종) 70g/㎡))

※ 서명날인용지 : 이 서식은 공증인이 정관인증서를 작성하는 경우에 서명용지로 사용하는 붙임서식이다.

[서식] 현물출자계약서

현 물 출 자 계 약 서

갑 : ○○사
　　○○시 ○구 ○○로○길 ○, ○호(○○동)
　　대 표 : ○○○

을 : ○○정밀주식회사(가칭)
　　○○시 ○구 ○○로○길 ○, ○호(○○동)
　　대표이사 : ○○○

"갑" 이 운영하고 있는 개인기업 ○○사의 사업에 관한 권리 및 의무일체를 설립중인 법인 "을"이 포괄적으로 양수함에 있어서 다음과 같이 현물출자계약을 체결한다.

제1조(목적)

"갑" 이 운영하고 있는 개인기업 ○○사의 자산 및 부채를 포괄하여 "을" 에게 현물출자하여 법인으로 전환함으로서 부가가치세법 제10조 제9항의 규정에 의한 사업 양도를 하고, 조세특례제한법 제32조 규정에 의한 조세특례를 받기 위함에 있다.

제2조(현물출자의 대상물)

"갑" 의 명의로 되어있는 다음 각호의 부동산 및 일체의 자산 및 부채를 말한다.

1. 서울 ○○구 ○○로 ○-○(토지, 건물)
2. 그 외 일체의 자산, 부채

제3조(현물출자기준일)

"갑" 은 20○○년 ○월 ○일을 현물출자기준일로 하여, 현제 "갑" 의 장부상 자산의 총액과 부채의 총액을 현물 출자하기로 하고, 그 기준일을 "을" 의 법인설립일로 한다.

제4조(현물출자 가액 및 평가)

"갑" 은 법인설립에 따른 양도소득세, 부가가치세, 취득세 등을 면제 또는 감면받기 위하여 "갑" 의 20○○년 ○월 ○일 현재의 사업용 자산총액에서 부채총액을 차감한 잔액에 상당하는 가액으로 하되

1. 토지, 건물 등 유형 고정 자산은 공인감정평가사의 감정평가액으로 평가한다.

2. 위 제1호의 고정자산을 제외한 자산, 부채는 공인회계사의 감정보고서에 의하며, 사업용 자산총액에서 차감될 부채총액은 공이회계사의 감정보고서에 의한 부채잔액으로 한다.

3, 위 제1호, 제2호 가액은 검사인이 인정하는 금액으로 하며, 변경처분에 의해 변경될 수 있다.

제5조 (포괄적양도 및 사업승계)

① "갑" 이 운영하고 있는 개인기업 ○○사의 자산 및 부채와 권리를 "을" 이 포괄적으로 승계한다.

②사업양도양수일 현재 갑과 거래중인 모든 거래처는 "을"이 인수하여 계속 거래를 보장하도록 한다.

제6조(현물출자 자에 대하여 교부할 주식)

1. "을" 은 제4조에서 의해 평가된 가액에 따라 산정된 금액에 상당하는 액면의 보통주식(1주의 금액 금5,000원)을 "갑" 에게 교부하여야 한다.

제7조(출자의 이행)

"갑"은 현물출자를 이행하기 위하여 상법 제295조 제2항에 정한 바에 따라 현물출자 대상 개인기업 ○○사의 점유를 신설회사에게 이전하고 소유권의 이전에 관한 일체의 서류를 신설회사에게 인도한다.

제8조(종업원)

"을"은 갑의 전 종업원을 계속 근무케 함은 물론 종업원들과의 개별 고용계약 및 단체협약상의 사용자로서의 모든 권리, 의무를 사업양도양수 이행 일에 신설회사에 이전하며 신설회사는 이를 승계한다.

제9조(비용부담) 갑은 사업양수일 이전에 발생한 제세공과금(국세 및 지방세 포함) 일체를 책임지며, 을은 갑의 사업양도에 따른 비용전부를 부담키로 한다.

제10조(협조의무)

① "갑" 은 "을" 의 설립등기 및 사업수행에 필요한 일체의 협조를 하여야 한다.

②본 계약규정 이외에도 현물출자에 관하여 협정할 사항 또는 본 계약내용에 변경, 추가할 사항이 발생한 경우에 "갑" , "을" 은 쌍방간 협의에 의하여 변경하기로 한다.

③갑은 본 계약 체결후 사업인수를 완료할 때까지 그 재산의 관리운영에 있어 선량한 관리자의 주의를 게을리 하지 말 것이며, 또한 정상의 거래를 제외하고 재산에 영향을 미치는 중요한 사항에 관하여는 을의 사전승인에 의하도록 한다.

제11조(현물출자계약의 효력)

본 계약은 20○○년 ○월 ○일에 효력이 발생 한다.

이상으로 위와 같이 계약을 체결하고 계약서 4통을 작성, 서명 날인 후 "갑"과 "을"이 각각 1통씩 보관하고 나머지는 법인의 사업자등록 및 현물에 관한 소유권이전등기 시 사용하기로 한다.

20 년 월 일

갑 : ○○사

대 표 : ○○○ (인)

을 : ○○정밀주식회사

대표이사 : ○○○ (인)

[서식] 현물(현금)출자재산인수증

현 물 출 자 재 산 인 수 증

인수한 재산의 표시
<유형자산>
별지 1. 부동산의 표시와 같음

<유형자산이외>
별지 2. 재무재표와 같음

위 자산은 발기인 정한영의 소유로서 본 법인의 설립을 위하여 현물출자하여 본 회사가 이를 인도받고 이전등기에 필요한 서류를 교부받음으로써 동 재산을 정히 인수하였습니다.

20○○년 월 일

주식회사 대한금형
서울특별시 강남구 ○○로 ○-○(○○동)
대표이사 정 한 영

[별지 1] 현물출자 재산목록

현물출자 재산 목록

1. 토지

   서울 ○○구 ○○동 ○-○ 대 628㎡

   [도로명주소] 서울특별시 ○○로 ○-○

2. 건물

   서울 ○○구 ○○로 ○-○

   [도로명주소] 서울특별시 ○○로 ○-○

   철근콘크리트조 슬래브지붕 2층 근린생활시설 및 업무시설

   1층 674.15㎡,

   2층 674.15㎡

   층별용도

   1층 근린생활시설

   (공장)614.15㎡, 기계실 33.35㎡, 계단실 22.36㎡

   2층 근린생활시설

   (사무실)624.15㎡, 계단실 화장실 33.45㎡

3. 공장시설

   가. 기계기구

   1. 건조기 DHB-T
   2. 고속분쇄기 DHSC-10
   3.사출성형기 PRO-100WD

   나. 차량 등

   체어맨(서울1가1234)

   스타렉스장축6밴(서울1모5478)

   포터초장축슈퍼캡(서울3더9875) -이 상-

[별지2] 현물출자에 따른 기초 재무상태표

재 무 상 태 표

20○○년 월 일 현재 (단위: 원)

과 목	금 액		비 고
자 산			
Ⅰ.유동자산		201,976,059	
(1)당좌자산		201,976,059	
현금	8,250,333		
보통예금	15,008,006		
선급비용	800,123		
미수금	1,725,726		
가지급금	7,007,896		
Ⅱ.비유동자산		1,193,514,621	
(1)투자자산		1,000,064,731	
(2)유형자산		2,193,449,890	
1.토지		565,200,000	
2.건물		520,469,800	
(3)무형자산		–	
(4)기타비유동자산		–	
자산총계		3,786,661,906	
부 채			
Ⅰ.유동부채		6,540,680	
1.부가세예수금		6,540,680	
Ⅱ.비유동부채		258,232,000	
부채총계		2,143,228,283	
현물출자가액		1,643,433,623	
현금출자가액		15,000	
자본금		1,643,445,000	

[서식] 주식청약서

<table>
<tr><th colspan="2">주 식 청 약 서</th></tr>
<tr><td>상 호</td><td>주식회사 대한금형</td></tr>
<tr><td>인수할 주식수</td><td>1주</td></tr>
<tr><td>총 액</td><td>금5,000원</td></tr>
<tr><td>액면주식1주의금액</td><td>금5,000원</td></tr>
<tr><td colspan="2">귀 회사 정관과 이 청약서에 기재한 사항을 승낙하고 주식을 청약합니다.
20○○. 11. 27.
주식청약인 명 주 영 (인)
설립중인 법인 주식회사 대한금형 발기인 대표 귀하</td></tr>
<tr><td>정관의 작성일</td><td>20 년 11월 16일</td></tr>
<tr><td>정관의 인증일
공증인의 성명</td><td>20 년 11월 27일
공증인가 서울합동법률사무소</td></tr>
<tr><td>상 호</td><td>주식회사 대한금형</td></tr>
<tr><td>본점의 소재지</td><td>서울특별시 강남구 역삼동 123</td></tr>
<tr><td>목 적</td><td>1. 주형 및 금형 제조판매업
2. 사출성형기 제조판매업
3. 금형전자제품 제조판매업
4. 위 각호에 관련된 부대사업</td></tr>
</table>

회사가 발행할 주식의 총수	1,000,000주
액면주식1주의금액	5,000원
설립시 발행할 주식의 총수	328,689주(현물출자하는 정한영이 328,686주 인수)
주식의 종류/수	발행주식 전부를 기명식 보통주로 함.
납입을 받을 은행과 납입장소	○○은행 ○○로지점(328,686주는 현물출자이므로 당회사사무실에서 부동산소유권이전에 관한 일체의 서류를 받음)
회사가 공고하는 방법	회사의 인터넷 홈페이지(http://www.○○○.····)에 게재한다. 다만, 전산장애 또는 그 밖의 부득이한 사유로 회사의 인터넷 홈페이지에 공고를 할 수 없을 때에는 ○○시에서 발행되는 ○○신문에 한다.
회사의 존립의 시기 또는 해산사유를 정할 때에는 그 규정	없　　　음
일정한 시기까지 창립총회를 종결하지 아니할 때에는 주식의 인수를 취소할 수 있다는 뜻	20○○년 9월 6일까지 창립총회가 종결되지 않을 때에는 이 청약을 취소할 수 있다.

※ 주식의 청약

○ 주주의 모집을 위한 주식청약서용지는 발기인이 작성하고(상법 제302②), 이 청약서에는 상법 제289조제1항과 제290조에 게기한 사항 등 10개항의 사항을 기재해야 한다. 주식인수의 청약을 하고자 하는 자는 주식청약서 2통에 인수할 주식의 종류, 수 및 주소를 기재하고 기명날인 또는 서명하여야 하며, 발기인에 대하여 한다(상법 제302①).

○ 주식인수의 청약에 대하여 발기인은 모집주식총수의 범위 내에서 주식의 배정을 하게 된다. 발기인은 배정방법은 미리 공고하지 않은 이상 어떠한 주식청약자에 대하여 몇 주를 인수시킬 것인가를 자유로이 정할 수 있다. 이를 주식배정자유의 원칙이라 한다.

[서식] 주식인수증(현금출자)

<table>
<tr><th colspan="2">주 식 인 수 증</th></tr>
<tr><td>상 호</td><td>㈜대한금형</td></tr>
<tr><td>인수할 주식의 종류와 수</td><td>보통주식 1주</td></tr>
<tr><td>위 총 액</td><td>금 5,000원</td></tr>
<tr><td>1 주 의 금 액</td><td>금 5,000 원</td></tr>
<tr><td colspan="2">위의 주식을 현금출자 자로서 인수합니다.

20○○ 년 월 일

발기인 ○○○
서울 ○○구 ○○로 ○-○

㈜대한금형 발기인 대표 귀하</td></tr>
</table>

※ 주식의 인수

○ 주식회사의 자본금은 주식에 의한 출자로써 형성되므로 발기인은 설립 시에 발행하는 액면주식에 관하여 반드시 1주 이상을 위 서면에 의하여 인수하여야 한다(상법 제293). 모집설립에 있어서 주식의 인수는 주식을 인수하고자 하는 자의 청약과 발기인의 주식배정에 의하여 성립한다.

[서식] 주식인수증(현금출자)

주 식 인 수 증	
상 호	㈜대한금형
인수할 주식의 종류와 수	보통주식 1주
위 총 액	금5,000원
1 주 의 금 액	금5,000 원

위의 주식을 현금출자 자로서 인수합니다.

20○○ 년 월 일

발기인 한 영 희
서울 ○○구 ○○로 ○-○

㈜대한금형 발기인 대표 귀하

[서식] 주식인수증(현금출자)

<table>
<tr><th colspan="2">주 식 인 수 증</th></tr>
<tr><td>상 호</td><td>㈜대한금형</td></tr>
<tr><td>인수할 주식의 종류와 수</td><td>보통주식 1주</td></tr>
<tr><td>위 총 액</td><td>금5,000원</td></tr>
<tr><td>1 주 의 금 액</td><td>금5,000 원</td></tr>
<tr><td colspan="2">위의 주식을 현금출자 자로서 인수합니다.

20○○ 년 월 일

발기인 정 동 주
서울 ○○구 ○○로 ○-○

㈜대한금형 발기인 대표 귀하</td></tr>
</table>

[서식] 주식인수증(현물출자)

주 식 인 수 증	
상 호	㈜대한금형
인수할 주식의 종류와 수	보통주식 328,686주
위 총 액	금1,643,430,000원
1 주 의 금 액	금 5,000 원

위의 주식을 현물출자자로서 인수합니다.

20○○ 년 월 일

발기인 정 한 영

서울 ○○구 ○○로 ○-○

㈜대한금형 발기인 대표 귀하

[서식] 주식납입금 보관증명서

주식납입금 보관증명서

㈜ 대한금형 귀하

보 관 금 액	금 일만오천원정 (₩15,000)
총 주 수	1주분(1주당 금 5,000원정)

위의 금액을 귀하의 주식납입금조로 당행에서 보관하고 있음을 증명함.

20○○ 년 월 일

우리은행 0000 지점 (부)지점(인)

지점장(지배인) 이 문 식

[서식] 감정인 감정결과 보고서

감정인 감정결과 보고서

보고인 감정평가사 ○○○는 유형자산(부동산)평가에 관한 공인된 감정인이고, ○○회계법인 대표이사(공인회계사)○○○는 유형자산 이외 평가에 관한 공인된 감정인으로, 정한영이 운영하는 개인기업의 권리의무 일체를 포괄적으로 설립중인 (주) 대한금형에 현물출자함에 있어 현물출자 재산에 대한 감정평가의뢰를 받고 이를 완료하였기에 다음과 같이 결과를 보고합니다.

다 음

1. 감정을 위임한자

주식회사 대한금형

서울특별시 강남구 ○○로 ○-○(○○동)

전화번호 : 010-0000-0000

2. 현물출자자

정 한 영 (0000000-0000000)

서울특별시 강남구 ○○로 ○-○(○○동)

3. 감정의 목적

(주) 대한금형을 설립함에 있어, 위 출자자가 현물을 출자하고, 현물출자의 이행을 마쳤기에 상법 제299조의 2조에 따라 공인감정인으로서 이에 대한 감정을 행함.

4. 감정사항

현물출자를 하는 자의 성명과 그 목적인 재산의 종류, 수량, 가격과 이에 대하여 부여할 주식의 종류와 수, 현물출자의 이행 여부

1) 현물출자자 : 정 한 영

2) 재산의 종류, 수량, 가격 :

가. 재산의 종류 : 별지1. 기재 유형자산(부동산)

별지2. 기재 유형자산이외(재무상태표)

나. 수량 : 토지, 건물, 재무상태표 상의 자산

다. 가격 : 금1,643,430,000원

3) 이에 대하여 부여할 주식의 종류와 수

가. 현물출자 재산가액 : 금1,643,430,000원

나. 부여할 주식의 종류와 수 : 기명식 보통주식 328,686주

다. 1주당 발행가액 : 금 5,000원(액면가 금5,000원)

4) 현물출자의 이행 여부

현물출자 자가 출자 부동산을 인도하고, 이에 관한 이전등기 서류를 모두 교부하였으므로 완료되었습니다.

5. 조사방법 및 의견

평가개요, 절차, 방법 및 가격결정에 대하여는 첨부한 감정평가서 기재와 같습니다.

20○○년 월 일

감 정 인 1. ○○감정평가법인(주)
서울 ○○구 ○○로 ○-○
대표이사 ○○○
(전화 : 02-0000-0000)

감 정 인 2. ○○회계법인
서울 ○○구 ○○로 ○-○
대표이사 ○○○
(전화 : 02-501-0000)

㈜대한금형 창립총회 귀중

[별지 1] 현물출자 재산목록

현물출자 재산 목록

1. 토지
   서울 ○○구 ○○동 ○-○ 대 628㎡
   [도로명주소] 서울특별시 ○○로 ○-○

2. 건물
   서울 ○○구 ○○로 ○-○
   [도로명주소] 서울특별시 ○○로 ○-○
   철근콘크리트조 슬래브지붕 2층 근린생활시설 및 업무시설
   1층 674.15㎡,
   2층 674.15㎡

   층별용도
   1층 근린생활시설
   (공장)614.15㎡, 기계실 33.35㎡, 계단실 22.36㎡
   2층 근린생활시설
   (사무실)624.15㎡, 계단실 화장실 33.45㎡

3. 공장시설
   가. 기계기구
      1. 건조기 DHB-T
      2. 고속분쇄기 DHSC-10
      3.사출성형기 PRO-100WD
   나. 차량 등
      체어맨(서울1가1234)
      스타렉스장축6밴(서울1모5478)
      포터초장축슈퍼캡(서울3더9875)　　　-이 상-

[별지2] 현물출자에 따른 기초 재무상태표

재 무 상 태 표

20○○년 월 일 현재 (단위: 원)

과 목	금 액		비 고
자 산			
Ⅰ.유동자산		201,976,059	
(1)당좌자산		201,976,059	
현금	8,250,333		
보통예금	15,008,006		
선급비용	800,123		
미수금	1,725,726		
가지급금	7,007,896		
Ⅱ.비유동자산		1,193,514,621	
(1)투자자산		1,000,064,731	
(2)유형자산		2,193,449,890	
1.토지		565,200,000	
2.건물		520,469,800	
(3)무형자산		–	
(4)기타비유동자산		–	
자산총계		3,786,661,906	
부 채			
Ⅰ.유동부채		6,540,680	
1.부가세예수금		6,540,680	
Ⅱ.비유동부채		6,258,232,000	
부채총계		2,143,228,283	
현물출자가액		1,643,433,623	
현금출자가액		15,000	
자본금		1,643,445,000	

[서식] 감정평가보고서(○○회계법인)

감정평가보고서

(주) 대한금형 발기인 대표 및 창립총회 귀중

20○○년 7월 16일

본 감정인은 설립중인 주식회사 대한금형에 대한 현물출자 자산가액의 산정을 위하여 출자대상인 ○○정밀금형사의 20○○년 6월 10일 현재의 자산과 부채의 각 계정잔액에 대한 감정을 실시하고 그 결과를 토대로 동사의 순자산가액을 평가하였습니다. 이를 위하여 본 감정인은 회계감사기준을 준수하였으며 회사의 자산 중 토지와 건물 등 유형자산은 주식회사 ○○감정 20○○년 월 일의 감정가액을 기준으로 순자산가액을 평가하고 그 외의 자산과 부채에 대하여는 취득원가에 의하여 순자산가액을 평가하였습니다.

본 감정인의 평가결과 대한정밀금형사의 20○○년 6월 10일자의 순자산가액은 1,643,433,623원으로 산정되었습니다.

이 감정 및 평가보고서는 설립중인 주식회사 대한금형에 대한 현물출자 자산가액의 산정을 위하여, 출자대상인 대한정밀금형사의 20○○년 6월 10일 현재 순자산가액 평가를 목적으로 발행된 것이므로 다른 목적으로 사용될 수 없습니다.

○○회계법인

대표이사 ○ ○ ○

[별지] 감정평가보고서(표지)

※ 표지

감정평가보고서

20○○년 6월 10일 현재

○○회계법인

목 차

[위 첨부서류] 감정평가서

(공장) 평 가 표	기호	

○○회계법인 대표이사(공인회계사)○○○는 20○○년 월 일을 기준일로 (주)대한금형으로 현물출자되는 ○○정밀금형사의 사업관련 일체의 자산 및 부채에 대한 감정용역을 의뢰 받았습니다.

본 감정의 목적은 (주)대한금형에 현물출자될 ○○정밀금형사의 현물출자 대상 자산 및 부채에 대한 실재성과 완전성을 검증하고, 현물출자 대상 자산 및 부채의 현물출자가액을 감정하기 위한 것입니다.

당 법인은 유형자산 이외 평가에 관한 공인된 감정인으로 회계감사기준을 준수하였으며, 회사의 자산 중 토지와 건물 등 유형자산은 주식회사 ○○감정원의 20○○년 월 일의 감정가액을 기준으로 순자산가액을 평가하고 그 외의 자산과 부채에 대하여는 취득원가에 의하여 순자산가액을 평가하였음.

<table>
<tr><td>평 가 가 액</td><td colspan="4">금2,144,808,800원</td></tr>
<tr><td>평가의뢰인</td><td>대한정밀금형사
대표 정한영</td><td>평 가 목 적</td><td colspan="2">법인현물출자</td></tr>
<tr><td>채 무 자</td><td></td><td>제 출 처</td><td colspan="2">법원(등기소)</td></tr>
<tr><td>소 유 자
(대상업체명)</td><td>정한영
(대한정밀금형사)</td><td>평 가 조 건</td><td colspan="2">의견란 참조</td></tr>
<tr><td rowspan="2">목록표시근거</td><td rowspan="2">등기부등본, 의뢰목록</td><td>가격시점</td><td>조사시간</td><td>작성일자</td></tr>
<tr><td>20○○. 6. 10.</td><td>20○○.
7.13.~8. 15</td><td>20○○.
7. 10.</td></tr>
</table>

[서식] 평가의견서

평 가 의 견 서

1. 회사의 개요

(주)대한금형은 20○○년 월 일에 ○○정밀금형사로부터 20○○년 월 일을 기준일로 하여 사업관련 일체의 자산 및 부채를 현물출자 받는 계약을 체결하고, 20○○년 월 일 발기인 이사회 결의를 거쳐 법인설립 절차를 진행 중입니다.

20○○년 월 일 현재 ○○구 ○○로 준공업지역 내에 소재하는 중소규모의 금형제작 및 프라스틱 사출성형업체로서 일반적인 필요시설을 구비하고 현재 가동중에 있습니다.

2. 토지의 평가

본건 토지는 당해 토지와 유사한 이용가치를 지닌 표준지의 공시지가를 기준으로 하되, 공시기준일부터 가격시점까지의 지가변동추이 및 당해 토지의 위치·형상·환경·이용상황 기타 가격형성상의 제요인을 종합적으로 참작하여 평가하였습니다.

3. 건물의 평가

본건 건물은 구조·용도·용재·시공상태·부대설비 및 관리상태 등을 종합 참작한 복성식평가법으로 평가하였습니다.

4. 기계기구의 평가

본건은 대부분 국산 기계기구로서 구조, 규격, 형식, 용량 등을 종합 참작하여 복성식평가법으로 평가하되, 일부는 현상 등을 고려하여 관찰감가법을 병용하였습니다.

5. 본건의 가격시점은 귀 요청에 의거 20○○. 6. 10.자임.

[서식] 감정결과 요약

감정결과 요약

당 법인의 감정결과, (주)대한금형에 현물출자 될 ○○정밀금형사의 현물출자 대상 자산 및 현재 감정가액은 다음과 같습니다.

1. 자 산

구 분	명 세	금 액
1. 예 금	별지와 같음	533,088,026원
2. 외 상 매 출 금	〃	855,668,495원
3. 받 을 어 음	〃	43,498,383원
4. 선 급 금	〃	35,095,192원
5. 선 급 비 용	〃	25,141,882원
6. 원 재 료	〃	16,034,000원
7. 재 공 품	〃	6,518,568원
8. 전신전화가입권	〃	1,694,000원
9. 임 차 보 증 금	〃	30,000,000원
10. 국민연금전환금	〃	33,749,560원
11. 토 지	〃	565,200,000원
12. 건 물	〃	520,469,800원
13. 기 계 장 치	〃	1,059,139,000원
자 산 총 계		3,786,661,906원

2. 부 채		
구 분	명 세	금 액
1. 외 상 매 입 금	별지와 같음	379,510,509원
2. 미 지 급 금	〃	143,550원
3. 부가세 예수금	〃	56,219,263원
4. 미 지 급 비 용	〃	1,866,783원
5. 장 기 차 입 금	〃	1,508,373,800원
6. 퇴직급여충당금	〃	197,114,378원
부 채 총 계		2,143,228,283원

3. 이에 대하여 부여할 주식의 종류와 수

가. 현물출자재산가액 :

자산총계 3,786,661,906원 - 부채총계 2,143,228,283원=1,643,433,623원)

나. 부여할 주식의 종류와 수 :

보통주식 : 328,686주

1주의 금액 : 5,000원

[별지1] 자산

<자 산>

1. 예금명세서

단위 : 원

종 류	계좌번호(은행명)	금 액
상호부금	00-0-000-00(○○은행 ○○동지점)	276,291,148
상호부금	00-0-000-00(○○은행 ○○동지점)	61,446,000
정기적립신탁	00-0-000-00(○○은행 ○○동지점)	121,140,369
정기적립신탁	00-0-000-00(○○은행 ○○동지점)	16,311,266
정기적금	00-0-000-00(○○은행 ○○동지점)	52,750,000
신종적립금전신탁	00-0-000-00(○○은행 ○○동지점)	5,149,243
합 계		533,088,026

2. 외상매출금 명세서

단위 : 원

거래처 명	적 요	금 액
(주) ○ ○	외 상 대	2,118,710
(주) ○○엔지니어링	외 상 대	5,388,702
(주) ○○ 시스템	외 상 대	184,905,539
○○전기(주)	외 상 대	12,207,872
(주) ○ ○	외 상 대	380,229,421
○○전자(주)	외 상 대	89,541,149
○○정보통신(주)	외 상 대	90,341,102
○○반도체통신(주)	외 상 대	59,268,000
POCYBERLINE INC	외 상 대	31,668,000
합 계		855,668,495

3. 받을 어음 명세서

단위 : 원

거래처 명	적 요	금 액
○○정보통신	자가123456789(6/29)	19,043,777
○○화학	자23456789(7/30)	24,454,606
합 계		43,498,383

4. 선급금 명세서

단위 : 원

거래처 명	적 요	금 액
○○기술공업	방전가공기선급금(US$43,200)	35,095,192

5. 선급비용 명세서

단위 : 원

구 분	적 요	금 액
보 험 료	281,870×(211/215)	276,625
어음할인이자	454,941×(10/114)	454,941
어음할인이자	6,820,446×(40/113)	2,414,317
어음할인이자	3,535,244×(70/116)	2,133,336
(- 이 하 생 략 -)		
합 계		25,141,882

6. 전신전화가입권 명세서

단위 : 원

구 분	적 요	금 액
전화, 팩스 가입권	500-1000	242,000
	500-1001	242,000
	(- 이하 생략 -)	
합 계		1,694,000

7. 원재료 명세서

단위 : 원

품 명	규 격	수 량	단 가	금 액
1P.C	141R 701	200.00	3,850.00	770,000
2P.C	141R 50075	1,875.00	4,240.00	7,950,000
3P.C	141R 80093	450.00	4,240.00	1,908,000
4P.C	141R 50018	1,000.00	4,240.00	4,240,000
합 계				16,034,000

8. 재공품 명세서

단위 : 원

품 명	수 량	단 가	금 액
FLIP COVER	216.00	806.60	173,578
SHIELD TOP	605.00	259.00	156,695
B/T PACK TOP	9,847.00	90.50	891,154
B/T PACK TOP	921.00	690.50	635,951
(– 이하 생략 –)			
합 계			6,518,568

9. 임차보증금 명세서

단위 : 원

구 분	적 요	금 액
임차 보증금	기숙사 아파트	30,000,000

10. 국민연금전환금 명세서

단위 : 원

구 분	적 요	금 액
퇴직전환금	전직원 퇴직전환금	33,749,560

11. 토 지 명 세 서

단위 : 원

지 번	지목, 용도	면 적	평 가 액
서울 ○○구 ○○동 123-3	대	628㎡	565,200,000

12. 건 물 명 세 서

단위 : 원

지 번	구 조	면 적	평 가 액
서울 ○○구 ○○동 112-3	철근콘크리트조 슬래브지붕	1,348.3㎡	520,469,800

13. 기계장치 명세서

단위 : 원

명 칭(종류)	제작자	제작일	평 가 액
1. 건조기 DHB-T 2. 고속분쇄기 DHSC-10 3.사출성형기 PRO-100WD (- 이하 생략 -)	○○전기 ○○전기공업 ○○유압	20○○년 5월 20○○년 2월 20○○년 3월	1,500,000 5,900,000 42,000,000
합 계			1,059,139,000

14. 차량운반 명세서

단위 : 원

자 산 명	취 득 일	취득가액	평 가 액
그랜져(서울1가1234) 티뷰론오토메틱(서울4나3492) 스타펙스장축6밴(서울1모5478) 포터초장축슈퍼캡(서울3더9875)	20○○년 7월 30일 20○○년10월 25일 20○○년 1월 6일 20○○년 5월 8일	36,225,766 19,663,070 11,603,242 9,584,496	1,500,000 5,000,000 8,000,000 7,500,000
합 계		94,065,524	24,500,000

15. 공구와 기구 명세서

단위 : 원

자 산 명	취 득 일	취득가액	평 가 액
유압바이스	20○○년 4월 6일	1,000,000	158,000
PRECISION VICE	20○○년11월 24일	1,275,000	205,000
금형적치대	20○○년 7월 30일	2,700,000	1,703,000
합 계		4,975,000	2,066,000

16. 집기비품 명세서

단위 : 원

자 산 명	취 득 일	취득가액	평 가 액
컴퓨터	20○○년 1월 5일	1,454,546	–
PROLINEA	20○○년 4월 7일	3,063,637	–
냉온수기	20○○년 8월 8일	7,620,000	300,000
진공청소기	20○○년 5월 3일	2,600,000	–
(– 이하 생략 –)			
합 계		91,894,184	34,799,000

[별지2] 부 채

1. 외상매입금 명세서

단위 : 원

거 래 처 명	적 요	금 액
○○공업	외 상 매 입 대	273,350
○○페인트	외 상 매 입 대	118,860
○○상사	외 상 매 입 대	15,778,244
○○정밀	외 상 매 입 대	2,388,139
○○공업	외 상 매 입 대	5,778,244
(–이하 생략–)		
합 계		379,510,509

2. 미지급금 명세서

단위 : 원

거 래 처 명	적 요	금 액
○○산업	수수료미지급	143,550

3. 부가세예수금 명세서

단위 : 원

거 래 처 명	적 요	금 액
○○세무서	1기부가세납부액	56,219,263

4. 미지급비용 명세서

단위 : 원

구 분	적 요	금 액
미지급이자	2,404,109×(18/31)	1,395,934
미지급이자	560,958×(18/32)	145,132
합 계		1,866,783

5. 장기차입금 명세서

단위 : 원

구 분	적 요	금 액
기업운전일반대출	000-00-000-0(○○은행 ○○동지점)	100,000,000
부동산저당대출	000-00-000-0(○○은행 ○○동지점)	300,000,000
(-이하생략-)		
합 계		1,508,373,800

6. 퇴직급여충당금 명세서

단위 : 원

구 분	적 요	금 액
김 ○ ○	20○○. 11. 3. - 20○○. 6. 10.	3,733,137
한 ○ ○	20○○. 11. 3. - 20○○. 6. 11.	1,883,397
(-이하생략-)		
합 계		197,114,378

[서식] 토지 · 건물 감정평가서

감정평가서

의뢰인 : 정 한 영
건물명 : 서울 ○○구 ○○로 ○-○
번 호 : ○○2-00000-000

이 감정평가서는 감정평가 의뢰목적 이외의 목적에 사용하거나 타인(감정평가 의뢰인 또는 담보감정평가 시 확인은행 이외의 자)이 사용할 수 없을 뿐 아니라 복사, 개작, 전재할 수 없으며 이로 인한 결과에 대하여 책임을 지지 아니합니다.

○○감정평가법인(주) ○○지사
○○시 ○○구 ○○로 ○-○
TEL.000-0000 FAX.000-0000

[서식] 감정평가심의인증서

감정평가 심의인증서

감정서번호 : 236-156-12354

담당평가사 :______________

제 출 처 :______________

발 의 처 :____주식회사일 경우(대표자제외 인으로한다)________

평가목적 :____________현 물 출 자______________

물건소재지 :____________________________________

감정평가금액 :_₩25,086,000,000____________________

◎. 심의 내용

-감정평가가격의 적정성

-감정평가방법의 적정성

-토지특성조사 및 기재내용의 적정성

-관련법규 및 재규정과의 적합성

-협약내용 및 협조사항의 이행

-기타 감정평가에 관련된 사항

본강정평가서는 우리 법인의 감정평가심의 위원회 규정에 따라 심의 하였으며 제 규정의 절차 및 방법에 따라 적정 하게 작성 되었음을 확인합니다.

강정평가심의 위원회 위원장 [인]

위 감정평가서는 우리 법인의 감정평가신의 위원회 규정의 심의 절차 및 방법에 따라 공정하게 수행하였기에 본 심의 인증서를 발행합니다.

(주) 감정평가법인□□□ [인]

[서식] (토지 · 건물)감정평가표

<table>
<tr><th colspan="6">(토지·건물)감정평가표</th></tr>
<tr><td colspan="6">이 감정평가서는 감정평가에 관한 법규를 준수하고 감정평가이론에 따라 성실하고 공정하게 작성하였기에 서명날인합니다.
감정평가사 (인)</td></tr>
<tr><td>감정평가액</td><td colspan="5">일금 1,085,669,800원</td></tr>
<tr><td>의뢰인</td><td colspan="2">정한영</td><td>감정평가목적</td><td colspan="2">일반거래 (현물출자용)</td></tr>
<tr><td>채무자</td><td colspan="2">-</td><td>제출처</td><td colspan="2">-</td></tr>
<tr><td rowspan="2">소유자
(대상업체명)</td><td colspan="2" rowspan="2">정한영</td><td>기준가치</td><td colspan="2">시장가치</td></tr>
<tr><td>감정평가조건</td><td colspan="2">-</td></tr>
<tr><td rowspan="2">목록표시근거</td><td colspan="2" rowspan="2">일반건축물대장
등기사항전부증명서 등</td><td>기준시점</td><td>조사기간</td><td>작성일</td></tr>
<tr><td>20○○. . .</td><td>20○○. . .</td><td>20○○. . .</td></tr>
<tr><td colspan="6">감정평가 내 용</td></tr>
<tr><td colspan="2">공부(公簿)(의뢰)</td><td colspan="2">사정</td><td colspan="2">감정평가액</td></tr>
<tr><td>종 별</td><td>면적(㎡)
또는 수량</td><td>종 별</td><td>면적(㎡)
또는 수량</td><td>단가</td><td>금액</td></tr>
<tr><td>토 지</td><td>628㎡</td><td>토지</td><td>628㎡</td><td>90,000</td><td>565,200,000</td></tr>
<tr><td>건 물</td><td>1,348.34㎡</td><td>건물</td><td>1,348.34㎡</td><td>-</td><td>520,469,800</td></tr>
<tr><td></td><td></td><td></td><td></td><td></td><td></td></tr>
<tr><td></td><td></td><td></td><td></td><td></td><td></td></tr>
<tr><td></td><td></td><td></td><td></td><td></td><td></td></tr>
<tr><td>합 계</td><td></td><td></td><td></td><td></td><td>1,085,669,800</td></tr>
<tr><td>심사확인</td><td colspan="5">본인은 이 감정평가서에 제시된 자료를 기준으로 성실하고 공정하게 심사한 결과 이 감정평가 내용이 타당하다고 인정함으로 이에 서명날인합니다.</td></tr>
</table>

심사자 : 감정평가사 000 (인)

[서식] 평가의견

평 가 의 견

1. 평가목적

본건은 ○○시 ○○구 ○○로 ○-○ “○○역(○호선)” 서측으로 인접한 부동산으로서, 일반거래(현물출자용)를 위한 감정평가 건입니다.

2. 평가기준

본건 평가에 있어서는「부동산 가격공시 및 감정평가에 관한 법률」,「감정평가에 관한 규칙」등 관련 제 규정과 감정평가의 일반 이론을 근거로 하여 시장가치 즉. 통상적인 시장에서 충분한 기간 거래를 위하여 공개된 후 그 대상물건의 내용에 정통한 당사자 사이에 신중하고 자발적인 거래가 있을 경우 성립될 가능성이 가장 높다고 인정되는 대상물건의 가액(價額)을 기준으로 감정평가 하였습니다.

3. 평가방법

가. 토지의 평가

본건 토지는 당해 토지와 유사한 이용가치를 지닌 표준지의 공시지가를 기준으로 하되, 공시기준일부터 가격시점까지의 지가변동추이 및 당해 토지의 위치·형상·환경·이용상황 기타 가격형성상의 제요인을 종합적으로 참작하여 평가하였습니다.

나. 건물의 평가

본건 건물은 구조·용도·용재·시공상태·부대설비 및 관리상태 등을 종합 참작한 복성식평가법으로 평가하였습니다.

4. 기타

- 본건은 기준시점은 귀 제시일인 20○○년 월 일을 기준하였습니다.

[서식] 토지·건물 감정평가명세표(1쪽)

토지 · 건물 감정평가명세표

일련번호	소재지	지번	지목용도	용도지역 및 구조	면적(㎡)		감정평가액		비고
					공부	사정	단가	금액	
1	○○시 ○○구 ○○동	○-○	대	일반주거지역	555.4	555.4	4,788,000	2,659,255,200	
	소계							2,659,255,200	
2	○○시 ○○구 ○○동	○-○	근린생활시설및업무시설	철근콘크리트조기와지붕 2층					
				1층 공장시설	233,89	596.29	150.000	560,236,000	
				2층 근린생활시설(사무실)	223,555	456,200	140,560	45,233,000	

[서식] 감정평가액의 산출근거 및 결정의견

감정평가액의 산출근거 및 결정의견

Ⅰ. 대상물건 개요

본건은 ○○시 ○○구 ○○로 ○-○ 소재 "○○역(3호선)" 서측으로 인접한 부동산으로서, 일반거래(현물출자용)를 위한 감정평가 건임.

Ⅱ. 기준가치 및 감정평가조건 등

1. 기준가치

기준가치는 감정평가의 기준이 되는 가치로서, 본건의 경우 시장가치 즉, 통상적인 시장에서 충분한 기간 거래를 위하여 공개된 후 그 대상물건의 내용에 정통한 당사자 사이에 신중하고 자발적인 거래가 있을 경우 성립될 가능성이 가장 높다고 인정되는 대상물건의 가액(價額)을 기준으로 감정평가 하였음.

2. 기준시점

기준시점은 대상물건의 감정평가액을 결정하는 기준이 되는 날짜를 말하며, 감정평가에 관한 규칙 제9조 제2항 단서조항에 따라 귀 제시일자인 20○○년 월 일을 기준시점으로 정함.

3. 감정평가조건

없 음.

Ⅲ. ○○구 지역분석 현황

1. 사회적요인

가. 자연환경

· ○○구는 서울특별시 정남쪽에 위치하며 북측은 한강, 남측은 ○○산, ○○산, ○○산 등으로 ○○시 및 ○○시와 경계를 이루고 있고, 동측은 ○○대로를 경계로 ○○구와 경계를 이루고 있으며, 서측은 ○○대로를 경계로 하여 ○○구 및 ○○구와 경계를 이루고 있는 서울의 최남단이며, ○○고속도로의 관문으로서 시가지는 대체로 구획정리가 완료된 대단위 아파트 등 공동주택이 밀집한 중산층 이상 주

거지대를 형성하고 있으며 구 외곽은 개발제한구역으로서 녹지대를 형성하고 있으며 녹지대 일부에 위치한 자연부락은 취락구조 개선사업을 하여 전원주택이 형성된 지역으로서, 시가지가 잘 정비된 지역으로 구 전체면적의 52%가 GREEN BELT인 쾌적한 도시환경을 구비하고 있음.

나. 인문환경

◈ 인구 변동 분석(시군구 단위 인구변동 추이)

구분 연도별	세대수 (가구)	전년대비 증감 (%)	인구수 (명)	전년대비 증감 (%)	세대당 인구 (명)
2011	168,988	(−)1.10	439,012	(−)0.23	2.57
2012	168,878	(−)0.06	439,998	0.22	2.58
20○○ 1/4분기	169,397	0.30	442,600	0.59	2.59

〈 출처: ○○구 통계정보 〉

[서식] 감정평가액의 산출근거 및 결정의견

감정평가액의 산출근거 및 결정의견

2. 경제적 요인

가. 지역 경제 현황

◈ 일반 현황

▪ ○○구에는 ○○동 ○○호텔에서 ○○동 ○○전철역 사이에 남북으로 길게 뻗은 ○○대로가 소재하고 동 간선도로는 ○○구와 경계를 이루며 도로변에는 각종 규모의 업무용, 상업용 빌딩 및 상가로 형성된 변화한 노선상가지대가 형성되어 있고, 지하철 2, 3, 4, 7, 9호선 및 ○○선이 통과하고 ○○로 및 ○○전철역과 ○○전철역 주변은 ○○ 및 ○○과 ○○대학이 위치하여 사무실 (일명○○타운)과 점포가 고르게 형성되어 있음.

▪ 또한 1일 4,000회 운행 및 연간 4,000만의 승객이 이용하는 ○○고속 터미널에 연접한 ○○와 ○○백화점 및 특1급인 ○○호텔이 성업 중이며, 이 지역의 유동 인구와 상권도 활성화되고 있음.

▪ ○○그린빌아파트2단지 북동측에 위치 주위는 풍동택지지구내 대단위 아파트 단지를 배후로 한 근린상업지구 상권의 형성정도 양호시 인근에 버스정류장이 위치 교통사정 무난함. 남측(대로3류)과 서측(중로1류) 북측(소로3류 중로3류)에 각각 접해 있음. 근린상업지역 이용상태(공실상태) 공동 위생시설 승강기시설 소화시설 옥내주차장시설등 있음

▪ 개발제한구역인 ○○동, ○○동, ○○동, ○○동, ○○동은 도심근교에 위치하며 특히 인근 ○○동에 ○○시장이 있어 각종 농산물 생산에 유리한 입지조건을 가지고 있으며, 동주민의 농산물공급용 하우스(창고)가 전지역에 걸쳐 소재함.

▪ ○○동, ○○동, ○○동, ○○동, ○○동 일원은 보금자리주택 개발, ○○고속도로 인터체인지 공사. 지하철 ○○선의 개통 등으로 개발압력이 드세고 지가에도 상향 압력이 예상됨.

[서식] 감정평가액의 산출근거 및 결정의견

Ⅰ. 기준 및 목표연도

구 분	기 준 연 도	목 표 연 도
연 도	20○○년	20○○년

1. 명 칭 : 「2010 □□시 도시·주거환경정비 」

2. 법적근거 : 도시 및 주거환경정비법 제3조 제6항

지역	구역명	조합원수	구역면적	세대수	비고
○○구	111-2(○○동)	241	21,000	-	
	111-3(○○동)	380	28,000	-	
	111-4(○○동)	254	26,000	-	
	111-5(○○동)	883	45,800	-	
	113-3(○○동)	643	42,500	-	
합 계		2,651	168,700	-	

○ 20○○년을 목표연도로 도시기능 회복 및 주거환경의 질 향상 등 ○○시 도시특성과 부합하는 합리적인 주거환경정비 및 계획적 도시관리를 위한 종합적인 도시정비방향을 제시 상위계획, ○○시 도시특성 및 자치구역 개발여건 등을 고려하여 정비예정구역 선정 및 부문별 계획을 수립하여 장래 정비사업에 대한 정비방향 및 개발지침을 제시

가. 정비예정구역 총괄 현황

구분	계	주택재 개발사업	주거환경 개선사업	주택재 건축사업	사업유형 유보구역
면 적 (㎡)	2,602,041	1,547,390	744,320	94,873	215,458
구 역 수 (개소)	25	17	3	2	3

[서식] 토지감정평가요항표

토지감정평가요항표		
기재항목		기재사항
입지조건	위치 및 부근의 상황	본건은 서울특별시 ○○구 ○○동에 소재하며, 주변은 업무시설 및 각종 근린생활시설 등이 있는 상가지대임.
	교통상황	본건까지 차량 접근 용이하며, 인근에 노선버스 정류장 및 지하철 '○○역'이 소재하는 등 대중교통사정은 양호함.
	주위환경	주변으로 ○○, ○○ 등 관공서가 위치하고 있으며 노변으로는 근린상가 및 업무시설로 형성되어 있으며 후면으로는 음식점 및 소규모점포가 혼재하는 역세권임.
토지의 상황	인접 도로상태	본건 북측 및 동측으로 각각 노폭 약 본건 남측으로 노폭 약 30m 및 약 10m의 아스콘 포장도로와 접하며, 도로 상태는 양호함.
	토지이용계획관계 및 공법상 제한상태	일반상업지역, 일반미관지구, 지구단위계획구역(○○로변지구), 도로(접함), 과밀억제권역, 폐기물매립시설 설치제한지역, 건축선지정(도로경계선에서 3미터후퇴). 건축법 제2조 제1항 제11호 나목에 따른 도로(도로일부포함).
제시목록외의 물건	구조, 규모및이용상태	없음
	감정물건에 미치는 영향	없음
기타	임대상황	미상임
	공부와의 차이	없음

[서식] 건물감정평가요항표

건물감정평가요항표	
기재항목	기재사항
건물의 구조	철근콘크리트조 슬래브지붕 2층 건물로서. 외 벽 : 화강석 붙임 및 일부 드라이비트 마감 등. 내 벽 : 몰탈위 페인팅 및 일부 타일 붙임 마감 등. 창 호 : 알미늄샷시 및 하이샷시 창호 등.
이용상태	근린생활시설 및 업무시설 등으로 이용 중임.
급배수시설	위생설비 및 급·배수시설을 갖추고 있음
냉난방설비	냉 ·난방설비를 갖추고 있음
기타설비	소화전, 화재탐지 및 경보설비, 기계식주차설비 등을 갖추고 있음

[서식] 위치도

위 치 도

소재지	서울특별시 Oo구 Oo동 --

N

[서식] 지적 및 건물개황도

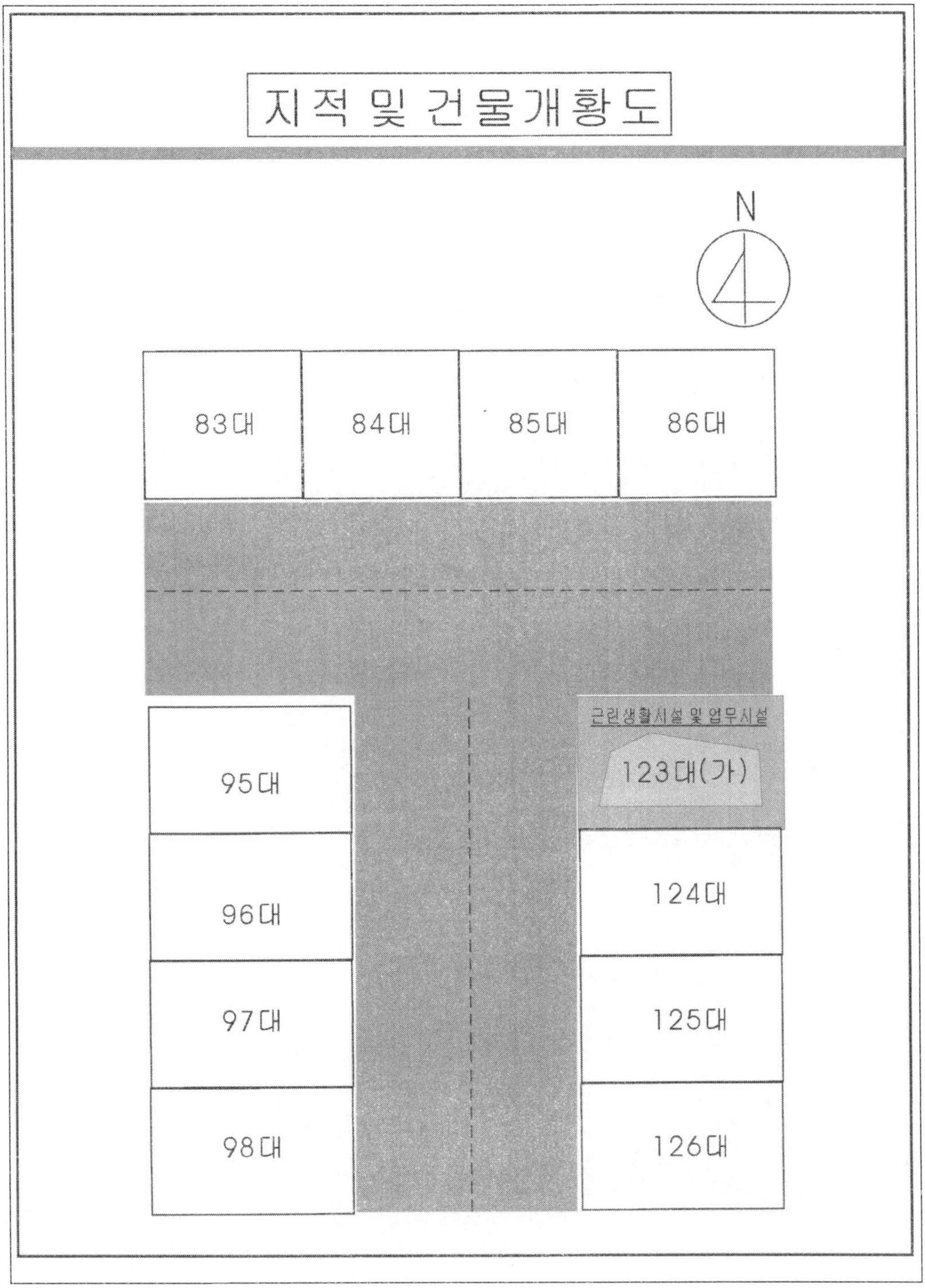
지적 및 건물개황도
N
83대
84대
85대
86대
근린생활시설 및 업무시설
123대(가)
95대
96대
97대
98대
124대
125대
126대

[서식] 건물개황도

건물개황도

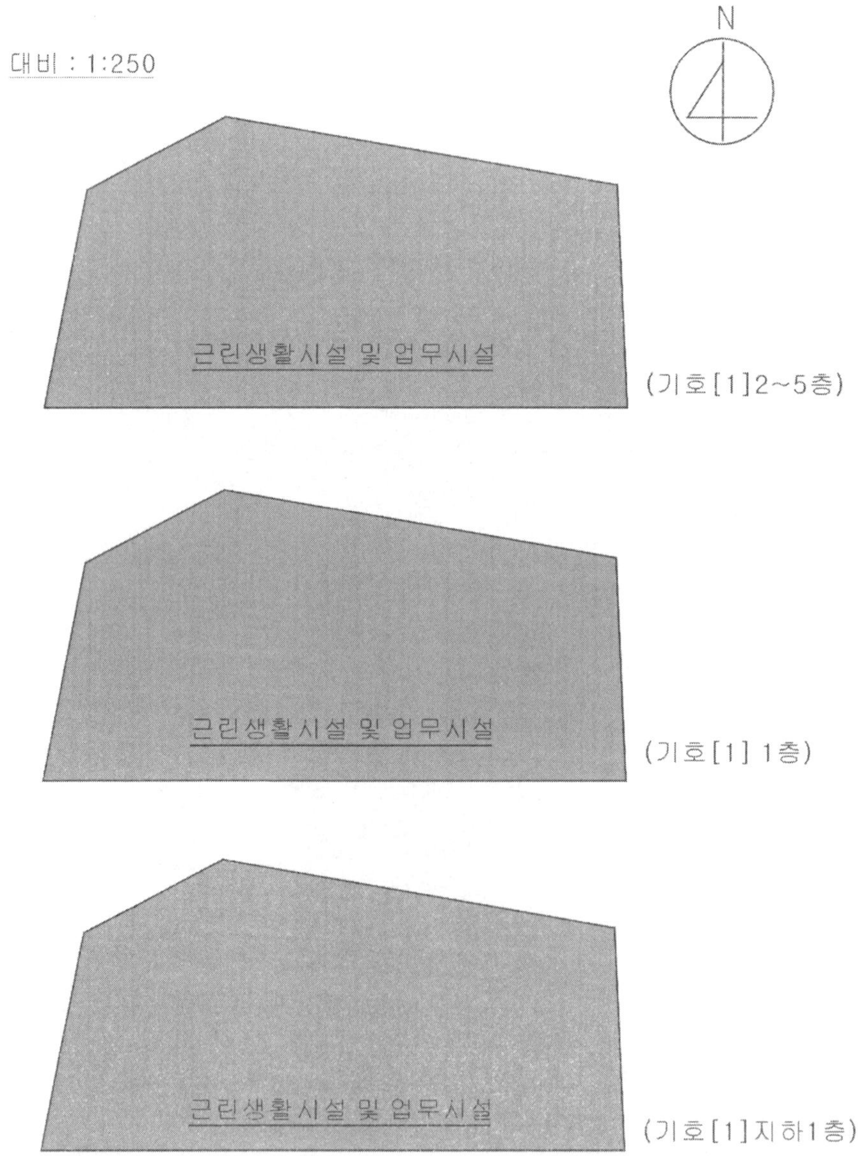

[서식] 이사회의사록 인증(인증서 표지)

등부 년 제 호
인 증 서
공증 인가 法務法人 ○○
(공증부 : 593-0000)

210mm×297mm
(보존용지(1종) 70g/㎡)

※ 사서증서의 인증서 표지

○ 현물출자가 있는 경우에는 발기설립이나 모집설립을 가리지 않고 정관을 인증 받아야 한다. 공증절차를 마치면 정관 및 각 의사록에 따른 인증서를 내어주는데 이를 첨부하여 등기소에 제출한다.(구체적 공증절차는 194면 참조).

[서식] 이사회 의사록

이사회 의사록

20○○년 8월 11일 14시 10분 서울특별시 ○○구 ○○로 ○-○에서 이사, 감사 전원의 동의로 상법 제390조 제3항 소정의 소집절차를 생략하고 이사회를 개최하다.

이사총수	3명	출석이사수	3명
감사총수	1명	출석감사수	1명

이사 전원의 호선으로 사내이사 정한영을 임시의장으로 선출하다.

피선자는 즉석에서 이를 승낙하고 의장석에 등단하여 개회를 선언하고 다음 의안의 심의를 구하다.

제1호 의안 : 대표이사 선임의 건

의장은 발기인총회 종결에 이어 본 회사를 대표할 대표이사 1명을 선임하여 줄 것을 구한 즉 출석이사 전원의 찬성으로 다음사람 대표이사로 선임되어 피선자는 즉석에서 그 취임을 승낙하다.

대표이사 정 한 영

제2호 의안 : 본점설치 장소 결정의 건

의장은 본 회사 본점을 다음 장소에 설치함이 적당한 뜻을 설명하고 그 가부를 물은즉 만장일치로 이의 없이 승인하다.

본 점 : 서울시 서초구 서초로50길 10

이상으로 금일의 의안 전부를 심의 종료하였으므로 의장은 폐회를 선언하다. (폐회시각은 14시)

위 결의를 명확히 하기 위하여 이 의사록을 작성하고 의장과 출석한 이사, 감사가

다음에 기명날인 또는 서명하다.

20○○년 8월 11일

주식회사 대한금형

의장 대표이사 정 한 영

사내이사 강 동 민

사내이사 오 구 영

감 사 한 정 섭

※ 이사회의사록

○ 이사회의 결의는 이사 과반수의 출석과 출석 이사의 과반수로 하여야 한다. 다만, 정관으로 그 비율을 높게 정할 수 있다(상법 제391①), 감사가 불출석한 경우에도 출석한 이사들만으로 이사회를 개최하고 이사회의사록을 작성할 수 있다.

※ 이사회의 소집

○ ①이사회는 각 이사가 소집한다. 그러나 이사회의 결의로 소집할 이사를 정한 때에는 그러하지 아니하다. ②제1항 단서의 규정에 의하여 소집권자로 지정되지 않은 다른 이사는 소집권자인 이사에게 이사회 소집을 요구할 수 있다. 소집권자인 이사가 정당한 이유없이 이사회 소집을 거절하는 경우에는 다른 이사가 이사회를 소집할 수 있다. ③이사회를 소집함에는 회일을 정하고 그 1주간 전에 각 이사 및 감사에 대하여 통지를 발송하여야 한다. 그러나 그 기간은 정관으로 단축할 수 있다. ④이사회는 이사 및 감사 전원의 동의가 있는 때에는 제3항의 절차없이 언제든지 회의할 수 있다(상법 제390조).

[서식] 이사회의사록 인증서 붙임용지

등부 년 제 호	
인 증	
위 ○○주식회사 ··· 의	
20○○년 ○월 ○일자 이사회 의사록에 대하여 ······························	
의결권자 의장 대표이사 ○○○, 사내이사 ○○○, 사내이사 ○○○의 대리인 ○○	
○은 본 공증인의 면전에서 위 의사록의 내용이 진실에 부합한다고 진술하고, 그	
기명 날인이 본인의 것임을 확인하였다.	
본 공증인은 위 진술과 아래 기재 자료에 의하여 그 결의의 절차와 내용이 진실	
에 부합함을 확인하였다.	
년 월 일 이 사무소에서 위 인증한다.	
공증사무소명칭	공증인가 法務法人 ○○
소 속	서울중앙지방검찰청 소속
소재지 표시	서울 강남구 00동 123-7
공증담당	변호사 ○○○ ㉑
아 래	
1. 진술서 2. 주주명부	
3. 법인등기부 등본 4. 정관	
5. 주민등록증 6.	

210mm×297mm
(보존용지(1종) 70g/㎡)

※ 의사록인증시 공증사무소에서의 붙임용지이다.

[서식] 현물출자(부동산) 재산인수 확인서

현물출자(부동산) 재산인수 확인서

인수한 부동산의 표시
서울 ○○구 ○○로 ○-○ (토지, 건물)

위 부동산은 발기인 정한영의 소유로서 본 회사 설립을 위하여 동 발기인이 위 부동산을 현물출자하여 본 회사가 이를 인도받고 부동산 이전등기에 필요한 서류일체를 교부받음으로써 동 재산을 정히 인수하였습니다.

20○○년 월 일

신청인(현물출자) 정 한 영

사건본인(설립회사) 주식회사 대한금형
서울특별시 ○○구 ○○로 ○-○(○○동)
대표이사 정 한 영

[서식] 취임승낙서

취 임 승 낙 서

본인은 20○○. 3. 23. 이사회에서 대표이사로 선임되었으므로 그 취임을 승낙함.

20○○. 3. 23.

주식회사 대한금형
대표이사 정 한 영

주식회사 대한금형 귀중

※ 취임승낙서에는 개인인감을 날인하고 인감증명서를 첨부하여야 한다.

[서식] 인감신고서

인감 · 개인(改印) 신고서

(신고하는 인감날인란) (인감제출자에 관한 사항)

상 호(명칭)		주식회사 대한금형	등기번호	
본점(주사무소)		서울특별시 ○○구 ○○로 ○-○		
인감제출자	자격/성명	대표이사 정 한 영		
	주민등록번호	000000-0000000		
	주 소	서울특별시 ○○구 ○○로 ○-○		

␣ 위와 같이 인감을 신고합니다.
␣ 위와 같이 개인(改印)하였음을 신고합니다.

20○○년 월 일 (개인인감 날인란)

신고인 본 인 성 명 (인)
대리인 성 명 (인)

○○지방법원 ○○등기소 귀중

주 1. 개인인감 날인란에는 「인감증명법」에 의하여 신고한 인감을 날인하고 그 인감증명서(발행일로부터 3개월 이내의 것)를 첨부하여야 합니다. 개인(改印)신고의 경우, 개인인감을 날인하는 대신에 등기소에 신고한 유효한 종전 인감을 날인하여도 됩니다.
2. 인감·개인신고서에는 신고하는 인감을 날인한 인감대지를 첨부하여야 합니다.
3. 지배인이 인감을 신고하는 경우에는 인감제출자의 주소란에 지배인을 둔 장소를 기재하고, 「상업등기규칙」 제36조제4항의 보증서면(영업주가 등기소에 신고한 인감 날인)을 첨부하여야 합니다.

위 임 장

성 명 : 주민등록번호(-)
주 소 :

위의 사람에게, 위 인감신고 또는 개인신고에 관한 일체의 권한을 위임함.

200 년 월 일

인감(改印) 신고인 성 명 (인)

※ 인감의 제출방법 : 인감의 제출 또는 인감의 변경(이하 "개인(改印)"이라 한다) 신고는, 위 양식의 인감(改印)신고서를 작성하여 신고할 인감을 날인하고 관할 등기소에 제출하는 방식으

로 한다(등기예규 제1579호, 시행 2015.11.01.).

※ 1개의 법인을 대표하는 자가 2인인 경우에 등기를 신청하는 대표자만 인감을 제출하여도 되지만, 공동으로 대표권을 행사하여야 하는 자가 등기를 신청할 경우에는 공동으로 대표권을 행사하도록 되어 있는 자 전원의 인감을 제출하여야 하며, 1개의 법인을 대표하는 여러 명의 인감은 각각 달라야 한다(등기예규 제1579호).

※ 인감의 규격 등 : 인감은 대조에 적당한 것이어야 한다. 인감은 규칙 제35조 제4항에서 정한 크기(가로 · 세로 2.4센티미터의 정사각형 안에 들어갈 수 있어야 하고, 가로 · 세로 1센티미터의 정사각형 안에 들어가는 것이 아니어야 함)로, 선명하지 않거나 너무 복잡한 것이어서는 안 된다(등기예규 제1579호, 시행 2015.11.01).

※ 인감을 제출할 수 있는 자는 다음 각 호의 구분에 따라 인감(改印)신고를 하여야 한다.

- 인감을 제출할 수 있는 자가 개인인 경우에는 인감(改印)신고서에 「인감증명법」에 따라 신고한 인감을 날인하고 그 인감증명서(발행일로부터 3개월 이내의 것에 한한다. 이하 같다)를 첨부하거나 등기소에 제출한 유효한 종전 인감을 날인하여야 한다. 다만, 그 신고서에 본인이 기명날인 또는 서명하였다는 공증인의 인증서면을 제출하는 경우에는 그러하지 아니한다(등기예규 제1579호, 시행 2015.11.01).
- 인감을 제출할 수 있는 자가 법인인 경우에는 인감(改印)신고서에 그 법인이 등기소에 제출한 유효한 인감을 날인하여야 한다(등기예규 제1579호).
- 외국인의 경우에는 다음의 방법으로 할 수 있다(등기예규 제1579호).
  가) 인감증명제도가 있는 국가의 국민이 신고하는 경우에는 인감(改印)신고서에 본국 관공서에 신고한 인감을 날인하고 그 인감증명서를 제출
  나) 인감증명제도가 없는 국가의 국민이 신고하는 경우에는 인감(改印)신고서에 서명을 하고, 그 서명이 본인의 것이라는 취지의 본국 관공서의 증명을 제출

[사례] 인감대지

	신고하는 인감날인란	상 호(명 칭) : 주식회사 ○○ 자격 및 성명 : 대표이사 ○○ 주민등록번호 : 00000-000000

※ 인감(個人)신고서를 제출할 때에는 인감대지(위 양식 3장)도 함께 제출하여야 한다(등기예규 제1579호).

[서식] 인감카드 등 (재)발급신청서

인감카드 등 (재)발급신청서

(인감제출자에 관한 사항)

상호(명칭)		○○○○	등기번호	
본점(주사무소)		서울특별시 ○○구 ○○로 ○-○		
인감 제출자	자격 / 성명	대표이사 정한영		
	주민등록번호			

발급사유		␣ 최초발급 ␣ 카드분실 ␣ 카드훼손 ␣ 인감증명서발급기능 ␣ 기타 ( )	
매체구분	␣ 인감카드 ␣ HSM USB	인감카드 비밀번호	
수수료	금 원	납부번호	

위와 같이 인감카드 등의 (재)발급을 신청합니다.

년 월 일

신청인 인감제출자 (본 인) 성 명 (인) (전화 :)

(대리인) 성 명 (인) (전화 :)

지방법원 등기소 귀중

접수번호		인감카드번호	

주 1. 인감카드 비밀번호란에는 (재)발급받아 사용할 인감카드의 비밀번호를 기재하며, 아라비아숫자 6자릿수를 기재하여야 합니다. 비밀번호는 인감카드와 함께 인감증명서의 발급을 신청할 권한이 있는 것으로 보게 되는 중요한 자료이므로 권한이 없는 사람이 알지 못하도록 주의하시기 바랍니다.

2. 인감카드의 재발급을 신청할 때에는 「등기사항증명서 등 수수료규칙」으로 정하는 수수료를 납부하여야 합니다. 다만, 인감카드를 반납할 때에는 수수료를 납부할 필요가 없습니다.

위 임 장

성 명 : 법무사 ○ ○ ○ 주민등록번호(123456 - 7891234)

주 소 : 서울 ○○구 ○○로 123-4

위의 사람에게, 위 (재)발급신청서에 기재된 인감카드 등의 발급신청과 그 수령 등에 관한 일체의 권한을 위임함.

200 년 월 일

인감신고인 성 명 (인)

[서식] 주주명부(공증용)

<table>
<tr><th colspan="5">주 주 명 부</th></tr>
<tr><td>주 주</td><td>주 소</td><td>인수 주식수</td><td>1주 금액</td><td>납 입 금 액</td></tr>
<tr><td>정 한 영</td><td>서울시 ○○구 ○○로 ○-○</td><td>현물 328,686주</td><td>금5,000원</td><td>현물출자액 금1,643,430,000원</td></tr>
<tr><td>한영희</td><td>서울시 ○○구 ○○로 ○-○</td><td>현금 1주</td><td>금5,000원</td><td>현금출자액 금5,000원</td></tr>
<tr><td>정동주</td><td>서울시 ○○구 ○○로 ○-○</td><td>현금 1주</td><td>금5,000원</td><td>현금출자액 금5,000원</td></tr>
<tr><td>명주영</td><td>서울시 ○○구 ○○로 ○-○</td><td>현금 1주</td><td>금5,000원</td><td>현금출자액 금5,000원</td></tr>
<tr><td></td><td></td><td></td><td></td><td></td></tr>
<tr><td>합 계</td><td></td><td>328,689주</td><td>금5,000원</td><td>금1,643,445,000원</td></tr>
<tr><td colspan="5">위 주주명부는 본사에 비치된 주주명부와 대조하여 틀림이 없음을 증명합니다.
20○○년 9월 6일</td></tr>
<tr><td>상 호</td><td colspan="4">주식회사 대한금형</td></tr>
<tr><td>본점주소</td><td colspan="4">서울특별시 ○○구 ○○로 ○-○</td></tr>
<tr><td>대표이사
성 명</td><td colspan="4">정 한 영</td></tr>
</table>

[서식] 진술서(공증용)

진 술 서

법 인 명	주식회사 대한금형
소 재 지	서울특별시 ○○구 ○○로 ○-○
회의의 종류	발기인총회( ) 이사회( )
소 집 일 시	20 년 9월 6일
소 집 장 소	본점 회의실

본인은 공증인가 법무법인 ○○ 에서 위 법인의 의사록의 인증을 촉탁함에 있어서, 위 법인의 대표이사로서 위 회의가 적법하게 소집되었으며, 결의의 절차와 내용이 진실에 부합함을 진술합니다.

20○○년 9월 일

위 진술인 상 호 주식회사 대한금형
주 소 서울특별시 ○○구 ○○로 ○-○
대표이사 정 한 영

※ 공증시 준비서류이다.

[서식] 위임장(공증용)

위 임 장

법무사 성 명 ○○○
주 소 서울특별시 ○○구 ○○로 ○-○
전 화 585-3635

위 사람을 본인의 대리인으로 정하여 공증인가 법무법인 서울합동법률사무소에서 다음 사서증서 인증을 촉탁하는 일체의 권한을 위임합니다.

다 음

1. 발기인총회의사록
1. 이사회의사록
1. 정관

20 년 월 일

위임인 ○○○ (인)
서울 ○○구 ○○로 ○-○

위임인 ○○○ (인)
서울 ○○구 ○○로 ○-○

위임인 ○○○ (인)
서울 ○○구 ○○로 ○-○

※ 공증 시 준비서류 : 정관, 발기인총회의사록, 조사보고서, 이사회의사록, 주주명부, 진술서 각 3부를 준비한다. 정관, 발기인총회의사록 또는 이사회의사록에 날인한 발기인과 이사는 공증용 위임장에 인감을 날인하고 개인인감증명을 첨부한다.

※ 이 위임장은 법무사에게 주식회사설립등기를 의뢰하는 경우 공증(인증)대리의 권한을 법무사에게 위임하는 서류로써 공증사무소에 제출하는 서류이다.

제4절 명의이전 및 조세감면신청

1. 개 설

법인설립의 경우 발기인이 행하는 재산의 출자(상법 제290조 제2호), 신주발행의 경우에 있어서의 신주인수인의 재산출자(상법 제416조 제4호)의 경우 법인설립 또는 증자(신주발행)가 완료된 후 현물의 소유권은 과거 소유자에게서 새로 설립 또는 증자한 주식회사로 이전하여야 하는데 부동산이라면 부동산소유권이전등기를 하게 되고, 주식이라면 명의개서를, 그리고 채권이라면 채권양도를, 차량·기계장치인 경우에는 등록 및 통지를 하여야 한다.

2. 부동산 소유권이전등기

가. 소유권이전등기신청의무 기간

부동산의 소유권 이전을 내용으로 하는 계약을 체결한 자는 그 계약의 효력이 발생한 날부터 60일 이내에 소유권이전등기 신청을 하여야 하는데 부동산을 현물출자한 경우에 소유권이전등기신청의무의 기간은 위 회사의 설립등기가 경료된 날로부터 기산하여야 한다(등기선례 제6-625호, 1999. 11. 26. 등기 3402-1079 질의회답).

나. 신청정보의 제공 등

전자신청의 경우 신청서에는 부동산등기규칙 제43조의 신청정보의 내용과 관련 법조항에서 요구하는 신청정보를 등기소에 제공하여야 한다.

등기원인은 "현물출자"이며, 그 일자는 출자계약의 성립일을 기재하고, 등기의 목적란에는 "소유권이전"으로 기재한다. 등기의무자란에는 현물출자인의 성명, 주민등록번호, 주소를 기재하되, 등기부상 소유자 표시와 일치하여야 한다.

소유권이전에 따른 신청정보의 제공 등에 관하여 구체적설명은 등기신청서 말미에서 다루기로 한다.

다. 세제혜택

(1) 취득세

조세특례제한법 제32조에 따른 현물출자 또는 사업 양도·양수에 따라 2018년 12월 31일까지 취득하는 사업용 고정자산에 대해서는 취득세를 면제한다(지방세특례제한법 제57조의2제4항전단).

개인기업의 법인전환에 따른 조세특례제한법 규정은 개인기업주가 권리·의무의 주체가 되어 경영하던 기업을 개인기업주와는 독립된 법인이 권리·의무의 주체가 되어 경영하도록 하며, 기업의 조직형태를 변경하는 법인전환에 관한 것으로서, 개인기업주로부터 법인으로 양도되는 사업용재산에 대하여 취득세와 등록세를 면제함으로써 법인전환을 유도·지원하되, 법인의 자본금이 개인기업의 순자산가액 이상일 것을 요건으로 함으로써 법인전환 과정에서 기업규모가 축소되는 것을 방지하려는 것(대법원2012.12.13. 선고 2012두17865 판결)이라 할 것이다.

취득세의 면제는 지방세특례제한법 제57조의2 제4항에 따라 현물출자 법인전환 시 법인이 취득하게 되는 부동산에 대한 취득세를 면제하지만 취득세 감면분의 20%만큼에 대해서 농어촌특별세를 부담해야하므로 실질적으로 취득세 80%가 감면되게 되는 것이다.

지방세의 감면을 신청하려는 자는 감면대상을 취득한 날부터 60일 이내에 행정안전부령으로 정하는 감면신청서를 관할 시장·군수·구청장에게 제출하여야 한다(지방세특례제한법 제183조, 동시행령 제126조).

취득세 면제의 요건에 관하여는 89면 참조

[서식] 지방세 감면 신청서

지방세특례제한법 시행규칙[별지 제1호서식] <개정 2016. 12. 30.>

지방세 감면 신청서

※ 뒤쪽의 작성방법을 참고하시기 바라며, 색상이 어두운 난은 신청인이 적지 않습니다. (앞쪽)

접수번호		접수일		처리기간	5일

신청인	성명(대표자)		주민(법인)등록번호
	상호(법인명)		사업자등록번호
	주소 또는 영업소		
	전자우편주소		전화번호 (휴대전화번호)
감면대상	종류		면적(수량)
	소재지		
감면세액	감면세목	과세연도	기분
	과세표준액	감면구분	
	당초 결정세액	감면받으려는 세액	
감면신청사유			
감면근거규정	「지방세특례제한법」 제 조 및 같은 법 시행령 제 조		
관계증명서류			

신청인은 본 신청서의 유의사항 등을 충분히 검토하였고, 향후에 신청인이 기재한 사항과 사실이 다른 경우에는 감면된 세액 이외에도 별도의 가산세가 부과됨을 확인하였습니다.

「지방세특례제한법」 제183조, 같은 법 시행령 제126조 및 같은 법 시행규칙 제9조에 따라 위와 같이 지방세 감면을 신청합니다.

년 월 일

	신청인		(서명 또는 인)
시장·군수·구청장 귀하			

첨부서류	감면받을 사유를 증명하는 서류	수수료 없음

210mm×297mm [백상지(80/㎡) 또는 중질지(80/㎡)]

(2) 등록세

부동산 소유권이전등기에 따른 등록세와 지방교육세도 면제한다.

(3) 농어촌특별세

농어촌특별세의 경우 감면받는 취득세의 감면세액의 100분의 20을 납입하여야 한다(농어촌특별세법 제5조).

Q 현물출자에 따른 쟁점부동산의 취득세 과세표준액을 산정함에 있어 법인장부상 취득가액을 부인하고 시가표준액을 취득세의 과세표준으로 하여 취득세를 감면받은 후 감면세액의 20%를 농어촌특별세로 신고납부한 것이 적법한지 여부

A 청구법인의 경우 현물출자 시 관계 법령에 따라 의무적으로 수반되는 자산의 가치평가 결과 감정평가액이 법인장부가격과 2배 정도 차이가 나고 시가표준액과도 현저한 차이가 나는 점 등에 비추어 법인장부가액이 실제의 취득가격에 부합된다고 보기는 어려우므로 청구법인이 신고한 가액과 시가표준액 중 높은 것을 취득세 과세표준으로 하여 면제받은 취득세의 20%를 농어촌특별세로 신고납부한 것은 잘못이 없다(조심 2015지0617, 2015.04.30. 기각).

Q 등록세 감면세액에 대한 농어촌특별세 산출이 적법한지 여부 (기각)

A 개인사업체인을 폐업하고 현물출자에 의한 법인전환하여 지방세 감면을 적용받았으며 법인설립등기를 마치고 소유권이전등기를 경료한 것은 대도시내 설립 이후 5년 이내 부동산등기이므로 중과세 대상에 해당되고 부동산 취득•등기하면서 조세특례제한법 제119조제4항에 따라 중과세율 적용대상 등록세를 면제받은 이상 면제세액에 대한 농어촌특별세를 신고납부한 것은 타당하다(조심 2011지0251, 2011.10.28. 기각).

Q [질의] 조세특례제한법제38조 규정에 의한 현물출자에 따라 대도시 내에서 설립하는 법인이 취득하는 재산에 대하여 취득세와 등록세를 면제받은 후 농어촌특별세를 납부하는 경우 중과세대상이 되는지.

A [회신] 1. 조세특례제한법 제119조 제1항 제7호 및 제120조 제1항 제3호에서 동법

제38조 규정에 의한 현물출자에 따라 취득하는 재산에 관한 등기에 대하여는 취득세와 등록세를 면제한다고 규정하고 있고, 「농어촌특별세법」 제5조 제1항 제1호에서 조세특례제한법에 의하여 취득세와 등록세를 감면받은 경우 감면받은 세액의 100분의 20에 해당하는 세율로 농어촌특별세를 납부하도록 규정하고 있으며, 지방세법 제138조 제1항에서 대도시 내에서 법인의 설립과 그 설립 이후의 부동산등기에 대한 세율은 당해 세율의 100분의 300으로 하여 납부하도록 규정하고 있음.

2. 「조세특례제한법」 제119조 제1항 제7호 및 제120조 제1항 제3호에서 제38조 규정에 의한 현물출자에 따라 취득하는 재산에 대하여 취득세와 등록세를 면제한 후 그 면제세액에 대한 농어촌특별세 납부시 취득세 감면세액에 대한 농어촌특별세는 감면세액의 20%를 납부하면 되는 것이나, 등록세 감면세액에 대한 농어촌특별세는 현물출자에 의하여 설립되는 법인이 「수도권정비계획법」 제6조 제1항 제1호 규정에 의한 과밀억제권역인 대도시 내 지역이라면 면제세액의 100분의 20의 3배에 해당하는 금액을 납부하는 것이 타당함.

[문서번호] 지방세정팀-255, 2007.01.16.

(4) 국민주택채권

중소기업기본법에 따른 중소기업을 경영하는 자가 해당 사업에 1년 이상 사용한 사업용자산을 현물출자하여 설립한 법인(자본금이 종전 사업자의 1년간 평균순자산가액 이상인 경우로 한정한다)의 설립에 따른 등기(국민주택채권의 매입이 일부 면제되는 범위, 주택기금법 제6조제1항 관련)의 경우에는 국민주택채권을 매입하지 아니한다.

(5) 양도소득세의 이월과세

현물출자방법에 의하여 개인기업을 법인으로 전환함에 따라 개인에서 사용하던 부동산이나 기계장치 등을 법인명의로 승계 또는 이전하여야 하는데, 법인전환과정에서 발생하는 양도소득세에 대하여 요건을 충족하는 경우에는 이월과세 하도록 하고 있다. 그 요건에 관하여는 총설(133면 참조)에서 다루었다.

양도소득세의 이월과세를 적용받고자 하는 자는 현물출자 또는 사업양수도를 한 날이 속하는 과세연도의 과세표준신고(예정신고를 포함한다)시 새로이 설립되는 법인과 함께 기획재정부령이 정하는 이월과세적용신청서를 납세지 관할세무서장에게 제출하여야 한다(이월과세적용신청서 139면 참조).

법인전환에 대하여 이월과세가 적용된 법인이 법인의 설립등기일부터 5년 이내에 ①거주자로부터 승계받은 사업을 폐지하는 경우, ②거주자가 법인전환으로 취득한 주식 또는 출자지분의 100분의 50 이상을 처분하는 경우에는 이월과세액(해당 법인이 이미 납부한 세액을 제외한 금액을 말한다)을 추징한다. 사업 폐지의 판단기준 등에 관하여는 이월과세에 대한 양도소득세 징수 140면 참조

3. 신청서 사례

[서식] 소유권이전등기신청서(현물출자로 인한)

소유권이전등기신청

<table>
<tr><td rowspan="2">접 수</td><td>년 월 일</td><td rowspan="2">처리인</td><td>등기관확인</td><td>각종통지</td></tr>
<tr><td>제 호</td><td></td><td></td></tr>
</table>

<table>
<tr><td colspan="5">부동산의 표시</td></tr>
<tr><td colspan="5">서울특별시 서초구 서초동 123-5
대 350㎡
이 상</td></tr>
<tr><td colspan="2">등기원인과 그 연월일</td><td colspan="3">200 년 0 월 0 일 현물출자</td></tr>
<tr><td colspan="2">등 기 의 목 적</td><td colspan="3">소유권이전</td></tr>
<tr><td colspan="2">이 전 할 지 분</td><td colspan="3"></td></tr>
<tr><td>구분</td><td>성 명
(상호·명칭)</td><td>주민등록번호
(등기용등록번호)</td><td>주 소(소 재 지)</td><td>지 분
(개인별)</td></tr>
<tr><td>등기의무자</td><td>박 영 철</td><td>000000-000000</td><td>서울 서초구 서초동 234</td><td></td></tr>
<tr><td>등기권리자</td><td>주식회사 통일</td><td>000000-000000</td><td>서울 서초구 서초동 345-1</td><td></td></tr>
</table>

<table>
<tr><th colspan="4">시가표준액 및 국민주택채권매입금액</th></tr>
<tr><td>부동산 표시</td><td>부동산별 시가표준액</td><td colspan="2">부동산별 국민주택채권매입금액</td></tr>
<tr><td>1. 토 지</td><td>금 000,000,000원</td><td colspan="2">금 00,000원</td></tr>
<tr><td>2.</td><td>금 원</td><td colspan="2">금 원</td></tr>
<tr><td colspan="2">국 민 주 택 채 권 매 입 총 액</td><td colspan="2">금 000,000원</td></tr>
<tr><td colspan="2">국 민 주 택 채 권 발 행 번 호</td><td colspan="2"></td></tr>
<tr><td colspan="2" rowspan="2">취득세(등록면허세) 금 000,000원</td><td colspan="2">지방교육세 금 000,000원</td></tr>
<tr><td colspan="2">농어촌특별세 금 000,000원</td></tr>
<tr><td colspan="2">세 액 합 계</td><td colspan="2">금 000,000,000원</td></tr>
<tr><td colspan="2" rowspan="2">등 기 신 청 수 수 료</td><td colspan="2">금 000,000원</td></tr>
<tr><td colspan="2">수납번호 :</td></tr>
<tr><td colspan="4">등기의무자의 등기필 정보</td></tr>
<tr><td>부동산 고유번호</td><td colspan="3">1102-2006-002095</td></tr>
<tr><td>성명(명칭)</td><td colspan="2">일련번호</td><td>비밀번호</td></tr>
<tr><td></td><td colspan="2">Q77C-LO7I-35J5</td><td>40-4636</td></tr>
<tr><th colspan="4">첨 부 서 면</th></tr>
<tr><td colspan="2">1. 현물출자계약서 1통
1. 취득세(등록면허세)영수필확인서 1통
1. 인감증명서 1통
1. 토지대장등본 1통
1. 법인등기부등본 1통</td><td colspan="2">1. 토지가격확인원 1통
1. 국민주택채권매입필증 1통
1. 주민등록표등(초)본 1통
1. 위임장 1통
<기 타></td></tr>
<tr><td colspan="4">200 년 월 일
위 신청인 (전 화:)
(또는)위 대리인법무사 김 민 수 (인) (전 화:)
서울 서초구 서초동 456

서울중앙지방법원 등기과(소) 귀중</td></tr>
</table>

- 신청서 작성요령 -

* 1. 부동산표시란에 2개 이상의 부동산을 기재하는 경우에는 부동산의 일련번호를 기재하여야 합니다.
  2. 신청인란등 해당란에 기재할 여백이 없을 경우에는 별지를 이용합니다.

※ 이 신청서는 주식회사에 부동산을 현물로 출자하고 그 이전등기를 하는 신청서이다.

○ "인터넷등기전자신청(http : // www. iros. go. kr)"시 신청정보와 첨부정보를 등기소에 제공하여야 한다.

※ 신청정보의 제공

○ 신청정보의 입력 : 신청정보는 "인터넷등기전자신청" 시스템이 안내하는 순서에 따라 입력하여야 한다. 신청서에는 개정규칙 제43조의 신청정보의 내용과 관련 법조항에서 요구하는 신청정보를 등기소에 제공하여야 한다.

○ 부동산의 표시란 : 현물출자목적물을 기재하되, 등기부상 부동산의 표시와 일치하여야 한다. 부동산이 토지인 경우에는 토지의 소재와 지번, 지목, 면적을 기재하고, 건물인 경우에는 건물의 소재와 지번, 구조, 면적, 건물의 종류, 건물의 번호가 있는 때에는 그 번호, 부속건물이 있는 때에는 그 종류, 구조와 면적을 기재한다. 부동산거래계약신고필증에 기재된 거래신고일련번호와 거래가액을 기재한다. 만일 등기부와 토지·건축물대장의 부동산표시가 다른 때에는 먼저 부동산표시변경(또는 경정)등기를 하여야 한다.

○ 등기원인과 그 연월일란 : 등기원인은 "현물출자"이며, 그 일자는 출자계약의 성립일을 기재한다(등기선례 제201211-5호, 2012. 11. 30. 부동산등기과-2261 질의회답).

○ 등기의 목적란 : 소유권 전부이전의 경우에는 " 소유권이전 " 으로, 소유권 일부이전의 경우에는 " 소유권 일부이전 " 으로 기재한다.

○ 등기의무자란 : 현물출자인의 성명, 주민등록번호, 주소를 기재하되, 등기부상 소유자 표시와 일치하여야 한다. 매도인이 법인인 경우에는 상호(명칭), 본점(주사무소 소재지), 등기용등록번호를 기재한다.

○ 등기권리자란 : 현물매수인을 기재하는 란으로, 그 기재방법은 등기의무자란과 같다.

○ 신청인란 : 소유자의 성명, 주민등록번호, 주소를 기재하되, 소유자가 수인인 경우에는 공유자별로 성명, 주민등록번호, 주소를 기재하고, 각자의 지분을 표시한다.

○ 대장상의 소유자 주소가 주소를 증명하는 서면과 부합하지 아니한 경우에 그 첨부한 주소를 증명하는 서면에 의하여 대장상의 소유자 주소가 변경되었음을 증명할 수 있을 때에는, 신청서에는 주소를 증명하는 서면과 일치되게 소유자 주소를 기재한다(선례 5-236).

※ 첨부정보의 제공

○ 현물출자자가 납입기일에 출자의 목적인 재산을 인도하고 소유권이전등기에 필요한 서류를 교부한 뒤에 받은, 이른바 "인도증서"(상법 제295조제2항 참조)는 등기원인을 증명하는 서면이 아니므로 첨부정보로 제공할 필요가 없으며, 현물출자에 관한 사항을 정한 정관(상법 제290조제2호)이나 이사회의사록(상법 제416조제4호) 역시 첨부할 필요가 없다.(등기선례 제201211-5호, 2012. 11. 30. 부동산등기과-2261 질의회답)

○ 전자신청을 하고자 하는 당사자 또는 자격자대리인은 인터넷등기소(http : // www. iros. go. kr/)에 접속한 후 "인터넷등기전자신청"을 선택하여 모든 문서를 전자문서로 작성하여야 한다.

다만, 신청인이 자격자대리인인 경우 등기소에 제공하는 서면에 대하여는 이를 전자적 이미지 정보로 변환(스캐닝)하여 원본과 상위 없다는 취지의 부가정보와 자격자대리인의 개인공인인증서(이하 "공인인증서"라 한다)정보를 덧붙여 등기소에 송신하는 것으로 이를 갈음할 수 있다.

○ 신청서에는 개정규칙 제46조의 첨부정보의 내용과 관련 법조항에서 요구하는 첨부정보로 등기소에 제공하여야 한다.

○ 등기필정보는 신청서에 기재하므로써 등기필증의 제출을 생략 할 수 있다. 등기필정보는 등기필증과 마찬가지로 재교부하지 아니한다. 등기필정보를 분실한 경우나 기타 등기필정보를 제공할 수 없는 경우에 전자신청을 하기 위해서는 전자확인서면제도를 이용해야 한다.

○ 개정법 부칙 제2조에 따라 등기필증을 첨부할 때는 전자적 이미지 정보로 변환하여 등기소에 송신하여야 하고, 원본과 상위 없다는 취지의 부가정보와 자격자대리인의 공인인증서정보를 덧붙여야 한다.

○ 첨부문서(예 : 현물출자계약서 등 등기원인증서)는 전자적으로 작성하고 이를 PDF 파일로 변환한다. 또한 당사자 모두 자신의 공인인증서를 이용하여 전자서명을 하여야 전자적 첨부가 가능하다.

○ 검인 : 토지거래허가(또는 신고)구역으로 지정된 토지의 허가(또는 신고)대상면적 이상의 토지에 대하여 현물출자로 인한 소유권이전등기를 신청함에 있어서는 반드시 토지거래허가서 또는 신고필증을 제출하여야 하며, 현물출자계약서에는 부동산등기특별조치법 제3조의 규정에 따른 검인을 받아야 하나, 그 부동산이 임야인 경우에는 임야매매증명서는 첨부할 필요가 없다(등기선례 제3-534호, 91.5.11. 등기 제996호).

○ 거래가액 신청정보 : 주택법 제80조의2등에서 정하는 계약을 등기원인으로 하는 소유권이전등기를 신청하는 경우에는 거래가액을 신청정보의 내용으로 등기소에 제공하고, 시장·군수 또는 구청장으로부터 제공받은 거래 계약신고필증정보를 첨부정보로서 등기소에 제공하여야 한다.

○ 매매목록 : 거래신고의 대상이 되는 부동산이 2개 이상인 경우에 작성하고, 그 매매목록에는 거래가액과 목적부동산을 기재한다. 단, 거래되는 부동산이 1개라 하더라도 여러 사람의 매도인과 여러 사람의 매수인 사이의 매매계약인 경우에는 매매목록을 작성한다.

○ 첨부하여야 할 정보 중 "법인등기부정보 및 부동산등기부정보"와 같이 등기소에서 직접 확인할 수 있는 정보는 그 표시만 하고 첨부를 생략하며, 행정기관 연계할 첨부서면 입력 버튼을 선택하여 주민등록정보에 대한 행정정보 공동이용 사전 동의서를 작성하여야 한다. 따라서 "주민등록정보, 토지대장정보, 건축물대장정보, 거래계약신고필정보, 거래계약허가정보"는 행정정보공유센터에 연계요청을 하여 수신한 정보를 첨부한다.

○ 작성명의인이 있는 전자문서를 첨부할 경우 그 전자문서는 PDF 파일 형식의 전자문서이어야 하며, "공인인증서정보, 행정전자서명정보, 전자증명서정보"를 함께 첨부하여야 한다.

○ 대리인에 의한 신청의 경우 : 대리인에 의한 신청인 경우에는 대리인이 위임에 관한 정보를 입력하고 당사자가 공인인증서정보(당사자가 법인인 경우에는 '전자증명서정보'를 말한다)를 첨부하여 승인하여야 한다.

○ 신청인이 법인인 경우에는 그 대표자의 자격을 증명하는 정보를 첨부정보로서 등기소에 제공하여야 한다(개정규칙 제46조 제1항 제4호).

○ 인감증명을 제출하여야 하는 자가 공인인증서정보(인감증명을 제출하여야 하는 자가 법인인 경우에는 '전자증명서정보'를 말한다)를 송신한 때에는 인감증명서정보의 송신을 요하지 않는다.

○ 방문신청의 경우 인감증명서 : 부동산매수자란에 매수인의 성명(법인은 법인명), 주민등록번호(또는 부동산등기용등록번호) 및 주소가 기재되어 있는 매도인의 부동산매도용 인감증명서를 첨부한다 .

○ 부동산거래계약신고필증 : 토지거래허가(또는 신고)구역으로 지정된 토지의 허가(또는 신고)대상면적 이상의 토지에 대하여 현물출자로 인한 소유권이전등기를 신청함에 있어서는 반드시 토지거래허가서 또는 신고필증을 제출하여야 한다(등기선례3-534, 1991.5.11. 등기 제996호).

○ 농지취득자격증명 : 부동산이 농지인 경우에는 농지취득자격증명(시, 읍, 면사무소 발급), 토지거래허가구역인 경우에는 토지거래허가증(시, 군, 구청 발급) 등을 첨부하여야 한다.

○ 토지거래허가서(신고필증) 등의 제출 : 토지거래허가(또는 신고)구역으로 지정된 토지의 허가(또는 신고)대상면적 이상의 토지에 대하여 현물출자로 인한 소유권이전등기를 신청함에 있어서는 반드시 토지거래허가서 또는 신고필증을 제출하여야 하며, 현물출자계약서에는 부동산등기특별조치법 제3조의 규정에 따른 검인을 받아야 하나, 그 부동산이 임야인 경우에는 임야매매증명서는 첨부할 필요가 없다(등기선례3-534, 91.5.11. 등기 제996호).

※ 국민주택채권매입

○ 중소기업기본법에 의한 중소기업을 경영하는 자가 당해 사업에 1년 이상 사용한 사업용자산을 현물출자하여 설립한 법인(자본금이 종전사업자의 1년간 평균순자산가액 이상인 경우에 한한다)의 설립에 따른 등기의 경우는 국민주택채권의 매입을 면제한다(주택법시행령 제39조제1항, 주택법시행규칙 별표 8호 대상자 5호, 나.).

※ 인지세 납부

○ 정부수입인지 : 국내에서 재산에 관한 권리 등의 창설·이전 또는 변경에 관한 계약서나 이를 증명하는 그 밖의 문서를 작성하는 자는 인지세를 납부하여야 한다(인지세법 제1조).

○ 인지세법 개정으로 2011년 1월부터 인지세 과세문서에 전자문서가 포함됨에 따라 전자신청을

이용하여 매매로 인한 소유권 이전 등기 신청 시 국세청에 납부한 인지세 정보를 신청서에 기재하여야 한다. 인지세 납부번호는 중복 사용이 불허되며, 자격자 대리인에 한해 연계 실패 시 스캔 제출이 가능하다.

○ 비과세대상문서 : 주택의 소유권이전에 관한 증서로서 등기부에 기재금액이 1억원 이하인 것(인지세법 제6조), 주택을 제외한 일반 부동산의 경우는 기재금액이 1천만원 이하인 경우 면제된다.

※ 취득세(등록면허세)·지방교육세·농어촌특별세란

○ 취득세 : 조세특례제한법 제31조 및 제32조에 따른 현물출자의 경우 2018년 12월 31일까지 취득하는 사업용 재산에 대하여는 취득세를 면제한다. 다만, 취득일부터 2년 이내에 대통령령으로 정하는 정당한 사유 없이 해당 사업을 폐업하거나 해당 재산을 처분(임대를 포함한다)하는 경우에는 감면받은 세액을 추징한다(조세특례제한법 제120조 제5항). 법인전환의 경우 취·등록세 등의 면제요건에 관하여는 89면 참조, 중소기업통합의 현물출자 취득세 및 양도소득세에 관하여는 789면 참조.

○ 등록면허세 등 : 등록세 및 지방교육세도 면제 된다.

○ 농어촌특별세 : 농어촌특별세의 경우 감면받는 취득세의 감면세액의 100분의 20을 납입하여야 한다(농어촌특별세법 제5조).

※ 등기신청수수료의 납부 등

○ 등기신청수수료 : 전자신청의 경우 부동산 1개당 10,000원. 방문신청의 경우 부동산 1개당 1만5천원.

○ 등기신청수수료 납부 : 당사자 또는 대리인이 신청정보를 모두 입력하고 승인을 받은 경우(승인대상이 아닌 경우 제외)에는 신청수수료를 전자적인 방법(신용카드, 계좌이제, 전자화폐)으로 납부하여야 한다.

○ 전자신청의 경우 등기신청수수료를 현금으로 납부한 경우에는 등기신청서에 은행수납번호를 기재하고, 납부서를 제출할 필요는 없다.

○ 등기신청수수료 과·오납에 따른 결제방법 : 등기신청수수료를 과·오납한 경우 신청인은 등기신청사건 처리완료 전에 기존 결제를 전액 취소한 후 다시 결제를 하여야 한다.

○ 수개의 부동산에 관한 등기신청을 일괄하여 하나의 신청서로 하는 경우에는 등기의 목적에 따른 소정의 수수료액에 신청 대상이 되는 부동산 개수를 곱한 금액을 등기신청수수료로 납부하여야 한다(등기예규 제1291호). 토지와 건물은 별개로 보며, 대지권이 있는 집합건물(아파트 등)은 1개로 본다.

○ 방문신청의 경우 수수료 납부 : 등기신청수수료는 은행에 현금으로 납부하거나, 수수료 수납기

능이 있는 무인발급기를 이용해 납부하고 이를 증명하는 서면을 등기신청서에 첨부하여 제출하는 방법으로 한다. 여러 건의 등기신청수수료를 일괄납부하는 경우 첫 번째 등기신청서에 영수필확인서 등을 첨부하고 해당 등기신청수수료와 일괄납부 건수 및 일괄납부액을 기재하며, 나머지 신청서에는 해당 등기신청수수료와 전 사건에 일괄 납부한 취지를 기재한다.

※ 등기완료통지서

○ 전자신청에서는 등기가 완료되면 기존의 등기필증 대신 신청유형에 따라 등기필정보 또는 등기완료통지서를 교부한다.

[기록례] 현물출자[22)]

【갑 구】 (소유권에 관한 사항)				
순위번호	등기목적	접 수	등기원인	권리자 및 기타사항
3	소유권이전	2009년 3월 5일 제3005호	2009년 3월 4일 현물출자	소유자 주식회사 통일 00000-000000 서울 서초구 서초동 345-1

22) 법원행정처 부동산등기 기재례집 77번

[서식] 현물출자계약서

현 물 출 자 계 약 서

갑 : ○○사
○○시 ○구 ○○로○길 ○, ○호(○○동)
대 표 : ○○○

을 : ○○주식회사(가칭)
○○시 ○구 ○○로○길 ○, ○호(○○동)
대표이사 : ○○○

"갑" 이 운영하고 있는 개인기업 ○○사의 사업에 관한 권리 및 의무일체를 설립 중인 법인 "을"이 포괄적으로 양수함에 있어서 다음과 같이 현물출자계약을 체결한다.

제1조(목적)
"갑" 이 운영하고 있는 개인기업 ○○사의 자산 및 부채를 포괄하여 "을" 에게 현물출자하여 법인으로 전환함으로서 부가가치세법 제10조 제9항의 규정에 의한 사업 양도를 하고, 조세특례제한법 제32조 규정에 의한 조세특례를 받기 위함에 있다.

제2조(현물출자의 대상물)
"갑" 의 명의로 되어있는 다음 각호의 부동산 및 일체의 자산 및 부채를 말한다.
1. 서울 ○○구 ○○로 ○-○(토지, 건물)
2. 그 외 일체의 자산, 부채

제3조(현물출자기준일)
"갑" 은 20○○년 ○월 ○일을 현물출자기준일로 하여, 현제 "갑" 의 장부상 자산의 총액과 부채의 총액을 현물 출자하기로 하고, 그 기준일을 "을" 의 법인설립일로 한다.

제4조(현물출자 가액 및 평가)

"갑" 은 법인설립에 따른 양도소득세, 부가가치세, 취득세 등을 면제 또는 감면받기 위하여 "갑" 의 20○○년 ○월 ○일 현재의 사업용 자산총액에서 부채총액을 차감한 잔액에 상당하는 가액으로 하되

1. 토지, 건물 등 유형 고정 자산은 공인감정평가사의 감정평가액으로 평가한다.

2. 위 제1호의 고정자산을 제외한 자산, 부채는 공인회계사의 감정보고서에 의하며, 사업용 자산총액에서 차감될 부채총액은 공이회계사의 감정보고서에 의한 부채잔액으로 한다.

3, 위 제1호, 제2호 가액은 검사인이 인정하는 금액으로 하며, 변경처분에 의해 변경될 수 있다.

제5조 (포괄적양도 및 사업승계)

① "갑" 이 운영하고 있는 개인기업 ○○사의 자산 및 부채와 권리를 "을" 이 포괄적으로 승계한다.

②사업양도양수일 현재 갑과 거래중인 모든 거래처는 "을"이 인수하여 계속 거래를 보장하도록 한다.

제6조(현물출자 자에 대하여 교부할 주식)

1. "을" 은 제4조에서 의해 평가된 가액에 따라 산정된 금액에 상당하는 액면의 보통주식(1주의 금액 금5,000원)을 "갑" 에게 교부하여야 한다.

제7조(출자의 이행)

"갑"은 현물출자를 이행하기 위하여 상법 제295조 제2항에 정한 바에 따라 현물출자 대상 개인기업 ○○사의 점유를 신설회사에게 이전하고 소유권의 이전에 관한 일체의 서류를 신설회사에게 인도한다.

제8조(종업원)

"을"은 갑의 전 종업원을 계속 근무케 함은 물론 종업원들과의 개별 고용계약 및 단체협약상의 사용자로서의 모든 권리, 의무를 사업양도양수 이행 일에 신설회사에 이전하며 신설회사는 이를 승계한다.

제9조(비용부담) 갑은 사업양수일 이전에 발생한 제세공과금(국세 및 지방세 포함) 일체를 책임지며, 을은 갑의 사업양도에 따른 비용전부를 부담키로 한다.

제10조(협조의무)

① “갑” 은 “을” 의 설립등기 및 사업수행에 필요한 일체의 협조를 하여야 한다.

②본 계약규정 이외에도 현물출자에 관하여 협정할 사항 또는 본 계약내용에 변경, 추가할 사항이 발생한 경우에 “갑” , “을” 은 쌍방간 협의에 의하여 변경하기로 한다.

③갑은 본 계약 체결후 사업인수를 완료할 때까지 그 재산의 관리운영에 있어 선량한 관리자의 주의를 게을리 하지 말 것이며, 또한 정상의 거래를 제외하고 재산에 영향을 미치는 중요한 사항에 관하여는 을의 사전승인에 의하도록 한다.

제11조(현물출자계약의 효력)

본 계약은 20○○년 ○월 ○일에 효력이 발생 한다.

이상으로 위와 같이 계약을 체결하고 계약서 4통을 작성, 서명 날인 후 "갑"과 "을"이 각각 1통씩 보관하고 나머지는 법인의 사업자등록 및 현물에 관한 소유권이전등기 시 사용하기로 한다.

20 년 월 일

갑 : ○○사

대 표 : ○○○ (인)

을 : ○○정밀주식회사

대표이사 : ○○○ (인)

[서식] 위임장

<table>
<tr><td colspan="3" align="center">위 임 장</td></tr>
<tr><td>부
동
산
의
표
시</td><td colspan="2">서울특별시 서초구 서초동 123-5
대 350㎡

이 상</td></tr>
<tr><td>등기원인과 그 연월일</td><td colspan="2">200 년 0 월 0 일 현물출자</td></tr>
<tr><td>등 기 의 목 적</td><td colspan="2">소유권 이전</td></tr>
<tr><td>이 전 할 지 분</td><td colspan="2"></td></tr>
<tr><td></td><td colspan="2"></td></tr>
<tr><td colspan="2" align="center">위 임 인</td><td align="center">대 리 인</td></tr>
<tr><td colspan="2">등기의무자 박 영 철 (인)
서울 서초구 서초동 234

등기권리자 주식회사 통일 (인)
서울 서초구 서초동 345-1
대표이사 김수길 (인)
서울 서초구 서초동 345</td><td>법무사 김 민 수
서울 서초구 서초동 456

위 사람을 대리인으로 정하고 위 부동산등기신청 및 취하에 관한 모든 행위를 위임한다.
또한 복대리인 선임을 허락한다.

200 년 0 월 0 일</td></tr>
</table>

제2편

세 감면 사업양도양수에 의한 법인전환

제1관 세 감면 사업양도양수에 의한 법인전환 총설

1. 서 설

가. 개 설

"세 감면 사업양도양수에 의한 법인전환"이란 조세특례제한법 제32조제1항과 동법 시행령 제29조제2항에서 규정하고 있으며 "개인사업을 영위하던 자가 발기인이 되어 순자산가액 이상을 출자하여 법인을 설립하고, 그 법인의 설립일부터 3월 이내에 당해 법인에게 사업에 관한 모든 권리와 의무를 포괄적으로 양도하는 방법"이다.

"세 감면 사업양도양수에 의한 법인전환" 방법은 법인으로 전환하고자 하는 개인기업과 새로 설립된 법인이 조세혜택을 받기 위하여 상법과 조세특례법의 규정에 의하여 법인전환을 하는 방법이다.

조세혜택은 사업양도양수를 통하여 법인에 개인사업에 관한 모든 권리와 의무를 포괄적으로 승계시키는 경우 취득세를 면제하고 양도하는 개인에 대해서는 양도소득세를 이월과세하고, 부가가치세를 과세하지 않는다.

사업양수도에 따라 취득하는 사업용 재산에 대하여 등록세와 취득세를 면제하는 취지는, 개인이 권리·의무의 주체가 되어 경영하던 기업을 개인 기업주와 독립된 법인이 권리·의무의 주체가 되어 경영하도록 기업의 조직 형태를 변경하는 경우 실질적으로 동일한 사업주가 사업의 운영 형태만 바꾸는 것에 불과하여 재산 이전에 따르는 등록세, 취득세 등을 부과할 필요가 적다는 데에 있다. 이처럼 실질적으로 동일한 사업주가 사업의 운영 형태만 바꾼 것으로 평가되기 위해서는 사업양수도 대상의 순자산가액이 신설 법인에 그대로 승계되어야 한다.

그리고 부가가치세의 경우 부가가치세법시행령 제23조에 의하면, 부가가치세법 제10조제9항제2호에서 사업을 양도하는 것이란 사업장별로 그 사업에 관한 모든 권리와 의무를 포괄적으로 승계시키는 것을 말하되 그 사업에 관한 권리와 의무 중 미수금이나 미지급금에 관한 것 등을 포함하지 아니하고 승계시킨 경우에도 당해 사업을 포괄적으로 승계시킨 것으로 본다고 규정하고 있다. 이는 사업과 직접 관련이 없거나 사업의 동질성을 상실하지 아니하는 범위 내에서의 일부 권리 · 의무를 제외하여도 사업의 양도로 보는 것(같은 뜻 :

부가가치세법 기본통칙 6-17-1, -2)이고, 사업용 재산을 비롯한 물적 · 인적설비 및 권리의무 등을 포괄적으로 양도하여 사업의 동질성을 유지하면서 경영주체가 교체된 것을 의미하는 것으로 풀이된다.

따라서 개인기업을 법인으로 전환하게 되면 개인에서 사용하던 부동산이나 기계장치 등을 법인 명의로 이전해야 한다. 그런데 개인과 법인은 실체가 다르므로 개인에서 법인으로 기계장치 등을 이전하게 되면 이에 대하여도 세금을 내야 한다. 즉, 부동산을 이전하는 데 대하여는 양도소득세가, 기계장치를 이전하는 데 대하여는 부가가치세가 해당된다. 그러나 사업용 자산을 비롯한 물적, 인적 시설 및 권리, 의무 등을 포괄적으로 승계하는 사업양도양수 방법에 의하여 개인기업 자산을 법인으로 이전하는 경우에는 재화의 공급으로 보지 아니한다. 즉, 사업양수도 방법에 의하여 법인으로 전환하는 경우에는 부가가치세를 과세하지 않는다.

한편 개인사업을 영위하던 자가 법인을 설립하고 위 절차와 같은 방법으로 당해 법인에게 개인사업에 관한 모든 관리와 의무를 포괄적으로 양도하는 “일반 영업양도양수에 의한 법인전환”방법이 있는바, 개인사업자가 부동산을 소유하고 있지 않은 경우 또는 부동산을 소유하고 있더라도 조세특례제한 요건을 갖추기 어렵거나 이월과세특례 적용에 따른 실익이 없는 경우라면 실무에서는 “일반 영업양도양수에 의한 법인전환 방식(493면 참조)”을 선택하고 있다.

나. 세 감면 사업양도양수방법과 현물출자방법과의 차이점

구분	현물출자	세금감면 사업양도양수
법인전환 방법	현물출자로 인한 법인전환	대통령령이 정하는 사업양도양수 방법에 의하여 법인전환
대상자	거주자이면서 발기인이어야 함	현물출자와 같음
대상자산	사업용 고정 자산이고, 소비성 서비스사업이 아닐 것	현물출자와 같음
신설법인의 자본금	법인으로 전환하는 사업장의 순자산 평가액 이상이어야 함	현물출자와 같음 다만, 법인설립 시 순자산가액상당

		의 현금을 자본금으로 납입을 하여야 함
법인설립시기	인가된 조사보고서가 송달된 날로부터 2주간 이내에 관할등기소에 설립등기	법인설립후 3개월 이내 양도양수
양도소득세	이월과세함	현물출자와 같음
취득세	면제함	현물출자와 같음
등록세	면제함	현물출자와 같음
국민주택채권	면제함	매입하여야 함
이월과세적용신청서	제출하여야 함	현물출자와 같음
이월과세금추징	법인전환 후 5년 이내에 사업을 폐기하거나 자본금의 50% 이상을 처분하는경우 이월과세된 양도소득세 추징	현물출자와 같음
세액면제신청서	제출하여야 함	현물출자와 같음
취득세감면재산의 추징	취득일부터 2년 이내에 폐업하거나 처분(임대포함)하는 경우 추징(지세특 제57조의2④)	현물출자와 같음

다. 양도양수절차

(1) 법인설립 및 양도양수일정표

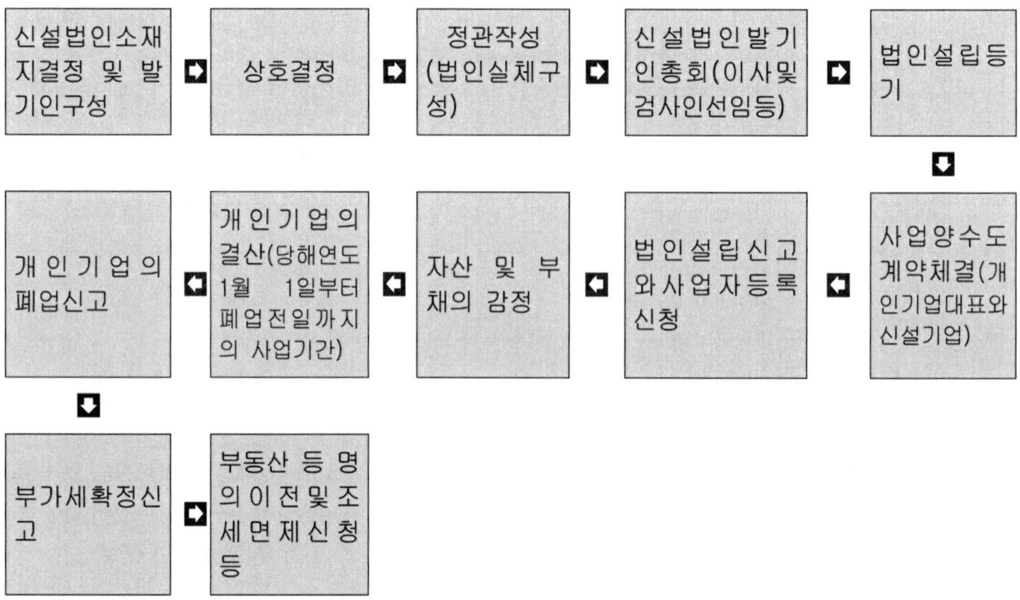

(2) 법인전환기준일

법인전환을 결정을 하게 되면 우선 신설법인소재지 및 발기인구성하고, 상호결정, 정관작성(법인실체구성)을 하여 법인설립등기를 하고, 이 설립된 법인과 개인기업이 사업양도·양수계약을 체결한다. 이때 새로 설립된 법인은 법인 설립신고 및 사업자등록신청을 한 다음, 이후 영업을 양도한 개인기업은 결산을 보고 폐업신고를 하여 법인전환기준일을 정한다. 법인전환기준일은 개인기업을 폐업을 하고 신설법인 명의로 사업을 개시하는 날을 말한다.

개인기업은 법인으로 전환하는 당해 연도의 1월 1일부터 폐업일인 법인전환기준일까지를 결산기간으로 한다. 개인기업은 폐업일로부터 25일 이내에 부가가치세 확정신고를 하여야 한다. 이때 부가가치세 신고대상이 되는 과세거래에는 포괄적인 사업양도·양수 계약의 경우에는 신고대상에서 제외되고 정상적인 사업장의 과세거래만 포함된다.

(3) 사업양도 · 양수계약

사업양도·양수로 인한 법인전환의 경우 법인이 설립되면 법인의 대표이사와 개인기업주간에 사업양도양수계약을 체결하게 되는데, 이 계약에서는 사업양도에 따른 부가세를 면제받기 위하여 사업을 포괄적으로 양도·양수한다는 사실이 계약서 등에 명시되어야 한다.

사업양도·양수계약 체결시기는 법인설립등기 후 사업자등록 신청일 이전에 사업양도·양수계약을 체결하고 공증을 받아야 한다.

사업양도·양수계약시에는 사업양도·양수가액이 확정될 수 없으므로 사업양도·양수가액의 평가방법만 기재하고 후에 결산종료가 완료되면 그때 확정시킨다.

사업양도·양수의 목적물은 개인사업자의 사업장과 관련하여 포괄적으로 이전하여야 하므로 승계대상 및 자산, 부채 등은 사업의 동일성이 훼손되지 않도록 기재하여야 하고, 귀속주체를 명확히 하여야 하며, 사업양도가액 및 종업원에 대한 승계에 관한 내용을 기재하여야 한다.

Q 계약서를 작성하지 아니한 경우 포괄적 사업양도 해당여부

A 거래당사자간 사업양도양수계약서를 작성하지 않았더라도 사업장별로 모든 권리와 의무를 포괄적으로 이전하는 경우에는 사업양도에 해당하는 것임(부가, 서면인터넷방문상담3팀-3122, 2007.11.16.).

Q [질의회신] 사업양도양수계약서 없이 매매계약서만으로 양도한 경우 포괄적 사업양도 해당 여부

A 부가가치세법 제10조 제8항 제2호 및 같은법 시행령 제23조의 규정에 따른 재화의 공급으로 보지 아니하는 사업양도는 사업자가 사업장별로 그 사업에 관한 모든 권리와 의무를 포괄적으로 승계시키는 것을 말하는 것으로서, 이 경우 거래당사자간 사업양도양수계약서를 작성하지 않았거나 폐업신고시 폐업사유에 사업양도라고 표기하지 않았더라도 실질적으로 사업장별로 모든 권리와 의무를 포괄적으로 이전하는 경우에는 사업양도에 해당하는 것이며 양수자가 승계받은 사업 외에 새로운 사업의 종류를 추가하거나 사업의 종류를 변경한 경우에도 사업양도에 해당하는 것입니다(문서번호 법규부가2014-408 생산일자 2014.08.25.).

Q 재화의 공급으로 보지 아니하는 사업양도 해당 여부 등

A 거래당사자간 사업양도양수계약서를 작성하지 않았더라도 사업장별로 모든 권리와 의

무를 포괄적으로 이전하는 경우에는 사업양도에 해당하는 것으로서 재화의 공급으로 보지 아니하는 사업양도에 해당하는 경우에는 세금계산서를 교부할 수 없는 것이며, 사업양도 해당여부는 양도당시의 현황 등 관련사실을 종합하여 사실판단 할 사항임. 재화의 공급으로 보지 아니하는 사업양도에 대해 사업양도자가 세금계산서를 발급하고 부가가치세를 신고 · 납부한 경우 사업양수인은 그 매입세액을 공제할 수 없는 것이며, 사업자가 부가가치세를 착오로 신고 · 납부한 사실을 관할세무서장이 확인한 경우 당해 관할세무서장은 같은 법 제21조의 규정에 의하여 부가가치세의 과세표준과 납부세액을 경정하여 착오로 납부된 금액을 환급할 수 있는 것임(부가, 부가가치세과 -366, 2011.04.07.)

[서식] 사업양도양수계약서

사업양도양수계약서

갑 : ○○시 ○구 ○○로○길 ○, ○호(○○동)
회사명 : ○○사
대 표 : ○○○

을 : ○○시 ○구 ○○로○길 ○, ○호(○○동)
회사명 : ○○정밀주식회사
대표이사 : ○○○

"갑" 이 운영하고 있는 개인기업 ○○사의 사업에 관한 권리 및 의무일체를 설립중인 법인 "을"이 포괄적으로 양수함에 있어서 다음과 같이 계약을 체결한다.

제1조(목적)

본 계약은 "갑" 이 운영하는 개인기업 ○○사의 사업에 관한 권리 및 의무일체를 "을"이 포괄적으로 양수함으로서 부가가치세법 제10조 제9항의 규정에 의한 사업양도에 따른 부가가치세의 면제와 조세특례법 제32조에 의한 양도소득세의 이월과세 및 취득세 등의 면제를 받는 법인전환을 함을 목적으로 한다.

제2조(포괄적양도 및 사업승계)

①갑은 20○○년 ○월 ○일 현재의 장부상 사업용 자산총액에서 부채총액을 차감한 잔액을 대가로 하여 을에게 사업 일체를 포괄적으로 양도한다.

②사업양도양수일 현재 갑과 거래중인 모든 거래처는 을이 인수하여 계속 거래를 보장하도록 한다.

제3조(평가방법)

을은 갑이 제출한 20○○년 ○월 ○일 현재의 대차대조표를 감리한 후 특별한 사항이 없는 한 양수할 자산(토지와 건물 제외)과 부채를 장부가액대로 평가해야 한다.

제4조(양도양수기준일 등)

갑이 을에게 사업 전부를 양도하는 기준일은 20○○년 ○월 ○일로 하고, 을은 사업양도가 종료되는 날까지 갑에게 대금을 완불하여야 한다. 다만, 기일까지 사업양도에 따른 제반 법적절차가 종료되지 않을 때에는 갑, 을 쌍방협의로 이를 연장할 수 있다.

제5조(종업원)

을은 갑의 전 종업원을 계속 근무케 함은 물론 종업원들과의 개별 고용계약 및 단체협약상의 사용자로서의 모든 권리, 의무를 사업양도양수 이행 일에 신설회사에 이전하며 신설회사는 이를 승계한다.

제6조(비용부담)

갑은 사업양수일 이전에 발생한 제세공과금(국세 및 지방세 포함) 일체를 책임지며, 을은 갑의 사업양도에 따른 비용전부를 부담키로 한다.

제7조(협조의무)

① “갑” 은 “을” 의 설립등기 및 사업수행에 필요한 일체의 협조를 하여야 한다.

②협정할 사항 또는 본 계약내용에 변경, 추가할 사항이 발생한 경우에 “갑” , “을” 은 쌍방간 협의에 의하여 변경하기로 한다.

③갑은 본 계약 체결후 사업인수를 완료할 때까지 그 재산의 관리운영에 있어 선

량한 관리자의 주의를 게을리 하지 말 것이며, 또한 정상의 거래를 제외하고 재산에 영향을 미치는 중요한 사항에 관하여는 을의 사전승인에 의하도록 한다.

④갑은 본 계약 체결후 사업인수를 완료할 때까지 그 재산의 관리운영에 있어 선량한 관리자의 주의를 게을리 하지 말 것이며, 또한 정상의 거래를 제외하고 재산에 영향을 미치는 중요한 사항에 관하여는 을의 사전승인에 의하도록 한다.

제8조(계약의 효력)

이 계약은 20○○년 ○월 ○일부터 효력이 발생한다.

이상으로 위와 같이 계약을 체결하고 계약서 4통을 작성, 서명 날인 후 "갑"과 "을"이 각각 1통씩 보관하고 나머지는 법인의 사업자등록 및 명의이전등기, 등록 시 사용하기로 한다.

20 년 월 일

갑 : ○○사

대 표 : ○○○ (인)

을 : ○○주식회사

대표이사 : ○○○ (인)

(4) 권리와 의무 양도기간

조세감면을 받기 위하여는 법인의 설립일부터 3월 이내에 법인전환절차가 완료되어야 하고, 개인기업의 모든 권리와 의무를 포괄적으로 양도하여야 한다(조세특례제한법 제32조제1항).

여기서 3월의 기간계산은 국세기본법 제4조[23]에 의하고, 개인기업의 모든 권리와 의무를 포괄적으로 양도했는지는 부가세법 제10조제9항제2호의 규정을 준용하여 판정한다.

Q 개인사업자의 법인전환시 청구법인 설립일부터 3개월 이내에 청구 법인에게 사업에 관한 모든 권리와 의무가 포괄적으로 승계된 것으로 볼 수 있는지 여부

A 청구법인은 종전 개인사업자와 사업포괄양수도 계약을 체결하여 이 건 채무를 포함한 사업용자산과 부채를 청구법인에게 포괄양도한 점 등에 비추어 청구법인은 종전개인사업자가 영위하던 사업일체를 포괄적으로 양수한 것으로 보이므로 처분청에서 근저당권의 채무자 명의를 변경한 날을 이 건 채무를 인수한 것으로 보아 취득세를 추징한 처분은 잘못이 있다(조심 2016지0048, 2016.10.21, 취소).

[판 단] 사실관계 및 관련 법령 등을 종합하여 살피건대, 처분청은 이 건 채무가 청구법인의 설립일(2011.11.28.)부터 3개월 이내에 이전되지 아니하였으므로 「조세특례제한법」 상 취득세 면제대상이 아니라고 보았으나, 종전개인사업자 OOO을 목적사업으로 하여 청구법인을 2011.11.28. 설립하고, 종전개인사업자를 2011.12.1. 폐업하였으며, 2012.1.2. 청구법인과 사업포괄양수도 계약을 체결하여 이 건 채무를 포함한 사업용자산과 부채를 청구법인에게 포괄양도한 점 등에 비추어 청구법인은 종전개인사업자 OOO이 영위하던 사업일체를 포괄적으로 양수한 것으로 보이는 점, "사업에 관한 모든 권리와 의무를 포괄적으로 양도하는 것"이라 함은 개인사업자가 법인으로 전환하면서 그 법인설립일부터 3개월 이내에 개인사업자의 자산과 부채 등 모든 권리와 의무를 설립된 법인이 포괄적으로 인수하여 법인의 재무제표로 전환하는 등 법인장부에 등재하는 것을 말하는 것으로, 청구법인이 사업포괄양수도 계약 후 작성한 재무상태표에는 이 건 채무를 포함한 종전개인사업자의 모든 권리와 의무가 청구법인의 재무제표에 계상된 사실이 확인되는 점, 처분청에서 청구법인이 인수하지 아니하였다고 본 채무(의무)는 이 건 부동산에 설정된 근저당권 채무로, 이 건 부동산의 소유권

---

23) 국세기본법 제4조(기간의 계산) 이 법 또는 세법에서 규정하는 기간의 계산은 이 법 또는 그 세법에 특별한 규정이 있는 것을 제외하고는 민법에 따른다.

이전등기일인 2012.1.4.에 청구법인이 이 건 부동산을 종전개인사업자 OOO으로부터 취득하면서 이 건 부동산에 설정된 근저당권 채무인 이 건 채무도 함께 인수된 것으로 보는 것이 합리적인 점, 청구법인과 OOO이 2012.1.2. 체결한 사업포괄양수도계약서 제7조에서도 '등기, 등록일 이전이라도 양도일 이후의 사실상 소유자는 청구법인임을 확인'하고 있는 점, 민법 제457조에서 '채권자의 채무인수에 대한 승낙은 다른 의사표시가 없으면 채무를 인수한 때에 소급하여 그 효력이 생긴다'고 규정하고 있고, 이 건 사업포괄양수도 계약은 2011년 11월 이 건 채무의 채권자인 OOO 및 청구법인 3자간의 협의를 통하여 체결된 것으로 보이는 점 등으로 보아 이 건 채무 인수의 효력은 사업포괄양수도 계약이 체결된 2012.1.2.로 소급하여 발생하는 것으로 볼 수 있는 점 등에 비추어 이 건 채무는 청구법인 설립일부터 3개월 이내에 청구법인에게 양도된 것으로 보는 것이 합리적이라 하겠다.

Q 사업양수・양도 방식으로 법인전환하는 과정에서 취득한 토지거래허가 대상 부동산을 법인설립일부터 3개월이 경과하여 토지거래허가를 받아 등기한 경우 취득세 면제대상 여부

A 사업을 양도, 양수의 방법으로 법인을 설립하여 토지거래허가지역 내의 토지를 양수하는 경우, 토지거래허가승인으로 인해 등기가 지연되었더라도 허가를 받으면 소급하여 계약이 유효하므로 잔금지급일을 취득시기로 보는것이 타당하며, 법인설립 후 3개월 이내에 취득한 부동산 이라면 취득세를 감면하여야 한다(조심 2013지0192, 2013. 08. 09, 취소).

Q 사업자인 거주자가 사업양수도 방법으로 법인전환시 양도 또는 취득시기

A 사업자인 거주자가 조세감면규제법시행령 제29조의 규정에 의한 사업양수도 방법으로 법인전환 하면서 소유부동산을 법인에게 포괄양도한 경우에도 그 양도 또는 취득시기는 소득세법시행령 제53조 규정에 의하는 것이므로 귀 문의 경우 대금청산전에 부동산의 소유권을 이전하였으면 그 소유권 이전등기접수일이 양도시기가 됨(양도, 재일46014-1820 , 1995.07.19.).

(5) 이사회의 승인

법인의 대표이사와 개인기업주간에 사업양도·양수계약을 체결할 경우 상법의 규정에 따라 이사회의 승인(상법 제398조) 또는 주주총회의 특별결의(상법 제374조)가 필요하다. 이는 상법상 이사가 그 지위를 이용하여 회사와 직접 거래를 하거나 이사 자신의 이익을 위하여 회사와 제3자 간에 거래를 함으로써 이사 자신의 이익을 도모하고 회사 또는 주주에게 손해를 입히는 것을 방지하고자 하는 것이다(대법원 2013. 9. 12. 선고 2011다57869 판결).

상법 제398조는 이사의 선관의무(상법 제382조제2항) 및 충실의무(상법 제382조의3)의 내용을 구체화한 것으로서 구 상법이 회사와의 거래제한 대상을 이사만으로 한정하고 있어서 이사의 직계존비속·배우자 또는 그들의 개인회사 등이 회사와 거래하는 경우와 같이 실질상 이사의 자기거래에 해당하나 형식상 이에 해당하지 않는 부당한 거래를 규율하지 못하는 문제가 있으므로 개정상법은 회사의 이익을 위하여 이를 제한하기 위한 것이다.

이사회의 승인은 이사 3분의2 이상의 수로써 하여야 한다.

[서식] 이사회의사록

이사회의사록

20○○년 ○월 11일 오전 10시 당사 회의실에서 다음의 의안을 심의하기 위하여 상법 제390조 제2항에 의거하여 소정의 절차를 거쳐 이사회를 개최하다.

이사의 총수	3명	출석한 이사수	3명
감사의 총수	1명	출석한 감사수	1명

의장 이세용은 의장석에 등단하여, 위와 같이 법정수에 달하게 출석하였으므로 본회가 적법하게 성립됨을 고하고 개회를 선언, 다음 의안을 부의하고 심의를 구하다.

의안 : 사업양도양수의 건

의장은 이세용이 운영하고 있던 ○○사(서울시 강남구 역삼로123길 30호)를 본 법인으로 전환함에 따라 사업에 관한 일체의 권리와 의무를 포괄적으로 양도 양수함에 대하여 별첨한 사업양도양수계약서에 의함을 설명하고 이를 승인해 줄 것을 구한

바, 이에 질의와 토의를 거쳐 본 의안을 출석이사 및 감사 전원의 만장일치로 가결하다.

의장은 이상으로서 회의 목적인 의안 전부의 심의를 종료하였으므로 폐회한다고 선언하다(회의종료시각 11시00분).

위 의사의 경과 요령과 결과를 명확히 하기 위하여 이 의사록을 작성하고 의장과 출석한 이사와 감사가 기명날인 또는 서명하다.

20○○년 ○월 25일

주식회사 종이나라
의장 대표이사 ○ ○ ○
사내이사 ○ ○ ○
사내이사 ○ ○ ○

(6) 자산 및 부채의 감정

사업양도 양수의 경우 감정이 필요한 자산은 토지, 건물 등 유형자산이며, 나머지 자산은 취득원가인 장부가액으로 하여도 큰 문제가 없다(아래 질의회신 참조). 따라서 토지, 건물의 경우에는 현물출자와 같이 감정절차를 거쳐 순자산가액으로 평가받아 신설법인의 자본금이 된다.

Q 감면대상인 사업양수도 방식에 의한 법인전환(개인→법인)시 소멸하는 개인사업장의 순 자산가액을 평가함에 있어 시가로 할 것인지 및 법인장부가액으로 하여야 하는지 여부

A 청구인의 경우, 2005.6.25. 청구인과 종전개인사업체간에 장부상 사업용 자산총액에서 부채총액을 차감한 잔액을 대가로 사업 일체를 포괄적으로 장부가액대로 사업양도양수계약을 체결한 다음 2005.6.30. 현재 법인정관을 작성 및 설립하여 개인사업체 대표자인 청구인의 대표이사는 주식 14천주 140백만원을 출자하였고, 소멸된 개인사업체 순자산가액은 청구인은 장부상 기준으로 총자산가액(639,191,257원)에서 부채가액(508,381,618원)을 차감한 금액(130,809,639원, 이하 "청구인 가액"이라 한다)으로 산출하였으며, 처분청에서는 나머지는 동일하지만 총자산가액은 이 사건 부동산 양수금액의 차이 때문에 661,137,739원으로 계산한여 산출한 금액(152,756,121원, 이하 "처분청 가액"이라 한다)으로 하고 있는 것을 종합하여 볼 때, 개인의 법인전환 감면요건 중 기존개인사업체를 영위하던 자(청구인의 대표이사)가 발기인이 되는 사실이나 양수도계약을 체결한 후 3월 내 사업용재산을 양수하는 요건을 충족하였지만 청구인의 대표이사의 출자금(140백만원)이 위 순자산가액에 미달되는지 여부는 청구 당사자간에 산출한 가액, 즉 청구인 가액 및 처분청 가액에 따라 감면대상이 결정되는 것이므로 이를 보면, 이 사건 부동산의 경우, 청구인은 2005.7. 이 사건 부동산을 검인계약서상 4억원으로 양수한 다음 2005년도 계정별 원장에서 토지 및 건축물 구입대금 각 2억원으로 계상되었으나 그 후 토지 200,165천원 및 건물 177,888,518원으로 정정계상되었고, 2006.11. 관할세무서는 이 사건 부동산 중 건축물분에 대한 국세청기준시가를 279,655,520원으로 통보한 사실, 그리고 개인사업자가 양도소득세를 면제받기 위하여는 평균 순자산가액이 그 주식회사의 자본금 이하라는 점을 그 개인사업자가 입증하여야 할 것(대법원 1994.11.18. 선고, 93누20160 판결)임에도 장부상 가액이 시가로 평가하였다는 입증자료가 보이지 않는 점들에서, 위 순자산가액은,

양자간 체결한 양수도계약서에서 사업용재산을 장부상 가액으로 평가하여 양수도하기로 약정하므로, 장부상 가액에 의하여 산출한 것으로 보여지고, 이러한 장부상 가액은 청구인이 제출한 자료가 없어서 시가에 의하여 평가된 가액인지를 알 수 없지만, 이 사건 부동산 중 건축물분에 대한 평가가액이 장부상에는 177,888,518원이나 관계기관의 기준시가는 279,655,520원으로 공시된 점에 미루어 위 순자산가액은 시가가 반영되었다고 보기 어려운 장부상 가액으로 보아야 함이 상당하다고 할 것이며, 한편, 처분청에서 위 시가기준가액을 대차대조표상 제가액은 청구인의 것으로 하면서 이 사건 부동산만 검인계약서상의 가액(4억원)으로 하여 산정한 것은 관련법령상의 시가에 근접하였다고 보는 것이 합리성이 있다고 볼 것으로서, 청구인의 대표이사가 출자한 금액(140백만원)은 위 처분청 가액(152,756,121원)보다 미달되므로 취득세 등의 감면요건을 충족하지 못한 것으로 보아 이 사건 취득세 등을 부과한 처분은 잘못이 없다고 하겠다(행심 2007-74, 2007.02.26).

Q 사업양수도계약에 따라 사업일체를 포괄적으로 양수하는 과정에서 취득한 쟁점부동산의 취득가액을 쟁점매도법인의 장부가액이 아닌 감정평가법인이 평가한 가액으로 하여야 한다는 청구주장의 당부

A 청구법인이 제시하고 있는 감정평가액은 담보대출 실행을 위하여 작성되어 쟁점부동산의 거래가액으로 볼 수 없는 점 등에 비추어 쟁점부동산의 취득가액은 사업양수도계약서 및 쟁점매도법인의 법인장부에 의하여 객관적으로 확인되는 가액으로 보는 것이 타당하다 할 것이므로 처분청에서 이 건 경정청구를 거부한 처분은 잘못이 없다(조심 2015지1149, 2016.03.15. 기각).

2. 세 감면 사업양도양수의 경우 조세지원

가. 개 설

조세특례는 법인 설립에 따른 등록세 등을 면제해주는 아니고 현물을 신설법인으로 소유권이전등기를 할 때에 조세특례제한법의 요건을 충족한 경우 양도세 및 취, 등록세의 조세혜택을 받을 수 있는 것이다.

여기서 규정하는 "사업양도양수에 의한 법인전환"의 경우도 현물출자제도와 같이 조세특례제한법의 요건을 충족하여야 양도세 및 취, 등록세의 조세특례를 받을 수 있는 것이다.

"조세특례"란 일정한 요건에 해당하는 경우의 특례세율 적용, 세액감면, 세액공제, 소득공제, 준비금의 손금산입(損金算入) 등의 조세감면과 특정 목적을 위한 익금산입, 손금불산입(損金不算入) 등의 중과세(重課稅)를 말한다(조세특례제한법 제2조제1항제8호).

나. 요 건

(1) 발기인이고 거주자일 것

세금감면 사업양도양수의 경우 발기인에 한하므로 개인기업 대표는 반드시 발기인이어야 하고, 거주자이어야 한다(조세특례제한법 제32조제1항). "거주자"란 국내에 주소를 두거나 183일 이상의 거소(居所)를 둔 개인을 말한다(소득세법 제1조의2).

> 소득세법 시행령
> 제2조(주소와 거소의 판정) ① 「소득세법」(이하 "법"이라 한다) 제1조의2에 따른 주소는 국내에서 생계를 같이 하는 가족 및 국내에 소재하는 자산의 유무등 생활관계의 객관적 사실에 따라 판정한다. <개정 2010.2.18.>
> ②법 제1조의2에 따른 거소는 주소지 외의 장소 중 상당기간에 걸쳐 거주하는 장소로서 주소와 같이 밀접한 일반적 생활관계가 형성되지 아니한 장소로 한다. <개정 2010.2.18.>
> ③국내에 거주하는 개인이 다음 각 호의 어느 하나에 해당하는 경우에는 국내에 주소를 가진 것으로 본다. <개정 2015.2.3.>
> 1. 계속하여 183일 이상 국내에 거주할 것을 통상 필요로 하는 직업을 가진 때
> 2. 국내에 생계를 같이하는 가족이 있고, 그 직업 및 자산상태에 비추어 계속하여 183일 이상 국내에 거주할 것으로 인정되는 때
> ④ 국외에 거주 또는 근무하는 자가 외국국적을 가졌거나 외국법령에 의하여 그 외국의 영주권을 얻은 자로서 국내에 생계를 같이하는 가족이 없고 그 직업 및 자산상태에 비추어 다시 입국하여 주로 국내에 거주하리라고 인정되지 아니하는 때에는 국내에 주소가 없는 것으로 본다. <개정 2015.2.3.>
> ⑤외국을 항행하는 선박 또는 항공기의 승무원의 경우 그 승무원과 생계를 같이하는 가족이 거주하는 장소 또는 그 승무원이 근무기간외의 기간중 통상 체재하는 장소가 국내에 있는 때에는 당해 승무원의 주소는 국내에 있는 것으로 보고, 그 장소가 국외에 있는 때에는 당해 승무원의 주소가 국외에 있는 것으로 본다.

(2) 소비성 서비스사업이 아닐 것

신설법인의 영위 업종이 소비성서비스업이 아니어야 한다. 조세특례제한법 제32조 제1항에서는 "㉠호텔업 및 여관업(관광진흥법에 따른 관광숙박업은 제외한다), ㉡주점업(일반 유흥주점업, 무도 유흥주점업 및 식품위생법 시행령 제21조에 따른 단란주점 영업만 해당하되, 관광진흥법에 따른 외국인 전용 유흥음식점업 및 관광 유흥음식점업은 제외한다),

㉢그 밖에 오락·유흥 등을 목적으로 하는 사업으로서 기획재정부령으로 정하는 사업"에 해당하는 업종에 대하여는 이월과세를 적용 받을 수 없도록 하였다. 여기서 업종은 소득세법 제19조에 의하여 판정한다.

(3) 사업용 고정자산일 것

사업용 고정자산에 대해서 이월과세를 적용받을 수 있으며(조세특례제한법 제32조제1항), 취득세를 면제한다(지방세특례제한법 제57조의2제3항).

"사업용 고정자산"이란 해당 사업에 직접 사용하는 유형자산 및 무형자산[1981년 1월 1일 이후에 취득한 부동산으로서 업무무관부동산(법인세법 시행령 제49조제1항제1호에 따른 업무와 관련이 없는 부동산을 말함)을 제외함]을 말한다. 이 경우 업무무관부동산에 해당하는지의 여부에 대한 판정은 양도일을 기준으로 한다(조세특례제한법 시행령 제28조제2항 및 조세특례제한법 시행규칙 제15조제3항).

판례는 "사업용 재산이라 함은 조세특례제한법 제32조의 규정에 의하여 '제조업, 건설업 등을 영위하는 거주자가 재산을 현물출자하여 자본금이 대통령령이 정하는 금액 이상인 법인으로 전환하는 경우에 그 법인이 취득하는 사업용 재산'을 의미한다고 볼 것이지, 현물출자에 의한 법인전환시 양도소득세의 이월과세를 적용받는 대상에 맞추어 사업용 고정자산인 사업용 재산만을 의미한다고 한정 해석할 것은 아니다(대법원 2003.03.14. 선고 2002두12182 판결)."라고 한다.

Q 아파트형공장 법인전환시 정당한사유 해당여부

A 현물출자, 사업양수도로 취득한 사업용재산은 취·등록세 면제 취지는 조세특례제한법 제32조 개인사업자의 법인전환은 동일한 사업주가 사업의 운영형태만을 바꾸는 것에 불과하여 재산이전에 따르는 취등록세를 부과할 필요가 적음과 개인사업의 법인전환을 장려함에 있고 사업양수도 및 현물출자 방식으로 개인사업자가 법인전환은 정당한 사유로 인정함이 타당하다(지방세운영과-3213, 2010.07.27 질의회신).

[본문] 서울특별시세감면조례제21조 제2항에서 아파트형공장에 입주하여 사업을 영위하고자 하는 중소기업기본법제2조에 따른 중소기업자가 산업집적활성화 및 공장설립에 관한 법률제28조의5 제1항제1호 및 제2호에 따른 사업 또는 벤처기업을 영위할 목적으로 아파트형공장 설립자로부터 최초로 분양받아 취득하는 아파트형공장용 부동산에 대하여는 취득세를 면제하고, 취득한 날부터 2년 이내에 등기하는 경우에는

등록세를 면제한다. 다만, 그 취득한 날부터 1년 이내에 정당한 사유없이 해당 사업 또는 벤처기업용에 직접 사용하지 아니하는 경우와 5년 이내에 매각하거나 다른 용도에 사용하는 경우 그 해당부분에 대하여는 면제된 취득세와 등록세를 추징한다고 규정하고 있으며, 조세특례제한법제119조 제4항 및 제120조 제5항에서 제32조에 따른 현물출자 또는 사업양수도에 따라 취득·등기에 대한 사업용재산에 대하여는 취득세 및 등록세를 면제한다고 규정하고, 같은 법 제32조 제1항에서 거주자가 사업용고정자산을 현물출자하거나 대통령령으로 정하는 사업 양도 · 양수의 방법에 따라 2012년 12월 31일까지 법인으로 전환하는 경우 그 사업용고정자산에 대해서는 이월과세를 적용받을 수 있다고 규정하고 있다.

Q 개인기업의 법인전환시 사업양수도로 취득한 공장용 부속토지 일부(나대지 상태에 있는 것)가 조세특례제한법상의 감면대상인 사업용 재산에 해당하는지 여부

A 조세특례제한법 제32조제2항 등에서 개인사업자가 사업양수도 방법에 의하여 법인으로 전환하는 경우, 개인사업자의 법인 출자금이 개인사업체의 순자산가액 이상인 것을 전제아래 설립 후 3월내 취득(등기)하는 사업용 재산에 대하여 취득세 등을 감면한다고 하는 바, 개인기업의 법인전환시 사업양수도로 취득한 공장용 부속토지 일부(나대지)는 조세특례제한법상의 감면대상인 사업용 재산에 해당한다(행심 2007-126, 2007.03.26. 경정).

Q 승계받은 고정자산의 범위에 부동산 이외 주식이 포함되는지 여부

A 승계받은 고정자산의 범위에 주식이 포함되며, 승계받은 사업의 계속이나 폐지의 판단은 개별사업장이 아닌 승계받은 사업 전체를 기준으로 함(대법원 2016두51535, 2017.01.25)

Q 개인소유 부동산을 담보제공하여 차입한 채무

A 사업양수도방식에 의하여 개인사업자가 법인으로 전환하는 경우 사업양수도의 반대급부 또는 당기순이익의 유무에 관계없이 해당 사업용 자산에 대한 취득세가 감면되는 것이며, 사업용 재산이 아닌 개인소유 부동산을 담보제공하여 차입한 채무가 해당 사업에 관한 채무라면 이 채무도 사업양수도의 대상에 해당되므로 취득세 감면요건에

포함된다(세제과-12739, 2012.10.05 질의회신).

Q [질의] 「서울특별시세감면조례」 제21조제2항은 아파트형공장을 영위할 목적으로 분양받는 경우 취·등록세를 감면하나 정당한 사유 없이 5년 이내에 매각하는 경우 기 감면세액을 추징한다고 규정한 바, 개인사업자가 아파트형공장을 분양받아 취·등록세를 감면 받고 당해 목적으로 직접 사용하다가 「조세특례제한법」 제32조에따른 사업양수도 또는 현물출자방법으로 법인으로 전환할 경우, 이를 유예기간(5년) 이내에 매각한 정당한 사유로 볼 수 있는 지 여부

A [회신] 가. 「서울특별시세감면조례」 제21조 제2항에서 아파트형공장에 입주하여 사업을 영위하고자 하는 「중소기업기본법」 제2조에 따른 중소기업자가 「산업집적활성화 및 공장설립에 관한 법률」 제28조의5 제1항제1호 및 제2호에 따른 사업 또는 벤처기업을 영위할 목적으로 아파트형공장 설립자로부터 최초로 분양받아 취득하는 아파트형공장용 부동산에 대하여는 취득세를 면제하고, 취득한 날부터 2년 이내에 등기하는 경우에는 등록세를 면제한다. 다만, 그 취득한 날부터 1년 이내에 정당한 사유 없이 해당 사업 또는 벤처기업용에 직접 사용하지 아니하는 경우와 5년 이내에 매각하거나 다른 용도에 사용하는 경우 그 해당부분에 대하여는 면제된 취득세와 등록세를 추징한다고 규정하고 있으며, 「조세특례제한법」 제119조 제4항 및 제120조 제5항에서 제32조에 따른 현물출자 또는 사업양수도에 따라 취득·등기에 대한 사업용재산에 대하여는 취득세 및 등록세를 면제한다고 규정하고, 같은 법 제32조 제1항에서 거주자가 사업용고정자산을 현물출자하거나 대통령령으로 정하는 사업 양도・양수의 방법에 따라 2012년 12월 31일까지 법인으로 전환하는 경우 그 사업용고정자산에 대해서는 이월과세를 적용받을 수 있다고 규정하고 있습니다.

나. 조세특례제한법상 현물출자 또는 사업양수도에 따라 취득하는 사업용재산에 대하여 취·등록세를 면제하는 취지는 제32조에 따른 개인사업자의 법인전환은 실질적으로 동일한 사업주가 사업의 운영형태만을 바꾸는 것에 불과하여 재산이전에 따르는 등록세, 취득세 등을 부과할 필요가 적음과 더불어 개인사업의 법인전환을 장려함에 있다(2003.3.14. 선고 2002두12182 판결 참조)고 할 것이고, 그간에도 「조세특례제한법」 제32조에 따른 개인사업자의 법인전환의 경우 지속적으로 정당한 사유로 해석(구, 행정자치부 2004.07.15, 세정13407-2089, 2002.01.04, 세정-13407-15 등 다수)한 사례에 비추어 볼 때, 「조세특례제한법」 제32조에 따른사업양수도 또는 현

물출자 방식으로 개인사업자가 법인전환한 경우 정당한 사유로 인정함이 타당하다고 할 것이나, 이에 해당하는지의 여부는 과세권자가 사실조사 후 최종 결정할 사항이라 할 것입니다. 끝.

[문서번호] 지방세운영과-3213 [생산일자] 2010.7.27. [생산기관] 행정안전부

(4) 자본금이 순자산가액 이상일 것

새로 설립되는 법인으로 전환하는 사업장의 순자산가액 이상이어야 한다(조세특례제한법 제32조제2항. 동시행령 제29조제5항). 개인기업의 순자산액은 시가로 계산하여야 하고, 개인기업의 순자산 계상시점은 법인의 설립등기일이다.

개인기업의 순자산가액 이상으로 출자될 것을 요구하고 있는 것은 법인전환으로 경제실체의 재산이 유출되지 아니하고 보전되어야 한다는 법인의 자본유지의 원칙을 도모하려는 취지라 할 것이다.

사업양도인의 출자에 따른 신설 법인의 자본금이 그 순자산가액에 미달하면 신설 법인으로서는 사업양수도 대가를 지급할 재원이 부족하여 그 순자산가액의 일부가 사업양수도 대가 지급을 위해 유출될 수밖에 없어 신설 법인이 사업양수도 대상의 순자산가액을 그대로 승계할 수 없게 되는 점 등을 고려해 보면, 기존 사업장의 자산과 부채 중 일부가 사업양수도 대상에서 제외되는 경우에 '법인으로 전환하는 사업장의 순자산가액'이란 기존 사업장의 순자산가액이 아니라 조세특례법 제32조 제2항에 의한 사업양수도 대상에 포함된 것의 순자산가액을 의미한다고 해석함이 타당하다(대법원 2012. 12. 13. 선고 2012두17865 판결).

조세특례제한법 시행령 제29조제5항, 제28조제1항에서는 "법인으로 전환하는 사업장의 순자산가액"이란 법인전환기준일 현재의 시가로 평가한 자산의 합계액에서 충당금을 포함한 부채의 합계액을 공제한 금액이다"고 규정하고 있다. 순자산가액을 계산함에 있어서 영업권은 포함하지 아니한다.

자산 또는 부채의 합계액을 산정함에 있어 개인사업장의 대차대조표상 가액에도 불구하고 사업양도양수계약에 의한 법인전환에 있어 정산확정을 위해 개인사업자가 개인사업장 대차대조표에 부기된 자산 및 부채를 재평가(자산의 시가 평가나 사업양수도일 현재 확정채무의 재계산, 조정 등)하거나, 무허가 건축물 등 개인사업장 대차대조표상에 미기재된 자산 등을 자산가액에 반영해야 하는 등의 특별한 사유가 있는 경우에는, 이러한 사정을 반영하여 순자산가액을 산정하는 것이 타당하다 할 것이다(대법원 2012두17865, 선고 2012.

12.13. 판결).

순자산가액 추정을 위하여 개인기업 결산을 두 번을 하게 되는데 ①신설법인에 대한 개인사업주의 출자액을 계산하기 위하여 법인전환하는 당해 연도의 1월 1일부터 법인설립일이 속하는 달의 전월말까지의 결산과 ②개인기업 양도양수가액결정과 개인기업주의 사업소득 결정을 위하여 법인전환하는 당해연도의 1월 1일부터 법인전환기준일까지의 결산이다.

Q 사업양수도계약 전의 차입금이 순자산가액 산출시 부채로 계상되는지

A 법인전환 사업양수도계약 전의 차입금이라도 이를 자본인출금으로 사용시(초과인출금 미발생)는 순자산가액 산출시 부채로 계상할 수 있다(대법원 2016두62474 선고 2017.03.09. 판결).

Q 개인사업자가 법인으로 전환하기 직전에 쟁점자산을 부당하게 인출하여 순자산가액을 감소시킨 것으로 보아 기 면제한 취득세 등을 추징한 처분의 당부

A 사업 양도·양수계약서에서 정하고 있는 명도일(2015.11.10.)을 기준으로 개인사업자의 순자산가액 이상으로 출자하였는지를 보아야 할 것이며 법인전환 직전에 인출금이 발생하여 순자산가액이 감소하였다 하더라도 법인전환 기준일(2015.11.10.) 현재 개인사업자의 순자산가액(OOO원) 이상으로 출자(OOO원)하여 청구법인을 설립한 이 건은 취득세 면제요건을 충족하였으므로 이 건 취득세 부과처분은 잘못이 있다고 판단됨(조심 2017지0300, 2017.11.14, 취소).

Q 개인사업자가 사업양수도방법으로 법인전환시 취득한 부동산이 취득세 감면대상 사업용재산에 해당하는지 여부

A 조세특례제한법 제32조 제2항 및 제120조 제5항, 같은 법 시행령 제28조 제1항 제2호 및 제29조 제2항제5항을 종합하면, 개인사업장의 순자산가액을 산출하는 시가라 함은 같은 법 시행령 통칙 32-29 2 제2항에서 규정하고 있는 바와 같이 불특정다수인 사이에 자유로이 거래가 이루어지는 경우에 통상 성립된다고 인정되는 가액을 말하며 수용공매가격 및 감정가액 등 상속세 및 증여세법 시행령 제49조의 규정에 의하여 시가로 인정되는 것이라 할 것인바, 청구법인의 경우, 이 건 개인사업자의 자산인

기계기구 자산가액 67,717,232원 중 50,000,000원이 이 건 개인사업자와 특수관계인인 주식회사 OOO 간에 매매를 통하여 이루어진 가액이므로 상속세 및 증여세법 시행령 제49조에서 규정하고 있는 시가로 인정할 수 없는바, 청구법인이 이 건 개인사업자의 사업장의 순자산가액 이상을 출자하여 법인전환 하였다 하더라도 동 순자산가액이 시가로 평가한 자산가액으로 인정하기 어려운 이상, 청구법인은 조세특례제한법 시행령 제29조 제2항 및 제5항의 감면요건을 충족하지 못한 상태로 법인전환 하였으므로 이 건 부동산을 취득세 과세면제 대상으로 보기에는 어려움이 있다(조심 2010지0858, 2011.11.01. 각하).

Q 청구법인이 개인사업자로부터 사업양수도방법에 따라 취득한 부동산이 「조세특례제한법」 제32조 제1항 등의 면제요건을 충족하고 있는지 여부

A 개인사업자가 법인으로 전환하는 경우 소멸하는 사업장의 중소기업자가 취득하는 주식의 가액이 소멸하는 사업장의 순자산가액 이상인 경우에는 취득세 등을 면제하는 바, 개인사업자가 출자한 금액이 소멸하는 사업장의 순자산가액에 미달하는 사실이 확인되는 이상 감면요건을 충족하는 것으로 보기는 어렵다(조심 2013지0749, 2014.01.07. 기각).

Q 법인으로 전환하는 사업장의 순자산가액 미만인 경우, 당해 사업용재산이 등록세 면제대상에 해당되는지 여부(기각)

A 조세특례제한법 제32조에서 감면을 배제하는 여부는 영리법인 전체가 아닌 소비성 서비스업이라는 제한된 업종에 적용되는 것이므로 비영리법인이라 하여 무조건 감면대상에 포함되지 않는 바, 설립되는 법인의 자본금이 사업양수도하여 법인전환하는 사업장의 순자산가액에 미달하는 경우에 대해 등록세 등을 부과한 처분은 타당하다(조심 2009지0619, 2010.06.18. 기각).

Q 개인사업자가 사업용 고정자산을 사업 양도・양수의 방법에 따라 법인으로 전환하면서 개인사업자의 순자산가액 이상으로 현물출자하여 사업용 재산에 대한 취득세 면제요건을 충족하였는지 여부

A 개인사업자의 재무상태표에 미기재된 자산 등을 자산가액에 반영하여야 하는 등의 특

별한 사유가 있는 경우에는 이러한 사정을 반영하여 순자산가액을 산정하는 것이 타당하므로 순자산가액 산정시 누락된 무허가 건축물의 가액과 개인사업자의 종업원에 대해 미지급된 퇴직금은 각각 자산 및 부채로 반영되어야 하다. 다만, 청구법인의 퇴직금산정방식이 적정한지에 대하여 재조사하여 그 결과에 따라 감면여부를 결정하는 것이 타당함(조심2016지1020, 2017.06.29. 재조사).

Q 사업 양도·양수의 방법에 따라 법인으로 전환함에 있어 소멸하는 사업장의 가지급금을 승계대상자산에서 제외하여 순자산가액을 산출할 수 있는지 여부 (취소)

A 가지급금은 개인사업체에 대한 채권임과 동시에 개인사업자의 채무로서 법인사업체에 승계시킬 자산으로 보기 어렵다 할 것이므로 순자산가액에서 제외하여 과세면제함이 타당한바, 취득세 등의 부과처분은 잘못이 있다(조심 2010지0138. 2010.11.18).

살피건대, 2008.6.23.자 사업양도양수계약서 및 양도양수증에 의한 양도양수하고자 하는 재산의 표시에 의하면, 청구법인이 이 건 중소기업자로부터 양수하기로 한 자산총액 2,599,759,384원 중에는 개인사업체의 가지급금 1,380,000,000원이 포함되지 아니한 사실이 확인되고 있으며, 사업양수도에 의하여 법인으로 전환하는 과정에서 소멸하는 사업장의 이 건 중소기업자가 취득하는 지분의 가액(679,000,000원)이 소멸하는 사업장에 대한 법인전환일 현재 시가로 평가한 자산의 합계액(2,599,759,384원)에서 부채의 합계액(2,108,440,214원)을 공제한 순자산가액(491,319,170원) 이상인 사실이 나타나고 있는바, 가지급금은 개인사업체에 대한 채권임과 동시에 개인사업자의 채무로서 법인사업체에 승계시킬 자산으로 보기 어렵다 할 것이므로, 이를 승계대상 자산에서 제외함이 타당하다 할 것이다. 그렇다면, 청구법인의 경우에는 「조세특례제한법」 제32조 및 같은 법 시행령 제28조, 제29조의 규정에 의한 법인전환의 요건을 충족하고 있으므로, 사업양수도의 방법에 따라 법인으로 전환하는 과정에서 청구법인이 취득등기하는 이 건 사업용재산에 대하여는 조세특례제한법 제119조 제4항 및 제120조 제5항의 규정에 따라 등록세와 취득세를 과세면제함이 적법하다고 판단된다.

Q 사업양수도를 통하여 법인을 설립하는 경우 자본금은 순자산가액을 초과하나 종전 사업자의 출자액이 순자산가액에 미달하는 경우 취득세 등을 면제할 수 있는지 여부 및 취득일부터 2년 내 이 건 부동산을 매각한데에 정당한 사유가 있는지 여부(기각)

A 사업양수도 방식으로 설립하는 법인의 종전사업자 출자액이 종전 사업장의 순자산가액에 미달한다면 법인의 자본금이 이를 초과하는 경우라도 취득세 면제대상에 해당하지 않으며, 관련법령의 부재로 인해 정당한 사유가 존재하더라도 적용할 수 없는 점 등을 종합할 때 감면된 취득세 등을 추징한 처분은 타당하다(조심 2010지0598. 2011.03.21.).

Q 개인업체가 사업양도에 의하여 법인으로 전환하는 경우 사업양도 당시의 순자산가액을 계산함에 있어서 부도어음 금액을 공제하여야 하는지 여부

A 개인업체가 사업양수도에 의해 법인으로 전환하는 경우 사업양도 당시의 순자산가액을 계산함에 있어서 소멸기업의 순자산가액에 포함된 부도어음 금액은 사업양도일 현재의 시가로 평가하여야 하므로 처분청은 취득세 등 부과처분을 경정하여야 한다(감심2004-125, 2004.09.23.).

Q 개인사업자가 사업양도·양수의 방법으로 법인전환할 당시에는 그 출자가액이 순자산가액에 미달하였으나 자본금을 증자한 후 부동산을 취득하였으므로 감면 요건을 충족한 것으로 인정하여 달라는 주장의 당부

A 개인사업자가 사업양도·양수의 방법으로 법인 전환 당시 출자가액이 순자산가액에 미달하여 자본금을 증자한 후 이 건 부동산을 취득하였다 할지라도 출자가액은 법인설립 당시의 가액을 기준으로 판단하여야 하므로 법인에게 출자한 가액이 개인사업장의 순자산가액에 미달한 이상 취득세 감면 요건을 충족한 것으로 보기 어렵다(조심 2015지0536, 2015.05.27. 기각).

(5) 동일성이 인정될 것

법인전환은 양수도로 인해 원래 사업자만 바뀌고 그 사업내용의 동일성이 그대로 유지되어야 한다. 다만 양수인의 업종 추가는 가능하다(아래 질의회신 참조).

개인기업을 법인으로 전환하는 경우 동일성이 인정된다면 개인기업주가 경영하던 권리와 의무는 모두 그 법인에 승계되며, 채권과 채무도 법인에 귀속하게 되는 것이다. 예컨대 개인사업자가 가지고 있는 인허가권, 면허권, 채권, 채무 등은 새로 설립되는 법인에 승계되는 것이다. 사업의 동일성이 유지되는 사업의 양도로 볼 수 있는지 여부는 양도하는 사업

의 계약내용, 양도당시의 현황, 양도양수 후 부동산의 이용실태 등 관련사실을 종합하여 판단하여야 한다(부가, 서면인터넷방문상담3팀-1949, 2005.11.03.).

사업의 동일성여부는 일반적인 사회통념에 따라 결정될 사실인정의 문제이나, 양도계약관계가 사업양도로 인정되느냐는 어떠한 사업재산이 어느 정도로 이전되는지가 아니고 종래의 사업조직이 유지되어 전부 또는 중요한 일부로 기능하는지에 따라 결정된다. 사업재산의 전부를 양도해도 그 조직을 해체하여 양도하면 사업양도가 되지 않는 반면에, 일부를 유보하고 양도해도 그 양도한 부분만으로 종래의 조직이 유지된다면 사업양도이다.

사업의 양도는 사업장별로 그 사업에 관한 모든 권리와 의무를 포괄적으로 양도하여 사업의 동일성을 그대로 유지하면서 경영주체만이 바뀌는 것을 말하는 것이다. 따라서 거래당사자간 사업양도양수계약서를 작성하지 않았더라도 사업장별로 모든 권리와 의무를 포괄적으로 이전하는 경우에는 사업양도에 해당하는 것으로서 재화의 공급으로 보지 아니한다(부가, 부가가치세과-366, 2011.04.07.).

부가가치세법 제10조 제9항에서 규정하는 사업의 양도라 함은 당해 사업장의 사업에 관련된 모든 권리(미수금에 관한 것을 제외함)와 의무(미지급금에 관한 것을 제외함)를 포괄적으로 양도하는 것이며, 사업의 포괄적 양도양수라 함은 양수인에게 모든 사업시설뿐만 아니라 영업권 및 그 사업에 관한 채권 채무 등 일체의 인적, 물적 권리와 의무를 양도하여 양도인과 동일시되는 정도로 법률상의 지위를 그대로 승계시키는 것을 말하는 것이다(부가 46015-1006, 1998.05.14.). 당해 사업장의 사업 일부만을 양도하는 경우에는 부가가치세법 제10조 제9항의 규정에 의한 사업양도에 해당되지 아니한다(서면3팀-1852, 2005. 10. 26.). 동일성에 관하여도 현물출자에서와 같다. 여기서는 질의회신 및 심판자료 등이 많지 않으므로 아래 질의회신 외에 현물출자 쪽(117면 참조)을 참조하기로 한다.

Q [질의회신] 사업의 포괄적 양도에 해당하는지 여부 등

A 하나의 사업장에서 하나의 사업부문만을 영위하는 법인 사업자(이하 "신청법인")가 해당 사업부문의 자산 · 부채 등을 각각 다른 양수인에게 양도하는 경우에는 「부가가치세법」 제10조제9항제2호 및 같은 법 시행령 제23조에 따른 사업의 양도에 해당하지 아니하는 것이며 이 경우 신청법인이 양수인에게 승계하는 선급금, 초과청구공사는 같은 법 제4조에 따른 부가가치세 과세대상에 해당하는 것임. 또한, 이 경우 영업권 등의 무형자산을 국내사업장이 없는 양수인에게 양도하여 국외에서 사용・소비하도록 하는 경우 해당 권리의 양도는 같은 법 제21조제1항에 따른 수출하는 재화에 해

당되어 영의 세율을 적용하는 것임(문서번호 사전-2016-법령해석 부가-0383 생산일자2016.09.23.).

Q 법인사업자와 개인사업자 간의 사업포괄양도양수가 가능한지 여부

A 사업의 포괄적 양도양수에 해당하나 양도양수인의 과세유형이 상이하여 사업의 양도에서 제외되는 경우는 일반과세자가 간이과세자에게 사업을 양도하는 경우에 한정되는 것으로 간이과세자가 일반과세자에게 사업을 양도하는 경우에는 이에 해당하지 아니하는 것임.(부가, 서삼46015-11356, 2003.08.25.)

Q 사업의 포괄적 양수도 여부

A 청구인과 양수인은 부동산임대업과 관련한 자산총액과 부채총액을 포괄양도하였고, 사업양수인이 동일업종으로 5개월간 영위하다가 양도하는 등 계속적으로 사업을 영위하였음에도 사업의 포괄적인 양도.양수가 아닌 것으로 보아 부가가치세를 과세한 처분은 부당하다는 사례(문서번호 국심2005중2622, 20060112)

[판단] 청구인이 쟁점부동산을 2001.10.13 백○○○에게 양도하기전까지 청구인명의의 사업자등록에 의하여 부가가치세를 신고하였고, 신용카드매출전표가 발행되었으나, 사실상 2001.3.20부터 염○○○이 청구인명의로 쟁점사업장에서 숙박업/여관을 운영하였고 청구인이 임○○○에게 쟁점사업장을 임대한 사실이 2001.3.21 쟁점부동산에 대한 염○○○의 전세권 등기사실, 사업양도양수계약서 및 청구인의 예금계좌로 염○○○이 2001.6.28이후 월세로 입금한 입금내역 등에 의하여 확인되는 점을 감안하여 보면, 청구인이 쟁점부동산을 백○○○에게 양도하기이전부터 이미 실질적으로 염○○○에게 임대하여 오던 것을 부동산임대업자인 백○○○에게 양도함으로써 사업의 동질성이 유지되는 가운데 사업을 포괄적으로 양도양수한 사실이 인정된다. 따라서 처분청이 쟁점부동산의 양도직전 청구인을 부동산임대업이 아닌 숙박업/여관사업자로 보아 쟁점부동산 양도를 재화의 거래로 과세한 이 건 처분은 부당한 것으로 판단된다.

Q [질의회신] 사업의 포괄적 양도에 해당하는지 여부 등

A 사업자 단위 과세 사업자로 등록을 하고 두 개 이상의 사업장에서 여러 종류의 사업을

영위하는 법인 사업자(이하 “신청법인”)가 어느 하나의 사업부문(이하 “대상사업부문”)을 영위하던 사업장을 양도하면서 대상사업부문에 사용하는 공장의 건물 및 토지를 제외 하고 승계시키는 경우에는 「부가가치세법」 제10조제8항제2호 및 같은 법 시행령 제23조에 따른 사업의 포괄적 양도에 해당하지 아니하는 것임. 이 경우 해당 사업양수도에 따라 신청법인이 양수인에게 선수금 및 초과 청구공사를 승계시키는 경우 같은 법 제4조에 따라 부가가치세가 과세되는 것이나, 미지급금 및 미청구공사를 승계시키는 경우 부가가치세가 과세 되지 아니하는 것임. 또한, 사업양수도에 따라 선수금 및 선급금을 승계시키는 경우 당초 거래상대방에게 발급한 세금계산서에 대하여는 같은 법 제32조 및 같은 법 시행령 제70조제1항에 따라 수정세금계산서를 발급하지 아니하는 것임(문서번호 사전-2016-법령해석부가-0273 생산일자2016.07.25.).

Q [질의회신] 사업의 포괄적 양도가 아닌 사업양수도에 따라 선급금 등이 승계되는 경우 부가가치세 과세대상인지 여부 등

A 사업자가 「부가가치세법」 제6조제6항 및 같은 법 시행령 제17조제2항에 따른 사업의 포괄적 양도에 해당하지 아니하는 사업양수도(이하 “사업양수도”라 한다)를 하면서 재화 또는 용역을 공급하거나 공급받기로 하고 같은 법 제9조제3항에 따라 세금계산서를 발급하거나 발급받은 선수금(이하 “선수금”이라 한다)과 선급금(이하 “선급금”이라 한다) 및 같은 법 제9조제2항에 따른 공급시기가 도래하여 세금계산서를 발급한 건설용역의 공급 차이분에 대한 공급의무(이하 “초과청구공사”라 한다)를 양수인에게 승계시키는 경우 해당 선수금과 선급금 및 초과청구공사는 같은 법 제1조제2항 및 제3항에 따라 부가가치세 과세대상에 해당하는 것이나, 실제로 건설용역을 공급하였으나 같은 법 제9조제2항에 따른 공급시기가 도래하지 아니한 건설용역 공급(이하 “미청구공사”라 한다)분에 대한 채권을 승계시키는 경우 해당 미청구공사는 부가가치세 과세대상에 해당하지 아니하는 것입니다. 또한, 사업양수도에 따라 선수금과 선급금이 승계되는 경우 당초 거래상대방에게 발급한 세금계산서에 대하여는 같은 법 제16조제1항 및 같은 법 시행령 제59조제1항에 따라 수정세금계산서를 발급하지 아니하는 것입니다(문서번호 법규부가2013-159 생산일자2013.05.21.)

Q 개인사업을 법인 설립하여 포괄양도시 당해 사업과 직접 관련이 없는 토지 · 건물 등이 그 양도대상에 포함되지 않았다고 하여 그것만으로 사업의 양도로 인정 하는데 장애

가 될 수는 없다고 할 것임

A 부가가치세법 제6조 제6항 제2호 본문 및 같은 법 시행령 제17조 제2항에서 재화의 공급으로 보지 아니하는 사업의 양도라 함은 사업장별로 사업용 재산을 비롯한 물적 · 인적 시설 및 권리의무 등을 포괄적으로 양도하여 사업의 동일성을 유지하면 서 경영주체만을 교체하는 것을 말하고(대법원 2008. 12. 24. 선고 2006두17895 판결 등 참조), 이는 미수금 또는 미지급금에 관한 것이나 당해 사업과 직접 관련이 없는 토 지 · 건물 등이 그 양도대상에 포함되지 않았다고 하여 그것만으로 사업의 양도로 인정 하는데 장애가 될 수는 없다고 할 것이다(부가, 인천지방법원2008구합3061, 2009.06.11, 국가패소, 완료, 귀속연도 2007).

Q 사업의 포괄적 양도에 해당하는지 여부 등

A 소외 회사의 사업용 재산을 비롯한 물적 · 인적시설 및 권리의무 등이 포괄적으로 원고에게 이전되었으므로, 일부 근로자들을 재고용하지 않았다거나 일부 거래업체에 대한 미수금채무를 인수하지 않았다하더라도 사업의 양도에 해당함(부가, 부산고등법원2006누330, 2007.06.29, 국승)

Q 부동산 양도가 포괄적인 사업양도양수에 해당되는지 여부

A 비록 공동사업자들의 매매계약일이 상이하고 고용승계가 이루어지지 않았다 하더라도 양수인이 부동산임대업의 물적시설 및 권리의무를 승계하였다면 사업의 포괄적인 양도라고 본 사례(심사부가2009-0078 , 2009.09.11, 인용, 완료, 귀속연도 2006).
부가가치세법상 사업의 양도란 사업장별로 그 사업에 관한 모든 권리와 의무를 포괄적으로 승계시키는 것이으로서, 사업의 양도 당시를 기준으로 그 사업에 관한 모든 권리와 의무를 포괄적으로 승계하고 사업의 동질성이 유지되었다면, 양수인이 사업을 양수받은 후에 당초 목적 이외에 사용하였더라도 사업의 동질성이 상실된 것으로 볼 수는 없다(심사 중부 96-845, 1996.10.11.).

다. 감면되는 세금

(1) 취득세

취득세의 면제는 지방세특례제한법 제57조의2 제4항에 따라 현물출자 또는 사업 양도·양수에 따른 법인전환 시 법인이 취득하게 되는 부동산에 대한 취득세를 면제하지만 취득세 감면분의 20%만큼에 대해서 농어촌특별세를 부담해야하므로 실질적으로 취득세 80%가 감면되게 되는 것이다. 감면되는 요건에 관하여는 449면 이하 참조

(2) 등록세

부동산 소유권이전등기에 따른 등록세와 지방교육세도 면제한다.

(3) 농어촌특별세

농어촌특별세의 경우 감면받는 취득세의 감면세액의 100분의 20을 납입하여야 한다(농어촌특별세법 제5조).

(4) 국민주택채권

현물출자의 경우에는 국민주택채권의 매입이 면제되나(주택기금법 제6조제1항 관련), 사업 양도·양수의 경우에는 면제규정이 없다.

(5) 이월과세 및 적용 신청

현물 출자의 경우와 마찬가지로 법인에게 양도하는 사업용 부동산에 대하여 이월과세적용을 받을 수 있다. 이월과세적용 요건에 관하여도 현물출자와 같다. 여기서는 질의회신 및 심판자료 등이 없으므로 현물출자 쪽(134면 참조)을 참조하기로 한다.

이월과세를 적용받으려면 양도세 확정신고 기한내에 반드시 이월과세 적용 신청을 하여야 한다. 신청서 139면 참조

제2관 발기설립방법에 의한 법인설립절차

1. 개 설

"세 감면 사업양도양수에 의한 법인전환"의 경우 개인사업을 영위하던 자가 법인을 설립하고 그 법인의 설립일부터 3월 이내에 당해 법인에게 사업에 관한 모든 관리와 의무를 포괄적으로 양도하여야 하는바(조세특례제한법 제32조, 동법 시행령 제29조제2항), 따라서 그 양수를 위하여 법인을 우선적으로 설립하여야 한다.

2. 설립절차

가. 개 설

주식회사 설립시 자본금이 10억 이상인지 미만인지에 따라 설립절차에 있어 크게 차이가 난다. 10억미만의 경우에는 임원 중 1인 이사도 가능하지만 10억이상인 경우에는 3인이상의 이사와 감사가 필수기관으로 이사회를 구성하여야 한다.

그리고 주금납입에 있어서도 10억 이상은 은행발행의 주금납입서가 첨부되지만 10억미만의 경우에는 잔고증명서로 갈음하고, 10억 이상인 경우에는 정관 및 의사록의 공증을 받아야 한다. 다음에서 주식회사 발기설립의 절차를 보기로 한다.

(1) 상호를 결정한다.

주식회사 상호를 정한다. 따라서 "주식회사"를 해당 상호의 앞뒤 중 어디에 위치시킬지를 결정한다. 상호를 정하였으면 사용하고자하는 상호가 해당 관할등기소에 이미 등록이 되어 있는 상호인지의 여부를 대법원 사이트에서 상호검색을 이용하여 찾아본다. 동일 관할등기소에서는 동일한 상호를 사용할 수 없다.(상호의 구체적설명은 148면 참조)

(2) 법인 사무실(본점)을 정한다.

본점 소재지를 정하여야 한다. 주소는 도로명 주소로 기재하여야 한다.

(3) 자본금을 결정한다.

조세특례제한법 시행령 제29조제2항은 "법 제32조제1항에서 "대통령령으로 정하는 사업 양도·양수의 방법"이란 해당 사업을 영위하던 자가 발기인이 되어 제5항에 따른 순자산가액 이상을 출자하여 법인을 설립하고, 그 법인 설립일부터 3개월 이내에 해당 법인에게 사업에 관한 모든 권리와 의무를 포괄적으로 양도하는 것을 말한다."고 규정하고 있다. 따라서 "세감면 사업양수도 법인전환"의 경우 사업양수도 방식이므로 법인의 순자산가치에 상당하는 "현금"을 자본금으로 하여 법인을 먼저 설립하여야 한다.

Q 사업양수도 방식에 의한 법인전환시 감면 여부

A 사업양수도계약에 따라 법인설립등기일로부터 3월이내 사업용 부동산에 대한 잔금을 지급하였다면 잔금지급일이 취득일이 되므로 사업에 관한 권리와 의무를 포괄적으로 양도한 것으로 보아 취득(등록)세가 면제되나, 이에 해당되는지의 여부는 과세권자가 사실관계를 조사하여 판단해야 한다(세정과-2691, 2004.08.24 질의회신).

[본문] 귀문의 경우 사업양수도계약에 따라 법인설립등기일(2001.1.9)로부터 3월이내인 2001.3.15.사업용 부동산에 대한 잔금을 지급하였다면 잔금지급일이 취득일이 되는 것이므로 사업에 관한 모든 권리와 의무를 포괄적으로 양도한 것으로 보아 조세특례제한법 제119조 제4항 및 제120조 제5항의 규정에 의거 취득(등록)세가 면제되는 것이나 이에 해당되는지의 여부는 과세권자가 사실관계를 조사하여 판단할 사항입니다.

Q 사업양도양수방식에 따라 개인기업을 법인으로 전환하는 경우 법인의 자본금을 갖추어야 하는 시기를 법인설립일로 보아야 하는지 아니면 사업양수도일로 보아야 하는지 여부

A 「조세특례제한법」 제32조 제2항이 새로 설립되는 법인의 자본금이 일정액 이상일 것만 요구하고 있을 뿐 어느 시점을 기준으로 그 자본금을 갖추어야 하는지는 명문으로 정한 바가 없고, 입법 취지가 개인사업자가 개인기업을 법인으로 전환하는 과정에서 출자금액을 부당하게 축소시키는 것을 방지하려는 데 있다면 굳이 법인 설립시까지 그 자본금을 갖추는 것이 필연적으로 요구되는 것도 아니라 할 것이므로 결국 사업양수도 당시를 기준으로 그 자본금을 갖추었는지를 판정할 수밖에 없다 할 것이다(조심 2015지0733, 2017.01.16. 취소).

(4) 사업목적을 정한다.

설립회사가 하고자하는 사업과 관련된 목적사항을 정한다. 사업목적의 범위가 너무 광범위해서는 안되고, 구체적이어야 한다. 신청서 등기할 사항 468면 참조.

(5) 발기인을 구성한다.

"발기인"이란 주식회사의 정관의 작성자로 원시정관 말미에 발기인으로서 기명날인 또는 서명한 자를 말하며(상법 제289조 제1항), 실질적으로 발기인으로서 회사의 설립에 진력하였다 하더라도 원시정관에 기명날인 또는 서명하지 아니한 자는 발기인이라고 할 수 없다(학설과 판례). 발기인과 임원은 동일인이 아니어도 상관없다.

(6) 임원으로 이사, 감사, 대표이사를 정한다.

법인의 대표이사, 사내이사, 감사 등 등기부등본에 기재 될 임원을 정한다. 그리고 이사, 감사 중 발기인이 아닌 자(주식이 없는 자) 1인을 임원으로 정하여 조사보고자로 선임하여야 한다. 구체적 설명은 167면 참조.

(7) 정관을 작성한다.

구체적 설명은 147면 참조.

(8) 출자의 이행과 주식을 인수한다.

설립중의 회사가 성립하기 위해서는 정관이 작성되고 발기인이 주식을 인수하였을 것을 요건으로 한다(상법 제293조, 대법원 2000. 1. 28. 선고 99다35737 판결).

주식회사의 자본금은 주식에 의한 출자로써 형성되므로 발기인은 설립시에 발행하는 주식을 반드시 인수하여야 한다.

상법상 주식인수인이 납입기일에 납입을 하지 아니하면 그 권리를 잃는 다는 뜻을 기일 2주 전에 그 주식인수인에게 통지하여야 하고, 이 통지를 받은 주식인수인이 그 기일내에 납입을 이행하지 아니한 때에는 그 권리를 잃는다(상법 제307조).

(9) 발기인총회를 열어 법인의 실체를 구성한다.

발기인총회는 주식회사의 주식인수인으로서 구성되는 설립 중의 회사의 의사결정기관이다. 발기인총회를 열어 이사와 감사의 선임(상법 제296조)등 상법상 주식회사의 실체를 구성한다. 구체적 설명은 162면 참조.

나. 법인설립비용

법인설립비용에 관하여는 193면 참조

다. 명의이전등기, 등록

법인설립 후 현물의 소유권은 과거 소유자에게서 새로 설립법인로 이전하여야 하는데 부동산이라면 부동산소유권이전등기를 하게 되고, 주식이라면 명의개서를, 그리고 채권이라면 채권양도를, 차량·기계장치인 경우에는 등록 및 통지를 하여야 한다. 부동산 소유권이전등기 415면 참조

라. 법인설립등기 완료 후 사업자등록 신청

법인설립등기가 완료되면 내국법인은 그 설립등기일부터 2개월 이내에 ①법인의 명칭과 대표자의 성명 ②본점이나 주사무소 또는 사업의 실질적 관리장소의 소재지 ③사업 목적 ④설립일의 사항을 적은 법인 설립신고서에 대통령령으로 정하는 주주 등의 명세서와 사업자등록 서류 등을 첨부하여 납세지 관할 세무서장에게 신고하여야 한다(법인세법 제109조 제1항).

마. 신청서 사례

[사례] 주식회사 발기설립등기(이사 2인, 감사 없는 경우)

주식회사 설립등기신청

접 수	년 월 일	처리인	등기관확인	각종통지
	제 호			

등기의 목적	주식회사 설립(발기설립)
등기의 사유	20 년 월 일 정관을 작성하고 발기인이 회사 설립시에 발행하는 주식의 총수를 인수받고, 20○○년 월 일 발기인총회를 종결하였으므로 다음 사항의 등기를 구함.
본/지점 신청구분	1. 본점신청 □ 2. 지점신청 □ 3. 본·지점 일괄신청 □
등 기 할 사 항	
상 호	주식회사 지앤아이
본 점	서울 강남구 역삼로402길 30
공고방법	회사의 인터넷 홈페이지(http://www.○○○.….)에 게재한다. 다만, 전산장애 또는 그 밖의 부득이한 사유로 회사의 인터넷 홈페이지에 공고를 할 수 없을 때에는 ○○시에서 발행되는 ○○신문에 한다.
액면주식1주의 금액	금 5,000원
발행할 주식의 총수	○○○주
발행주식의 총수, 그 종류와 각종 주식의 내용과 수	○○○주 보통주식[24]
자본금의 액	금 ○○○원[25]

---

24) 개정상법(2012.4.15시행)은 회사설립시 발행하는 주식의 총수는 회사가 발행할 주식총수의 1/4 이상이어야 한다는 요건을 폐지하였다(상법 제289조 제2항 삭제). 이에 따라 회사설립시 발행하여야 하는 주식수에 대한 제한이 전혀 없게 되었다.

25) 사업양수도 방식이므로 법인의 순자산가치에 상당하는 “현금”을 자본금으로 하여 법인을 먼저 설립하여야 한다.(463면 참조)

등 기 할 사 항	
목 적	1. 컴퓨터 및 주변기기 제조 및 도소매업 및 임대업 2. 컴퓨터 및 주변기기 수출입업 및 기술용역업 3. 컴퓨터 및 주변기기 서비스업 4. 전 각호와 관련된 부대사업
이사·감사·집행임원의 성명 및 주민등록번호[26]	사내이사 임 정 상(000000-0000000) 사내이사 양 준 모(000000-0000000)
대표이사 또는 대표집행임원의 성명, 주민등록번호, 주소[27]	임 정 상(000000-0000000) 서울 서초구 방배로25길 20
지 점	없음
존립기간 또는 해산사유	없음
기 타	

26) 개정상법은 선택적으로 업무집행기관으로서 '집행임원'을 둘 수 있도록 하였다.
27) 집행임원제도를 둔 회사는 대표이사를 두지 못한다(제408조의2).

신청등기소 및 등록면허세/수수료

순번	신청등기소	구분	등록면허세 지방교육세	농어촌 특별세	세액합계	등기신청수수료
			금 0000원 금 0000원		금0000원	금30,000원
합 계						

등기신청수수료 은행수납번호	
과 세 표 준 액	금 000,000 원

첨 부 서 면

1. 정 관 통	1. 주민등록표등본 통
1. 주식의 인수를 증명하는 서면 통	1. 인감신고서 통
1. 발기인회의사록 통	1. 등록면허세영수필확인서 통
1. 잔고증명서 통	1. 위임장(대리인이 신청할 경우) 통
1. 검사인조사보고서등본 통	1. 법인인감카드발급신청서 통
1. 취임승낙서(인감증명서포함) 통	<기 타>

20○○년 ○월 ○일

신청인 상 호 주식회사 지앤아이
본 점 서울 강남구 역삼로402길 30
대표이사 성 명 임 정 상 (인) (전화 :)
주 소 서울 서초구 방배로25길 20
대리인 성 명 (인) (전화 :)
주 소

서울중앙지방법원 상업등기소 귀중

– 신청서 작성요령 –

1. 해당란이 부족할 때에는 별지를 이용합니다.
1. 해당 등기신청과 관계없는 사항에 대하여는 "해당없음"으로 기재하거나 삭제하고, 필요한 사항은 추가 기재합니다.

(용지규격 21㎝× 29.7㎝)

○ 이 사례는 이사 2인, 감사를 두지 아니하고, 설립하는 사례이다. 따라서 자본금 총액이 10억원 미만인 회사가 이사의 인원을 1, 2인으로 한 경우 이사회의 권한은 이사(정관

에 의하여 대표이사가 있는 경우에는 대표이사)와 주주총회가 행사한다. 따라서 양도제한주식의 양도 시 승인, 주식매수선택권 부여 취소, 경업금지, 이사의 자기거래 승인, 신주의 발행결정, 전환사채, 신주인수권부사채의 발행결정, 준비금의 자본전입, 중간배당의 경우 주주총회에서 결정한다.

○ 회사가 발행할 주식의 총수, 액면주식 1주의 금액, 회사의 설립시에 발행하는 주식의 총수는 반드시 정관으로 정하는 것이나(상법 제289①), 그 외의 주식발행에 관한 사항은 정관에 다른 규정이 없는 한 발기인이 정할 수 있다. 이러한 결정은 원칙적으로 발기인의 과반수결의에 의한다.

○ 개정상법(2012.4.15시행)은 회사설립시 발행하는 주식의 총수는 회사가 발행할 주식총수의 1/4이상이어야 한다는 요건도 폐지하였다(상법 제289조 제2항 삭제). 이에 따라 회사설립시 발행하여야 하는 주식수에 대한 제한이 전혀 없게 되었다.

※ 소규모 회사에서의 이사회제도

○ 자본금의 액이 10억 원 미만인 회사는 1인 또는 2인으로 할 수 있다(상법 제383①). 정관으로 그 이상의 최소인원수를 정할 수 있다.

○ 자본금의 액이 10억원 미만인 회사이고 이사 정원이 1명 또는 2명인 경우에는 개정상법 제383조 제4항부터 제6항(신설)에서 이사회의 권한을 이사와 주주총회에 부여하였으며, 이사가 전적으로 주주총회의 감독을 받아 업무집행을 담당하고 회사를 대표하게 된다.

※ 등록면허세와 지방교육세

○ 자본금의 4/1000에 해당하는 등록면허세를 납부하여야 한다. 그러나 대통령으로 정하는 대도시내에서의 설립등기 시에는 당해세율의 3배의 등록면허세를 납부하여야 한다(지세법 제28조 제1항, 제2항).

○ 지방교육세 : 등록면허세액의 20/100에 해당하는 지방교육세를 납부하여야 한다.

※ 등기수수료

○ 서면제출의 경우 설립등기신청수수료는 30,000원이고, 이폼신청25,000원, 전자신청의 경우는 20,000원이다.

[사례] 발기인총회의사록

발기인 총회 의사록

20○○년 1월 27 일 09:00시에 창립 사무소에서 발기인 총회를 개최하다

주식총수	○○○주	출석주식수	○○○주
주주총수	1 명	출석주주수	1명

발기인 대표 임 정 상은 위와 같이 상법 소정의 정족수에 달하게 주주가 출석하였으므로 본 총회는 적법하게 성립됨을 고하고, 의사를 진행하기 전에 의장을 선임할 것을 구한바 주주전원 만장일치로 발기인 대표를 의장으로 선임한즉 동인은 그 취임을 승낙하고 의장석에 등단하여 개회를 선언하고 다음 의안의 심의를 구하다.

제1호 의안 : 정관 승인의 건

의장은 정관을 낭독하고 축조설명을 하고 현재 발기인 임정상이 정관 작성을 하여 발기하였음을 부연 설명한 후 이를 승인하여 줄 것을 구한바, 전원일치 원안대로 승인하다.

제2호 의안 : 이사, 감사 선임의 건

의장은 감사를 두지 않고 이사 2인을 두기로 하는 정관규정에 따라 이사의 선임방법을 물은 즉 사내이사 2명을 무기명 비밀투표로 선출하기로 전원 일치되어 즉시 투표한 결과 다음과 같이 선출되다.

사내이사 임 정 상

사내이사 양 준 모

위 피선자들은 즉석에서 그 취임을 승낙하다.

제3호 의안 : 상법 제298조 소정사항 조사보고의 건

의장은 이사는 상법 제298조 소정사항을 조사 보고하여야 함을 설명하고, 이어 발기인이었던 이사는 그러한 조사에 참가하지 못함을 밝히고 발기인이 아니었던 사내이사 양준모로 하여금 조사·보고를 하게 하여야 한다고 하자 전원 이의없이 사내이사 양준모를 검사인으로 선임할 것을 만장일치로 가결하다.

검사인 사내이사 양 준 모

위 사람은 즉석에서 이를 승낙하고 조사에 착수하다.

의장은 위 조사보고를 기다리기 위하여 잠시 휴회한 후 속회하다.

검사인은 별지 조사보고서와 같이 보고한 즉 만장일치로 승인하다.

제4호 의안 : 본점설치 장소 결정의 건

의장은 본 회사 본점을 다음 장소에 설치함이 적당한 뜻을 설명하고 그 가부를 물은즉 만장일치로 이의 없이 승인하다.

본 점 : 서울 강남구 역삼로402길 30

제5호 의안 : 대표이사 선임의 건

의장은 대표이사를 선임하여 줄 것을 요청하자 출석발기인들은 만장일치로 다음 사람을 대표이사로 선임하다.

대표이사 : 임 정 상

이상으로서 금일 총회의 목적인 의안 전부 심의 종료하였으므로 의장은 폐회를 선언하다.(종료시각은 10 시 00분)

위 의사의 결의를 명확하게 하기 위하여 이 의사록을 작성하고 의장은 출석한 이사가 다음에 기명날인하다.

20○○년 1월 25일

주식회사 지앤아이

의장 발기인 임 정 상

※ 발기인총회

○ 이 사례의 경우 자본금의 액이 10억 원 미만인 회사이면서 이사 2인으로 이사회를 구성하지 아니하고, 발기설립하는 경우이다.

○ 자본금 총액이 10억원 미만인 회사는 주주 전원의 동의가 있을 경우에는 위 소집절차 없이 주주총회를 개최할 수 있도록 하였다(상법 제363조 제5항).

○ 발기인총회의 결의는 과반수로 하고(상법 제296조 제1항). 발기인의 의결권은 그 인수주식의 1주에 대하여 1개로 한다(동조 제2항).

○ 대표이사의 선출 : 원칙적으로 이사가 2명인 경우 각 이사가 회사를 대표하나, 정관에

따라 대표이사를 정한 경우에는 그 자가 회사를 대표한다. 공동대표로 할 수도 있다. 따라서 이사가 1명 또는 2명인 경우 정관에서 “이사는 당 회사를 대표한다.”고 규정하는 경우에는 각각 회사를 대표할 수 있으므로 발기인총회에서 이사의 선출만 있으면 되나, 이사 2인 중 1인으로 대표를 정하고자 하는 경우에는 정관에 주주총회의 결의에 의하여 선임하도록 규정하거나, 정관에 정하지 아니한 경우에는 각 이사가 그중 1인을 대표이사로 결정하여야 한다. 이 경우 대표이사결정서를 첨부하여야 한다.

○ 2명의 이사가 회사를 각자 대표하는 경우에는 각 이사를 “사내이사”로 기재하고, 그 성명, 주민등록번호 및 주소를 같이 기재하고, 정관에 따라 대표이사를 정한 경우에는 각 이사를 “사내이사”로 기재하고, 그 성명, 주민등록번호를 기재하고, 대표이사의 성명, 주민등록번호 및 주소를 같이 기재한다(등기예규 제1297호 2009. 5. 28. 결재).

○ 이사의 임기 : 이사의 임기는 3년을 초과하지 못한다(상법 제383②). 그러나 정관으로 그 임기 중의 최종의 결산기에 관한 정기주주총회의 종결에 이르기까지 연장할 수 있다(상법 제383③). 여기의 "임기 중의 최종의 결산기"라 함은 임기 중에 도래한 최종의 결산기로서 당해 결산기가 임기 중에 도래한 경우를 말한다.

※ 주식회사 설립등기 시 이사명칭 등기방법의 변경

○ 상법 제317조 제2항 제8호가 개정(2009. 2. 4 시행)됨에 따라 주식회사의 설립 시 이사명칭 등기방법이 변경되었다. 따라서 주식회사 설립등기 시 이사의 명칭을 사내이사, 사외이사로 구분하여 등기하여야 한다.

○ 신청서에 첨부된 주주총회의사록 등에 사내이사, 사외이사로 구분하여 선임한 사실이 기재되어 있어야 한다. 특히 사외이사는 명확히 의사록에 나타나 있어야 한다. 등기신청서에 첨부된 이사선임 등의 의사록에 이사의 종류를 구분하지 않고 단순히 ‘이사’로 기재된 경우에는 "사내이사"로 수리될 수 있다.

[사례] 이사의 조사보고서

조사보고서

본인은 20○○년 1월 25일 주식회사 지앤아이의 발기인 총회에서 검사인으로 선임되었으므로 상법 제298조 소정사항을 조사하여 다음과 같이 보고함.

조사사항

1. 회사 설립시에 발행하는 주식총수에 대한 인수의 정확여부
   회사 설립시에 발행하는 주식의 총수는 ○○주(액면주식 1주의 금액 금5,000원)으로서 다음과 같이 인수가 완료되었음이 인정됨
   발기인이 인수한 주식수 ○○주(20○○년 1월 일 인수완료)

2. 인수주식에 대한 납입의 정확여부
   회사설립시에 발행하는 주식총수 ○○주에 대한 주식대금 금○○○○원이 20○○년 1월 25일에 납입이 완료되었음은 그 납입을 맡은 은행 지점이 발행한 주식납입증명서에 의하여 명확히 확인됨.

3. 변태설립사항
   정관에 변태설립사항은 없음

4. 기타 설립에 관한 모든 사항
   기타 설립에 관한 모든 사항이 법령 또는 정관의 규정에 위반하지 아니함이 인정된다.

이상 상법의 규정에 의하여 보고함.

20○○년 1월 25일

주식회사 지앤아이
검사인 사내이사 양 준 모

※ 이사·감사의 조사·보고와 검사인의 선임청구

○ 이사와 감사는 취임 후 지체없이 회사의 설립에 관한 모든 사항이 법령 또는 정관의 규정에 위반되지 아니하는지의 여부를 조사하여 발기인에게 보고하여야 한다(상법 제

298①).

○ 이사와 감사 중 발기인이었던 자, 현물출자자 또는 회사성립 후 양수할 재산의 계약당사자인 자는 위 조사·보고에 참가하지 못한다(상법 제298②). 실무에서는 이사 2인으로 법인을 설립할 경우 이사 1인만이 발기인이 되고 나머지 이사 1인으로 하여금 조사·보고를 하게 한다.

[사례] 발기인총회 소집절차 생략 동의서

발기인총회 소집절차 생략 동의서

본 회사는 자본금 총액이 10억원 미만인 회사로서 상법 제363조 제4항에 근거하여 발기인총회의 소집절차 없이 20○○년 10월 1일 발기인총회를 개최하는 것에 대하여 발기인전원은 이의없이 동의합니다.

20○○년 10월 1일

발기인 ○○○ (인)

※ 자본금 총액이 10억원 미만인 회사는 주주 전원의 동의가 있을 경우에는 주주총회 소집절차 없이 주주총회를 개최할 수 있도록 하였다(상법 제363조제4항).

[사례] 정관

정 관

제1장 총 칙

제1조(상호) 당 회사는 주식회사 지앤아이라 칭한다.

제2조(목적) 당 회사는 다음 사업을 경영함을 목적으로 한다.

1. 컴퓨터 및 주변기기 제조 및 도소매업 및 임대업
2. 컴퓨터 및 주변기기 수출입업 및 기술용역업
3. 컴퓨터 및 주변기기 서비스업
4. 전 각호와 관련된 부대사업

제3조(본점의 소재지 및 지점의 설치)①당 회사의 본점은 서울시내에 둔다.

② 당 회사는 필요에 따라 주주총회결의로 전국 각처에 지점을 둘 수 있다.

제4조(공고방법)이 회사의 공고는 회사의 인터넷 홈페이지(http://www.○○○.….)에 게재한다. 다만, 전산장애 또는 그 밖의 부득이한 사유로 회사의 인터넷 홈페이지에 공고를 할 수 없을 때에는 ○○시에서 발행되는 ○○신문에 한다.

제2장 주 식

제5조(회사가 발행할 주식의 총수) 당 회사가 발행할 주식의 총수는 100주로 한다.

제6조(액면주식 1주의 금액) 당 회사가 발행하는 주식 액면주식 1주의 금액은 금 5,000원(₩5,000원)으로 한다.

제7조(회사의 설립시에 발행하는 주식총수) 당 회사는 설립시에 ○○○주의 주식을 발행하기로 한다.

제8조(주식 및 주권의 종류) 당 회사의 주식은 보통주식으로서 전부 기명식으로 하고 주권은 오백주권, 일백주권, 일십주권, 일주권의 4종으로 한다.

제9조(주권 불소지) 당 회사는 주권 불소지제도를 채택하지 아니한다.

제10조(주금납입의 지체) 주금 납입을 지체한 주주는 납입기일 다음날부터 납입이 끝날때까지 지체 주금 백원에 대하여 일변 십전의 비율로서 과태금을 회사에 지급하고 또 이로 인하여 손해가 생겼을 때는 그 손해를 배상하여야 한다.

제11조(명의 개서) ① 당 회사의 주식에 관하여 명의개서를 청구함에 있어서는 당 회사에서 정하는 청구서에 기명날인 또는 서명하고 이에 주권을 첨부하여 제출하여야 한다.

② 양도 이외의 사유로 인하여 주식을 취득한 경우에는 당 회사에서 정하는 제1항의 청구서 이외에 그 사유를 증명하는 서면과 주권을 제출하여야 한다.

第12조(질권의 등록 및 신탁재산의 표시) 당 회사의 주식에 관하여 질권의 등록 또는 신탁재산의 표시를 청구함에 있어서는 당 회사가 정하는 청구서에 당사자가 기명날인 또는 서명하고 이에 주권을 첨부하여 제출하여야 한다. 그 등록 또는 표시의 말소를 청구함에 있어서도 같다.

第13조(주권의 재발행) ① 주권의 분할, 병합, 오손 등의 사유로 인하여 주권의 재발행을 청구함에 있어서는 당 회사가 정하는 청구서에 기명날인 또는 서명하고 이에 주권을 첨부하여 제출하여야 한다.

② 주권의 상실로 인하여 그 재발행을 청구함에 있어서는 당 회사가 정하는 청구서에 기명날인하고 이에 제권판결의 정본 또는 등본을 첨부하여 제출하여야 한다.

第14조(수수료) 제11조 내지 제13조에서 정하는 청구를 하는 자는 당 회사가 정하는 수수료를 납부하여야 한다.

第15조(주주명부의 폐쇄) ① 당 회사는 매년 1월 1일부터 정기주주총회의 종결일까지 주주명부의 기재의 변경을 정지한다.

② 제1항의 경우 이외의 주주 또는 질권자로서 권리를 행사할 자를 정하기 위하여 필요한 때에는 주주총회의 결의에 의하여 주주명부의 기재의 변경을 정지하고 또는 기준일을 정할 수가 있다. 이 경우에는 그 기간 또는 기준일의 2주전에 공고하는 것으로 한다.

第16조(주주의 주소 등의 신고) 당 회사의 주주 및 등록된 질권자 또는 그 법정대리인이나 대표자는 당 회사가 정하는 서식에 의하여 그의 성명, 주소와 인감을 당 회사에 신고하여야 한다. 신고사항에 변경이 있는 때에도 또한 같다.

제3장 사　　채

第17조(사채발행과 차입) ① 이 회사는 원리금의 상환 기타 조건에 관하여 내용이 다른 수종의 사채를 발행할 수 있다.

② 이 회사는 자기자본금의 2배를 초과하지 아니하는 범위 내에서 자금을 차입할 수 있다.

③ 이 회사는 자본금과 적립금의 합계액의 10배를 초과하지 아니하는 범위 내에서 사채를 발행할 수 있다. 다만, 사채발행의 한도를 계산함에 있어 이 회사가 채권금융 기관으로부터 약정체결기업에 대한 채권을 양도받고 그 대가를 지급하기

위하여 발행하는 사채는 이를 사채발행액에 산입하지 아니한다.

제18조(전환사채의 발행) ① 이 회사는 이사회의 결의로 전환사채를 발행할 수 있다.

② 주주는 그가 소유한 주식의 수에 비례하여 전환사채의 배정을 받을 권리를 갖는다.

③ 제2항에 불구하고 회사는 다음 각 호의 경우에 사채의 액면총액이 금 50억원을 초과하지 않는 범위 내에서 이사회의 결의로 주주 이외의 자에게 전환사채를 발행할 수 있다.

1. 회사가 긴급한 자금의 조달을 위하여 전환사채를 발행하는 경우
2. 회사가 약정체결기업의 채권 또는 주식을 매입하는 등 경영상 필요로 내국법인 또는 외국투자자에게 전환사채를 발행하는 경우
3. 회사가 경영상 필요로 국내외 투자가에게 전환사채를 발행하는 경우

④ 제 3항의 전환사채에 있어서 이사회는 그 일부에 대하여만 전환권을 부여하는 조건으로도 이를 발행할 수 있다.

⑤ 전환으로 인하여 발행하는 주식은 기명식 보통주식으로 하고 전환가액은 주식의 액면금액 또는 그 이상의 가액으로 사채발행시 이사회가 정한다.

⑥ 전환을 청구할 수 있는 기간은 당해 사채의 발행일 후 1개월이 경과되는 날로부터 그 상환기일의 직전일까지로 한다. 다만, 위 기간의 범위내에서는 이사회의 결의로 전환청구기간을 조정할 수 있다.

⑦ 전환으로 인하여 발행하는 주식에 대한 이익의 배당과 전환사채에 대한 이자의 지급에 관하여는 제12조의 규정을 준용한다.

제19조(신주인수권부사채의 발행) ① 이 회사가 신주인수권부사채를 발행함에는 이사회의 결의에 의하여야 한다.

② 주주는 그가 소유한 주식의 수에 비례하여 신주인수권부사채의 배정을 받을 권리를 갖는다.

③ 제2항에 불구하고 회사는 사채의 액면총액이 금 50억원을 초과하지 않는 범위 내에서 이사회의 결의로 다음 각 호의 경우 주주 외의 자에게 신주인수권부사채를 발행할 수 있다.

1. 회사가 긴급한 자금의 조달을 위하여 신주인수권부사채를 발행하는 경우
2. 회사가 약정체결기업의 채권 또는 주식을 매입하는 등 경영상 필요로 내국법인 또는 외국투자자에게 신주인수권부사채를 발행하는 경우

④ 신주인수권의 행사로 발행하는 주식은 기명식 보통주식으로 하고 그 발행가액은 주식의 액면금액 또는 그 이상의 가액으로 사채발행시 이사회가 정한다.

⑤ 신주인수권을 행사할 수 있는 기간은 당해 사채의 발행일 후 1개월이 경과되는 날로부터 그 상환기일의 직전일까지로 한다. 다만, 위 기간의 범위 내에서는 이사회의 결의로 신주인수권 행사기간을 조정할 수 있다.

⑥ 신주인수권의 행사로 인하여 발행하는 주식에 대한 이익의 배당에 관하여는 제12조의 규정을 준용한다.

제20조(사채발행에 관한 준용규정) 이 정관에 정한 "주주명부 폐쇄, 주주 등의 주소, 성면 및 인감 또는 서명 등 신고" 규정은 사채발행의 경우에 준용한다.

제3장 주주총회

제21조 (소집) ① 당 회사의 정기주주총회는 영업 년도 말일의 다음날부터 3월 이내에 소집하고 임시주주총회는 필요한 경우에 수시 소집한다.

② 주주총회를 소집함에는 그 일시, 장소 및 회의의 목적사항을 2주 전에 각 주주에게 서면 또는 전자문서로 통지를 발송하여야 한다.

③ 의결권이 있는 발행주식 총수의 100분의 1 이하의 주식을 소유한 주주에 대한 소집 통지는 2주 전에 주주총회를 소집한다는 뜻과 회의 목적사항을 회사의 공고방법에 따라 공고함으로써 서면 또는 전자문서에 의한 소집통지에 갈음할 수 있다.

제22조(의장) 대표이사가 주주총회의 의장이 된다. 그러나 대표이사 유고시에는 주주총회에서 선임한 다른 이사가 의장이 된다.

제23조(결의) 주주총회의 결의는 법령 또는 정관에 다른 규정이 있는 경우를 제외하고 출석한 주주의 의결권의 과반수와 발행주식 총수의 4분의 1 이상의 수로서 한다.

제24조(의결권의 대리행사) 주주는 대리인으로 하여금 의결권을 행사할 수 있다. 대리인이 의결권을 행사함에는 표결전에 그 권한을 증명하는 서면을 의장에게 제출하여야 한다.

제25조(총회의 의사록) 주주총회의 의사록에는 의사의 경과요령과 그 결과를 기재하고 의장과 출석한 이사가 기명날인 또는 서명하여야 한다.

제4장 임 원

제26조(이사와 감사의 원수)당 회사의 이사는 2인 이내, 감사는 두지 아니한다.

제27조(이사의 선임)당 회사의 이사는 제19조의 결의방법에 의하여 선임한다.

제28조(이사의 임기)이사의 임기는 취임후 3년으로 한다. 그러나 이사의 임기가 재임중 최종의 결산기에 관한 정기주주총회의 종결전에 끝날 때에는 그 정기주주총회의 종결에 이르기까지 그 임기를 연장한다. 보궐 또는 증원에 의하여 선임된 임기는 다른 이사의 전 임기와 같이한다.

제29조 (대표이사) ① 이사는 당 회사를 대표한다.

② 당 회사는 필요한 경우에 부사장, 전무이사 및 상무이사 각 약간 명을 둔다.

③ 사장, 부사장, 전무이사와 상무이사는 주주총회의 결의에 의하여 선임한다.

제30조(업무집행)①사장은 당회사의 업무를 통할하고 부사장, 전무이사 또는 상무이사가 사장을 보좌하여 그 업무를 분장한다.

② 사장이 유고시에는 부사장, 전무이사 또는 상무이사가 대표이사의 직무를 대행한다.

제31조(보수와 퇴직금)임원의 보수 또는 퇴직한 임원의 퇴직금은 주주총회의 결의로 정한다.

제5장 계 산

제32조(영업연도)당 회사의 영업연도는 매년 1월 1일부터 동년 12월 말일까지로 한다.

제33조(재무제표, 영업보고서의 작성비치)①당 회사의 사장은 정기총회 회일 6주간 전에 다음 서류 및 그 부속명세서와 영업보고서를 작성하여 주주총회의 감사를 받아 정기총회에 제출하여야 한다.

1. 대차대조표
2. 손익계산서
3. 이익처분계산서 또는 결손금처리계산서

②제1항의 서류는 영업보고서, 감사보고서와 함께 정기총회 1주간 전부터 당 회사의 본점과 지점에 비치하여야 하고 총회의 승인을 얻었을 때에는 그 중 대차대조표를 지체없이 공고하여야 한다.

제34조(이익금의 처분)매기 총수입금에서 총지출금을 공제한 잔액을 이익금으로 하여 이를 다음과 같이 처분한다.

1. 이익준비금 금전에 의한 이익배당액의 십분의 일이상

2. 별도적립금 약간
3. 주주배당금 약간
4. 임원 상여금 약간
5. 후기 이월금 약간

제35조(이익배당)이익배당금은 매결산기에 있어서의 주주명부에 기재된 주주 또는 질권자에게 지급한다.

부 칙

제36조(최초의 영업연도)당 회사의 최초의 영업연도는 회사 설립일로부터 동년 12월 31일까지로 한다.

제37조(발기인)발기인의 성명 및 주소는 이 정관 말미에 기재함과 같다.

위와 같이 주식회사 지앤아이를 설립하기 위하여 이 정관을 작성하고 발기인 전원이 이에 기명날인 또는 서명한다.

20○○년 1월 25일

주식회사 지앤아이
발기인 임 정 상(000000-0000000)
서울 서초구 방배로25길 20

○ 이 사례는 이사 2인이 이사회를 구성하지 아니하고, 감사를 두지 아니하고, 설립하는 경우이므로 기존의 정관에서 이사회 및 감사에 관한 규정을 모두 삭제하고 이사회의 권한을 주주총회의 권한으로 변경 한 경우이다.

[사례] 주식발행동의서

주 식 발 행 동 의 서

발기인 전원의 동의로 회사설립시에 발행할 주식에 관한 사항을 아래와 같이 결정함에 대하여 이의없이 동의함.

1. 주식의 종류와 수
   보통 주식 100주

2. 주식의 발행가액
   액면주식1주에 대하여 금5,000원

위 동의사항을 확실히 하기 위하여 발기인 전원이 다음에 기명날인함.

20○○년 9월 1일

발기인 임 정 상

○ 주식발행사항의 결정 : 회사가 발행할 주식의 총수, 액면주식 1주의 금액, 회사의 설립시에 발행하는 주식의 총수는 반드시 정관으로 정하는 것이나(상법 제289①), 그 외의 주식발행에 관한 사항은 정관에 다른 규정이 없는 한 발기인이 정할 수 있다(상법 제291조).

[사례] 취임승낙서

<table>
<tr><td>

취 임 승 낙 서

본인 등은 20○○년 1월 일 발기인 총회에서 이사 및 대표이사에 각 선임되었는바 그 취임을 승낙합니다.

20○○년 1월 일

대표이사 임 정 상

사내이사 양 준 모

주식회사 지앤아이 귀중

</td></tr>
</table>

※ 취임승낙서에는 각 취임임원은 인감을 날인하고 인감증명서를 첨부하여야 한다. 이사는 취임승낙서에 사내이사, 사외이사로 구분하여 표시하도록 한다.

※ 자본금의 총액이 10억원 미만으로 이사가 2명인 회사인 경우에는 각 이사가 회사를 대표하므로(상법 제383조 제1항 단서 및 6항), 정관에서 별도로 대표이사를 정하지 않는 한 취임승낙이 필요 없다.

[사례] 주식인수증

<table>
<tr><td colspan="2">주 식 인 수 증</td></tr>
<tr><td>상 호</td><td>주식회사 지앤아이</td></tr>
<tr><td>인수할주식수</td><td>○○○주</td></tr>
<tr><td>금 액</td><td>금 ○○○원정</td></tr>
<tr><td>일주의 금액</td><td>금 5,000원</td></tr>
<tr><td colspan="2">위 주식을 발기인으로 인수합니다.
20○○년 1월 일
발기인 임 정 상
서울 서초구 방배로25길 20
주식회사 지앤아이 발기인대표 귀하</td></tr>
</table>

[사례] 주금납입잔고증명서

잔고증명서

일금○○○원정(₩○○○원정)

발행주식의 총수 ○○○주

액면주식 1주의 금액 5,000원정

위 금액은 설립시에 발행하는 주식총수에 대한 납입금으로서 20○○년 1월 25일 납입이 완료되어 현재 이를 보관중임을 증명합니다.

20○○년 1월 25일

증명인 서울 서초구 서초로69길 33

국민은행 ○○ 지점

지점장 오 강 경

주식회사 지앤아이 발기인대표 귀하

※ 잔고증명은 금융기관에서 발급받는다.

[사례] 주주명부

주 주 명 부

주 주	주 소	인 수 주식수	1주금액	납 입 금 액
임 정 상	서울 서초구 방배로25길 20	○○○주	금5,000원	금○○○원
합 계		○○○주	금5,000원	금○○○원

위 주주명부는 본사에 비치된 주주명부와 대조하여 틀림이 없음을 증명합니다.

20 년 9월 6 일

상 호	주식회사 지앤아이
본점주소	서울 강남구 역삼로402길 30
대표이사성명	임 정 상

제3관 세 감면 사업양수도에서의 명의이전 및 조세감면신청

1. 개 설

세 감면 사업양도양수에 의한 법인전환의 경우 개인사업을 영위하던 자가 법인을 설립하고 그 법인의 설립일부터 3월 이내에 당해 법인에게 사업에 관한 모든 권리와 의무를 포괄적으로 양도하여야 한다(조세특례제한법 제32조, 동법 시행령 제29조제2항), 즉, 사업용 자산 중 소유권이전등기를 필요로 하는 부동산, 등록을 필요로 하는 공장·차량·기계장치 등의 명의를 신설법인명의로 이전하여야 하고, 사업용 고정자산에 대해서는 취득세 면제신청 및 양도소득세 이월과세 신청을 하여야 한다(지방세특례제한법 제57조의2제4항전단).

2. 부동산소유권이전등기

가. 취득세

(1) 개 설

조세특례제한법 제32조에 따른 사업 양도·양수에 따라 2018년 12월 31일까지 취득하는 사업용 고정자산에 대해서는 취득세를 면제한다(지방세특례제한법 제57조의2제4항전단). 자동차와 같은 사업용 차량의 소유권이전 시 등록세와 취득세를 면제받을 수 있다.

사업용 재산에 대하여 취득세를 면제하는 취지는 개인이 권리·의무의 주체가 되어 경영하던 기업을 개인 기업주와 독립된 법인이 권리·의무의 주체가 되어 경영하도록 기업의 조직 형태를 변경하는 경우 실질적으로 동일한 사업주가 사업의 운영 형태만 바꾸는 것에 불과하여 재산 이전에 따르는 취득세 등을 부과할 필요가 적다는 데에 있다.

취득세의 면제는 지방세특례제한법 제57조의2 제4항에 따라 현물출자 또는 사업 양도·양수에 따른 법인전환 시 법인이 취득하게 되는 부동산에 대한 취득세를 면제하지만 취득세 감면분의 20%만큼에 대해서 농어촌특별세를 부담해야하므로 실질적으로 취득세 80%가 감면되게 되는 것이다.

취득세 감면요건에 해당하는지 여부는 별다른 규정이 없는 이상 취득일을 기준으로 판단하여야 할 것이다(조심 2015지0733, 2017.01.16. 취소).

사업양도양수에 의한 법인전환의 경우 조세특례법 및 지방세특례제한법에서 정하는 취득세 면제 요건은 총설(448면 참조)에서 다루었다. 그리고 사업양도양수에 의한 법인전환의 요건은 현물출자에서와 같으므로 부동산 등의 명의이전 415면 참조, 양도소득세 이월과세 133면을 참조하기로 한다.

(2) 지방세 감면 신청

지방세의 감면을 신청하려는 자는 감면대상을 취득한 날부터 60일 이내에 행정안전부령으로 정하는 감면신청서를 관할 시장·군수·구청장에게 제출하여야 한다(지방세특례제한법 제183조, 동시행령 제126조).

지방세특례제한법 시행규칙[별지 제1호서식] <개정 2016. 12. 30.>

<table>
<tr><th colspan="4">지방세 감면 신청서</th></tr>
<tr><td colspan="3">※ 뒤쪽의 작성방법을 참고하시기 바라며, 색상이 어두운 난은 신청인이 적지 않습니다.</td><td>(앞쪽)</td></tr>
<tr><td>접수번호</td><td>접수일</td><td>처리기간</td><td>5일</td></tr>
<tr><td rowspan="4">신청인</td><td colspan="2">성명(대표자)</td><td>주민(법인)등록번호</td></tr>
<tr><td colspan="2">상호(법인명)</td><td>사업자등록번호</td></tr>
<tr><td colspan="3">주소 또는 영업소</td></tr>
<tr><td colspan="2">전자우편주소</td><td>전화번호(휴대전화번호)</td></tr>
<tr><td rowspan="2">감면대상</td><td colspan="2">종류</td><td>면적(수량)</td></tr>
<tr><td colspan="3">소재지</td></tr>
<tr><td rowspan="3">감면세액</td><td>감면세목</td><td>과세연도</td><td>기분</td></tr>
<tr><td>과세표준액</td><td colspan="2">감면구분</td></tr>
<tr><td>당초 결정세액</td><td colspan="2">감면받으려는 세액</td></tr>
<tr><td>감면신청사유</td><td colspan="3"></td></tr>
<tr><td>감면근거규정</td><td colspan="3">「지방세특례제한법」 제 조 및 같은 법 시행령 제 조</td></tr>
<tr><td>관계증명서류</td><td colspan="3"></td></tr>
<tr><td colspan="4">신청인은 본 신청서의 유의사항 등을 충분히 검토하였고, 향후에 신청인이 기재한 사항과 사실이 다른 경우에는 감면된 세액 이외에도 별도의 가산세가 부과됨을 확인하였습니다.
「지방세특례제한법」 제183조, 같은 법 시행령 제126조 및 같은 법 시행규칙 제9조에 따라 위와 같이 지방세 감면을 신청합니다.</td></tr>
<tr><td colspan="4">년 월 일</td></tr>
<tr><td></td><td>신청인</td><td></td><td>(서명 또는 인)</td></tr>
<tr><td>시장・군수・구청장 귀하</td><td></td><td></td><td></td></tr>
<tr><td>첨부서류</td><td colspan="2">감면받을 사유를 증명하는 서류</td><td>수수료 없음</td></tr>
<tr><td colspan="4">210mm×297mm [백상지(80/㎡) 또는 중질지(80/㎡)]</td></tr>
</table>

나. 등록세

부동산 소유권이전등기에 따른 등록세와 지방교육세도 면제한다.

다. 농어촌특별세

농어촌특별세의 경우 감면받는 취득세의 감면세액의 100분의 20을 납입하여야 한다(농어촌특별세법 제5조).

라. 국민주택채권

현물출자의 경우에는 국민주택채권의 매입이 면제되나(주택기금법 제6조제1항 관련), 사업 양도·양수의 경우에는 면제규정이 없다.

마. 이월과세 및 적용 신청

현물 출자의 경우와 마찬가지로 법인에게 양도하는 사업용 부동산에 대하여 이월과세적용을 받을 수 있다. 133면 참조

이월과세를 적용받으려면 양도세 확정신고 기한내에 반드시 이월과세 적용 신청을 하여야 한다. 신청서 139면 참조

바. 감면한 취득세의 추징

조세특례제한법 제32조의 사업 양도·양수에 따라 취득세를 면제받은 부동산에 대하여 취득일부터 2년 이내에 대통령령으로 정하는 정당한 사유 없이 해당 사업을 폐업하거나 해당 재산을 처분(임대를 포함한다)하는 경우에는 감면받은 세액을 추징한다(지방세특례제한법 제57조의2 제4항).

감면한 취득세의 추징에 대하여도 현물출자와 같으므로 질의 회신에 관하여 아래내용 외에도 현물출자란(120면 참조)을 참조하기로 한다.

Q 사업의 포괄양도・양수의 방법에 따라 법인으로 전환된 청구법인이 쟁점부동산을 취득하여 2년 이내에 임대한 것으로 보아 취득세 등을 추징한 처분의 당부

A 조세특례제한법(2013.1.1. 법률 제11614호로 개정되기 전의 것) 제120조 제5항에서

제32조에 따른 현물출자 또는 사업 양도·양수에 따라 취득하는 사업용 재산에 대하여는 취득세를 면제한다고 규정하면서 그 단서는 취득일부터 2년 이내에 대통령령으로 정하는 정당한 사유 없이 해당 사업을 폐업하거나 해당 재산을 처분(임대를 포함한다)하는 경우에는 감면받은 세액을 추징한다고 규정하고 있고, 사업 양도·양수에 따라 취득하는 사업용 재산에 대하여 취득세와 등록세를 면제하는 취지가 실질적으로는 동일한 사업주가 사업의 운영형태만을 바꾸는 것에 불과하여 재산이전에 따르는 취득세 등을 부과할 필요가 적음과 더불어 개인사업의 법인전환을 장려함에 있다는 점(대법원 2003.3.14. 선고 2002두12182 판결, 같은 뜻임), 임대업을 영위하는 개인사업자가 사업 양도·양수에 따라 법인으로 전환하는 경우에 임대용으로 사용하였던 부동산도 취득세 등을 면제하는 점 등에 비추어 위 규정 단서에서 취득세 등의 추징대상이 되는 "임대"에는 법인전환 전의 개인사업자가 임대용으로 사용하였던 부동산을 법인전환 이후에도 계속 임대용으로 사용하는 경우에는 이에 해당하는 것으로 볼 수 없으나, 개인사업자가 임대용으로 사용하지 아니하였던 부동산을 법인으로 전환된 이후에 새롭게 임대용으로 사용하는 경우에는 이에 해당(조심 2010지104, 2010.6.29., 조심 2010지851, 2011.8.8., 같은 뜻임)한다고 보는 것이 타당하다(조심 2014지0813, 2015.04.21. 경정).

Q 사업양수도 방법을 통한 법인전환으로 설립된 청구법인이 취득한 사업용 재산을 2년 이상 직접 사용하지 아니한 채 제3자에게 임대한 것으로 보아 면제된 취득세 등을 추징한 처분이 적법한지 여부(취소)

A 조세특례제한법 제119조 제4항 및 제120조 제5항에서 사업양수도 방법에 따라 취득하는 사업용 재산 및 이에 관한 등기에 대하여는 취득세와 등록세를 면제하되, 다만 그 취득등기일부터 2년 이내에 정당한 사유 없이 당해 재산을 임대하는 경우에는 감면받은 세액을 추징한다고 규정하고 있고, 위 규정에서 "임대"라 함은 당사자 사이에 임대차계약의 체결이 있는 경우는 물론 특별한 사정에 의하여 그와 같은 계약체결은 이루어지지 아니하였다 하더라도 부동산의 소유자가 타인으로 하여금 그 부동산을 사용케 하고 그 사용자로부터 임대료 상당 금액을 계속적으로 수령하여 오고 있는 경우도 포함된다 할 것이나, 당사자 사이에 형식상 임대차계약이 체결되어 있다 하더라도 임차인이 임차물을 사용수익하지 아니한 채 실제로는 임대인이 이를 사용함으로써 사실상 이러한 임대차계약이 성립되었다고 할 수 없는 경우에는 위 규정에서 면제된 취

득세 등의 추징요건의 하나로 정하고 있는 당해 재산을 임대하는 경우에 해당된다고 보기는 어렵다(조심 2010지0266, 2011.04.11. 취소).

제3편

일반 사업양도양수에 의한 법인전환

제1관 일반 사업양수도의 법인전환 총설

1. 서 설

개인사업을 영위하던 자가 법인을 설립하고 당해 법인에게 개인사업에 관한 모든 권리와 의무를 포괄적으로 양도하는 법인전환방법이 있는바, 이를 "일반 영업양도양수에 의한 법인전환"이라 한다. 이 방법은 개인기업의 자산을 법인으로 전환함으로써 사업의 영속성을 그대로 유지한다는 데 의미가 있다. 소규모 자본금으로 법인 설립부터 한 후 개인기업의 사업자산을 법인에 매각하는 방법이며, 상법상 영업양도와 같은 개념이다.

"일반 사업양도양수에 의한 법인전환"의 절차는 "세감면 사업양도·양수에 의한 법인전환방법(435면 참조)"과 같다. 다만, 양도소득세 이월과세, 취득세 및 등록세 면제 등 조세지원을 받지 않는데 있다. 따라서 "일반 사업양도양수에 의한 법인전환"은 사업자산중 부동산이 적어 양도소득세와 취·등록세 부담이 적고 법인 전환 일정이 촉박할 때 사용하는 방법이다.

"일반 사업양도양수에 의한 법인전환"의 경우에도 부가가치세법상 사업의 양도에 해당하는 경우(동법 제10조제9항)에는 부가가치세가 과세되지 아니하는 것이지만 양도소득세는 동일하게 발생한다. 다만, 개인사업자가 법인으로 전환하는 경우 사업의 계속성이 인정됨으로 과세이연을 적용 받을 수 있다.

여기서 "과세이연(課稅移延)"이란 공장의 이전 등을 위하여 개인이 해당 사업에 사용되는 사업용고정자산 등(이하 이 호에서 "종전사업용고정자산등"이라 한다)을 양도하고 그 양도가액(讓渡價額)으로 다른 사업용고정자산 등(이하 이 호에서 "신사업용고정자산등"이라 한다)을 대체 취득한 경우 종전사업용고정자산등의 양도에 따른 양도차익(讓渡差益) 중 다음의 계산식에 따라 계산한 금액(신사업용고정자산등의 취득가액이 종전사업용고정자산등의 양도가액을 초과하는 경우에는 종전사업용고정자산등의 양도에 따른 양도차익을 한도로 한다. 이하 이 호에서 "과세이연금액"이라 한다)에 대해서는 양도소득세를 과세하지 아니하되, 신사업용고정자산등을 양도할 때 신사업용고정자산등의 취득가액에서 과세이연금액을 뺀 금액을 취득가액으로 보고 양도소득세를 과세하는 것을 말한다(조세특례제한법 제2조제1항제7호).

2. 양도양수절차

(1) 법인설립 및 양도양수일정표

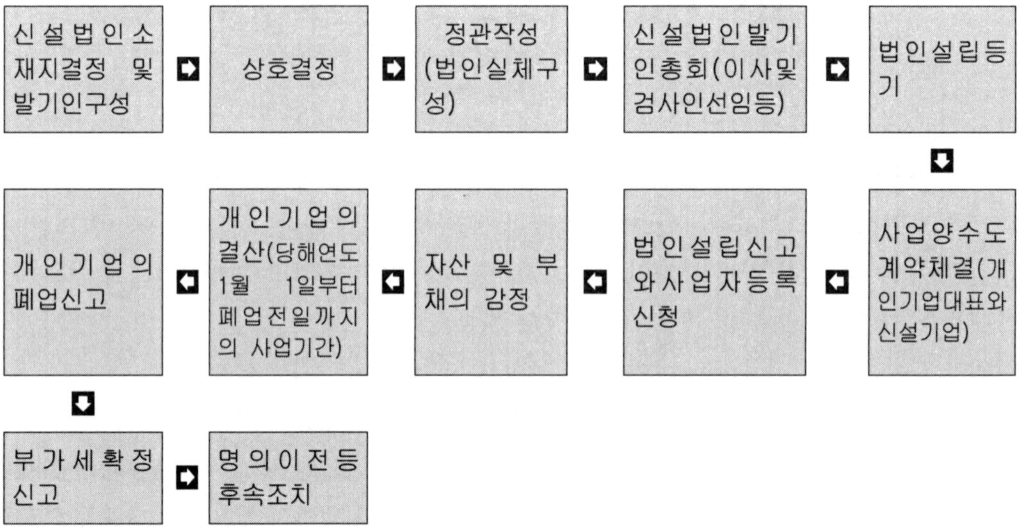

(2) 사업양도 · 양수계약

법인전환은 양수도로 인해 원래 사업자만 바뀌고 그 사업내용의 동일성이 그대로 유지되어야 한다. 다만 양수인의 업종 추가는 가능하다.

일반 사업양도·양수의 경우에도 사업양도·양수일로부터 사업성과를 신설될 법인에게 귀속시켜야 하므로 법인설립등기 직후 사업자등록 신청일 이전에 사업양도·양수계약을 체결하여 공증을 받아야 한다. 법인설립등기 이후에도 개인사업자의 등록번호에 의하여 사업을 계속하게 되면 자산 상태의 변동이 생기므로 사업양도 자산과 부채가 전혀 다른 상태가 되어 사업양도·양수에 차질을 가져올 수 있다.

이 계약에서는 사업양도에 따른 부가세를 면제받기 위하여 사업을 포괄적으로 양도 · 양수한다는 사실이 계약서에 명시되어야 한다.

사업양도·양수계약시에는 사업양도·양수가액이 확정될 수 없으므로 사업양도·양수가액의 평가방법만 기재하고 후에 결산종료가 완료되면 그때 확정시킨다. 사업양도·양수계약의 당사자는 개인기업 대표와 신설법인의 대표이사이다.

사업양도·양수의 목적물은 개인사업자의 사업장과 관련하여 포괄적으로 이전하여야 하므로 승계대상 및 자산, 부채 등은 사업의 동일성이 훼손되지 않도록 기재하여야 하고, 귀속주체를 명확히 하여야 하며, 사업양도가액 및 종업원에 대한 승계에 관한 내용을 기재하여야 한다.

[서식] 사업양도양수계약서

사업양도양수계약서

갑 : ○○시 ○구 ○○로○길 ○, ○호(○○동)
회사명 : ○○사
대 표 : ○○○

을 : ○○시 ○구 ○○로○길 ○, ○호(○○동)
회사명 : ○○주식회사
대표이사 : ○○○

"갑" 이 운영하고 있는 개인기업 ○○사의 사업에 관한 권리 및 의무일체를 설립중인 법인 "을"이 포괄적으로 양수함에 있어서 다음과 같이 계약을 체결한다.

제1조(목적) 본 계약은 "갑" 이 운영하는 개인기업 ○○사의 사업에 관한 권리 및 의무일체를 "을"이 포괄적으로 양수함으로서 부가가치세법 제10조 제9항의 규정에 의한 사업 양도에 따른 부가가치세의 면제를 목적으로 한다.

제2조 (포괄적양도 및 사업승계) ①갑은 20○○년 ○월 ○일 현재의 장부상 사업용 자산총액 및 부채총액을 포괄적으로 승계한다.
②사업양도양수일 현재 갑과 거래중인 모든 거래처는 을이 인수하여 계속 거래를 보장하도록 한다.

제3조(평가방법) 을은 갑이 제출한 20○○년 ○월 ○일 현재의 대차대조표를 감리한 후 특별한 사항이 없는 한 양수할 자산(토지와 건물 제외)과 부채를 장부가액대로 평가해야 한다.

제4조(양도양수가액)양도양수가액은 제2조의 자산총액에서 부채총액을 차감한 잔액으로 한다.

제5조(양도양수기준일 등) 갑이 을에게 사업 전부를 양도하는 기준일은 20○○년 ○월 ○일로 하고, 을은 사업양도가 종료되는 날까지 갑에게 대금을 완불하여야 한다. 다만, 기일까지 사업양도에 따른 제반 법적절차가 종료되지 않을 때에는 갑, 을 쌍방협의로 이를 연장할 수 있다.

제6조(종업원) 을은 갑의 전 종업원을 계속 근무케 함은 물론 종업원들과의 개별 고용계약 및 단체협약상의 사용자로서의 모든 권리, 의무를 사업양도양수 이행 일에 신설회사에 이전하며 신설회사는 이를 승계한다.

제7조(비용부담) 갑은 사업양수일 이전에 발생한 제세공과금(국세 및 지방세 포함) 일체를 책임지며, 을은 갑의 사업양도에 따른 비용전부를 부담키로 한다.

제8조(협조의무) 갑은 본 계약 체결 후 사업인수를 완료할 때까지 그 재산의 관리 운영에 있어 선량한 관리자의 주의를 게을리 하지 말 것이며, 또한 정상의 거래를 제외하고 재산에 영향을 미치는 중요한 사항에 관하여는 을의 사전승인에 의하도록 한다.

이상으로 위와 같이 계약을 체결하고 계약서 4통을 작성, 서명 날인 후 "갑"과 "을"이 각각 1통씩 보관하고 나머지는 법인의 사업자등록 및 명의이전등기, 등록 시 사용하기로 한다.

20 년 월 일

갑 : ○○정밀금형사
대 표 : ○○○ (인)

을 : ○○주식회사
대표이사 : ○○○ (인)

(3) 법인설립신고 및 사업자등록 신청

법인설립등기가 완료되면 내국법인은 그 설립등기일(사업의 실질적 관리 장소를 두게 되는 경우에는 그 실질적 관리장소를 두게 된 날)부터 2개월 이내에 ①법인의 명칭과 대표자의 성명 ②본점이나 주사무소 또는 사업의 실질적 관리장소의 소재지 ③사업 목적 ④설립일의 사항을 적은 법인 설립신고서에 대통령령으로 정하는 주주등의 명세서와 사업자등록 서류 등을 첨부하여 납세지 관할 세무서장에게 신고하여야 한다(법인세법 제109조제1항).

(4) 개인기업의 결산 및 폐업신고와 부가가치세 확정신고

개인기업의 결산은 당해연도 1월 1일부터 사업양도·양수기준일의 1일전(개인사업자의 폐업일)까지를 사업기간으로 보아 결산을 하여 법인에 양도할 자산과 법인에 승계시킬 부채를 확정시킨다. 세법상 각종 준비금은 법인에게 승계되지 아니하나 퇴직급여충당금은 승계가 가능하다.

결산 후 폐업일(사업양도·양수기준일의 1일전)로부터 25일 이내에 개인기업의 부가가치세 확정신고와 폐업신고를 하여야 하는데 사업양도·양수계약서를 첨부하여야 한다.

(5) 이사회의 승인

법인의 대표이사와 개인기업주간에 사업양도·양수계약을 체결할 경우 상법의 규정에 따라 이사회의 승인(상법 제398조) 또는 주주총회의 특별결의(상법 제374조)가 필요하다. 이는 상법상 이사가 그 지위를 이용하여 회사와 직접 거래를 하거나 이사 자신의 이익을 위하여 회사와 제3자 간에 거래를 함으로써 이사 자신의 이익을 도모하고 회사 또는 주주에게 손해를 입히는 것을 방지하고자 하는 것이다(대법원 2013. 9. 12. 선고 2011다57869 판결).

상법 제398조는 이사의 선관의무(상법 제382조제2항) 및 충실의무(상법 제382조의3)의 내용을 구체화한 것으로서 구 상법이 회사와의 거래제한 대상을 이사만으로 한정하고 있어서 이사의 직계존비속·배우자 또는 그들의 개인회사 등이 회사와 거래하는 경우와 같이 실질상 이사의 자기거래에 해당하나 형식상 이에 해당하지 않는 부당한 거래를 규율하지 못하는 문제가 있으므로 개정상법은 회사의 이익을 위하여 이를 제한하기 위한 것이다.

이사회의 승인은 이사 3분의2 이상의 수로써 하여야 한다.

[서식] 이사회의사록

이사회의사록

20○○년 ○월 11일 오전 10시 당사 회의실에서 다음의 의안을 심의하기 위하여 상법 제390조 제2항에 의거하여 소정의 절차를 거쳐 이사회를 개최하다.

이사의 총수 3명 출석한 이사수 3명
감사의 총수 1명 출석한 감사수 1명

의장 ○○○은 의장석에 등단하여, 위와 같이 법정수에 달하게 출석하였으므로 본 회가 적법하게 성립됨을 고하고 개회를 선언, 다음 의안을 부의하고 심의를 구하다.

의안 : 사업양도양수의 건

의장은 ○○○이 운영하고 있던 ○○사(서울시 강남구 역삼로123길 30호)를 본 법인으로 전환함에 따라 사업에 관한 일체의 권리와 의무를 포괄적으로 양도 양수함에 대하여 별첨한 사업양도양수계약서에 의함을 설명하고 이를 승인해 줄 것을 구한바, 이에 질의와 토의를 거쳐 본 의안을 출석이사 및 감사 전원의 만장일치로 가결하다.

의장은 이상으로서 회의 목적인 의안 전부의 심의를 종료하였으므로 폐회한다고 선언하다(회의종료시각 11시00분).

위 의사의 경과 요령과 결과를 명확히 하기 위하여 이 의사록을 작성하고 의장과 출석한 이사와 감사가 기명날인 또는 서명하다.

20○○년 ○월 25일

주식회사 종이나라

의장 대표이사 ○ ○ ○

사내이사 ○ ○ ○

사내이사 ○ ○ ○

제2관 발기설립방법에 의한 법인전환절차

1. 개 설

"일반 사업양도양수에 의한 법인전환"의 경우 개인사업을 영위하던 자가 법인을 설립하고 당해 법인에게 사업에 관한 모든 관리와 의무를 포괄적으로 양도하여야 하는바(부가세법 제10조제9항제2호), 따라서 그 양수를 위하여 법인을 우선적으로 설립하여야 한다.

"세 감면 사업양도양수에 의한 법인전환"의 경우는 세제혜택을 받기 위하여 개인사업을 영위하던 자가 법인을 설립하고 그 법인의 설립일부터 3월 이내에 당해 법인에게 사업에 관한 모든 관리와 의무를 포괄적으로 양도하여야 했으나(조세특례제한법 제32조, 동법 시행령 제29조제2항), 여기서는 제한이 없다.

2. 설립절차

가. 개 설

주식회사 설립시 자본금이 10억 이상인지 미만인지에 따라 설립절차에 있어 크게 차이가 난다. 10억미만의 경우에는 임원 중 1인 이사도 가능하지만 10억이상인 경우에는 3인이상의 이사와 감사가 필수기관으로 이사회를 구성하여야 한다.

그리고 주금납입에 있어서도 10억 이상은 은행발행의 주금납입서가 첨부되지만 10억미만의 경우에는 잔고증명서로 갈음하고, 10억 이상인 경우에는 정관 및 의사록의 공증을 받아야 한다. 다음에서 주식회사 발기설립방법에 의하여 법인의 전환절차를 보기로 한다.

(1) 상호를 결정한다.

주식회사 상호를 정한다. 따라서 "주식회사"를 해당 상호의 앞뒤 중 어디에 위치시킬지를 결정한다. 상호를 정하였으면 사용하고자하는 상호가 해당 관할등기소에 이미 등록이 되어 있는 상호인지의 여부를 대법원 사이트에서 상호검색을 이용하여 찾아본다. 동일 관할등기소에서는 동일한 상호를 사용할 수 없다.(이하 상호의 구체적설명은 148면 참조)

(2) 법인 사무실(본점)을 정한다.

본점 소재지를 정하여야 한다. 주소는 도로명 주소로 기재하여야 한다.

(3) 자본금을 결정한다.

자본금은 발기인과 주식청약자의 출자로 이루어지는 일정한 기금으로서 발행주식의 총액을 말하고, 주식은 자본금의 구성요소이다.

세 감면 사업양수도에서는 법인설립 시 순자산가액상당의 현금을 자본금으로 하여 먼저 법인을 설립하여야 했으나 여기서는 일반 법인의 자본금과 같이 100원 이상이면 설립이 가능하다.

주식회사 설립시 자본금이 10억 이상인지 미만인지에 따라 설립절차에 있어 크게 차이가 난다. 10억미만의 경우에는 임원 중 1인 이사도 가능하지만 10억이상인 경우에는 3인이상의 이사와 감사가 필수기관으로 이사회를 구성하여야 한다.

그리고 현물과 현금출자가 병존하는 경우 주금납입에 있어서도 10억 이상은 은행발행의 주금납입서가 첨부되지만 10억미만의 경우에는 잔고증명서로 갈음하고, 10억 이상인 경우에는 정관 및 의사록의 공증을 받아야 한다.

(4) 사업목적을 정한다.

설립회사가 하고자하는 사업과 관련된 목적사항을 정한다. 사업목적의 범위가 너무 광범위해서는 안되고, 구체적이어야 한다. 다음과 같이 작성한다.

1. 보안시스템 제조, 판매사업
1. 시스템 통합사업
1. 전기, 전자 제조, 판매사업
1. 광통신, 광섬유 제조, 판매사업
1. 전자상거래, 인터넷, 소프트웨어 제조, 판매사업
1. 각호에 부대하는 사업

(5) 발기인을 구성한다.

“발기인”이란 주식회사의 정관의 작성자로 원시정관 말미에 발기인으로서 기명날인 또는 서명한 자를 말하며(상법 제289조 제1항), 실질적으로 발기인으로서 회사의 설립에 진력하였다 하더라도 원시정관에 기명날인 또는 서명하지 아니한 자는 발기인이라고 할 수 없다(학설과 판례). 발기인과 임원은 동일인이 아니어도 상관없다.

(6) 임원으로 이사, 감사, 대표이사를 정한다.

법인의 대표이사, 사내이사, 감사 등 등기부등본에 기재 될 임원을 정한다. 그리고 이사, 감사 중 발기인이 아닌 자(주식이 없는 자) 1인을 임원으로 정하여 조사보고자로 선임하여야 한다. 구체적 설명은 167면 참조.

(7) 정관을 작성한다.

“정관(定款)”이란 회사의 조직과 활동을 정한 근본규칙 또는 이를 기재한 서면을 말한다(상법 제288조).

정관의 기재사항에는 ① 정관에 반드시 기재해야 하고 만일 누락될 경우 정관이 무효가 되어 결과적으로 회사설립 자체가 무효로 되는 절대적 기재사항, ② 정관에 기재가 누락되더라도 정관의 효력에는 영향이 없지만, 해당 내용이 구속력을 가지기 위해서는 정관에 기재되어야 하는 상대적 기재사항, ③ 정관에 기재되어야만 효력이 생기는 것은 아니지만, 그 내용을 기재하면 그 기재대로 효력이 발생하는 임의적 기재사항이 있다(구체적 설명은 147면 참조).

(8) 출자의 이행과 주식을 인수한다.

설립중의 회사가 성립하기 위해서는 정관이 작성되고 발기인이 주식을 인수하였을 것을 요건으로 한다(상법 제293조, 대법원 2000. 1. 28. 선고 99다35737 판결).

주식회사의 자본금은 주식에 의한 출자로써 형성되므로 발기인은 설립시에 발행하는 주식을 반드시 인수하여야 한다.

상법상 주식인수인이 납입기일에 납입을 하지 아니하면 그 권리를 잃는 다는 뜻을 기일 2주 전에 그 주식인수인에게 통지하여야 하고, 이 통지를 받은 주식인수인이 그 기일내에 납입을 이행하지 아니한 때에는 그 권리를 잃는다(상법 제307조).

(9) 발기인총회를 열어 법인의 실체를 구성한다.

발기인총회는 주식회사의 주식인수인으로서 구성되는 설립 중의 회사의 의사결정기관이다. 발기인총회를 열어 이사와 감사의 선임(상법 제296조)등 상법상 주식회사의 실체를 구성한다. 구체적 설명은 162면 참조.

(10) 법인설립등기 완료 후 사업자등록 신청

법인설립등기가 완료되면 내국법인은 그 설립등기일부터 2개월 이내에 ①법인의 명칭과 대표자의 성명 ②본점이나 주사무소 또는 사업의 실질적 관리장소의 소재지 ③사업 목적 ④설립일의 사항을 적은 법인 설립신고서에 대통령령으로 정하는 주주 등의 명세서와 사업자등록 서류 등을 첨부하여 납세지 관할 세무서장에게 신고하여야 한다(법인세법 제109조 제1항).

나. 신청서 사례

[사례] 주식회사 발기설립등기(이사 2인, 감사 없는 경우)

주식회사 설립등기신청

접 수	년 월 일	처리인	등기관확인	각종통지
	제 호			

등 기 의 목 적	주식회사 설립(발기설립)
등 기 의 사 유	20 년 월 일 정관을 작성하고 발기인이 회사 설립시에 발행하는 주식의 총수를 인수받고, 20○○년 월 일 발기인총회를 종결하였으므로 다음 사항의 등기를 구함.
본/지점 신청구분	1. 본점신청 □ 2. 지점신청 □ 3. 본·지점 일괄신청 □
등 기 할 사 항	
상 호	주식회사 한국
본 점	서울 강남구 신사로302길 50
공 고 방 법	회사의 인터넷 홈페이지(http://www.○○○.····)에 게재한다. 다만, 전산장애 또는 그 밖의 부득이한 사유로 회사의 인터넷 홈페이지에 공고를 할 수 없을 때에는 ○○시에서 발행되는 ○○신문에 한다.
액면주식1주의 금액	금 5,000원
발행할 주식의 총수	○○○주
발행주식의 총수, 그 종류와 각종 주식의 내용과 수	○○○주 보통주식[28]
자본금의 액	금 ○○○원[29]

28) 개정상법(2012.4.15시행)은 회사설립시 발행하는 주식의 총수는 회사가 발행할 주식총수의 1/4 이상이어야 한다는 요건을 폐지하였다(상법 제289조 제2항 삭제). 이에 따라 회사설립시 발행하여야 하는 주식수에 대한 제한이 전혀 없게 되었다.

29) 자본금에 관하여는 500면 참조

등 기 할 사 항	
목 적	1. 컴퓨터 및 주변기기 제조 및 도소매업 및 임대업 2. 컴퓨터 및 주변기기 수출입업 및 기술용역업 3. 컴퓨터 및 주변기기 서비스업 4. 전 각호와 관련된 부대사업
이사·감사·집행임원의 성명 및 주민등록번호[30]	사내이사 김 종 수(000000-0000000) 사내이사 방 학 기(000000-0000000)
대표이사 또는 대표집행임원의 성명, 주민등록번호, 주소[31]	김 종 수(000000-0000000) 서울 서초구 방배로25길 20
지 점	없음
존립기간 또는 해산사유	없음
기 타	

30) 개정상법은 선택적으로 업무집행기관으로서 '집행임원'을 둘 수 있도록 하였다.
31) 집행임원제도를 둔 회사는 대표이사를 두지 못한다(제408조의2).

<table>
<tr><td colspan="7">신청등기소 및 등록면허세/수수료</td></tr>
<tr><td rowspan="2">순번</td><td rowspan="2">신청등기소</td><td rowspan="2">구분</td><td>등록면허세</td><td rowspan="2">농어촌
특별세</td><td rowspan="2">세액합계</td><td rowspan="2">등기신청수수료</td></tr>
<tr><td>지방교육세</td></tr>
<tr><td rowspan="2"></td><td rowspan="2"></td><td rowspan="2"></td><td>금 0000원</td><td rowspan="2"></td><td rowspan="2">금0000원</td><td rowspan="2">금30,000원</td></tr>
<tr><td>금 0000원</td></tr>
<tr><td></td><td></td><td></td><td></td><td></td><td></td><td></td></tr>
<tr><td colspan="3" rowspan="2">합 계</td><td></td><td rowspan="2"></td><td rowspan="2"></td><td rowspan="2"></td></tr>
<tr><td></td></tr>
<tr><td colspan="4">등기신청수수료 은행수납번호</td><td colspan="3"></td></tr>
<tr><td colspan="2">과 세 표 준 액</td><td colspan="5">금 000,000 원</td></tr>
<tr><td colspan="7">첨 부 서 면</td></tr>
<tr><td colspan="4">1. 정 관 통
1. 주식의 인수를 증명하는 서면 통
1. 발기인회의사록 통
1. 잔고증명서 통
1. 검사인조사보고서등본 통
1. 취임승낙서(인감증명서포함) 통</td><td colspan="3">1. 주민등록표등본 통
1. 인감신고서 통
1. 등록면허세영수필확인서 통
1. 위임장(대리인이 신청할 경우) 통
1. 법인인감카드발급신청서 통
<기 타></td></tr>
<tr><td colspan="7">20○○년 ○월 ○일
신청인 상 호 주식회사 한국
본 점 서울 강남구 신사로302길 50
대표이사 성 명 김 종 수 (인) (전화 :)
주 소 서울 서초구 방배로25길 20
대리인 성 명 (인) (전화 :)
주 소

서울중앙지방법원 상업등기소 귀중</td></tr>
</table>

- 신청서 작성요령 -

1. 해당란이 부족할 때에는 별지를 이용합니다.
1. 해당 등기신청과 관계없는 사항에 대하여는 "해당없음"으로 기재하거나 삭제하고, 필요한 사항은 추가 기재합니다.

(용지규격 21㎝× 29.7㎝)

○ 이 사례는 이사 2인, 감사를 두지 아니하고, 설립하는 사례이다. 따라서 자본금 총액이 10억원 미만인 회사가 이사의 인원을 1, 2인으로 한 경우 이사회의 권한은 이사(정관

에 의하여 대표이사가 있는 경우에는 대표이사)와 주주총회가 행사한다. 따라서 양도제한주식의 양도 시 승인, 주식매수선택권 부여 취소, 경업금지, 이사의 자기거래 승인, 신주의 발행결정, 전환사채, 신주인수권부사채의 발행결정, 준비금의 자본전입, 중간배당의 경우 주주총회에서 결정한다.

○ 회사가 발행할 주식의 총수, 액면주식 1주의 금액, 회사의 설립시에 발행하는 주식의 총수는 반드시 정관으로 정하는 것이나(상법 제289①), 그 외의 주식발행에 관한 사항은 정관에 다른 규정이 없는 한 발기인이 정할 수 있다. 이러한 결정은 원칙적으로 발기인의 과반수결의에 의한다.

○ 개정상법(2012.4.15시행)은 회사설립시 발행하는 주식의 총수는 회사가 발행할 주식총수의 1/4이상이어야 한다는 요건도 폐지하였다(상법 제289조 제2항 삭제). 이에 따라 회사설립시 발행하여야 하는 주식수에 대한 제한이 전혀 없게 되었다.

※ 소규모 회사에서의 이사회제도

○ 자본금의 액이 10억 원 미만인 회사는 1인 또는 2인으로 할 수 있다(상법 제383①). 정관으로 그 이상의 최소인원수를 정할 수 있다.

○ 자본금의 액이 10억원 미만인 회사이고 이사 정원이 1명 또는 2명인 경우에는 개정상법 제383조 제4항부터 제6항(신설)에서 이사회의 권한을 이사와 주주총회에 부여하였으며, 이사가 전적으로 주주총회의 감독을 받아 업무집행을 담당하고 회사를 대표하게 된다.

※ 등록면허세와 지방교육세

○ 자본금의 4/1000에 해당하는 등록면허세를 납부하여야 한다. 그러나 대통령으로 정하는 대도시내에서의 설립등기 시에는 당해세율의 3배의 등록면허세를 납부하여야 한다(지세법 제28조 제1항, 제2항).

○ 지방교육세 : 등록면허세액의 20/100에 해당하는 지방교육세를 납부하여야 한다.

※ 등기수수료

○ 서면제출의 경우 설립등기신청수수료는 30,000원이고, 이폼신청25,000원, 전자신청의 경우는 20,000원이다.

[사례] 발기인총회의사록

발기인 총회 의사록

20○○년 1월 27 일 09:00시에 창립 사무소에서 발기인 총회를 개최하다

주식총수	○○○주	출석주식수	○○○주
주주총수	○○○명	출석주주수	○○○명

발기인 대표 김 종 수는 위와 같이 상법 소정의 정족수에 달하게 주주가 출석하였으므로 본 총회는 적법하게 성립됨을 고하고, 의사를 진행하기 전에 의장을 선임할 것을 구한바 주주전원 만장일치로 발기인 대표를 의장으로 선임한즉 동인은 그 취임을 승낙하고 의장석에 등단하여 개회를 선언하고 다음 의안의 심의를 구하다.

제1호 의안 : 정관 승인의 건

의장은 정관을 낭독하고 축조설명을 하고 현재 발기인 김종수가 정관 작성을 하여 발기하였음을 부연 설명한 후 이를 승인하여 줄 것을 구한바, 전원일치 원안대로 승인하다.

제2호 의안 : 이사, 감사 선임의 건

의장은 감사를 두지 않고 이사 2인을 두기로 하는 정관규정에 따라 이사의 선임방법을 물은 즉 사내이사 2명을 무기명 비밀투표로 선출하기로 전원 일치되어 즉시 투표한 결과 다음과 같이 선출되다.

사내이사 김 종 수

사내이사 방 학 기

위 피선자들은 즉석에서 그 취임을 승낙하다.

제3호 의안 : 상법 제298조 소정사항 조사보고의 건

의장은 이사는 상법 제298조 소정사항을 조사 보고하여야 함을 설명하고, 이어 발기인이었던 이사는 그러한 조사에 참가하지 못함을 밝히고 발기인이 아니었던 사내이사 방학기로 하여금 조사·보고를 하게 하여야 한다고 하자 전원 이의없이 사내이사 방학기를 검사인으로 선임할 것을 만장일치로 가결하다.

검사인 사내이사 방 학 기

위 사람은 즉석에서 이를 승낙하고 조사에 착수하다.

의장은 위 조사보고를 기다리기 위하여 잠시 휴회한 후 속회하다.
검사인은 별지 조사보고서와 같이 보고한 즉 만장일치로 승인하다.

제4호 의안 : 본점설치 장소 결정의 건
의장은 본 회사 본점을 다음 장소에 설치함이 적당한 뜻을 설명하고 그 가부를 물은즉 만장일치로 이의 없이 승인하다.
본 점 : 서울 강남구 신사로302길 50

제5호 의안 : 대표이사 선임의 건
의장은 대표이사를 선임하여 줄 것을 요청하자 출석발기인들은 만장일치로 다음 사람을 대표이사로 선임하다.
대표이사 : 김 종 수

이상으로서 금일 총회의 목적인 의안 전부 심의 종료하였으므로 의장은 폐회를 선언하다.(종료시각은 10 시 00분)

위 의사의 결의를 명확하게 하기 위하여 이 의사록을 작성하고 의장은 출석한 이사가 다음에 기명날인하다.

20○○년 1월 25일

주식회사 한국
의장 발기인 김 종 수 (인)

※ 발기인총회

○ 자본금 총액이 10억원 미만인 회사는 주주 전원의 동의가 있을 경우에는 발기인총회의 소집절차 없이 주주총회를 개최할 수 있도록 하였다(상법 제363조 제5항).

○ 발기인총회의 결의는 과반수로 하고(상법 제296조 제1항). 발기인의 의결권은 그 인수주식의 1주에 대하여 1개로 한다(동조 제2항).

○ 대표이사의 선출 : 원칙적으로 이사가 2명인 경우 각 이사가 회사를 대표하나, 정관에 따라 대표이사를 정한 경우에는 그 자가 회사를 대표한다. 공동대표로 할 수도 있다. 따라서 이사가 1명 또는 2명인 경우 정관에서 "이사는 당 회사를 대표한다."고 규정하

는 경우에는 각각 회사를 대표할 수 있으므로 발기인총회에서 이사의 선출만 있으면 되나, 이사 2인 중 1인으로 대표를 정하고자 하는 경우에는 정관에 주주총회의 결의에 의하여 선임하도록 규정하거나, 정관에 정하지 아니한 경우에는 각 이사가 그중 1인을 대표이사로 결정하여야 한다. 이 경우 대표이사결정서를 첨부하여야 한다.

○ 2명의 이사가 회사를 각자 대표하는 경우에는 각 이사를 “사내이사”로 기재하고, 그 성명, 주민등록번호 및 주소를 같이 기재하고, 정관에 따라 대표이사를 정한 경우에는 각 이사를 “사내이사”로 기재하고, 그 성명, 주민등록번호를 기재하고, 대표이사의 성명, 주민등록번호 및 주소를 같이 기재한다(등기예규 제1297호 2009. 5. 28. 결재).

○ 이사의 임기 : 이사의 임기는 3년을 초과하지 못한다(상법 제383②). 그러나 정관으로 그 임기 중의 최종의 결산기에 관한 정기주주총회의 종결에 이르기까지 연장할 수 있다(상법 제383③). 여기의 "임기 중의 최종의 결산기"라 함은 임기 중에 도래한 최종의 결산기로서 당해 결산기가 임기 중에 도래한 경우를 말한다.

※ 주식회사 설립등기 시 이사명칭 등기방법의 변경

○ 상법 제317조 제2항 제8호가 개정(2009. 2. 4 시행)됨에 따라 주식회사의 설립 시 이사명칭 등기방법이 변경되었다. 따라서 주식회사 설립등기 시 이사의 명칭을 사내이사, 사외이사로 구분하여 등기하여야 한다.

○ 신청서에 첨부된 주주총회의사록 등에 사내이사, 사외이사로 구분하여 선임한 사실이 기재되어 있어야 한다. 특히 사외이사는 명확히 의사록에 나타나 있어야 한다. 등기신청서에 첨부된 이사선임 등의 의사록에 이사의 종류를 구분하지 않고 단순히 ‘이사’로 기재된 경우에는 "사내이사"로 수리될 수 있다.

[사례] 이사의 조사보고서

조사보고서

본인은 20○○년 1월 25일 주식회사 한국의 발기인 총회에서 검사인으로 선임되었으므로 상법 제298조 소정사항을 조사하여 다음과 같이 보고함.

조사사항

1. 회사 설립시에 발행하는 주식총수에 대한 인수의 정확여부
   회사 설립시에 발행하는 주식의 총수는 ○○주(액면주식 1주의 금액 금5,000원)으로서 다음과 같이 인수가 완료되었음이 인정됨
   발기인이 인수한 주식수 ○○주(20○○년 1월 일 인수완료)

2. 인수주식에 대한 납입의 정확여부
   회사설립시에 발행하는 주식총수 ○○주에 대한 주식대금 금○○○○원이 20○○년 1월 25일에 납입이 완료되었음은 그 납입을 맡은 은행 지점이 발행한 주식잔고증명서에 의하여 명확히 확인됨.

3. 변태설립사항
   정관에 변태설립사항은 없음

4. 기타 설립에 관한 모든 사항
   기타 설립에 관한 모든 사항이 법령 또는 정관의 규정에 위반하지 아니함이 인정된다.

이상 상법의 규정에 의하여 보고함.

20○○년 1월 25일

주식회사 한국
검사인 사내이사 방 학 기

※ 이사·감사의 조사·보고와 검사인의 선임청구

○ 이사와 감사는 취임 후 지체없이 회사의 설립에 관한 모든 사항이 법령 또는 정관의 규정에 위반되지 아니하는지의 여부를 조사하여 발기인에게 보고하여야 한다(상법 제

298①).

○ 이사와 감사 중 발기인이었던 자, 현물출자자 또는 회사성립 후 양수할 재산의 계약당사자인 자는 위 조사·보고에 참가하지 못한다(상법 제298②). 실무에서는 이사 2인을 선임 한 후 이사 1인만이 발기인이 되고 나머지 이사 1인으로 하여금 조사·보고를 하게 한다.

[사례] 발기인총회 소집절차 생략 동의서

발기인총회 소집절차 생략 동의서 본 회사는 자본금 총액이 10억원 미만인 회사로서 상법 제363조 제4항에 근거하여 발기인총회의 소집절차 없이 20○○년 10월 1일 발기인총회를 개최하는 것에 대하여 발기인전원은 이의없이 동의합니다. 20○○년 10월 1일 발기인 김 종 수 (인)

※ 자본금 총액이 10억원 미만인 회사는 주주 전원의 동의가 있을 경우에는 주주총회 소집절차 없이 주주총회를 개최할 수 있도록 하였다(상법 제363조제4항).

[사례] 정관

정 관

제1장 총 칙

제1조(상호) 당 회사는 주식회사 한국이라 칭한다.

제2조(목적) 당 회사는 다음 사업을 경영함을 목적으로 한다.

1. 컴퓨터 및 주변기기 제조 및 도소매업 및 임대업
2. 컴퓨터 및 주변기기 수출입업 및 기술용역업
3. 컴퓨터 및 주변기기 서비스업
4. 전 각호와 관련된 부대사업

제3조(본점의 소재지 및 지점의 설치)①당 회사의 본점은 서울시내에 둔다.

② 당 회사는 필요에 따라 주주총회결의로 전국 각처에 지점을 둘 수 있다.

제4조(공고방법)이 회사의 공고는 회사의 인터넷 홈페이지(http://www.○○○.….)에 게재한다. 다만, 전산장애 또는 그 밖의 부득이한 사유로 회사의 인터넷 홈페이지에 공고를 할 수 없을 때에는 ○○시에서 발행되는 ○○신문에 한다.

제2장 주 식

제5조(회사가 발행할 주식의 총수) 당 회사가 발행할 주식의 총수는 ○○○주로 한다.

제6조(액면주식 1주의 금액) 당 회사가 발행하는 주식 액면주식 1주의 금액은 금 5,000원(₩5,000원)으로 한다.

제7조(회사의 설립시에 발행하는 주식총수) 당 회사는 설립시에 500,000주의 주식을 발행하기로 한다.

제8조(주식 및 주권의 종류) 당 회사의 주식은 보통주식으로서 전부 기명식으로 하고 주권은 오백주권, 일백주권, 일십주권, 일주권의 4종으로 한다.

제9조(주권 불소지) 당 회사는 주권 불소지제도를 채택하지 아니한다.

제10조(주금납입의 지체) 주금 납입을 지체한 주주는 납입기일 다음날부터 납입이 끝날때까지 지체 주금 백원에 대하여 일변 십전의 비율로서 과태금을 회사에 지급하고 또 이로 인하여 손해가 생겼을 때는 그 손해를 배상하여야 한다.

제11조(명의 개서) ① 당 회사의 주식에 관하여 명의개서를 청구함에 있어서는 당 회사에서 정하는 청구서에 기명날인 또는 서명하고 이에 주권을 첨부하여 제출하

여야 한다.

② 양도 이외의 사유로 인하여 주식을 취득한 경우에는 당 회사에서 정하는 제1항의 청구서 이외에 그 사유를 증명하는 서면과 주권을 제출하여야 한다.

제12조(질권의 등록 및 신탁재산의 표시) 당 회사의 주식에 관하여 질권의 등록 또는 신탁재산의 표시를 청구함에 있어서는 당 회사가 정하는 청구서에 당사자가 기명날인 또는 서명하고 이에 주권을 첨부하여 제출하여야 한다. 그 등록 또는 표시의 말소를 청구함에 있어서도 같다.

제13조(주권의 재발행) ① 주권의 분할, 병합, 오손 등의 사유로 인하여 주권의 재발행을 청구함에 있어서는 당 회사가 정하는 청구서에 기명날인 또는 서명하고 이에 주권을 첨부하여 제출하여야 한다.

② 주권의 상실로 인하여 그 재발행을 청구함에 있어서는 당 회사가 정하는 청구서에 기명날인하고 이에 제권판결의 정본 또는 등본을 첨부하여 제출하여야 한다.

제14조(수수료) 제11조 내지 제13조에서 정하는 청구를 하는 자는 당 회사가 정하는 수수료를 납부하여야 한다.

제15조(주주명부의 폐쇄) ① 당 회사는 매년 1월 1일부터 정기주주총회의 종결일까지 주주명부의 기재의 변경을 정지한다.

② 제1항의 경우 이외의 주주 또는 질권자로서 권리를 행사할 자를 정하기 위하여 필요한 때에는 주주총회의 결의에 의하여 주주명부의 기재의 변경을 정지하고 또는 기준일을 정할 수가 있다. 이 경우에는 그 기간 또는 기준일의 2주전에 공고하는 것으로 한다.

제16조(주주의 주소 등의 신고) 당 회사의 주주 및 등록된 질권자 또는 그 법정대리인이나 대표자는 당 회사가 정하는 서식에 의하여 그의 성명, 주소와 인감을 당 회사에 신고하여야 한다. 신고사항에 변경이 있는 때에도 또한 같다.

제3장 사　　채

제17조(사채발행과 차입) ① 이 회사는 원리금의 상환 기타 조건에 관하여 내용이 다른 수종의 사채를 발행할 수 있다.

② 이 회사는 자기자본금의 2배를 초과하지 아니하는 범위 내에서 자금을 차입할 수 있다.

③ 이 회사는 자본금과 적립금의 합계액의 10배를 초과하지 아니하는 범위 내에서 사채를 발행할 수 있다. 다만, 사채발행의 한도를 계산함에 있어 이 회사가 채

권금융 기관으로부터 약정체결기업에 대한 채권을 양도받고 그 대가를 지급하기 위하여 발행하는 사채는 이를 사채발행액에 산입하지 아니한다.

제18조(전환사채의 발행) ① 이 회사는 이사회의 결의로 전환사채를 발행할 수 있다.

② 주주는 그가 소유한 주식의 수에 비례하여 전환사채의 배정을 받을 권리를 갖는다.

③ 제2항에 불구하고 회사는 다음 각 호의 경우에 사채의 액면총액이 금 50억원을 초과하지 않는 범위 내에서 이사회의 결의로 주주 이외의 자에게 전환사채를 발행할 수 있다.

1. 회사가 긴급한 자금의 조달을 위하여 전환사채를 발행하는 경우
2. 회사가 약정체결기업의 채권 또는 주식을 매입하는 등 경영상 필요로 내국법인 또는 외국투자자에게 전환사채를 발행하는 경우
3. 회사가 경영상 필요로 국내외 투자가에게 전환사채를 발행하는 경우

④ 제 3항의 전환사채에 있어서 이사회는 그 일부에 대하여만 전환권을 부여하는 조건으로도 이를 발행할 수 있다.

⑤ 전환으로 인하여 발행하는 주식은 기명식 보통주식으로 하고 전환가액은 주식의 액면금액 또는 그 이상의 가액으로 사채발행시 이사회가 정한다.

⑥ 전환을 청구할 수 있는 기간은 당해 사채의 발행일 후 1개월이 경과되는 날로부터 그 상환기일의 직전일까지로 한다. 다만, 위 기간의 범위내에서는 이사회의 결의로 전환청구기간을 조정할 수 있다.

⑦ 전환으로 인하여 발행하는 주식에 대한 이익의 배당과 전환사채에 대한 이자의 지급에 관하여는 제12조의 규정을 준용한다.

제19조(신주인수권부사채의 발행) ① 이 회사가 신주인수권부사채를 발행함에는 이사회의 결의에 의하여야 한다.

② 주주는 그가 소유한 주식의 수에 비례하여 신주인수권부사채의 배정을 받을 권리를 갖는다.

③ 제2항에 불구하고 회사는 사채의 액면총액이 금 50억원을 초과하지 않는 범위 내에서 이사회의 결의로 다음 각 호의 경우 주주 외의 자에게 신주인수권부사채를 발행할 수 있다.

1. 회사가 긴급한 자금의 조달을 위하여 신주인수권부사채를 발행하는 경우
2. 회사가 약정체결기업의 채권 또는 주식을 매입하는 등 경영상 필요로 내국법

인 또는 외국투자자에게 신주인수권부사채를 발행하는 경우

④ 신주인수권의 행사로 발행하는 주식은 기명식 보통주식으로 하고 그 발행가액은 주식의 액면금액 또는 그 이상의 가액으로 사채발행시 이사회가 정한다.

⑤ 신주인수권을 행사할 수 있는 기간은 당해 사채의 발행일 후 1개월이 경과되는 날로부터 그 상환기일의 직전일까지로 한다. 다만, 위 기간의 범위 내에서는 이사회의 결의로 신주인수권 행사기간을 조정할 수 있다.

⑥ 신주인수권의 행사로 인하여 발행하는 주식에 대한 이익의 배당에 관하여는 제12조의 규정을 준용한다.

제20조(사채발행에 관한 준용규정) 이 정관에 정한 "주주명부 폐쇄, 주주 등의 주소, 성면 및 인감 또는 서명 등 신고" 규정은 사채발행의 경우에 준용한다.

제3장 주주총회

제21조 (소집) ① 당 회사의 정기주주총회는 영업 년도 말일의 다음날부터 3월 이내에 소집하고 임시주주총회는 필요한 경우에 수시 소집한다.

② 주주총회를 소집함에는 그 일시, 장소 및 회의의 목적사항을 2주 전에 각 주주에게 서면 또는 전자문서로 통지를 발송하여야 한다.

③ 의결권이 있는 발행주식 총수의 100분의 1 이하의 주식을 소유한 주주에 대한 소집 통지는 2주 전에 주주총회를 소집한다는 뜻과 회의 목적사항을 회사의 공고방법에 따라 공고함으로써 서면 또는 전자문서에 의한 소집통지에 갈음할 수 있다.

제22조(의장) 대표이사가 주주총회의 의장이 된다. 그러나 대표이사 유고시에는 주주총회에서 선임한 다른 이사가 의장이 된다.

제23조(결의) 주주총회의 결의는 법령 또는 정관에 다른 규정이 있는 경우를 제외하고 출석한 주주의 의결권의 과반수와 발행주식 총수의 4분의 1 이상의 수로서 한다.

제24조(의결권의 대리행사) 주주는 대리인으로 하여금 의결권을 행사할 수 있다. 대리인이 의결권을 행사함에는 표결전에 그 권한을 증명하는 서면을 의장에게 제출하여야 한다.

제25조(총회의 의사록) 주주총회의 의사록에는 의사의 경과요령과 그 결과를 기재하고 의장과 출석한 이사가 기명날인 또는 서명하여야 한다.

제4장 임 원

제26조(이사와 감사의 원수)당 회사의 이사는 2인 이내, 감사는 두지 아니한다.

제27조(이사의 선임)당 회사의 이사는 제19조의 결의방법에 의하여 선임한다.

제28조(이사의 임기)이사의 임기는 취임후 3년으로 한다. 그러나 이사의 임기가 재임중 최종의 결산기에 관한 정기주주총회의 종결전에 끝날 때에는 그 정기주주총회의 종결에 이르기까지 그 임기를 연장한다. 보궐 또는 증원에 의하여 선임된 임기는 다른 이사의 전 임기와 같이한다.

제29조 (대표이사) ① 이사는 당 회사를 대표한다.

② 당 회사는 필요한 경우에 부사장, 전무이사 및 상무이사 각 약간 명을 둔다.

③ 사장, 부사장, 전무이사와 상무이사는 주주총회의 결의에 의하여 선임한다.

제30조(업무집행)①사장은 당회사의 업무를 통할하고 부사장, 전무이사 또는 상무이사가 사장을 보좌하여 그 업무를 분장한다.

② 사장이 유고시에는 부사장, 전무이사 또는 상무이사가 대표이사의 직무를 대행한다.

제31조(보수와 퇴직금)임원의 보수 또는 퇴직한 임원의 퇴직금은 주주총회의 결의로 정한다.

제5장 계 산

제32조(영업연도)당 회사의 영업연도는 매년 1월 1일부터 동년 12월 말일까지로 한다.

제33조(재무제표, 영업보고서의 작성비치)①당 회사의 사장은 정기총회 회일 6주간 전에 다음 서류 및 그 부속명세서와 영업보고서를 작성하여 주주총회의 감사를 받아 정기총회에 제출하여야 한다.

1. 대차대조표
2. 손익계산서
3. 이익처분계산서 또는 결손금처리계산서

②제1항의 서류는 영업보고서, 감사보고서와 함께 정기총회 1주간 전부터 당 회사의 본점과 지점에 비치하여야 하고 총회의 승인을 얻었을 때에는 그 중 대차대조표를 지체없이 공고하여야 한다.

제34조(이익금의 처분)매기 총수입금에서 총지출금을 공제한 잔액을 이익금으로 하여 이를 다음과 같이 처분한다.

1. 이익준비금 금전에 의한 이익배당액의 십분의 일이상
2. 별도적립금 약간
3. 주주배당금 약간
4. 임원 상여금 약간
5. 후기 이월금 약간

第35조(이익배당)이익배당금은 매결산기에 있어서의 주주명부에 기재된 주주 또는 질권자에게 지급한다.

부 칙

第36조(최초의 영업연도)당 회사의 최초의 영업연도는 회사 설립일로부터 동년 12월 31일까지로 한다.

第37조(발기인)발기인의 성명 및 주소는 이 정관 말미에 기재함과 같다.

위와 같이 주식회사 한국을 설립하기 위하여 이 정관을 작성하고 발기인 전원이 이에 기명날인 또는 서명한다.

20○○년 1월 25일

주식회사 한국

발기인 김 종 수(000000-0000000)

서울 서초구 방배로25길 20

○ 이 사례는 이사 2인으로 하여, 감사를 두지 아니하고, 설립하는 경우이므로 기존의 정관에서 이사회 및 감사에 관한 규정을 모두 삭제하고 이사회의 권한을 주주총회의 권한으로 변경 한 경우이다.

○ 정관은 1인 이상의 발기인이 작성한다(상법 제288). 발기인은 정관의 작성자로서 각 발기인이 정관의 말미에 기명날인 또는 서명하여야 한다(상법 제289①). 이런 뜻에서 발기인이란 주식회사의 원시정관에 발기인으로서 기명날인 또는 서명한 자를 말하며, 실질적으로 발기인으로서 회사의 설립에 진력하였다 하더라도 원시정관에 기명날인 또는 서명하지 아니한 자는 발기인이라고 할 수 없다(학설과 판례).

[사례] 주식발행동의서

주 식 발 행 동 의 서

발기인 전원의 동의로 회사설립시에 발행할 주식에 관한 사항을 아래와 같이 결정함에 대하여 이의없이 동의함.

1. 주식의 종류와 수

보통 주식 ○○○주

2. 주식의 발행가액

액면주식1주에 대하여 금5,000원

위 동의사항을 확실히 하기 위하여 발기인 전원이 다음에 기명날인함.

20○○년 9월 1일

발기인 김 종 수 (인)

○ 주식발행사항의 결정 : 회사가 발행할 주식의 총수, 액면주식 1주의 금액, 회사의 설립시에 발행하는 주식의 총수는 반드시 정관으로 정하는 것이나(상법 제289①), 그 외의 주식발행에 관한 사항은 정관에 다른 규정이 없는 한 발기인이 정할 수 있다(상법 제291조).

[사례] 취임승낙서

<table>
<tr><td>

취 임 승 낙 서

본인 등은 20○○년 1월 일 발기인 총회에서 이사 및 대표이사에 각 선임되었는바 그 취임을 승낙합니다.

20○○년 1월 일

대표이사 김 종 수
사내이사 방 학 기

주식회사 한국 귀중

</td></tr>
</table>

※ 취임승낙서에는 각 취임임원은 인감을 날인하고 인감증명서를 첨부하여야 한다. 이사는 취임승낙서에 사내이사, 사외이사로 구분하여 표시하도록 한다.

※ 자본금의 총액이 10억원 미만으로 이사가 2명인 회사인 경우에는 각 이사가 회사를 대표하므로(상법 제383조 제1항 단서 및 6항), 정관에서 별도로 대표이사를 정하지 않는 한 취임승낙이 필요 없다.

[사례] 주식인수증

<table>
<tr><td colspan="2">주 식 인 수 증</td></tr>
<tr><td>상 호</td><td>주식회사 한국</td></tr>
<tr><td>인수할주식수</td><td>○○○주</td></tr>
<tr><td>금 액</td><td>금 ○○○원정</td></tr>
<tr><td>일주의 금액</td><td>금 5,000원</td></tr>
<tr><td colspan="2">위 주식을 발기인으로 인수합니다.
20○○년 1월 일
발기인 김 종 수
서울 서초구 방배로25길 20
주식회사 한국 발기인대표 귀하</td></tr>
</table>

[사례] 주금납입잔고증명서

잔고증명서

일금○○○원정(₩○○○원정)

발행주식의 총수 ○○○주

액면주식 1주의 금액 5,000원정

위 금액은 설립시에 발행하는 주식총수에 대한 납입금으로서 20○○년 1월 25일 납입이 완료되어 현재 이를 보관중임을 증명합니다.

20○○년 1월 25일

증명인 서울 서초구 서초로69길 33

국민은행 ○○ 지점

지점장 오 강 경

주식회사 한국 발기인대표 귀하

※ 잔고증명은 금융기관에서 발급받는다.

[사례] 주주명부

주 주 명 부

주 주	주 소	인 수 주식수	1주금액	납 입 금 액
김 종 수	서울 서초구 방배로25길 20	○○○주	금5,000원	금○○○원
합 계		○○○주	금5,000원	금○○○원

위 주주명부는 본사에 비치된 주주명부와 대조하여 틀림이 없음을 증명합니다.

20 년 9월 6 일

상 호	주식회사 한국
본점주소	서울 강남구 신사로302길 50
대표이사성명	김 종 수

제4편

중소기업간의 통합에 의한 법인전환

제1관 중소기업간의 통합에 의한 법인전환 총설

1. 서 설

가. 의 의

"중소기업간 통합"이란 조세특례제한법 제31조가 규정하는 용어로, 개인기업간의 통합으로 사업용 자산 및 부채를 포괄적으로 현물출자 하여 신규법인을 설립하는 경우와 개인기업과 중소기업법인 간의 흡수통합, 중소기업법인과 중소기업법인간의 흡수통합 또는 신규법인의 설립으로 사업용 자산 및 부채를 포괄적으로 현물출자 하는 경우를 말한다. 즉, 중소기업간 통합은 신설법인을 먼저 설립하고 개인기업을 양도·양수받는 것이 아니고, 통합하고자하는 양 중소기업이 동시에 통합하여야 하는 것이다. 여기서의 통합은 법인 상호간, 법인과 개인기업, 개인기업 상호간 합동까지 포괄하는 넓은 개념이다.

상법상에서는 법인과 법인간의 통합은 합병이라고 하는데 조세감면규제법에서는 이와 구별하기 위해 통합이라는 용어를 쓰고 있다. 상법상의 합병의 경우 존속회사는 소멸하는 회사의 해산절차만 거치고 기업 활동을 할 수 있으나, 현물출자의 통합의 경우 소멸회사는 청산절차를 밟아야 한다.

중소기업간 통합에 의한 현물출자는 조세특례제한법에서 조세의 지원을 해줌으로서 기업의 경쟁력제고 및 경영합리화를 유도하기 위한 것이다.

조세특례제한법 제31조 및 같은 법 시행령 제28조 제1항에서는 "대통령령이 정하는 업종을 영위하는 중소기업간의 통합"이라 함은 소비성서비스업을 제외한 사업을 영위하는 중소기업자가 당해 기업의 사업장별로 그 사업에 관한 주된 자산을 모두 승계하여 사업의 동일성이 유지되는 것으로서 통합으로 인하여 소멸되는 사업장의 중소기업자가 통합 후 존속하는 법인 또는 설립되는 법인의 주주 또는 출자자일 것과 통합으로 인하여 소멸되는 사업장의 중소기업자가 당해 통합으로 인하여 취득하는 주식 또는 지분의 가액이 통합으로 인하여 소멸되는 사업장의 순자산가액이상인 경우로 규정하고 있다.

"중소기업간 통합"은 통합되는 개인기업의 결산, 유형자산에 대한 감정평가, 유형자산 이외의 자산과 부채에 대한 회계보고가 종료되면, 조세특례제한법이 규정하는 조세지원요건을 충족시키기 위하여 개인기업의 순자산가액을 산정하고 현물출자가액 및 신주인수가액을 결정하여야 한다.

나. 통합의 유형

조세특례제한법상의 통합은 개인기업간의 통합 또는 법인기업간의 통합, 개인기업과 법인기업간의 통합 모두 가능하지만 존속법인은 반드시 법인이어야 한다(조세특례제한법 제31조, 동시행령 제28조). 다음의 사례를 보기로 한다.

유형 1 : 개인기업 + 개인기업 = 신설법인설립
중소기업을 영위하는 개인사업자 간에 통합하여 신설법인을 설립하는 경우로 이는 개인기업인 각자 본인이 운영하던 개인사업체를 신설법인에 현물출자하여 법인으로 전환하는 것이다.

유형 2 : 개인기업 + 기존 중소기업법인 = 흡수통합법인(존속)
중소기업을 영위하는 개인기업자가 다른 중소기업인 기존법인에 본인이 운영하던 개인사업체를 현물출자하고 개인기업자는 기존법인의 주식을 취득하여 주주로서의 지위를 갖게 되며 기존법인은 개인사업자의 사업의 일체를 승계 받아 개인사업자의 사업내용을 계속해서 영위해 가는 것이다. 따라서 실질적으로 개인사업자는 법인으로 전환되게 되는 것이다.

유형 3 : 개인기업 + 기존 중소기업법인 = 신설법인설립
중소기업을 영위하는 개인사업자가 다른 중소기업인 기존법인과 통합하여 새로이 법인을 설립하는 것으로 개인기업자는 새로 설립하는 법인에 자신이 운영하던 개인사업체를 현물출자하고, 기존법인 역시 자신이 운영하던 사업장을 새로운 법인에 현물출자하여 새로운 법인으로 전환하는 것이다.

유형 4 : 기존 중소기업법인(A) + 기존 중소기업법인(B) = 기존 중소기업법인(A)에 흡수 또는 (B)에 흡수 또는 신설법인(C)설립
기존 중소기업법인을 영위하는 자가 다른 기존 중소기업법인과 통합하여 기존 중소기업법인(A)에 흡수 또는 (B)에 흡수 또는 신설법인(C)을 설립하는 것이다.

다. 중소기업간 통합의 일정표

중소기업간 통합은 전술한 통합의 유형에서 보았듯이 네 가지 유형으로 나뉘나 실무에서는 이들 유형에서는 유형 1의 개인기업간에 통합하여 신설법인을 설립하는 경우가 주를 이루는 유형이다.

유형3, 4의 경우는 기존법인과 통합하여 새로이 법인을 설립하는 것이므로 법인을 해산하여야 하고 그 절차가 복잡하여 실무에서는 전무하다. 이 책에서도 유형 1과 2에 관하여만 다루기로 한다.

아래의 중소기업간 통합의 일정표는 전술한 유형 1을 기준으로 설명하였는데 현물출자의 법인전환과 크게 다를 바 없다.

※ 통합법인설립일정표(개인기업간의 통합 후 신규법인설립을 기준)

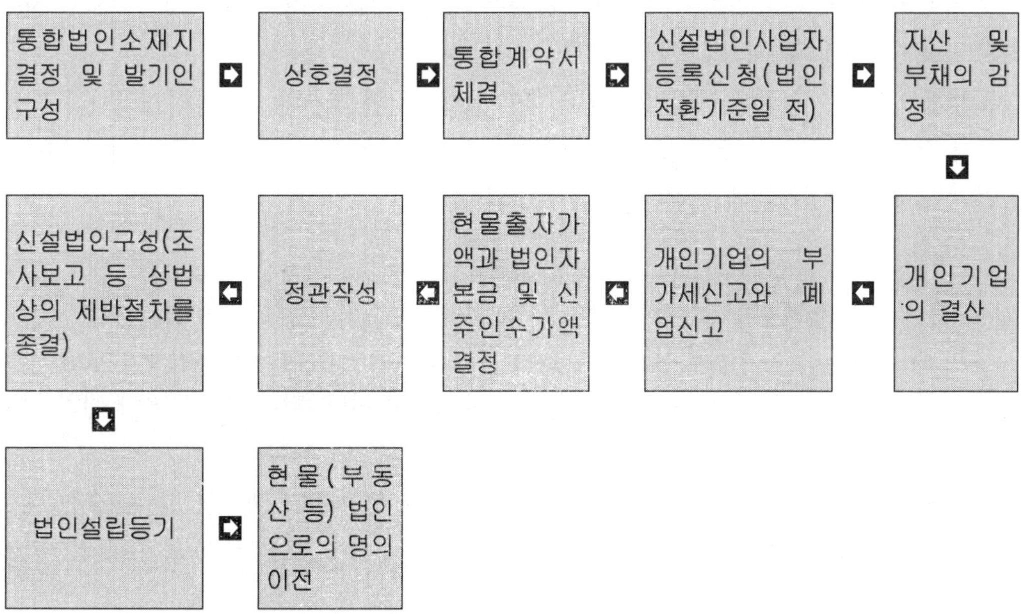

제2관 개인기업간 통합의 경우 전환절차

1. 서 설

가. 개 설

일반적으로 새로 설립되는 법인의 사업자등록은 법인의 설립등기 후에 이루어지게 되나 통합에 의한 법인설립의 경우에는 법인의 설립이전에 사업자등록을 신청하여야 한다. 개인기업의 법인전환기준일 이후 신설법인의 사업자등록일 까지 상당기간 영업의 공백기간이 발생하므로 폐업한 개인기업의 사업을 중단없이 수행하여야하기 때문이다. 따라서 법인전환기준일의 3일 전까지는 법인의 사업자등록을 신청하여야 한다.

부가가치세법(제8조제1항단서)에서는 새로운 사업을 개시하려는 자는 사업개시일 전이라도 사업자등록을 할 수 있도록 규정하고 있다.

통합에 의한 법인설립은 상법의 규정에 의한 설립절차를 따른다. 즉, 통합계약서의 작성, 자산의 감정, 현물출자의 조사·보고, 정관작성, 이사회 결의 및 주주총회 등을 거쳐 새로운 법인의 실체를 구성하는데 많은 시간을 요한다.

나. 개인사업체의 결산

개인사업체의 결산은 현물출자의 기준일 전일을 결산일로 하여 통합법인에 승계할 자산과 부채를 확정하고 동 결산일을 개인사업자의 폐업일로 한다. 따라서 결산일이 폐업 기준일이 되고 감정의 기준일이 되며 순자산액 평가의 기준일이 된다.

폐업신고 시에는 현물출자계약서를 첨부하여야 한다. 개인기업 폐업신고는 전술한 새로운 법인의 사업자등록신청과 동시에 한다. 개인사업자는 폐업일로부터 25일 이내에 부가가치세 확정신고를 하여야 한다.

다. 통합계약서 작성

개인기업자간의 통합인 경우에는 통합으로 인하여 새로 설립되는 법인의 발행주식을 인수하는 양쪽 개인사업자와 설립중인 법인의 발기인이 체결하는 것이다. 흡수통합(개인기업과 기존법인간의 통합)의 경우에는 개인사업자와 법인중소기업대표와 체결하여야 한다.

통합은 개인사업자의 사업장과 관련하여 설립 또는 흡수중소기업법인에 포괄적으로 이전하여야 하므로 통합계약서에 포함하는 승계대상 및 자산, 부채 등은 사업의 동일성이 훼손되지 않도록 기재하여야 하고, 귀속주체를 명확히 하여야 하며, 자산의 평가방법, 자산에 대하여 교부할 주식의 종류와 수, 종업원에 대한 승계 및 개인기업자와 새로 설립 또는 흡수중소기업법인의 책임에 관한 내용을 기재하여야 한다. 그리고 법인전환기준일을 정하여 기준일을 기점으로 회계단위를 이관하여야 한다.

통합계약 시에는 자산의 가액을 확정할 수 없는 것이 일반적이다. 자산의 평가액은 법인전환 기준일을 평가시점으로 결정된 감정가액이 되는 것이다. 따라서 자산에 대한 가액의 결정은 토지·건물, 기계장치, 차량운반구, 집기비품 등 공인된 감정기관이 감정을 마친 후에 결정되는 것이다.

[서식] 계약서(586면 참조)

라. 현물출자에 대한 감정

통합을 위하여 개인기업은 그 자산 중 고정자산에 대하여 감정인의 감정을 받아야 한다. 법인설립에 앞서서 개인기업의 자산에 대한 객관적인 평가절차가 필요하다. 감정대상은 개인기업의 자산인 토지, 건물, 기계장치, 자동차. 중기, 집기, 비품 등 이다.

현물에 대한 감정평가는 원칙적으로 법원에서 선임한 감정인이 할 수 있었으나, 상법의 개정(제299조의2)에 의하여 공인된 감정인의 감정평가로 이를 대신 할 수 있으므로(상법 제299조의2 전단, 제310조제3항), 실무에서는 발기인이 법원과 무관하게 공인된 감정인을 선임하여 감정평가를 실시한 후 감정인이 그 감정결과를 법원에 보고(인가신청서 561면 참조)하고 법원의 심사를 받는다. 모집설립에서는 창립총회에 보고하고 창립총회의 승인을 받아야 한다.

조사보고서에는 ①조사·감정을 위임한 이사(상법 제299조의2· 제422조) 또는 발기인(상법 제310조)의 성명·주소·전화번호 ②상법 제299조의2의 규정에 의한 조사·감정의 경우 발기인의 성명·주소·전화번호 ③상법 제422조의 규정에 의한 감정의 경우 현물출자자의 성명·주소·전화번호 ④조사·감정의 목적⑤조사·감정 사항⑥감정인의 주소·전화번호를 기재하고 감정인이 기명날인하여야 한다(재민 99-3, 제5조). 감정인의 감정결과보고서는 발기인 총회 당일 또는 그 이후의 일자를 신청일로 기재한다.

상법 제299조의2· 제422조의 규정에 의하여 조사보고서·감정인의 감정서가 제출된 때에는 그 조사·감정을 위임한 이사를, 상법 제310조의 규정에 의하여 감정인의 감정서가 제출된 때에는 그 감정을 위임한 발기인을 신청인으로 본다(재민 99-3, 제4조).

현물출자에 대한 감정은 토지·건물, 기계장치, 차량운반구, 집기비품 등 사업용 고정자산의 경우 공인된 감정기관인 한국감정원이나 감정평가법인에 의뢰하고, 개인사업체의 자산과 부채 중 감정대상 사업용 고정자산을 제외한 나머지 자산과 부채는 공인회계사의 감정을 받아야 한다. 특허권을 현물출자하는 경우, 공인된 감정인에는 감정평가업자가 포함된다(감정평가에 관한 규칙 제23조 제3항).

벤처기업에 대한 현물출자의 경우와 외국투자가가 산업재산권 등을 출자하는 경우 등에는 그 가격에 대해 벤처기업육성에 관한 특별조치법 시행령 제4조의 기술평가기관(이하, '기술평가기관'이라고 한다)이 평가한 내용을 상법 제299조의2의 규정에 의하여 공인된 감정인이 감정한 것으로 볼 수 있으나(벤처기업육성에 관한 특별조치법 제6조 제2항, 외국인투자촉진법 제30조 제4항 등), 그러한 법률 규정이 있는 경우 이외의 현물출자의 경우에 기술평가기관을 공인된 감정인으로 볼 수 없다(상업등기선례 제2-15호, 현물출자에 의한 주식회사의 설립과 공인된 감정인 제정 2006. 7. 13. 공탁상업등기과-640 질의회답).

벤처기업에 산업재산권 등을 현물로 출자하는 경우에는 한국산업기술평가원, 기술신용보증기금, 환경관리공단 등 기술평가기관의 평가서가 필요하고, 외국인 투자자가 현물출자를 하는 경우에는 관세청장이 확인한 현물출자완료확인서가 필요하다(등기선례 제6-631호, 1999. 3. 10. 등기 3402-242 질의회답).

공인된 감정인이 감정결과를 법원에 보고하면(본점소재지 지방법원 합의부) 법원은 경우에 따라서 감정평가사와 발기인을 소환하여 사실을 확인한다.

첨부서류로는 정관, 현물출자계약서, 현물출자물에 대한 감정평가서, 등기부등본, 토지대장, 건축물관리대장, 토지이용계획확인원, 관련도면, 기계장치목록, 취득원가증명서, 자동차등록원부, 비품목록 및 취득원가증명서, 기타 현물출자조사보고에 필요한 서면 등이다. 감정평가시점은 법인전환기준일과 일치시키는 것이 바람직하다.

감정결과보고서를 법원에 제출함에는 부본 1통을 첨부하고 인지 1,000원을 붙이고, 송달료 2회분을 납부하여야 한다(재민 99-3, 제6조).

법원은 위 서류가 접수되면 법원은 출자된 현물의 가치가 적정하게 평가되었는지 등에 대한 조사를 하게 되고, 상법 제299조의2의 규정에 의한 조사보고서·감정서를 부당하다고 인정하여 변경결정을 한 때에는 발기인에게도, 상법 제422조의 규정에 의한 감정서를 부당하다고 인정하여 변경결정을 한 때에는 현물출자자에게도, 각 그 변경결정 등본을 송달한다(재민 99-3, 제7조).

감정평가에 대한 인가결정은 법원에 따라 소요기간이 최소 10일부터 1개월까지 걸린다.

바. 정관작성(변경) 등

통합에 의하여 법인을 설립하는 경우에는 상법의 법인설립규정에 따라 작성하여야 한다. 정관의 작성에 관하여는 현물출자로 인한 설립에서의 설명과 같다(147면 참조).

사. 등기신청

개인기업간의 통합으로 현물을 출자하여 신설법인을 설립하는 경우에는 변태설립에 관한 상법 규정이 적용되고, 기존법인에 개인기업을 통합하는 경우에는 증자에 따른 신주발행의 절차가 적용되므로 이에 의하여 등기를 신청하여야 한다.

신설법인의 설립에 관하여는 현물출자와 같다(176면 이하 참조). 기존법인에 개인기업을 통합하는 경우에는 신주발행(639면 이하 참조)을 참조하기로 한다.

아. 새로운 법인에게로의 명의이전

개인기업자는 사업용 자산 중 소유권이전등기를 필요로 하는 부동산, 등록을 필요로 하는 공장, 차량, 기계장치 등의 명의를 신설법인 또는 흡수통합 법인명의로 이전하여야 한다.

담보로 제공되거나 질권이 설정된 승계된 자산의 채무자 명의 등을 변경하여야 하고, 허가권 및 인가권이 있는 경우에는 등록된 명의를 변경하여야 한다.

부동산 소유권이전등기 및 그 이전시 발생하는 양도소득세 및 취득세에 관하여는 부동산의 소유권이전(415면 참조)에서 보기로 한다.

2. 조세지원

가. 개 설

조세특례제한법은 조세(租稅)의 감면 또는 중과(重課) 등 조세특례와 이의 제한에 관한 사항을 규정하여 과세(課稅)의 공평을 기하고 조세정책을 효율적으로 수행함으로써 국민경제의 건전한 발전에 이바지함을 목적으로 하는데, 특히 중소기업의 투자촉진, 고용지원, 기업 구조조정, 현물출자, 기타 조세특례를 규정하고 있다.

"조세특례"라 함은 일정한 요건에 해당하는 경우의 특례세율의 적용, 세액감면, 세액공제, 소득공제, 준비금의 손금산입 등의 조세감면과 특정목적을 위한 익금산입, 손금불산입 등의 중과세를 말한다(조세특례제한법 제2조제8호).

"통합"의 경우 조세특례를 받기 위하여는 조세특례제한법의 요건을 충족하여야 하는데

법 제31조와 동법시행령 제28조가 규정하고 있으며, ①중소기업간 통합에 따른 취득세 면제요건인 소비성서비스업을 제외한 사업을 영위하는 중소기업자가 당해 기업의 사업장별로 그 사업에 관한 주된 자산을 모두 승계하는 경우일 것, ②법인설립 후 1년이 경과하였을 것, ③통합으로 인하여 소멸되는 사업장의 중소기업자는 통합 후 존속하는 법인 또는 통합으로 인하여 설립되는 법인의 주주일 것, ④통합으로 인하여 소멸하는 사업장의 중소기업자가 당해 통합으로 인하여 취득하는 주식가액이 통합으로 인하여 소멸하는 사업장의 순자산가액 이상일 것 등의 요건을 충족하여야 한다. 그리고 통합 후 사업의 동일성이 유지되어야 취득세 등을 면제받을 수 있다.

Q [질의] 설립된 서울소재 개인기업을 2009.8.1.부터 흡수통합하여 법인의 자산이 증가하는 경우, 개인기업으로부터 양수하는 부동산의 취득세, 등록세 감면 여부 및 법인의 자본금 증가에 따른 등록세 중과 여부

A [회신] 대통령령이 정하는 업종을 영위하는 중소기업간의 통합으로 인하여 소멸되는 중소기업이 대통령령이 정하는 사업용고정자산을 통합에 의하여 설립된 법인 또는 통합후 존속하는 법인(이하 "통합법인"이라 한다)에게 양도하는 경우에는 통합법인이 양수하는 부동산에 대한 취득세 및 등록세를 면제하도록 조세특례제한법 제31조, 제119조 및 제120조에 규정하고 있으며, 대통령령이 정하는 업종을 영위하는 중소기업간의 통합이라 함은 소비성서비스업을 제외한 사업을 영위하는 중소기업자(중소기업기본법에 의한 중소기업자를 말한다)가 당해 기업의 사업장별로 그 사업에 관한 주된 자산을 모두 승계하여 사업의 동일성이 유지되고, 통합으로 인하여 소멸되는 사업장의 중소기업자가 통합법인의 주주 또는 출자자가 되며, 통합으로 인하여 소멸하는 사업장의 중소기업자가 당해 통합으로 인하여 취득하는 주식 또는 지분의 가액이 통합으로 인하여 소멸하는 사업장의 순자산가액(통합일 현재의 시가로 평가한 자산의 합계액에서 충당금을 포함한 부채의 합계액을 공제한 금액을 말한다)이상인 경우를 말하는 것이라고 조세특례제한법 시행령 제28조에 규정하고 있고, 대도시안에서의 법인의 설립후 5년이 경과한 후에 자본 또는 출자액을 증가하는 등기는 지방세법 제131조에서 규정하고 있는 표준세율을 적용하도록 지방세법 제138조 제1항 제1호에 규정하고 있습니다. 따라서, 귀사에서 질의하신 통합이 위 조건을 만족한다면 통합법인이 양수하는 부동산에 대한 취득세 및 등록세는 면제되는 것이며, 대도시안에서의 법인의 설립후 5년이 경과한 후에 자본금을 증가하는 등기는 등록세가 중과세 되지 아니합니

다. 다만, 이에 해당하는지 여부는 과세권자가 사실관계를 면밀히 검토하여 판단할 사항임을 알려드립니다. 끝.

[문서번호] 세제과-9053

[세목] 등록세

[생산일자] 2009.7.8

[생산기관] 서울특별시 본청

Q 건축주가 신축하여 임대사업을 영위하던 공동주택을 임대할 목적으로 건축주로부터 일괄 매수한 경우, 「지방세특례제한법」 제31조의 '임대사업자가 임대할 목적으로 건축주로부터 공동주택을 최초로 분양받는 경우'에 해당되는 것으로 볼 수 있는지 여부

A 청구인은 2013.5.7. 「임대주택법」 제2조 제4호에 따른 임대사업자등록을 한 사실이 나타나고, 임대할 목적으로 쟁점주택의 건축주로부터 쟁점주택을 최초로 취득한 사실이 나타나므로, 청구인이 제기한 취득세 등의 경정청구를 거부한 처분은 잘못이다(조심 2013지0858, 2014. 09. 01, 취소).

나. 조세지원의 요건

(1) 통합중소기업의 범위에 해당할 것

(가) 개 설

조세특례제한법 제31조는 제1항에서 "대통령령으로 정하는 업종을 경영하는 중소기업간"의 통합이어야 함을 규정하고 있는바, 여기서 조세의 지원을 받기 위한 통합기업은 소비성서비스업(소비성서비스업과 다른 사업을 겸영하고 있는 경우에는 부동산양도일이 속하는 사업연도의 직전사업연도의 소비성서비스업의 사업별수입금액이 가장 큰 경우에 한한다)을 제외한 사업을 영위하는 중소기업자(중소기업기본법에 의한 중소기업자를 말한다)이어야 한다(동 시행령 제28조제1항, 제29조제3항).

<제외되는 업종>

1. 호텔업 및 여관업(관광진흥법에 따른 관광숙박업은 제외한다)

2. 주점업(일반유흥주점업, 무도유흥주점업 및 식품위생법 시행령 제21조에 따른 단란주점 영업만 해당하되, 관광진흥법에 따른 외국인전용유흥음식점업 및 관광유흥음식점업은 제외한다)

3. 그 밖에 오락·유흥 등을 목적으로 하는 사업으로서 기획재정부령으로 정하는 사업

(나) 중소기업의 업종별 규모

조세특례제한법 제31조에서 규정하는 "중소기업"에 관하여는 중소기업기본법 제2조가 규정하고 있으며, 업종별 규모에 관하여는 동 시행령 제3조 제1항제1호 관련 별표가 정하고 있다.

중소기업기본법 제2조

제2조(중소기업자의 범위) ①중소기업을 육성하기 위한 시책(이하 "중소기업시책"이라 한다)의 대상이 되는 중소기업자는 다음 각 호의 어느 하나에 해당하는 기업(이하 "중소기업"이라 한다)을 영위하는 자로 한다. <개정2016.1.27>

1. 다음 각 목의 요건을 모두 갖추고 영리를 목적으로 사업을 하는 기업
   가. 업종별로 매출액 또는 자산총액 등이 대통령령으로 정하는 기준에 맞을 것
   나. 지분 소유나 출자 관계 등 소유와 경영의 실질적인 독립성이 대통령령으로 정하는 기준에 맞을 것
2. 사회적기업 육성법 제2조제1호에 따른 사회적기업 중에서 대통령령으로 정하는 사회적기업
3. 협동조합 기본법 제2조에 따른 협동조합, 협동조합연합회, 사회적협동조합, 사회적협동조합연합회 중 대통령령으로 정하는 자

②중소기업은 대통령령으로 정하는 구분기준에 따라 소기업(小企業)과 중기업(中企業)으로 구분한다.

③제1항을 적용할 때 중소기업이 그 규모의 확대 등으로 중소기업에 해당하지 아니하게 된 경우 그 사유가 발생한 연도의 다음 연도부터 3년간은 중소기업으로 본다. 다만, 중소기업 외의 기업과 합병하거나 그 밖에 대통령령으로 정하는 사유로 중소기업에 해당하지 아니하게 된 경우에는 그러하지 아니하다.

④중소기업시책별 특성에 따라 특히 필요하다고 인정하면 「중소기업협동조합법」이나 그 밖의 법률에서 정하는 바에 따라 중소기업협동조합이나 그 밖의 법인·단체 등을 중소기업자로 할 수 있다.

중소기업기본법 시행령 제3조

제3조(중소기업의 범위) ① 「중소기업기본법」(이하 "법"이라 한다) 제2조제1

항제1호에 따른 중소기업은 다음 각 호의 요건을 모두 갖춘 기업으로 한다. <개정 2017.10.17>

1. 다음 각 목의 요건을 모두 갖춘 기업일 것
   가. 해당 기업이 영위하는 주된 업종과 해당 기업의 평균매출액 또는 연간매출액(이하 "평균매출액등"이라 한다)이 별표 1의 기준에 맞을 것
   나. 자산총액이 5천억원 미만일 것
2. 소유와 경영의 실질적인 독립성이 다음 각 목의 어느 하나에 해당하지 아니하는 기업일 것
   가. 독점규제 및 공정거래에 관한 법률 제14조제1항에 따른 상호출자제한기업집단(이하 이 호에서 "상호출자제한기업집단"이라 한다)에 속하는 회사 또는 같은 법 제14조의3에 따라 공시대상기업집단의 소속회사로 편입·통지된 것으로 보는 회사 중 상호출자제한기업집단에 속하는 회사
   나. 자산총액이 5천억원 이상인 법인(외국법인을 포함하되, 비영리법인 및 제3조의2제3항 각 호의 어느 하나에 해당하는 자는 제외한다)이 주식등의 100분의 30 이상을 직접적 또는 간접적으로 소유한 경우로서 최다출자자인 기업. 이 경우 최다출자자는 해당 기업의 주식등을 소유한 법인 또는 개인으로서 단독으로 또는 다음의 어느 하나에 해당하는 자와 합산하여 해당 기업의 주식등을 가장 많이 소유한 자를 말하며, 주식등의 간접소유 비율에 관하여는 「국제조세조정에 관한 법률 시행령」 제2조제2항을 준용한다.
      1) 주식등을 소유한 자가 법인인 경우: 그 법인의 임원
      2) 주식등을 소유한 자가 1)에 해당하지 아니하는 개인인 경우: 그 개인의 친족
   다. 관계기업에 속하는 기업의 경우에는 제7조의4에 따라 산정한 평균매출액등이 별표 1의 기준에 맞지 아니하는 기업
   라. 독점규제 및 공정거래에 관한 법률 시행령 제3조의2제2항제4호에 따라 동일인이 지배하는 기업집단의 범위에서 제외되어 상호출자제한기업집단에 속하지 아니하게 된 회사로서 같은 영 제3조의 요건에 해당하게 된 날부터 3년이 경과한 회사

② 법 제2조제1항제2호에서 "대통령령으로 정하는 사회적기업"이란 영리를 주된 목적으로 하지 아니하는 사회적기업으로서 다음 각 호의 요건을 모두 갖춘 기업으로 한다. <개정 2014.4.14, 2016.4.26>

1. 제1항제1호 각 목의 요건을 모두 갖출 것
2. 삭제 <2014.4.14>
3. 제1항제2호가목 또는 나목에 해당하지 아니할 것

③ 법 제2조제1항제3호에서 "대통령령으로 정하는 자"란 제2항 각 호의 요건을 모두 갖춘 협동조합, 협동조합연합회, 사회적협동조합 및 사회적협동조합연합회를 말한다. <개정 2016.4.26>

④ 삭제 <2016.4.26>

[별표1] 주된 업종별 평균매출액등의 중소기업 규모 기준

<table>
<tr><th colspan="3">주된 업종별 평균매출액등의 중소기업 규모 기준
(시행령 제3조제1항제1호가목 관련)<개정 2017. 10. 17.></th></tr>
<tr><th>해당 기업의 주된 업종</th><th>분류기호</th><th>규모 기준</th></tr>
<tr><td>1. 의복, 의복액세서리 및 모피제품 제조업</td><td>C14</td><td rowspan="6">평균매출액등
1,500억원 이하</td></tr>
<tr><td>2. 가죽, 가방 및 신발 제조업</td><td>C15</td></tr>
<tr><td>3. 펄프, 종이 및 종이제품 제조업</td><td>C17</td></tr>
<tr><td>4. 1차 금속 제조업</td><td>C24</td></tr>
<tr><td>5. 전기장비 제조업</td><td>C28</td></tr>
<tr><td>6. 가구 제조업</td><td>C32</td></tr>
<tr><td>7. 농업, 임업 및 어업</td><td>A</td><td rowspan="18">평균매출액등
1,000억원 이하</td></tr>
<tr><td>8. 광업</td><td>B</td></tr>
<tr><td>9. 식료품 제조업</td><td>C10</td></tr>
<tr><td>10. 담배 제조업</td><td>C12</td></tr>
<tr><td>11. 섬유제품 제조업(의복 제조업은 제외한다)</td><td>C13</td></tr>
<tr><td>12. 목재 및 나무제품 제조업(가구 제조업은 제외한다)</td><td>C16</td></tr>
<tr><td>13. 코크스, 연탄 및 석유정제품 제조업</td><td>C19</td></tr>
<tr><td>14. 화학물질 및 화학제품 제조업(의약품 제조업은 제외한다)</td><td>C20</td></tr>
<tr><td>15. 고무제품 및 플라스틱제품 제조업</td><td>C22</td></tr>
<tr><td>16. 금속가공제품 제조업(기계 및 가구 제조업은 제외한다)</td><td>C25</td></tr>
<tr><td>17. 전자부품, 컴퓨터, 영상, 음향 및 통신장비 제조업</td><td>C26</td></tr>
<tr><td>18. 그 밖의 기계 및 장비 제조업</td><td>C29</td></tr>
<tr><td>19. 자동차 및 트레일러 제조업</td><td>C30</td></tr>
<tr><td>20. 그 밖의 운송장비 제조업</td><td>C31</td></tr>
<tr><td>21. 전기, 가스, 증기 및 공기조절 공급업</td><td>D</td></tr>
<tr><td>22. 수도업</td><td>E36</td></tr>
<tr><td>23. 건설업</td><td>F</td></tr>
<tr><td>24. 도매 및 소매업</td><td>G</td></tr>
<tr><td>25. 음료 제조업</td><td>C11</td><td rowspan="2">평균매출액등
800억원 이하</td></tr>
<tr><td>26. 인쇄 및 기록매체 복제업</td><td>C18</td></tr>
</table>

<table>
<tr><td>27. 의료용 물질 및 의약품 제조업</td><td>C21</td><td rowspan="7"></td></tr>
<tr><td>28. 비금속 광물제품 제조업</td><td>C23</td></tr>
<tr><td>29. 의료, 정밀, 광학기기 및 시계 제조업</td><td>C27</td></tr>
<tr><td>30. 그 밖의 제품 제조업</td><td>C33</td></tr>
<tr><td>31. 수도, 하수 및 폐기물 처리, 원료재생업(수도업은 제외한다)</td><td>E
(E36 제외)</td></tr>
<tr><td>32. 운수 및 창고업</td><td>H</td></tr>
<tr><td>33. 정보통신업</td><td>J</td></tr>
<tr><td>34. 산업용 기계 및 장비 수리업</td><td>C34</td><td rowspan="6">평균매출액등
600억원 이하</td></tr>
<tr><td>35. 전문, 과학 및 기술 서비스업</td><td>M</td></tr>
<tr><td>36. 사업시설관리, 사업지원 및 임대 서비스업(임대업은 제외한다)</td><td>N
(N76 제외)</td></tr>
<tr><td>37. 보건업 및 사회복지 서비스업</td><td>Q</td></tr>
<tr><td>38. 예술, 스포츠 및 여가 관련 서비스업</td><td>R</td></tr>
<tr><td>39. 수리(修理) 및 기타 개인 서비스업</td><td>S</td></tr>
<tr><td>40. 숙박 및 음식점업</td><td>I</td><td rowspan="5">평균매출액등
400억원 이하</td></tr>
<tr><td>41. 금융 및 보험업</td><td>K</td></tr>
<tr><td>42. 부동산업</td><td>L</td></tr>
<tr><td>43. 임대업</td><td>N76</td></tr>
<tr><td>44. 교육 서비스업</td><td>P</td></tr>
</table>

비고

1. 해당 기업의 주된 업종의 분류 및 분류기호는 「통계법」 제22조에 따라 통계청장이 고시한 한국표준산업분류에 따른다.
2. 위 표 제19호 및 제20호에도 불구하고 자동차용 신품 의자 제조업(C30393), 철도 차량 부품 및 관련 장치물 제조업(C31202) 중 철도 차량용 의자 제조업, 항공기용 부품 제조업(C31322) 중 항공기용 의자 제조업의 규모 기준은 평균매출액등 1,500억원 이하로 한다.

[별표 2] 관계기업의 평균매출액등의 산정기준(제7조의4제1항 관련)

1. 이 표에서 사용하는 용어의 뜻은 다음과 같다.
   가. "형식적 지배"란 지배기업이 종속기업의 주식등을 100분의 50 미만으로 소유하고 있는 것을 말한다.
   나. "실질적 지배"란 지배기업이 종속기업의 주식등을 100분의 50 이상으로 소유하고 있는 것을 말한다.
   다. "직접 지배"란 지배기업이 자회사(지배기업의 종속기업을 말한다. 이하 이 표에서 같다) 또는 손자기업(자회사의 종속기업을 말하며, 지배기업의 종속기업으로 되는 경우를 포함한다. 이하 이 표에서 같다)의 주식등을 직접 소유하고 있는 것을 말한다.
   라. "간접 지배"란 지배기업이 손자기업의 주주인 자회사의 주식등을 직접 소유하고 있는 것을 말한다.
2. 지배기업이 종속기업에 대하여 직접 지배하되 형식적 지배를 하는 경우에는 지배기업 또는 종속기업의 평균매출액등으로 보아야 할 평균매출액등(이하 "전체 평균매출액등"이라 한다)은 다음 각 목에 따라 계산한다.
   가. 지배기업의 전체 평균매출액등은 그 지배기업의 평균매출액등에 지배기업의 종속기업에 대한 주식등의 소유비율과 종속기업의 평균매출액등을 곱하여 산출한 평균매출액등을 합산한다.
   나. 종속기업의 전체 평균매출액등은 그 종속기업의 평균매출액등에 지배기업의 종속기업에 대한 주식등의 소유비율과 지배기업의 평균매출액등을 곱하여 산출한 평균매출액등을 합산한다.
3. 지배기업이 종속기업에 대하여 직접 지배하되 실질적 지배를 하는 경우에는 지배기업 또는 종속기업의 전체 평균매출액등은 다음 각 목에 따라 계산한다.
   가. 지배기업의 전체 평균매출액등은 그 지배기업의 평균매출액등에 종속기업의 평균매출액등을 합산한다.
   나. 종속기업의 전체 평균매출액등은 그 종속기업의 평균매출액등에 지배기업의 평균매출액등을 합산한다.
4. 지배기업이 손자기업에 대하여 간접 지배를 하는 경우에는 지배기업 또는 손자기업의 전체 평균매출액등은 다음 각 목에 따라 계산한다.
   가. 지배기업의 전체 평균매출액등은 그 지배기업의 평균매출액등에 지배기업의 손자기업에 대한 주식등의 간접 소유비율과 손자기업의 평균매출액등을 곱하여 산출한 평균매출액등을 합산한다.

나. 손자기업의 전체 평균매출액등은 그 손자기업의 평균매출액등에 지배기업의 손자기업에 대한 주식등의 간접 소유비율과 지배기업의 평균매출액등을 곱하여 산출한 평균매출액등을 합산한다.

5. 제4호에서 지배기업의 손자기업에 대한 주식등의 간접 소유비율은 다음과 같다. 다만, 자회사가 둘 이상인 경우에는 각 자회사별로 계산한 소유비율을 합한 비율로 한다.

가. 지배기업이 자회사에 대하여 실질적 지배를 하는 경우에는 그 자회사가 소유하고 있는 손자기업의 주식등의 소유비율

나. 지배기업이 자회사에 대하여 형식적 지배를 하는 경우에는 그 소유비율과 그 자회사의 손자기업에 대한 주식등의 소유비율을 곱한 비율

(2) 동일성이 유지될 것

중소기업 간의 통합은 새로 설립되는 법인이 개인사업장별로 그 사업에 관한 주된 자산을 모두 승계하여 사업의 동일성이 유지되어야 한다(조세특례제한법 시행령 제28조제1항). 동일성이 인정된다면 개인기업주가 경영하던 권리와 의무는 모두 그 법인에 승계되며, 채권과 채무도 법인에 귀속하게 되는 것이다. 예컨대 개인사업자가 가지고 있는 인허가권, 면허권, 채권, 채무 등은 새로 설립되는 법인에 승계되는 것이다.

사업의 동일성이 유지되는 사업의 양도로 볼 수 있는지 여부는 양도하는 사업의 계약내용, 양도당시의 현황, 양도양수 후 부동산의 이용실태 등 관련사실을 종합하여 판단하여야 한다(부가, 서면인터넷방문상담3팀-1949, 2005.11.03.).

사업의 동일성여부는 일반적인 사회통념에 따라 결정될 사실인정의 문제이나, 양도계약관계가 사업양도로 인정되느냐는 어떠한 사업재산이 어느 정도로 이전되는지가 아니고 종래의 사업조직이 유지되어 전부 또는 중요한 일부로 기능하는지에 따라 결정된다. 사업재산의 전부를 양도해도 그 조직을 해체하여 양도하면 사업양도가 되지 않는 반면에, 일부를 유보하고 양도해도 그 양도한 부분만으로 종래의 조직이 유지된다면 사업양도이다.

사업의 양도는 사업장별로 그 사업에 관한 모든 권리와 의무를 포괄적으로 양도하여 사업의 동일성을 그대로 유지하면서 경영주체만이 바뀌는 것을 말하는 것이다. 따라서 거래당사자간 사업양도양수계약서를 작성하지 않았더라도 사업장별로 모든 권리와 의무를 포괄적으로 이전하는 경우에는 사업양도에 해당하는 것으로서 재화의 공급으로 보지 아니한다(부가, 부가가치세과-366, 2011.04.07.)

부가가치세법 제10조 제9항에서 규정하는 사업의 양도라 함은 당해 사업장의 사업에 관련된 모든 권리(미수금에 관한 것을 제외함)와 의무(미지급금에 관한 것을 제외함)를 포괄적으로 양도하는 것이며, 사업의 포괄적 양도양수라 함은 양수인에게 모든 사업시설뿐만 아니라 영업권 및 그 사업에 관한 채권 채무 등 일체의 인적, 물적 권리와 의무를 양도하여 양도인과 동일시되는 정도로 법률상의 지위를 그대로 승계시키는 것을 말하는 것이다(부가 46015-1006, 1998.05.14.). 당해 사업장의 사업 일부만을 양도하는 경우에는 부가가치세법 제10조 제9항의 규정에 의한 사업양도에 해당되지 아니한다(서면3팀-1852, 2005. 10. 26.).

Q [질의] 중소기업간 통합에 따른 지방세 감면시 "사업의 동일성 유지"의 의미

A [회신내용] 가. 조세특례제한법 제119조 제1항 제3호 및 제120조 제1항 제2호에서 "제31조의 규정에 의한 중소기업간의 통합에 의하여 설립 또는 존속하는 법인이 양수하는 당해 사업용재산"에 대하여는 취득세와 등록세를 면제한다고 규정하면서 동법 제31조 및 동법시행령 제28조 제1항에서는 "대통령령이 정하는 업종을 영위하는 중소기업간의 통합"이라 함은 소비성서비스업을 제외한 사업을 영위하는 중소기업자가 당해 기업의 사업장별로 그 사업에 관한 주된 자산을 모두 승계하여 사업의 동일성이 유지되는 것으로서 다음 각 호의 요건을 갖춘 것, 즉 제1호에서 통합으로 인하여 소멸되는 사업장의 중소기업자가 통합후 존속하는 법인 또는 설립되는 법인의 주주 또는 출자자일 것과 제2호에서 통합으로 인하여 소멸되는 사업장의 중소기업자가 당해 통합으로 인하여 취득하는 주식 또는 지분의 가액이 통합으로 인하여 소멸되는 사업장의 순자산가액(통합일 현재의 시가로 평가한 자산의 합계액에서 충당금을 포함한 부채의 합계액을 공제한 금액)이상인 경우로 규정하고 있습니다.

나. 귀문의 통합으로 인한 존속법인이 소멸기업의 주된 자산(토지, 건물 등)을 모두 승계하여 소멸기업이 영위하던 사업을 존속법인이 계속하여 영위하는 경우라면 "사업의 동일성 유지"의 판단은 소멸법인이 영위하였던 사업내용과 함께 주된 자산의 용도 등에 따라 종합적으로 판단되어야 하므로 이에 해당되는지 여부는 과세권자가 확인하여 결정할 사항임을 알려드립니다. 끝.

[문서번호] 지방세정팀-4012

[세목] 취득세

[생산일자] 2007.10.2

[생산기관] 행정안전부

Q 부동산 재임대차 및 계약해지가 「조세특례제한법」 상 감면대상인 중소기업간 통합후 사업의 동일성(부동산임대업)이 유지되는 경우에 해당되는지 여부(기각)

A 부동산 임대사업자와 통합한 후 부동산업을 목적사업으로 추가하였으나, 서류상의 임대차 형식만을 취하거나 계약을 해지한 부동산에 대해서도 사용을 계속하는 등 중소기업간 통합 후 사업이 동일성이 유지되는 경우로 인정할 수 없기에 취득세 감면 대상이 아니다(조심 2011지0112, 2011.03.11. 기각).

Q 청구법인이 제조업을 영위하는 쟁점소멸개인기업과 통합하면서 현물출자로 취득한 이 건 부동산을 제조업에 사용하지 아니한 상태에서 다른 법인과 통합 후 해산한 경우 종전 사업과의 동일성이 유지되지 아니하는 것으로 보아 기 면제한 취득세 등을 추징한 처분의 당부

A 청구인은 이 건 부동산을 경매로 취득하면서 경매물건 열람 자료 등에 의하여 그 노후 상태, 인근지역의 지방산업단지 개발로 인한 제한 사항 등을 알고 있었던 것으로 보이고 이러한 사정으로 이 건 부동산을 유예기간 이내에 직접 사용하는 것이 어렵다는 사실도 충분히 인지하고 있었다고 보이는 점 등에 비추어 정당한 사유 없이 유예기간 내에 직접 사용하지 아니한 것으로 보아 이 건 취득세 등을 부과한 처분은 잘못이 없다고 판단된다(조심 2016지0359, 2017.01.16. 기각).

[본문] 살피건대, 「지방세특례제한법」 제57조의2 제3항 제5호에서 「조세특례제한법」 제31조에 따른 중소기업간의 통합에 따라 존속하는 법인이 양수하는 사업용 재산에 대하여는 취득세를 면제하도록 하고 있고, 「조세특례제한법 시행령」 제28조 제9항에서 통합법인이 통합으로 인하여 소멸되는 사업장의 중소기업자로부터 승계받은 사업용고정자산을 2분의 1 이상 처분하거나 사업에 사용하지 아니하는 경우에는 법 제31조 제7항 제1호에 따른 사업의 폐지로 보도록 규정하고 있고, 「지방세특례제한법」 제178조에서는 '정당한 사유 없이 그 취득일부터 1년이 경과할 때까지 해당 용도로 직접 사용하지 아니하는 경우'와 '해당 용도로 직접 사용한 기간이 2년 미만인 상태에서 매각·증여하거나 다른 용도로 사용하는 경우'에는 기 감면한 취득세를 추징한다고 규정하고 있는바, 청구법인은 제조업이 아닌 도소매업을 목적으로 하는 법인으로서 쟁점소멸개인기업으로부터 이 건 부동산을 현물출자 받아 취득한 후 쟁점소멸개인기업이 영위하던 사업(제조업)에 직접 사용한 사실이 확인되지 아니하는 점, 청구법인은 이 건 부동산을 취득한 후 115일만에 OOO와 합병하여 해산하면서 이 건 부동산에 대한 소유권을 이전한 점, 합병으로 인한 부동산의 소유권이전은 「지방세특례제한법」 제178조에 의한 추징사유에 해당하는 점 등에 비추어 청구법인이 중소기업 간의 통합에 따른 감면요건을 충족하지 못한 것으로 보아 처분청이 청구법인의 경정청구를 거부한 처분은 달리 잘못이 없다고 판단된다.

Q 법인이 임대업을 영위하는 개인사업자와 통합하면서 취득한 부동산을 임대업에 사용하지 않았으므로 종전 사업과 동일성이 유지되지 않는 것으로 보아 기 면제한 취득세

등을 추징한 처분의 당부

A 청구법인의 목적사업에 부동산임대업이 등재되어 있지 아니하고, 2009~2011사업연도의 결산서상 임대수익이 발생한 사실이 확인되지 아니하는 점, 청구법인은 2009년 9월에 유휴기계설비를 매각하였다고 하였으나 결산서상 2008년과 2009사업연도 연말 기계장치의 장부상 취득가액이 동일한 점, 청구법인의 매출액을 보면 공장폐쇄 이후에도 지속적으로 일정한 매출이 발생하고 있는 점 등에 비추어 청구법인이 개인사업자인 000의 임대용 부동산을 취득하여 이를 임대업에 사용하였다고 보기 어려우므로 통합 이후에 사업의 동질성이 유지되고 있다고 보기 어렵다(조심 2014지1357, 2015.08.13. 기각).

Q 소멸한 중소기업이 임대업에 사용하던 자산을 인수 받은 청구법인이 임대업이 아닌 분양업을 영위하는 경우 사업의 동질성이 유지된 것으로 볼 수 있는지 여부

A 소멸한 중소기업이 "임대업"에 사용하던 부동산을 중소기업간 통합계약에 의해 취득하여 이를 "임대업"에 사용하지 않고 건축물을 철거한 후 신축하여 분양업 및 매매업을 영위하는 것은 통합 후 사업의 동질성이 유지된다 할 수 없으며 조세특례제한법 제31조 제1항에 따라 감면받은 취득세 등(가산세 포함)을 추징한 것은 달리 잘못이 없다(조심 2013지0059, 2013.04.25. 기각).

(3) 주주 또는 출자자일 것

통합으로 인하여 소멸되는 사업장의 중소기업자가 통합 후 존속하는 법인 또는 통합으로 인하여 설립되는 법인(이하 이 조에서 "통합법인"이라 한다)의 주주 또는 출자자이어야 한다. 이 경우 설립 후 1년이 경과되지 아니한 법인이 출자자인 개인(국세기본법 제39조제2항의 규정에 의한 과점주주에 한한다)의 사업을 승계하는 것은 이를 통합으로 보지 아니한다(조세특례제한법 시행령 제28조제1항제1호).

(4) 취득하는 주식 등이 순자산가액이상일 것

통합으로 인하여 소멸하는 사업장의 개인 기업주가 당해 통합으로 인하여 취득하는 주식 또는 지분의 가액이 통합으로 인하여 소멸하는 사업장의 순자산가액(통합일 현재의 시가로

평가한 자산의 합계액에서 충당금을 포함한 부채의 합계액을 공제한 금액을 말한다)이상이어야 한다. 이 경우 설립 후 1년이 경과되지 아니한 법인이 출자자인 개인(국세기본법 제39조제2항의 규정에 의한 과점주주에 한한다)의 사업을 승계하는 것은 이를 통합으로 보지 아니한다(조세특례제한법 시행령 제28조제1항제2호).

여기서 "순자산가액"이란 현물출자기준일 현재의 시가로 평가한 자산의 합계액에서 충당금을 포함한 부채의 합계액을 공제한 금액으로 "현물출자에 의한 법인전환"에 있어서와 같은 의미로 본다. (현물출자에 의한 법인전환 103면 참조)

개인기업의 순자산액은 시가로 계산하여야 하고, 개인기업의 순자산 계상시점은 법인의 설립등기일이다. 따라서 개인기업주가 인수하는 주식의 가액은 통합으로 소멸하는 사업장의 순자산가액 이상으로 신주인수가액을 결정하여야 할 것이다.

Q 실지거래가액이 불분명할 경우

A 법인설립시 순자산가액 이상 되어야 하고, 사업양수도계약서 작성시 별도의 규정이 없으므로 필요한 사항 등이 기재되어 포괄적 양도, 양수사실이 확인되어야 하며, 등기를 요하는 자산으로 사업양도, 양수계약을 원인으로 등기 이행시 감면대상에 해당하고, 법인전환에 따른 자산취득 시 실지거래가액이 불분명할 경우 감정평가액으로 하며, 기준시가나 정부가액이라도 취득당시 당해자산의 실지거래가액으로 평가가능한 금액이다(세제과-17189, 2008.12.04 질의회신).

[본문] 조세특례제한법시행령 제29조제4항에 따라 같은법시행령 제28조 제1항 제2호에서 규정하고 있는 "통합일 현재의 시가로 평가한 자산"에서 말하는 자산시가평가방법은 조세특례제한법시행규칙 제15조를 통해 확인할 수 있으며, 같은법 시행규칙 제15조를 보면 법인전환에 따른 자산취득 평가방법은 반드시 감정평가액으로 하는 것이 아니라 취득당시 실지거래가액이 불분명할 경우 감정평가액으로 하는 것이므로, 기준시가나 장부가액이라도 취득당시 당해자산의 실지거래가액으로 명확히 입증되면 평가가능한 금액이라 하겠습니다.

Q 취득세 면제대상 여부(취소)

A 중소기업간 통합으로 취득한 부동산에 대해 순자산가액을 산정하기 위해서는 중소기업이 소멸할 때까지 양수도한 모든 자산과 부채를 포함해야 하는 것으로 추가로 가수

금을 양수함으로써 취득한 주식가액이 소멸 사업장의 순자산가액을 초과함에도 취득세를 부과한 처분은 부당하다(조심 2000-0390, 2000. 04. 20. 취소).

이에 대하여 청구인은 양도양수계약 체결시 순자산가액을 계산하면서 부채인 가수금(313,000,000원)을 제외하였으므로, 이를 포함하면 사실상 취득한 주식가액이 순자산가액 이상이 되므로 감면대상이 된다고 주장하는데 대하여 보면, 청구인은 양도양수계약 당시 부채중 장기 차입금 341,240,000원만 양수하는 것으로 계약을 체결하였다가, 처분청이 과세예고를 한 이후인 1999.12.28.에 가수금 잔액 174,144,590원을 양수도하는 추가 계약을 체결하였으나, 청구인의 법인장부상에는 1999.6.24.에 이러한 가수금을 계상하고 있었으며, 조세특례제한법 제31조에서 당초 통합계약 당시 양수한 자산과 부채만을 가지고 순자산가액을 산정하도록 한정하고 있지 아니하고, 자산과 부채의 양수도 시점에 관하여 제한을 두고 있지 아니하므로, 순자산가액을 산정하기 위해서는 소멸되는 중소기업이 소멸할 때까지 양수도한 모든 자산과 부채를 포함하여 판단하여야 하는 것으로서, 청구인이 추가로 (주)ㅇㅇ식품의 가수금을 양수함으로 인하여 ㅇㅇㅇ외 4인이 취득한 주식가액(250,000,000원)이 소멸 사업장의 순자산가액(자산 764,814,590원-장기차입금 341,240,000원 - 174,144,590원 = 249,430,000원)을 초과하므로 취득세 등의 감면대상에 해당된다고 보는 것이 타당하다 할 것으로, 처분청이 감면요건을 충족하지 못하였다고 보아 이건 부과처분을 한 것은 잘못이라 하겠다.

Q [질의] 현물출자 등에 의하여 법인전환 하는 경우 "1년간 평균 순자산가액"의 계산

A [회 신] "1년간 평균 순자산 가액"은 소득세법 시행령 제104조 규정에 의하여 계산한 금액, 즉 매월 말 현재의 사업용 자산의 합계액에서 부채(충당금을 포함함)의 합계액을 공제한 금액의 1년간 평균액으로 함

귀 질의의 경우 우리청에서 이미 회신한 바 있는 내용과 비슷하니 붙임 질의 회신문(재일46014-1771, 1994.07.01)내용을 참조하시기 바람(조특, 재일46014-2553, 1994. 09. 29.)

붙임 : ※ 재일46014-1771, 1994.07.01.

1. 질의내용 요약

○ 조감법 제31조에 의한 중소기업간의 통합시 적용되는 평균순자산의 계산방법(평가내용)에는 조세감면규제법 시행령 제28조 제2항 제2호에 소득세법 시행령 제104

조에 의해 계산한다고 명시되어있는 반면에 조감법 제32조에 의한 법인 전환의 경우 평균순자산의 계산방법은 조감법에 구체적인 언급이 없습니다. 따라서 중소기업의 통합의 경우와 같이 법인전환의 경우에도 소득세법 시행령 제104조의 규정을 준용하는 것으로 알고 있으며 일선 기업의 법인 전환시에도 그렇게 적용해온 것으로 알고 있습니다. 더욱이 이러한 현실을 뒷받침을 하는것은 1982.08.25의 예규(소득 1264-2831)를 보면 평균순자산의 계산은 소득세법 시행령 제104조에 의하고 그 평가는 장부가액으로 하도록 되어 있습니다.

○ 그런데 최근이 예규 재일01254-539 (1991.03.04)를 보면 1년간 평균 순자사가액의 평가는 시가에 의하되 시가가 불분명한 경우 장부가액으로 하는 것으로 되어있습니다.

○ 현재 개인기업이 법인전환 할 경우 가장 중요한 문제가 법인의 자본금 또는 개인기업주의 출자금액의 규모인데 이러한 상충되는 예규로 인하여 평균순자산의 계산금액이 크게 차이가 날 경우(주로 부동산 특히 사업용 토지가 많은 경우)에는 법인전환이 불가능 하게되는 경우 또는 법인전환 후 양도소득세의 감면에 대한 추징 문제가 심각하게 대두되고 있습니다. 따라서 중소기업이 통합 또는 사업양수도 및 현물출자에 의한 법인전환의 경우 평균순자산에 대한 계산방법(평가내용)을 질의합니다.

Q [질의] 청구인의 쟁점부동산 현물출자에 대하여 조세특례제한법 제31조의 이월과세 규정을 적용할 수 없음

A [회신] 우발부채(물상보증채무)를 소멸하는 사업장의 순자산가액 산정시 자산가액에서 공제하는 부채에 해당하지 않는 점 등을 종합할 때, 청구인의 쟁점부동산 현물출자는 조세특례제한법 제31조의 이월과세 요건을 충족하지 못한 것으로 보임(양도, 조심 2012광3701, 2012.12.05, 기각 , 완료).

Q 중소기업통합에 따른 현물출자재산에 설정된 물상보증채무액을 순자산평가액에서 공제하여야 하는지 여부

A 통합으로 인하여 소멸하는 사업장의 중소기업자가 통합으로 인하여 취득하는 주식 등의 가액이 통합으로 인하여 소멸하는 사업장의 순자산가액 이하이므로 중소기업통합에 따른 양도소득세 이월과세 대상이 아님(양도, 광주고등법원(전주)-2014-누

-545, 2014.10.20, 국승, 완료).

[본문] 살피건대, 과세처분취소소송의 소송물은 과세관청이 결정한 세액의 객관적 존부이므로, 과세관청으로서는 소송 도중 사실심 변론종결시까지 당해 처분에서 인정한 과세표준 또는 세액의 정당성을 뒷받침할 수 있는 새로운 자료를 제출하거나 처분의 동일성이 유지되는 범위 내에서 그 사유를 교환·변경할 수 있는 것이고, 반드시 처분 당시의 자료만에 의하여 처분의 적법 여부를 판단하여야 하거나 처분 당시의 처분사유만을 주장할 수 있는 것은 아닌바(대법원 2002. 10. 11. 선고 2001두1994 판결 등 참조), 비록 이 사건 처분 및 그 조세심판 과정에서 현물출자재산에 설정된 물상보증채무액이 순자산평가액에서 공제되어서는 아니 됨을 근거로 이 사건 처분 및 그에 대한 조세심판결정이 이루어졌으나, 이 사건 소송 과정에서 피고는 원고가 현물출자재산 가액을 산정함에 있어 이 사건 000-9 토지의 가액을 누락함에 따라 이를 가산하면 물상보증 채무액의 공제 여부와 관계없이 원고의 현물출자재산 가액이 원고의 신주취득가액을 초과하여 결국 원고의 현물출자로 인한 양도소득이 이월과세 대상에 해당하지 아니함을 이 사건 처분 사유로 추가하였고, 제1심은 위와 같이 추가된 처분사유를 받아들여이 사건 처분이 적법하다고 판단하였으며, 이러한 판단에 있어 물상보증채무액의 공제여부에 대한 판단이 전제되어야 하는 것도 아니므로, 제1심이 그에 대한 판단을 하지아니하였다고 하여 판단누락의 위법이 있다고 할 수 없다.

Q [질의] 비상장주식의 시가

A 소비성서비스업을 제외한 중소기업간의 통합으로 인하여 소멸하는 중소기업의 모든 사업용자산을 통합 후 존속법인이 모두 승계하고, 그 대가로 소멸하는 사업장의 중소기업자가 취득하는 주식 가액이 현물출자 자산의 순자산가액 이상인 경우 통합에 따라 양수하는 사업용재산에 대한 취득세와 등록세를 면제한다(세제과-9694, 2012. 08.01).

[본문] 관련 사례에서 "중소기업간 통합시 소멸기업이 소멸사업장의 대가로 취득하는 주식의 가액은 취득 당시의 시가를 말한다(부동산거래관리과-479, 2010.3.26.참조)"라고 하면서, "비상장주식의 시가는 상속 및 증여세법 제60조에서 원칙적으로 '불특정 다수인 사이에서 자유롭게 거래가 이루어지는 경우에 통상적으로 성립된다고 인정되는 가액'이라고 할 수 있고, 그러한 거래가격이 없을 때에는 보충적 평가방법에 의하여 보충적으로 그 시가를 구하도록 하고 있으나, 상증법상 보충적 평가방법은 말

그대로 보충적으로 시가를 구하는 방법에 불과하여 당해 거래가 일반적이고 정상적인 방법으로 이루어져 당시의 교환가치를 반영하고 있다면, 그 거래가격 자체가 시가가 된다(대법원 1994.12.22. 1993누22333 판결 등)라고 판시"하고 있음에 따라 귀문의 경우처럼 기존 보유하고 있던 주식을 매수하거나 상속받는 경우가 아닌 현물출자에 따른 주식 교부를 위하여 발행하는 신주의 액면금액과 발행금액, 발행주식의 종류와 수를 이사회에서 결정하여 관할법원의 인가를 받은 주당 액면금액 5,000원을 발행금액으로 하여 현물출자 2인에게 1,434,496주의 주식을 발행하여 통합에 따라 소멸하는 법인의 순자산가액 7,172,480,000원과 동일한 가액을 교부하였고, 2008년 1월 중소기업 통합 전인 2007년 5월 통합후 존속기업에서 유상증자시 이 기업의 주식 발행가액을 액면가액으로 한 것 등에 따라 평가금액이 아닌 발행금액 자체를 시가로 보는 것이 가장 타당할 것임. 이에 따라 소멸하는 사업장의 중소기업자가 취득하는 주식가액은 평가금액 4,984원이 아닌 그 평가금액을 근거로 이사회의 결정과 관할법원의 인가를 받은 5,000원의 액면금액으로 발행한 교부주식 가액이 현물출자 자산순가치와 동일하기 때문에 관련 규정에서 정하고 있는 지방세 감면 요건을 충족하고 있는 것으로 판단됨

Q 개인사업자가 현물출자 방법에 따라 법인으로 전환한 청구법인이 「조세특례제한법」에 의한 취득세 등 면제기준에 적합한지 여부(취소)

A 상법에 따라 주식회사 정관의 규정대로 현물출자를 해야하며 1주의 금액도 정관의 절대적인 기재사항인 바, 청구법인의 정관에서 1만원 이하는 절사하고 출자재산을 평가하는 사항이 확인되는 이상 순자산가액이 미달된 경우에 해당하지 않으므로, 감면된 취득세 등을 추징한 처분은 타당하지 않다(조심 2010지0298, 2010.12.28. 취소).

Q 청구법인이 법인설립 후 매출실적이 없다는 사유로 중소기업간 통합요건을 충족하지 못한 것으로 보아 취득세 감면을 배제한 처분의 당부

A 법인설립 후 휴업신청을 하거나 조세의무를 회피할 목적으로 사실상 휴업을 한 사실이 없는 이상, 설립 이후 1년동안 매출액이 발생하지 않은 사실과는 관계없이 출자자인 개인사업자의 사업을 승계, 통합한 중소기업으로 인정하여 당초 부과된 취득세 등의 처분을 취소하는 것이 타당하다(조심 2012지0708, 2013.04.10. 취소).

살피건대, 「조세특례제한법 시행령」 제28조 제1항 후단에서 "설립 후 1년"이 경과되지 아니한 법인이 출자자인 개인의 사업을 승계하는 것은 이를 통합으로 보지 아니하는 바, 위 규정에서 "설립"이란 "법인설립등기일"을 의미하는 것이며, 법인설립 후 1년이 경과하였더라도 조세의 회피 및 의무를 면탈하는 등 불법적인 행위를 위한 고의적인 휴업기간이 있는 경우에는 그 휴업기간을 제외하고 위 규정을 적용하여야 할 것이나, 위 규정의 법인설립 기간을 단순히 사업운영에 따른 매출실적 유무로 한정하여 해석할 수 없다 할 것이고, "설립"의 의미를 "법인설립등기일"이외에 다른 의미로 해석할 여지가 없다 할 것이다. 청구법인은 법인설립 후 세무관청에 휴업신청을 한 사실이 없고, 조세의무를 면탈 또는 회피하기 위하여 사실상 휴업한 사실이 없는 이상, 단순히 법인설립 후 1년 기간 동안 매출액이 발생하지 아니하였다 하여 이를 휴업기간으로 보기에는 무리가 있다 할 것이다.

Q 조세특례제한법 시행령 제28조 제1항 제2호의 통합으로 인하여 소멸하는 사업장의 중소기업자가 당해 통합으로 인하여 취득하는 주식이 통합으로 인하여 소멸하는 사업장의 순자산가액 이상에 해당하여 취득세 면제대상에 해당한다는 청구주장의 당부

A 지방세의 감면 여부는 그 납세의무 성립시기를 기준으로 감면요건을 충족하였는지에 따라 판단하여야 할 것인바, 취득시점 이후에 감면요건을 충족하였다 하여 이를 소급하여 적용하기 어려운 점 등에 비추어 청구주장은 받아들이기 어렵고, 또한 우발부채의 경우 순자산가액에서 제외되는 부채에 해당되지 않으므로 소멸하는 사업장의 중소기업자가 취득한 주식이 소멸하는 사업장의 순자산가액보다 낮아 취득세 면제조건을 충족하지 못한 것으로 보아 이 건 취득세 등을 부과한 처분은 잘못이 없다(조심 2015지1081, 2016.04.12. 기각).

Q 법인간의 흡수합병도 조세특례제한법에 규정하고 있는 중소기업간의 통합에 해당되어 등록세가 면제되는지 여부(기각)

A 부동산 등기에 대해 소멸법인이 합병일 현재 1년 이상 사업을 영위하지 않은 경우에 해당되어 부동산은 등록세 면제대상에 해당되지 않는다(조심 2008지0120, 2008.07.28. 기각).

Q 순자산가액 충족여부

A 「상법」에 따라 주식회사 정관의 규정대로 현물출자를 해야하며 1주의 금액도 정관의 절대적인 기재사항인 바, 청구법인의 정관에서 1만원 이하는 절사하고 출자재산을 평가하는 사항이 확인되는 이상 순자산가액이 미달된 경우에 해당하지 않으므로, 감면된 취득세 등을 추징한 처분은 타당하지 않다.(조심 2010지0298, 2010.12.28. 취소)

[본문] (가) 조세특례제한법 제32조 제1항 및 제2항, 같은 법 시행령 제28조 제1항 제2호, 제29조 제4항에서 거주자가 사업용고정자산을 현물출자하는 방법에 따라 2012.12.31.까지 통합으로 인하여 소멸하는 사업장의 중소기업자가 당해 통합으로 인하여 취득하는 주식 가액이 통합으로 인하여 소멸하는 사업장의 순자산가액(통합일 현재의 시가로 평가한 자산의 합계액에서 충당금을 포함한 부채의 합계액을 공제한 금액을 말한다. 이하 같다)이상일 경우에는 조세특례제한법 제119조 제4항 및 제120조 제5항의 규정에 의하여 취득세와 등록세를 면제하도록 규정하고 있고, 상법 제289조는 주식회사 정관의 절대적 기재사항으로 회사가 발행할 주식의 총수, 1주의 금액 등을 열거하고 있으며, 같은 법 제290조는 현물출자를 하는 자의 성명과 그 목적인 재산의 종류, 수량, 가격과 이에 대하여 부여할 주식의 종류와 수는 정관에 기재함으로써 그 효력이 있다고 규정하고 있다.

(나) 살피건대, 상법 제289조 및 제290조의 규정에 따라 법인은 정관에 정해진 사항에 반해서 현물출자를 할 수는 없고 1주의 금액도 정관의 절대적 기재사항으로 규정하고 있는바, 청구법인의 정관에서 10,000원 이하는 절사하고 출자재산의 평가액을 1,633,040,000원으로 하는 내용이 확인되고 있는 이상, 소멸하는 사업장의 중소기업자가 당해 통합으로 인하여 취득하는 주식의 가액이 통합으로 인하여 소멸하는 사업장의 순자산가액에 미달된다고는 볼 수 없다고 하겠다.

(5) 사업용 고정자산일 것

중소기업 간의 통합으로 인하여 소멸되는 중소기업이 대통령령으로 정하는 사업용 고정자산을 설립된 법인 또는 통합 후 존속하는 법인에 양도하여야 한다.

여기서 "대통령령으로 정하는 사업용 고정자산"이란 당해 사업에 직접 사용하는 유형자산 및 무형자산(1981년 1월 1일 이후에 취득한 부동산으로서 기획재정부령이 정하는 법인의 업무와 관련이 없는 부동산의 판정기준에 해당되는 자산을 제외한다)을 말한다(조세특례제한법 시행령 제28조제2항).

여기서 "기획재정부령이 정하는 법인의 업무와 관련이 없는 부동산의 판정기준에 해당되는 자산"이라 함은 법인세법 시행령 제49조제1항제1호의 규정에 의한 업무와 관련이 없는 부동산을 말한다. 이 경우 업무무관부동산에 해당하는지의 여부에 대한 판정은 양도일을 기준으로 한다(조세특례제한법 시행규칙 제15조제3항).

사업용 고정자산에 대한 의미 및 예규 · 심판은 현물출자편에 많으므로 91면 참조

Q 청구법인이 취득한 이 사건 부동산이 중소기업간의 통합에 의하여 존속하는 법인이 양수하는 사업용재산에 해당되는지의 여부(기각)

A 중소기업간의 통합에 의하여 존속하는 법인이 소멸하는 중소기업의 당해 사업용 부동산의 취득·등기에 대하여는 취득세·등록세를 면제하도록 규정하고 있으나 청구법인의 경우 이 사건 부동산은 소멸하는 기업의 사업용 부동산을 취득한 것으로는 볼 수 없다(조심 2001-0566. 2001.11.26. 기각).

이에 대하여 청구법인은 통합된 ○○농공사의 폐업신고를 통합일로부터 3년이 경과한 후 하였다고 하더라도 이 사건 부동산은 중소기업간의 통합에 의하여 존속하는 법인이 양수하는 사업용재산에 해당된다고 주장하고 있지만, 구조세감면규제법 제113조제1항제3호 및 같은법제114조제1항제2호에서 중소기업간의 통합에 의하여 존속하는 법인이 소멸하는 중소기업의 당해 사업용 부동산의 취득·등기에 대하여는 취득세·등록세를 면제하도록 규정하고 있으므로, 청구법인과 같이 청구법인이 1997.7.8. 통합하였다는 개인기업인 ○○농공사는 2001.4.24. ○○세무서장이 처분청에 통보한 회신(세일 13400-10184)에서 2000년 제1기까지 매년 부가가치세를 신고하였을 뿐만 아니라 1986.2.14. 개업하여 2000.6.30. 폐업하였다는 사실 등을 미루어 보면 이 사건 부동산은 소멸하는 기업의 사업용 부동산을 취득한 것으로는 볼 수 없으므로 처분청에서 이 사건 부동산에 대한 취득세 및 등록세 등을 부과 고지한 것은 적법한 부과처분이라고 판단된다.

(6) 통합의 예외

통합법인 중 일방이 설립 후 1년이 경과되지 아니한 법인이 출자자인 개인(국세기본법 제39조제2호의 규정에 의한 과점주주[32]에 한한다)의 사업을 승계하는 것은 이를 통합으

32) 여기서 "과점주주"란 주주 또는 유한책임사원 1명과 그의 특수관계인 중 대통령령으로 정하는 자로서 그들의 소유주식 합계 또는 출자액 합계가 해당 법인의 발행주식 총수 또는 출자총액의 100

로 보지 아니한다(조세특례제한법 시행령 제28조제1항).

(7) 창업중소기업 또는 창업벤처중소기업 등이 통합하는 경우

조세특례제한법 제31조제4항의 규정에 의한 잔존감면기간에 대한 감면대상이 되는 자는 통합으로 인하여 소멸되는 창업중소기업 또는 창업벤처중소기업이나 농공단지 및 중소기업진흥에 관한 법률 제62조의23제1항에 따른 지방중소기업 특별지원지역(이하 "지방중소기업 특별지원지역"이라 한다)의 입주기업으로부터 승계받은 사업에서 발생하는 소득 또는 승계받은 사업용재산에 대하여 통합당시의 잔존감면기간내에 종료하는 각 과세연도 또는 납기분까지 그 감면을 받을 수 있다(조세특례제한법 제31조제4항 본문 및 조세특례제한법 시행령 제28조제4항).

Q 개인사업자인 창업중소기업이 법인으로 전환한 후 개인사업자 창업일로부터 4년 이내에 이 건 부동산을 취득한 경우 이 건 부동산을 취득세 감면 대상으로 볼 수 있는지 여부

A 개인사업자가 하던 사업을 법인으로 전환하여 설립되어 창업중소기업에 해당하지 않고, 창업중소기업인 개인사업자가 법인으로 전환했어도 개인사업자와 법인은 별개의 권리주체이므로 개인사업자에서 전환한 청구법인이 개인사업자의 취득세 감면기간 내에 사업용 재산을 취득하였다 해도 별도의 감면규정이 없는 이상 부동산은 취득세 감면대상이 아니다(조심 2013지0672. 2013.11.11. 기각).

(8) 수도권과밀억제권역 밖으로 이전하는 중소기업 등이 통합하는 경우

수도권과밀억제권역 밖으로 이전하는 중소기업 또는 농업회사법인이 조세특례제한법 제63조 또는 제68조에 따른 감면기간이 지나기 전에 통합을 하는 경우, 통합법인은 통합으로 인하여 소멸되는 중소기업자로부터 승계받은 사업에서 발생하는 소득에 관하여 통합당시 잔존감면기간 내에 종료하는 각 과세연도분까지 그 감면을 받을 수 있다(조세특례제한법 제31조제5항 및 조세특례제한법 시행령 제28조제6항).

분의 50을 초과하면서 그에 관한 권리를 실질적으로 행사하는 자들을 말한다(국세기본법 제39조제2호).

(9) 미공제 세액이 있는 개인사업자가 통합을 하는 경우

미공제 세액이 있는 내국인이 통합을 하는 경우 미공제세액을 승계한 자는 통합으로 인하여 소멸되는 중소기업자로부터 승계받은 자산에 대한 미공제세액상당액을 해당 중소기업자의 이월공제잔여기간 내에 종료하는 각 과세연도에 이월하여 공제받을 수 있다(조세특례제한법 제31조제6항 및 조세특례제한법 시행령 제28조제8항).

3. 발기설립방법에 의한 법인등기절차

가. 개 설

개인기업간의 통합에 의하여 새로운 법인을 설립하는 경우에는 법원으로부터 현물출자로 인한 인가된 조사보고서가 송달된 날로부터 2주간 이내에 관할등기소에 설립등기를 할 수 있다.

통합에 의한 법인설립등기에 대한 설명은 현물출자로 인한 설립등기와 같으므로 147면 내지 195면의 설명을 참조하기로 하고 여기서는 생략한다.

나. 법인설립비용

법인설립비용에 관하여는 193면 참조

다. 명의이전등기, 등록

법인설립의 경우 발기인이 행하는 재산의 출자(상법 제290조 제2호), 신주발행의 경우에 있어서의 신주인수인의 재산출자(상법 제416조 제4호)의 경우 법인설립 또는 증자(신주발행)가 완료된 후 현물의 소유권은 과거 소유자에게서 새로 설립 또는 증자한 주식회사로 이전하여야 하는데 부동산이라면 부동산소유권이전등기를 하게 되고, 주식이라면 명의개서를, 그리고 채권이라면 채권양도를, 차량·기계장치인 경우에는 등록 및 통지를 하여야 한다. 부동산 소유권이전등기 415면 참조

[서식] 주식회사 발기설립등기(개인기업간의 통합, 이사3인, 감사1인)

주식회사 설립등기신청

접 수	년 월 일	처리인	등기관확인	각종통지
	제 호			

등 기 의 목 적	주식회사 설립
등 기 의 사 유	정관을 작성하여 공증인의 인증을 받아 발기인이 회사설립시 발행하는 주식의 전부를 인수하고 20○○년 ○월○일 발기인총회에서 상법 제298조의 절차를 종료하였으므로 다음 사항의 등기를 구함
본/지점 신청구분	1. 본점신청 □ 2. 지점신청 □ 3. 본 · 지점 일괄신청 □
등 기 할 사 항	
상 호	주식회사 케이앤지
본 점	서울특별시 ○○구 ○○로 ○-○
공 고 방 법	○○시에서 발행되는 ○○신문에 한다.
액면주식 1주의 금액	금5,000원
발행할 주식의 총수	1,000,000주
발행주식의 총수, 그 종류와 각종 주식의 내용과 수	428,686주 보통주식[33)]
자본금의 액	금2,143,430,000원

33) 개정상법(2012.4.15시행)은 회사설립 시 발행하는 주식의 총수는 회사가 발행할 주식총수의 1/4 이상이어야 한다는 요건을 폐지하였다(상법 제289조 제2항 삭제). 이에 따라 회사설립 시 발행하여야 하는 주식 수에 대한 제한이 전혀 없게 되었다.

등 기 할 사 항	
목 적	1. 주형 및 금형 제조판매업 2. 사출성형기 제조판매업 3. 전자제품 제조판매업 4. 위 각호에 관련된 부대사업
이사·감사·집행임원의 성명 및 주민등록번호34)	사내이사 양 동 근 (00000－0000000) 사내이사 정 한 민 (00000－0000000) 사내이사 신 종 식 (00000－0000000) 감 사 이 동 석 (00000－0000000)
대표이사 또는 대표집행임원의 성명, 주민등록번호, 주소35)	양 동 근 (－)
지 점	없음
존립기간 또는 해산사유	없음(정관에 규정이 되어있으면 기재)
기 타 (주식의 양도에 관하여 이사회의 승인을 얻도록 정한 때에는 그 규정, 명의개서대리인을 둔 때에는 그 상호와 본점소재지 등)	없음(정관에 규정이 되어있으면 기재)

34) 개정 상법은 선택적으로 업무집행기관으로서 '집행임원'을 둘 수 있도록 하였다.
35) 집행임원제도를 둔 회사는 대표이사를 두지 못한다(상법 제408조의2).

신청등기소 및 등록세/수수료						
순번	신청등기소	구분	등록면허세 지방교육세	농어촌 특별세	세액합계	등기신청수수료
			금2,5721,160원 금5,144,232원	금 원	금30,865,392원	금 30,000원
합 계						
등기신청수수료 납부번호						
과 세 표 준 액	금2,143,430,000원					

첨 부 서 면			
1. 정관	통	1. 공인된 감정인의 감정서	통
1. 주식의 인수를 증명하는 서면	통	1. 검사인조사보고서등본	통
1. 주식발행사항동의서	통	1. 취임승낙서(인감증명서포함)	통
1. 발기인회의사록	통	1. 주민등록표등본	통
1. 이사회의사록(공증)	통	1. 인감신고서	통
1. 주금납입보관증명서 또는 잔고증명서	통	1. 등록세영수필확인서	통
1. 현물출자재산인도증	통	1. 위임장(대리인이 신청할 경우)	통
1. 이사·감사 조사보고서	통	1. 법인인감카드발급신청서	통
		<기 타>	

년 월 일

신청인 상 호 주식회사 케이앤지
본 점 서울 ○○구 ○○로 ○-○
대표이사 성 명 양 동 근 (인) (전화 :)
주 소 서울 ○○구 ○○로 ○-○
대리인 성 명 법무사 000 (인) (전화 : 456-7890)
주 소 서울 ○○구 ○○로 ○-○

서울중앙지방법원 상업등기소 귀중

- 신청서 작성요령 및 등기수입증지 첨부란 -

1. 해당란이 부족할 때에는 별지를 이용합니다.
1. 해당 등기신청과 관계없는 사항에 대하여는 "해당없음"으로 기재하거나 삭제하고, 필요한 사항은 추가 기재합니다.

(용지규격 21㎝× 29.7㎝)

※ 이 사례는 조세특례법 제31조의 절차에 따라 개인기업간 통합하여 법인을 설립 한 사례이다. 등록면허세는 과밀억제권역에서의 설립으로 3배를 중과한 경우이다.

[서식] 위임장(등기소 제출용)

위　　임　　장

법무사　성 명　○○○
　　　　주 소　서울특별시 강동구 명일동 246-5
　　　　전 화　585-3635

본인은 위 사람을 대리인으로 정하고 다음의 권한을 위임합니다.

다　　　　음

주식회사 발기설립에 따른 신청서작성 및 동 신청서를 제출하는 행위, 송달장소 및 송달영수인신고서를 제출하는 행위, 기타 일체의 행위.

20○○년　월　일

위임인　양 동 근
　　　　서울특별시 ○○구 ○○로 ○-○
　　　　연락처 000-0000-0000

※ 이 위임장은 법무사에게 주식회사설립등기를 의뢰하는 경우 대리의 권한을 법무사에게 위임하는 서류로써 등기소에 제출하는 서류이다.

[서식] 발기인총회의사록

발기인총회의사록

20○○년 월 일, 13:00 창립사무실에서 발기인 총회를 개최하다.

발기인 총수	2명	발행주식총수	328,687 주
출석발기인수	2명	출석주식총수	328,687 주

발기인 대표 양 동 근은 위와 같이 상법 소정의 정족수에 달하게 발기인이 출석하였으므로 본 총회는 적법하게 성립됨을 고하고, 의사를 진행하기 전에 의장을 선임할 것을 구한바 발기인 전원 만장일치로 발기인 대표 양동근을 의장으로 선임한 즉 동인은 그 취임을 승낙하고 의장석에 등단하여 개회를 선언하고 다음 의안의 심의를 구하다.

제1호 의안 : 정관승인의 건

의장은 정관을 낭독하고 조세특례법 제31조 및 동법 시행령 제28조의 절차에 따라 아래의 개인기업간의 통합에 의하여 본 법인을 설립하고, 이에 정관을 작성하여 발기하였음을 부연설명 한 후, 이를 승인하여 줄 것을 구한바, 전원일치 원안대로 승인하다.

통합 개인기업		통합기준일	근거규정
○○○사 대표 양동근	◇◇◇사 대표 정한민	20○○. .	조세특례법 제31조 및 동법 시행령 제28조

제2호 의안 : 임원 선임의 건

의장은 이사 3인 이상, 감사 1인을 두기로 하는 정관규정에 따라 이사, 감사의 선임방법을 물은 즉 무기명 비밀투표로 선출하기로 전원 일치되어 즉시 투표한 결과 다음과 같이 선출되다. 단, 감사는 상법 제409조 제2항의 규정에 의하여 선임하다.

사내이사 양 동 근 (00000-0000000)

사내이사 정 한 민 (00000-0000000)
사내이사 신 종 식 (00000-0000000)
감 사 이 동 석 (00000-0000000)

위 피선자는 즉석에서 각자 그 직의 취임을 승낙한다.

제3호 의안 : 변태설립사항 감정보고의 건

본 회사 설립사항 중 현물출자의 이행사항이 있어 검사인이 이를 조사하여 법원에 보고해야 하는바, 상법 제299조의2에 따른 공인감정인의 조사, 보고로 갈음할 것임을 설명하였으며, 그 재산을 감정한 사실을 이미 배포한 별첨 감정보고서와 같다고 보고하니 발기인 전원의 동의로 이의없이 원안대로 승인 가결하다.

제4호 의안 : 현물출자 자산의 평가 및 부여받을 주식의 종류와 수량의 승인의 건

의장은 설립중인 ㈜케이앤지는 현물출자자인 발기인 양동근의 개인기업인 서울 ○○구 ○○로 ○-○ 소재 사업용으로 사용하던 ○○○사의 토지 및 건물과 그리고 그에 따른 유형자산외의 자산을 전부 현물로 출자하고, 발기인 정한민도 개인기업인 서울 ◇◇구 ◇◇동 ◇-◇ 소재 사업용으로 사용하던 ◇◇◇사의 토지와 건물과 그에 따른 유형자산외의 자산을 전부 현물출자하여 통합법인을 설립하기로 상세히 설명하고 이에 대하여 현물출자 자산의 가격은 감정평가에 의하고, 이에 따라 현물출자 자가 부여받을 주식의 수량이 정하여 질 것이라는 설명을 한 후, 이를 승인하여 줄 것을 구한바, 전원일치 원안대로 승인하다.

제5호 의안 : 현물출자의 이행여부

의장은 상법 제295조 규정에 의한 납입에 관하여 현물출자자 양동근 작성의 재산인도증에 의해 회사설립 시에 발행하는 주식의 총수 중 328,689주(1주의 금액 5,000원)로서 전부 인수되고, 현물출자자 정한민도 본인 작성의 재산인도증에 의해 회사설립 시에 발행하는 주식의 총수 중 100,000주(1주의 금액5,000원)로서 전부 인수되었으므로 전원 이의 없이 이를 승인가결하다.

제6호 의안 : 상법 제298조의 소정사항 조사보고의 건

의장은 이사는 상법 제298조 소정사항을 조사 보고하여야 함을 설명하고, 이어 발기인이었던 이사는 그러한 조사에 참가하지 못함을 밝히고 발기인이 아닌 이사 ○

○○으로 하여금 조사보고케 하여야 한다고 하자, 전원 이의없이 별지 조사보고서와 같이 보고하다.

출석주주들은 별지 조사보고서를 검토한 후 이를 만장일치로 승인하다.

의장은 이상으로서 의안 전부의 심의를 종료하였으므로 폐회한다고 선언하다(회의종료시간 14:00)

위 의사의 경과요령과 결과를 명확히 하기 위하여 이 의사록을 작성하고 의장과 출석한 발기인이 다음과 같이 기명날인하다.

20○○년 월 일

(주) 케이앤지

의장 겸 발기인 : 양 동 근 (인)

발기인 : 정 한 민 (인)

[서식] 검사인의 조사보고서(이사의)

조사보고서

20○○년 9월 6일 (주) 케이앤지 발기인총회에서 본인은 상법 제298조 소정사항의 조사보고자로 선임되었으므로 동법에 규정된 사항을 조사하여 다음과 같이 보고함.

조사사항 및 조사결과

1. 회사설립 시에 발행하는 주식의 총수에 대한 인수의 정확여부

회사가 발행할 주식의 총수 1,000,000 주

설립시에 발행하는 주식의 총수 428,686주

1주의 금액 5,000원으로서 그 인수 내역은 다음과 같음.

발기인이 인수한 주식수

발기인 양동근 : 보통주식 328,686주(20○○ 년 월 일 인수완료)

발기인 정한민 : 보통주식 100,000주 (20○○ 년 월 일 인수완료)

2. 인수주식에 대한 납입의 정확여부

회사설립 시에 발행하는 주식총수 중 328,686주는 현물출자자 양동근 작성의 재산인도증에 의해 20○○년 월 일 이행되고, 100,000주는 현물출자자 정한민 작성의 재산인도증에 의해 20○○년 월 일 전부 이행되었음은 공인감정인의 감정결과 보고와 같이 명확히 확인됨.

3. 현물출자 기타 조사사항

상법 제290조 제2호 현물출자에 관한사항은 상법 제299조의2에 해당되어 공인감정인의 감정서로 갈음하였는바, 그 사항은 타당하다.

이와 같이 조사 보고함.

20○○년 7월 ○일

(주) 케이앤지
사내이사 신 종 식

※ 이사와 감사는 취임 후 지체 없이 회사의 설립에 관한 모든 사항이 법령 또는 정관의 규정에 위반되지 아니하는지의 여부를 조사하여 발기인에게 보고하여야 한다(상법 제298의 제1항). 이때 이사와 감사 중에 발기인이었던 자·현물출자자·회사성립 후 양수할 재산의 계약당사자인 자는 이러한 조사·보고에 참가하지 못하고(상법 제298조 제2항), 이사와 감사전원이 이에 해당하는 때에는 이사는 공증인으로 하여금 이러한 조사·보고를 하게 하여야 한다. 정관으로 상법 제290조 각호의 사항을 정한 때에는 이사는 이에 관한 조사를 하게 하기 위하여 검사인의 선임을 법원에 청구하여야 한다. 다만, 제299조의2의 경우에는 그러하지 아니하다(상법 제298조 제4항).

[서식] 발기설립조사보고 인가신청서

발기설립조사보고 인가신청

사건본인 주식회사 케이앤지
서울 ○○구 ○○로 ○-○
대표이사 양 동 근

신 청 인 사건본인의 대표이사 양 동 근
전화번호 : 010-505-0000

감 정 인 1. 감정평가사 ○○○
○○감정평가법인(주)
서울 ○○구 ○○로 ○-○

2. ○○회계법인
서울 ○○구 ○○로 ○-○
대표이사 ○○○

신청인의 송달 장소 : 서울 ○○구 ○○로 ○-○
송달영수인 : ◇◇◇법무사

1. 현물출자가액
발기인 양동근의 현물출자액 금1,643,430,000원
발기인 정한민의 현물출자액 금500,000,000원

2. 현물출자할 재산의 표시
발기인 양동근의 현물출자할 재산의 표시
별지 1. 기재 부동산과 같음
별지 2. 기재 재무상태표와 같음
부여주식수 328,686주

3. 발기인 정한민의 현물출자할 재산의 표시
별지 1. 기재 부동산과 같음
별지 2. 기재 재무상태표와 같음
부여주식수 100,000주

신 청 취 지

신청인은 발기인 양동근과 정한민이 운영하는 개인사업체를 조세특례제한법 제31조 규정에 따라 통합하여 사건본인 주식회사 케이앤지를 설립함에 있어 상법 제299조의2에 의하여 현물출자하는 부동산과 유형자산에 관하여 공인감정인의 감정을 받았으므로 그 결과를 보고하오니 인가하여 주시기 바랍니다.

신 청 원 인

1. 사건본인 회사 설립을 위하여, 발기인 전원이 모여 20○○년 ○월 ○일 정관을 작성하고 공증인의 인증을 받아 발기인이 회사설립시 발행하는 주식의 전부를 인수하고 주식인수 방법으로서 사건본인 회사와 발기인이 별지 기재 부동산과 유형자산 이외에 관한 현물출자 계약을 하고 출자 재산의 인도 및 이전등기에 필요한 서류를 교부함으로서 그 출자이행을 하였습니다.
가. 부동산은 ○○감정평가법인(주)의 ○○○감정평가사에게,
나. 유형자산이외는 ○○회계법인에게 그 감정 및 조사를 의뢰하여 검사받았음
(본 조사보고서는 재판예규 제719호에 의하여 작성하였습니다.)

2. 감정결과를 위임한 발기인, 현물출자자, 조사감정의 목적과 조사금액 사항은 다음과 같습니다.

다 음

1. 감정을 위임한 이사의 성명, 주소, 전화번호
사건본인의 대표이사 양 동 근
전화번호 : 010-000-0000

2. 발기인 겸 현물출자자의 성명, 주소, 전화번호
가. 사건본인의 대표이사 양 동 근

전화번호 : 010-000-0000

나. 사건본인의 이사 정한민

전화번호 : 010-000-0000

3. 감정의 목적

발기인 양동근과 정한민이 현물을 출자하고, 현물출자의 이행을 마쳤기에 상법 제299조의2에 따라 공인감정인으로서 이에 대한 감정을 행하였음.

4. 감정사항

현물출자를 하는 자의 성명과 그 목적인 재산의 종류, 수량, 가격과 이에 대하여 부여할 주식의 종류와 수, 현물출자의 이행 여부

1. 현물출자자 : 양 동 근

1) 재산의 종류, 수량, 가격 :

가. 재산의 종류 : 별지1. 기재 부동산

별지2. 기재 유형자산이외(재무상태표)

나. 수량 : 토지, 건물, 재무상태표 상의 자산

다. 가격 : 금1,643,430,000원

2) 이에 대하여 부여할 주식의 종류와 수

가. 현물출자 재산가액 : 금1,643,430,000원

나. 부여할 주식의 종류와 수 : 기명식 보통주식 328,686주

다. 1주당 발행가액 : 금 5,000원(액면가 금5,000원)

2. 현물출자자 : 정 한 민

1) 재산의 종류, 수량, 가격 :

가. 재산의 종류 : 별지1. 기재 부동산

별지2. 기재 유형자산이외(재무상태표)

나. 수량 : 토지, 건물, 재무상태표 상의 자산

다. 가격 : 금500,000,000원

2) 이에 대하여 부여할 주식의 종류와 수

가. 현물출자 재산가액 : 금500,000,000원

나. 부여할 주식의 종류와 수 : 기명식 보통주식 100,000주

다. 1주당 발행가액 : 금 5,000원(액면가 금5,000원)

4) 현물출자의 이행 여부

현물출자재산은 이미 사건본인의 회사에 확실히 인수되었음을 출자자 양동근과 정한민 작성의 재산인도증에 의해 확인할 수 있었음.

첨 부 서 류

1. 정관(인증 등본)
1. 통합계약서
1. 재산 인수증
1. 주식 인수증
1. 주금납입증명서 사본 1부
1. 발기인총회 의사록
1. 감정인의 감정결과보고서
1. 감정평가서
1. 감정인 등록증 사본
1. 감정인의 법인등기부등본 각1부
1. 현물출자 부동산등기부등본 각1부
1. 부동산에 관한 임대차계약서(임차보증금 존재 확인용) 1부
1. 감정인의 감정결과보고서 부본
1. 송달영수인 신고서 1통
1. 위임장 1통
1. 인지1,000원, 송달료 3,000원

20○○년 8월 일

사건본인 주식회사 케이앤지

서울 ○○구 ○○로 ○-○
대표이사 양 동 근

신 청 인 사건본인의 대표이사 양 동 근

서울중앙지방법원 귀중

※ 발기설립조사보고 인가신청에 대한 설명 527면 참조

[별지1] 현물출자자 양동근의 재산목록

현물출자 재산 목록

1. 토지

서울 ○○구 ○○로 ○-○ 대 628㎡

[도로명주소] 서울특별시 ○○로 ○-○

2. 건물

서울 ○○구 ○○로 ○-○

[도로명주소] 서울특별시 ○○로 ○-○

철근콘크리트조 슬래브지붕 2층 근린생활시설 및 업무시설

1층 674.15㎡,

2층 674.15㎡

층별용도

1층 근린생활시설

(공장)614.15㎡, 기계실 33.35㎡, 계단실 22.36㎡

2층 근린생활시설

(사무실)624.15㎡, 계단실 화장실 33.45㎡

3. 공장시설

가. 기계기구 등

1. 건조기 DHB-T
2. 고속분쇄기 DHSC-10
3. 사출성형기 PRO-100WD

나. 차량 등

체어맨(서울1가1234)

스타렉스장축6밴(서울1모5478)

포터초장축슈퍼캡(서울3더9875) -이 상-

[별지2] 현물출자자 양동근의 기초 재무상태표

재 무 상 태 표

20 년 월 일 현재 (단위: 원)

과 목	금 액		비 고
자 산			
Ⅰ.유동자산		201,976,059	
(1)당좌자산		201,976,059	
현금	8,250,333		
보통예금	15,008,006		
선급비용	800,123		
미수금	1,725,726		
가지급금	7,007,896		
Ⅱ.비유동자산		1,193,514,621	
(1)투자자산		1,000,064,731	
(2)유형자산		2,193,449,890	
1.토지		565,200,000	
2.건물		520,469,800	
(3)무형자산		–	
(4)기타비유동자산		–	
자산총계		3,786,661,906	
부 채			
Ⅰ.유동부채		6,540,680	
1.부가세예수금		6,540,680	
Ⅱ.비유동부채		6,258,232,000	
부채총계		2,143,228,283	
현물출자가액		1,643,433,623	
현금출자가액		5,000	
자본금		1,643,435,000	

[별지2] 현물출자자 정한민의 재산목록

현물출자 재산 목록

1. 토지
   서울 ○○구 ○○로 ○-○ 대 628㎡
   [도로명주소] 서울특별시 ○○로 ○-○

2. 건물
   서울 ○○구 ○○로 ○-○
   [도로명주소] 서울특별시 ○○로 ○-○
   철근콘크리트조 슬래브지붕 2층 근린생활시설 및 업무시설
   1층 512.15㎡,
   2층 512.15㎡

   층별용도
   1층 근린생활시설
   보일러실 33.35㎡, 계단실 22.36㎡
   2층 근린생활시설
   (사무실)624.15㎡, 계단실 화장실 33.45㎡

-이 상-

[별지2] 현물출자에 따른 기초 재무상태표

재 무 상 태 표

20○○년 월 일 현재 (단위: 원)

과 목	금 액		비 고
자 산			
Ⅰ.유동자산		1,976,059	
(1)당좌자산		1,976,059	
현금및현금성자산	250,333		
미수수익	1,725,726		국고채권기간이자
(2)재고자산		-	
Ⅱ.비유동자산		3,514,621	
(1)투자자산		2,064,731	국고채권
(2)유형자산		-	
(3)무형자산		450,000,000	
(4)기타비유동자산		-	
자산총계		455,490,680	
부 채			
Ⅰ.유동부채		6,540,680	
부채총계		6,540,680	
현물출자가액		450,000,000	
현금출자가액		50,000,000	
자본금		500,000,000	

[서식] 정관의 인증서 표지

등부 년 제 호

인 증 서

정 관

등 본

공증
인가 法務法人 ○○

(공증부 : 593-0000)

210mm×297mm
(보존용지(1종) 70g/㎡)

※ 이 사례는 등기신청대리인이 공증사무소에 정관인증을 촉탁하여 공증사무소에서 작성한 정관의 인증서 표지이다.

[서식] 정관

정 관

제1장 총 칙

제1조(상호) 당회사는 주식회사 "케이앤지"이라 칭하고 영문으로는 ○○○로 표기한다.

제2조(목적) 당 회사는 다음 사업을 경영함을 목적으로 한다.

본 회사는 다음 사업을 경영함을 목적으로 한다.

1. 주형 및 금형 제조판매업
2. 사출성형기 제조판매업
3. 전자제품 제조판매업
4. 위 각호에 관련된 부대사업

제3조(본점의 소재지) 당 회사의 본점은 서울특별시내에 둔다.

제4조(공고방법) 당 회사의 공고는 회사의 인터넷 홈페이지(http://www.○○○.….)에 게재한다. 다만, 전산장애 또는 그 밖의 부득이한 사유로 회사의 인터넷 홈페이지에 공고를 할 수 없을 때에는 ○○시에서 발행되는 ○○신문에 한다.

제2장 주 식

제5조(발행예정 주식의 총수) 당 회사가 발행할 주식의 총수는 1,000,000주로 한다.

제6조(1주의 금액) 당 회사가 발행하는 주식 액면주식 1주의 금액은 금5,000원으로 한다.

제7조(회사가 설립시에 발행하는 주식의 총수) 당 회사는 설립시에 428,686주의 주식을 발행하기로 한다.

제8조(주식 및 주권의 종류) 당 회사의 주식은 보통주식으로 전부 기명식으로 하고 주권은 1주권, 10주권, 100주권, 1,000주권, 10,000주권의 5종으로 한다.

제9조(주권 불소지) 당 회사는 주권 불소지 제도를 채택하지 아니한다.

제10조(주금납입의 지체) 주금 납입을 지체한 주주는 납입기일 다음날부터 납입이 끝날 때까지 지체 주금 100원에 대하여 일변 10전의 비율로서 과태금을 회사에

지급하고 또 이로 인하여 손해가 생겼을 때는 그 손해를 배상하여야 한다.

제11조(명의개서) ① 당 회사의 주식에 관하여 명의개서를 청구함에 있어서는 당 회사에서 정하는 청구서에 기명날인 또는 서명하고 이에 주권을 첨부하여 제출하여야 한다.

② 양도 이외의 사유로 인하여 주식을 취득한 경우에는 당 회사의 청구에 의하여 제1항의 청구서 이외에 그 사유를 증명한 서면과 주권을 제출하여야 한다.

제12조(질권의 등록 및 신탁재산의 표시) 당 회사의 주식에 관하여 질권의 등록 또는 신탁재산의 표시를 청구함에 있어서는 당 회사가 정하는 청구서에 당사자가 기명날인 또는 서명하고 이에 주권을 첨부 제출하여야 한다. 그 등록 또는 표시의 말소를 청구함에 있어서도 같다.

제13조(주권의 재발행)①주권의 분할, 병합, 오손등의 사유로 인하여 주권의 재발행을 청구함에 있어서는 당 회사가 정하는 청구서에 기명날인 또는 서명하고 이에 주권을 첨부하여 제출하여야 한다.

② 주권의 상실로 인하여 그 재발행을 청구함에 있어서는 당 회사가 정하는 청구서에 기명날인 또는 서명하고 이에 제권판결의 정본 또는 등본을 첨부하여 제출하여야 한다.

제14조 (수수료) 제11조 내지 제13조에서 정하는 청구를 하는자는 당 회사가 정하는 수수료를 납부하여야 한다.

제15조(주주명부의 폐쇄)① 당 회사는 매년 1월 1일부터 정기주주총회의 종결일까지 주주명부의 기재의 변경을 정지한다.

② 제1항의 경우 이외에 주주 또는 질권자로서 권리를 행사할 자를 확정하기 위하여 필요한 때에는 이사회의 결의에 의하여 주주명부의 기재의 변경을 정지하고 또는 기준일을 정할 수가 있다. 이 경우에는 그 기간 또는 기준일의 2주 전에 공고하는 것으로 한다.

제16조(주주의 주소등의 신고) 당 회사의 주주 및 등로된 질권자 또는 그 법정대리인이나 대표자는 당 회사가 정하는 서식에 의하여 그의 성명, 주소와 인감을 당 회사에 신고하여야 한다. 신고사항에 변경이 있는 때에도 또한 같다.

제3장 사　　채

제17조(사채발행과 차입) ① 이 회사는 원리금의 상환 기타 조건에 관하여 내용이 다른 수종의 사채를 발행할 수 있다.

② 이 회사는 자기자본금의 2배를 초과하지 아니하는 범위 내에서 자금을 차입할 수 있다.

③ 이 회사는 자본금과 적립금의 합계액의 10배를 초과하지 아니하는 범위 내에서 사채를 발행할 수 있다. 다만, 사채발행의 한도를 계산함에 있어 이 회사가 채권금융 기관으로부터 약정체결기업에 대한 채권을 양도받고 그 대가를 지급하기 위하여 발행하는 사채는 이를 사채발행액에 산입하지 아니한다.

第18조(전환사채의 발행) ① 이 회사는 이사회의 결의로 전환사채를 발행할 수 있다.

② 주주는 그가 소유한 주식의 수에 비례하여 전환사채의 배정을 받을 권리를 갖는다.

③ 제2항에 불구하고 회사는 다음 각 호의 경우에 사채의 액면총액이 금 50억원을 초과하지 않는 범위 내에서 이사회의 결의로 주주 이외의 자에게 전환사채를 발행할 수 있다.

1. 회사가 긴급한 자금의 조달을 위하여 전환사채를 발행하는 경우
2. 회사가 약정체결기업의 채권 또는 주식을 매입하는 등 경영상 필요로 내국법인 또는 외국투자자에게 전환사채를 발행하는 경우
3. 회사가 경영상 필요로 국내외 투자가에게 전환사채를 발행하는 경우

④ 제 3항의 전환사채에 있어서 이사회는 그 일부에 대하여만 전환권을 부여하는 조건으로도 이를 발행할 수 있다.

⑤ 전환으로 인하여 발행하는 주식은 기명식 보통주식으로 하고 전환가액은 주식의 액면금액 또는 그 이상의 가액으로 사채발행시 이사회가 정한다.

⑥ 전환을 청구할 수 있는 기간은 당해 사채의 발행일 후 1개월이 경과되는 날로부터 그 상환기일의 직전일까지로 한다. 다만, 위 기간의 범위내에서는 이사회의 결의로 전환청구기간을 조정할 수 있다.

⑦ 전환으로 인하여 발행하는 주식에 대한 이익의 배당과 전환사채에 대한 이자의 지급에 관하여는 제12조의 규정을 준용한다.

第19조(신주인수권부사채의 발행) ① 이 회사가 신주인수권부사채를 발행함에는 이사회의 결의에 의하여야 한다.

② 주주는 그가 소유한 주식의 수에 비례하여 신주인수권부사채의 배정을 받을 권리를 갖는다.

③ 제2항에 불구하고 회사는 사채의 액면총액이 금 50억원을 초과하지 않는 범

위 내에서 이사회의 결의로 다음 각 호의 경우 주주 외의 자에게 신주인수권부사채를 발행할 수 있다.

1. 회사가 긴급한 자금의 조달을 위하여 신주인수권부사채를 발행하는 경우
2. 회사가 약정체결기업의 채권 또는 주식을 매입하는 등 경영상 필요로 내국법인 또는 외국투자자에게 신주인수권부사채를 발행하는 경우

④ 신주인수권의 행사로 발행하는 주식은 기명식 보통주식으로 하고 그 발행가액은 주식의 액면금액 또는 그 이상의 가액으로 사채발행시 이사회가 정한다.

⑤ 신주인수권을 행사할 수 있는 기간은 당해 사채의 발행일 후 1개월이 경과되는 날로부터 그 상환기일의 직전일까지로 한다. 다만, 위 기간의 범위 내에서는 이사회의 결의로 신주인수권 행사기간을 조정할 수 있다.

⑥ 신주인수권의 행사로 인하여 발행하는 주식에 대한 이익의 배당에 관하여는 제12조의 규정을 준용한다.

제20조(사채발행에 관한 준용규정) 이 정관에 정한 "주주명부 폐쇄, 주주 등의 주소, 성면 및 인감 또는 서명 등 신고" 규정은 사채발행의 경우에 준용한다.

제3장 주주총회

제21조(소집) 당 회사의 정기주주총회는 영업연도 말일의 다음날부터 3월이내에 소집하고 임시주주총회는 필요한 경우에 수시 소집한다.

제22조(의장) 대표이사가 주주총회의 의장이 된다. 그러나 대표이사 유고시에는 이사회에서 선임한 다른 이사가 의장이 된다.

제23조(결의) 주주총회의 결의는 법령 또는 정관에 다른 규정이 있는 경우를 제외하고는 출석한 주주의 의결권의 과반수와 발행주식 총수의 4분의1이상의 수로서 한다.

제24조(의결권의 대리행사)주주는 대리인으로 하여금 의결권을 행사할 수 있다. 대리인이 의결권을 행사함에는 표결전에 그 권한을 증명하는 서면을 의장에게 제출하여야 한다.

제25조(총회의 의사록) 주주총회의사록에는 의사의 경과요령과 그 결과를 기재하고 의장과 출석한 이사가 기명날인 또는 서명하여야 한다.

제4장 임원과 이사회

제26조(이사와 감사의 수) 당 회사의 이사는 3인 이상, 감사는 1인 이상으로 한다.

제27조(이사, 감사의 선임) 당 회사의 이사, 감사는 제23조의 결의방법에 의하여 선임한다. 그러나 감사의 경우에 의결권 없는 주식을 제외한 발행주식총수의 100분의 3을 초과하는 주식을 가지는 주주는 그 초과하는 주식에 관하여는 의결권을 행사하지 못한다.

제28조(이사의 임기)이사의 임기는 취임후 3년으로 한다. 그러나 이사의 임기가 재임중 최종의 결산기에 관한 정기주주총회의 종결전에 끝날 때는 그 정기주주총회 종결에 이르기까지 그 임기를 연장한다. 보궐 또는 증원에 의하여 선임된 이사의 임기는 다른 이사의 전임기와 같이 한다.

제29조(감사의 임기) 감사의 임기는 취임후 3년내의 최종의 결산기에 관한 정기주주총회의 종결시까지로 한다.

제30조(이사회의 소집) 이사회는 대표이사 또는 이사회에서 따로 정한 이사가 있는 때에는 그 이사가 회의일의 3일전에 각 이사 및 감사에게 통지하여 소집한다. 그러나 이사 및 감사 전원의 동의가 있는 때에는 소집 절차를 생략할 수 있다.

제31조(이사회의 결의) 이사회의 결의는 이사 과반수의 출석과 출석이사의 과반수로 한다.

제32조(이사회의 의사록) 이사회의 의사록에는 의사의 경과요령과 그 결과를 기재하고 출석한 이사 및 감사가 기명날인 또는 서명하여야 한다.

제33조(대표이사)① 당 회사는 사장 1인과 필요한 경우에 전무이사 및 상무이사 각 약간명을 둔다.

② 사장, 전무이사와 상무이사는 이사회의 결의에 의하여 이사중에서 선임한다.

③ 사장은 당 회사를 대표한다.

제34조(업무집행) ① 사장은 당회사의 업무를 통할하고 전무이사 또는 상무이사는 대표이사를 보좌하여 그 업무를 분장한다.

② 사장이 유고시에는 미리 이사회에서 정한 순서에 따라 전문이사 또는 상무이사가 사장의 직무를 대행한다.

제35조(감사의 직무) 감사는 당회사의 업무 및 회계를 감사한다.

제36조(보수와 퇴직금) 임원의 보수 또는 퇴직한 임원의 퇴직금은 주주총회의 결의로 정한다.

제5장 계 산

제37조(영업연도) 당 회사의 영업연도는 매년 1월 1일부터 동년 12월 31일까지로

한다.

제38조(재무제표, 영업보고서의 작성비치) ① 당 회사의 사장은 정기주주총회 회일 6주간 전에 다음의 서류 및 그 부속명세서와 영업보고서를 작성하여 이사회의 승인과 감사의 감사를 받아 정기주주총회에 제출하여야 한다.

1. 대차대조표
2. 손익계산서
3. 이익금처분계산서, 또는 결손금처리계산서

② 제1항의 서류는 영업보고서, 감사보고서와 함께 정기총회 1주간 전부터 당 회사의 본점과 지점에 비치하여야 하고 총회의 승인을 얻었을 때에는 그중 대차대조표를 지체없이 공고하여야 한다.

제39조(이익금의 처분) 매기 총수입금에서 총지출금을 공제한 잔액을 이익금으로 하여 이를 다음과 같이 처분한다.

1. 이익준비금 금전에 의한 이익배당액의 10분의 1이상
2. 별도적립금 약간
3. 주주배당금 약간
4. 임원상여금 약간
5. 후기 이월금 약간

제40조(이익배당) 이익배당금은 매결산기에 있어서의 주주명부에 기재된 주주 또는 질권자에게 지급한다.

부 칙

제1조(최초의 영업연도) 당 회사의 최초의 영업연도는 20○○년 6월 10일부터 동년 12월 31일까지로 한다.

제2조(세칙 내규) 당 회사의 업무추진과 경영을 위하여 필요한 세칙내규는 이사회에서 결정 시행한다.

제3조(규정외 사항) 이 정관에 규정되지 않은 사항은 주주총회 결의와 상법, 기타 법령에 따른다.

제4조(현물출자) 현물출자를 하는 자의 성명, 주소와 그 목적인 재산의 종류, 수량, 가격과 이에 대하여 부여할 주식의 종류와 수는 별지와 같다.

제5조(설립제비용) 법인설립에 따라 회사가 부담할 설립 제비용은 금20,000,000원을 한도로 하며 다음 각 항의 경우에 한한다.

1. 회계 및 감정에 관한 비용
2. 설립절차 및 등기에 관한 비용
3. 기타 회사설립에 직접 소요되는 비용

제6조(발기인) 발기인의 성명, 주소, 주민등록번호와 그가 설립시에 인수한 주식수는 이 정관 말미에 기재함과 같다.

위와 같이 주식회사 케이앤지를 설립하기 위하여 이 정관을 작성하고 발기인 전원이 이에 기명날인하다.

20○○년 6월 10일

발기인 양 동 근(-)
서울 ○○구 ○○로 ○-○
인수주식수 : 328,686주(현물)

발기인 정 한 민(-)
서울 ○○구 ○○로 ○-○
인수주식수 : 100,000주(현물)

○ 정관은 1인 이상의 발기인이 작성한다(상법 제288). 발기인은 정관의 작성자로서 각 발기인이 정관의 말미에 기명날인 또는 서명하여야 한다(상법 제289①). 이런 뜻에서 발기인이란 주식회사의 원시정관에 발기인으로서 기명날인 또는 서명한 자를 말하며, 실질적으로 발기인으로서 회사의 설립에 진력하였다 하더라도 원시정관에 기명날인 또는 서명하지 아니한 자는 발기인이라고 할 수 없다(학설과 판례).

○ 현물출자에 의한 법인설립 시에는 정관에 현물출자에 대한 기재가 있어야 하나 신주발행의 경우에는 정관에 기재하지 않아도 된다.

[별첨] 현물출자자 양동근에 관한 사항

현물출자자 양동근에 관한 사항

현물출자자 양동근에 관한 사항은 다음과 같다.

-다　음-

1) 현물출자자 : 양 동 근(000000-000000)

2) 재산의 종류, 수량, 가격 :

가, 재산의 종류: 별지1, 기재 부동산, 별지2, 재무상태표

나. 수량 : 별지1,기재 토지, 건물, 별지2, 재무상태표의 자산, 부채

다. 가격 : 금1,643,430,000원

3) 이에 대하여 부여할 주식의 종류와 수

기명식 보통주식 328,686주

[별지 1] 현물출자 재산목록

현물출자 재산 목록

1. 토지

서울 ○○구 ○○동 ○-○ 대 628㎡

[도로명주소] 서울특별시 ○○로 ○-○

2. 건물

서울 ○○구 ○○로 ○-○

[도로명주소] 서울특별시 ○○로 ○-○

철근콘크리트조 슬래브지붕 2층 근린생활시설 및 업무시설

1층 674.15㎡,

2층 674.15㎡

층별용도

1층 근린생활시설

(공장)614.15㎡, 기계실 33.35㎡, 계단실 22.36㎡

2층 근린생활시설

(사무실)624.15㎡, 계단실 화장실 33.45㎡

3. 공장시설

가. 기계기구

1. 건조기 DHB-T
2. 고속분쇄기 DHSC-10
3.사출성형기 PRO-100WD

나. 차량 등

체어맨(서울1가1234)

스타렉스장축6밴(서울1모5478)

포터초장축슈퍼캡(서울3더9875) -이 상-

[별지2] 현물출자에 따른 기초 재무상태표

재 무 상 태 표

20○○년 월 일 현재 (단위: 원)

과 목	금 액		비 고
자 산			
Ⅰ.유동자산		201,976,059	
(1)당좌자산		201,976,059	
현금	8,250,333		
보통예금	15,008,006		
선급비용	800,123		
미수금	1,725,726		
가지급금	7,007,896		
Ⅱ.비유동자산		1,193,514,621	
(1)투자자산		1,000,064,731	
(2)유형자산		2,193,449,890	
1.토지		565,200,000	
2.건물		520,469,800	
(3)무형자산		-	
(4)기타비유동자산		-	
자산총계		3,786,661,906	
부 채			
Ⅰ.유동부채		6,540,680	
1.부가세예수금		6,540,680	
Ⅱ.비유동부채		6,258,232,000	
부채총계		2,143,228,283	
현물출자가액		1,643,433,623	
현금출자가액		5,000	
자본금		1,643,435,000	

[별첨] 현물출자자 정한민에 관한 사항

현물출자자 정한민에 관한 사항

현물출자자 정한민에 관한 사항은 다음과 같다.

-다 음-

1) 현물출자자 : 정 한 민(000000-000000)

2) 재산의 종류, 수량, 가격 :

가, 재산의 종류: 별지1, 기재 부동산, 별지2, 재무상태표

나. 수량 : 별지1,기재 토지, 건물, 별지2, 재무상태표의 자산, 부채

다. 가격 : 금500,000,000원

3) 이에 대하여 부여할 주식의 종류와 수

기명식 보통주식 100,000주

[별지 1] 현물출자 재산목록

현물출자 재산 목록

1. 토지
   서울 ○○구 ○○동 ○-○ 대 628㎡
   [도로명주소] 서울특별시 ○○로 ○-○

2. 건물
   서울 ○○구 ○○로 ○-○
   [도로명주소] 서울특별시 ○○로 ○-○
   철근콘크리트조 슬래브지붕 2층 근린생활시설 및 업무시설
   1층 512.15㎡,
   2층 512.15㎡

   층별용도
   1층 근린생활시설
   보일러실 33.35㎡, 계단실 22.36㎡
   2층 근린생활시설
   (사무실)624.15㎡, 계단실 화장실 33.45㎡

-이 상-

[별지2] 현물출자에 따른 기초 재무상태표

재 무 상 태 표

20○○년 월 일 현재 (단위: 원)

과 목	금 액		비 고
자 산			
Ⅰ.유동자산		1,976,059	
(1)당좌자산		1,976,059	
현금및현금성자산	250,333		
미수수익	1,725,726		국고채권기간이자
(2)재고자산		-	
Ⅱ.비유동자산		3,514,621	
(1)투자자산		2,064,731	국고채권
(2)유형자산		-	
(3)무형자산		450,000,000	
(4)기타비유동자산		-	
자산총계		455,490,680	
부 채			
Ⅰ.유동부채		6,540,680	
부채총계		6,540,680	
현물출자가액		450,000,000	
현금출자가액		50,000,000	
자본금		500,000,000	

[서식] 정관의 인증시 붙임용지

등부　　년 제　　호
인 증
위 ○○주식회사 …………………………………………………………………
정관에 기재된 발기인 ○○○, ○○○, ○○○의 대리인 ○○○ ……………은
……………………………………………………………………………본 공증인의
면전에서 위 정관의 작성 및 그 기명 날인을 본인 등이 자인하는 것이라
고 진술하였다.
본 공증인은 위 촉탁인이 제시한 주민등록증………………………………………
에 의하여 그 사람이 틀림없음을 인정하고 촉탁에 관한 대리권은 본인의
인감 증명서가 첨부된 위임장에 의하여 이를 인정하였다.
년　월　일 이 사무소에서 위 인증한다.
공증사무소명칭 공증인가 法務法人 ○○
소속 서울중앙지방검찰청
소 재 지 표 시 서울특별시 서초구 서초동 1234-1
공증담당변호사 김 철 수　㊞

210mm×297mm
(보존용지(1종) 70g/㎡)

※ 이 사례는 공증사무소에서 작성하여 정관 뒤에 첨부하는 인증문이다.

[서식] 정관의 인증시 붙임용지 중 서명날인용지

등부 년 제 호
위는 등본이다.
년 월 일
공증사무소명칭 공증인가 法務法人 ○○
소속 서울중앙지방검찰청
소 재 지 표 시 서울특별시 서초구 서초동 1234-1
공증담당변호사 김 철 수 ㊞

210mm×297mm
(보존용지(1종) 70g/㎡))

※ 서명날인용지 : 이 서식은 공증인이 정관인증서를 작성하는 경우에 서명용지로 사용하는 붙임서식이다.

[서식] 통합계약서

통합계약서

갑 : ○○사
○○시 ○구 ○○로○길 ○, ○호(○○동)
대 표 : ○○○

을 : ◇◇사
서울 ◇◇구 ◇◇동 ◇-◇(◇◇동)
대 표 : ◇◇◇

병 : ○○주식회사(가칭)
○○시 ○구 ○○로○길 ○, ○호(○○동)
대표이사 : ○○○

"갑" 이 운영하고 있는 서울 ○○구 ○○로 ○-○ 소재 개인기업 ○○○사와 "을" 이 운영하고 있는 개인기업 서울 ◇◇구 ◇◇동 ◇-◇ 소재 개인기업 ◇◇사는 조세특례제한법 제31조 규정에 의하여 통합하여 "병"을 설립하기로 다음과 같이 계약을 체결한다.

제1조(목적)
"갑" 이 운영하고 있는 개인기업 ○○사와 "을"이 운영하고 있는 개인기업 ◇◇사의 사업에 관한 권리 및 의무일체를 "병"이 포괄적으로 양수함으로서 부가가치세법 제10조 제9항의 규정에 의한 사업 양도에 따른 부가가치세의 면제와 조세특례법 제31조에 의한 양도소득세의 이월과세 및 취득세 등의 면제를 받는 법인전환을 함을 목적으로 한다.

제2조(현물출자의 대상물)
①"갑" 의 명의로 되어있는 다음 각호의 부동산 및 일체의 자산 및 부채를 말한다.
1. 서울 ○○구 ○○로 ○-○(토지, 건물)

2. 그 외 일체의 자산, 부채

②"을" 의 명의로 되어있는 다음 각호의 부동산 및 일체의 자산 및 부채를 말한다.

1. 서울 ○○구 ○○로 ○-○(토지, 건물)

2. 그 외 일체의 자산, 부채

제3조(현물출자기준일)

"갑" 과 "을"은 20○○년 ○월 ○일을 현물출자기준일로 하여, 현제 "갑"과 "을" 의 장부상 자산의 총액과 부채의 총액을 현물 출자하기로 하고, 그 기준일을 "병" 의 법인설립일로 한다.

제4조(현물출자 가액 및 평가)

"갑"과 "을"은 법인설립에 따른 양도소득세, 부가가치세, 취득세 등을 면제 또는 감면받기 위하여 "갑"과 "을" 의 20○○년 ○월 ○일 현재의 사업용 자산총액에서 부채총액을 차감한 잔액에 상당하는 가액으로 하되

1. 토지, 건물 등 유형 고정 자산은 공인감정평가사의 감정평가액으로 평가한다.

2. 위 제1호의 고정자산을 제외한 자산, 부채는 공인회계사의 감정보고서에 의하며, 사업용 자산총액에서 차감될 부채총액은 공이회계사의 감정보고서에 의한 부채잔액으로 한다.

3, 위 제1호, 제2호 가액은 검사인이 인정하는 금액으로 하며, 변경처분에 의해 변경될 수 있다.

제5조 (포괄적양도 및 사업승계)

① "갑"과 "을" 이 운영하고 있는 개인기업의 자산 및 부채와 권리를 "병" 이 포괄적으로 승계한다.

②사업양도양수일 현재 "갑"과 "을" 이 거래중인 모든 거래처는 "병"이 인수하여 계속 거래를 보장하도록 한다.

제6조(현물출자 자에 대하여 교부할 주식)

1. "병" 은 제4조에서 의해 평가된 가액에 따라 산정된 금액에 상당하는 액면의 보통주식(1주의 금액 금5,000원)을 "갑"과 "을"에게 교부하여야 한다.

제7조(출자의 이행)
"갑"과 "을"은 현물출자를 이행하기 위하여 상법 제295조 제2항에 정한 바에 따라 현물출자 대상 개인기업의 점유를 신설회사에게 이전하고 소유권의 이전에 관한 일체의 서류를 신설회사에게 인도한다.

제8조(종업원)
"병"은 "갑"과 "을"의 전 종업원을 계속 근무케 함은 물론 종업원들과의 개별 고용계약 및 단체협약상의 사용자로서의 모든 권리, 의무를 사업양도양수 이행 일에 신설회사에 이전하며 신설회사는 이를 승계한다.

제9조(비용부담) "갑"과 "을"은 사업양수일 이전에 발생한 제세공과금(국세 및 지방세 포함) 일체를 책임지며, "병"은 "갑"과 "을"의 사업양도에 따른 비용전부를 부담키로 한다.

제10조(협조의무)
① "갑"과 "을"은 "병"의 설립등기 및 사업수행에 필요한 일체의 협조를 하여야 한다.
②본 계약규정 이외에도 현물출자에 관하여 협정할 사항 또는 본 계약내용에 변경, 추가할 사항이 발생한 경우에는 "갑", "을", "병" 상호간 협의에 의하여 변경하기로 한다.
③"갑"과 "을"은 본 계약 체결후 사업인수를 완료할 때까지 그 재산의 관리운영에 있어 선량한 관리자의 주의를 게을리 하지 말 것이며, 또한 정상의 거래를 제외하고 재산에 영향을 미치는 중요한 사항에 관하여는 "병"의 사전승인에 의하도록 한다.

제11조(현물출자계약의 효력)
본 계약은 20○○년 ○월 ○일에 효력이 발생 한다.

이상으로 위와 같이 계약을 체결하고 계약서 5통을 작성, 서명 날인 후 "갑", "을", "병"이 각각 1통씩 보관하고 나머지는 법인의 사업자등록 및 현물에 관한 소유권이전등기 시 사용하기로 한다.

20 년 월 일

갑 : 회사명 : ○○○사
대 표 : ○○○

을 : 회사명 : ◇◇사
대 표 : ◇◇◇

병 : 회사명 : ○○주식회사(가칭)
대표이사 : ○○○

[서식] 현물출자재산인수증

현 물 출 자 재 산 인 수 증

인수한 재산의 표시
<유형자산>
별지 1. 부동산의 표시와 같음

<유형자산이외>
별지 2. 재무재표와 같음

위 자산은 발기인 양동근의 소유로서 본 법인의 설립을 위하여 현물출자하여 본 회사가 이를 인도받고 이전등기에 필요한 서류를 교부받음으로써 동 재산을 정히 인수하였습니다.

20○○년 월 일

주식회사 케이앤지
서울특별시 강남구 ○○로 ○-○(○○동)
대표이사 양 동 근

[별지 1] 현물출자 재산목록

현물출자 재산 목록

1. 토지

서울 ○○구 ○○동 ○-○ 대 628㎡

[도로명주소] 서울특별시 ○○로 ○-○

2. 건물

서울 ○○구 ○○로 ○-○

[도로명주소] 서울특별시 ○○로 ○-○

철근콘크리트조 슬래브지붕 2층 근린생활시설 및 업무시설

1층 674.15㎡,

2층 674.15㎡

층별용도

1층 근린생활시설

(공장)614.15㎡, 기계실 33.35㎡, 계단실 22.36㎡

2층 근린생활시설

(사무실)624.15㎡, 계단실 화장실 33.45㎡

3. 공장시설

가. 기계기구

1. 건조기 DHB-T
2. 고속분쇄기 DHSC-10
3.사출성형기 PRO-100WD

나. 차량 등

체어맨(서울1가1234)

스타렉스장축6밴(서울1모5478)

포터초장축슈퍼캡(서울3더9875) -이 상-

[별지2] 현물출자에 따른 기초 재무상태표

재 무 상 태 표

20○○년 월 일 현재 (단위: 원)

과 목	금 액		비 고
자 산			
Ⅰ.유동자산		201,976,059	
(1)당좌자산		201,976,059	
현금	8,250,333		
보통예금	15,008,006		
선급비용	800,123		
미수금	1,725,726		
가지급금	7,007,896		
Ⅱ.비유동자산		1,193,514,621	
(1)투자자산		1,000,064,731	
(2)유형자산		2,193,449,890	
1.토지		565,200,000	
2.건물		520,469,800	
(3)무형자산		-	
(4)기타비유동자산		-	
자산총계		3,786,661,906	
부 채			
Ⅰ.유동부채		6,540,680	
1.부가세예수금		6,540,680	
Ⅱ.비유동부채		6,258,232,000	
부채총계		2,143,228,283	
현물출자가액		1,643,433,623	
현금출자가액		5,000	
자본금		1,643,435,000	

※ 현물출자자 정한민의 “현물출자재산인수증, 현물출자 재산목록, 현물출자에 따른 기초 재무상태표 생략

[서식] 주식인수증(현물출자)

주 식 인 수 증	
상 호	㈜케이앤지
인수할 주식의 종류와 수	보통주식 328,686주
위 총 액	금1,643,430,000원
1 주 의 금 액	금 5,000 원

위의 주식을 현물출자자로서 인수합니다.

20○○ 년 월 일

발기인 양 동 근
서울 ○○구 ○○로 ○-○

㈜케이앤지 발기인 대표 귀하

[서식] 주식인수증(현물출자)

<table>
<tr><th colspan="2">주 식 인 수 증</th></tr>
<tr><td>상 호</td><td>㈜케이앤지</td></tr>
<tr><td>인수할 주식의 종류와 수</td><td>보통주식 100,000주</td></tr>
<tr><td>위 총 액</td><td>금500,000,000원</td></tr>
<tr><td>1 주 의 금 액</td><td>금 5,000 원</td></tr>
<tr><td colspan="2">위의 주식을 현물출자자로서 인수합니다.

20○○ 년 월 일

발기인 정 한 민
서울 ○○구 ○○로 ○-○

㈜케이앤지 발기인 대표 귀하</td></tr>
</table>

[서식] 감정인 감정결과 보고서

감정인 감정결과 보고서

보고인 감정평가사 ○○○는 유형자산(부동산)평가에 관한 공인된 감정인이고 , ○○회계법인 대표이사(공인회계사)○○○는 유형자산 이외 평가에 관한 공인된 감정인으로, 양동근이 운영하는 개인기업 ○○○사와 정한민이 운영하는 개인기업 ◇◇◇사의 권리의무 일체를 포괄적으로 설립중인 (주)케이앤지에 현물출자함에 있어 현물출자 재산에 대한 감정평가의뢰를 받고 이를 완료하였기에 다음과 같이 결과를 보고합니다.

다 음

1. 감정을 위임한자

주식회사 케이앤지

서울특별시 강남구 ○○로 ○-○(○○동)

전화번호 : 010-0000-0000

2. 현물출자자

양 동 근 (0000000-0000000)

서울특별시 강남구 ○○로 ○-○(○○동)

3. 현물출자자

정 한 민 (0000000-0000000)

서울 ◇◇구 ◇◇동 ◇-◇ (◇◇동)

4. 감정의 목적

주) 케이앤지를 설립함에 있어, 위 출자자가 현물을 출자하고, 현물출자의 이행을 마쳤기에 상법 제299조의 2조에 따라 공인감정인으로서 이에 대한 감정을 행함.

5. 감정사항

현물출자를 하는 자의 성명과 그 목적인 재산의 종류, 수량, 가격과 이에 대하여

부여할 주식의 종류와 수, 현물출자의 이행 여부

1. 현물출자자 : 양 동 근
   1) 재산의 종류, 수량, 가격 :
      가. 재산의 종류 : 별지1. 기재 부동산
                       별지2. 기재 유형자산이외(재무상태표)
      나. 수량 : 토지, 건물, 재무상태표 상의 자산
      다. 가격 : 금1,643,430,000원

   2) 이에 대하여 부여할 주식의 종류와 수
      가. 현물출자 재산가액 : 금1,643,430,000원
      나. 부여할 주식의 종류와 수 : 기명식 보통주식 328,686주
      다. 1주당 발행가액 : 금 5,000원(액면가 금5,000원)

2. 현물출자자 : 정 한 민
   1) 재산의 종류, 수량, 가격 :
      가. 재산의 종류 : 별지1. 기재 부동산
                       별지2. 기재 유형자산이외(재무상태표)
      나. 수량 : 토지, 건물, 재무상태표 상의 자산
      다. 가격 : 금500,000,000원

   2) 이에 대하여 부여할 주식의 종류와 수
      가. 현물출자 재산가액 : 금500,000,000원
      나. 부여할 주식의 종류와 수 : 기명식 보통주식 100,000주
      다. 1주당 발행가액 : 금 5,000원(액면가 금5,000원)

4) 현물출자의 이행 여부

현물출자재산은 현물출자 자가 출자 부동산을 인도하고, 이에 관한 이전등기 서류를 모두 교부하였으므로 완료되었습니다.

5. 조사방법 및 의견

평가개요, 절차, 방법 및 가격결정에 대하여는 첨부한 감정평가서 기재와 같습니다.

20○○년 월 일

감 정 인 1. ○○감정평가법인(주)
서울 ○○구 ○○로 ○-○
대표이사 ○○○
(전화 : 031-0000-0000)

감 정 인 2. ○○회계법인
서울 ○○구 ○○로 ○-○
대표이사 ○○○
(전화 : 02-501-0000)

서울중앙지방법원 귀중

[별지 1] 현물출자 재산목록

현물출자 재산 목록

1. 토지
서울 ○○구 ○○동 ○-○ 대 628㎡
[도로명주소] 서울특별시 ○○로 ○-○

2. 건물
서울 ○○구 ○○로 ○-○
[도로명주소] 서울특별시 ○○로 ○-○
철근콘크리트조 슬래브지붕 2층 근린생활시설 및 업무시설
1층 674.15㎡,
2층 674.15㎡

층별용도
1층 근린생활시설
(공장)614.15㎡, 기계실 33.35㎡, 계단실 22.36㎡
2층 근린생활시설
(사무실)624.15㎡, 계단실 화장실 33.45㎡

3. 공장시설
가. 기계기구
1. 건조기 DHB-T
2. 고속분쇄기 DHSC-10
3.사출성형기 PRO-100WD
나. 차량 등
체어맨(서울1가1234)
스타렉스장축6밴(서울1모5478)
포터초장축슈퍼캡(서울3더9875)

-이 상-

[별지2] 현물출자에 따른 기초 재무상태표

재 무 상 태 표

20○○년 월 일 현재 (단위: 원)

과 목	금 액		비 고
자 산			
Ⅰ.유동자산		201,976,059	
(1)당좌자산		201,976,059	
현금	8,250,333		
보통예금	15,008,006		
선급비용	800,123		
미수금	1,725,726		
가지급금	7,007,896		
Ⅱ.비유동자산		1,193,514,621	
(1)투자자산		1,000,064,731	
(2)유형자산		2,193,449,890	
1.토지		565,200,000	
2.건물		520,469,800	
(3)무형자산		–	
(4)기타비유동자산		–	
자산총계		3,786,661,906	
부 채			
Ⅰ.유동부채		6,540,680	
1.부가세예수금		6,540,680	
Ⅱ.비유동부채		6,258,232,000	
부채총계		2,143,228,283	
현물출자가액		1,643,433,623	
현금출자가액		5,000	
자본금		1,643,435,000	

※ 현물출자자 정한민의 “현물출자재산인수증, 현물출자 재산목록, 현물출자에 따른 기초 재무상태표 생략

[서식] 감정평가보고서(○○회계법인)

감정평가보고서

(주) 케이앤지 발기인 대표 및 이사회 귀중

20○○년 7월 16일

본 감정인은 설립중인 주식회사 케이앤지에 대한 현물출자 자산가액의 산정을 위하여 출자대상인 ○○○사의 20○○년 6월 10일 현재의 자산과 부채의 각 계정잔액에 대한 감정를 실시하고 그 결과를 토대로 동사의 순자산가액을 평가하였습니다. 이를 위하여 본 감정인은 회계감사기준을 준수하였으며 회사의 자산 중 토지와 건물 등 유형자산은 주식회사 ○○감정 20○○년 월 일의 감정가액을 기준으로 순자산가액을 평가하고 그 외의 자산과 부채에 대하여는 취득원가에 의하여 순자산가액을 평가하였습니다.

본 감정인의 평가결과 ○○○○사의 20○○년 6월 10일자의 순자산가액은 1,643,433,623원으로 산정되었습니다.

이 감정 및 평가보고서는 설립중인 주식회사 케이앤지에 대한 현물출자 자산가액의 산정을 위하여, 출자대상인 ○○○○사의 20○○년 6월 10일 현재 순자산가액 평가를 목적으로 발행된 것이므로 다른 목적으로 사용될 수 없습니다.

○○회계법인
대표이사 ○ ○ ○

[별지] 감정평가보고서(표지)이하 감정표 삭제여부

※ 표지

감정평가보고서

20○○년 6월 10일 현재

○○회계법인

목 차

1. 감정평가보고서
2. 현물출자 순자산가액계산서
3. 자산의 과목과 금액
4. 부채의 과목과 금액
5. 회사제시 대차대조표
6. 수정사항
7. 현물출자 자산과 부채의 과목별 명세서

[위 첨부서류] 감정평가서

(공장) 평 가 표

기호	

○○회계법인 대표이사(공인회계사)○○○는 20○○년 월 일을 기준일로 (주)케이앤지로 현물출자되는 ○○○사의 사업관련 일체의 자산 및 부채에 대한 감정용역을 의뢰 받았습니다.

본 감정의 목적은 (주)케이앤지에 현물출자될 ○○○사의 현물출자 대상 자산 및 부채에 대한 실재성과 완전성을 검증하고, 현물출자 대상 자산 및 부채의 현물출자가액을 감정하기 위한 것입니다.

당 법인은 유형자산 이외 평가에 관한 공인된 감정인으로 회계감사기준을 준수하였으며, 회사의 자산 중 토지와 건물 등 유형자산은 주식회사 ○○감정원의 20○○년 월 일의 감정가액을 기준으로 순자산가액을 평가하고 그 외의 자산과 부채에 대하여는 취득원가에 의하여 순자산가액을 평가하였음.

<table>
<tr><td>평 가 가 액</td><td colspan="4">금2,144,808,800-</td></tr>
<tr><td>평가의뢰인</td><td>○○○사
대표 양동근</td><td>평 가 목 적</td><td colspan="2">법인현물출자</td></tr>
<tr><td>채 무 자</td><td></td><td>제 출 처</td><td colspan="2">법원(등기소)</td></tr>
<tr><td>소 유 자
(대상업체명)</td><td>양동근
(○○○사)</td><td>평 가 조 건</td><td colspan="2">의견란 참조</td></tr>
<tr><td rowspan="2">목록표시근거</td><td rowspan="2">등기부등본, 의뢰목록</td><td>가격시점</td><td>조사시간</td><td>작성일자</td></tr>
<tr><td>20○○. 6. 10.</td><td>20○○.
7.13.~8. 15</td><td>20○○.
7. 10.</td></tr>
</table>

[서식] 평가의견서

평 가 의 견 서

1. 회사의 개요

(주)케이앤지는 20○○년 월 일에 ○○○사로부터 20○○년 월 일을 기준일로 하여 사업관련 일체의 자산 및 부채를 현물출자 받는 계약을 체결하고, 20○○년 월 일 발기인 이사회 결의를 거쳐 법인설립 절차를 진행 중입니다.

20○○년 월 일 현재 ○○구 ○○로 준공업지역 내에 소재하는 중소규모의 금형제작 및 프라스틱 사출성형업체로서 일반적인 필요시설을 구비하고 현재 가동중에 있습니다.

2. 토지의 평가

본건 토지는 당해 토지와 유사한 이용가치를 지닌 표준지의 공시지가를 기준으로 하되, 공시기준일부터 가격시점까지의 지가변동추이 및 당해 토지의 위치·형상·환경·이용상황 기타 가격형성상의 제요인을 종합적으로 참작하여 평가하였습니다.

3. 건물의 평가

본건 건물은 구조·용도·용재·시공상태·부대설비 및 관리상태 등을 종합 참작한 복성식평가법으로 평가하였습니다.

4. 기계기구의 평가

본건은 대부분 국산 기계기구로서 구조, 규격, 형식, 용량 등을 종합 참작하여 복성식평가법으로 평가하되, 일부는 현상 등을 고려하여 관찰감가법을 병용하였습니다.

5. 본건의 가격시점은 귀 요청에 의거 20○○. 6. 10.자임.

[서식] 감정결과 요약

감정결과 요약

당 법인의 감정결과, (주)케이앤지에 현물출자 될 ○○○사의 현물출자 대상 자산 및 현재 감정가액은 다음과 같습니다.

1. 자 산

구 분	명 세	금 액
1. 예 금	별지와 같음	533,088,026원
2. 외 상 매 출 금	〃	855,668,495원
3. 받 을 어 음	〃	43,498,383원
4. 선 급 금	〃	35,095,192원
5. 선 급 비 용	〃	25,141,882원
6. 원 재 료	〃	16,034,000원
7. 재 공 품	〃	6,518,568원
8. 전신전화가입권	〃	1,694,000원
9. 임 차 보 증 금	〃	30,000,000원
10. 국민연금전환금	〃	33,749,560원
11. 토 지	〃	565,200,000원
12. 건 물	〃	520,469,800원
13. 기 계 장 치	〃	1,059,139,000원
자 산 총 계		3,786,661,906원

2. 부　　채

구　분	명　세	금　　액
1. 외 상 매 입 금	별지와 같음	379,510,509원
2. 미 지 급 금	〃	143,550원
3. 부가세 예수금	〃	56,219,263원
4. 미 지 급 비 용	〃	1,866,783원
5. 장 기 차 입 금	〃	1,508,373,800원
6. 퇴직급여충당금	〃	197,114,378원
부　채　총　계		2,143,228,283원

3. 이에 대하여 부여할 주식의 종류와 수

가. 현물출자재산가액 :

자산총계 3,786,661,906원 － 부채총계 2,143,228,283원=1,643,433,623원)

나. 부여할 주식의 종류와 수 :

보통주식 : 328,686주

1주의 금액 : 5,000원

[별지 1]

<자 산>

1. 예금명세서

단위 : 원

종 류	계좌번호(은행명)	금 액
상호부금	00-0-000-00(○○은행 ○○동지점)	276,291,148
상호부금	00-0-000-00(○○은행 ○○동지점)	61,446,000
정기적립신탁	00-0-000-00(○○은행 ○○동지점)	121,140,369
정기적립신탁	00-0-000-00(○○은행 ○○동지점)	16,311,266
정기적금	00-0-000-00(○○은행 ○○동지점)	52,750,000
신종적립금전신탁	00-0-000-00(○○은행 ○○동지점)	5,149,243
합 계		533,088,026

2. 외상매출금 명세서

단위 : 원

거래처 명	적 요	금 액
(주) ○ ○	외 상 대	2,118,710
(주) ○○엔지니어링	외 상 대	5,388,702
(주) ○○ 시스템	외 상 대	184,905,539
○○전기(주)	외 상 대	12,207,872
(주) ○ ○	외 상 대	380,229,421
○○전자(주)	외 상 대	89,541,149
○○정보통신(주)	외 상 대	90,341,102
○○반도체통신(주)	외 상 대	59,268,000
POCYBERLINE INC	외 상 대	31,668,000
합 계		855,668,495

3. 받을 어음 명세서

단위 : 원

거래처 명	적 요	금 액
○○정보통신	자가123456789(6/29)	19,043,777
○○화학	자23456789(7/30)	24,454,606
합 계		43,498,383

4. 선급금 명세서

단위 : 원

거래처 명	적 요	금 액
○○기술공업	방전가공기선급금(US$43,200)	35,095,192

5. 선급비용 명세서

단위 : 원

구 분	적 요	금 액
보 험 료	281,870×(211/215)	276,625
어음할인이자	454,941×(10/114)	454,941
어음할인이자	6,820,446×(40/113)	2,414,317
어음할인이자	3,535,244×(70/116)	2,133,336
(– 이 하 생 략 –)		
합 계		25,141,882

6. 전신전화가입권 명세서

단위 : 원

구 분	적 요	금 액
전화, 팩스 가입권	500–1000	242,000
	500–1001	242,000
	(– 이하 생략 –)	
합 계		1,694,000

7. 원재료 명세서

단위 : 원

품 명	규 격	수 량	단 가	금 액
1P.C	141R 701	200.00	3,850.00	770,000
2P.C	141R 50075	1,875.00	4,240.00	7,950,000
3P.C	141R 80093	450.00	4,240.00	1,908,000
4P.C	141R 50018	1,000.00	4,240.00	4,240,000
합 계				16,034,000

8. 재공품 명세서

단위 : 원

품 명	수 량	단 가	금 액
FLIP COVER	216.00	806.60	173,578
SHIELD TOP	605.00	259.00	156,695
B/T PACK TOP	9,847.00	90.50	891,154
B/T PACK TOP	921.00	690.50	635,951
(- 이하 생략 -)			
합 계			6,518,568

9. 임차보증금 명세서

단위 : 원

구 분	적 요	금 액
임차 보증금	기숙사 아파트	30,000,000

10. 국민연금전환금 명세서

단위 : 원

구 분	적 요	금 액
퇴직전환금	전직원 퇴직전환금	33,749,560

11. 토 지 명 세 서

단위 : 원

지 번	지목, 용도	면 적	평 가 액
서울 ○○구 ○○동 123-3	대	628㎡	565,200,000

12. 건 물 명 세 서

단위 : 원

지 번	구 조	면 적	평 가 액
서울 ○○구 ○○동 112-3	철근콘크리트조 슬래브 지붕	1,348.3㎡	520,469,800

13. 기계장치 명세서

단위 : 원

명 칭(종류)	제작자	제작일	평 가 액
1. 건조기 DHB-T	○○전기	20○○년 5월	1,500,000
2. 고속분쇄기 DHSC-10	○○전기공업	20○○년 2월	5,900,000
3.사출성형기 PRO-100WD	○○유압	20○○년 3월	42,000,000
(- 이하 생략 -)			
합 계			1,059,139,000

14. 차량운반 명세서

단위 : 원

자 산 명	취 득 일	취득가액	평 가 액
그랜져(서울1가1234)	20○○년 7월 30일	36,225,766	1,500,000
티뷰론오토메틱(서울4나3492)	20○○년10월 25일	19,663,070	5,000,000
스타펙스장축6밴(서울1모5478)	20○○년 1월 6일	11,603,242	8,000,000
포터초장축슈퍼캡(서울3더9875)	20○○년 5월 8일	9,584,496	7,500,000
합 계		94,065,524	24,500,000

15. 공구와 기구 명세서

단위 : 원

자 산 명	취 득 일	취득가액	평 가 액
유압바이스 PRECISION VICE 금형적치대	20○○년 4월 6일 20○○년11월 24일 20○○년 7월 30일	1,000,000 1,275,000 2,700,000	158,000 205,000 1,703,000
합 계		4,975,000	2,066,000

16. 집기비품 명세서

단위 : 원

자 산 명	취 득 일	취득가액	평 가 액
컴퓨터 PROLINEA 냉온수기 진공청소기 (- 이하 생략 -)	20○○년 1월 5일 20○○년 4월 7일 20○○년 8월 8일 20○○년 5월 3일	1,454,546 3,063,637 7,620,000 2,600,000	- - 300,000 -
합 계		91,894,184	34,799,000

[별지2] 부 채

1. 외상매입금 명세서

단위 : 원

거 래 처 명	적 요	금 액
○○공업 ○○페인트 ○○상사 ○○정밀 ○○공업 (-이하 생략-)	외 상 매 입 대 외 상 매 입 대 외 상 매 입 대 외 상 매 입 대 외 상 매 입 대	273,350 118,860 15,778,244 2,388,139 5,778,244
합 계		379,510,509

2. 미지급금 명세서

단위 : 원

거 래 처 명	적 요	금 액
○○산업	수수료미지급	143,550

3. 부가세예수금 명세서

단위 : 원

거 래 처 명	적 요	금 액
○○세무서	1기부가세납부액	56,219,263

4. 미지급비용 명세서

단위 : 원

구 분	적 요	금 액
미지급이자	2,404,109×(18/31)	1,395,934
미지급이자	560,958×(18/32)	145,132
합 계		1,866,783

5. 장기차입금 명세서

단위 : 원

구 분	적 요	금 액
기업운전일반대출	000-00-000-0(○○은행 ○○동지점)	100,000,000
부동산저당대출	000-00-000-0(○○은행 ○○동지점)	300,000,000
(-이하생략-)		
합 계		1,508,373,800

6. 퇴직급여충당금 명세서

단위 : 원

구 분	적 요	금 액
김 ○ ○	20○○. 11. 3. - 20○○. 6. 10.	3,733,137
한 ○ ○	20○○. 11. 3. - 20○○. 6. 11.	1,883,397
(-이하생략-)		
합 계		197,114,378

[서식] 토지 · 건물 감정평가서

감정평가서

건명	서울 ○○
의뢰인	서울 중앙○○
감정평가서번호	130△△△△△

이 감정평가서는 감정평가 의뢰목적 이외의 목적에 사용하거나 타인(의뢰인 또는 담보감정평가 시 확인은행이 아닌 자)이 사용할 수 없을 뿐 아니라 복사, 개작, 전재할 수 없으며 이로 인한 결과에 대하여 감정평가업자는 책임을 지지 않습니다.

○○감정평가법인(주) ○○지사
○○시 ○○구 ○○로 ○-○
TEL.000-0000 FAX.000-0000

[서식] 감정평가심의인증서

감정평가 심의인증서

감정서번호 : 236-155354
담당평가사 :_□ □ □____

제 출 처 :______________
발 의 처 :___주식회사일 경우(대표자제외 인으로한다)________
평가목적 :_______현 물 출 자_____________________
물건소재지 :____________________________________
감정평가금액 :____________________

✿. 심의 내용
-감정평가가격의 적정성
-감정평가방법의 적정성
-평가자료채택 및 기재내용의 적정성
-관련법규 및 재규정과의 적합성
-협약내용 및 협조사항의 이행
-기타 감정평가에 관련된 사항

본강정평가서는 우리 법인의 감정평가심의 위원회 규정에 따라 심의 하였으며 제 규정의 절차 및 방법에 따라 적정 하게 작성 되었음을 확인합니다.

강정평가심의 위원회 위원장 [인]

위 감정평가서는 우리 법인의 감정평가신의 위원회 규정의 심의 절차 및 방법에 따라 공정하게 수행하였기에 본 심의 인증서를 발행합니다.

(주) 감정평가법인□□□ [인]

[서식] (토지 · 건물)감정평가표

(토지·건물)감정평가표

이 감정평가서는 감정평가에 관한 법규를 준수하고 감정평가이론에 따라 성실하고 공정하게 작성하였기에 서명날인합니다.

감정평가사 (인)

감정평가액	一金 일십억팔천오백육십만팔백 整 (₩1,085,600,800원)		
의뢰인	양동근	감정평가목적	일반거래 (현물출자용)
채무자	–	제출처	–
소유자 (대상업체명)	양동근	기준가치	시장가치
		감정평가조건	–

목록표시근거	기준시점	조사기간	작성일
일반건축물대장 등기사항전부증명서 등	20○○. . .	20○○. . .	20○○. . .

감정평가 내 용

공부(公簿)(의뢰)		사정		감정평가액	
종 별	면적(㎡) 또는 수량	종 별	면적(㎡) 또는 수량	단가	금액
토 지	628㎡	토지	628㎡	90,000	565,200,000
건 물	1,348.34㎡	건물	1,348.34㎡	–	520,469,800
합 계					1,085,669,800

심사확인	본인은 이 감정평가서에 제시된 자료를 기준으로 성실하고 공정하게 심사한 결과 이 감정평가 내용이 타당하다고 인정함므로 이에 서명날인합니다.

심사자 : 감정평가사 000 (인)

[서식] 평가의견

평 가 의 견

1. 평가목적

본건은 ○○시 ○○구 ○○로 ○-○ "○○역(○호선)" 서측으로 인접한 부동산으로서, 일반거래(현물출자용)를 위한 감정평가 건입니다.

2. 평가기준

본건 평가에 있어서는「부동산 가격공시 및 감정평가에 관한 법률」,「감정평가에 관한 규칙」등 관련 제 규정과 감정평가의 일반 이론을 근거로 하여 시장가치 즉. 통상적인 시장에서 충분한 기간 거래를 위하여 공개된 후 그 대상물건의 내용에 정통한 당사자 사이에 신중하고 자발적인 거래가 있을 경우 성립될 가능성이 가장 높다고 인정되는 대상물건의 가액(價額)을 기준으로 감정평가 하였습니다.

3. 평가방법

가. 토지의 평가

본건 토지는 당해 토지와 유사한 이용가치를 지닌 표준지의 공시지가를 기준으로 하되, 공시기준일부터 가격시점까지의 지가변동추이 및 당해 토지의 위치·형상·환경·이용상황 기타 가격형성상의 제요인을 종합적으로 참작하여 평가하였습니다.

나. 건물의 평가

본건 건물은 구조·용도·용재·시공상태·부대설비 및 관리상태 등을 종합 참작한 복성식평가법으로 평가하였습니다.

4. 기타

- 본건은 기준시점은 귀 제시일인 20○○년 월 일을 기준하였습니다.

[서식] 토지·건물 감정평가명세표(1쪽)

토지 · 건물 감정평가명세표									
일련번호	소재지	지번	지목용도	용도지역및구조	면적(㎡)		감정평가액		비고
					공부	사정	단가	금액	
1	○○시 ○○구 ○○동	○-○	대	일반주거지역	555.4	555.4	4,788,000	2,659,255,200	
	소계							2,659,255,200	
2	○○시 ○○구 ○○동	○-○	근린생활시설및업무시설	철근콘크리트조기와지붕 2층					
				1층 공장시설	233,89	596.29	150.000	560,236,000	
				2층 근린생활시설(사무실)	223,555	456,200	140,560	45,233,000	

[서식] 감정평가액의 산출근거 및 결정의견

감정평가액의 산출근거 및 결정의견

Ⅰ. 대상물건 개요

본건은 ○○시 ○○구 ○○로 ○-○ 소재 "○○역(3호선)" 서측으로 인접한 부동산으로서, 일반거래(현물출자용)를 위한 감정평가 건임.

Ⅱ. 기준가치 및 감정평가조건 등

1. 기준가치

기준가치는 감정평가의 기준이 되는 가치로서, 본건의 경우 시장가치 즉, 통상적인 시장에서 충분한 기간 거래를 위하여 공개된 후 그 대상물건의 내용에 정통한 당사자 사이에 신중하고 자발적인 거래가 있을 경우 성립될 가능성이 가장 높다고 인정되는 대상물건의 가액(價額)을 기준으로 감정평가 하였음.

2. 기준시점

기준시점은 대상물건의 감정평가액을 결정하는 기준이 되는 날짜를 말하며, 감정평가에 관한 규칙 제9조 제2항 단서조항에 따라 귀 제시일자인 20○○년　월　일을 기준시점으로 정함.

3. 감정평가조건

없　음.

Ⅲ. ○○구 지역분석 현황

1. 사회적요인

가. 자연환경

・ ○○구는 서울특별시 정남쪽에 위치하며 북측은 한강, 남측은 ○○산, ○○산, ○○산 등으로 ○○시 및 ○○시와 경계를 이루고 있고, 동측은 ○○대로를 경계로 ○○구와 경계를 이루고 있으며, 서측은 ○○대로를 경계로 하여 ○○구 및 ○○구와 경계를 이루고 있는 서울의 최남단이며, ○○고속도로의 관문으로서 시가지는 대체로 구획정리가 완료된 대단위 아파트 등 공동주택이 밀집한 중산층 이상 주

거지대를 형성하고 있으며 구 외곽은 개발제한구역으로서 녹지대를 형성하고 있으며 녹지대 일부에 위치한 자연부락은 취락구조 개선사업을 하여 전원주택이 형성된 지역으로서, 시가지가 잘 정비된 지역으로 구 전체면적의 52%가 GREEN BELT인 쾌적한 도시환경을 구비하고 있음.

나. 인문환경

◈ 인구 변동 분석(시군구 단위 인구변동 추이)

구분 연도별	세대수 (가구)	전년대비 증감 (%)	인구수 (명)	전년대비 증감 (%)	세대당 인구 (명)
2011	168,988	(−)1.10	439,012	(−)0.23	2.57
2012	168,878	(−)0.06	439,998	0.22	2.58
20○○ 1/4분기	169,397	0.30	442,600	0.59	2.59

〈 출처: ○○구 통계정보 〉

[서식] 토지감정평가요항표

토지감정평가요항표		
기재항목		기재사항
입지조건	위치 및 부근의 상황	본건은 서울특별시 ○○구 ○○로에 소재하며, 주변은 업무시설 및 각종 근린생활시설 등이 있는 상가지대임.
	교통상황	본건까지 차량 접근 용이하며, 인근에 노선버스 정류장 및 지하철 '○○역'이 소재하는 등 대중교통사정은 양호함.
	주위환경	주변으로 ○○, ○○ 등 관공서가 위치하고 있으며 노변으로는 근린상가 및 업무시설로 형성되어 있으며 후면으로는 음식점 및 소규모점포가 혼재하는 역세권임.
토지의 상황	인접 도로상태	본건 북측 및 동측으로 각각 노폭 약 본건 남측으로 노폭 약 30m 및 약 10m의 아스콘 포장도로와 접하며, 도로 상태는 양호함.
	토지이용계획관계 및 공법상 제한상태	일반상업지역, 일반미관지구, 지구단위계획구역(○○로변지구), 도로(접함), 과밀억제권역, 폐기물매립시설 설치제한지역, 건축선지정(도로경계선에서 3미터후퇴). 건축법 제2조 제1항 제11호 나목에 따른 도로(도로일부포함).
제시목록외의 물건	구조, 규모및 이용상태	없음
	감정물건에 미치는 영향	없음
기타	임대상황	미상임
	공부와의 차이	없음

[서식] 건물감정평가요항표

건물감정평가요항표	
기재항목	기재사항
건물의 구조	철근콘크리트조 슬래브지붕 2층 건물로서. 외 벽 : 화강석 붙임 및 일부 드라이비트 마감 등. 내 벽 : 몰탈위 페인팅 및 일부 타일 붙임 마감 등. 창 호 : 알미늄샷시 및 하이샷시 창호 등.
이용상태	근린생활시설 및 업무시설 등으로 이용 중임.
급배수시설	위생설비 및 급·배수시설을 갖추고 있음
냉난방설비	냉 ·난방설비를 갖추고 있음
기타설비	소화전, 화재탐지 및 경보설비, 기계식주차설비 등을 갖추고 있음

[서식] 이사회의사록 인증(인증서 표지)

등부 년 제 호

인 증 서

공증 인가 法務法人 ○○

(공증부 : 593-0000)

210mm×297mm
(보존용지(1종) 70g/㎡)

※ 사서증서의 인증서 표지

○ 현물출자가 있는 경우에는 발기설립이나 모집설립을 가리지 않고 정관을 인증 받아야 한다. 공증절차를 마치면 정관 및 각 의사록에 따른 인증서를 내어주는데 이를 첨부하여 등기소에 제출한다.(구체적 공증절차는 194면 참조).

[서식] 이사회 의사록

이사회 의사록

20○○년 8월 11일 14시 10분 서울특별시 ○○구 ○○로 ○-○에서 이사, 감사 전원의 동의로 상법 제390조 제3항 소정의 소집절차를 생략하고 이사회를 개최하다.

이사총수	3명	출석이사수	3명
감사총수	1명	출석감사수	1명

이사 전원의 호선으로 사내이사 양동근을 임시의장으로 선출하다.

피선자는 즉석에서 이를 승낙하고 의장석에 등단하여 개회를 선언하고 다음 의안의 심의를 구하다.

제1호 의안 : 대표이사 선임의 건

의장은 발기인총회 종결에 이어 본 회사를 대표할 대표이사 1명을 선임하여 줄 것을 구한 즉 출석이사 전원의 찬성으로 다음사람 대표이사로 선임되어 피선자는 즉석에서 그 취임을 승낙하다.

대표이사 양 동 근

제2호 의안 : 본점설치 장소 결정의 건

의장은 본 회사 본점을 다음 장소에 설치함이 적당한 뜻을 설명하고 그 가부를 물은즉 만장일치로 이의 없이 승인하다.

본 점 : 서울시 서초구 서초로50길 10

이상으로 금일의 의안 전부를 심의 종료하였으므로 의장은 폐회를 선언하다. (폐회시각은 14시)

위 결의를 명확히 하기 위하여 이 의사록을 작성하고 의장과 출석한 이사, 감사가

다음에 기명날인 또는 서명하다.

20○○년 8월 11일

주식회사 케이앤지

의장 대표이사 양 동 근

사내이사 정 한 민

사내이사 신 종 식

감 사 이 동 석

※ 이사회의사록

○ 이사회의 결의는 이사 과반수의 출석과 출석 이사의 과반수로 하여야 한다. 다만, 정관으로 그 비율을 높게 정할 수 있다(상법 제391①), 감사가 불출석한 경우에도 출석한 이사들만으로 이사회를 개최하고 이사회의사록을 작성할 수 있다.

※ 이사회의 소집

○ ①이사회는 각 이사가 소집한다. 그러나 이사회의 결의로 소집할 이사를 정한 때에는 그러하지 아니하다. ②제1항 단서의 규정에 의하여 소집권자로 지정되지 않은 다른 이사는 소집권자인 이사에게 이사회 소집을 요구할 수 있다. 소집권자인 이사가 정당한 이유없이 이사회 소집을 거절하는 경우에는 다른 이사가 이사회를 소집할 수 있다. ③이사회를 소집함에는 회일을 정하고 그 1주간 전에 각 이사 및 감사에 대하여 통지를 발송하여야 한다. 그러나 그 기간은 정관으로 단축할 수 있다. ④이사회는 이사 및 감사 전원의 동의가 있는 때에는 제3항의 절차없이 언제든지 회의할 수 있다(상법 제390조).

[서식] 이사회의사록 인증서 붙임용지

<table>
<tr><td colspan="3">등부 년 제 호</td></tr>
<tr><td colspan="3" align="center">인 증</td></tr>
<tr><td colspan="3">위 ○○주식회사 ··· 의</td></tr>
<tr><td colspan="3">20○○년 ○월 ○일자 이사회 의사록에 대하여 ······································</td></tr>
<tr><td colspan="3">의결권자 의장 대표이사 ○○○, 사내이사 ○○○, 사내이사 ○○○의 대리인 ○○</td></tr>
<tr><td colspan="3">○은 본 공증인의 면전에서 위 의사록의 내용이 진실에 부합한다고 진술하고, 그</td></tr>
<tr><td colspan="3">기명 날인이 본인의 것임을 확인하였다.</td></tr>
<tr><td colspan="3">본 공증인은 위 진술과 아래 기재 자료에 의하여 그 결의의 절차와 내용이 진실</td></tr>
<tr><td colspan="3">에 부합함을 확인하였다.</td></tr>
<tr><td colspan="3">년 월 일 이 사무소에서 위 인증한다.</td></tr>
<tr><td>공증사무소명칭</td><td>공증
인가</td><td>法務法人 ○○</td></tr>
<tr><td>소 속</td><td colspan="2">서울중앙지방검찰청 소속</td></tr>
<tr><td>소재지 표시</td><td colspan="2">서울 강남구 00동 123-7</td></tr>
<tr><td>공증담당</td><td colspan="2">변호사 ○○○ ㊞</td></tr>
<tr><td colspan="3"></td></tr>
<tr><td colspan="3" align="center">아 래</td></tr>
<tr><td colspan="3">1. 진술서 2. 주주명부</td></tr>
<tr><td colspan="3">3. 법인등기부 등본 4. 정관</td></tr>
<tr><td colspan="3">5. 주민등록증 6.</td></tr>
<tr><td colspan="3"></td></tr>
<tr><td colspan="3"></td></tr>
</table>

210mm×297mm
(보존용지(1종) 70g/㎡)

※ 의사록인증시 공증사무소에서의 붙임용지이다.

[서식] 송달장소 및 송달영수인 신고서

송달장소 및 송달영수인 신고서

사건번호 : 20○○ 비합 호
신청인 : 양 동 근
서울 ○○구 ○○로 ○-○

위 사건에 관하여 신청인은 민사소송법 제184조에 따라 다음과 같이 송달장소 및 송달영수인을 신고합니다.

- 다 음-

신청인의 송달장소 및 송달 영수인
송달장소 : ○○시 ○○구 ○○로 ○-○
송달영수인 : 법무사 ○○○

20○○년 월 일

위 신청인 양 동 근
○○시 ○○구 ○○로 ○-○

서울중앙지방법원 귀중

[서식] 현물출자(부동산) 재산인수 확인서

현물출자(부동산) 재산인수 확인서

인수한 부동산의 표시
서울 ○○구 ○○로 ○-○ (토지, 건물)

위 부동산은 발기인 양동근의 소유로서 본 회사 설립을 위하여 동 발기인이 위 부동산을 현물출자하여 본 회사가 이를 인도받고 부동산 이전등기에 필요한 서류일체를 교부받음으로써 동 재산을 정히 인수하였습니다.

20○○년 월 일

신청인(현물출자) 양 동 근

사건본인(설립회사) 주식회사 케이앤지
서울특별시 ○○구 ○○로 ○-○(○○동)
대표이사 양 동 근

[서식] 현물출자(부동산) 재산인수 확인서

현물출자(부동산) 재산인수 확인서

인수한 부동산의 표시
서울 ○○구 ○○로 ○-○ (토지, 건물)

위 부동산은 발기인 정한민의 소유로서 본 회사 설립을 위하여 동 발기인이 위 부동산을 현물출자하여 본 회사가 이를 인도받고 부동산 이전등기에 필요한 서류일체를 교부받음으로써 동 재산을 정히 인수하였습니다.

20○○년 월 일

신청인(현물출자) 정 한 민

사건본인(설립회사) 주식회사 케이앤지
서울특별시 ○○구 ○○로 ○-○(○○동)
대표이사 양 동 근

[서식] 취임승낙서

취 임 승 낙 서

본인 등은 20○○. 3. 23. 발기인총회에서 이사, 감사로, 이사회에서 대표이사로 각 선임되었으므로 그 취임을 승낙함.

20○○. 3. 23.

주식회사 케이앤지

사내이사인 대표이사 양 동 근

사내이사 정 한 민

사내이사 신 종 식

감 사 이 동 석

주식회사 케이앤지 귀중

※ 취임승낙서에는 각 취임임원은 인감을 날인하고 인감증명서를 첨부하여야 한다. 이사는 취임승낙서에 사내이사, 사외이사로 구분하여 표시하도록 한다.

[서식] 인감신고서

인감 · 개인(改印) 신고서

(신고하는 인감날인란) (인감제출자에 관한 사항)

상 호(명칭)		주식회사 케이앤지	등기번호	
본점(주사무소)		서울특별시 ○○구 ○○로 ○-○		
인감제출자	자격/성명	대표이사 양 동 근		
	주민등록번호	-		
	주 소	서울특별시 ○○구 ○○로 ○-○		

␣ 위와 같이 인감을 신고합니다.
␣ 위와 같이 개인(改印)하였음을 신고합니다.

20○○년 월 일 (개인인감 날인란)

신고인 본 인 성 명 (인)
대리인 성 명 (인)

○○지방법원 ○○등기소 귀중

주 1. 개인인감 날인란에는 「인감증명법」에 의하여 신고한 인감을 날인하고 그 인감증명서(발행일로부터 3개월 이내의 것)를 첨부하여야 합니다. 개인(改印)신고의 경우, 개인인감을 날인하는 대신에 등기소에 신고한 유효한 종전 인감을 날인하여도 됩니다.
2. 인감·개인신고서에는 신고하는 인감을 날인한 인감대지를 첨부하여야 합니다.
3. 지배인이 인감을 신고하는 경우에는 인감제출자의 주소란에 지배인을 둔 장소를 기재하고, 「상업등기규칙」 제36조제4항의 보증서면(영업주가 등기소에 신고한 인감 날인)을 첨부하여야 합니다.

위 임 장

성 명 : 주민등록번호(-)
주 소 :

위의 사람에게, 위 인감신고 또는 개인신고에 관한 일체의 권한을 위임함.

200 년 월 일

인감(改印) 신고인 성 명 (인)

※ 인감의 제출방법 : 인감의 제출 또는 인감의 변경(이하 "개인(改印)"이라 한다) 신고는, 위 양식의 인감(改印)신고서를 작성하여 신고할 인감을 날인하고 관할 등기소에 제출하는 방식으로 한다(등기예규 제1579호, 시행 2015.11.01.).

※ 1개의 법인을 대표하는 자가 2인인 경우에 등기를 신청하는 대표자만 인감을 제출하여도 되지

만, 공동으로 대표권을 행사하여야 하는 자가 등기를 신청할 경우에는 공동으로 대표권을 행사하도록 되어 있는 자 전원의 인감을 제출하여야 하며, 1개의 법인을 대표하는 여러 명의 인감은 각각 달라야 한다(등기예규 제1579호).

※ 인감의 규격 등 : 인감은 대조에 적당한 것이어야 한다. 인감은 규칙 제35조 제4항에서 정한 크기(가로・세로 2.4센티미터의 정사각형 안에 들어갈 수 있어야 하고, 가로・세로 1센티미터의 정사각형 안에 들어가는 것이 아니어야 함)로, 선명하지 않거나 너무 복잡한 것이어서는 안 된다(등기예규 제1579호, 시행 2015.11.01).

※ 인감을 제출할 수 있는 자는 다음 각 호의 구분에 따라 인감(改印)신고를 하여야 한다.

- 인감을 제출할 수 있는 자가 개인인 경우에는 인감(改印)신고서에 「인감증명법」에 따라 신고한 인감을 날인하고 그 인감증명서(발행일로부터 3개월 이내의 것에 한한다. 이하 같다)를 첨부하거나 등기소에 제출한 유효한 종전 인감을 날인하여야 한다. 다만, 그 신고서에 본인이 기명날인 또는 서명하였다는 공증인의 인증서면을 제출하는 경우에는 그러하지 아니한다(등기예규 제1579호, 시행 2015.11.01).
- 인감을 제출할 수 있는 자가 법인인 경우에는 인감(改印)신고서에 그 법인이 등기소에 제출한 유효한 인감을 날인하여야 한다(등기예규 제1579호).
- 외국인의 경우에는 다음의 방법으로 할 수 있다(등기예규 제1579호).
  가) 인감증명제도가 있는 국가의 국민이 신고하는 경우에는 인감(改印)신고서에 본국 관공서에 신고한 인감을 날인하고 그 인감증명서를 제출
  나) 인감증명제도가 없는 국가의 국민이 신고하는 경우에는 인감(改印)신고서에 서명을 하고, 그 서명이 본인의 것이라는 취지의 본국 관공서의 증명을 제출

[사례] 인감대지

	신고하는 인감날인란	상 호(명 칭) : 주식회사 ○○ 자격 및 성명 : 대표이사 ○○ 주민등록번호 : 00000-000000

※ 인감(個人)신고서를 제출할 때에는 인감대지(위 양식 3장)도 함께 제출하여야 한다(등기예규 제1579호).

[서식] 인감카드 등 (재)발급신청서

인감카드 등 (재)발급신청서

(인감제출자에 관한 사항)

상호(명칭)		○○○○	등기번호	
본점(주사무소)		서울특별시 ○○구 ○○로 ○-○		
인감 제출자	자격 / 성명	대표이사 양동근		
	주민등록번호			

발급사유	␣ 최초발급 ␣ 카드분실 ␣ 카드훼손 ␣ 인감증명서발급기능 ␣ 기타 ( )		
매체구분	␣ 인감카드 ␣ HSM USB	인감카드 비밀번호	
수수료	금 원	납부번호	

위와 같이 인감카드 등의 (재)발급을 신청합니다.

년 월 일

신청인 인감제출자 (본 인) 성 명 (인) (전화 :)

(대리인) 성 명 (인) (전화 :)

지방법원 등기소 귀중

접수번호		인감카드번호	

주 1. 인감카드 비밀번호란에는 (재)발급받아 사용할 인감카드의 비밀번호를 기재하며, 아라비아숫자 6자릿수를 기재하여야 합니다. 비밀번호는 인감카드와 함께 인감증명서의 발급을 신청할 권한이 있는 것으로 보게 되는 중요한 자료이므로 권한이 없는 사람이 알지 못하도록 주의하시기 바랍니다.

2. 인감카드의 재발급을 신청할 때에는 「등기사항증명서 등 수수료규칙」으로 정하는 수수료를 납부하여야 합니다. 다만, 인감카드를 반납할 때에는 수수료를 납부할 필요가 없습니다.

위 임 장

성 명 : 법무사 ○ ○ ○ 주민등록번호(123456 - 7891234)

주 소 : 서울 ○○구 ○○로 123-4

위의 사람에게, 위 (재)발급신청서에 기재된 인감카드 등의 발급신청과 그 수령 등에 관한 일체의 권한을 위임함.

200 년 월 일

인감신고인 성 명 (인)

[서식] 주주명부

주 주 명 부				
주 주	주 소	인수 주식수	1주 금액	납 입 금 액
양 동 근	서울시 ○○구 ○○로 ○-○	현물 328,686주	금5,000원	현물출자액 금1,643,430,000원
정 한 민	서울시 ○○구 ○○로 ○-○	현물 100,000주	금5,000원	현금출자액 금500,000,000원
합 계		428,686주	금5,000원	금2,143,430,000원

위 주주명부는 본사에 비치된 주주명부와 대조하여 틀림이 없음을 증명합니다. 20○○년 9월 6일	
상 호	주식회사 케이앤지
본점주소	서울특별시 ○○구 ○○로 ○-○
대표이사 성 명	양 동 근

제3관 기존법인이 개인기업 흡수통합

1. 서 설

법인과 개인기업간의 통합은 기존법인이 개인사업자를 흡수 통합하는 형태의 법인전환이다. 중소기업을 영위하는 개인기업자가 다른 중소기업인 기존법인에 본인이 운영하던 개인사업체를 현물출자하고 개인기업자는 기존법인의 주식을 취득하여 주주로서의 지위를 갖게 되며 기존법인은 개인사업자의 사업의 일체를 승계 받아 개인사업자의 사업내용을 계속해서 영위해 가는 것이다. 따라서 실질적으로 개인사업자는 법인으로 전환되게 되는 것이다. 이 방법은 개인사업자의 영업권이나 특허권 등을 평가한 후 법인에 양도하여 개인은 이익을 추구하고, 취득자인 법인은 보다 뛰어난 경영성과를 낼 수 있을 때 하는 통합이다.

흡수통합에 의한 경우 개인기업주가 운영하던 사업자산의 양수로 인하여 기존법인은 발행할 주식의 총수, 목적, 신주인수권의 변경이 있을 수 있다.

상법 제374조 제1항 제3호는 '회사의 영업에 중대한 영향을 미치는 다른 회사의 영업 전부 또는 일부를 양수하는 경우에는 상법 제434조에 따른 결의가 있어야 한다'고 규정하고 있다. 따라서 개인기업의 사업자산 양수로 영업목적이나 회사가 발행할 주식의 총수에 변경이 있다면 정관변경을 가져오므로 그에 관한 절차도 함께 하여야 한다.

정관의 변경은 특별결의에 의한다. 특별결의는 주주총회 결의 방법의 하나로서 발행주식 총수의 3분의1 이상에 해당하는 주식을 가진 주주의 출석으로 그 의결권의 3분의 2이상의 다수로 결정한다(상법 제434조, 상법 제383조 제4, 5항).

"신주발행"이란 회사성립 후에 수권자본 즉, 발행예정주식총수의 범위 내에서 발행하고 남은 미발행주식 중에서 주식을 발행하여 회사의 자본금을 증가시키는 것을 말한다.

상법(2012.4.15시행)은 "회사설립 시 발행하는 주식의 총수는 회사가 발행할 주식총수의 1/4이상이어야 한다."는 요건을 폐지하였다(상법 제289조 제2항 삭제). 이에 따라 주식회사 설립시 발행하여야 하는 주식수에 대한 제한이 전혀 없게 되었으므로 신주발행시(상법 제416조) 정관변경의 필요가 없을 정도로 충분한 수량의 발행예정주식총수를 정해 놓을 수 있다.

신주발행은 원칙적으로 이사회에서 결정하나, 정관으로 주주총회의 권한으로 할 수 있다. 즉, 자본금 10억원 미만인 회사로써 이사의 수가 2인 이하이거나, 정관으로 주주총회에서 결정하기로 정한 경우에는 주주총회에서 결정한다(상법 제416조).

2. 흡수통합절차

가. 서 설

기존법인에 개인기업을 통합하는 경우에는 증자에 따른 신주발행의 절차가 적용되므로 이에 의하여 절차를 진행하여야 한다. 즉, 통합계약서의 작성, 자산의 감정, 현물출자의 조사·보고, 개인기업체의 결산, 이사회 결의 및 주주총회 등을 거쳐서 신주를 발행하여야 한다.

나. 통합절차

(1) 개인사업체의 결산

개인기업체의 결산은 현물출자의 기준일 전일을 결산일로 하여 통합법인에 승계할 자산과 부채를 확정하고 동 결산일을 개인사업자의 폐업일로 한다. 따라서 결산일이 폐업 기준일이 되고 감정의 기준일이 되며 순자산액 평가의 기준일이 된다.

폐업신고 시에는 현물출자계약서를 첨부하여야 한다. 개인기업 폐업신고는 전술한 새로운 법인의 사업자등록신청과 동시에 한다. 개인사업자는 폐업일로부터 25일 이내에 부가가치세 확정신고를 하여야 한다.

(2) 통합계약서 작성

개인기업자와 기존법인간의 통합인 경우에는 법인의 신주식을 인수하는 개인사업자와 기존법인의 대표이사가 체결하는 것이다.

통합은 개인사업자의 사업장과 관련하여 설립 또는 기존중소기업법인에 포괄적으로 이전하여야 하므로 통합계약서에 포함하는 승계대상 및 자산, 부채 등은 사업의 동일성이 훼손되지 않도록 기재하여야 하고, 귀속주체를 명확히 하여야 하며, 자산의 평가방법, 자산에 대하여 교부할 주식의 종류와 수, 종업원에 대한 승계 및 개인기업자와 새로 설립 또는 흡수중소기업법인의 책임에 관한 내용을 기재하여야 한다. 그리고 법인전환기준일을 정하여 기준일을 기점으로 회계단위를 이관하여야 한다.

통합계약 시에는 자산의 가액을 확정할 수 없는 것이 일반적이다. 자산의 평가액은 법인전환 기준일을 평가시점으로 결정된 감정가액이 되는 것이다. 따라서 자산에 대한 가액의 결정은 토지·건물, 기계장치, 차량운반구, 집기비품 등 공인된 감정기관이 감정을 마친 후에 결정되는 것이다.

[서식] 계약서(652면 참조)

(3) 현물출자에 대한 감정

(가) 개 설

통합을 위하여 개인기업은 그 자산 중 고정자산에 대하여 감정인의 감정을 받아야 한다. 신주발행을 위한 개인기업의 객관적인 평가절차가 필요하기 때문이다. 감정대상은 개인기업의 자산인 토지, 건물, 기계장치, 자동차. 중기, 집기, 비품 등 이다.

현물에 대한 감정평가는 원칙적으로 법원에서 선임한 감정인이 할 수 있었으나, 상법의 개정(제422조제1항후단)에 의하여 공인된 감정인의 감정평가로 이를 대신 할 수 있으므로, 실무에서는 기존의 법인대표가 법원과 무관하게 공인된 감정인을 선임하여 감정평가를 실시한 후 감정인이 그 감정결과를 법원에 보고(인가신청서 658면 참조)하고 법원의 심사를 받는다.

조사보고서에는 ①조사·감정을 위임한 이사의 성명·주소·전화번호 ②현물출자자의 성명·주소·전화번호 ③조사·감정의 목적 ④조사·감정 사항 ⑤감정인의 주소·전화번호를 기재하고 감정인이 기명날인하여야 한다(재민 99-3, 제5조).

감정인의 감정결과보고서는 주주총회 당일 또는 그 이후의 일자를 신청일로 기재한다. 상법 제422조의 규정에 의하여 조사보고서·감정인의 감정서가 제출된 때에는 그 조사·감정을 위임한 이사를 신청인으로 본다(재민 99-3, 제4조).

현물출자에 대한 감정은 토지·건물, 기계장치, 차량운반구, 집기비품 등 사업용 고정자산의 경우 공인된 감정기관인 한국감정원이나 감정평가법인에 의뢰하고, 개인사업체의 자산과 부채 중 감정대상 사업용 고정자산을 제외한 나머지 자산과 부채는 공인회계사의 감정을 받아야 한다. 특허권을 현물출자하는 경우, 공인된 감정인에는 감정평가업자가 포함된다(감정평가에 관한 규칙 제23조 제3항).

벤처기업에 대한 현물출자의 경우와 외국투자가가 산업재산권 등을 출자하는 경우 등에는 그 가격에 대해 벤처기업육성에 관한 특별조치법 시행령 제4조의 기술평가기관(이하, '기술평가기관'이라고 한다)이 평가한 내용을 상법 제299조의2의 규정에 의하여 공인된 감정인이 감정한 것으로 볼 수 있으나(벤처기업육성에 관한 특별조치법 제6조 제2항, 외국인투자촉진법 제30조 제4항 등), 그러한 법률 규정이 있는 경우 이외의 현물출자의 경우에 기술평가기관을 공인된 감정인으로 볼 수 없다(상업등기선례 제2-15호, 현물출자에 의한 주식회사의 설립과 공인된 감정인 제정 2006. 7. 13. 공탁상업등기과-640 질의회답).

벤처기업에 산업재산권 등을 현물로 출자하는 경우에는 한국산업기술평가원, 기술신용보증기금, 환경관리공단 등 기술평가기관의 평가서가 필요하고, 외국인 투자자가 현물출자를 하는 경우에는 관세청장이 확인한 현물출자완료확인서가 필요하다(등기선례 제6-631호, 1999. 3. 10. 등기 3402-242 질의회답).

공인된 감정인이 감정결과를 법원에 보고하면(본점소재지 지방법원 합의부) 법원은 경우에 따라서 감정평가사와 발기인을 소환하여 사실을 확인한다.

첨부서류로는 정관, 현물출자계약서, 현물출자물에 대한 감정평가서, 등기부등본, 토지대장, 건축물관리대장, 토지이용계획확인원, 관련도면, 기계장치목록, 취득원가증명서, 자동차등록원부, 비품목록 및 취득원가증명서, 기타 현물출자조사보고에 필요한 서면 등이다.

감정결과보고서를 법원에 제출함에는 부본 1통을 첨부하고 인지 1,000원을 붙이고, 송달료 2회분을 납부하여야 한다(재민 99-3, 제6조).

법원은 위 서류가 접수되면 법원은 출자된 현물의 가치가 적정하게 평가되었는지 등에 대한 조사를 하게 되고, 상법 제422조의 규정에 의한 감정서를 부당하다고 인정하여 변경결정을 한 때에는 현물출자자에게도, 각 그 변경결정 등본을 송달한다(재민 99-3, 제7조).

감정평가에 대한 인가결정은 법원에 따라 소요기간이 최소 10일부터 1개월까지 걸린다.

(나) 검사인의 조사보고절차의 축소

개정상법(2012. 4. 15시행)은 현물출자의 이행에 대하여 원칙적으로 법원이 선임한 검사인에 의한 조사를 받도록 하고 있는 데에 대한 예외를 규정하였다(상법 제422조 제2항). 이는 현물출자나 재산인수에 관하여 검사인 등에 의해 조사를 실시하는 것은 회사의 자본충실을 기하기 위한 것인데, 소규모이거나 가격의 공정성이 객관적으로 확보되는 경우에는 검사인 등에 의한 검사가 회사의 설립절차를 복잡하게 하는 문제가 있다는 데에 따른 것으로 일정한 경우 현물출자에 대한 규제를 완화함으로써 회사설립절차를 간소화하기 위한 것이다. 검사면제규정은 다음과 같다(상법 제422조 제2항).

1. 상법 제416조제4호의 현물출자의 목적인 재산의 가액이 자본금의 5분의 1을 초과하지 아니하고 대통령령으로 정한 금액을 초과하지 아니하는 경우

여기서 “대통령령으로 정한 금액”이라 함은 금 5천만원을 말한다(상법 시행령 제13조제1항).

2. 상법 제416조제4호의 현물출자의 목적인 재산이 거래소의 시세 있는 유가증권인 경우 제416조 본문에 따라 결정된 가격이 대통령령으로 정한 방법으로 산정된 시세를 초과하지 아니하는 경우

여기서 “대통령령으로 정한 방법으로 산정된 시세”라 함은 다음 각 호의 금액 중 낮은 금액을 말한다(상법 시행령 제13조제2항).

㉠상법 제416조의 이사회 또는 주주총회의 결의가 있은 날(이하 본조에서 “결의일”이라고 한다)로부터 소급한 1개월 평균 종가, 1주일 평균종가 및 결의일의 직전 거래일의 종가를 산술평균하여 산정한 금액

㉡결의일의 직전 거래일의 종가

※ 위 규정(상법 시행령 제13조제2항)은 현물출자의 목적인 재산에 그 사용, 수익, 담보제공, 소유권 이전 등에 대한 물권적 또는 채권적 제한이나 부담이 설정된 경우에는 적용하지 아니한다(상법 시행령 제13조제3항).

3. 변제기가 돌아온 회사에 대한 금전채권을 출자의 목적으로 하는 경우로서 그 가액이 회사장부에 적혀 있는 가액을 초과하지 아니하는 경우

4. 그 밖에 제1호부터 제3호까지의 규정에 준하는 경우로서 대통령령으로 정하는 경우

다. 신주식발행

(1) 개 설

신주발행은 상법에 다른 규정이 있거나 정관으로 주주총회에서 정하기로 규정한 경우를 제외하고는 신주의 종류와 수, 신주의 발행가액과 납입기일 등 다음의 사항은 발행예정주식총수의 범위 내에서 이사회가 결정한다(상법 제416조). 이사회는 신주발행의 결정을 대표이사나 기타의 자에게 위임할 수 없다(통설).

한편 회사가 자본금의 총액이 10억원 미만으로 1명 또는 2명의 이사만을 둔 경우(상법 제383조 제1항 단서)에는 이사회를 설치하지 아니하므로 정관의 정함이 없더라도 주주총회에서 주식발행여부 등을 결정한다(상법 제383조 제4, 5항).

(2) 신주의 종류와 수(상법 제416조 제1호)

정관으로 종류주식의 발행을 예정하고 있는 경우에는 그 중 발행할 주식의 종류와 그 수를 정하여야 한다. 따라서 회사의 자금조달계획상 미발행주식을 초과하는 신주의 발행이

필요한 경우에는 정관변경을 통하여 발행예정주식총수를 증가시켜야 한다(상법 제389조 제1항 제3호, 제433조). 특히 회사가 종류주식을 발행한 경우에는 반드시 정관에 각종 주식의 내용과 수가 정해져야 하는데(상법 제344조 제2항) 새로이 발행할 주식의 총수가 전체 미발행주식의 범위 내에 있다고 하더라도 발행할 신주 중 특정 종류의 주식에 대한 미발행주식이 부족하다면 이 경우에도 정관을 변경하여 해당 종류의 주식의 발행예정주식총수를 증가시켜야 한다.

(3) 신주의 발행가액과 납입기일(상법 제416조 제2호)

신주의 발행가액은 원칙적으로 액면(정관상 액면주식 1주의 금액을 말한다) 또는 그 이상이어야 한다. 회사가 정관의 규정에 의하여 주종의 주식을 발행하는 경우에는 다른 종류의 주식 간에 주주평등의 원칙이 적용되지 않기 때문에 발행가액을 달리 정할 수 있지만(상법 제344조 제3항, 종류적 평등), 같은 종류의 주식 간에는 원칙적으로 발행가액을 달리 정할 수 없다고 본다.

신주를 액면이하의 가액으로 발행하기 위하여는 회사성립 후 2년이 경과하여야 하고, 주주총회의 특별결의와 법원의 인가를 얻어야 한다(상법 제417조①). 그리고 법원의 인가를 받은 날로부터 1월 이내에 신주를 발행해야 한다(상법 제417조④).

(4) 신주의 인수방법(상법 제416조 제3호)

원칙적으로 주주는 그가 가진 주식의 수에 따라 신주를 배정받을 권리가 있다. 그러나 회사는 정관에 정하는 바에 따라 주주 외의 자에게 신주를 배정할 수 있다. 다만, 이 경우에는 신기술의 도입, 재무구조의 개선 등 회사의 경영상 목적을 달성하기 위하여 필요한 경우에 한한다(상법 제418조 제1, 2항). 따라서 정관에 별다른 규정이 없으면 상법 제418조제2항에 의하여 기존주주는 신주인수권이 있고, 제3자에게 신주인수권을 부여하거나 모집에 의할 것을 정관으로 정한 경우에는 그 정관의 규정에 의한다.

(5) 현물출자를 하는 자의 성명과 그 목적인 재산의 종류, 수량, 가액과 이에 대하여 부여할 주식의 종류와 수(상법 제416조 제4호)

주식회사에서 현물출자의 목적물은 특별한 제한이 없고, 대차대조표상 자산으로 계상할 수 있는 재산이면 모두 그 목적물이 될 수 있다. 현물출자를 하는 자가 있는 경우에 그 성명과 그 목적인 재산의 종류, 수량, 가격과 이에 대하여 부여할 주식의 종류와 수를 결정한다.

현물출자자에 대하여 발행하는 신주에 대하여는 일반주주의 신주인수권은 미치지 아니 한다.

(6) 신주발행의 효력발생

(가) 납입기일의 익일

신주인수인이 이사회가 정한 납입기일까지 납입 또는 현물출자의 이행을 하면 납입기일의 다음 날로부터 신주발행의 효력이 생기고, 그 신주인수인은 주주의 권리의무가 있다(상법 제423조①). 신주발행의 경우는 회사의 설립 시와는 달리 신주발행예정주식의 전부에 대한 납입 또는 이행이 없어도 회사의 자금조달의 편의를 위하여 납입 또는 이행이 있는 한도 내에서 그 효력을 인정하고 있다.

(나) 납입의무의 불이행

납입기일에 납입 또는 현물출자가 이행된 한도내의 발행주식에 대하여 신주발행의 효력이 생기고, 납입기일까지 납입 또는 현물출자의 이행을 하지 않은 신주인수인은 그 권리를 잃으며(상법 제423조②), 이 경우 회사는 실권한 신주인수인에 대하여 손해의 배상을 청구할 수 있다(상법 제423조③). 그리고 실권한 주식에 대하여 회사는 주주를 다시 모집할 수 있다.

(다) 신주의 발행시기

신주의 납입기일 후 회사는 지체없이 주권을 발행하여야 한다(상법 제355조①). 납입기일후가 아니면 주권을 발행하지 못하고 납입기일 전에 발행한 주권은 무효이다(상법 제355조②③).

(7) 새로운 법인에게로의 명의이전

개인기업자는 개인기업자의 사업용 자산 중 소유권이전등기를 필요로 하는 부동산, 등록을 필요로 하는 공장, 차량, 기계장치 등의 명의를 통합 법인명의로 이전하여야 한다.

담보로 제공되거나 질권이 설정된 승계된 자산의 채무자 명의 등을 변경하여야 하고, 허가권 및 인가권이 있는 경우에는 등록된 명의를 변경하여야 한다.

부동산 소유권이전등기 및 그 이전시 발생하는 양도소득세 및 취득세의 혜택에 관하여는 부동산의 소유권이전(415면 참조)에서 보기로 한다.

3. 신주발행등기절차

가. 서 설

흡수통합의 경우 법원으로부터 현물출자의 조사보고인가서가 송달된 다음날로부터 본점소재지에서 2주 내에 대표이사가 신주발행으로 인한 변경등기를 신청하여야 한다(상법 제317조④, 제183조).

신주발행의 효력이 발생하면 회사의 발행주식의 총수와 그 종류 및 각각의 수(상법 제317조②제3호)와 자본금의 액(상법 제317조②제2호)에 변경이 있게 되므로 정관변경을 가져온다.

나. 신주발행의 등기절차

(1) 등기사항 등

(가) 발행주식의 총수와 그 종류 및 각각의 수

발행주식의 총수와 그 종류 및 각각의 수를 등기하여야 한다. 발행할 주식의 총수는 회사가 발행할 수 있는 주식수의 한도로서 발행예정주식총수 또는 수권주식총수라고도 한다. 주식회사의 발행할 주식의 총수는 정관의 필요적 기재사항(상법 제289조 제1항 제3호)이며 또한 등기사항이다. 발행할 주식의 총수는 주주총회의 특별결의로써 이를 변경할 수 있으며(상법 제433조 제434조) 주주총회에서 발행할 주식의 총수를 변경한 때에는 그에 따른 변경등기를 신청하여야 한다. 따라서 발행할 주식의 총수가 신주발행의 범위내에 있는 경우에는 이를 변경하여야 한다.

회사가 신주의 발행을 조건으로 하여 발행예정주식총수 증가의 변경 결의를 하고 그 조건이 된 신주를 발행한 후 발행예정주식총수의 변경 등기와 신주발행의 등기신청을 할 경우, 그 조건이 된 신주가 증가변경 결의 당시의 발행예정주식총수의 범위내에 속하는 것인 때에는 그 등기 신청을 수리할 수 있으나, 그 조건이 된 신주가 증가변경결의 당시의 발행예정주식총수 중 미발행 주식의 범위를 초과하는 것인 때에는 그 등기신청을 수리할 수 없다. 그리고 이 점은 현물출자에 인한 신주를 발행하는 경우나 자산재평가법 제30조 제3항의 규정에 의한 재평가적립금 또는 상법 제461조 제1항의 규정에 의한 준비금의 자본전입에 따라 신주를 발행하는 경우에도 마찬가지이다(등기선례1-867, 82. 6. 18 등기 제250호 대한사법서사협회장 대 법원행정처장 회답).

발행예정주식총수의 변경등기는 발행주식총수의 변경등기와 동시에 신청하는 것이 바람직하나, 동시에 신청할 것을 강제하는 규정이 없으므로 발행주식총수의 변경등기가 경료된 후에 신청하더라도 등기관은 수리하여야 한다(상업등기선례 200611-3, 2006. 11. 23. 공탁상업등기과-1315 질의회답).

(나) 자본금의 액

주식의 액면가액에 발행한 신주수를 곱한 금액만큼 자본금의 액이 증가한다. 액면가액 이상 및 액면가액 미만으로 발행한 경우에도 마찬가지이다. 다만, 회사는 자본거래에서 발생한 잉여금을 대통령령으로 정하는 바에 따라 자본준비금으로 적립하여야 한다(상법 제459조제1항). 여기서 "대통령령으로 정하는 바에 따라 자본준비금으로 적립"하는 것은 상법 시행령(안) 제14조에서 정한 회계기준에 따라 자본잉여금을 자본준비금으로 적립하는 것을 말한다(상법시행령 제17조).

(다) 액면미달의 주식(신주) 발행

회사가 신주를 액면미달로 발행하는 경우에는 회사 채권자의 이익을 해할 우려가 있으므로, 상법은 원칙적으로 주식의 액면미달발행을 금지하고 있다(상법 제330조). 그러나 회사가 성립한 날로부터 2년이 경과하고 주주총회의 특별결의가 있고 법원의 인가를 얻으면 액면미달의 신주를 발행할 수 있다(상법 제417조).

한편 신주를 액면미달로 발행한 적이 있는 회사가 다시 신주를 발행할 때 그 청약서에 그 발행조전과 미상각액을 기재하여야 하는데 개정 전에는 액면미달금을 이년자산으로 계상할 수 있었으므로(상법 제455조 삭제), 이연자산의 미상각액을 기재하였으나 개정법에서는 이를 삭제하여 이연자산제도가 없어졌으므로 단지 미상각액만을 기재하면 된다.

(라) 신주발행으로 인한 변경등기의 효력

신주발행의 변경등기는 자본금의 증가의 효력요건이 아니라, 이미 효력이 발생한 신주발행과 자본금의 증가를 공시하는 의미가 있을 뿐이다(상법 제37조).

신주인수인은 변경등기를 한 날부터 1년을 경과한 후에는 주식청약서 또는 신주인수권증서의 요건흠결 이유로 하여 인수의 무효를 주장하거나, 착오·사기·강박을 이유로 하여 인수를 취소하지 못한다. 1년을 경과하지 않아도 그 주식에 대하여 주주권을 행사한 때에도 같은 제한을 받는다(상법 제427조).

(2) 첨부서면

회사가 신주를 발행하는 경우에는 신주인수권의 내용 및 예정일을 지정하여 공고하도록 규정하고 있으나(상법 제418조 제3항), 상업등기법이 그 공고문을 등기신청에 필요한 서면으로 규정하고 있지 아니하므로, 신주발행으로 인한 변경등기신청서에 그 공고문을 첨부할 필요는 없다. 신주발행의 경우 첨부서면은 다음과 같다(상업등기규칙 제133조).

(가) **주식의 인수를 증명하는 서면(상업등기규칙 제133조 제1호)**

신주발행으로 인한 변경등기의 신청서(비송사건절차법 제205조)에는 주식의 청약을 증명하는 서면뿐만 아니라 주식의 인수를 증명하는 서면도 첨부하여야 한다. 다만, 그 주식의 인수를 증명하는 서면이 신주의 인수인이 작성한 주식인수증에 한정되는 것은 아니다. 현물출자를 하는 자와 회사 간의 신주인수계약서, 주주명부 기타 주식의 배정 상황(각 인수인에게 배정한 주식의 수)에 관하여 대표이사가 작성한 서면도 주식의 인수를 증명하는 서면에 해당한다(상업등기선례200701-2, 2007. 1. 10. 공탁상업등기과-45 질의회답)

현물출자의 경우에는 현물출자자가 주식을 인수한 것을 증명하는 서면으로서 인수인의 기명날인이 있는 인수증서 등이 이에 해당한다.

금전출자의 경우, 신주발행으로 인한 변경등기의 신청서에는 주식의 청약을 증명하는 서면 및 주식의 인수를 증명하는 서면을 첨부하여야 하며, 발행된 신주를 기존주주가 그 소유주식의 비율에 따라 전부 인수하고 그 변경등기를 신청하는 경우에도 주식의 청약을 증명하는 서면 및 주식의 인수를 증명하는 서면을 첨부하여야 한다. 이는 신주발행의 경우 신주의 청약과 인수가 반드시 일치하는 것이 아니기 때문이다.

(나) **주식의 청약을 증명하는 서면(상업등기규칙 제133조 제2호)**

주식청약서 또는 신주인수권증서가 이에 해당하는 서면이다. 그러나 주식의 청약이 있었음을 증명하기에 족한 확실한 서면, 예를 들면 주식모집의 수탁회사가 있는 경우 또는 납입을 맡은 은행 기타 금융기관이 위탁을 맡아서 주식청약을 접수한 경우에는 수탁회사나 은행 등의 증명서(주식청약인의 수, 청약주식의 종류와 수를 기재한 후 증명자인 회사의 대표이사 등이 기명날인하고 주식청약서로 사용한 견본용지를 첨부)도 주식의 청약을 증명하는 서면에 해당된다 할 것이다.

기업이 해외에서 주식을 발행하여 자금을 조달하기 위한 목적으로 주권(주권)에 대체하여 주식예탁증서를 발행하는 경우, 그 신주발행으로 인한 변경등기의 신청서에는 주식을 발행하는 회사(이하 '발행회사'라 한다)와 예탁기관(발행회사와 예탁계약을 체결하고 이에 의거하여 외국인 투자자에 대한 주식예탁증서 발행 및 그에 따른 권리 행사 업무를 주로 수행하는 자를 말한다) 간의 예탁계약서를 첨부할 수 있으며, 반드시 주식청약서(상법 제420조)를 첨부할 필요는 없다. 이 경우, 주간사(주식예탁증서 발행의 사실상의 주역으로서 발행회사와의 협의하에 발행 전체의 기획을 담당하는 자인데, 주식예탁증서의 조건, 금액, 모집 방법 등에 대하여 해외 시장의 동향을 참작해 발행회사에 제안하고 최종적으로 발행회사와 발행 및 인수 조건을 합의한다)와 발행회사 간의 주식예탁증서 발행에 관한 계약서를 첨부할 수도 있다. 다만, 위의 계약서들에는 반드시 발행 주식의 종류와 수가 나타나 있어야 하고, 주간사의 자격 내지 지위에 대하여는 예탁기관의 증명이 있어야 한다(상업등기선례200706-4, 2007. 6. 21. 공탁상업등기과-696 질의회답).

(다) 상법 제418조제2항에 따라 주주 외의 자에게 신주를 배정하는 경우에 같은 조 제4항에 따른 통지 또는 공고를 하였음을 증명하는 서면(상업등기규칙 제133조 제3호)

회사는 정관에 정하는 바에 따라 주주 외의 자에게 신주를 배정할 수 있는데, 이 경우에는 ㉠신주의 종류와 수, ㉡신주의 발행가액과 납입기일 ㉢무액면주식의 경우에는 신주의 발행가액 중 자본금으로 계상하는 금액 ㉣신주의 인수방법 ㉤현물출자를 하는 자의 성명과 그 목적인 재산의 종류, 수량, 가액과 이에 대하여 부여할 주식의 종류와 수에 관한 사항을 그 납입기일의 2주 전까지 주주에게 통지하거나 공고하여야 하는바, 이를 증명하는 서면을 첨부하여야 한다.

(라) 주금의 납입을 맡은 은행 기타 금융기관의 납입금보관에 관한 증명서(상업등기규칙 제133조 제4호)

주금의 납입이 완료된 경우 납입금을 보관한 은행이나 그 밖의 금융기관은 이사의 청구를 받으면 그 보관금액에 관하여 증명서를 발급하여야 하는데(상법 제425조 1항, 318조 1항), 신주발행으로 인한 변경등기신청서에 금전출자의 이행이 완료된 사실을 증명하기 위하여 주금의 납입을 맡은 은행, 그 밖의 금융기관의 납입금 보관에 관한 증명서를 제출하여야 한다. 다만, 신주발행의 결과 자본금의 총액이 10억원 미만인 회사의 경우에는 은행이나 그 밖의 금융기관의 잔고증명서로 은행, 그 밖의 금융기관의 납입금 보관에 관한 증명서를 대체할 수 있는데(상법 제425조 1항, 318조 3항, 법 82조 5호 단서), 이 경우 잔고증명서는 회사의 실지명의(實地名義, 실명) 즉, 법인세법에 의하여 부여받은 사업자등록증에 기재된 회사의 상호(商號, 법인명) 및 등록번호를 표시하여 작성된 잔고증명서이어야 한다

(금융실명거래 및 비밀보호에 관한 법률 3조 1항, 2조 4호 및 동법 시행령 3조 2호). 납입기일까지 주금의 납입이 가능하기 때문에(상법 제423조 1항 및 2항) 잔고증명서는 납입기일을 증명일자로 하여 납입기일 이후로 발급받은 것이어야 하고, 신주의 인수인은 그 인수한 각주에 대한 인수가액의 전액을 납입하여야 하기 때문에(상법 제421조) 잔고증명서상에 기재된 금액은 실제로 인수 및 납입이 이루어져 신주발행의 효력이 발행한 주식의 발행가액의 총액과 일치하거나 초과하는 금액이어야 한다.

신주발행으로 인한 변경등기의 신청서에는 납입금 보관증명서나 검사보고서 또는 감정서(현물출자의 경우)를 첨부하여야 하나 기업구조조정촉진법은 채권금융기관이 기업의 구조조정을 위하여 부채를 출자전환할 수 있는 것을 전제로 하고 있으므로 이 경우에는 위 첨부서면 대신 제960호(1999. 1. 25.자)에서 정한 서면으로 갈음할 수 있다. 그러나 위 경우 이외에 일반적으로 주식회사의 주주에 대한 채무를 자본으로 전환하는 주식회사와 주주 사이의 "공증받은 출자전환 합의서"는 위 납입금 보관증명서나 검사보고서 또는 감정서에 갈음할 수 없다(상업등기선례 1-211, 2003. 7. 16. 공탁법인 3402-169 질의회답).

(마) 상법 제421조제2항에 따른 상계가 있는 경우에 그 상계를 증명하는 서면(상업등기규칙 제133조 제5호)

신주의 인수인은 회사의 동의하에 납입채무와 주식회사에 대한 채권을 상계하는 경우에는 그 상계를 증명하는 서면을 첨부하여야 한다.

개정상법은 주주의 납입금에 관하여 회사와의 상계(相計)를 금지하도록 규정하고 있는 상법 제334조를 삭제하고 제421조 제2항을 신설하여 신주의 인수인은 회사의 동의하에 채권을 상계할 수 있도록 하였다. 따라서 회사에 대하여 채권으로 상계처리하여 납입에 갈음할 수 있다. 납입의무의 상계금지는 자본충실을 도모하고 회사의 채권자를 보호하려는 것으로 동 규정은 회사설립시의 주식발행뿐만 아니라 회사성립 후 신주발행의 경우에도 적용된다.

(바) 현물출자에 대한 검사인의 조사보고서와 그 부속서류 또는 감정인의 감정서와 그 부속서류(상업등기규칙 제133조 제6호)

검사인의 조사보고서 또는 감정인의 감정서는 법원에 제출하여 그 부본 표지여백에 법원의 심사결과가 기재되고, 재판장의 기명날인이 된 것으로서 법원으로부터 송달받은 부본이어야 한다.

외국투자가가 자본재를 현물출자하는 경우에는 외국인투자촉진법 제30조 제3항의 규정에 의하여 관세청장이 현물출자의 이행과 그 목적물의 종류·수량·가격 등을 확인한 현물출자완료확인서가 비송사건절차법 제203조 제5호의 규정에 의한 검사인의 조사보고서로 간주되는 것이므로, 등기 신청서에 관세청장 발행의 현물출자완료확인서 외에 별도로 검사인의 조사보고서를 첨부할 필요는 없으며, 관세청장이 발행한 현물출자완료확인서의 내용을 법원에 보고할 필요도 없다(등기선례6-631, 1999. 3. 10. 등기 3402-242 질의회답).

(사) 검사인의 조사보고에 관한 재판이 있은 때에는 그 재판의 등본(상업등기규칙 제133조 제7호)

현물출자와 관련하여 변경등기신청서에 첨부되는 검사인·공증인의 조사보고서 또는 감정인의 감정서를 법원이 송달하는데 신주발행으로 인한 변경등기신청서에 그 재판의 등본을 첨부하여야 한다(등기예규 제979호 1999. 06. 26 제정).

(아) 신주발행에 관한 이사회의사록 또는 주주총회의사록과 정관

신주발행의 결정은 원칙적으로 이사회의 결의에 의하는 것이므로(상법 제416조), 그 의사록만 첨부하면 되나, 정관의 규정에 의하여 이를 주주총회의 결의로 결정한 때에는 그 주주총회 의사록과 정관을 첨부하여야 한다(상업등기규칙 제128조 제2항).

(자) 대리인에 의하여 신청할 때에는 그 권한을 증명하는 서면

대리인에 의하여 등기를 신청하는 때에는 신청서에 그 권한을 증명하는 서면을 첨부하여야 한다(상업등기규칙 제52조).

(차) 허가서 또는 인증있는 등본

신주발행에 관하여 관청의 허가를 필요로 하는 사항의 등기를 신청하는 때에는 신청서에 관청의 허가서 또는 그 인증이 있는 등본을 첨부하여야 한다(상업등기규칙 제52조).

주식회사의 설립이나 신주발행에 있어서 외국인투자(외국인투자 촉진법 제2조 제1항 제4호 가목, 외국인투자 촉진법 시행령 제2조 제2항)를 하려는 경우 미리 지식경제부장관에게 신고하여야 할 것이지만(외국인투자 촉진법 제5조), 당해 신고는 등기할 사항(주식회사의 설립이나 신주발행)의 효력요건에는 해당하지 아니하므로 등기신청서에 외국인투자신고서를 첨부할 필요가 없다(상업등기선례201103-1, 2011. 3. 7. 사법등기심의관-521 질의회답).

(카) 정관, 법원의 허가서, 총주주나 종류주주 전원의 동의서(상업등기규칙 제128조)

① 정관

신주발행의 결정은 원칙적으로 이사회의 결의에 의하는 것이므로(상법 제416), 그 의사록만 첨부하면 되나, 정관의 규정에 의하여 이를 주주총회의 결의로 결정한 때와, 주주에게 신주인수권을 부여하지 않은 경우에는 정관을 첨부하여야 한다.

② 법원의 허가서(인가서)

액면미달의 신주를 발행한 경우(상법 제417조)와 주식납입금의 보관증명을 한 은행 기타 금융기관이 주식청약서 등에 기재된 납입을 맡을 은행 기타 금융기관과 상이한 경우에 법원의 허가서(인가서)를 첨부한다(상법 제306조, 제425조).

(3) 등록면허세 등

(가) 등록면허세

불입한 금액 또는 출자가액의 4/1000의 금액의 등록면허세(지세법 제28조 제1항제6호)와 등록면허세의 20/100의 지방교육세를 납부하고, 이를 증명하는 서면을 첨부하여야 한다. 다만, 대도시에서 설립한 회사 또는 대도시로 전입한 회사가 설립 또는 전입후 5년 내에 신주의 발행을 한 경우에는 위 등록면허세율의 3배 중과한다(지세법 제28조 제2항).

자본금의 증가에 따른 증자등기 시에 액면주식 1주의 금액, 발행한 주식의 총수, 발행주식의 총수와 그 종류 및 각각의 수가 변경되거나 회사가 발행할 주식의 총수가 부족하여 그 변경등기도 같은 신청서에 의해 함께 신청하는 경우 증자등기에 필요한 등록면허세 및 지방교육세만을 납부하면 된다(등기예규 제1038호). 등록면허세가 조세특례제한법과 지방세법에 의하여 감면되는 경우에는 “농어촌특별세”를 납부하여야 한다. “농어촌특별세”는 등록면허세액의 20/100이다.

(나) 수수료

서면제출의 경우 수수료는 6,000원이고, 이폼신청 4,000원, 전자신청의 경우 2,000원이다.

(4) 공증수수료

현물출자가 있는 경우에는 발기설립이나 모집설립을 가리지 않고 정관을 인증 받아야 한다. 공증절차를 마치면 정관 및 각 의사록에 따른 인증서를 내어주는데 이를 첨부하여 등기소에 제출한다.(구체적 공증절차는 194면 참조).

3. 신청서 사례

[서식] 주식회사 변경등기(개인기업과 기존법인의 통합, 부동산현물출자)

주식회사 변경등기신청

<table>
<tr><td rowspan="2">접 수</td><td>년 월 일</td><td rowspan="2">처리인</td><td>등기관확인</td><td>각종통지</td></tr>
<tr><td>제 호</td><td></td><td></td></tr>
</table>

<table>
<tr><td>상 호</td><td>주식회사 케이에스지</td><td>등기번호</td><td>123456</td></tr>
<tr><td>본 점</td><td colspan="3">서울 관악구 신림동 123-4 ○○빌딩 1층</td></tr>
<tr><td>등 기 의 목 적</td><td colspan="3">발행할 주식 총수 변경 및 신주발행으로 인한 변경등기</td></tr>
<tr><td>등 기 의 사 유</td><td colspan="3">중소기업간의 통합에 의하여 20○○년 월 8일 임시주주총회에서 발행예정 주식의 총수를 변경하고 같은날 이사회에서 현물출자 자에게 신주식 69,900주 발행을 결의하고 20○○년 ○월 24일 그 납입이 완료되어 발행주식의 총수와 그 종류 및 각각의 수, 자본금의 액이 변경되었으므로 그 등기를 구함.</td></tr>
<tr><td colspan="4">등 기 할 사 항</td></tr>
<tr><td>변경 후의 발행예정 주식 총수</td><td colspan="3">3,000,000주 보통주식
20○○년 ○월 23일 변경</td></tr>
<tr><td>발행주식의 총수, 그 종류와 각종 주식의 내용과 수</td><td colspan="3">79,900주 보통주식
20○○년 ○월 23일 변경</td></tr>
<tr><td>자본금의 액36)</td><td colspan="3">금 9,416,600,000원
20○○년 ○월 23일 변경</td></tr>
<tr><td>기 타</td><td colspan="3"></td></tr>
</table>

36) 개정 상법(2012. 4. 15시행)은 “자본의 총액”을 “자본금의 액으로 개정하였다.

<table>
<tr><td colspan="7">신청등기소 및 등록면허세/수수료</td></tr>
<tr><td rowspan="2">순번</td><td rowspan="2">신청등기소</td><td rowspan="2">구분</td><td>등록면허세</td><td rowspan="2">농어촌
특별세</td><td rowspan="2">세액합계</td><td rowspan="2">등기신청
수수료</td></tr>
<tr><td>지방교육세</td></tr>
<tr><td rowspan="2"></td><td rowspan="2"></td><td rowspan="2">유상
증자</td><td>금37,466,400원</td><td rowspan="2"></td><td rowspan="2">금44,959,680원</td><td rowspan="2">금 6,000원</td></tr>
<tr><td>금 7,493,280원</td></tr>
<tr><td colspan="3" rowspan="2">합 계</td><td></td><td rowspan="2"></td><td rowspan="2"></td><td rowspan="2"></td></tr>
<tr><td></td></tr>
<tr><td colspan="4">등기신청수수료 납부번호</td><td colspan="3"></td></tr>
<tr><td colspan="3">과 세 표 준 액</td><td colspan="4">유상증자 금9,366,600,000원</td></tr>
<tr><td colspan="7">첨 부 서 면</td></tr>
<tr><td colspan="4">1. 정관 통
1. 이사회의사록 또는 주주 총회의사록 통
1. 주식의 인수를 증명하는 서면 통
1. 검사인의 조사보고서 및 그 부속서류 통
1. 현물출자증서 통</td><td colspan="3">1. 주금납입보관증명서 통
1. 현물출자재산인수증 통
1. 등록면허세영수필확인서 통
1. 위임장(대리인이 신청할 경우) 통
<기 타></td></tr>
<tr><td colspan="7">20○○년 ○월 ○일
신청인 상 호 주식회사 케이에스지
본 점 서울 관악구 신림동 123-4
대표이사 성 명 김 동 호 (인) (전화 : 123-4567)
주 소 서울특별시 ○○구 ○○로 ○-○
대리인 성 명 법무사 ○○○ (인) (전화 : 234-5678)
주 소 서울 종로구 낙원동 789-10
○○지방법원 ○○등기소 귀중</td></tr>
</table>

- 신청서 작성요령 및 등기수입증지 첨부란 -
1. 해당란이 부족할 때에는 별지를 이용합니다. 1. 해당 등기신청과 관계없는 사항에 대하여는 “해당없음”으로 기재하거나 삭제하고, 필요한 사항은 추가 기재합니다.

(용지규격 21㎝× 29.7㎝)

※ 이 사례는 조세특례제한법 제31조에 의하여 개인기업을 기존법인이 흡수통합하고, 현물출자에 따른 신주식 발행을 결의한 사례이다.

[서식] 위임장(등기소 제출용)

위 임 장

법무사 ○○○

서울 서초구 서초동 789-10

전화 000-0000 팩스 000-0000

본인은 위 사람을 대리인으로 정하고 다음의 권한을 위임함.

다 음

본 회사와 개인기업 ○○간의 통합에 따른 현물출자에 의한 자본금을 증자함에 있어 신주발행으로 인한 변경등기 신청서의 작성 및 제출, 취하에 관한 일체의 행위

20○○. . .

신청인 주식회사 케이에스지

서울 관악구 신림동 123-4

대표이사 김 동 호

서울특별시 ○○구 ○○로 ○-○

※ 이 위임장은 주식회사 설립등기 대리의 권한을 법무사에게 위임하는 서류로써 등기소에 제출하는 서류이다.

[서식] 임시주주총회 의사록

임시주주총회 의사록

20○○년 월 일 시
본점 회의실에서 다음과 같이 임시주주총회를 개최하다.

주주총수	2 명	발행주식총수	10,000 주
출석주주수	2 명	이의 주식수	10,000 주

대표이사 김동호는 정관규정에 따라 의장석에 등단하여 위와 같이 법정수에 달하는 주주가 출석하였으므로 본 총회가 적법하게 성립되었음을 알리고 개회를 선언한 후 다음의 의안을 부의하고 심의를 구하다.

제1호 의안 중소기업간 통합의 건
의장은 본 회사에서 임차하고 있는 본점 소재지의 토지 소유기업 토정빌딩(대표자 김영삼)과 회사와의 중소기업간 통합의 필요성을 설명하고 이의 가부를 물은 바, 조세특례제한법 제31조 및 동법 시행령 제28조의 절차에 따라 아래와 같이 개인기업인 토정빌딩과 회사간 통합하기로 찬성하여 이를 가결하다.

통합 중소기업		통합기준일	근거규정
(주)케이에스지 대표이사 김동호	토정빌딩 대표자 김영삼	20○○. .	조세특례제한법 제31조 및 동법 시행령 제28조

제2호 의안 정관일부변경의 건
의장은 본회사가 발행할 주식에 관한 정관규정을 아래와 같이 변경할 필요가 있다고 설명하고 그 가부를 물은 바, 전원 이의 없이 이를 찬성하여 만장일치로 승인 가결하다.

정관 제6조 : 별첨과 같음

이상으로서 금일 총회의 목적인 의안 전부를 심의 종료하였으므로 의장은 폐회를 선언하다. 때는 11:30

위 의사의 경과요령과 결의를 명확하게 하기 위하여 이 의사록을 작성하고 의장과 출석한 이사가 다음에 기명날인하다.

20○○ 년 월 일

주식회사 케이에스지
의장(대표이사) 김 동 호
사내이사 이 철 수
사내이사 이 동 명

[별첨] 정관 신구대조표

변경전 정관	변경후 정관
제5조(발행예정주식의 총수) 이 회사가 발행할 주식의 총수는 200,000주로 한다.	제5조(발행예정주식의 총수)------ -------총수는 1,000,000주로 한다.

[서식] 통합계약서

통합계약서

갑 : ○○사
○○시 ○구 ○○로○길 ○, ○호(○○동)
대 표 : ○○○

을 : ○○주식회사
○○시 ○구 ○○로○길 ○, ○호(○○동)
대표이사 : ○○○

"갑" 과 "을"은 조세특례제한법 제31조 규정에 의하여 다음과 같이 통합하기로 계약을 체결한다.

제1조(목적)
"갑" 이 운영하고 있는 개인기업 ○○사의 자산 및 부채를 포괄하여 "을" 에게 현물출자 함으로서 부가가치세법 제10조 제9항의 규정에 의한 사업의 포괄양도를 하고, 조세특례제한법 제31조의 통합 규정에 의한 조세특례를 받기 위함에 있다.

제2조 (포괄적양도 및 사업승계)
① "갑" 이 운영하고 있는 개인기업 ○○사의 자산 및 부채를 "을" 이 포괄적으로 승계한다.
②사업양도양수일 현재 갑과 거래중인 모든 거래처는 "을"이 인수하여 계속 거래를 보장하도록 한다.

제3조(현물출자의 대상물)
"갑" 의 명의로 되어있는 다음 각호의 부동산 및 일체의 자산 및 부채를 말한다.
1. 서울 ○○구 ○○로 ○-○(토지, 건물)
2. 그 외 일체의 자산, 부채

제4조(현물출자 가액 및 평가)

①20○○년 ○월○일을 현물출자의 기준일로 하여 "갑"의 장부상 자산총액과 부채총액을 현물출자하기로 한다.

②현물출자 평가 및 자산, 부채의 가액결정은 다음과 같이 정한다.

1. 토지, 건물 등 유형자산은 공인감정평가사의 감정평가액으로 평가한다.

2. 위 유형자산을 제외한 자산, 부채는 공인회계사의 감정보고서에 의하며, 사업용 자산총액에서 차감될 부채총액은 공인회계사의 감정보고서에 의한 부채 잔액으로 한다.

제5조(현물출자 자에 대한 대가)

"갑"이 "을"에게 제3조의 재산을 현물출자 함에 따라 "을"은 제4조에 의하여 계산된 금액에 상당하는 주식을 "갑"에게 교부하여야 한다.

제6조(출자의 이행)

"갑"은 현물출자를 이행하기 위하여 상법 제295조 제2항에 정한 바에 따라 현물출자 대상 개인기업 ○○사의 점유를 신설회사에게 이전하고 소유권의 이전에 관한 일체의 서류를 신설회사에게 인도한다.

제7조(종업원)

"을"은 갑의 전 종업원을 계속 근무케 함은 물론 종업원들과의 개별 고용계약 및 단체협약상의 사용자로서의 모든 권리, 의무를 사업양도양수 이행 일에 신설회사에 이전하며 신설회사는 이를 승계한다.

제8조(비용부담) 갑은 사업양수일 이전에 발생한 제세공과금(국세 및 지방세 포함) 일체를 책임지며, 을은 갑의 사업양도에 따른 비용전부를 부담키로 한다.

제9조(협조의무) 갑은 본 계약 체결후 사업인수를 완료할 때까지 그 재산의 관리 운영에 있어 선량한 관리자의 주의를 게을리 하지 말 것이며, 또한 정상의 거래를 제외하고 재산에 영향을 미치는 중요한 사항에 관하여는 을의 사전승인에 의하도록 한다.

제10조(계약의 효력) 이 계약은 20○○년 ○월 ○일부터 효력이 발생한다.

이상으로 위와 같이 계약을 체결하고 계약서 4통을 작성, 서명 날인 후 "갑"과 "을"이 각각 1통씩 보관하고 나머지는 현물에 관한 소유권이전등기 시 사용하기로 한다.

20○○ 년 월 일

갑 : ○○사
대 표 : ○○○ (인)

을 : ○○주식회사
대표이사 : ○○○ (인)

○ 개인기업을 법인에 현물출자 하고자 하는 개인사업주와 법인중소기업의 대표자가 조세지원 혜택을 받을 수 있도록 작성하여야 한다.

○ 유형자산에 대하여는 공인된 감정인의 감정을 받아야 하지만, 유형자산을 제외한 자산과 부채에 대하여는 공인회계사의 회계를 받아야 한다.

[서식] 이사회의사록

이 사 회 의 사 록

20○○년 월 일 10시 본 회사 본점회의실에서 다음과 같이 이사회를 개최하다

이사총수	3 명	출석이사수	3 명
감사총수	1 명	출석감사수	1 명

대표이사 김동호는 정관규정에 따라 의장석에 등단하여 위와 같이 출석하였으므로 본이사회는 적법하다고 고하고 이어 다음의 의안의 심의를 구하다.

제1호 의안 : 중소기업간 통합의 건

대표이사 김동호는 회사에서 임차하고 있는 본점 소재지의 토지 소유기업 토정빌딩(대표자 김영삼)과 회사와의 중소기업간 통합의 필요성을 설명하고 이의 가부를 물은 바. 조세특례제한법 제31조 및 동법 시행령 제28조의 절차에 따라 아래와 같이 회사와 토정빌딩간 통합하기로 찬성하여 이를 가결하다.

통합 중소기업		통합기준일	근거규정
(주)케이에스지 대표이사 김동호	토정빌딩 대표자 김영삼	20○○. .	조세특례법 제31조 및 동법 시행령 제28조

제2호 의안 : 현물출자에 의한 신주발행의 건

대표이사 김동호는 전 제1호 의안의 통합절차로서 토정빌딩의 대표자 김영삼이 보유한 토지를 회사에 현물출자할 필요성을 설명하고, 그 가부를 물은바, 전원 이의없이 아래와 같이 현물출자 자에게 신주식을 발행하기로 찬성하여 이를 가결하다.

1. 신주식의 종류와 수 : 기명식 보통주식 69,900주
2. 신주식의 액면가액 : 1주당 5,000원

3. 납입기일 : 20○○년 월 일
4. 신주식의 인수방법 : 현물출자자인 김영삼이 전체를 인수함.
5. 주금납입 방법 : 김영삼은 현물 및 현금으로 납입한다.
6. 주금납입 은행 : 은행 지점
7. 현물출자내역 및 현금납입내역
   가. 현물출자자 : 김영삼
   나. 현물출자 목적재산 및 가격

출자재산	평가액(원)	출자주식수 (액면가액)	출자가액(원)
1. 토지 ○○시 ○○구 ○○동 ○-○ 1574-15 대 348,9 ㎡ 2. 선납세금 3. 부가세대급금 4. 현금	대지평가금액: 금11,164,800,000원 금 1,510,000원 금 8,000원 금 282,000원 평가금액 합계 금11,166,600,000원 임대보증금차감 금 1,800,000,000원 순자산가액 금 9,366,600,000원	69,900주 (액면가액: 금5,000원) (할증발행 1주당가격: 금134,000원)	출자금액: 금9,366,600,000원

   다. 현금 출자자 : 김영삼
   라. 현금납입내역 :
      주주 김영삼은 금282,000원을 □□□ 은행 ◎◎◎ 지점에 납부한다.
   마. 이에 대하여 부여한 주식의 종류와 수 :
      보통주식 69,900주 전체를 김영삼에게 부여한다.
   바. 기타 신주의 발행에 필요한 절차 사항 등은 대표이사에게 일임함.

이상으로 금일 의안이 전부 심의종료 하였음을 고하고 10:30 폐회를 선언하다.

위 결과를 명확히 하기 위하여 본 의사록을 작성하고 의장과 출석한 이사 및 감사 전원 아래에 기명날인 한다.

20○○년 6월 ○○일

주식회사 케이에스지

의장(대표이사) 김 동 호

사내이사 이 철 수

사내이사 이 동 명

[서식] 현물출자 조사보고서 인가신청

현물출자 조사보고서 인가신청

사 건 명 20　　　　현물출자 조사보고서 인가신청

사건본인 주식회사 케이에스지
○○시 ○○구 ○○로 ○-○ 토정빌딩 1층 1호실
대표이사 김 동 호

신 청 인 김 동 호 (000000-0000000)
주소 : ○○시 ○○구 ○○로 ○-○
(송달장소: ○○시 ○○구 ○○로 ○-○)
(송달영수인: 법무사 ○○○)

감 정 인 ○○회계법인
공인회계사 ○○○
○○시 ○○구 ○○로 ○-○ 00빌딩 501호
전화번호: 02-000-0000

현물출자 할 재산의 표시

1. 토지(○○시 ○○구 ○○동 ○-○ 1574-15 대 348.9㎡)
   감정가액:11,164,800,000-임대보증금:1,800,000,000=금9,364,800,000원
2. 선납세금　　금 1,510,000원
3. 부가세금　　금 8,000원
4. 현금 합계　　금 282,000원

합계 금9,366,600,000원

신 청 취 지

주식회사 케이에스지가 증자함에 있어서 상법 제422조에 의하여 김영삼이 현물출자하는 부동산과 현물을 ○○회계법인 공인회계사 ○○○의 조사보고서에 기재한 바와 같은 감정결과와 김영삼이 현물출자한 내용을 보고하오니 확인하여 주시기 바

랍니다.

신 청 원 인

1. 신청인 김동호는 주식회사 케이에스지가 자본증자함에 있어서 김영삼이 소유하고 있는 현물을 상법 제422조에 따라 자본증자금 9,366,600,000원에달하는 현물출자를 결의하고 상기 기재 부동산을 20○○년 월 일 사건본인에게 인도하기로 하였으며, 이전등기에 필요한 서류는 구비하여 주기로 하고 별첨 현물출자 계약서(증서)와 같이 약정서를 작성하고 공히 1부씩 보관하기로 하였으며, 차액 현금은 부동산인도기일에 납입하기로 하였습니다.
이중 부동산에 대하여는 미리 그 부동산의 감정을 (주) ○○감정평가법인 감정평가사 ○○○에게 의뢰하여 20○○년 월 일 별첨 감정평가서와 같이 평가를 받았으므로 귀 법원에 이의 확인을 위하여 본 신청에 이르렀습니다.

2. 현물출자자의 표시
   1) 현물출자자 : 김 영 삼 (000000-0000000)
      주 소 : ○○시 ○○구 ○○로 ○-○
      전화번호 : 010-0000-0000

   2) 현물출자할 재산의 표시 :
      1. 토지(○○시 ○○구 ○○동 ○-○ 대 348.9㎡)
      감정가액:11,164,800,000-임대보증금:1,800,000,000=금9,364,800,000원
      2. 선납세금 금 1,510,000원
      3. 부가세대급금 금 8,000원
      4. 현금 합계 금 282,000원
      합계 금9,366,600,000원

   3) 현물출자자에게 부여하는 주식의 종류와 수
      보통주식 69,900주

3. 위 재산을 감정평가한 감정인의 표시
   공인회계사 ○○○

○○시 ○○구 ○○로 ○-○신일빌딩 501호
전화번호: 02-563-0000

위 감정을 위하여 조사된 감정평가서 등은 별첨과 같은바 이를 상법 제290조, 제299조의2 및 대법원 재판예규 제719호에 의하여 본점 소재지를 관할하는 귀 법원에 보고하오니 인가하여 주시기 바랍니다.

첨 부 서 류

1. 정관사본 1통
2. 주식청약서 1통
3. 현물출자계약서(증서) 사본 1통
4. 현물출자재산인도증 사본 1통
5. 감정인조사보고서 1통
6. 감정평가서 1통
7. 주주총회 의사록 1통
8. 이사회 의사록 1통
9. 부동산등기부 등본 1통
10. 주주명부 1통
11. 법인등기부등본 1통
12. 위임장 1통

20○○년 월 일

위 신청인 김 동 호

위 대리인 법무사 ○○○
○○시 ○○구 ○○로 ○-○

서울중앙지방법원 귀중

※ 신주발행조사보고 인가신청에 대한 설명은 634면 "현물출자에 대한 감정" 참조

[서식] 주식청약서

주 식 청 약 서	
상 호	주식회사 케이에스지
인수할주식수	69,900주
금 액	금9,366,600,000원
1 주의 금액	금5,000원
귀 회사 정관과 이청약서에 기재한 사항을 승낙하고 주식을 청약합니다. 20○○년 10월 1일 주식청약인 김영삼 주식회사 케이에스지 귀중	
상 호	주식회사 케이에스지
회사가 발행할 주식의 총수	3,000,000주
1주의 금액	금 5,000원정
신주식의 종류와 수	보통주식 69,900주
신주식의 발행가액	금5,000원
납입기일	20○○. 7월. 16일
납입을 받을 금융기관과 납입장소	현물출자이므로 당회사사무실에서 부동산소유권이전에 관한 일체의 서류를 받음
신주식의 인수방법	현물출자자인 김영삼이 전체를 인수함
신주식발행의 결의 년월일	20○○년 월 일

○ 주주의 모집을 위한 주식청약서용지는 발기인이 작성하고(상법 제302②), 이 청약서에는 상법 제289조제1항과 제290조에 게기한 사항 등 10개항의 사항을 기재해야 한다. 주식인수의 청약을 하고자 하는 자는 주식청약서 2통에 인수할 주식의 종류, 수 및 주소를 기재하고 기명날인 또는 서명하여야 하며, 발기인에 대하여 한다(상법 제302①).

○ 주식인수의 청약에 대하여 발기인은 모집주식총수의 범위 내에서 주식의 배정을 하게 된다. 발기인은 배정방법은 미리 공고하지 않은 이상 어떠한 주식청약자에 대하여 몇 주를 인수시킬 것인가를 자유로이 정할 수 있다.

[서식] 구 주주명부

<table>
<tr><td colspan="5">주 주 명 부</td></tr>
<tr><td>주 주</td><td>주 소</td><td>인수 주식수</td><td>1주 금액</td><td>납 입 금 액</td></tr>
<tr><td>김 동 호</td><td>○○시 ○○구 ○○로 ○-○</td><td>4,000주</td><td>5,000원</td><td>20,000,000</td></tr>
<tr><td>김 용 준</td><td>○○시 ○○구 ○○로 ○-○</td><td>3,000주</td><td>5,000원</td><td>15,000,000</td></tr>
<tr><td>김 민 주</td><td>○○시 ○○구 ○○로 ○-○</td><td>3,000주</td><td>5,000원</td><td>15,000,000</td></tr>
<tr><td></td><td></td><td></td><td></td><td></td></tr>
<tr><td></td><td></td><td></td><td></td><td></td></tr>
<tr><td></td><td></td><td></td><td></td><td></td></tr>
<tr><td>합 계</td><td></td><td>10,000주</td><td>금5,000원</td><td>금50,000,000원</td></tr>
<tr><td colspan="5">위 주주명부는 본사에 비치된 주주명부와 대조하여 틀림이 없음을 증명합니다.
20○○년 9월 6일</td></tr>
<tr><td colspan="5">상 호 주식회사 케이에스지
본점주소 서울특별시 ○○구 ○○로 ○-○
대표이사 김 동 호</td></tr>
</table>

[서식] 신 주주명부

주주명부				
주 주	주 소	인수 주식수	1주 금액	납 입 금 액
김 동 호	○○시 ○○구 ○○로 ○-○	4,000주	5,000원	20,000,000
김 용 준	○○시 ○○구 ○○로 ○-○	3,000주	5,000원	15,000,000
김 민 주	○○시 ○○구 ○○로 ○-○	3,000주	5,000원	15,000,000
김 영 삼	○○시 ○○구 ○○로 ○-○	69,900주	5,000원	9,366,600,000
합 계		79,900주	금5,000원	금 9,416,600,000 원
위 주주명부는 본사에 비치된 주주명부와 대조하여 틀림이 없음을 증명합니다. 20○○년 9월 6일				
상 호 주식회사 케이에스지 본점주소 서울특별시 ○○구 ○○로 ○-○ 대표이사 김 동 호				

[서식] 현물출자 재산인도증

현물출자 재산인도증

1. 상　　　　　　　호 : 주식회사 케이에스지
1. 인수할 주식의 종류와 수 : 보통주식 69,900주
1. 위　　　총　　　액 : 금 8.866,600,000원
1. 1 주 의 금　　　액 : 금 5,000원(할증발행 1주당 가격:금134,000원)

본인은 20○○ 년 월 일 위의 주식을 인수하고 아래의 부동산 등을 현물출자하였으므로 그 출자재산을 귀사에 확실히 인도함과 동시에 상법 제259조 제2항 소정의 일체의 서류를 이에 교부합니다.

-아　래-

1. 토지(○○시 ○○구 ○○동 ○-○ 대 348.9㎡)
   감정가액:11,164,800,000-임대보증금:1,800,000,000=금9,364,800,000원
2. 선납세금　　　금　1,510,000원
3. 부가세대급금　　　금　8,000원
4. 현금 합계　　　금　282,000원

합계 금8.866,600,000원

2012년　월　일

현물출자자　김 영 삼
○○시 ○○구 ○○로 ○-○

주식회사 케이에스지　귀중

[서식] 감정결과보고서(현물출자에 대한)

감 정 결 과 보 고 서

서울중앙지방법원 귀중

사건본인 : 주식회사 케이에스지(대표이사 김동호)

신 청 인 : 김 영 삼 (주민등록번호 : 000000 - 000000)

주　　소 : ○○시 ○○구 ○○로 ○-○

감 정 인 : ○○ 회 계 법인

공인회계사 ○○○

○○시 ○○구 ○○로 ○-○신일빌딩 501호

전 화 번 호 : 02) 000-0000

위 신청인의 신청에 의하여 공인된 감정인 공인회계사 ○○○은 위 회사에 관하여 현물출자의 이행을 감정한 후 그 결과를 다음과 같이 법원에 보고하는 바입니다.

1. 사건본인의 회사의 개요

주식회사 케이에스지는 부동산을 임대하는 회사로서 신청인의 개인회사 토정빌딩(사업자 : 김영삼)의 사업용 자산·부채를 포괄적으로 현물출자하여 신주를 발행할 회사입니다.

위 회사가 발행할 유상신주는 69,900주이며, 이 중 현물출자에 의하여 발행할 주식수는 69,897주(1주의 금액 134,000원)로서 신청인 김영삼이 유상신주 전체를 인수하고자 합니다.

2. 현물출자하는 자의 성명·주소

김 영 삼 (주민등록번호 : 000000-0000000)

주　　소 : ○○시 ○○구 ○○로 ○-○

3. 감정의 목적

본 평가의 목적은 현물출자자 김영삼의 사업용 자산 · 부채를 평가하여 주식회사 케이에스지에 현물출자할 순자산의 현물출자가액을 산정하기 위한 것으로, 현물출자자인 김영삼이 영위하던 토정빌딩의 자산 중 유형자산인 토지는 주식회사 ○○감정평가법인이 감정하였으며, 본 감정인은 상기에서 언급한 토지 이외의 자산 및 부채를 평가하였습니다.

4. 감정사항

본 감정인은 토정빌딩의 현물출자목적물을 평가하기 위해 자산에 따라 실물확인 및 조회확인, 문서검증 등의 방법으로 평가하였으며, 재무제표상의 금액이 총계정원장 및 기타 회계기록과 상호 일치하는가도 확인하였습니다.

1) 본 감정인이 평가한 자산금액은 다음과 같습니다. (단위:원)

계 정 과 목	금 액(원)	비 고
1. 선납세금	1,510,000	
2. 부과세대금	8,000	
3. 토지	11,164,800,000	감정평가액
자산합계	11,166,318,000	

2) 본 감정인이 평가한 자산금액은 다음과 같습니다. (단위:원)

계 정 과 목	금 액(원)	비 고
1. 임대보증금	1,800,000,000	
부 채 합 계	1,800,000,000	

상기 감정결과 현물출자자인 김영삼의 토정빌딩 현물출자목적금액은 사업용 자산가액 금 11,166,318,000원에서 부채금액 금 1,800,000,000원을 차감한 금 9,366,318,000원이 순자산가액으로 산정되었습니다.

5. 현물출자를 하는 자의 성명과 그 목적인 재산의 종류 · 수량 · 가격과 이에 대하여 부여할 주식의 종류와 수

가. 현물출자하는 자의 성명, 주소

김 영 삼 (주민등록번호 : 000000-0000000)

주 소 : ○○시 ○○구 ○○로 ○-○

나. 현물출자의 목적인 재산의 종류와 수

위 재산은 재무상태표(대차대조표)의 자산 및 부채란에 게기할 수 있는 것으로 현물출자의 목적이 될 수 있으며 본인의 감정을 통하여 확인된 사항입니다.

다. 현물출자의 목적인 재산의 가액

현물출자의 목적물에 대하여 감정평가법인이 감정한 금액과 본인이 평가한 기타 자산의 평가합계액은 금 11,166,318,000원이고 부채금액은 금 1,800,000,000입니다. 구체적인 평가내역은 별첨1의 감사보고서에 기재된 바와 같습니다.

라. 현물출자자에게 부여할 주식의 종류와 수

현물출자자인 김영삼에게 부여할 주식은 기명식 보통주식 69,900주로 1주의 액면금액은 5,000원이며, 현물출자자의 출자금액은 9,366,600,000원으로 순자산가액 9,366,318,000원과의 차이 282,000원은 별도 현금으로 납입할 예정입니다.

6. 현물출자의 이행여부

현물출자자 김영삼이 현물출자하는 재산인 유형자산과 유형자산 이외의 자산 및 부채는 주식회사 케이에스지가 이를 승계하여 계속 사업을 영위할 것입니다.

-통합계약서 및 재산인도증 참조

이상과 같이 감정결과를 보고합니다.

첨부서류

1. 감사보고서
2. 감정평가서 2부 (주식회사 ○○감정평가법인)
3. 주식회사 케이에스지의 비상장주식 평가 보고서
4. 재산인도증

20○○년 6월 ○○일

○○회 계 법 인
공인회계사 ○○○
○○시 ○○구 ○○로 ○-○ 신일빌딩 501호

서울중앙지방법원 귀중

[서식] 회계에 대한 감사보고서

회계에 대한 감사보고서

20○○년 월 일 현재

목 차

회계에 관한 감사보고서(본문)

주식회사 케이에스지 귀하

20○○년 월 일

본 감사인은 토정빌딩의 20○○년 월 일 현재의 현물출자가액 감정을 위한 감사를 실시하였습니다.

이 감사를 실시함에 있어서 본 감사인은 한국의 회계감사기준을 준수하고 이를 적용하였으며, 유형자산 중 토지는 (주) ○○○감정평가법인의 20○○년 월 일자 감정평가서상의 금액을 기준으로 평가하였습니다.

본 감사인의 의견으로는 아래 계정잔액은 토정빌딩의 20○○년 월 일 현재의 현물출자가액을 적정하게 표시하고 있다고 인정합니다.

1. 자 산

계 정 과 목	금 액(원)	비 고
1. 선납세금	1,510,000	
2. 부과세대금	8,000	
3. 토지	11,164,800,000	감정평가액
자산합계	11,166,318,000	

2.부 채

계 정 과 목	금 액(원)	비 고
1. 임대보증금	1,800,000,000	
부 채 합 계	1,800,000,000	
3. 현물출자액(1-2)		
	9,366,318,000	

○○회 계 법 인
서울특별시 ○○구 ○○로 ○-○
공인회계사 ○○○

[서식] 선납세금

선납세금

20○○. . .

회사명 : 토정빌딩 (단위/원)

내 역	금 액	비 고
○○세무서1기분 부가세예정고지	1,510,000	
합 계	1,510,000	

[서식] 부가세대급금

부가세대급금

20○○. . .

회사명 : 토정빌딩 (단위/원)

내 역	금 액	비 고
4월분 기장수수료 부가세	8,000	
합 계	8,000	

[서식] 토 지

토 지

20○○. . .

회사명 : 토정빌딩 (단위/원)

감정법인 구 분	○○평가법인 감정가액	비 고
토지	11,164,800,00	
합 계	11,164,800,000	

[서식] 임대보증금

임대보증금

20○○. . .

회사명 : 토정빌딩 (단위/원)

내 역	금 액	비 고
(주)케이에스지	1,800,000,000	
합 계	1,800,000,000	

[서식] 주식평가 보고서

주식평가 보고서

주식회사 케이에스지
주주 및 이사회 귀중

20○○년 월 일

당 회계법인은 주식회사 케이에스지의 20○○년 월 일 현재의 주식 1주당 가액을 상속세 및 증여세법 제63조 제1항의 규정을 적용하여 평가하였습니다. 이 보고서는 회사가 제시한 회계자료를 근거로 작성된 것입니다.

상속세 및 증여세법령을 적용하여 평가된 주식회사 케이에스지의 20○○년 월 일 현재 1주당 평가액은 134,000원입니다.

이 보고서는 20○○년 월 일을 기준으로 주식회사 케이에스지의 상속세 및 증여세법상 1주당 평가액을 산정함에 있어 참고할 목적으로 작성된 것이므로 그 이외의 용도로는 사용할 수 없습니다.

첨부서류 : 1. 비상장주식평가조서(상증법)
2. 재무상태표 및 손익계산서

○○회 계 법 인
공인회계사 ○○○
○○시 ○○구 ○○로 ○-○
02) 000-0000 FAX) 02) 000-0000

[서식] 비상장주식 평가조서(상증법)

<table>
<tr><th colspan="4">비상장주식 평가조서(상증법)</th></tr>
<tr><td colspan="4">1. 평가대상 비상장법인 :</td></tr>
<tr><td>① 법인명</td><td>(주)케이에스지</td><td>③ 대표자</td><td>김동호</td></tr>
<tr><td>② 법인소재지</td><td colspan="3">○○시 ○○구 ○○로 ○-○</td></tr>
<tr><td>④ 1주당 액면가</td><td>5,000</td><td>⑤ 발행주식총수</td><td>10,000</td></tr>
<tr><td>⑥ 자본금</td><td>50,000,000</td><td>⑦ 사업개시일</td><td>-년-월-일</td></tr>
<tr><td>⑧ 평가기준일</td><td>20○○. .</td><td>⑨ 해산(합병)등기일</td><td>-</td></tr>
<tr><td colspan="4">2. 유사상장법인 비교평가방법 적용여부 검토 :</td></tr>
<tr><td colspan="4">3. 1주당 주식가액 평가</td></tr>
<tr><td colspan="3">⑩ 순자산가액</td><td>781,791,840</td></tr>
<tr><td colspan="3">⑪ 1주당 순자산가치 (⑩ / ⑤)</td><td>78,179</td></tr>
<tr><td colspan="3">⑫ 최근3년간 순손익액의 가중평균에 의한 1주당 순손익가치</td><td>220,040</td></tr>
<tr><td colspan="3">⑬ 1주당 순자산가치:순손익가치=3:2</td><td>134,924</td></tr>
<tr><td colspan="3">⑭ 평가액 결정</td><td>134,000</td></tr>
</table>

[서식] 순자산가치의 평가

평가기준일 년 월 일

순 자 산 가 액 계 산 서				
평가대상 법인명 : (주)○○○○○				
구 분 \ 평가기준일		20○○년	20○○년	20○○년
① 대 차 대 조 표 상 의 자 산 가 액		2.685.533.000	1,651.533.000	3,145.533.000
자산에 가산	② 평 가 차 액	0	0	0
	③ 법 인 세 법 상 유 보 금 액	0	0	0
	④ 유 상 증 자 등	0	0	0
	⑤ 기 타	0	0	0
자산에서 제외	⑥ 선 급 비 용 등	0	0	0
	⑦ 증 자 일 전 의 잉 여 금 의 유 보 액	0	0	0
가. 자 산 총 계(①+…⑤)－(⑥+⑦)		2.685.533.000	1,651.533.000	3,145.533.000
⑧ 대 차 대 조 표 상 의 부 채 액		0	0	0
부채에 가산	⑨ 법 인 세	0	0	0
	⑩ 농 어 촌 특 별 세	－	－	－
	⑪ 주 민 세	0	0	0
	⑫ 배 당 금 · 상 여 금	0	0	0
	⑬ 퇴 직 급 여 추 계 액	0	0	0
	⑭ 기 타	－	－	－
부채에서 제외	⑮ (제 준 비 금)	－	－	－
	⑯ (제 충 당 금)	0	0	0
	⑰ (기 타)	－	－	－
나. 부 채 총 계(⑧+…⑭)－(⑮+…⑰)		1,835.533.000	1,585.533.000	1,265.533.000
⑱ 영 업 권 포 함 전 순 자 산 가 액(가－나)		5.533.000	6,233.000	4.533.000
⑲ 영 업 권				
⑳ 순 자 산 가 액(⑱+⑲)				

[서식] 영업권의 평가

① 유형자산 : 공장, 건설기계, 자동차, 동산, 선박, 항공기, 광산 등
② 무형자산 : (지적재산권) 영업권, 특허권, 상표권 등 실용신안권, 사업중인 인터넷비지니스모델, 소프트웨어권, 저작권, 컨텐츠, 로얄티·프랜차이즈 수수료 평가 등
③ 영업권
- 기업의 신용도, 인적자원, 생산성, 영업조직력, 구매력, 기타 지리적 우위 등 동종의 타기업에 비해 초과적인 미래 경제적 효익을 창출할 것으로 기대되는 무형 자원의 집합인 영업권의 가치를 평가
④ 산업재산권(특허권, 상표권 등)
- 관계법률에 의하여 등록되어 일정기간동안 독점적 배타적으로 사용할 수 있는 특허권, 실용신안권, 의장권, 상표권의 가치를 평가
⑤ 인터넷 비지니스 모델
- 현재 사업을 영위하고 있는 인터넷비지니스모델을 평가
⑥ 소프트웨어
- 기업이 개발하여 활용하고 있는 다양한 컴퓨터프로그램(소프트웨어) 등 저작권의 대상이 되는 자산을 평가

- 재개발·재건축 관리처분 계획수립을 위한 종전 자산평가
- 재개발, 재건축 등 공동사업의 사업채산성 분석과 권리변환 및 권리조정에 관한 조사
- 보상액 산정기준에 대한 조사
- 부동산의 최유효이용에 관한 조사
- 토지(나지)의 최유효이용 분석
- 건물이 있는 토지의 최유효이용 분석
- 부동산 의사결정에 관한 조사
- 부동산 입지선정에 관한 조사
- 토지의 유효활용과 관련한 시장분석
- 부동산 투자분석, 개발사업 등의 타당성에 관한 조사
- 지가수준에 관한 조사
- 자산의 운용, 관리에 관한 조사
- 다양한 부동산 자산집합의 운용방안에 관한 조사
- 각종 빌딩의 효율적인 관리방안에 관한 조사
- 부동산의 가격 또는 임료산정에 관한 조사

[서식] 순손익가치의 평가

손순익계산서

평가대상법인 : ０ ０ ０ ０ 주식회사 　　　　평가기준일 : 20○○. 02.30

		2011	2012	20○○
결산서상 당기순이익		-6,000,000	3,000,000	3,500,000
순익금산입		30,000	100,000	200,000
순손실금산입		0	0	0
1. 각 사업년도 소득		-5,970,000	3,100,000	3,700,000
소득에 가산할 금액	① 국세. 지방세 과 오납에대한 환급금 이자	0	0	0
	② 기관투자자가 상장법인으로부터 받은 배당의 소득금액 (____%)	0	0	0
	③ 지주회사 수입배당금액	0	0	0
(가) 합 계 (①+②+③)		-5,970,000	3,100,000	3,700,000
소득에서 공제할금액	④벌금.과태료.과료.가산금과 체납비용처분비	20,000	35,000	80,000
	⑤순손실금에 포함되지 않는 공과금	0	0	0
	⑥법인세 총결정세액	0	120,000	150,000
	⑦농어촌특별세 총결정세액	0	0	0
	⑧주민세총결정세액	0	0	0
	⑨각 세법에 규정하는 징수불이행 납부세액	0	0	0
	⑩접대비의 순손실금 불산입액	0	0	0
	⑪접대비의 순손실금 불산입액의 특례	0	0	0
	⑫과다 경비등의 순손실금 불산입액	0	0	0
	⑬지급이자의 순손실금 불산입액	0	0	1,500,000
	⑭기부금의 순손실금 불산입액	0	0	0
	⑮차입금과 다법인의 지급이자 순손금 불산입액	0	0	0
	⑯소비성 광고선전비와 서비스 한도초과 금액	0	0	0
	⑰업무에관계없는 비용의 순손실금 불산입액	0	0	0
	⑱기타-재정경제부령이 정하는금액	0	0	0
(나) 공제할금액 합 계(④+~+⑱)		20,000	155,000	1,730,000
2. 순손익액 = (가)-(나)		-5,950,000	2,945,000	1,970,000
3. 사업년도말 주식수(혼산주식수)		20,000	20,000	20,000
4. 주당순손익액(2 / 3)		-5,550	2,945	1,970
5. 가중평균액 ((4.1+4.2+4.3)/6)		32,000		
6. 국세청장이 고시하는 이자율(10%)		0.10		
7. 최근 3년간 순손익액의 가중 평균액에의한 1주당가액(5/6)		320,000		

[별첨1] 재무상태표

재 무 상 태 표

20○○년 월 일 현재 (단위: 원)

과 목	금 액	
자 산	-	-
Ⅰ.유동자산		201,976,059
(1)당좌자산		201,976,059
현금및현금성자산	8,250,333	
보통예금	15,008,006	
선급비용	800,123	
단기투자자산	1,725,726	
법인세자산	7,007,896	
Ⅱ.비유동자산		1,193,514,621
(1)투자자산		1,000,064,731
투자부동산		500,000,000
(2)유형자산		2,193,449,890
1.토지		565,200,000
2.설비자산		520,469,800
(3)무형자산		-
영업권		-
(4)기타비유동자산		-
자산총계		3,786,661,906
부 채		
Ⅰ.유동부채		6,540,680
1.단기차입금		6,540,680
2.매입채무		3,225,226
Ⅱ.비유동부채		6,258,232,000
부 채 총 계		2,143,228,283
Ⅰ.자 본		65,552,555
자본금		2,568,541,22
Ⅱ.자본잉여금		56,002,100
이익잉여금(또는 결손금)		36,000,250
미처분이익잉여금(또는 미처리결손금)		1,643,433,623
자본총계		5,000,000
부채 및 자본 총계		1,643,435,000

[별첨2] 손익계산서

손익계산서

(단위 : 원)

계정과목	2011.1- 2011.12	2012.1- 2012.12	20○○.1- 20○○.12
	금 액	금 액	금 액
1. 매출액	563,333,333	630,000,000	480,000,000
2. 매출원가	0	0	0
제품매출(제조)원가	0	0	0
3. 매출총이익	563,333,,333	630,000,000	480,000,000
4. 판매비와 관리비	15,008,006		
급여	36,800,123	42,800,123	26,800,123
퇴직급여	1,725,726	2,500,000	3,000,000
복리후생비	7,007,896	53,000,000	3,080,000
임차료	85,000,000	93,514,621	87,000,555
접대비	6,000,000	5,064,731	3,252,000
감가상각비	7,200,000	7,000,000	5,000,000
무형자산상각비	0	0	0
세금과공과	0	5,200,000	0
광고선전비	1,850,000	2,469,800	2,400,000
연구비	0	0	0
경상개발비	0	0	0
5. 영업이익	33,555,090	54,000,0000	56,000,0000
6. 영업외수익	98,000,000	786,661,906	685,000,000
이자수익	0	0	0
외환차익	365,000	6,540,680	320,000
유형자산처분이익	264,000	540,680	856,000
7. 영업외 비용	64,000,2650	58,232,000	48,000,565
이자비용	63,551,2220	43,228,283	360,000,000
외환차손	258,000	163,433,623	365,000
8. 법인세차감전사업손익	568,000	365,000	962,000
9. 법인세비용	35,000,0000	23,435,000	25,000,0000
10. 당기순이익또는 당기순손실	86,010,000	78,000,555	84,004,000

[별첨3] 재무상태표

재 무 상 태 표

20○○년 월 일 현재 (단위: 원)

과 목	금 액		비 고
자 산			
Ⅰ.유동자산		201,976,059	
(1)당좌자산		201,976,059	
현금	8,250,333		
보통예금	15,008,006		
선급비용	800,123		
미수금	1,725,726		
가지급금	7,007,896		
Ⅱ.비유동자산		1,193,514,621	
(1)투자자산		1,000,064,731	
(2)유형자산		2,193,449,890	
1.토지		565,200,000	
2.건물		520,469,800	
(3)무형자산		–	
(4)기타비유동자산		–	
자산총계		3,786,661,906	
부 채			
Ⅰ.유동부채		6,540,680	
1.부가세예수금		6,540,680	
Ⅱ.비유동부채		6,258,232,000	
부채총계		2,143,228,283	
현물출자가액		1,643,433,623	
현금출자가액		5,000	
자본금		1,643,435,000	

[별첨4] 합계잔액시산표

표준합계잔액시산표

(년 월 현재) 단위: 원

회사명	주식회사 ○○○○○	사업자등록번호	과세기간	. . . 부터 . . . 까지
차 변		계 정 과 목	대 변	
잔 액	합 계		합 계	잔 액
3,785,325,000	6,851,200,600	< 유 동 자 산 >	626,520,220	6,851,200,600
568,552,000	365,255,000	< 당좌자산 >	526,520,220	365,255,000
568,552,000	365,255,000	현금과예금	326,520,220	365,255,000
3,250,000	6,851,200,600	매 출 채 권	226,520,220	
62,000,222	365,255,000	받 을 어 음	126,520,220	9,281,460,000
650,222	365,255,000	기 타	3,026,520,220	
76,223,111	9,281,460,000	<재고자산>	626,520,220	365,255,000
65,221,222	6,851,200,600	상품과제품	216,520,230	9,281,460,000
2,222,220	365,255,000	반제품및재공품	261,526,520	6,851,200,600
3,545,655		<비 유 동 자 산>	226,520,220	9,281,460,000
25,000,330	9,281,460,000	<투자자산>	236,26,530	365,255,000
2,256,000		<유형자산>	266,520,220	6,851,200,600
65,021,021	365,255,000	토 지	326,520,270	9,281,460,000
5,254,234	9,281,460,000	건 물	926,520,220	365,256,85
2,000,320		기계장치	726,520,240	1,200,6005,000
65,213	6,851,200,600	선 박	726,520,220	
2,000,000	365,255,000	공구·기구	826,520,250	6,851,200,600
251,222		차량운반구	826,520,220	365,255,000
85,255,141	365,255,000	기 타	126,520,220	
365,250	9,281,460,000	<무 형 자 산>		6,851,200,600
895,025	365,255,000	<기타비유동자산>	526,520,280	6,851,200,600
254,369,000	6,851,200,600	임차보증금	326,950,220	9,281,460,000
652,322,000		<유 동 부 채>		
15,456,021	365,255,000	매 입 채 무	6,851,200,600	9,281,460,000
125,120	9,281,460,000	지 급 어 음		365,255,000
125,123,000	6,851,200,600	단기차입금	26,520,220	9,281,460,000
26,520,220		미 지 급 금		365,255,000
	365,255,000	선 수 금	6,851,200,600	365,255,000
365,255,000		기 타		
	365,255,000	<비 유 동 부 채>	6,851,200,600	365,255,000
365,255,000		장기차입금		9,281,460,000
365,255,000		임대보증금		9,281,460,000
	6,851,200,600	퇴직급여충당부채	365,255,000	
9,281,460,000		제준비금		365,255,000
	365,255,000	기타충당부채	365,255,000	
9,281,460,000		기 타		9,281,460,000
365,255,000	365,255,000	<자 본>		5,255,000
		<손 익>	365,255,000	
9,281,460,000	365,255,000	매 출		
		매출원가		6,851,200,600
	9,281,460,000	제조원가	365,255,000	
9,281,460,000		판매비및관리비		6,851,200,600
	9,281,460,000	영업외수익		
6,851,200,600		영업외비용		9,281,460,000
6,851,200,600	6,851,200,600	당기순이익	6,851,200,600	6,851,200,600
896,000,000,000	896,000,000,000	합 계	896,000,000,000	896,000,000,000

210㎜×297㎜(일반용지 60g/㎡(재활용품))

[별첨5] 감정평가심의 인증서

감정평가 심의인증서

감정서번호 : 236-156-12354

담당평가사 :_□ □ □_

제 출 처 :__□□□□___________

발 의 처 :_주식회사일 경우(대표자제외 인으로한다)_____

평가목적 :_______현 물 출 자_______________

물건소재지 :_________________________________

감정평가금액 :_₩____2,789,0000,000________

✿. 심의 내용

-감정평가가격의 적정성

-감정평가방법의 적정성

-평가자료채택 및 기재내용의 적정성

-관련법규 및 재규정과의 적합성

-협약내용 및 협조사항의 이행

-기타 감정평가에 관련된 사항

본강정평가서는 우리 법인의 감정평가심의 위원회 규정에 따라 심의 하였으며 제 규정의 절차 및 방법에 따라 적정 하게 작성 되었음을 확인합니다.

감정평가심의 위원회 위원장 [인]

위 감정평가서는 우리 법인의 감정평가신의 위원회 규정의 심의 절차 및 방법에따라 공정하게 수행하였기에 본 심의 인증서를 발행합니다.

(주) 감정평가법인□□□ [인]

[별첨] (부동산)감정평가표

(부동산)감정평가표

<table>
<tr><td colspan="7">이 감정평가서는 감정평가에 관한 법규를 준수하고 감정평가이론에 따라 성실하고 공정하게 작성하였기에 서명날인합니다.
감 정 평 가 사 ○○○ (인)</td></tr>
<tr><td>감정평가액</td><td colspan="6">金________________ 整(₩ 2.376.546.300.000)</td></tr>
<tr><td>의 뢰 인</td><td colspan="3">김 박 사</td><td>감정평가 목적</td><td colspan="2">현물출자용</td></tr>
<tr><td>채 무 자</td><td colspan="3">–</td><td>제 출 처</td><td colspan="2"></td></tr>
<tr><td rowspan="2">소 유 자
(대상업체명)</td><td colspan="3" rowspan="2">(주) 대서양</td><td>기준가치</td><td colspan="2"></td></tr>
<tr><td>감정평가조건</td><td colspan="2"></td></tr>
<tr><td rowspan="2">목록표시 근거</td><td colspan="3" rowspan="2">등기사항전부 증명서</td><td>기준시점</td><td>조사기간</td><td>작성일</td></tr>
<tr><td></td><td></td><td></td></tr>
<tr><td></td><td colspan="2">공부(公簿)(의뢰)</td><td colspan="2">사 정</td><td colspan="2">감정평가액</td></tr>
<tr><td rowspan="6">종 별</td><td>종 별</td><td>면적또는수량(㎡)</td><td>종 별</td><td>면적또는수량(㎡)</td><td>단 가</td><td>금 액</td></tr>
<tr><td>토 지</td><td>586.5</td><td>토 지</td><td>586.5</td><td>18,500,000</td><td>1,082,250,000</td></tr>
<tr><td>건 물</td><td>10,376</td><td>건 물</td><td>10,376</td><td></td><td>2,630,000,000</td></tr>
<tr><td></td><td>이 하 여 백</td><td>——</td><td>——</td><td>——</td><td>——</td></tr>
<tr><td></td><td></td><td></td><td></td><td></td><td></td></tr>
<tr><td>합 계</td><td></td><td></td><td></td><td></td><td>3,712,250,000</td></tr>
<tr><td>심사확인</td><td colspan="6">본인은 이 감정평가서에 제시된 자료를 기준으로 성실하고 공정하게 심사한 결과 이 감정평가 내용이 타당하다고 인정하므로 이에 서명날인합니다.
심 사 자 : 감 정 평 가 사 ○○○(인)</td></tr>
</table>

[별첨] 감정평가액의 산출근거 및 결정의견

감정평가액의 산출근거 및 결정의견

Ⅰ. 대상물건 개요

본건은 ○○시 ○○구 ○○로 ○-○ 소재 "○○역(3호선)" 서측으로 인접한 부동산으로서, 일반거래(현물출자용)를 위한 감정평가 건임.

Ⅱ. 기준가치 및 감정평가조건 등

1. 기준가치

기준가치는 감정평가의 기준이 되는 가치로서, 본건의 경우 시장가치 즉. 통상적인 시장에서 충분한 기간 거래를 위하여 공개된 후 그 대상물건의 내용에 정통한 당사자 사이에 신중하고 자발적인 거래가 있을 경우 성립될 가능성이 가장 높다고 인정되는 대상물건의 가액(價額)을 기준으로 감정평가 하였음.

2. 기준시점

기준시점은 대상물건의 감정평가액을 결정하는 기준이 되는 날짜를 말하며, 감정평가에 관한 규칙 제9조 제2항 단서조항에 따라 귀 제시일자인 20○○년 월 일을 기준시점으로 정함.

3. 감정평가조건

없 음.

Ⅲ. ○○구 지역분석 현황

1. 사회적요인

가. 자연환경

· ○○구는 서울특별시 정남쪽에 위치하며 북측은 한강, 남측은 ○○산, ○○산, ○○산, ○○산 등으로 ○○시 및 ○○시와 경계를 이루고 있고, 동측은 ○○대로를 경계로 ○○구와 경계를 이루고 있으며, 서측은 ○○대로를 경계로 하여 ○○구 및 ○○구와 경계를 이루고 있는 서울의 최남단이며, ○○고속도로의 관문으로서

시가지는 대체로 구획정리가 완료된 대단위 아파트 등 공동주택이 밀집한 중산층 이상 주거지대를 형성하고 있으며 구 외곽은 개발제한구역으로서 녹지대를 형성하고 있으며 녹지대 일부에 위치한 자연부락은 취락구조 개선사업을 하여 전원주택이 형성된 지역으로서, 시가지가 잘 정비된 지역으로 구 전체면적의 52%가 GREEN BELT인 쾌적한 도시환경을 구비하고 있음.

나. 인문환경

◈ 인구 변동 분석(시군구 단위 인구변동 추이)

		2012년	20○○년	2012년		20○○년			
				7월	구성비	6월	7월	구성비	전년동월 대비*
이동자수 (천명, %)	계	8,227	8,127	575	100.0	542	560	100.0	-2.6
	시도내	5,564	5,523	392	68.1	367	377	67.3	-3.9
	시도간	2,662	2,605	183	31.9	175	183	32.7	0.1
이 동 률 (%, %p)	계	16.5	16.2	1.15	-	1.08	1.11	-	-0.04
	시도내	11.2	11.0	0.78	-	0.73	0.75	-	-0.03
	시도간	5.3	5.2	0.37	-	0.35	0.36	-	0.00

〈 출처: ○○구 통계정보〉

[별첨] 감정평가액의 산출근거 및 결정의견

◎. 인구이동(변동)분석

(단위: 천명, %)

구 분	2011년	2012년	2012년		20○○년			
			9월	1-9월	8월	**9월**	1-9월	
							누계	전년누계비
	257.4	267.2	20.4	199.1	21.2	**21.2**	197.5	-0.8
--------동	40.3	41.5	3.1	31.0	3.4	**3.4**	31.2	0.6
--------동	19.6	20.5	1.6	15.3	1.6	**1.6**	14.8	-3.3
--------동	12.4	12.4	0.9	9.3	1.1	**1.0**	9.3	0.0
--------동	12.5	12.9	1.0	9.6	1.1	**1.1**	9.7	1.0
--------동	6.6	6.9	0.5	5.1	0.5	**0.5**	5.1	0.0
--------동	6.3	6.6	0.5	4.9	0.6	**0.5**	5.0	2.0
--------동	4.5	4.6	0.4	3.4	0.4	**0.4**	3.6	5.9
--------동	-	0.8	0.1	0.6	0.1	**0.1**	0.6	0.0
--------동	48.4	50.8	3.9	38.0	4.1	**4.1**	37.9	-0.3
--------동	10.5	11.0	0.8	8.2	0.9	**0.9**	8.0	-2.4
--------동	10.2	10.5	0.8	7.8	0.8	**0.8**	7.7	-1.3
--------동	14.0	14.0	1.0	10.3	1.1	**1.1**	10.2	-1.0
--------동	13.1	13.7	1.0	10.2	1.1	**1.1**	9.9	-2.9
--------동	16.1	16.8	1.3	12.5	1.3	**1.3**	12.2	-2.4
--------동	20.2	20.6	1.5	15.4	1.6	**1.6**	15.0	-2.6
--------동	19.6	20.4	1.6	15.1	1.6	**1.6**	14.8	-2.0
--------동	3.0	3.2	0.3	2.5	0.2	**0.2**	2.5	0.0

[통계청자료]

◎.전입과 전출 이동현황

(단위 : 천명 / %)

구 분	2011년	2012년	2012년		20○○년p		
			9월	1-9월	8월	**9월**	1-9월
----동(전입)	71.3	84.6	1.7	69.8	6.7	**7.2**	36.9
----동(전출)	51.4	64.5	1.2	48.5	7.8	**9.5**	42.6
전년(동월) 증감률(%)	0.2	2.8	7.1	2.3	-11.6	**-10.8**	-8.9

[통계청자료]

[별첨] 감정평가액의 산출근거 및 결정의견

※. 주택 보급률

조사연도	2007	2008	2009	2010	2011	2012	2013
주택 (빈집제외)	5,319 (100.0)	6,104 (100.0)	7,160 (100.0)	9,205 (100.0)	10,959 (100.0)	12,495 (100.0)	13,884 (100.0)
단독주택	4,652 (87.5)	4,719 (77.3)	4,727 (66.0)	4,337 (47.1)	4,069 (37.1)	3,985 (31.9)	3,797 (27.3)
아파트	374 (7.0)	822 (13.5)	1,628 (22.7)	3,455 (37.5)	5,231 (47.7)	6,627 (53.0)	8,185 (59.0)
연립/다세대	162 (3.0)	350 (5.7)	603 (8.4)	1,071 (11.6)	1,266 (11.6)	1,685 (13.5)	1,750 (12.6)
비거주용건물내주택	131 (2.5)	213 (3.5)	202 (2.8)	343 (3.7)	393 (3.6)	198 (1.6)	151 (1.1)

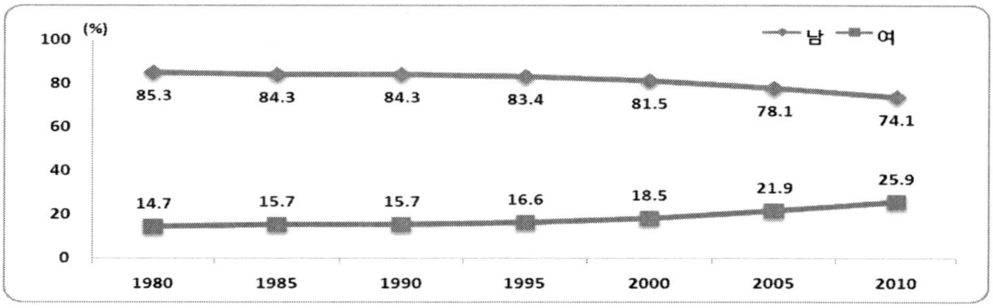

-지하철 7호선 ○○역 북서측 인근에 위치 / 주위는 기존주택지대 인근에 단독주택 및 소규모의 공동주택 아파트단지 등이 혼재 금융시설등의 각종 생활편의시설 및 근린생활시설 등이 위치 / 본건까지 소형차량 출입 가능 남측 인근 대로변에 노선버스정류장이 소재 남동측 인근에 지하철역(○○역)이 위치 바 제반 대중교통상황은 무난 / 북측 노폭 약3m정도의 포장도로와 접 이 도로를 통해 인근 간선도로와 연계 타 지역 의 계통성은 무난

※. 인구이동그래프

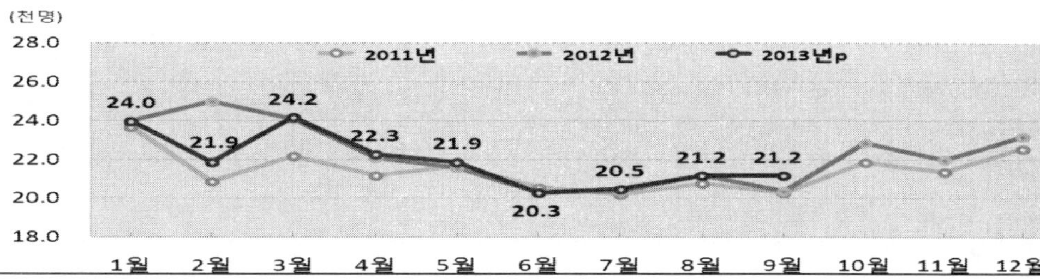

[서식] 감정평가액의 산출근거 및 결정의견

감정평가액의 산출근거 및 결정의견

2. 경제적 요인

가. 지역 경제 현황

◈ 일반 현황

▪ ○○구에는 ○○로 ○○호텔에서 ○○로 ○○전철역 사이에 남북으로 길게 뻗은 ○○대로가 소재하고 동 간선도로는 ○○구와 경계를 이루며 도로변에는 각종 규모의 업무용, 상업용 빌딩 및 상가로 형성된 변화한 노선상가지대가 형성되어 있고, 지하철 2, 3, 4, 7, 9호선 및 ○○선이 통과하고 ○○로 및 ○○전철역과 ○○전철역 주변은 ○○ 및 ○○과 ○○대학이 위치하여 사무실 (일명○○타운)과 점포가 고르게 형성되어 있음.

▪ 또한 1일 4,000회 운행 및 연간 4,000만의 승객이 이용하는 ○○고속 터미널에 연접한 ○○와 ○○백화점 및 특1급인 ○○호텔이 성업 중이며, 이 지역의 유동 인구와 상권도 활성화되고 있음.

▪ ○○그린빌아파트2단지 북동측에 위치 주위는 풍동택지지구내 대단위 아파트단지를 배후로 한 근린상업지구 상권의 형성정도 양호시 인근에 버스정류장이 위치 교통사정 무난함. 남측(대로3류)과 서측(중로1류) 북측(소로3류 중로3류)에 각각 접해 있음. 근린상업지역 이용상태(공실상태) 공동 위생시설 승강기시설 소화시설 옥내주차장시설등 있음

▪ 개발제한구역인 ○○동, ○○동, ○○동, ○○동, ○○동은 도심근교에 위치하며 특히 인근 ○○동에 ○○시장이 있어 각종 농산물 생산에 유리한 입지조건을 가지고 있으며, 동주민의 농산물공급용 하우스(창고)가 전지역에 걸쳐 소재함.

▪ ○○동, ○○동, ○○동, ○○동, ○○동 일원은 보금자리주택 개발, ○○고속도로 인터체인지 공사. 지하철 ○○선의 개통 등으로 개발압력이 드세고 지가에도 상향 압력이 예상됨.

[서식] 감정평가액의 산출근거 및 결정의견

※. 주요개발사업 및 개발계획 현황

-사업개요-

용 도	요 율
○ 지상건축부지	50/1000
○ 선상건축부지	
- 토지이용율 500%미만	25/1000
- 토지이용율 500%이상	35/1000
○ 지하시설부지	25/1000
○ 주차장부지	
- 지상주차장	50/1000
- 공영주차장(도시설계 및 도시계획시설에 한함)	25/1000
- 주차장 진입 지상통로 부지	25/1000
○ 건물시설외 영업시설부지	50/1000
○ 기타부지(조경, 선로전용 등)	3/1000
○ 공사기간중 부지	20/1000

※. 토지이용계획.

도시지역 제3종일반주거지역 , 공원, 도로

※.조감도

[서식] 감정평가액의 산출근거 및 결정의견

-재개. 재건축에대한 사업개요

-사업명 : □□□지역개발사업
-위 치 : 서울 특별시 구 대로 36 동 일 대
-대지면적 : 85,000㎡
-연 면 적 : 163,250㎡
-개발기간 1단계 : 2,300ha
2단계 : 4,500ha
-교통계획 : 교통관련계획(도로정비기본계획, 도시교통중기계획 등)의 내용을 구체화 하고, 가로 배치기준에 준하여 간선도로체계 계획
-건립규모 : ○○층수. / 58개동
-세 대 수 : 850,3600세대
-개발비용 : 20조2000억원
-시행사 : ○○○건설
-기대효과 :

※. 토지이용계획.
도시지역 제3종일반주거지역 , 공원, 도로

※.조감도

[서식] 감정평가액의 산출근거 및 결정의견

-보금자리 재건축에대한 사업개요

-사업명 : □□□지역개발사업
-위 치 : 서울 특별시 구 대로 23 동 일 대
-대지면적 : 35,000㎡
-연 면 적 : 123,250㎡
-개발기간 1단계 : 25,300㎡
2단계 : 48,500㎡
-건립규모 : ○○층수. / 58개동
-교통계획 : 교통관련계획(도로정비기본계획, 도시교통중기계획 등)의 내용을 구체화 하고, 가로배치기준에 준하여 간선도로체계 계획
-세 대 수 : 350,3600세대
-개발비용 : 20조8000억원
-시행사 : ○○○건설
기대효과 : 도로정비

※. 토지이용계획.
-도시지역 제3종일반주거지역 , 공원, 도로

※. 조감도

[서식] 감정평가액의 산출근거 및 결정의견

감정평가액의 산출근거 및 결정의견

Ⅳ. 감정평가액 산출근거

1. 감정평가방법의 적용

본건은 토지와 건물로 구성된 부동산으로서, 물건의 특성 및 부동산 가격 공시 및 감정평가에 관한 법률, 감정평가에 관한 규칙 등 관계법령및 감정평가에 관한 제 이론에 의거 감정평가 3방식(비교방식, 원가방식 및 수익방식) 중 아래와 같은 방식으로 감정평가 하였음.

가. 토지

원가법은 조성토지에 적합한 방법으로 감정평가대상 토지에 적용하기에 부적합하며, 수익방식(수익환원법)은 장래에 발생하는 수익을 추정하여 이를 현재가치로 환원하는 과정에 현실적인 어려움이 있어 적용에 한계가 있음.

따라서, 본건 토지의 평가에서는 부동산 가격공시 및 감정평가에 관한 법률 제21조, 감정평가에 관한 규칙 제14조에 따라 감정평가의 대상이 된 토지와 가치형성요인이 같거나 비슷하여 유사한 이용가치를 지닌다고 인정되는 표준지의 공시지가를 기준으로 대상토지의 현황에 맞게 시점수정, 지역요인 및 개별요인 비교. 그 밖의 요인의 보정을 거쳐 대상토지의 가액을 산정하는 공시지가기준법을 적용하여 평가하였음.

나. 건물

비교방식에 의한 거래사례비교법의 경우, 유사한 사례의 선택, 토지와 건물이 일괄 거래되는 시장현실에서의 토지와 건물의 가액배분문제 등으로 정확한 건물가액의 추출이 어렵고, 수익환원법의 경우 토지와 건물에 각각 귀속된 수익가치의 산출이 난해하고, 장래에 발생하는 수익을 추정하여 이를 현재가치로 환원하는 과정에 현실적인 어려움이 있어 적용에 한계가 있음.

따라서 본건 건물은 부동산 가격공시 및 감정평가에 관한 법률 제31조, 감정평가에 관한 규칙 제15조에 따라 구조, 사용자재, 시공정도, 부대설비 등을 종합적으로 참작하여 원가법으로 평가하였음.

Ⅴ. 감정평가액 결정 의견

1. 토 지

본건 토지는 당해 토지와 유사한 이용가치를 지닌 인근지역 내 표준지 공시지가를 기준으로 위치. 부근지대의 상황 및 지역적 요인과 면적, 형상, 이용상태, 접면가로조건 등 토지의 객관적 가치에 영향을 미치는 제요인과 인근지역의 지가수준 등을 종합 참작하여 평가하였음.

2. 건 물

본건 건물은 구조, 사용자재, 시공정도, 부대설비 등을 종합적으로 참작하여 원가법으로 평가하였음.

3. 종합의견

본건은 ○○시 ○○구 ○○로 ○-○ 소재 "○○역(3호선)" 서측으로 인접한 부동산으로서, 대상물건의 특성 등을 종합 참작하고 감정평가 목적을 고려하여 토지는 공시지가기준법, 건물은 원가법으로 감정평가액 결정하였음.

(주)○○○감정평가법인

[서식] 감정평가액의 산출근거 및 결정의견

※. □□□지역 관할지역 개발사업현황

제1구역 (20○○. . .)

번호	지번	지목	관리처	면적	실제이용	비고
1	916	–	시행사	250	250	
2	917	–		570	570	
3	918	–		850	850	
4	919	–		246	246	
5	920	–		1,250	1,250	
6	921	–		996	996	
7	922	–		685	685	
합계		7	7	8,530	8530	

제2구역 (20○○. . .)

번호	지번	지목	관리처	면적	실제이용	비고
1	916	–	시행사	350	350	
2	917	–		670	670	
3	918	–		450	450	
4	919	–		246	246	
5	920	–		1,250	1,250	
6	921	–		896	896	
7	922	–		785	785	
합계		7	7	6,530	6,530	

[서식] 감정평가액의 산출근거 및 결정의견

※. 개발(착공)진행상황

20○○. . .

구 분		정비예정 구역명칭	위 치	면적(㎡)	사업유형
합 계		25개 구역	-	1.402,041	-
□□구	소계	5개 구역	-	380,366	-
	1	111- 1구역	○○로 530-6 일원	139,026	주택재개발사업
	2	111- 2구역	○○로 566-2 일원	37,304	주택재개발사업
	3	111- 3구역	○○로 93-6 일원	28,992	사업유보구역
	4	111- 4구역	○○로431-2 일원	34,836	주택재개발사업
	5	111- 5구역	○○로 224 일원	50,208	주택재건축사업
□□구	소계	10개 구역	-	1,612,919	-
	6	113- 1구역	○○로 188-2 일원	46,095	주택재개발사업
	7	113- 2구역	○○로 182-1 일원	86,002	주택재개발사업
	8	113- 3구역	○○로 148-1 일원	74,143	주택재개발사업
	9	113- 4구역	○○로 334-88 일원	369,840	주거개선사업
	10	113- 5구역	○○로 125-3 일원	62,321	주택재개발사업
	11	113- 6구역	○○로 817-72 일원	676,614	주택재개발사업
	12	113- 7구역	○○로 35-6 일원	282,940	주거개선사업
	13	113- 8구역	○○로 88-1 일원	91,571	주택재개발사업
	14	113-10구역	○○로 74-1 일원	113,591	주택재개발사업
	15	113-12구역	○○로 482-2 일원	49,802	주택재개발사업
□□구	소계	10개 구역	-	1,868,756	-
	16	115- 1구역	○○로 4-26 일원	11,635	주택재개발사업
	17	115- 2구역	○○로 270-7 일원	271,540	주거개선사업
	18	115- 3구역	○○로 94-1 일원	33,708	주택재개발사업
	19	115- 4구역	○○로3가 109-2 일원	414,896	주택재개발사업
	20	115- 6구역	○○로 155-41 일원	150,464	주택재개발사업
	21	115- 8구역	○○로 209-14 일원	142,807	주택재개발사업
	22	115- 9구역	○○로 847-3 일원	62,575	주택재개발사업
	23	115-10구역	○○로 349-1 일원	49,142	사업유보구역
	24	115-11구역	○○로 110-15 일원	77,324	사업유보구역
	25	115-12구역	○○로 319-6 일원	44,665	주택재건축사업

[서식] 감정평가액의 산출근거 및 결정의견

Ⅰ. 기준 및 목표연도

구 분	기 준 연 도	목 표 연 도
연 도	20○○년	2014년

1. 명 칭 :「2010 □□시 도시·주거환경정비 」

2. 법적근거 : 도시 및 주거환경정비법 제3조 제6항

지역	구역명	조합원수	구역면적	세대수	비고
○○구	111-2(○○동)	241	21,000	-	
	111-3(○○동)	380	28,000	-	
	111-4(○○동)	254	26,000	-	
	111-5(○○동)	883	45,800	-	
	113-3(○○동)	643	42,500	-	
합 계		2,651	168,700	-	

○ 20○○년을 목표연도로 도시기능 회복 및 주거환경의 질 향상 등 ○○시 도시특성과 부합하는 합리적인 주거환경정비 및 계획적 도시관리를 위한 종합적인 도시정비방향을 제시 상위계획, ○○시 도시특성 및 자치구역 개발여건 등을 고려하여 정비예정구역 선정 및 부문별 계획을 수립하여 장래 정비사업에 대한 정비방향 및 개발지침을 제시

가. 정비예정구역 총괄 현황

구분	계	주택재 개발사업	주거환경 개선사업	주택재 건축사업	사업유형 유보구역
면 적 (㎡)	2,602,041	1,547,390	744,320	94,873	215,458
구 역 수 (개소)	25	17	3	2	3

[서식] 감정평가액의 산출근거 및 결정의견

<table>
<tr><th rowspan="2">구 분</th><th colspan="5">법 적 지 정 요 건</th></tr>
<tr><th>노후·불량
건 축 물</th><th>무허가
주 택</th><th>호 수
밀 도</th><th>주 택
접도율</th><th>과소·부정형
세장형 필지</th></tr>
<tr><td>정 의</td><td>· 단독주택 :
20년경과
· 공동주택 :

20+(준공년도
−○○년)</td><td>· 기존무허가
건축물 : 1989.
1. 24이전
무허가
· 신발생
무허가건축물</td><td>· 1ha당
건축되어있는
건축물의 호수</td><td>· 폭 4m
이상의 도로
에 접한
건축물 비율</td><td>· 과소형 :
60㎡미만
· 세장형 :
대지폭3m미만
· 부정형 :
기형적필지</td></tr>
<tr><td>주거 환경
개선 사업</td><td>50% 이상</td><td>20% 이상</td><td>80호/ha 이상</td><td>20% 이하</td><td>50% 이상</td></tr>
<tr><td>주택 재
개발사업</td><td>50% 이상</td><td>−</td><td>70호/ha 이상</td><td>30% 이하</td><td>40% 이상</td></tr>
<tr><td>주택재건축
사 업</td><td colspan="5">· 공동주택지역 재건축
− 건축물의 멸실로 안전사고 우려
− 재해 등의 우려로 신속한 정비사업 추진 필요
− 노후불량건축물로서 300세대 이상
− 부지면적 1만㎡이상
· 단독주택지역 재건축
− 주택200호 이상
− 부지면적 1만㎡이상
− 주변기반시설 양호
− 노후·불량건축물 2/3이상 이거나 준공후 15년이상 경과한 다세대, 다가구주택이 3/10 이상이며 노후불량주택이 1/2 이상</td></tr>
<tr><td>도시 환경
정비 사업</td><td colspan="5">· 과소토지 등으로 대지 효용이 불량한 지역
· 노후·불량건축물 과다 밀집지역
· 인구·산업 등 집중으로 합리적인 토지이용이 필요한 지역
· 최저고도지구의 토지가 50% 초과하고 최저 고도미달 건축물이 건축물 바닥합계 2/3 이상인 지역
· 공장의 매연·소음 등으로 인접지역에 보건위생상 위해를 초래할 우려가 있는 지역</td></tr>
</table>

주) 1. 주택재개발사업 : 1만㎡ 이상
2. 각 지정요건 중 하나에 해당되는 경우 지정

[서식] 토지와 건물 감정평가명세표

구분건물(토지와건물) 감정평가명세표

Page : 1

일련번호	소재지	지 번	지 목 및 용 도	용도지역 및 구 조	면 적 (㎡)		감정평가액		비고
					공 부	사 정	단 가	금 액	
	서 울		대지				3,037		
							4,213		
				일반주거지역		65,58			
		881-26					2,327		
		○○○		철근					
		아파트		콘크리트조.					
				경량철골트러					
				스			1,494		
			공동주택	지3층					
				지3층	695.78				
1.				지2층	240.43	3.06			
				지2층	276.05	63.06			
				지1층	18.85				
				지1층	211.53				
				1층					
				2층					
				~					
				12층					
				각					
	합 계							1,300,000,000	

[서식] 토지감정평가요항표

토지 감정평가요항표

기재항목		기재사항
입지조건	위치 및 주위환경	본건은 ○○도 ○○○군 현내면 대진리 소재 ○○○○학교 북측 인근에 위치하며 부근은 ○○항, 저층규모의 단독주택등이 밀집소재하는 ○○주택지대임
	교통상황	본건까지 제반 차량접근이 불가능하며, 시내버스 정류장과의 거리, 노선, 운행빈도 등을 감안한 제반교통사정은 다소 불편시 됨
토지의 상황	형태 및 이용상태	유사 사다리형 완경사의 토지로 현황 단독주택으로 이용중 임
	인접 도로상태	지적도상 북쪽으로 맹지이나 본건 일부에 노폭 1-2미터의 인도와 접함
	토지이용계획 및 제한상태	계획관리지역, 주거개발진흥지구, 녹지용지, 제2종지구단위계획구역, 주거용지, 상대정화구역(○○○○등학교)‹학교보건법
제시목록 외의 물건	구조물 이용상태	없음
기 타	공부와의 차이	없 음
	임대관계	미상임

[서식] 지적개황도

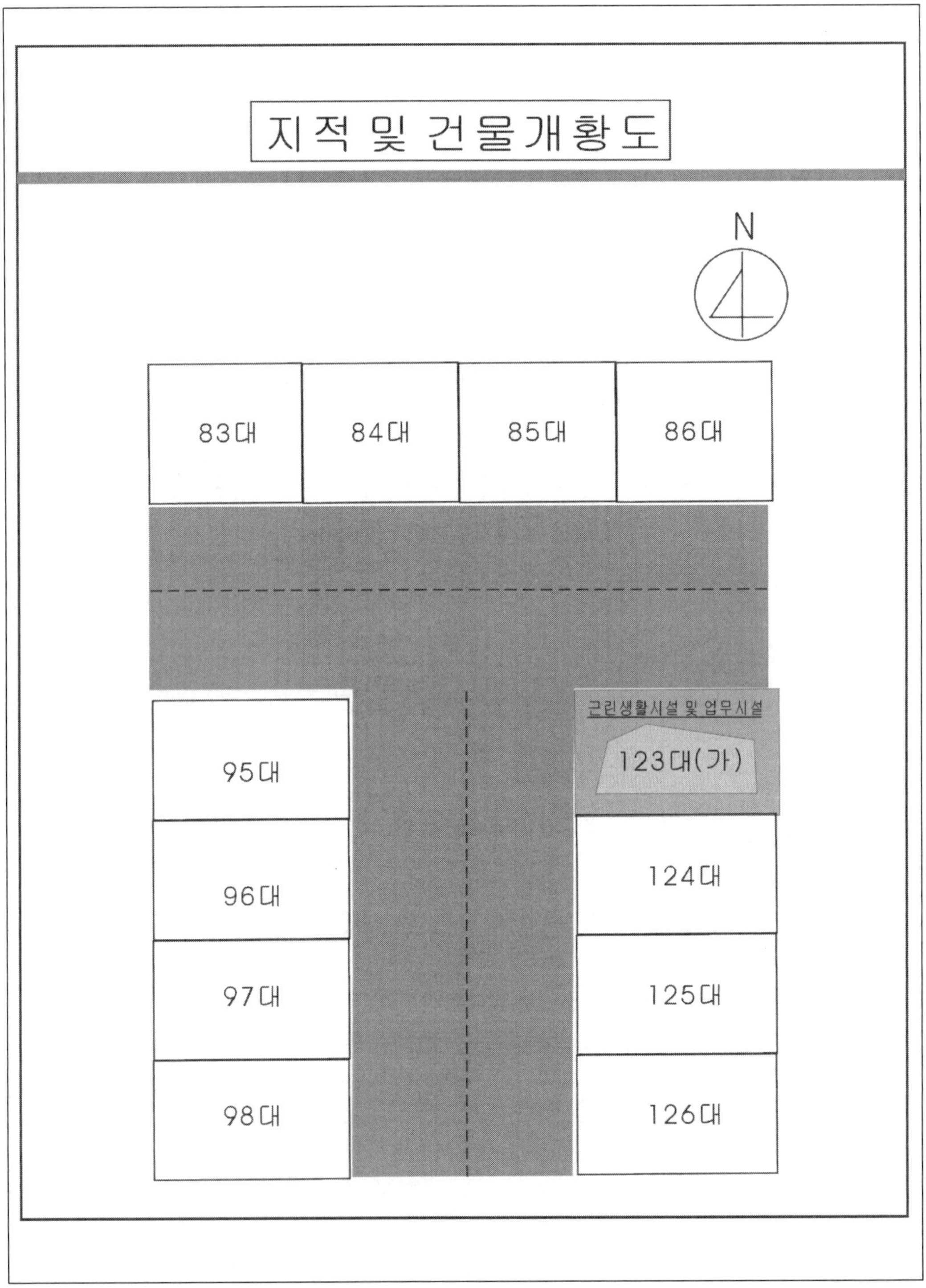
지적 및 건물개황도
N
83대
84대
85대
86대
근린생활시설 및 업무시설
123대(가)
95대
96대
97대
98대
124대
125대
126대

[서식] 건물이용 및 임대개황도

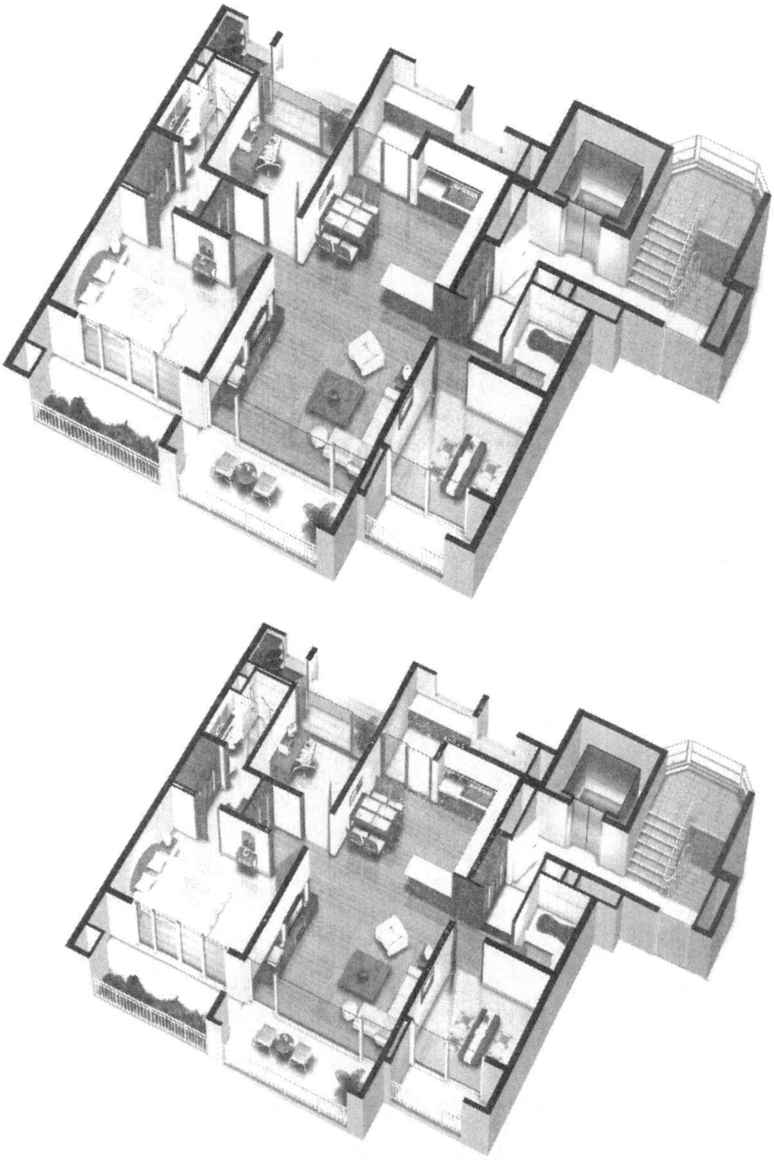

1층 . 2층 구조

[서식] 건물개황도

건물개황도

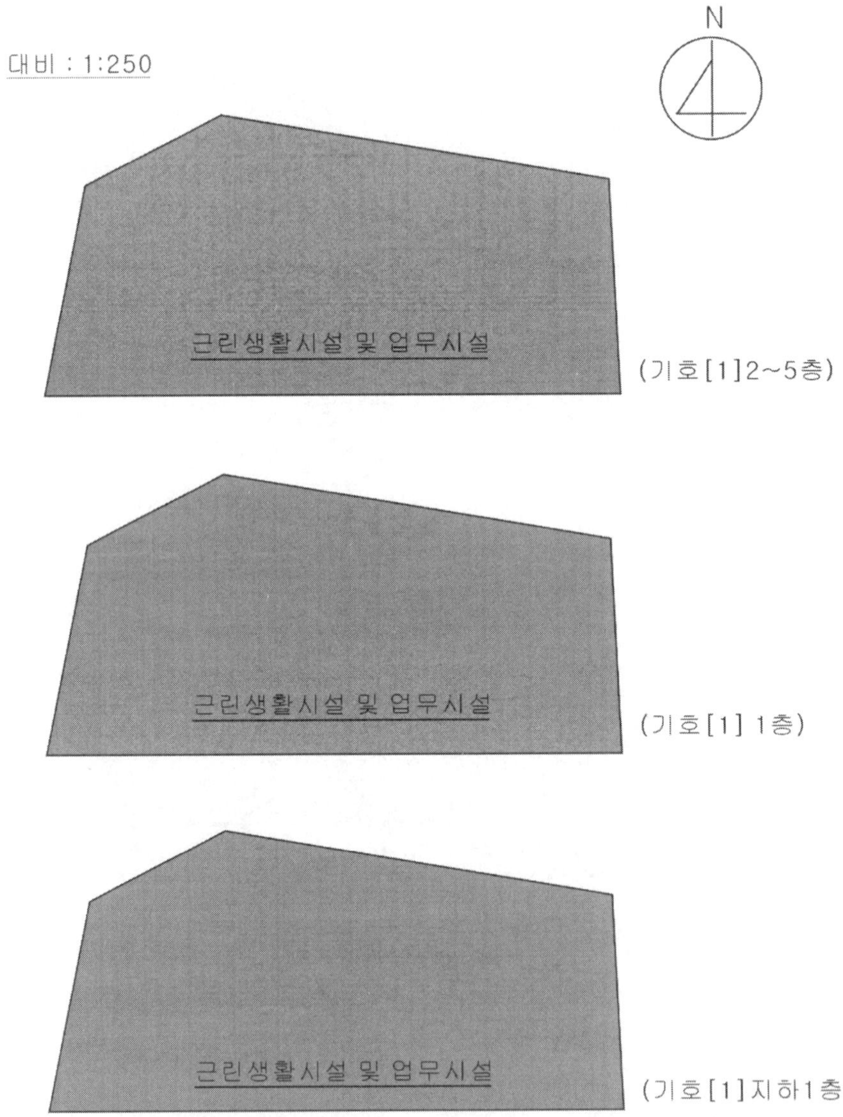

[서식] 위임장

위 임 장

법무사 ○○○
서울 ○○구 ○○로 ○○-○○
전화 000-1111 팩스000-0000

위 사람을 대리인으로 정하고 다음 사항을 위임함.

-다 음-

신청인 김영삼이 현물출자 조사보고서 인가신청을 서울중앙지방법원에 제출하는 행위 및 이에 부수하는 행위 일체.

20○○ 년 월 일

신청인 김 동 호

서울중앙지방법원 귀중

[서식] 영수증

영 수 증

서울중앙지방법원 법원사무관 000 귀하

사건번호 20○○ 비합0000 현물출자조사
신청인 김 영 삼
사건본인 주식회사 케이에스지
송달서류 : 결정정본

위 서류는 20○○ 년 월 일 : 에 틀림없이 영수하였습니다.

20○○ 년 월 일

영 수 인 : (인)

[서식] 부동산전세 계약서

부동산전세 계약서

임대인 김영삼(이하"갑"이라 함)과 임차인 주식회사 케이에스지(이하"을"이라 함)는 다음과 같이 임대차계약을 체결한다.

제1조(임대차 목적물의 표시)

서울특별시 ○○구 ○○로 ○○- 0 "임대차면적" 대지 348.9㎡(전용105.647평)

제2조(임대차계약기간)

본 임대차계약의 존속기간은 이 20○○년 4월 1일로부터 20○○년 3월31일까지로 한다.

제3조(임대차보증금 및 월임대료)

1) 본 계약에 따른 임대차보증금은 일금 일십팔억원정으로 한다.

2) 전 (1)항의 임대차보증금은 무이자로 한다.

제4조(임대차계약의 변경)

1) 임대차기간 만료 30일전까지 서면에 의한 쌍방의 의사표시가 없을 경우에는 본 계약과 동일한 조건으로 1년간 본 계약을 연장하는 것으로 간주한다.

2) 임대차보증금 등의 조정 등 임대차계약의 갱신을 요구할 경우에는 계약기간만료 30일전에 그 의사를 상대방에게 통지하여야 하며, 만일 계약기간 만료 후 협의가 성립되어 갱신계약이 체결될 경우에는 전 계약만료일을 갱신계약 기산일로 소급한다.

제5조(중도해약)

임대차 계약기간 중에는 중도해약을 할 수 없다. 그러나, 부득이한 사유로 인하여 중도해지 하고자 할 때에는 2개월 전에 상대방에게 서면 통지하여 쌍방 합의하에 해지 할 수 있다.

제6조(기타사항)

1) "을"은 임대차목적물을 고유업무 및 부수업무에만 사용하여야 한다.

2) "을"은 "갑"의 동의 없이는 그 권리를 제3자에게 양도하거나 임대차목적물을 전대 및 임대차보증금을 제3자에게 담보로 제공 할 수 없다.

제7조(조문해석)

본 계약에서 정한 이외의 사항 또는 조문상 해석에 관한 이의가 발생 할 경우에는 "갑" 또는"을"이 협의하여 결정하되 합의가 이루어지지 않을 경우에는 관계법령 및 일반 임대차관습에 따른다.

제8조(관할법원)

위 계약에 관한 소송 관할법원은 "갑"의 주소지를 관할하는 법원으로 한다.

본 계약을 증명하기 위하여 본 계약서 2통을 작성하여 서명날인하고 "갑", "을"각각 1통씩 보관한다.

2012년 ○월 ○일

갑 김 영 삼(0000000-0000000) (인)
○○시 ○○구 ○○로 ○-○
전화번호 : 010-0000-0000

을 주식회사 케이에스지
○○시 ○○구 ○○로 ○-○ 0-0 토정빌딩 1층 1호실
대표이사 김 동 호 (법인)

[서식] 주식회사 변경등기(개인기업과 기존법인통합, 특허권현물출자, 이사 2 인인 회사)

주식회사 변경등기신청

접 수	년 월 일	처리인	등기관확인	각종통지
	제 호			

상 호	주식회사 에이에스지	등기번호	123456
본 점	서울 관악구 신림동 123-4		
등 기 의 목 적	발행할 주식 총수 변경 및 신주발행으로 인한 변경등기		
등 기 의 사 유	중소기업간의 통합에 의하여 20○○년 월 8일 임시주주총회에서 발행예정 주식의 총수를 변경하고 현물출자 자에게 신주식 112,600주 발행을 결의하고 20○○년 ○월 24일 그 납입이 완료되어 발행주식의 총수와 그 종류 및 각각의 수, 자본금의 액이 변경되었으므로 그 등기를 구함.		
등 기 할 사 항			
변경 후의 발행예정 주식 총수	1,000,000주 보통주식 20○○년 월 일 변경		
발행주식의 총수, 그 종류와 각종 주식의 내용과 수	132,600주 보통주식 20○○년 월 일 변경		
자본금의 액[37]	금 663,000,000원		
기 타	해당없음		

37) 개정 상법(2012. 4. 15시행)은 "자본의 총액"을 "자본금의 액으로 개정하였다.

<table>
<tr><td colspan="7">신청등기소 및 등록면허세/수수료</td></tr>
<tr><td rowspan="2">순번</td><td rowspan="2">신청등기소</td><td rowspan="2">구분</td><td>등록면허세</td><td rowspan="2">농어촌
특별세</td><td rowspan="2">세액합계</td><td rowspan="2">등기신청
수수료</td></tr>
<tr><td>지방교육세</td></tr>
<tr><td rowspan="2"></td><td rowspan="2"></td><td rowspan="2">신주발행</td><td>금2,252,000원</td><td rowspan="2"></td><td rowspan="2">금2,702,000원</td><td rowspan="2">금6,000원</td></tr>
<tr><td>금450,400원</td></tr>
<tr><td></td><td></td><td></td><td></td><td></td><td></td><td></td></tr>
<tr><td colspan="3" rowspan="2">합　　계</td><td></td><td rowspan="2"></td><td rowspan="2"></td><td rowspan="2"></td></tr>
<tr><td></td></tr>
<tr><td colspan="4">등기신청수수료 납부번호</td><td colspan="3"></td></tr>
<tr><td colspan="2">과 세 표 준 액</td><td colspan="5">금563,000,000원</td></tr>
</table>

<table>
<tr><td colspan="4">첨　부　서　면</td></tr>
<tr><td>1. 정관</td><td>통</td><td>1. 현물출자재산인수증</td><td>통</td></tr>
<tr><td>1. 주주 총회의사록</td><td>통</td><td>1. 등록면허세영수필확인서</td><td>통</td></tr>
<tr><td>1. 주주총회 소집절차 생략 동의서</td><td>통</td><td>1. 위임장(대리인이 신청할 경우)</td><td>통</td></tr>
<tr><td>1. 총주주의 기간단축동의서</td><td>통</td><td><기 타></td><td></td></tr>
<tr><td>1. 주식의 인수를 증명하는 서면</td><td>통</td><td></td><td></td></tr>
<tr><td>1. 검사인의 조사보고서 및 그 부속서류</td><td>통</td><td></td><td></td></tr>
<tr><td>1. 현물출자증서</td><td>통</td><td></td><td></td></tr>
</table>

20○○년 ○월 ○일

신청인 상 호 주식회사 에이에스지
본 점 서울 관악구 신림동 123-4
대표이사 성 명 김 용 기 (인) (전화 : 123-4567)
주 소 서울특별시 ○○구 ○○로 ○-○
대리인 성 명 법무사 ○○○ (인) (전화 : 234-5678)
주 소 서울 종로구 낙원동 789-10

○○지방법원 ○○등기소 귀중

- 신청서 작성요령 및 등기수입증지 첩부란 -

1. 해당란이 부족할 때에는 별지를 이용합니다.
1. 해당 등기신청과 관계없는 사항에 대하여는 "해당없음"으로 기재하거나 삭제하고, 필요한 사항은 추가 기재합니다.

(용지규격 21㎝× 29.7㎝)

[서식] 위임장(등기소 제출용)

위 임 장

법무사 ○○○

서울 서초구 서초동 789-10

전화 596-6363 팩스 596-3696

본인은 위 사람을 대리인으로 정하고 다음의 권한을 위임함.

다 음

본 회사와 개인기업 ○○간의 통합에 의한 자본금을 증자함에 있어 신주발행으로 인한 변경등기 신청서의 작성 및 제출, 취하에 관한 일체의 행위

20○○. . .

신청인 주식회사 에이에스지

서울 관악구 신림동 123-4

대표이사 김 용 기

서울특별시 ○○구 ○○로 ○-○

※ 이 위임장은 주식회사 변경등기 대리의 권한을 법무사에게 위임하는 서류로써 등기소에 제출하는 서류이다.

[서식] 임시주주총회의사록

임시주주총회의사록

20○○년 4월 12일오전 10시 본 회사 본점회의실에서 임시주주총회를 개최하다.

주식총수 : 20,000주 출석주식수 : 20,000주
주주총수 : 2 명 출석주주수 : 2명

의장 사내이사 김용기는 정관규정에 의거 의장석에 등단하여 위와 같이 법정수에 달하게 출석하였으므로 본 총회는 적법하게 성립됨을 고하고 개회를 선언하다
이어 다음 의안을 부의하고 심의를 구하다.

제1호 의안 중소기업간 통합의 건
의장은 아래의 중소기업간 통합의 필요성을 설명하고 이의 가부를 물은 바, 조세특례제한법 제31조 및 동법 시행령 제28조의 절차에 따라 통합하기로 찬성하여 이를 가결하다.

통합 중소기업		통합기준일	근거규정
(주)에이에스지 대표이사 김 용 기	개인기업 ○○사 대표자 오 달 수	20○○. .	조세특례제한법 제31조 및 동법 시행령 제28조

제2호 의안 : 정관 일부 변경의 건
의장은 본회사가 발행할 주식 및 신주발행에 관한 정관규정을 아래와 같이 변경할 필요가 있다고 설명하고 그 가부를 물은 바, 전원 이의 없이 이를 찬성하여 만장일치로 승인 가결하다.
정관 : 별첨과 같음

제3호 의 안 : 현물출자에 의한 신주발행의 건

의장은 전 제1호 의안의 통합절차로서 개인기업 ○○사 대표자 오달수가 보유한 특허를 회사에 현물출자할 필요성을 설명하고, 그 가부를 물은바, 전원 이의 없이 아래와 같이 현물출자 자에게 신주식을 발행하기로 찬성하여 이를 가결하다.

1. 신주의 발행
가. 신주식의종류와 수　보통주식 : 112,600 주
나. 신주식의발행가액　1주의 금5,000 원
다. 주금납입방법 : 현물출자의 방법에 의하므로 납입하지 아니함
라. 신주의 인수방법 : 현물출자자인 오달수가 전체를 인수함
마. 현물출자내역
1)현물출자자 : 오달수

출 자 자	출자금액 (자본금 증가금액)	출자전환주식수
오달수	금563,000,000원	112,600 주

2) 현물출자의 재산 및 가격

특허등록번호	발명의 명칭	등록일	출원인
10-000000	금융기관온라인망 및 그 제조방법	2018. 9. 28.	오달수

3) 평가금액 : 563,000,000원정
가. 이에 대하여 부여한 주식의 종류와 수 :
보통주식 112,600주 전체를 오달수에게 부여한다.

나. 기타 신주의 발행에 필요한 절차 사항 등은 대표이사에게 일임함.

이상으로서 금일 의안전부심의 종료하였으므로 의장은 폐회를 선언하다
시는 오전 11 시
위 결의를 명확히 하기위하여 본 의사록을 작성하고 의장과 출석한 이사 다음에

기명날인하다

20○○년 6월 ○○일

주식회사 에이에스지
의장 사내이사 김 용 기 (인)

※ 신주발행사항의 결정

○ 신주발행은 상법에 다른 규정이 있거나 정관으로 주주총회에서 정하기로 규정한 경우를 제외하고는 발행예정주식총수의 범위 내에서 이사회가 결정한다(상법 제416). 이사회는 신주발행의 결정을 대표이사나 기타의 자에게 위임할 수 없다(통설). 그러나 이사가 1인인 회사는 주주총회에서 결정한다(상법 제383④).

[별첨] 정관 신구대조표

변경전 정관	변경후 정관
제5조(발행예정주식의 총수) 이 회사가 발행할 주식의 총수는 100,000주로 한다.	제5조(발행예정주식의 총수)------ -------총수는 1,000,000주로 한다.

[서식] 통합계약서

현 물 출 자 계 약 서

갑 : ○○사
　　○○시 ○구 ○○로○길 ○, ○호(○○동)
　　대 표 : ○○○

을 : ○○주식회사
　　○○시 ○구 ○○로○길 ○, ○호(○○동)
　　대표이사 : ○○○

"갑" 과 "을"은 조세특례제한법 제31조 규정에 의하여 다음과 같이 통합하기로 계약을 체결한다.

제1조(목적)

"갑" 이 운영하고 있는 개인기업 ○○사의 자산(특허권포함) 및 부채를 포괄하여 "을" 에게 현물출자 함으로서 부가가치세법 제10조 제9항의 규정에 의한 사업의 포괄양도를 하고, 조세특례제한법 제31조의 통합 규정에 의한 조세특례를 받기 위함에 있다.

제2조(현물출자의 대상물)

특허등록번호	발명의 명칭	등록일	출원인
10-000000	금융기관온라인망 및 그 제조방법	2018. 9. 28.	오달수

제3조 (포괄적양도 및 사업승계)

① "갑" 이 운영하고 있는 개인기업 ○○사의 자산(특허권포함) 및 부채를 "을" 이 포괄적으로 승계한다.

②사업양도양수일 현재 갑과 거래중인 모든 거래처는 "을"이 인수하여 계속 거래

를 보장하도록 한다.

제4조(현물출자 가액 및 평가)

①20○○년 ○월○일을 현물출자의 기준일로 하여 "갑"의 장부상 자산총액과 부채총액을 현물출자하기로 한다.

②현물출자 평가 및 자산, 부채의 가액결정은 다음과 같이 정한다.

1. "갑"이 가지고 있는 특허에 대하여 공인된 기술보증 기금에 평가를 의뢰한다.

2. 위 유형자산을 제외한 자산, 부채는 공인회계사의 감정보고서에 의하며, 사업용 자산총액에서 차감될 부채총액은 공인회계사의 감정보고서에 의한 부채 잔액으로 한다.

제5조(현물출자 자에 대한 대가)

"갑"이 "을"에게 제2조의 재산을 현물출자 함에 따라 "을"은 제4조에 의하여 계산된 금액에 상당하는 주식을 "갑"에게 교부하여야 한다.

제6조(출자의 이행)

"갑"은 현물출자를 이행하기 위하여 상법 제295조 제2항에 정한 바에 따라 현물출자 대상 개인기업 ○○사의 점유를 "을"에게 이전하고 소유권의 이전에 관한 일체의 서류를 "을"에게 인도한다.

제7조(종업원)

"을"은 갑의 전 종업원을 계속 근무케 함은 물론 종업원들과의 개별 고용계약 및 단체협약상의 사용자로서의 모든 권리, 의무를 사업양도양수 이행 일에 신설회사에 이전하며 "을"에게 이를 승계한다.

제8조(비용부담)

갑은 사업양수일 이전에 발생한 제세공과금(국세 및 지방세 포함) 일체를 책임지며, 을은 갑의 사업양도에 따른 비용전부를 부담키로 한다.

제9조(협조의무)

갑은 본 계약 체결후 사업인수를 완료할 때까지 그 재산의 관리운영에 있어 선량한 관리자의 주의를 게을리 하지 말 것이며, 또한 정상의 거래를 제외하고 재산에 영향을 미치는 중요한 사항에 관하여는 을의 사전승인에 의하도록 한다.

제10조(계약의 효력)
이 계약은 20○○년 ○월 ○일부터 효력이 발생한다.

이상으로 위와 같이 계약을 체결하고 계약서 4통을 작성, 서명 날인 후 "갑"과 "을"이 각각 1통씩 보관하고 나머지는 현물에 관한 소유권이전등기 시 사용하기로 한다.

20○○ 년 월 일

갑 : ○○사
대 표 : ○○○ (인)

을 : ○○주식회사
대표이사 : ○○○ (인)

[서식] 특허증

특 허 증

CERTIFICATE OF PATENT

특 허 제 10-126□□□ 호

(PATENT NUMBER)

발명의명칭 (TITLE OF THE INVENTION)

특허권자 (PATENTEE)

□□□(□□0503-2******)

경기 □□시 소사구 □□동

발명자 (INVENTOR)

□□□(□□0503-2******)

경기 □□시 소사구 □□동

위의 발명은 「특허법」에 따라 특허등록원부에 등록 되었음을 증명합니다.

(THIS IS TO CERTIFY THAT THE PATENT IS REGISTERED ON THE REGISTER OF THE KOREAN INTELLECTUAL PROPERTY OFFICE.)

2013년 05월 14일

특 허 청 장 김 영 민

COMMISSIONER, THE KOREAN INTELLECTUAL PROPERTY OFFICE

[서식] 신주발행조사보고 인가신청서

신 주 발 행 조 사 보 고 인 가 신 청

사건본인 주식회사 에이에스지
서울 관악구 신림동 123-4
사내이사 김 용 기

신청인 사건본인의 사내이사 김용기
서울 ○○구 ○○로 ○-○
송달장소 및 송달영수인
(우:100-814) 서울 ○○구 ○○로 ○-○
법무사 ○○○

감정평가인 ○○○기술평가원장
서울 ○○구 ○○로 ○-○
이사장 ○○○
(소관: ○○평가센타)
서울 ○○구 ○○로 ○-○
지점장 ○○○

현물출자액 금 563,000,000원
현물출자할 재산의 표시

특허등록번호	발명의 명칭	등록일	출원인
10-0000000	금융기관온라인망 및 그 제조방법	2018. 9. 28.	오달수

신 청 취 지

신청인은 조세특례법 제31조의 규정에 의하여 사건본인 주식회사 에이에스지와 개인기업 ○○사를 통합함에 있어 상법 제422조에 의하여 현물출자하는 특허를 기술보증기금의 기술평가서에 기재한 바와 같은 감정결과를 보고하오니 인가하여 주시기 바랍니다.

신 청 원 인

1. 신청인은 조세특례법 제31조의 규정에 의하여 사건본인 주식회사 에이에스지와 개인기업 ○○사를 통합함에 있어 특허권을 상법 제422조에 따라 자본증가금 563,000,000원에 달하는 현물출자를 결의하고, 이의 감정을 기술보증금(소재 : 서울 ○○구 ○○로 ○-○)에 의뢰하여 기술평가를 받았으므로 이의 인가를 위하여 본 신청에 이르게 된 것입니다.

2. 기술평가결과를 위임한 이사와 현물출자자, 조사감정의 목적과 조사금액 사항은 다음과 같습니다.

가. 감정을 위임한 이사

주식회사 에이에스지00000
서울 관악구 신림동 123-4
사내이사 김 용 기
전화번호 : 000-0000

나. 현물출자자

오달수
서울 ○○구 ○○로 ○-○
전화번호 : 010-0000-0000

다. 조사감정의 목적

기술보증금의 기술평가에 대한 감정평가

라. 조사감정 사항

현물출자를 하는 자의 성명과 그 목적인 재산의 종류, 수량, 가격과 이에 대하여 부여할 주식의 종류와 수

1) 현물출자자 : 오달수

2) 재산의 종류, 수량, 가격 :

특허등록번호	발명의 명칭	등록일	출원인
10-0000000	금융기관 온라인망 및 그 제조방법	2018. 9. 28.	오달수

3) 이에 대하여 부여할 주식의 종류와 수

가. 현물출자 재산가액 : 금 563,000,000원

나. 부여할 주식의 종류와 수 : 기명식 보통주식 112,600주

다. 1주당 가액 : 금 5,000원

라. 이 주식의 금액 : 금 563,000,000원

마. 조사방법 및 의견

본 조사를 실시함에 있어서 기술보증기금평가는 성실, 공정하게 평가하였으며, 평가 목적물인 위 특허권(등록번호10-0000000)의 가액은 기술보증기금의 평가기준을 준용하여 확인하였으며 사건본인은 주식회사 에이에스지가 체결한 현물출자 계약서상 출자재산의 평가액은 일금 563,000,000원정으로 되어 있는 것을 기준으로 하여 평가하였습니다.

첨 부 서 류

1. 정관
1. 현물출자계약서
1. 감정인의 조사보고서
1. 감정인의 조사보고서 부분
1. 기술보증기금평가서(감정)
1. 신청법인등기부등본
1. 임시주주총회의사록

20○○. 8월 일

사건본인 주식회사 에이에스지
서울 관악구 신림동 123-4
사내이사 김 용 기

신청인 사건본인의 사내이사 김용기 (인)
서울 ○○구 ○○로 ○-○

서울중앙지방법원 귀중

※ 신주발행조사보고 인가신청에 대한 설명은 634면 "현물출자에 대한 감정" 참조

[서식] 기술사업분석보고서

평가서 번호 0000-00000

기술사업 분석보고서

평가기술	금융기관온라인망 및 그 제조방법
평가용도	사업화 타당성 평가

○○기술보증기금

○○기술평가원장 (인)

1. 본 평가서는 평가용도외로 사용할 수 없으며 기술평가기관은 본 평가서를 기초로 한 행위결과에 대하여 어떠한 책임도 부담하지 아니합니다.
2. 본 평가서에서 사용된 가정들은 향후 사업환경의 변화, 사용된 주요 가정 등의 변경 및 평가대상기술을 적용하는 경영진이나 기술인력 등의 능력에 따라 영향을 받으며, 이에 따라 그 평가가 변동될 수 있습니다.

제 출 문

(주) 에이에스지 대표이사 귀하

본 평가서를 “금융기관온라인망 및 그 제조방법”에 관한 기타 사업화 타당성 평가용 최종보고서로 제출합니다.

20○○. ○월 ○일

평가기관 : ○○○기술보증기금 ○○기술평가원

평가자 : 팀장/공학박사	김 ○ ○
팀원/ 기술평가사	김 ○ ○
팀원/ 공학박사	박 ○ ○
교수/ 공학박사	이 ○ ○
변리사	정 ○ ○
회계사	유 ○ ○

※ 특허 현물출자에 대한 감정평가

○ 벤처기업의 경우 대통령령이 정하는 기술평가기관이 산업재산권 등의 가격을 평가한 경우 그 평가내용은 공인된 감정인이 감정한 것으로 본다(벤처법6②).

[사례] 기술평가에 관한 내용 목차

목 차

※ 이하 기술평가에 관한 내용 생략

[서식] 송달장소 및 송달영수인 신고서

송달장소 및 송달영수인 신고서

사 건 : 신주발행조사보고서
신청인 : 김 용 기

위 사건에 관하여 신청인 김용기는 다음과 같이 송달장소 및 송달영수인을 신고합니다.

다 음

원고의 송달장소 및 송달영수인
송달장소 : 서울 ○○구 ○○로 ○-○
(우 : 100-814, 전화번호 : 02-700-0000)

송달영수인 : ○○○ 법무사

20○○ . . .

위 신청인 김 용 기 (인)

서울중앙지방법원 귀중

[서식] 주식인수증

주 식 인 수 증	
상 호	주식회사 에이에스지
인 수 할 주 식 수	보통주식 112,600주 보통주식
금 액	금563,000,000원
일 주 의 금 액	금 5,000원
위의 주식을 현물출자자로서 인수합니다. 20○○년 월 일 주식인수인 오달수 (인) 서울특별시 ○○구 ○○로 ○-○ 주식회사 에이에스지 대표이사 귀하	

※ 신주의 인수

○ 신주발행으로 인한 변경등기의 신청서에는 주식의 청약을 증명하는 서면뿐만 아니라 주식의 인수를 증명하는 서면도 첨부하여야 한다. 다만, 그 주식의 인수를 증명하는 서면이 신주의 인수인이 작성한 주식인수증에 한정되는 것은 아니다. 현물출자를 하는 자와 회사 간의 신주인수계약서, 주주명부 기타 주식의 배정 상황(각 인수인에게 배정한 주식의 수)에 관하여 대표이사가 작성한 서면도 주식의 인수를 증명하는 서면에 해당한다(상업등기선례 200701-2, 2007. 1. 10. 공탁 상업등기과-45 질의회답).

○ 기존주주(구주주)가 그 소유주식의 비율내에서 주식을 인수하는 경우에는 주식인수증을 작성하여야 하고, 소유주식수의 비율을 초과하여 인수하고자하는 경우에는 그 초과부분에 한하여는 원칙적으로 주식청약서를 작성하여야 한다. 그러나 실무에서는 구주주는 주식인수증으로, 구주주가 아닌 일반인의 경우는 주식청약서를 작성하고 있다.

○ 납입기일에 납입 또는 현물출자가 이행된 한도내의 발행주식에 대하여 신주발행의 효력이 생기고, 납입기일까지 납입 또는 현물출자의 이행을 하지 않은 신주인수인은 그 권리를 잃으며(상법 제423②), 이 경우 회사는 실권한 신주인수인에 대하여 손해의 배상을 청구할 수 있으며(상법 제423③), 실권한 주식에 대하여 회사는 주주를 다시 모집할 수 있다.

[서식] 재산인도증(현물출자)

<table>
<tr><td colspan="2" align="center">재 산 인 도 증</td></tr>
<tr><td>상 호</td><td>주식회사 에이에스지</td></tr>
<tr><td>인 수 할 주 식 수</td><td>보통주식 112,600주</td></tr>
<tr><td>위 총 액</td><td>금 563,000,000원</td></tr>
<tr><td>일 주 의 금 액</td><td>금 5,000원</td></tr>
<tr><td colspan="2">본인은 20○○. . . 위의 주식을 인수하고 다음(별지) 재산을 현물출자 하였으므로 그 출자재산을 귀사에 확실히 인도함과 동시에 상법 제295조 제2항에 따른 소유권이전 서류를 교부합니다.

20○○년 월 일

현물출자자 주주 오달수
서울특별시 ○○구 ○○로 ○-○

주식회사 에이에스지 대표이사 귀하</td></tr>
</table>

※ 출자의 이행

○ 신주인수인은 납입기일에 그 인수가액의 전액을 납입하여야 하고, 현물출자자는 납입기일에 출자의 목적인 재산을 인도하고 등기·등록 기타 권리의 설정 또는 이전을 필요로 할 경우에는 그에 필요한 서류를 완비하여 교부하여야 한다(상법 제421,425,305③,295②).

○ 현물출자를 하는 자와 회사 간의 신주인수계약서, 주주명부 기타 주식의 배정 상황(각 인수인에게 배정한 주식의 수)에 관하여 대표이사가 작성한 서면도 주식의 인수를 증명하는 서면에 해당한다(상업등기선례 200701-2, 2007. 1. 10. 공탁 상업등기과-45 질의회답).

[별 지] 현물출자 목적재산의 표시

현물출자할 재산의 표시

특허등록번호	발명의 명칭	등록일	출원인
10-0000000	금융기관온라인망 및 그 제조방법	2018.9. 28.	오달수

[서식] 재산인수증(현물출자)

현물출자재산인수증

특허등록번호	발명의 명칭	등록일	출원인
10-0000000	금융기관온라인망 및 그 제조방법	2018. 9. 28.	오달수

위 재산을 주식회사 에이에스지의 현물출자 재산으로 정히 인수합니다.

20○○. ○. ○.

주식회사 에이에스지
서울 관악구 신림동 123-4
대표이사 김 용 기
서울특별시 ○○구 ○○로 ○-○

현물출자자 오달수 귀하

[서식] 주주총회 소집절차 생략 동의서

주주총회 소집절차 생략 동의서

본 회사는 자본금 총액이 10억원 미만인 회사로서 상법 제363조 제4항에 근거하여 주주전원의 동의하에 소집절차 없이 주주총회를 개최하는 것에 대하여 동의합니다.

20○○년 ○월 ○일

주주 김 용 기 (인)

[서식] 기간단축동의서

기간단축동의서

본인은 주식회사 에이에스지의 자본금을 증자함에 있어서 상법 제418조 및 제419조 규정에 의하여 최고기간을 주지 않음에 대하여 이의 없이 동의함.

20○○년 월 일

주주 김 용 기 (인)

주식회사 에이에스지 귀중

※ 기간단축동의서

○ 신주발행절차에서 상법 제418조 및 제419조의 규정에 의한 신주인수권의 내용 및 배정일 지정공고와 신주인수권자에 대한 실권예고부 최고기간을 단축한 경우에, 이를 증명하는 서면으로서 실무상 신주인수권포기서를 첨부하게 하는 경우도 있으나 이는 현행법상 첨부서면은 아니며, 위 사항이 총주주나 종류주주 전원의 동의가 없으면 효력이

없거나 취소할 수 있는 사항에 해당될 경우에는 총주주나 종류주주 전원이 동의하였음을 증명하는 서면(주주 전원의 동의서 또는 신주인수권을 행사하지 않은 주주의 기간단축동의서 등)을 첨부하여 변경등기를 신청하여야 한다(등기선례 200206-14, 2002. 6. 24. 등기 3402-344 질의회답).

[서식] 정관

정 관

제1장 총 칙

제1조(상호) 이 회사는 주식회사 에이에스지라고 한다.

제2조 [목적] 당 회사는 다음의 사업을 경영함을 목적으로 한다

1. 보안시스템 제조, 판매사업
1. 시스템 통합사업
1. 전기, 전자 제조, 판매사업
1. 광통신, 광섬유 제조, 판매사업
1. 전자상거래, 인터넷, 소프트웨어 제조, 판매사업
1. 부동산 임대업
1. 수출입업
1. 도, 소매업
1. 통신판매업(인터넷)
1. 디자인컨설팅업
1. 가구 및 공예품제조, 판매사업
1. 의약품 관련 판매사업
1. 정보통신기기제조 및 판매사업
1. 부동산 및 주택 신축판매업
1. 부동산사업관리 및 분양대행업
1. 위부대하는 써비스업
1. 각호에 부대하는 사업

제3조(본점의 소재지 및 지점등의 설치)

1. 이 회사는 본점을 서울특별시에 둔다.
2. 이 회사는 필요에 따라 이사회의 결의로 국내, 외에 지점, 출장소, 사무소 및 현지 법인을 둘 수 있다.

제4조(공고방법) 당 회사의 공고는 회사의 인터넷 홈페이지(http://www.○○○.....)에 게재한다. 다만, 전산장애 또는 그 밖의 부득이한 사유로 회사의 인터넷 홈페이지에 공고를 할 수 없을 때에는 ○○시에서 발행되는 ○○신문에 한다.

제2장 주 식

제5조(발행예정주식의 총수) 이 회사가 발행할 주식의 총수는 20,000주로 한다.

제6조(1주의 금액) 이 회사가 발행하는 주식 1주의 금액은 5,000원으로 한다.

제7조(설립시에 발행하는 주식의 총수) 이 회사가 설립시에 발행하는 주식의 총수는 20,000주로 한다.

제8조(주식의 종류) 이 회사가 발행할 주식의 종류는 기명식 보통주식으로 한다.

제9조 (신주인수권) ① 당회사의 주주는 신기술도입, 재무구조의 개선 등 회사의 경영상 목적을 달성하기 위하여 정관으로 정한 경우를 제외하고는 신주발행에 있어서 그가 소유한 주식수에 비례하여 신주의 배정을 받을 권리를 가진다. 그러나 주주가 신주인수권을 포기 또는 상실하거나 신주배정에 서 단주가 발생하는 경우에 그 처리방법은 이사회의 결의로 정한다.

② 전항의 규정에도 불구하고 다음 각호의 경우에는 이사회의 결의로 주주 외의 자 및 제 3자에게 신주를 배정 할 수 있다.

1. 당회사는 발행주식 총수의 100분의 50을 초과하지 않는 범위 내에서 자본시장과 금융투자업에 관한 법률 제165조의 6의 규정에서 정하는 방법에 따라 이사회의 결의로 일반 공모증자 방식에 의한 신주를 발행하는 경우
2. 발행하는 주식총수의 100분의 20 범위 내에서 우리사주 조합원에게 신주를 우선 배정하는 경우
3. 상법 제542조의 3의 규정에 의한 주식매수선택권의 행사로 인하여 신주를 발행하는 경우
4. 회사 경영상 필요로 외국인 투자를 유치하기 위하여 국외 법인 또는 개인에게 신주를 배정하는 경우
5. 신기술사업 금융지원에 관한 법률에 의한 신기술 투자조합, 중소기업창업 지원법에 의한 중소기업창업 투자회사와 중소기업창업 투자조합 및 법인세 규정

에 의한 기관 투자자에게 발행주식의 50%까지 배정하는 경우

6. 회사가 첨단기술의 도입, 사업다각화, 해외진출, 원활한 자금조달 등 전략 적 제휴를 위하여 상대 회사에 신주를 배정하는 경우

7. 상법 제418조 제2항의 규정에 따라 신기술의 도입, 재무구조 개선 등 기타 회사 경영상의 목적을 달성하기 위하여 필요한 경우

8. 회사가 긴급한 자금의 조달을 위하여 국내외에서 이사회의 결의로 회사의 보통 주식을 제3자에게 발행하는 경우

③ 위 2.항에 따라 주주외의 자에게 신주를 배정하는 경우 상법 제416조 제1호, 제2호, 제2호의2, 제3호 및 제4호에서 정하는 사항을 그 납입기일의 2주 전까지 주주에게 통지하거나 공고하여야 한다.

제10조(주권의 종류) 회사가 발행할 주권의 종류는 일주권, 오주권, 일십주권, 오십주권, 일백주권, 오백주권, 일천주권, 일만주권의 8종으로 한다.

제11조(일반공모증자 등) ① 이 회사는 발행주식총수의 100분의 50을 초과하지 않는 범위내에서 자본시장과 금융투자업에 관한 법률 제165조의6에서 정하는 방법에 따라 이사회결의로 일반 공모증자방식에 의한 신주를 발행할 수 있다.

② 이 회사는 발행주식총수의 100분의 50을 초과하지 않는 범위내에서 자본시장과 금융투자업에 관한 법률의 규정에 따라 이사회의 결의로 주식예탁증서(DR)을 발행할 수 있다.

③ 이 회사는 발행주식총수의 100분의 50을 초과하지 않는 범위내에서 경영상의 필요로 외국인투자촉진법에 의한 외국인투자를 위하여 이사회 결의로 신주를 발행할 수 있다.

④ 제1항 내지 제3항의 방식에 의해 신주를 발행할 경우에는 발행할 주식의 종류와 수 및 발행가격 등은 이사회의 결의로써 정한다.

제12조(주식매수선택권)① 회사는 임직원에게 발행주식총수의 100분의 20의 범위내에서 상법 제340조의2제1항의 규정에 의한 주식매수선택권을 주주총회의 특별결의에 의하여 부여할 수 있다. 그러나 다음 각호의 1에 해당하는 자는 제외한다.

1. 최대주주 및 그 특수관계인(상법시행령 제29조 제2항 제1호)

2. 주요주주 및 그 특수관계인(상법시행령 제29조 제2항 제2호)

3. 주주총회 또는 이사회에서 주식매수선택권을 부여하기에 부당하다고 결의된 자

② 주식매수선택권의 행사로 교부할 주식(주식매수선택권의 행사가격과 시가와의

차액을 현금 또는 자기 주식으로 교부하는 경우에는 그 차액의 산정기준이 되는 주식을 말한다)은 기명식 보통주식으로 한다.

③ 주식매수선택권을 부여하는 임직원의 수는 재직하는 임직원의 100분의 30을 초과할 수 없고, 임원 또는 직원 1인에 대하여 부여하는 주식매수선택권은 발행주식 총수의 100분의 10을 초과할 수 없다.

④ 주식매수선택권의 행사가격은 주식매수선택권의 부여일을 기준으로 상속세 및 증여세법 제63조 규정을 준용하여 평가한 부여대상의 주식의 시가이상으로 하되 시가가 액면가액을 하회하는 경우에는 액면가액으로 한다.

⑤ 주식매수선택권은 이를 부여하는 주주총회 결의일로부터 2년이 경과한 날로부터 5년내에 행사할 수 있다.

⑥ 다음 각호의 1에 해당하는 경우에는 이사회의 결의로 주식매수선택권의 부여를 취소할 수 있다.

1. 당해 임직원이 본인의 의사에 따라 주식매수선택권을 부여받은 날로부터 2년 이내에 퇴임하거나 퇴직한 경우
2. 당해 임직원이 고의 또는 과실로 회사에 중대한 손해를 준 경우
3. 회사의 파산 등으로 주식매수선택권에 응할 수 없는 경우
4. 기타 주식매수선택권 부여 계약에서 정한 취소사유가 발생한 경우

제13조(신주의 배당기산일) 회사가 유상증자, 무상증자 및 주식배당에 의하여 신주를 발행하는 경우 신주에 대한 이익의 배당에 관하여는 신주를 발행한 때가 속하는 영업연도의 직전영업연도 말에 발행된 것으로 본다.

제14조(주식의 소각)[38] ① 회사는 이사회 결의로 발행주식총수의 100분의 10 범위내에서 주식을 소각할 수 있다.

② 제1항의 주식소각은 자기주식을 취득하여 소각하는 방법으로 한다.

제15조(명의개서대리인) ① 이 회사는 주식의 명의개서는 당 회사에서 할 수 있으며, 필요에 따라서 명의개서대리인을 둘 수 있다.

---

38) 주권상장법인은 다른 법률에 따르는 경우 외에는 주주에게 배당할 이익으로 주식을 소각할 수 있다는 뜻을 상법 제434조에 따른 결의로써 정관에 정하는 경우에는 이사회 결의로 주식을 소각할 수 있도록 할 수 있다(자본시장법 제165조의3 제1항). 주식을 소각하려는 경우 이사회는 ㉠소각할 주식의 종류와 총수 ㉡소각하기 위하여 취득할 주식가액의 총액 ㉢ 주식을 취득하려는 기간(이 경우 그 기간은 이사회 결의 후 최초의 정기주주총회일 이전이어야 한다)의 사항을 결의하여야 한다. 이 경우 소각할 주식은 해당 이사회 결의 후 취득한 주식만 해당한다.

② 명의개서대리인 및 그 사무취급장소와 대행업무의 범위는 이사회의 결의로 정하고 이를 공고한다.

③ 이 회사의 주주명부 또는 그 사본을 명의개서대리인의 사무취급장소에 비치하고 주식의 명의개서, 질권의 등록 또는 말소, 신탁재산의 표시 또는 말소, 주권의 발행, 신고의 접수, 기타 주식에 관한 사무는 명의개서대리인으로 하여금 취급케 한다.

④ 제3항의 사무취급에 관한 절차는 명의개서대리인의 유가증권의 명의개서대행 등에 관한 규정에 따른다.

제16조(주주 등의 주소, 성명 및 인감 또는 서명 등 신고) ① 주주와 등록질권자는 그 성명, 주소 및 인감 또는 서명 등을 회사 또는 제15조의 명의개서대리인에게 신고하여야 한다.

② 외국에 거주하는 주주와 등록질권자는 대한민국내에 통지를 받을 장소와 대리인을 정하여 신고하여야 한다.

③ 제1항 및 제2항의 변동이 생긴 경우에도 같다.

제17조(주주명부의 폐쇄 및 기준일) ① 이 회사는 매년 1월 1일부터 1월 31일까지 권리에 관한 주주명부의 기재변경을 정지한다.

② 이 회사는 매년 12월 31일 최종의 주주명부에 기재되어 있는 주주를 그 결산기에 관한 정기주주총회에서 권리를 행사할 주주로 한다.

③ 이 회사는 임시주주총회의 소집 기타 필요한 경우 이사회의 결의로 3월을 경과하지 아니하는 일정한 기간을 정하여 권리에 관한 주주명부의 기재변경을 정지하거나 이사회의 결의로 정한 날에 주주명부의 기재변경정지와 기준일의 지점을 함께 할 수 있다. 회사는 이를 2주 전에 공고하여야 한다.

제3장 사 채

제18조(전환사채의 발행) ① 이 회사는 사채의 액면총액이 최종의 대차대조표에 의하여 회사에 현존하는 순자산액의 4배를 초과하지 않는 범위내에서 이사회의 결의로 전환사채를 발행할 수 있다.

② 제1항의 전환사채에 있어서 이사회는 그 일부에 대하여만 전환권을 부여하는 조건으로도 이를 발행할 수 있다.

③ 전환으로 인하여 발행하는 주식은 기명식보통주식으로 하고, 전환가액은 주식의 액면액 또는 그 이상의 가액으로 사채발행시 이사회가 정한다.

④ 전환을 청구할 수 있는 기간은 당해 사채의 발행일 익일부터 그 상환기일의 직전일까지로 한다. 그러나 위 기간내에 이사회의 결의로써 전환청구기간을 조정할 수 있다.

⑤ 전환으로 인하여 발행하는 주식에 대한 이익의 배당과 전환사채에 대한 이자의 지급에 관하여는 제13조의 규정을 준용한다.

제19조(신주인수권부사채의 발행) ① 이 회사는 사채의 액면가액이 최종의 대차대조표에 의하여 회사에 현존하는 순자산액의 4배를 초과하지 않는 범위내에서 이사회의 결의로 신주인수권부사채를 발행할 수 있다.

② 신주인수를 청구할 수 있는 금액은 사채의 액면총액을 초과하지 않는 범위내에서 이사회가 정한다.

③ 신주인수권행사로 발행하는 주식은 기명식 보통주식으로 하고 그 발행가액은 액면금또는 그 이상의 가액으로 사채발행시 이사회가 정한다.

④ 신주인수권을 행사할 수 있는 기간은 당해 사채발행일 익일부터 그 상환기일의 직전일까지로 한다. 그러나 이 기간내에서 이사회의 결의로 행사기간을 조정할 수 있다.

⑤ 신주인수권의 행사로 인하여 발행된 주식에 대한 이익의 배당에 관하여는 제13조의 규정을 준용한다.

제4장 주주총회

제21조(소집시기) ① 이 회사의 주주총회는 정기주주총회와 임시주주총회로 한다.

② 정기주주총회는 매년 사업연도 종료후 3개월이내에, 임시 주주총회는 필요에 따라 소집한다.

제22조(소집권자) ① 주주총회의 소집은, 법령에 다른 규정이 있는 경우를 제외하고는 이사회의 결의에 따라 대표이사(사장)이 소집한다.

② 대표이사(사장)이 유고시에는 제36조의 규정을 준용한다.

제23조(소집통지 및 공고) ① 주주총회를 소집함에는 그 일시, 장소 및 회의의 목적사항을 총회일 2주전에 주주들에게 서면으로 통지를 발송하여야 한다.

② 의결권있는 발행주식총수의 100분의 1 이하의 주식을 소유한 주주에 대한 소집통지는 2주전에 주주총회를 소집한다는 뜻과 회의 목적사항을 제4조의 공고방법에 따라 공고함으로써 서면에 의한 소집통지에 갈음할 수 있다.

제24조(소집지) 주주총회는 본점소재지에서 개최하되 필요에 따라 이의 인접지역에

서도 개최할 수 있다.

제25조(의장) ① 주주총회의 의장은 대표이사(사장)로 한다.

② 대표이사(사장)가 유고시에는 제36조의 규정을 준용한다.

제26조(의장의 질서유지권) ① 주주총회의 의장은 그 주주총회에서 고의로 의사진행을 방해하기 위한 언행을 하거나 질서를 교란케하는 자에 대하여 그 발언의 정지, 취소 또는 퇴장을 명할 수 있으며 명을 받을 자는 이에 응하여야 한다.

② 주주총회의 의장은 의사진행의 원할을 기하기 위하여 필요하다고 인정할 때에는 주주의 발언시간 및 회수를 제한할 수 있다.

제27조(주주의 의결권) 주주의 의결권은 1주마다 1개로 한다.

제28조(상호주에 대한 의결권제한) 이 회사, 모회사 및 자회사가 다른 회사의 발행주식 총수의 10분의 1을 초과하는 주식을 가지고 있는 경우 그 다른 회사가 가지고 있는 회사의 주식은 의결권이 없다.

제29조(의결권의 대리행사) ① 주주는 대리인으로 하여금 그 의결권을 행사하게 할 수 있다.

② 제1항의 대리인은 주주총회 개시전에 그 대리권을 증명하는 서면(위임장)을 제출하여야 한다.

제30조(주주총회의 결의 방법) 주주총회의 결의는 법령에 다른 정함이 있는 경우를 제외하고는 출석한 주주의 의결권의 과반수로 하되 발행주식총수의 4분의 1이상의 수로 하여야 한다.

제31조(주주총회 의사록) 주주총회의 의사는 그 경과의 요령과 결과를 의사록에 기재하고 의장과 출석한 이사가 기명날인 또는 서명을 하여 본점과 지점에 비치한다.

제5장 이사, 이사회 대표이사

제1절 이사 및 감사

제32조(이사 및 감사의 수) ① 이 회사의 이사는 3명 이상으로 한다. 단, 자본금이 10억원 미만일 경우에는 1인 이상으로 할 수 있다.

② 이 회사의 감사는 1명 이상으로 한다.

제33조(이사 및 감사의 선임) ① 이사와 감사는 주주총회에서 선임한다.

② 이사와 감사의 선임은 출석한 주주의 의결권의 과반수로 하되 발행주식총수의 4분의 1이상의 수로 하여야 한다. 그러나 감사의 선임에는 의결권 없는 주식을

제외한 발행주식총수의 100분의 3을 초과하는 수의 주식을 가진 주주는 그 초과하는 주식에 관하여는 의결권을 행사하지 못한다.

제34조(이사 및 감사의 임기) ① 이사의 임기는 3년으로 한다. 그러나 그 임기가 최종의 결산기 종료후 당해 결산기에 관한 정기주주총회 전에 만료될 경우에는 그 총회의 종결시까지 그 임기를 연장한다.

② 감사의 임기는 취임 후 3년내의 최종의 결산기에 관한 정기주주 총회 종결시까지로 한다.

제35조(이사 및 감사의 보선) 이사 또는 감사 중 결원이 생긴 때에는 주주총회에서 이를 선임한다. 그러나 이 정관 제32조에서 정하는 원수를 결하지 아니하고 업무수행상 지장이 없는 경우에는 그러하지 아니한다.

제36조(이사의 직무) 부사장, 전무이사, 상무이사 및 이사는 사장을 보위하고 이사회에서 정하는 바에 따라 이 회사의 업무를 분장, 집행하며 대표이사(사장)가 유고 시에는 위 순서로 그 직무를 대행하되 같은 직급이 여러 명인 경우에는 이사회에서 정한다.

제37조(이사의 의무) ① 이사는 법령과 정관의 규정에 따라 회사를 위하여 그 직무를 충실하게 수행하여야 한다.

② 이사는 선량한 관리자의 주의로서 회사를 위하여 그 직무를 수행하여야 한다.

③ 이사는 재임 중 뿐만 아니라 퇴임 후에도 직무상 지독한 회사의 영업상 비밀을 누설하여서는 아니된다.

④ 이사는 회사에 현저하게 손해를 미칠 염려가 있는 사실을 발견한 때에는 즉시 감사에게 이를 보고하여야 한다.

제38조(감사의 직무) ① 감사는 이 회사의 회계와 업무를 감사한다.

② 감사는 이사회에 출석하여 의결권을 진술할 수 있다.

③ 감사는 회의의 목적사항과 소집의 이유를 기재한 서면을 이사회에 제출하여 임시총회의 소집을 청구할 수 있다.

④ 감사는 그 직무를 수행하기 위하여 필요한 때에는 자회사에 대하여 영업의 보고를 요구할 수 있다. 이 경우 자회사가 지체없이 보고를 하지 아니할 때 또는 그 보고의 내용을 확인할 필요가 있을 때에는 자회사의 업무와 재산상태를 조사할 수 있다.

제39조(감사의 감사록) 감사는 감사의 실시요령과 그 결과를 감사록에 기재하고 그 감사를 실시한 감사가 기명날인 또는 서명하여야 한다.

제2절 이사회

제40조(이사회의 구성과 소집) ① 이사회는 이사로 구성하며 이 회사업무의 중요사항을 결의한다.

② 이사회는 대표이사(사장) 또는 이사회에서 따로 정한 이사가 있을 때에는 그 이사가 동의가 있을 때에는 소집절차를 생략할 수 있다. 그러나 이사 및 감사전원의 동의가 있을 때에는 소집절차를 생략할 수 있다.

제41조(이사회의 결의방법) ① 이사회의 결의는 이사 과반수의 출석과 출석이사의 과반수로 한다.

② 이사회의 의장은 제22조의 규정에 의한 이사회의 소집권자로 한다.

③ 이사회의 결의에 관하여 특별한 이해관계가 있는 자는 의결권을 행사하지 못한다.

제42조(이사회의 의사록) 이사회의 의사에 관하여 의사록을 작성하고 의장과 출석과 이사 및 감사가 기명날인 또는 서명을 하여 본점에 비치한다.

제43조(이사 및 감사의 보수와 퇴직금) ① 이사와 감사의 보수는 주주총회의 결의로 이를 정한다.

② 이사와 감사의 퇴직금의 지급은 주주총회 결의를 거친 임원퇴직금지급규정에 의한다.

제44조(상담역 및 고문) 이 회사는 이사회 결의로 상담역 또는 고문 약간명을 둘 수 있다.

제3절 대표이사

제45조(대표이사의 선임) 대표이사는 이사회에서 선임한다.

제46조(대표이사의 직무) 대표이사는 회사를 대표하고 회사의 업무를 총괄한다.

제6장 계 산

제47조(사업연도) 이 회사의 사업연도는 매년 ○월 1일부터 ○월 30일까지로 한다.

제48조(재무제표와 영업보고서의 작성, 비치 등) ① 이 회사의 대표이사(사장)은 정기주주총회 회일의 6주간 전에 다음의 서류와 그 부속명세서 및 영업보고서를 작성하여 감사의 감사를 받아야 하며, 다음 각호의 서류와 영업보고서를 정기총회에 제출하여야 한다.

1. 대차대조표

2. 손익계산서
3. 이익잉여금처분계산서 또는 결손금처리계산서

② 감사는 제1항의 서류를 받은 날로부터 4주간내에 감사보고서를 대표이사(사장)에게 제출하여야 한다.

③ 대표이사(이사)는 제1항 각호의 서류와 그 부속명세서를 영업보고서 및 감사보고서와 함께 정기주주총회 회일의 1주간전부터 본사에 5년간, 그 사본을 지점에 3년간 비치하여야 한다.

④ 대표이사(사장)는 제1항 각호의 서류에 대한 주주총회의 승인을 얻은 때에는 지체없이 대차대조표를 공고하여야 한다.

제49조(이익금의 처분) ① 이 회사는 매년사업연도말의 처분전이익잉여금을 다음과 같이 처분한다.

1. 이익준비금
2. 기타의 법정적립급
3. 배당금
4. 임의 적립금
5. 기타의 이익잉여금 처분액

제50조(이익배당) ① 이익의 배당금은 금전과 주식으로 할 수 있다.

② 이익의 배당을 주식으로 하는 경우 회사가 수종의 주식을 발행한 때에는 주주총회의 결의로 그와 다른 종류의 주식으로도 할 수 있다.

③ 제1항의 배당은 매결산기말 현재의 주주명부에 기재된 주주 또는 등록된 질권자에게 지급한다.

제51조(배당금지급청구권의 소멸시효) ① 배당금의 지급청구권은 5년간 이를 행사하지 아니하면 소멸시효가 완성된다.

② 제1항의 시효의 완성으로 인한 배당금은 이 회사에 귀속한다.

③ 배당금에 대하여는 이자를 지급하지 않는다.

부 칙

제52조(정관 시행일) 본 개정정관은 20○○년 ○월 일부터 시행한다.

20○○년 ○월 일

주식회사 에이에스지

서울특별시 ○○구 ○○로 ○-○

대표이사 김 용 기

[서식] 위임장(공증용)

위 임 장
법무사 ○ ○ ○ 서울 서초구 서초동 345-6 전화 : 123-4567 위 사람을 본인의 대리인으로 정하여 백영공증인합동사무소에서 다음 사서증서 인증을 촉탁하는 일체의 권한을 위임합니다. 다 음 1. 임시주주총회의사록 20○○년 ○월 ○일 위임인 ○ ○ ○ (인) 서울 ○○ 구 ○○ 동 ○-○

○ 공증준비서류 : 주주총회의사록, 이사회의사록, 주주명부, 진술서 각 3부와 정관사본, 법인인감증명서 및 등기부등본 각1부를 준비하고, 주주총회의사록 또는 이사회의사록에 날인한 이사는 공증용 위임장에 인감을 날인하고 개인임감증명을 첨부하여야 한다.

○ 공증 및 비용 194면 참조

[서식] 진술서(공증용)

<table>
<tr><td colspan="2" align="center">진 술 서</td></tr>
<tr><td>법 인 명</td><td>주식회사 에이에스지</td></tr>
<tr><td>소 재 지</td><td>서울 ○○구 ○○로 123-4</td></tr>
<tr><td>회의의 종류</td><td>주주총회( ) 이사회( )</td></tr>
<tr><td>소 집 일 시</td><td>20○○년 ○월 ○일</td></tr>
<tr><td>소 집 장 소</td><td>본점 회의실</td></tr>
<tr><td colspan="2">본인은 법무사 ○○○이 위 법인의 의사록의 인증을 촉탁함에 있어서 위 법인의 대표이사로서 위 회의가 적법하게 소집되었으며, 결의의 절차와 내용이 진실에 부합함을 진술합니다.

20○○년 ○월 ○일

진술인 주식회사 에이에스지
서울 ○○구 ○○로 ○○
대표이사 ○ ○ ○ (인)</td></tr>
</table>

[서식] (구)주주명부

(구) 주 주 명 부

년 월 일 현재

주주명	주소 및 전자우편주소	인수주식수	액면주식 1주의 금액	금 액	비 고
김 용 기	서울특별시 ○○구 ○○로 ○-○	19,999주	5,000	99,995,000	
윤 미 정	서울특별시 ○○구 ○○로 ○-○	1주	5,000	5,000	
합 계		20,000주		100,000,000	

위 주주명부는 본사에 비치된 주주명부와 대조하여 틀림이 없음을 증명합니다.

20○○년 ○월 23일

회 사 명 : 주식회사 에이에스지 (법인인감날인)
소 재 지 : 서울 ○○구 ○○로 ○○
대 표 이 사 : ○ ○ ○

[서식] (신)주주명부

(신) 주 주 명 부

년 월 일 현재

주주명	주소 및 전자우편주소	인수주식수	액면주식 1주의 금액	금 액	비 고
김 용 기	서울특별시 ○○구 ○○로 ○-○	19,999주	5,000	99,995,000	
윤 미 정	서울특별시 ○○구 ○○로 ○-○	1주	5,000	5,000	
오 달 수	서울특별시 ○○구 ○○로 ○-○	112,600주	5,000	563,000,000	
합 계		132,600주		663,000,000	

위 주주명부는 본사에 비치된 주주명부와 대조하여 틀림이 없음을 증명합니다.

20○○년 ○월 23일

회 사 명 : 주식회사 에이에스지 (법인인감날인)
소 재 지 : 서울 ○○구 ○○로 ○○
대 표 이 사 : ○ ○ ○

[서식] 주식회사 변경등기(개인기업과 기존법인과의 통합, 부동산현물출자, 이사 2인인 회사)

주식회사 변경등기신청

접 수	년 월 일	처리인	등기관확인	각종통지
	제 호			

상 호	주식회사 공인중계합동	등기번호	123456
본 점	서울 관악구 신림동 123-4		
등 기 의 목 적	발행할 주식 총수 및 신주발행으로 인한 변경등기		
등 기 의 사 유	중소기업간의 통합에 의하여 20○○년 월 8일 임시주주총회에서 발행예정 주식의 총수를 변경하고 현물출자 자에게 신주식 250,000주 발행을 결의하고 20○○년 ○월 24일 그 납입이 완료되어 발행주식의 총수와 그 종류 및 각각의 수, 자본금의 액이 변경되었으므로 그 등기를 구함.		
등 기 할 사 항			
변경 후의 발행예정 주식 총수	1,000,000주 보통주식 20○○년 월 일 변경		
발행주식의 총수, 그 종류와 각종 주식의 내용과 수	350,000주 보통주식 20○○년 월 일 변경		
자본금의 액[39]	금 1,750,000,000원		
기 타	해당없음		

39) 개정 상법(2012. 4. 15시행)은 "자본의 총액"을 "자본금의 액으로 개정하였다.

<table>
<tr><td colspan="7">신청등기소 및 등록면허세/수수료</td></tr>
<tr><td rowspan="2">순번</td><td rowspan="2">신청등기소</td><td rowspan="2">구분</td><td>등록면허세</td><td rowspan="2">농어촌
특별세</td><td rowspan="2">세액합계</td><td rowspan="2">등기신청
수수료</td></tr>
<tr><td>지방교육세</td></tr>
<tr><td rowspan="2"></td><td rowspan="2"></td><td rowspan="2">신주발행</td><td>금5,000,000원</td><td rowspan="2"></td><td rowspan="2">금6,000,000원</td><td rowspan="2">금6,000원</td></tr>
<tr><td>금1,000,000원</td></tr>
<tr><td></td><td></td><td></td><td></td><td></td><td></td><td></td></tr>
<tr><td colspan="3" rowspan="2">합 계</td><td></td><td rowspan="2"></td><td rowspan="2"></td><td rowspan="2"></td></tr>
<tr><td></td></tr>
<tr><td colspan="4">등기신청수수료 납부번호</td><td colspan="3"></td></tr>
<tr><td colspan="2">과 세 표 준 액</td><td colspan="5">금1,250,000,000원</td></tr>
<tr><td colspan="7">첨 부 서 면</td></tr>
<tr><td colspan="4">1. 정관 통
1. 이사회의사록 또는 주주 총회의사록 통
1. 주식의 인수를 증명하는 서면 통
1. 검사인의 조사보고서 및 그 부속서류 통
1. 현물출자증서 통</td><td colspan="3">1. 현물출자재산인수증 통
1. 등록면허세영수필확인서 통
1. 위임장(대리인이 신청할 경우) 통
<기 타></td></tr>
<tr><td colspan="7">20○○년 ○월 ○일
신청인 상 호 주식회사 공인중계합동
본 점 서울 관악구 신림동 123-4
대표이사 성 명 이 수 호 (인) (전화 : 123-4567)
주 소 서울특별시 ○○구 ○○로 ○-○
대리인 성 명 법무사 ○○○ (인) (전화 : 234-5678)
주 소 서울 종로구 낙원동 789-10
○○지방법원 ○○등기소 귀중</td></tr>
</table>

<table>
<tr><td>- 신청서 작성요령 및 등기수입증지 첨부란 -
1. 해당란이 부족할 때에는 별지를 이용합니다.
1. 해당 등기신청과 관계없는 사항에 대하여는 “해당없음”으로 기재하거나 삭제하고, 필요한 사항은 추가 기재합니다.</td></tr>
</table>

(용지규격 21㎝× 29.7㎝)

[서식] 위임장(등기소 제출용)

위 임 장

법무사 ○○○

서울 서초구 서초동 789-10

전화 596-6363 팩스 596-3696

본인은 위 사람을 대리인으로 정하고 다음의 권한을 위임함.

다 음

본 회사와 개인기업 ○○간의 통합에 따른 신주발행으로 인한 변경등기 신청서의 작성 및 제출, 취하에 관한 일체의 행위

20○○. . .

신청인 주식회사 공인중계합동

서울 관악구 신림동 123-4

대표이사 이 수 호

서울특별시 ○○구 ○○로 ○-○

※ 이 위임장은 주식회사 변경등기 대리의 권한을 법무사에게 위임하는 서류로써 등기소에 제출하는 서류이다.

[서식] 임시주주총회 의사록

임시주주총회 의사록

20○○년 월 일 시

본점 회의실에서 다음과 같이 임시주주총회를 개최하다.

주주총수	3 명	발행주식총수	10,000 주
출석주주수	3 명	이의 주식수	10,000 주

대표이사 이수호는 정관규정에 따라 의장석에 등단하여 위와 같이 법정수에 달하는 주주가 출석하였으므로 본 총회가 적법하게 성립되었음을 알리고 개회를 선언한 후 다음의 의안을 부의하고 심의를 구하다.

제1호 의안 중소기업간 통합의 건

의장은 아래의 중소기업간 통합의 필요성을 설명하고 이의 가부를 물은 바, 조세특례제한법 제31조 및 동법 시행령 제28조의 절차에 따라 통합하기로 찬성하여 이를 가결하다.

통합 중소기업		통합기준일	근거규정
(주)에이에스지 대표이사 이 수 호	개인기업 ○○사 대표자 홍 길 동	20○○. .	조세특례제한법 제31조 및 동법 시행령 제28조

제2호 의안 정관일부변경의 건

의장은 정관규정 중 본회사가 발행할 주식에 관한 규정을 아래와 같이 변경할 필요가 있다고 설명하고 그 가부를 물은 바, 주주전원은 이의 없이 이를 찬성하여 만장일치로 승인 가결하다.

정관 제6조 : 별첨과 같음

제3호 의안 : 현물출자에 의한 신주발행의 건

대표이사 이수호는 전 제1호 의안의 통합절차로서 ○○사의 대표자 홍길동이 보유한 토지를 회사에 현물출자할 필요성을 설명하고, 그 가부를 물은바, 전원 이의 없이 아래와 같이 현물출자 자에게 신주식을 발행하기로 찬성하여 이를 가결하다.

1. 신주식의 종류와 수 : 기명식 보통주식 250,000주
2. 신주식의 액면가액 : 1주당 5,000원
3. 납입기일 : 20○○년 월 일
4. 신주식의 인수방법 : 현물출자자인 홍길동이 전체를 인수함.
5. 주금납입 방법 : 홍길동은 현물로 납입한다.
6. 현물출자내역
   가. 현물출자자 : 홍길동
   나. 현물출자 목적재산 및 가격

출자재산	평가액(원)	출자주식수 (액면가액)	출자가액(원)
1. 토지 ○○시 ○○구 ○○동 ○-○ 1574-15 대 348,9 ㎡	대지평가금액: 평가금액 합계 금1,250,000,000원 순자산가액 금1,250,000,000원	250,000주 (액면가액: 금5,000원)	출자금액: 금1,250,000,000원

   다. 현금 출자자 : 홍길동
   라. 이에 대하여 부여한 주식의 종류와 수 :
      보통주식 250,000주 전체를 홍길동에게 부여한다.

   마. 기타 신주의 발행에 필요한 절차 사항 등은 대표이사에게 일임함.

이상으로서 금일 총회의 목적인 의안 전부를 심의 종료하였으므로 의장은 폐회를 선언하다. 때는 11:30

위 의사의 경과요령과 결의를 명확하게 하기 위하여 이 의사록을 작성하고 의장과 출석한 이사가 다음에 기명날인하다.

20○○ 년 월 일

주식회사 공인중계합동

의장 대표이사 이 수 호

사내이사 이 철 수

사내이사 임 종 호

[별첨] 정관 신구대조표

변경전 정관	변경후 정관
제5조(발행예정주식의 총수) 이 회사가 발행할 주식의 총수는 200,000주로 한다.	제5조(발행예정주식의 총수)------ -------총수는 1,000,000주로 한다.

[서식] 통합계약서

통합계약서

갑 : ○○사
○○시 ○구 ○○로○길 ○, ○호(○○동)
대 표 : ○○○

을 : ○○주식회사
○○시 ○구 ○○로○길 ○, ○호(○○동)
대표이사 : ○○○

"갑" 과 "을"은 조세특례제한법 제31조 규정에 의하여 다음과 같이 통합하기로 계약을 체결한다.

제1조(목적)
"갑" 이 운영하고 있는 개인기업 ○○사의 자산 및 부채를 포괄하여 "을" 에게 현물출자 함으로서 부가가치세법 제10조 제9항의 규정에 의한 사업의 포괄양도를 하고, 조세특례제한법 제31조의 통합 규정에 의한 조세특례를 받기 위함에 있다.

제2조 (포괄적양도 및 사업승계)
① "갑" 이 운영하고 있는 개인기업 ○○사의 자산 및 부채를 "을" 이 포괄적으로 승계한다.
②사업양도양수일 현재 갑과 거래중인 모든 거래처는 "을"이 인수하여 계속 거래를 보장하도록 한다.

제3조(현물출자의 대상물)
"갑" 의 명의로 되어있는 다음 각호의 부동산 및 일체의 자산 및 부채를 말한다.
1. 서울 ○○구 ○○로 ○-○(토지, 건물)
2. 그 외 일체의 자산, 부채

제4조(현물출자 가액 및 평가)

①20○○년 ○월○일을 현물출자의 기준일로 하여 "갑"의 장부상 자산총액과 부채총액을 현물출자하기로 한다.

②현물출자 평가 및 자산, 부채의 가액결정은 다음과 같이 정한다.

1. 토지, 건물 등 유형자산은 공인감정평가사의 감정평가액으로 평가한다.

2. 위 유형자산을 제외한 자산, 부채는 공인회계사의 감정보고서에 의하며, 사업용 자산총액에서 차감될 부채총액은 공인회계사의 감정보고서에 의한 부채 잔액으로 한다.

제5조(현물출자 자에 대한 대가)

"갑"이 "을"에게 제3조의 재산을 현물출자 함에 따라 "을"은 제4조에 의하여 계산된 금액에 상당하는 주식을 "갑"에게 교부하여야 한다.

제6조(출자의 이행)

"갑"은 현물출자를 이행하기 위하여 상법 제295조 제2항에 정한 바에 따라 현물출자 대상 개인기업 ○○사의 점유를 신설회사에게 이전하고 소유권의 이전에 관한 일체의 서류를 신설회사에게 인도한다.

제7조(종업원)

"을"은 갑의 전 종업원을 계속 근무케 함은 물론 종업원들과의 개별 고용계약 및 단체협약상의 사용자로서의 모든 권리, 의무를 사업양도양수 이행 일에 신설회사에 이전하며 신설회사는 이를 승계한다.

제8조(비용부담) 갑은 사업양수일 이전에 발생한 제세공과금(국세 및 지방세 포함) 일체를 책임지며, 을은 갑의 사업양도에 따른 비용전부를 부담키로 한다.

제9조(협조의무) 갑은 본 계약 체결후 사업인수를 완료할 때까지 그 재산의 관리 운영에 있어 선량한 관리자의 주의를 게을리 하지 말 것이며, 또한 정상의 거래를 제외하고 재산에 영향을 미치는 중요한 사항에 관하여는 을의 사전승인에 의하도록 한다.

제10조(계약의 효력) 이 계약은 20○○년 ○월 ○일부터 효력이 발생한다.

이상으로 위와 같이 계약을 체결하고 계약서 4통을 작성, 서명 날인 후 "갑"과 "을"이 각각 1통씩 보관하고 나머지는 현물에 관한 소유권이전등기 시 사용하기로 한다.

20○○ 년 월 일

갑 : ○○사
대 표 : ○○○ (인)

을 : ○○주식회사
대표이사 : ○○○ (인)

○ 개인기업을 법인에 현물출자 하고자 하는 개인사업주와 법인중소기업의 대표자가 조세지원 혜택을 받을 수 있도록 작성하여야 한다.
○ 유형자산에 대하여는 공인된 감정인의 감정을 받아야 하지만, 유형자산을 제외한 자산과 부채에 대하여는 공인회계사의 회계를 받아야 한다.

[서식] 신주발행조사보고 인가신청서

신 주 발 행 조 사 보 고 인 가 신 청

사건본인 주식회사 공인중계합동
서울 관악구 신림동 123-4
사내이사 이 수 호

신청인 사건본인의 사내이사 이수호
서울 ○○구 ○○로 ○-○
송달장소 및 송달영수인
(우:100-814) 서울 ○○구 ○○로 ○-○
법무사 ○○○

감 정 인 감정평가사 ○○○
○○감정평가법인(주)
서울 ○○구 ○○로 ○-○

현물출자가액
현물출자액 금1,250,000,000원

현물출자할 재산의 표시
별지 기재 부동산과 같음

부여주식수
250,000주

신 청 취 지

신청인은 조세특례법 제31조의 규정에 의하여 사건본인 주식회사 에이에스지와 개인기업 ○○사를 통합함에 있어 상법 제422조에 의하여 현물출자하는 부동산을 공인감정인의 감정을 받았으므로 그 결과를 보고하오니 인가하여 주시기 바랍니다.

신 청 원 인

1. 신청인은 조세특례법 제31조의 규정에 의하여 사건본인 주식회사 에이에스지와 개인기업 ○○사를 통합함에 있어서 상법 제422조에 따라 자본증가금 1,250,000,000원에 달하는 현물출자를 결의하고, 현물출자 대상인 부동산의 감정을 ○○감정평가법인 주식회사 (소재 : 서울 ○○구 ○○로 ○-○)에 의뢰하여 감정평가를 받았으므로 이의 인가를 위하여 본 신청에 이르게 된 것입니다.

2. 감정결과를 위임한 이사와 현물출자자, 조사감정의 목적과 조사금액 사항은 다음과 같습니다.

가. 감정을 위임한 이사
주식회사 공인중계합동
서울 관악구 신림동 123-4
사내이사 이 수 호
전화번호 : 000-0000

나. 현물출자자
홍 길 동
서울 ○○구 ○○로 ○-○
전화번호 : 010-0000-0000

다. 조사감정의 목적
홍길동이 현물을 출자하고, 현물출자의 이행을 마쳤기에 공인감정인으로서 이에 대한 감정을 행하였음.

라. 조사감정 사항
현물출자를 하는 자의 성명과 그 목적인 재산의 종류, 수량, 가격과 이에 대하여 부여할 주식의 종류와 수
1) 현물출자자 : 홍 길 동

2) 재산의 종류, 수량, 가격 : 별지 기재 부동산

3) 이에 대하여 부여할 주식의 종류와 수

가. 현물출자 재산가액 : 금1,250,000,000원

나. 부여할 주식의 종류와 수 : 기명식 보통주식 250,000주

다. 1주당 발행가액 : 금 5,000원(액면가 금5,000원)

3. 현물출자의 이행 여부

현물출자재산은 이미 사건본인의 회사에 확실히 인수되었음을 출자자 작성의 재산인도증에 의해 확인할 수 있었음.

4. 조사방법 및 의견

본 조사를 실시함에 있어서 감정평가는 성실, 공정하게 평가하였으며, 평가 목적물인 위 부동산의 가액은 감정평가기준을 준용하여 확인하였으며 사건본인은 주식회사 공인중계합동이 체결한 현물출자 계약서상 출자재산의 평가액은 일금 1,250,000,000원정으로 되어 있는 것을 기준으로 하여 평가하였습니다.

첨 부 서 류

1. 정관
1. 현물출자계약서
1. 감정인의 조사보고서 부분
1. 감정평가서
1. 신청법인등기부등본
1. 임시주주총회의사록

20○○. 8월 일

사건본인 주식회사 공인중계합동

서울 관악구 신림동 123-4

사내이사 이 수 호

신청인 사건본인의 사내이사 이수호

서울 ○○구 ○○로 ○-○

서울중앙지방법원 귀중

※ 신주발행조사보고 인가신청에 대한 설명은 634면 “현물출자에 대한 감정” 참조

[서식] 주식청약서

주 식 청 약 서	
상　　호	주식회사 공인중계합동
인수할주식수	250,000주
금　　액	금1,250,000,000원
1 주의 금액	금5,000원

귀 회사 정관과 이 청약서에 기재한 사항을 승낙하고 주식을 청약합니다.

20○○년 10월 1일

주식청약인 홍길동

주식회사 공인중계합동 귀중

상　　호	주식회사 공인중계합동
회사가 발행할 주식의 총수	1,000,000주
1주의 금액	금 5,000원정
신주식의 종류와 수	보통주식 250,000주
신주식의 발행가액	금5,000원
납입기일	20○○. 7월. 16일
납입을 받을 금융기관과 납입장소	현물출자이므로 당회사사무실에서 부동산소유권이전에 관한 일체의 서류를 받음
신주식의 인수방법	현물출자자인 홍길동이 전체를 인수함
신주식발행의 결의 년월일	20○○년 월 일

○ 주주의 모집을 위한 주식청약서용지는 발기인이 작성하고(상법 제302②), 이 청약서에는 상법 제289조제1항과 제290조에 게기한 사항 등 10개항의 사항을 기재해야 한다. 주식인수의 청약을 하고자 하는 자는 주식청약서 2통에 인수할 주식의 종류, 수 및 주소를 기재하고 기명날인 또는 서명하여야 하며, 발기인에 대하여 한다(상법 제302①).

○ 주식인수의 청약에 대하여 발기인은 모집주식총수의 범위 내에서 주식의 배정을 하게 된다. 발기인은 배정방법은 미리 공고하지 않은 이상 어떠한 주식청약자에 대하여 몇 주를 인수시킬 것인가를 자유로이 정할 수 있다.

[서식] 주식인수증

<table>
<tr><td colspan="2">주 식 인 수 증</td></tr>
<tr><td>상 호</td><td>주식회사 공인중계합동</td></tr>
<tr><td>인 수 할 주 식 수</td><td>보통주식 250,000주</td></tr>
<tr><td>금 액</td><td>금1,250,000,000원</td></tr>
<tr><td>일 주 의 금 액</td><td>금 5,000원</td></tr>
<tr><td colspan="2">위의 주식을 주주로서 인수합니다.

20○○년 월 일

주식인수인 홍 길 동 (인)
서울특별시 ○○구 ○○로 ○-○
주식회사 공인중계합동 대표이사 귀하</td></tr>
</table>

※ 신주의 인수

○ 신주발행으로 인한 변경등기의 신청서에는 주식의 청약을 증명하는 서면뿐만 아니라 주식의 인수를 증명하는 서면도 첨부하여야 한다. 다만, 그 주식의 인수를 증명하는 서면이 신주의 인수인이 작성한 주식인수증에 한정되는 것은 아니다. 현물출자를 하는 자와 회사 간의 신주인수계약서, 주주명부 기타 주식의 배정 상황(각 인수인에게 배정한 주식의 수)에 관하여 대표이사가 작성한 서면도 주식의 인수를 증명하는 서면에 해당한다(상업등기선례 200701-2, 2007. 1. 10. 공탁 상업등기과-45 질의회답).

○ 기존주주(구주주)가 그 소유주식의 비율내에서 주식을 인수하는 경우에는 주식인수증을 작성하여야 하고, 소유주식수의 비율을 초과하여 인수하고자하는 경우에는 그 초과부분에 한하여는 원칙적으로 주식청약서를 작성하여야 한다. 그러나 실무에서는 구주주는 주식인수증으로, 구주주가 아닌 일반인의 경우는 주식청약서를 작성하고 있다.

○ 납입기일에 납입 또는 현물출자가 이행된 한도내의 발행주식에 대하여 신주발행의 효력이 생기고, 납입기일까지 납입 또는 현물출자의 이행을 하지 않은 신주인수인은 그 권리를 잃으며(상법 제423②), 이 경우 회사는 실권한 신주인수인에 대하여 손해의 배상을 청구할 수 있으며(상법 제423③), 실권한 주식에 대하여 회사는 주주를 다시 모집할 수 있다.

[서식] 재산인도증(현물출자)

<table>
<tr><td colspan="2">재 산 인 도 증</td></tr>
<tr><td>상 호</td><td>주식회사 공인중계합동</td></tr>
<tr><td>인 수 할 주 식 수</td><td>보통주식 250,000주</td></tr>
<tr><td>위 총 액</td><td>금1,250,000,000원</td></tr>
<tr><td>일 주 의 금 액</td><td>금 5,000원</td></tr>
<tr><td colspan="2">본인은 20○○. . .주주로서 위의 주식을 인수하고 다음(별지) 재산을 현물출자 하였으므로 그 출자재산을 귀사에 확실히 인도함과 동시에 소유권이전 서류를 교부합니다.

20○○년 월 일

현물출자자 주주 홍 길 동
서울특별시 ○○구 ○○로 ○-○

주식회사 공인중계합동 대표이사 귀하</td></tr>
</table>

※ 출자의 이행

○ 신주인수인은 납입기일에 그 인수가액의 전액을 납입하여야 하고, 현물출자자는 납입기일에 출자의 목적인 재산을 인도하고 등기·등록 기타 권리의 설정 또는 이전을 필요로 할 경우에는 그에 필요한 서류를 완비하여 교부하여야 한다(상법 제421조, 제425조, 제305조③, 제295조②).

○ 현물출자를 하는 자와 회사 간의 신주인수계약서, 주주명부 기타 주식의 배정 상황(각 인수인에게 배정한 주식의 수)에 관하여 대표이사가 작성한 서면도 주식의 인수를 증명하는 서면에 해당한다(상업등기선례 200701-2, 2007. 1. 10. 공탁 상업등기과-45 질의회답).

[서식] 현물출자(부동산) 재산인수 확인서

현물출자(부동산) 재산인수 확인서

인수한 부동산의 표시
서울 ○○구 ○○로 ○-○ (토지, 건물)

위 부동산은 홍길동의 소유로서 본 회사의 자본금을 증자함에 있어서 홍길동이 위 부동산을 현물출자하여 본 회사가 이를 인도받고 부동산 이전등기에 필요한 서류일체를 교부받음으로써 동 재산을 정히 인수하였습니다.

20○○년 월 일

현물출자 홍 길 동

주식회사 공인중계합동
서울특별시 ○○구 ○○로 ○-○(○○로)
대표이사 이 수 호

[서식] 기간단축동의서

기간단축동의서
본인 등은 주식회사 공인중계합동의 신주식발행에 있어서 상법 제418조 및 제419조 규정에 의하여 최고기간을 주지 않음에 대하여 이의 없이 동의함.
20○○년 월 일
주주 이 수 호
주식회사 공인중계합동 귀중

※ 기간단축동의서

○ 신주발행절차에서 상법 제418조 및 제419조의 규정에 의한 신주인수권의 내용 및 배정일 지정공고와 신주인수권자에 대한 실권예고부 최고기간을 단축한 경우에, 이를 증명하는 서면으로서 실무상 신주인수권포기서를 첨부하게 하는 경우도 있으나 이는 현행법상 첨부서면은 아니며, 위 사항이 총주주나 종류주주 전원의 동의가 없으면 효력이 없거나 취소할 수 있는 사항에 해당될 경우에는 총주주나 종류주주 전원이 동의하였음을 증명하는 서면(총주주나 종류주주 전원의 동의서 또는 신주인수권을 행사하지 않은 주주의 기간단축동의서 등)을 첨부하여 변경등기를 신청하여야 한다(등기선례 200206-14, 2002. 6. 24. 등기 3402-344 질의회답).

[서식] 정관

정 관

제1장 총 칙

제1조(상호) 이 회사는 주식회사 "공인중계합동"이라고 한다.

제2조 [목적] 당 회사는 다음의 사업을 경영함을 목적으로 한다

1. 부동산중계
1. 주택신축판매업
1. 부동산사업관리 및 분양대행업
1. 위 부대하는 써비스업
1. 각호에 부대하는 사업

제3조(본점의 소재지 및 지점등의 설치)

1. 이 회사는 본점을 서울특별시에 둔다.
2. 이 회사는 필요에 따라 이사회의 결의로 국내, 외에 지점, 출장소, 사무소 및 현지 법인을 둘 수 있다.

제4조(공고방법) 당 회사의 공고는 회사의 인터넷 홈페이지(http://www.○○○.….)에 게재한다. 다만, 전산장애 또는 그 밖의 부득이한 사유로 회사의 인터넷 홈페이지에 공고를 할 수 없을 때에는 ○○시에서 발행되는 ○○신문에 한다.

제2장 주 식

제5조(발행예정주식의 총수) 이 회사가 발행할 주식의 총수는 1,000,000주로 한다.

제6조(1주의 금액) 이 회사가 발행하는 주식 1주의 금액은 5,000원으로 한다.

제7조(설립시에 발행하는 주식의 총수) 이 회사가 설립시에 발행하는 주식의 총수는 20,000주로 한다.

제8조(주식의 종류) 이 회사가 발행할 주식의 종류는 기명식 보통주식으로 한다.

제9조 (신주인수권) ① 당회사의 주주는 신기술도입, 재무구조의 개선 등 회사의 경영상 목적을 달성하기 위하여 정관으로 정한 경우를 제외하고는 신주발행에 있어서 그가 소유한 주식수에 비례하여 신주의 배정을 받을 권리를 가진다. 그러나 주주가 신주인수권을 포기 또는 상실하거나 신주배정에 서 단주가 발생하는 경우에

그 처리방법은 이사회의 결의로 정한다.

② 전항의 규정에도 불구하고 다음 각호의 경우에는 이사회의 결의로 주주 외의 자 및 제 3자에게 신주를 배정 할 수 있다.

1. 당회사는 발행주식 총수의 100분의 50을 초과하지 않는 범위 내에서 자본시장과 금융투자업에 관한 법률 제165조의 6의 규정에서 정하는 방법에 따라 이사회의 결의로 일반 공모증자 방식에 의한 신주를 발행하는 경우
2. 발행하는 주식총수의 100분의 20 범위 내에서 우리사주 조합원에게 신주를 우선 배정하는 경우
3. 상법 제542조의 3의 규정에 의한 주식매수선택권의 행사로 인하여 신주를 발행하는 경우
4. 회사 경영상 필요로 외국인 투자를 유치하기 위하여 국외 법인 또는 개인에게 신주를 배정하는 경우
5. 신기술사업 금융지원에 관한 법률에 의한 신기술 투자조합, 중소기업창업 지원법에 의한 중소기업창업 투자회사와 중소기업창업 투자조합 및 법인세 규정에 의한 기관 투자자에게 발행주식의 50%까지 배정하는 경우
6. 회사가 첨단기술의 도입, 사업다각화, 해외진출, 원활한 자금조달 등 전략 적 제휴를 위하여 상대 회사에 신주를 배정하는 경우
7. 상법 제418조 제2항의 규정에 따라 신기술의 도입, 재무구조 개선 등 기타 회사 경영상의 목적을 달성하기 위하여 필요한 경우
8. 회사가 긴급한 자금의 조달을 위하여 국내외에서 이사회의 결의로 회사의 보통 주식을 제3자에게 발행하는 경우

③ 위 2.항에 따라 주주외의 자에게 신주를 배정하는 경우 상법 제416조 제1호, 제2호, 제2호의2, 제3호 및 제4호에서 정하는 사항을 그 납입기일의 2주 전까지 주주에게 통지하거나 공고하여야 한다.

제10조(주권의 종류) 회사가 발행할 주권의 종류는 일주권, 오주권, 일십주권, 오십주권, 일백주권, 오백주권, 일천주권, 일만주권의 8종으로 한다.

제11조(일반공모증자 등) ① 이 회사는 발행주식총수의 100분의 50을 초과하지 않는 범위내에서 자본시장과 금융투자업에 관한 법률 제165조의6에서 정하는 방법에 따라 이사회결의로 일반 공모증자방식에 의한 신주를 발행할 수 있다.

② 이 회사는 발행주식총수의 100분의 50을 초과하지 않는 범위내에서 자본시장과 금융투자업에 관한 법률의 규정에 따라 이사회의 결의로 주식예탁증서(DR)을

발행할 수 있다.

③ 이 회사는 발행주식총수의 100분의 50을 초과하지 않는 범위내에서 경영상의 필요로 외국인투자촉진법에 의한 외국인투자를 위하여 이사회 결의로 신주를 발행할 수 있다.

④ 제1항 내지 제3항의 방식에 의해 신주를 발행할 경우에는 발행할 주식의 종류와 수 및 발행가격 등은 이사회의 결의로써 정한다.

제12조(주식매수선택권)① 회사는 임직원에게 발행주식총수의 100분의 20의 범위내에서 상법 제340조의2제1항의 규정에 의한 주식매수선택권을 주주총회의 특별결의에 의하여 부여할 수 있다. 그러나 다음 각호의 1에 해당하는 자는 제외한다.

1. 최대주주 및 그 특수관계인(상법시행령 제29조 제2항 제1호)
2. 주요주주 및 그 특수관계인(상법시행령 제29조 제2항 제2호)
3. 주주총회 또는 이사회에서 주식매수선택권을 부여하기에 부당하다고 결의된 자

② 주식매수선택권의 행사로 교부할 주식(주식매수선택권의 행사가격과 시가와의 차액을 현금 또는 자기 주식으로 교부하는 경우에는 그 차액의 산정기준이 되는 주식을 말한다)은 기명식 보통주식으로 한다.

③ 주식매수선택권을 부여하는 임직원의 수는 재직하는 임직원의 100분의 30을 초과할 수 없고, 임원 또는 직원 1인에 대하여 부여하는 주식매수선택권은 발행주식 총수의 100분의 10을 초과할 수 없다.

④ 주식매수선택권의 행사가격은 주식매수선택권의 부여일을 기준으로 상속세 및 증여세법 제63조 규정을 준용하여 평가한 부여대상의 주식의 시가이상으로 하되 시가가 액면가액을 하회하는 경우에는 액면가액으로 한다.

⑤ 주식매수선택권은 이를 부여하는 주주총회 결의일로부터 2년이 경과한 날로부터 5년내에 행사할 수 있다.

⑥ 다음 각호의 1에 해당하는 경우에는 이사회의 결의로 주식매수선택권의 부여를 취소할 수 있다.

1. 당해 임직원이 본인의 의사에 따라 주식매수선택권을 부여받은 날로부터 2년이내에 퇴임하거나 퇴직한 경우
2. 당해 임직원이 고의 또는 과실로 회사에 중대한 손해를 준 경우
3. 회사의 파산 등으로 주식매수선택권에 응할 수 없는 경우
4. 기타 주식매수선택권 부여 계약에서 정한 취소사유가 발생한 경우

제13조(신주의 배당기산일) 회사가 유상증자, 무상증자 및 주식배당에 의하여 신주를 발행하는 경우 신주에 대한 이익의 배당에 관하여는 신주를 발행한 때가 속하는 영업연도의 직전영업연도 말에 발행된 것으로 본다.

제14조(주식의 소각)40) ① 회사는 이사회 결의로 발행주식총수의 100분의 10 범위내에서 주식을 소각할 수 있다.

② 제1항의 주식소각은 자기주식을 취득하여 소각하는 방법으로 한다.

제15조(명의개서대리인) ① 이 회사는 주식의 명의개서는 당 회사에서 할 수 있으며, 필요에 따라서 명의개서대리인을 둘 수 있다.

② 명의개서대리인 및 그 사무취급장소와 대행업무의 범위는 이사회의 결의로 정하고 이를 공고한다.

③ 이 회사의 주주명부 또는 그 사본을 명의개서대리인의 사무취급장소에 비치하고 주식의 명의개서, 질권의 등록 또는 말소, 신탁재산의 표시 또는 말소, 주권의 발행, 신고의 접수, 기타 주식에 관한 사무는 명의개서대리인으로 하여금 취급케 한다.

④ 제3항의 사무취급에 관한 절차는 명의개서대리인의 유가증권의 명의개서대행 등에 관한 규정에 따른다.

제16조(주주 등의 주소, 성명 및 인감 또는 서명 등 신고) ① 주주와 등록질권자는 그 성명, 주소 및 인감 또는 서명 등을 회사 또는 제15조의 명의개서대리인에게 신고하여야 한다.

② 외국에 거주하는 주주와 등록질권자는 대한민국내에 통지를 받을 장소와 대리인을 정하여 신고하여야 한다.

③ 제1항 및 제2항의 변동이 생긴 경우에도 같다.

제17조(주주명부의 폐쇄 및 기준일) ① 이 회사는 매년 1월 1일부터 1월 31일까지 권리에 관한 주주명부의 기재변경을 정지한다.

② 이 회사는 매년 12월 31일 최종의 주주명부에 기재되어 있는 주주를 그 결산기

---

40) 주권상장법인은 다른 법률에 따르는 경우 외에는 주주에게 배당할 이익으로 주식을 소각할 수 있다는 뜻을 상법 제434조에 따른 결의로써 정관에 정하는 경우에는 이사회 결의로 주식을 소각할 수 있도록 할 수 있다(자본시장법 제165조의3 제1항). 주식을 소각하려는 경우 이사회는 ㉠소각할 주식의 종류와 총수 ㉡소각하기 위하여 취득할 주식가액의 총액 ㉢ 주식을 취득하려는 기간(이 경우 그 기간은 이사회 결의 후 최초의 정기주주총회일 이전이어야 한다)의 사항을 결의하여야 한다. 이 경우 소각할 주식은 해당 이사회 결의 후 취득한 주식만 해당한다.

에 관한 정기주주총회에서 권리를 행사할 주주로 한다.

③ 이 회사는 임시주주총회의 소집 기타 필요한 경우 이사회의 결의로 3월을 경과하지 아니하는 일정한 기간을 정하여 권리에 관한 주주명부의 기재변경을 정지하거나 이사회의 결의로 정한 날에 주주명부의 기재변경정지와 기준일의 지점을 함께 할 수 있다. 회사는 이를 2주 전에 공고하여야 한다.

제3장 사 채

제18조(전환사채의 발행) ① 이 회사는 사채의 액면총액이 최종의 대차대조표에 의하여 회사에 현존하는 순자산액의 4배를 초과하지 않는 범위내에서 이사회의 결의로 전환사채를 발행할 수 있다.

② 제1항의 전환사채에 있어서 이사회는 그 일부에 대하여만 전환권을 부여하는 조건으로도 이를 발행할 수 있다.

③ 전환으로 인하여 발행하는 주식은 기명식보통주식으로 하고, 전환가액은 주식의 액면액 또는 그 이상의 가액으로 사채발행시 이사회가 정한다.

④ 전환을 청구할 수 있는 기간은 당해 사채의 발행일 익일부터 그 상환기일의 직전일까지로 한다. 그러나 위 기간내에 이사회의 결의로써 전환청구기간을 조정할 수 있다.

⑤ 전환으로 인하여 발행하는 주식에 대한 이익의 배당과 전환사채에 대한 이자의 지급에 관하여는 제13조의 규정을 준용한다.

제19조(신주인수권부사채의 발행) ① 이 회사는 사채의 액면가액이 최종의 대차대조표에 의하여 회사에 현존하는 순자산액의 4배를 초과하지 않는 범위내에서 이사회의 결의로 신주인수권부사채를 발행할 수 있다.

② 신주인수를 청구할 수 있는 금액은 사채의 액면총액을 초과하지 않는 범위내에서 이사회가 정한다.

③ 신주인수권행사로 발행하는 주식은 기명식 보통주식으로 하고 그 발행가액은 액면금또는 그 이상의 가액으로 사채발행시 이사회가 정한다.

④ 신주인수권을 행사할 수 있는 기간은 당해 사채발행일 익일부터 그 상환기일의 직전일까지로 한다. 그러나 이 기간내에서 이사회의 결의로 행사기간을 조정할 수 있다.

⑤ 신주인수권의 행사로 인하여 발행된 주식에 대한 이익의 배당에 관하여는 제13조의 규정을 준용한다.

제4장 주주총회

제21조(소집시기) ① 이 회사의 주주총회는 정기주주총회와 임시주주총회로 한다.

② 정기주주총회는 매년 사업연도 종료후 3개월이내에, 임시 주주총회는 필요에 따라 소집한다.

제22조(소집권자) ① 주주총회의 소집은, 법령에 다른 규정이 있는 경우를 제외하고는 이사회의 결의에 따라 대표이사(사장)이 소집한다.

② 대표이사(사장)이 유고시에는 제36조의 규정을 준용한다.

제23조(소집통지 및 공고) ① 주주총회를 소집함에는 그 일시, 장소 및 회의의 목적사항을 총회일 2주전에 주주들에게 서면으로 통지를 발송하여야 한다.

② 의결권있는 발행주식총수의 100분의 1 이하의 주식을 소유한 주주에 대한 소집통지는 2주전에 주주총회를 소집한다는 뜻과 회의 목적사항을 제4조의 공고방법에 따라 공고함으로써 서면에 의한 소집통지에 갈음할 수 있다.

제24조(소집지) 주주총회는 본점소재지에서 개최하되 필요에 따라 이의 인접지역에서도 개최할 수 있다.

제25조(의장) ① 주주총회의 의장은 대표이사(사장)로 한다.

② 대표이사(사장)가 유고시에는 제36조의 규정을 준용한다.

제26조(의장의 질서유지권) ① 주주총회의 의장은 그 주주총회에서 고의로 의사진행을 방해하기 위한 언행을 하거나 질서를 교란케하는 자에 대하여 그 발언의 정지, 취소 또는 퇴장을 명할 수 있으며 명을 받을 자는 이에 응하여야 한다.

② 주주총회의 의장은 의사진행의 원할을 기하기 위하여 필요하다고 인정할 때에는 주주의 발언시간 및 회수를 제한할 수 있다.

제27조(주주의 의결권) 주주의 의결권은 1주마다 1개로 한다.

제28조(상호주에 대한 의결권제한) 이 회사, 모회사 및 자회사가 다른 회사의 발행주식 총수의 10분의 1을 초과하는 주식을 가지고 있는 경우 그 다른 회사가 가지고 있는 회사의 주식은 의결권이 없다.

제29조(의결권의 대리행사) ① 주주는 대리인으로 하여금 그 의결권을 행사하게 할 수 있다.

② 제1항의 대리인은 주주총회 개시전에 그 대리권을 증명하는 서면(위임장)을 제출하여야 한다.

제30조(주주총회의 결의 방법) 주주총회의 결의는 법령에 다른 정함이 있는 경우를 제외하고는 출석한 주주의 의결권의 과반수로 하되 발행주식총수의 4분의 1이상

의 수로 하여야 한다.

제31조(주주총회 의사록) 주주총회의 의사는 그 경과의 요령과 결과를 의사록에 기재하고 의장과 출석한 이사가 기명날인 또는 서명을 하여 본점과 지점에 비치한다.

제5장 이사, 이사회 대표이사

제1절 이사 및 감사

제32조(이사 및 감사의 수) ① 이 회사의 이사는 3명 이상으로 한다. 단, 자본금이 10억원 미만일 경우에는 1인 이상으로 할 수 있다.

② 이 회사의 감사는 1명 이상으로 한다.

제33조(이사 및 감사의 선임) ① 이사와 감사는 주주총회에서 선임한다.

② 이사와 감사의 선임은 출석한 주주의 의결권의 과반수로 하되 발행주식총수의 4분의 1이상의 수로 하여야 한다. 그러나 감사의 선임에는 의결권 없는 주식을 제외한 발행주식총수의 100분의 3을 초과하는 수의 주식을 가진 주주는 그 초과하는 주식에 관하여는 의결권을 행사하지 못한다.

제34조(이사 및 감사의 임기) ① 이사의 임기는 3년으로 한다. 그러나 그 임기가 최종의 결산기 종료후 당해 결산기에 관한 정기주주총회 전에 만료될 경우에는 그 총회의 종결시까지 그 임기를 연장한다.

② 감사의 임기는 취임 후 3년내의 최종의 결산기에 관한 정기주주 총회 종결시까지로 한다.

제35조(이사 및 감사의 보선) 이사 또는 감사 중 결원이 생긴 때에는 주주총회에서 이를 선임한다. 그러나 이 정관 제32조에서 정하는 원수를 결하지 아니하고 업무수행상 지장이 없는 경우에는 그러하지 아니한다.

제36조(이사의 직무) 부사장, 전무이사, 상무이사 및 이사는 사장을 보위하고 이사회에서 정하는 바에 따라 이 회사의 업무를 분장, 집행하며 대표이사(사장)가 유고 시에는 위 순서로 그 직무를 대행하되 같은 직급이 여러 명인 경우에는 이사회에서 정한다.

제37조(이사의 의무) ① 이사는 법령과 정관의 규정에 따라 회사를 위하여 그 직무를 충실하게 수행하여야 한다.

② 이사는 선량한 관리자의 주의로서 회사를 위하여 그 직무를 수행하여야 한다.

③ 이사는 재임 중 뿐만 아니라 퇴임 후에도 직무상 지독한 회사의 영업상 비밀을

누설하여서는 아니된다.

④ 이사는 회사에 현저하게 손해를 미칠 염려가 있는 사실을 발견한 때에는 즉시 감사에게 이를 보고하여야 한다.

제38조(감사의 직무) ① 감사는 이 회사의 회계와 업무를 감사한다.

② 감사는 이사회에 출석하여 의결권을 진술할 수 있다.

③ 감사는 회의의 목적사항과 소집의 이유를 기재한 서면을 이사회에 제출하여 임시총회의 소집을 청구할 수 있다.

④ 감사는 그 직무를 수행하기 위하여 필요한 때에는 자회사에 대하여 영업의 보고를 요구할 수 있다. 이 경우 자회사가 지체없이 보고를 하지 아니할 때 또는 그 보고의 내용을 확인할 필요가 있을 때에는 자회사의 업무와 재산상태를 조사할 수 있다.

제39조(감사의 감사록) 감사는 감사의 실시요령과 그 결과를 감사록에 기재하고 그 감사를 실시한 감사가 기명날인 또는 서명하여야 한다.

제2절 이사회

제40조(이사회의 구성과 소집) ① 이사회는 이사로 구성하며 이 회사업무의 중요사항을 결의한다.

② 이사회는 대표이사(사장) 또는 이사회에서 따로 정한 이사가 있을 때에는 그 이사가 동의가 있을 때에는 소집절차를 생략할 수 있다. 그러나 이사 및 감사전원의 동의가 있을 때에는 소집절차를 생략할 수 있다.

제41조(이사회의 결의방법) ① 이사회의 결의는 이사 과반수의 출석과 출석이사의 과반수로 한다.

② 이사회의 의장은 제22조의 규정에 의한 이사회의 소집권자로 한다.

③ 이사회의 결의에 관하여 특별한 이해관계가 있는 자는 의결권을 행사하지 못한다.

제42조(이사회의 의사록) 이사회의 의사에 관하여 의사록을 작성하고 의장과 출석과 이사 및 감사가 기명날인 또는 서명을 하여 본점에 비치한다.

제43조(이사 및 감사의 보수와 퇴직금) ① 이사와 감사의 보수는 주주총회의 결의로 이를 정한다.

② 이사와 감사의 퇴직금의 지급은 주주총회 결의를 거친 임원퇴직금지급규정에 의한다.

제44조(상담역 및 고문) 이 회사는 이사회 결의로 상담역 또는 고문 약간명을 둘 수 있다.

제3절 대표이사

제45조(대표이사의 선임) 대표이사는 이사회에서 선임한다.

제46조(대표이사의 직무) 대표이사는 회사를 대표하고 회사의 업무를 총괄한다.

제6장 계 산

제47조(사업연도) 이 회사의 사업연도는 매년 ○월 1일부터 ○월 30일까지로 한다.

제48조(재무제표와 영업보고서의 작성, 비치 등) ① 이 회사의 대표이사(사장)은 정기주주총회 회일의 6주간 전에 다음의 서류와 그 부속명세서 및 영업보고서를 작성하여 감사의 감사를 받아야 하며, 다음 각호의 서류와 영업보고서를 정기총회에 제출하여야 한다.

1. 대차대조표
2. 손익계산서
3. 이익잉여금처분계산서 또는 결손금처리계산서

② 감사는 제1항의 서류를 받은 날로부터 4주간내에 감사보고서를 대표이사(사장)에게 제출하여야 한다.

③ 대표이사(이사)는 제1항 각호의 서류와 그 부속명세서를 영업보고서 및 감사보고서와 함께 정기주주총회 회일의 1주간전부터 본사에 5년간, 그 사본을 지점에 3년간 비치하여야 한다.

④ 대표이사(사장)는 제1항 각호의 서류에 대한 주주총회의 승인을 얻은 때에는 지체없이 대차대조표를 공고하여야 한다.

제49조(이익금의 처분) ① 이 회사는 매년사업연도말의 처분전이익잉여금을 다음과 같이 처분한다.

1. 이익준비금
2. 기타의 법정적립급
3. 배당금
4. 임의 적립금
5. 기타의 이익잉여금 처분액

제50조(이익배당) ① 이익의 배당금은 금전과 주식으로 할 수 있다.

② 이익의 배당을 주식으로 하는 경우 회사가 수종의 주식을 발행한 때에는 주주총회의 결의로 그와 다른 종류의 주식으로도 할 수 있다.
③ 제1항의 배당은 매결산기말 현재의 주주명부에 기재된 주주 또는 등록된 질권자에게 지급한다.

제51조(배당금지급청구권의 소멸시효) ① 배당금의 지급청구권은 5년간 이를 행사하지 아니하면 소멸시효가 완성된다.
② 제1항의 시효의 완성으로 인한 배당금은 이 회사에 귀속한다.
③ 배당금에 대하여는 이자를 지급하지 않는다.

부 칙

제52조(정관 시행일) 본 개정정관은 20○○년 ○월 일부터 시행한다.

20○○년 ○월 일

주식회사 공인중계합동
서울특별시 ○○구 ○○로 ○-○
대표이사 이 수 호

○ 현물출자에 의한 법인설립 시에는 정관에 현물출자에 대한 기재가 있어야 하나 신주발행의 경우에는 정관에 기재하지 않아도 된다.

[서식] 감정인 감정결과 보고서

감정인 감정결과 보고서

보고인 감정평가사(○○감정평가법인(주))는 부동산감정평가에 관한 공인된 감정인이고 감정의뢰자 홍길동 소유의 부동산(소재 서울특별시 ○○구 ○○로 ○-○)을 주식회사 공인중계합동에 현물출자함에 있어 현물출자 재산에 대한 감정평가 의뢰를 받고 이를 완료하였기에 다음과 같이 결과를 보고합니다.

다 음

1. 감정을 위임한자

주식회사 공인중계합동

서울특별시 ○○구 ○○로 ○-○(○○로)

전화번호 : 010-0000-0000

2. 현물출자자

홍 길 동 (0000000-0000000)

서울특별시 강남구 ○○로 ○-○(○○로)

3. 감정의 목적

사건본인 회사가 자본증가 함에 있어서 위 출자자가 현물을 출자하고, 현물출자의 이행을 마쳤기에 공인감정인으로서 이에 대한 감정을 행함.

4. 감정사항

현물출자를 하는 자의 성명과 그 목적인 재산의 종류, 수량, 가격과 이에 대하여 부여할 주식의 종류와 수, 현물출자의 이행 여부

1) 현물출자자 : 홍 길 동

2) 재산의 종류, 가격 :

가. 재산의 종류 : 별지 기재 부동산

나. 가격 : 금1,250,000,000원

3) 이에 대하여 부여할 주식의 종류와 수

가. 현물출자 재산가액 : 금1,250,000,000원

나. 부여할 주식의 종류와 수 : 기명식 보통주식 250,000주

다. 1주당 발행가액 : 금 5,000원(액면가 금5,000원)

4) 현물출자의 이행 여부

현물출자 자가 출자 부동산을 인도하고, 이에 관한 이전등기 서류를 모두 교부하였으므로 완료되었습니다.

5. 조사방법 및 의견

평가개요, 절차, 방법 및 가격결정에 대하여는 첨부한 감정평가서 기재와 같습니다.

20○○년 월 일

감 정 인 ○○감정평가법인(주)

서울 ○○구 ○○로 ○-○

대표이사 ○○○

(전화 : 031-0000-0000)

주식회사 공인중계합동 귀중

[별지 1] 현물출자 재산목록

현물출자 재산 목록

1. 토지
   서울 ○○구 ○○동 ○-○ 대 628㎡
   [도로명주소] 서울특별시 ○○로 ○-○

2. 건물
   서울 ○○구 ○○로 ○-○
   [도로명주소] 서울특별시 ○○로 ○-○
   철근콘크리트조 슬래브지붕 2층 근린생활시설 및 업무시설
   1층 674.15㎡,
   2층 674.15㎡

   층별용도
   1층 근린생활시설
   (점포)614.15㎡, 기계실 33.35㎡, 계단실 22.36㎡
   2층 근린생활시설
   (사무실)624.15㎡, 계단실 화장실 33.45㎡

- 이 상 -

[서식] 토지 · 건물 감정평가서

감정평가서

의뢰인 : 홍길동
건물명 : 서울 ○○구 ○○로 ○-○
번 호 : ○○2-00000-000

이 감정평가서는 감정평가 의뢰목적 이외의 목적에 사용하거나 타인(감정평가 의뢰인 또는 담보감정평가시 확인은행 이외의 자)이 사용할 수 없을 뿐 아니라 복사, 개작, 전재할 수 없으며 이로 인한 결과에 대하여 책임을 지지 아니합니다.

○○감정평가법인(주)
○○시 ○○구 ○○로 ○-○
TEL.000-0000 FAX.000-0000

[서식] 감정평가심의인증서

감정평가 심의인증서

감정서번호 : 236-18674
담당평가사 : □ □ □

평가목적 :
제 출 처 :
발 의 처 : 주식회사일 경우(대표자제외 인으로한다)
평가목적 : 현 물 출 자
물건소재지 :
감정평가금액 :

✿. 심의 내용
−감정평가가격의 적정성
−감정평가방법의 적정성
−평가자료채택 및 기재내용의 적정성
−관련법규 및 재규정과의 적합성
−협약내용 및 협조사항의 이행
−기타 감정평가에 관련된 사항

본강정평가서는 우리 법인의 감정평가심의 위원회 규정에 따라 심의 하였으며 제 규정의 절차 및 방법에 따라 적정 하게 작성 되었음을 확인합니다.

강정평가심의 위원회 위원장 [인]

위 감정평가서는 우리 법인의 감정평가신의 위원회 규정의 심의 절차 및 방법에따라 공정하게 수행하였기에 본 심의 인증서를 발행합니다.

(주) 감정평가법인□□□ [인]

[서식] (토지 · 건물)감정평가표

(토지·건물)감정평가표

이 감정평가서는 감정평가에 관한 법규를 준수하고 감정평가이론에 따라 성실하고 공정하게 작성하였기에 서명날인합니다.

감정평가사 (인)

감정평가액	일금 금1,250,000,000원		
의뢰인	홍길동	감정평가목적	일반거래 (현물출자용)
채무자	-	제출처	-
소유자 (대상업체명)	홍길동	기준가치	시장가치
		감정평가조건	-

목록표시근거	기준시점	조사기간	작성일
일반건축물대장 등기사항전부증명서 등	20○○. . .	20○○. ..	20○○. . .

감정평가 내 용

공부(公簿)(의뢰)		사정		감정평가액	
종 별	면적(㎡) 또는 수량	종 별	면적(㎡) 또는 수량	단가	금액
토 지	628㎡	토지	628㎡		181,500,000
건 물	1,056㎡	건물	1,056㎡	-	381,500,000
______	______	______	______	______	______
합 계					금 1,250,000,000 원

심사확인	본인은 이 감정평가서에 제시된 자료를 기준으로 성실하고 공정하게 심사한 결과 이 감정평가 내용이 타당하다고 인정함므로 이에 서명날인합니다.

심사자 : 감정평가사 000 (인)

[서식] 평가의견

평 가 의 견

1. 평가목적

본건은 ○○시 ○○구 ○○로 ○-○ “○○역(○호선)” 서측으로 인접한 부동산으로서, 일반거래(현물출자용)를 위한 감정평가 건입니다.

2. 평가기준

본건 평가에 있어서는 「부동산 가격공시 및 감정평가에 관한 법률」,「감정평가에 관한 규칙」등 관련 제 규정과 감정평가의 일반 이론을 근거로 하여 시장가치 즉. 통상적인 시장에서 충분한 기간 거래를 위하여 공개된 후 그 대상물건의 내용에 정통한 당사자 사이에 신중하고 자발적인 거래가 있을 경우 성립될 가능성이 가장 높다고 인정되는 대상물건의 가액(價額)을 기준으로 감정평가 하였습니다.

3. 평가방법

가. 토지의 평가

본건 토지는 당해 토지와 유사한 이용가치를 지닌 표준지의 공시지가를 기준으로 하되, 공시기준일부터 가격시점까지의 지가변동추이 및 당해 토지의 위치·형상·환경·이용상황 기타 가격형성상의 제요인을 종합적으로 참작하여 평가하였습니다.

나. 건물의 평가

본건 건물은 구조·용도·용재·시공상태·부대설비 및 관리상태 등을 종합 참작한 복성식평가법으로 평가하였습니다.

4. 기타

- 본건은 기준시점은 귀 제시일인 20○○년 월 일을 기준하였습니다.

[서식] 토지·건물 감정평가명세표(1쪽)

토지 · 건물 감정평가명세표									
일련번호	소재지	지번	지목용도	용도지역 및 구조	면적(㎡)		감정평가액		비고
					공부	사정	단가	금액	
1	○○시 ○○구 ○○동	○-○	대	일반주거지역	628	628	289,013	181,500,000	
	소계						289,013	181,500,000	
2	○○시 ○○구 ○○로	○-○	근린생활시설및업무시설	철근콘크리트조기와지붕 2층					
				1층 점포시설	528	528	361,268	190,750,000	
				2층 근린생활시설(사무실)	528	528	361,268	190,750,000	

[서식] 감정평가액의 산출근거 및 결정의견

감정평가액의 산출근거 및 결정의견

Ⅰ. 대상물건 개요

본건은 ○○시 ○○구 ○○로 ○-○ 소재 “○○역(3호선)” 서측으로 인접한 부동산으로서, 일반거래(현물출자용)를 위한 감정평가 건임.

Ⅱ. 기준가치 및 감정평가조건 등

1. 기준가치

기준가치는 감정평가의 기준이 되는 가치로서, 본건의 경우 시장가치 즉, 통상적인 시장에서 충분한 기간 거래를 위하여 공개된 후 그 대상물건의 내용에 정통한 당사자 사이에 신중하고 자발적인 거래가 있을 경우 성립될 가능성이 가장 높다고 인정되는 대상물건의 가액(價額)을 기준으로 감정평가 하였음.

2. 기준시점

기준시점은 대상물건의 감정평가액을 결정하는 기준이 되는 날짜를 말하며, 감정평가에 관한 규칙 제9조 제2항 단서조항에 따라 귀 제시일자인 20○○년 월 일을 기준시점으로 정함.

3. 감정평가조건

없 음.

Ⅲ. ○○구 지역분석 현황

1. 사회적요인

가. 자연환경

· ○○구는 서울특별시 정남쪽에 위치하며 북측은 한강, 남측은 ○○산, ○○산, ○○산 등으로 ○○시 및 ○○시와 경계를 이루고 있고, 동측은 ○○대로를 경계로 ○○구와 경계를 이루고 있으며, 서측은 ○○대로를 경계로 하여 ○○구 및 ○○구와 경계를 이루고 있는 서울의 최남단이며, ○○고속도로의 관문으로서 시가지는 대체로 구획정리가 완료된 대단위 아파트 등 공동주택이 밀집한 중산층 이상 주

거지대를 형성하고 있으며 구 외곽은 개발제한구역으로서 녹지대를 형성하고 있으며 녹지대 일부에 위치한 자연부락은 취락구조 개선사업을 하여 전원주택이 형성된 지역으로서, 시가지가 잘 정비된 지역으로 구 전체면적의 52%가 GREEN BELT인 쾌적한 도시환경을 구비하고 있음.

나. 인문환경

◈ 인구 변동 분석(시군구 단위 인구변동 추이)

구분 연도별	세대수 (가구)	전년대비 증감 (%)	인구수 (명)	전년대비 증감 (%)	세대당 인구 (명)
20○○	168,988	(-)1.10	439,012	(-)0.23	2.57
20○○	168,878	(-)0.06	439,998	0.22	2.58
20○○ 1/4분기	169,397	0.30	442,600	0.59	2.59

〈 출처: ○○구 통계정보 〉

[서식] 토지감정평가요항표

토지감정평가요항표		
기재항목		기재사항
입지조건	위치 및 부근의 상황	본건은 서울특별시 ○○구 ○○동에 소재하며, 주변은 업무시설 및 각종 근린생활시설 등이 있는 상가지대임.
	교통상황	본건까지 차량 접근 용이하며, 인근에 노선버스 정류장 및 지하철 '○○역'이 소재하는 등 대중교통사정은 양호함.
	주위환경	주변으로 ○○, ○○ 등 관공서가 위치하고 있으며 노변으로는 근린상가 및 업무시설로 형성되어 있으며 후면으로는 음식점 및 소규모점포가 혼재하는 역세권임.
토지의 상황	인접 도로상태	본건 북측 및 동측으로 각각 노폭 약 본건 남측으로 노폭 약 30m 및 약 10m의 아스콘 포장도로와 접하며, 도로 상태는 양호함.
	토지이용계획관계 및 공법상 제한상태	일반상업지역, 일반미관지구, 지구단위계획구역(○○로변지구), 도로(접함), 과밀억제권역, 폐기물매립시설 설치제한지역, 건축선지정(도로경계선에서 3미터후퇴). 건축법 제2조 제1항 제11호 나목에 따른 도로(도로일부포함).
제시목록외의 물건	구조, 규모및 이용상태	없음
	감정물건에 미치는 영향	없음
기타	임대상황	미상임
	공부와의 차이	없음

[서식] 건물감정평가요항표

건물감정평가요항표	
기재항목	기재사항
건물의 구조	철근콘크리트조 슬래브지붕 2층 건물로서. 외 벽 : 화강석 붙임 및 일부 드라이비트 마감 등. 내 벽 : 몰탈위 페인팅 및 일부 타일 붙임 마감 등. 창 호 : 알미늄샷시 및 하이샷시 창호 등.
이용상태	근린생활시설 및 업무시설 등으로 이용 중임.
급배수시설	위생설비 및 급·배수시설을 갖추고 있음
냉난방설비	냉 ·난방설비를 갖추고 있음
기타설비	소화전, 화재탐지 및 경보설비, 기계식주차설비 등을 갖추고 있음

[서식] 위치도

위 치 도

소재지	서울특별시 Oo구 Oo동 --

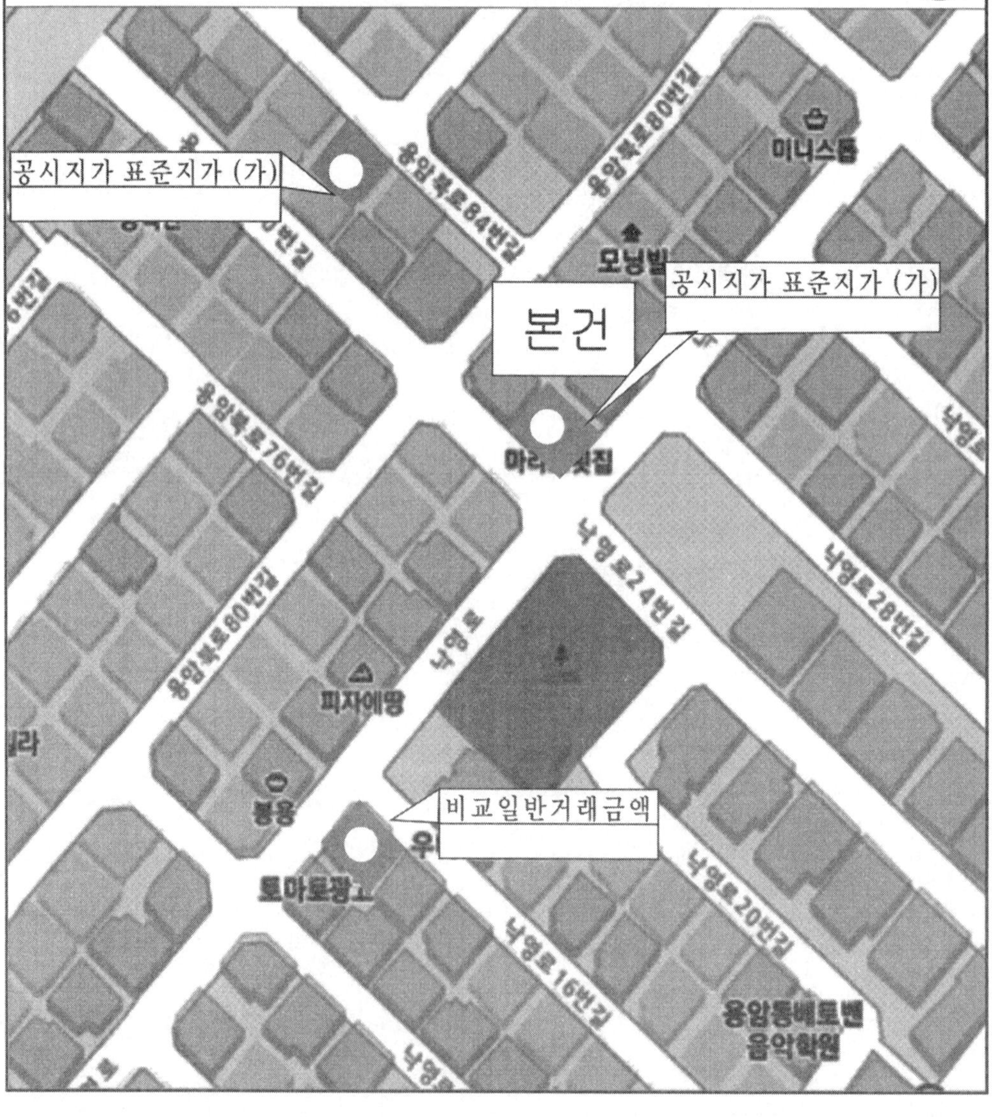

[서식] 지적 및 건물개황도

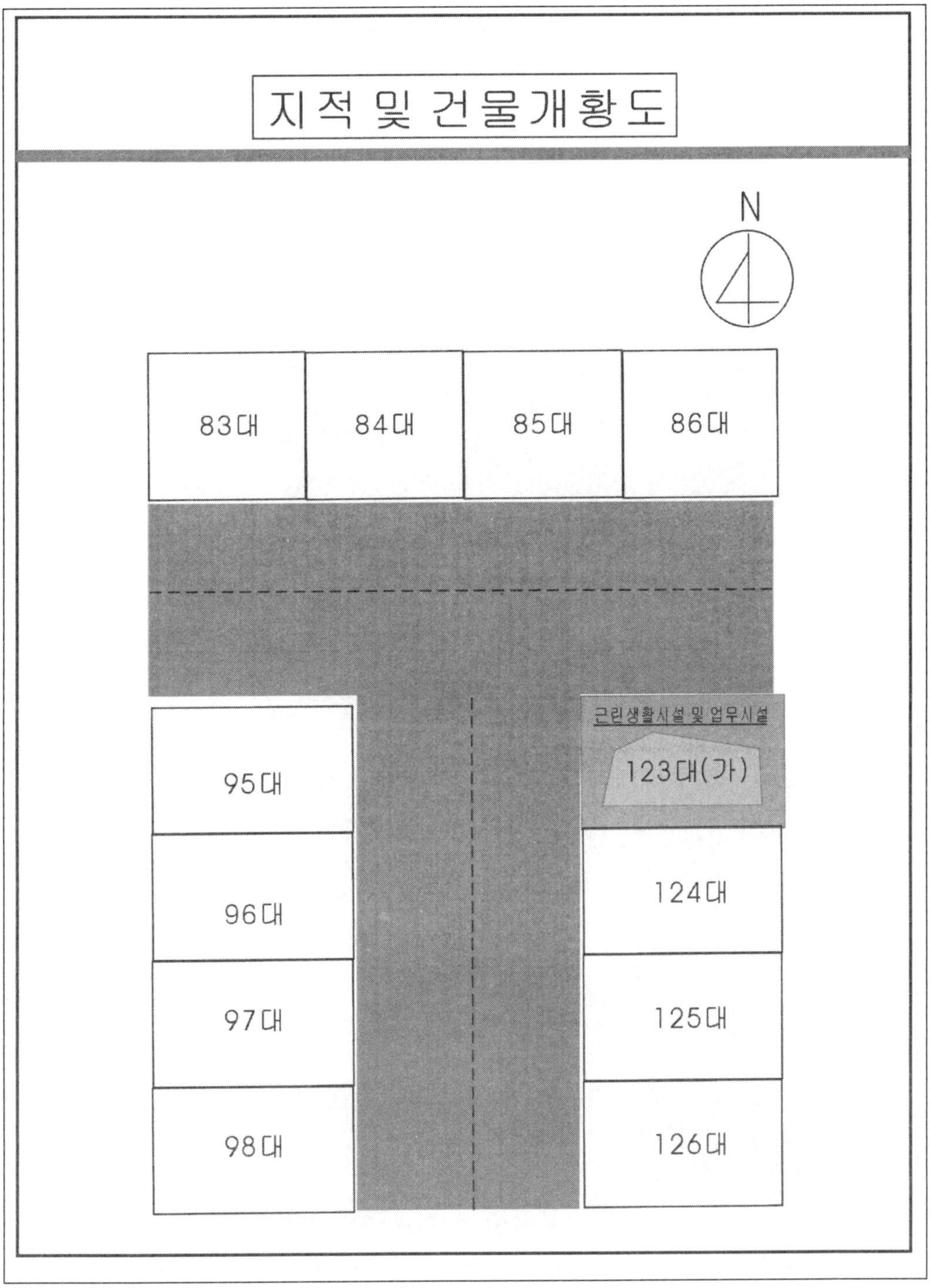
지적 및 건물개황도
N
83대
84대
85대
86대
근린생활시설 및 업무시설
123대(가)
95대
96대
97대
98대
124대
125대
126대

[서식] 건물개황도

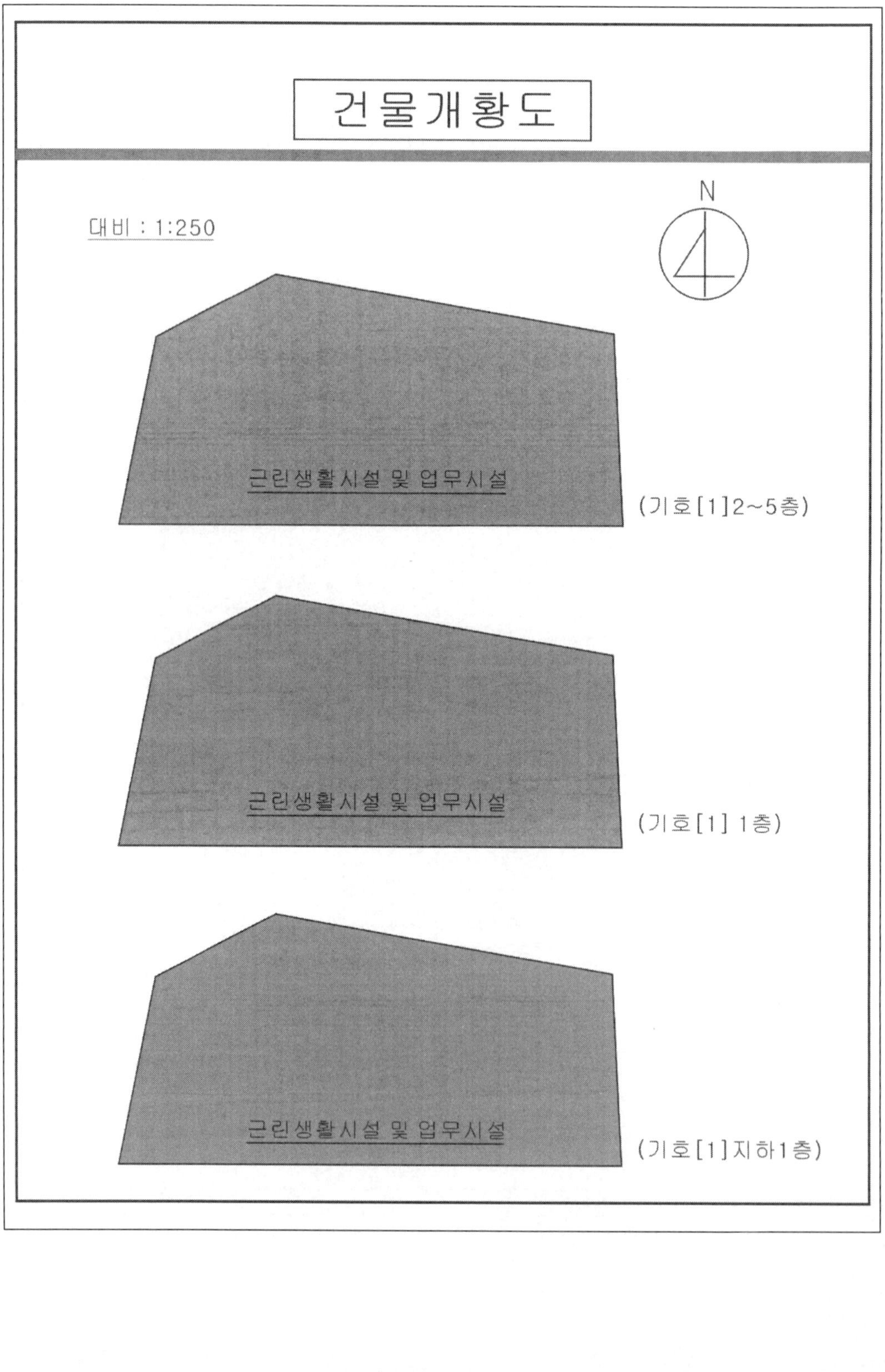
건물개황도
대비 : 1:250
N
근린생활시설 및 업무시설
(기호[1]2~5층)
근린생활시설 및 업무시설
(기호[1] 1층)
근린생활시설 및 업무시설
(기호[1]지하1층)

[서식] 위임장(공증용)

위 임 장

법무사 ○ ○ ○

서울 서초구 서초동 345-6

전화 : 123-4567

위 사람을 본인의 대리인으로 정하여 백영공증인합동사무소에서 다음 사서증서 인증을 촉탁하는 일체의 권한을 위임합니다.

다 음

1. 임시주주총회의사록

20○○년 ○월 ○일

위임인 ○ ○ ○ (인)

서울 ○○ 구 ○○ 동 ○-○

○ 공증준비서류 : 주주총회의사록, 이사회의사록, 주주명부, 진술서 각 3부와 정관사본, 법인인감증명서 및 등기부등본 각1부를 준비하고, 주주총회의사록 또는 이사회의사록에 날인한 이사는 공증용 위임장에 인감을 날인하고 개인임감증명을 첨부하여야 한다.

○ 공증 및 비용 194면 참조

[서식] 진술서(공증용)

진 술 서

법 인 명	주식회사 공인중계합동
소 재 지	서울 ○○구 ○○로 123-4
회의의 종류	주주총회( ) 이사회( )
소 집 일 시	20○○년 ○월 ○일
소 집 장 소	본점 회의실

본인은 법무사 ○○○이 위 법인의 의사록의 인증을 촉탁함에 있어서 위 법인의 대표이사로서 위 회의가 적법하게 소집되었으며, 결의의 절차와 내용이 진실에 부합함을 진술합니다.

20○○년 ○월 ○일

진술인 주식회사 공인중계합동

서울 ○○구 ○○로 ○○

대표이사 ○ ○ ○ (인)

[서식] (구)주주명부

(구) 주 주 명 부

년 월 일 현재

주주명	주소 및 전자우편주소	인수주식수	액면주식 1주의 금액	금 액	비 고
이 수 호	서울특별시 ○○구 ○○로 ○-○	19,999주	5,000	99,995,000	
윤 미 정	서울특별시 ○○구 ○○로 ○-○	1주	5,000	5,000	
합 계		20,000주		100,000,000	

위 주주명부는 본사에 비치된 주주명부와 대조하여 틀림이 없음을 증명합니다.

20○○년 ○월 23일

회 사 명 : 주식회사 공인중계합동 (법인인감날인)
소 재 지 : 서울 ○○구 ○○로 ○○
대 표 이 사 : ○ ○ ○

[서식] (신)주주명부

(신) 주 주 명 부

년 월 일 현재

주주명	주소 및 전자우편주소	인수주식수	액면주식 1주의 금액	금 액	비 고
이 수 호	서울특별시 ○○구 ○○로 ○-○	19,999주	5,000	99,995,000	
윤 미 정	서울특별시 ○○구 ○○로 ○-○	1주	5,000	5,000	
홍 길 동	서울특별시 ○○구 ○○로 ○-○	250,000주	5,000	금 1,250,000,000	
합 계		132,600주		1,350,000,000	

위 주주명부는 본사에 비치된 주주명부와 대조하여 틀림이 없음을 증명합니다.

20○○년 ○월 23일

회 사 명 : 주식회사 공인중계합동 (법인인감날인)
소 재 지 : 서울 ○○구 ○○로 ○○
대 표 이 사 : ○ ○ ○

제4관 통합의 경우 현물의 소유권이전

1. 개 설

중소기업통합의 경우 사업용 자산 중 소유권이전등기를 필요로 하는 부동산, 등록을 필요로 하는 공장, 차량, 기계장치 등의 명의를 신설법인 또는 흡수통합 법인명의로 이전하여야 하여야 하는바(부동산소유권이전등기신청서 421면 참조), 이때의 조세지원은 현물출자에 의한 법인전환의 경우와 대부분 동일하다. 자산의 소유권 이전과 관련한 등록세 및 취득세 면제 및 양도소득세가 이월과세 되고(신청서 139면 참조), 소멸하는 개인기업이 가졌던 조세감면 혜택의 승계 등도 현물출자에 의한 법인전환 경우와 같다.

2. 감면되는 세금

가. 취득세

중소기업 간의 통합에 의하여 설립되거나 존속하는 법인이 양수하는 해당 사업용 재산은 2018년 12월 31일까지 취득세를 면제한다(지방세특례제한법 제57조의2제3항5호).

취득세의 면제는 지방세특례제한법 제57조의2 제4항에 따라 현물출자 또는 사업 양도·양수에 따른 법인전환 시 법인이 취득하게 되는 부동산에 대한 취득세를 면제하지만 취득세 감면분의 20%만큼에 대해서 농어촌특별세를 부담해야하므로 실질적으로 취득세 80%가 감면되게 되는 것이다.

지방세의 감면을 신청하려는 자는 감면대상을 취득한 날부터 60일 이내에 행정안전부령으로 정하는 감면신청서를 관할 시장·군수·구청장에게 제출하여야 한다(지방세특례제한법 제183조, 동시행령 제126조). 면제요건에 관하여는 전술한 제2관(531면 참조)에서 보기로 한다.

Q 중소기업간의 통합에 따라 취득세를 면제받은 경우 과점주주에게도 취득세가 면제되는지 여부(기각)

A 과점주주와 법인의 납세의무는 각각 별개의 것으로서 법인이 부동산 등을 취득하면서 취득세를 면제받았다 하여 과점주주의 주식증가분에 대해 취득세 납세의무도 면제되

는 것은 아니다(조심 2002-0118, 2002.02.01. 기각).

나. 등록세

등록세와 지방교육세도 면제한다.

다. 국민주택매입

현물출자에서는 국민주택매입의무가 없으나 중소기업통합의 경우에는 국민주택매입의무는 면제되지 않는다.

라. 농어촌특별세

농어촌특별세의 경우 감면받는 취득세의 감면세액의 100분의 20을 납입하여야 한다(농어촌특별세법 제5조).

Q [질의] 조세특례제한법제38조 규정에 의한 현물출자에 따라 대도시 내에서 설립하는 법인이 취득하는 재산에 대하여 취득세와 등록세를 면제받은 후 농어촌특별세를 납부하는 경우 중과세대상이 되는지.

A [회신] 1. 조세특례제한법 제119조 제1항 제7호 및 제120조 제1항 제3호에서 동법 제38조 규정에 의한 현물출자에 따라 취득하는 재산에 관한 등기에 대하여는 취득세와 등록세를 면제한다고 규정하고 있고, 「농어촌특별세법」 제5조 제1항 제1호에서 조세특례제한법에 의하여 취득세와 등록세를 감면받은 경우 감면받은 세액의 100분의 20에 해당하는 세율로 농어촌특별세를 납부하도록 규정하고 있으며, 지방세법 제138조 제1항에서 대도시 내에서 법인의 설립과 그 설립 이후의 부동산등기에 대한 세율은 당해 세율의 100분의 300으로 하여 납부하도록 규정하고 있음.

2. 「조세특례제한법」 제119조 제1항 제7호 및 제120조 제1항 제3호에서 제38조 규정에 의한 현물출자에 따라 취득하는 재산에 대하여 취득세와 등록세를 면제한 후 그 면제세액에 대한 농어촌특별세 납부시 취득세 감면세액에 대한 농어촌특별세는 감면세액의 20%를 납부하면 되는 것이나, 등록세 감면세액에 대한 농어촌특별세는 현물출자에 의하여 설립되는 법인이 「수도권정비계획법」 제6조 제1항 제1호 규정에 의한 과밀억제권역인 대도시 내 지역이라면 면제세액의 100분의 20의 3배에 해당하는 금액을 납부하는 것이 타당함.

[문서번호] 지방세정팀-255, 2007.01.16.

3. 양도소득세 이월과세

가. 개 설

중소기업 간의 통합으로 인하여 소멸되는 중소기업이 사업용 고정자산을 통합에 의하여 설립된 법인 또는 통합 후 존속하는 법인에 양도하는 경우 그 사업용고정자산에 대해서는 이월과세를 적용받을 수 있다(조세특례제한법 제31조 제1항).

"이월과세(移越課稅)"란 개인이 해당 사업에 사용되는 사업용고정자산 등(이하 이 호에서 "종전사업용고정자산 등"이라 한다)을 현물출자(現物出資) 등을 통하여 법인에 양도하는 경우 이를 양도하는 개인에 대해서는 소득세법 제94조에 따른 양도소득에 대한 소득세(이하 "양도소득세"라 한다)를 과세하지 아니하고, 그 대신 이를 양수한 법인이 그 사업용 고정자산 등을 양도하는 경우 개인이 종전사업용 고정자산 등을 그 법인에 양도한 날이 속하는 과세기간에 다른 양도자산이 없다고 보아 계산한 같은 법 제104조에 따른 양도소득 산출세액 상당액을 법인세로 납부하는 것을 말한다(조세특례제한법 제2조 제1항제6호). 즉, 중소기업이 사업용 고정자산을 통합에 의하여 설립된 법인 또는 통합 후 존속하는 법인에 양도하는 경우 당해 사업용 고정자산에 대하여 이월과세를 적용받은 경우, 당해 법인이 당해 사업용 고정자산을 양도한 날이 속하는 사업연도에 이월과세액을 법인세로 납부하여야 하는 것이다.

양도소득세 이월과세 요건에 관하여는 전술 제2관(529면 참조)에서 보았다.

나. 이월과세 적용대상자산의 취득가액

통합에 따른 양도소득세의 이월과세를 적용함에 있어서 이월과세적용대상자산의 취득가액은 당해자산 취득당시의 실지거래가액으로 한다(조세특례제한법 시행규칙 제15조제1항).

취득당시의 실지거래가액이 불분명한 때에는 통합일일 또는 현물출자일 현재의 당해자산에 대하여 다음 각호의 규정을 순차로 적용하여 계산한 금액을 소득세법 시행령 제176조의2제2항제2호의 규정을 준용하여 환산한 가액으로 한다(조세특례제한법 시행규칙 제15조제2항).

1. 부동산 가격공시 및 감정평가에 관한 법률에 의한 감정평가법인이 감정한 가액이 있는 경우 그 가액. 다만, 증권거래소에 상장되지 아니한 주식 등을 제외한다.

2. 상속세 및 증여세법 제38조·동법 제39조 및 동법 제61조 내지 제64조의 규정을 준용하여 평가한 가액

다. 이월과세적용신청서

통합법인이 양도소득세의 이월과세를 적용받고자 하는 자는 통합일이 속하는 과세연도의 과세표준신고(예정신고를 포함한다)시 통합법인과 함께 기획재정부령이 정하는 이월과세적용신청서를 납세지 관할세무서장에게 제출하여야 한다(조세특례제한법 시행령 제28조제3항). 이월과세적용신청서 139면 참조

라. 이월과세액의 추징

(1) 개 설

이월과세를 적용받은 내국인이 사업용 고정자산을 양도한 날부터 5년 이내에 ㉠통합법인이 소멸되는 중소기업으로부터 승계 받은 사업을 폐지하는 경우(조세특례제한법 제31조제7항제1호) ㉡ 이월과세를 적용받은 내국인이 통합으로 취득한 통합법인의 주식 또는 출자지분의 100분의 50 이상을 처분하는 경우 중 어느 하나에 해당하는 사유가 발생하는 경우(조세특례제한법 제31조제7항제2호)에는 해당 내국인은 사유발생일이 속하는 과세연도의 과세표준신고를 할 때 이월과세액(통합법인이 이미 납부한 세액을 제외한 금액을 말한다)을 양도소득세로 납부하여야 한다(조세특례제한법 제31조제7항).

(2) 사업 폐지의 판단기준

(가) 개 설

통합법인이 통합으로 인하여 소멸되는 사업장의 중소기업자로부터 승계받은 사업용고정자산을 2분의 1 이상 처분하거나 사업에 사용하지 않는 경우 조세특례제한법 제31조제7항제1호에 따른 사업의 폐지로 본다(조세특례제한법 시행령 제28조제9항).

(나) 사업폐지의 예외 규정(조세특례제한법 시행령 제28조제9항)

1. 통합법인이 파산하여 승계받은 자산을 처분한 경우

2. 통합법인이 법인세법 제44조제2항에 따른 합병, 같은 법 제46조제2항에 따른 분할, 같은 법 제47조제1항에 따른 물적분할, 같은 법 제47조의2제1항에 따른 현물출자의 방법으로 자산을 처분한 경우

3. 통합법인이 조세특례제한법 제37조에 따른 자산의 포괄적 양도에 따라 자산을 장부가액으로 양도한 경우

4. 통합법인이 채무자 회생 및 파산에 관한 법률에 따른 회생절차에 따라 법원의 허가를 받아 승계받은 자산을 처분한 경우

(3) 주식 또는 출자지분 처분의 예외 규정

(가) 주식 또는 출자지분 처분

조세특례제한법 제31조제7항제2호의 처분은 주식 또는 출자지분의 유상이전, 무상이전, 유상감자 및 무상감자를 포함한다(조세특례제한법 시행령 제28조제10항).

(나) 주식 또는 출자지분 처분의 예외 규정

다음 각 호의 어느 하나에 해당하는 경우에는 처분으로 보지 아니한다(조세특례제한법 시행령 제28조제10항단서).

1. 이월과세를 적용받은 내국인이 사망하거나 파산하여 주식 또는 출자지분을 처분하는 경우

2. 해당 내국인이 법인세법 제44조제2항에 따른 합병이나 같은 법 제46조제2항에 따른 분할의 방법으로 주식 또는 출자지분을 처분하는 경우

3. 해당 내국인이 조세특례제한법 제37조에 따른 자산의 포괄적 양도, 같은법 제38조에 따른 주식의 포괄적 교환・이전 또는 같은법 제38조의2에 따른 주식의 현물출자의 방법으로 과세특례를 적용받으면서 주식 또는 출자지분을 처분하는 경우

4. 해당 내국인이 채무자 회생 및 파산에 관한 법률에 따른 회생절차에 따라 법원의 허가를 받아 주식 또는 출자지분을 처분하는 경우

5. 해당 내국인이 법령상 의무를 이행하기 위하여 주식 또는 출자지분을 처분하는 경우

부 록 편

○ 감정평가업자의 보수에 관한 기준

○ 검사인의 조사보고서 등 처리 요령

○ 감정평가업자의 보수에 관한 기준

감정평가업자의 보수에 관한 기준

제정 1989. 9.21. 건설부공고 제122호
개정 1990. 6.22. 건설부공고 제78호
-중 략 -
2016.09.01. 국토교통부공고 제2016-1220호

제1조(목적) 이 기준은 「감정평가 및 감정평가사에 관한 법률」 제23조에 따라 감정평가업자가 업무 수행에 관하여 감정평가 의뢰인으로부터 받는 수수료의 요율 및 실비의 범위와 적용방법을 정함을 목적으로 한다.

제2조(감정평가업자의 책무) ① 감정평가업자는 이 기준에서 정하는 것 외에 다른 이유로 보수나 금품을 감정평가 의뢰인(이하 "의뢰인"이라 한다)에게 요구할 수 없다.

② 감정평가 의뢰를 받은 감정평가업자는 업무수행 개시 전 가격산출 근거자료, 가치형성요인 분석, 적용 감정평가기법 등 감정평가에 관한 개략적인 사항에 대해 의뢰인에게 고지하여야 한다.

③ 감정평가업자는 감정평가를 착수하기 이전에 제4조제1항 별표의 감정평가수수료 체계에 따라 적용하는 수수료 요율을 의뢰인과 협의하고, 제5조와 제6조에 따라 감정평가수수료에 할증률 또는 할인율을 적용하는 경우에는 이를 의뢰인에게 고지하여야 한다. 다만, 평가물건의 의뢰내용이 현지 조사결과와 다른 경우에는 수수료 요율을 재협의할 수 있다.

④ 감정평가업자는 본인의 사정에 따라 감정평가 의뢰를 반려하는 경우 지급받은 착수금의 1.5배에 해당하는 금액을 의뢰인에게 반환하여야 한다.

⑤ 감정평가업자는 공정하고 객관적인 평가를 위하여 이 기준에서 정하는 사항을 준수하여야 한다.

제3조(감정평가업자의 보수) 감정평가업자의 보수는 이 기준에서 정한 감정평가수수료와 제10조에 따른 실비를 합산하여 산출한다.

제4조(감정평가수수료) ① 감정평가수수료는 건당 감정평가액을 기준으로 가격산출 근거자료, 가치형성요인 분석, 적용 감정평가기법 등을 고려하여 별표에 따라 감정평가액 구간별로 계산된 금액으로 산정한다.

② 제1항에도 불구하고 다음 각 호의 감정평가수수료 산정에 대하여는 각 호에서 규정한 금액을 제1항의 감정평가액으로 본다.

1. 「공익사업을 위한 토지 등의 취득 및 보상에 관한 법률」에 따라 취득하는 토지등의 보상을 위한 감정평가
 가. 기준시점으로부터 2년 이내에 공시되어 있는 개별공시지가(해당 공익사업으로 인하여 필지가 분할된 경우 분할되기 전의 개별공시지가를 해당 토지의 개별공시지가로 본다. 이하 같다)로 산정한 전체 토지의 가액에 지상물의 감정평가액을 합하여 산정한 가액
 나. 기준시점으로부터 2년 이내에 공시되어 있는 개별공시지가가 없는 경우에는 감정평가액
 다. 「공익사업을 위한 토지 등의 취득 및 보상에 관한 법률 시행규칙」 제23조에 따라 공법상 제한이 없는 상태로 토지를 감정평가하는 경우로서 개별공시지가에 따라 산정한 지가의 총액이 감정평가액의 50%에 못 미치는 경우에는 감정평가액의 50%에 상당하는 금액
2. 임대료(賃貸料) 또는 사용료에 대한 감정평가
 가. 적산법에 따라 감정평가를 하는 경우 : 임차물건 또는 사용대상물건(구분지상권의 경우는 해당 토지를 말한다)의 기초가액
 나. 임대사례비교법 또는 수익분석법에 따라 감정평가를 하는 경우 : 연간임대료 합계액 또는 사용료 합계액의 10배에 해당하는 가액
 다. 여러 해의 임대료 또는 사용료를 감정평가하는 경우 : 가목 또는 나목의 연도별 가액의 합계액
3. 광업권 및 어업권 : 광산 또는 어장의 감정평가액
4. 비상장주식 : 수정 후 대차대조표상의 자산가치
5. 권리금 : 권리금 감정평가액의 5배에 해당하는 가액
6. 자산의 가치변동 : 자산의 가치가 변동되기 전(前)과 후(後)를 각각 감정평가한 가액의 합계액

③ 제5조에 따라 할증률을 적용하는 물건이 포함된 평가대상 물건의 감정평가수수료가 300,000원에 미달하는 경우에는 수수료를 300,000원으로 하고, 제6조에 따라 할인율을 적용하는 물건이 포함된 평가대상 물건의 감정평가수수료가 200,000원에 미달하는 경우에는 수수료를 200,000원으로 한다.

④ 평가대상 물건에 제5조 또는 제6조에 따른 할증률 또는 할인율 적용 물건이

포함된 경우에는 전체 물건의 감정평가액에 제1항과 제2항에 따른 요율체계를 적용하여 감정평가수수료를 산정한 후 그 감정평가수수료 중 전체 물건의 감정평가액에서 각각의 감정평가액이 차지하는 비율에 따라 감정평가수수료를 구분하고, 할증률 또는 할인율을 적용하여 전체 물건에 대한 감정평가수수료를 산정한다.

제5조(수수료의 할증) ① 일반적인 평가대상 물건의 감정평가에 비해 평가 난이도가 높고, 시간이 많이 소요되는 감정평가에 대해서는 감정평가수수료에 할증률을 적용한다.

② 제1항에 따라 다음의 각 호에 대해서는 제4조에 따른 감정평가수수료에 100분의 150의 할증률을 적용하여 산정한다. 다만, 하나의 물건(토지, 건물, 특수용도의 구축물, 입목, 도로, 광산 등)이 둘 이상의 특수평가 대상에 해당하면 하나의 특수평가에 해당하는 것으로 보아 할증률을 적용한다.

1. 감정평가 의뢰일로부터 6개월 이상 기준시점을 소급하는 감정평가(제6조제2항제1호에 해당하는 경우는 제외한다)
2. 특수용도의 구축물(교량, 댐, 선거(船渠) 및 이에 준하는 물건)의 감정평가
3. 입목, 묘포(苗圃), 화훼 및 관상용 식물의 감정평가
4. 육로 또는 공공도로로 통행이 불가능한 도서지역에 소재하는 물건 및 산림(임야를 포함한다)의 감정평가
5. 손실보상을 위한 공장 등 산업체 시설의 감정평가
6. 해체 처분 가격으로의 감정평가
7. 도로, 구거(溝渠), 철도용지, 수도용지, 묘지, 유지(溜地), 하천, 제방과 이에 편입되는 토지의 감정평가
8. 광산 또는 광업권, 온천의 감정평가
9. 어장 또는 어업권(신고어업 및 허가어업을 포함한다)의 감정평가
10. 토지수용위원회가 의뢰하는 수용 또는 이의신청 재결을 위한 감정평가
11. 법원의 소송평가
12. 선하지(線下地)와 이에 편입되는 토지의 감정평가

③ 제2항 각 호의 특수평가를 행함에 있어 감정평가업자가 제9조에 따른 특별용역 또는 이와 유사한 용역(의뢰인이 필요에 의해 전문기관에 의뢰한 용역을 말한다)의 결과를 이용하여 감정평가한 경우에는 제1항에서 정한 할증률을 감정평가수수료에 적용하지 아니한다.

제6조(수수료의 할인) ① 평가대상 물건의 감정평가를 반복하는 등의 사유로 평가

에 소요되는 시간 등이 줄어드는 감정평가에 대해서는 감정평가수수료에 할인율을 적용한다.

② 제1항에 따라 다음 각 호의 감정평가를 하는 경우에는 제4조에 따른 감정평가수수료에 해당 할인율의 금액을 감하여 산정한다. 다만, 하나의 물건이 둘 이상의 할인 적용 대상에 해당하는 경우에는 할인액이 큰 하나만 적용한다.

1. 같은 의뢰인(같은 소유자를 포함한다. 이하 이 항에서 같다)으로부터 같은 물건을 다시 의뢰받은 경우(여러 건으로 나누어 의뢰받은 경우를 포함한다) 아래의 할인율을 적용. 이 경우 재의뢰일은 당초 감정평가서 발급일로부터 기간을 계산하고, 기준시점은 당초 기준시점부터 기간을 계산하며, 재의뢰일과 기준시점으로 계산한 기간이 다른 경우에는 기간이 긴 것을 기준으로 하되, 당초 감정평가보다 기준시점을 소급하는 감정평가에는 적용하지 아니할 것

재의뢰일	기준시점	할인율
3개월 이내	동일	100분의 90
3개월 이내	3개월 이내	100분의 70
6개월 이내	6개월 이내	100분의 50
1년 이내	1년 이내	100분의 30
2년 이내	2년 이내	100분의 10

2. 제4조제2항제6호에 따른 감정평가 및 「개발이익환수에 관한 법률 시행규칙」 제8조에 따라 개시시점과 종료시점 지가를 동시에 의뢰하는 감정평가는 100분의 50의 할인율을 적용
3. 가치형성요인이 유사한 10호 이상의 공동주택에 대한 감정평가는 100분의 20의 할인율을 적용
4. 「공익사업을 위한 토지 등의 취득 및 보상에 관한 법률」 제4조제5호에 따른 공익사업으로 조성하여 공급하는 토지에 대한 감정평가는 100분의 20의 할인율을 적용
5. 다음 각 목에 해당하는 감정평가로서 같은 감정평가업자가 같은 기업의 자산에 대한 감정평가를 반복하거나 반복할 것이 예정된 경우에는 감정평가의 반복 주기, 자산 상태의 변동 정도 등을 고려하여 100분의 40 이내의 할인율 적용 가능
   가. 「주식회사의 외부감사에 관한 법률」에 따른 재무제표 작성에 필요한 감정

평가

나. 「자본시장과 금융투자업에 관한 법률」에 따른 집합투자기구의 편입재산에 대한 감정평가

다. 「부동산투자회사법」에 따른 부동산투자회사의 투자·운용자산에 대한 감정평가

제7조(보상을 위한 감정평가수수료의 특례) ① 제4조에도 불구하고 「공익사업을 위한 토지 등의 취득 및 보상에 관한 법률」에 따라 보상을 위하여 감정평가를 하는 경우 토지와 건물(「건축법」 제2조제1항제2호에 따른 건축물을 말한다)에 대해서는 제4조에 따라 산출한 감정평가수수료의 100분의 70과 이 조에 따라 산출한 감정평가수수료의 100분의 30을 합하여 산정한다. 다만, 산정된 감정평가수수료가 200,000원에 미달하는 경우 수수료는 200,000원으로 한다.

② 토지에 대한 감정평가수수료는 기본료 100,000원에 필지별 가산료를 모두 합산한 금액으로 한다. 이 경우 필지별 가산료는 100,000원에 다음 각 호에 따른 할증률과 할인율을 적용하여 산출한다.

1. 기본유형 할증률 : 개별 필지의 토지이용현황이 다음 각 목에 해당하는 경우 해당 할증률을 적용할 것. 다만, 동시에 둘 이상의 토지이용현황에 해당하는 경우에는 제4조제4항을 준용한다.

토지이용현황	할증률
가. 공장용지, 학교용지, 주차장, 주유소용지, 창고용지	100분의 110
나. 유지(溜地), 양어장, 수도용지, 공원, 체육용지, 유원지, 종교용지, 사적지, 묘지	100분의 130
다. 임야, 광천지, 염전, 매립지와 토지이용현황이 도로, 철도용지, 제방, 하천, 구거(構渠)이거나 이에 편입되는 토지	100분의 140

2. 특수유형 할증률 : 개별 필지가 다음 각 목의 특수유형에 해당하는 경우 해당 할증률을 적용할 것. 다만, 동시에 둘 이상의 특수유형에 해당하는 경우에는 가장 높은 할증률을 적용한다. 다만, 동시에 둘 이상의 토지이용현황에 해당하는 경우에는 제4조제4항을 준용한다.

특수유형	할증률
가. 표준지 2개 이상 사용 또는 불법형질변경 토지	100분의 130
나. 미지급용지	100분의 140
다. 사용료	100분의 150

3. 수량 할인율 : 다음 각 목에 따른 구간별 필지수와 할인율을 곱하여 계산된 필지수를 모두 합하여 전체 필지수로 나누어 산출할 것

필지수	할인율
가. 1필지부터 20필지까지	100분의 0
나. 21필지부터 150필지까지	100분의 10
다. 151필지부터 250필지까지	100분의 20
라. 251필지부터 500필지까지	100분의 30
마. 501필지부터	100분의 40

③ 건물에 대한 감정평가수수료는 기본료 30,000원에 건물별 가산료를 모두 합산한 금액으로 한다. 이 경우 건물별 가산료는 30,000원에 다음 각 호에 따른 할증률을 곱하여 산출한다.

1. 특수용도 할증률 : 개별 건물이 다음 각 목의 특수용도에 해당하는 경우 해당 할증률을 적용할 것

특수용도	할증률
가. 주유소, 유류 및 가스 저장소, 냉동창고	100분의 130
나. 레저 및 위락시설, 쇼핑시설	100분의 140
다. 문화재, 고건물	100분의 170

2. 면적 할증률 : 개별 건물의 바닥 면적이 다음 각 목에 해당하는 경우 해당 할증률을 적용할 것

면적	할증률
가. 500㎡ 초과 1,500㎡ 이하	100분의 110
나. 1,500㎡ 초과 3,000㎡ 이하	100분의 120
다. 3,000㎡ 초과	100분의 130

3. 기타 할증률 : 개별 건물이 다음 각 목에 해당하는 경우 해당 할증률을 적용할 것

사유	할증률
가. 건물이 복수구조 또는 복수용도이거나 6층 이상인 경우	100분의 120
나. 건물 일부의 수용으로 보수비를 감정평가하는 경우	100분의 150

제8조(여러 개 물건에 대한 수수료) ① 같은 사람이 여러 개의 물건에 대한 감정평가를 일괄하여 의뢰한 때에는 여러 개의 물건 모두의 감정평가액 총액을 기준으로 하여 감정평가수수료를 산정한다. 다만, 다음 각 호의 어느 하나에 해당하는 경우에는 제외한다.

1. 「공익사업을 위한 토지 등의 취득 및 보상에 관한 법률」에 따른 보상을 위한 감정평가 : 다른 공익사업(같은 공익사업이지만 사업인정고시일이 다른 경우를 포함한다)인 경우
2. 국·공유재산의 교환 또는 처분을 위한 감정평가 : 교환 또는 처분을 위한 공고를 달리한 경우
3. 「주식회사의 외부감사에 관한 법률」에 따른 재무제표 작성에 필요한 감정평가 : 다른 회사인 경우
4. 법원에 계속 중인 소송 또는 경매를 위한 토지등의 감정평가 : 사건번호 또는 경매번호를 달리하는 경우
5. 금융기관 등에서 대출금에 대한 담보를 설정하기 위하여 의뢰하는 감정평가 : 다른 대출 건으로 취급되는 경우
6. 그 밖에 사회의 거래 관행상 1건으로 보기 어려운 경우

② 제1항 각 호 외의 본문에도 불구하고 여러 개의 물건이 서로 다른 행정구역에 소재하는 경우에는 감정평가수수료를 시·군·구(지방자치법 제3조제3항의 구를 포함한다)별로 산출할 수 있다.

③ 제1항 각 호의 본문에도 불구하고 다음 각 호는 각각의 권리를 1건으로 보고 감정평가수수료를 산정한다.

1. 「광업법」에 따른 광업권
2. 「수산업법」에 따른 어업권(신고어업 및 허가어업을 포함한다)
3. 영업권 또는 「공익사업을 위한 토지 등의 취득 및 보상에 관한 법률」에 따른

영업손실 보상평가

제9조(특별용역) ① 감정평가업자가 감정평가를 시행하면서 특별한 용역이 필요한 때에는 의뢰인에게 그 용역의 시행을 요청하거나, 의뢰인의 승낙을 받고 그 용역을 시행할 수 있다.

② 제1항에 따른 특별한 용역은 다음의 각 호와 같다.

1. 「수산업법」에 따른 어업보상의 손실 범위 등을 산출하는 용역
2. 「광업법」에 따른 광업보상의 손실 범위 또는 광물매장량 등을 산출하는 용역
3. 「온천법」에 따른 온천원의 영향 등에 관한 용역
4. 그 밖에 감정평가의 시행을 위해 전문기관의 조사·검토 등을 필요로 하는 용역

③ 제1항에 따라 용역에 소요된 경비는 의뢰인이 지급하고, 의뢰인을 대신하여 감정평가업자가 그 용역을 시행한 경우에는 소요 경비에 대한 증빙서류를 갖추어 의뢰인에게 청구할 수 있다.

제10조(실비) ① 실비는 여비, 물건조사비, 공부발급비 및 그 밖의 실비 등으로 구분하여 산정한다.

② 여비는 한국감정평가사협회의 장이 제안하여 국토교통부장관이 승인한 금액을 기준으로 산정한다.

③ 물건조사비는 건물의 경우 1동당 3천원으로 하고, 제4조제2항제1호에 따른 토지의 보상평가의 경우에는 「공간정보의 구축 및 관리 등에 관한 법률」 상의 1필지당 1만원으로 한다.

④ 공부발급비는 대상물건의 지적공부, 등기사항 전부증명서, 도시계획사항 등 공법상의 제한 등의 확인을 위하여 필요한 공부 등의 발급에 따른 비용으로서 수입인지 또는 수입증지대의 합산액으로 한다.

⑤ 의뢰인의 요청에 따라 사진촬영, 임대차 확인, 감정평가서를 외국어로 작성하기 위한 번역 등 감정평가업무에 부수하여 발생하는 비용은 그 밖의 실비로 산정한다.

제11조(상담 및 자문에 대한 수수료) 감정평가업자가 감정평가와 관련된 상담을 하거나 자문에 응한 경우에는 다음의 기준액 범위에서 의뢰인과 합의하여 보수를 결정할 수 있다.

1. 구두 또는 전화 상담 및 자문 : 1건당 3만원
2. 서면 상담 및 자문 : 1건당 10만원

제12조(보수의 특약) ① 다음 각 호의 경우로서 제3조에 따라 보수를 산정하는 것

이 현저하게 공정성을 잃어 부당할 때에는 당사자 사이의 합의에 따라 제3조에 따른 보수보다 높은 보수를 정할 수 있다.

1. 국외에 소재하는 물건을 현지 조사하여 감정평가하는 경우
2. 어업권(신고어업 및 허가어업을 포함한다), 광업권 또는 영업권 등의 무형자산을 감정평가하는 경우
3. 통상의 평가방식에 따르지 아니하고 특수한 평가목적이나 평가조건에 따라 감정평가하는 경우

② 다음 각 호의 경우로서 한국감정평가사협회의 장이 건의하고 국토교통부장관이 승인한 때에는 당사자 사이의 합의에 따라 제3조에 따른 보수보다 낮은 보수를 별도로 정할 수 있다.

1. 천재지변, 전시, 사변, 중대한 재정·경제상의 위기 등 비상사태가 발생한 경우
2. 공기업 또는 금융회사의 재정위기로 자산 또는 부실채권의 처분 등이 필요한 경우
3. 그 밖에 이에 준하는 경우

제13조(착수금) 감정평가업자는 의뢰인으로부터 대상물건의 감정평가예정액을 기준으로 하여 산출한 감정평가수수료의 2분의 1을 착수금으로 받을 수 있으며, 출장여비 또는 특별용역비가 과다하게 소요될 것으로 예상되는 경우에는 이를 착수금에 추가하여 받을 수 있다.

제14조(감정평가 의뢰 철회 및 수임 철회 시의 보수) 의뢰인이 임의로 감정평가 의뢰를 철회하거나 감정평가업자가 의뢰인의 귀책사유로 인하여 감정평가 수임을 철회하는 경우의 보수는 다음 각 호의 기준에 따른다.

1. 현장조사 전 : 제13조의 착수금 최고액의 10% 상당액 이내
2. 현장조사 후 : 제13조의 착수금 최고액의 30% 상당액 이내와 출장여비 등 소요된 실비 및 특별용역에 소요된 경비
3. 감정평가서 작성 후 : 제13조의 착수금 최고액 이내와 출장여비 등 소요된 실비 및 특별용역에 소요된 경비

제15조(단수정리) 제2조에 따른 보수액 중에서 1,000원 미만인 부분은 절사한다.

제16조(재검토기한) 국토교통부장관은 「훈령·예규 등의 발령 및 관리에 관한 규정」에 따라 이 공고에 대하여 2017년 1월 1일 기준으로 매3년이 되는 시점(매3년째의 12월 31일까지를 말한다)마다 그 타당성을 검토하여 개선 등의 조치를 하여야 한다.

부 칙

제1조(시행일) 이 기준은 2016년 9월 1일부터 시행한다.

제2조(감정평가수수료 산출에 관한 적용례) 이 기준 시행 후 최초로 감정평가 계약이 체결된 분부터 적용한다.

[별표] 감정평가수수료 체계

감정평가액	수수료 요율 체계		
	하한 수수료 (0.8배 부터)	기준 수수료	상한 수수료 (1.2배 까지)
5천만원 이하	200,000원		
5천만원 초과 5억원 이하	200,000원 + 5천만원 초과액의 11/10,000 × 0.8	200,000원 + 5천만원 초과액의 11/10,000	200,000원 + 5천만원 초과액의 11/10,000 × 1.2
5억원 초과 10억원 이하	596,000 + 5억원 초과액의 9/10,000 × 0.8	695,000 + 5억원 초과액의 9/10,000	794,000 + 5억원 초과액의 9/10,000 × 1.2
10억원 초과 50억원 이하	956,000 + 10억원 초과액의 8/10,000 × 0.8	1,145,000 + 10억원 초과액의 8/10,000	1,334,000 + 10억원 초과액의 8/10,000 × 1.2
50억원 초과 100억원 이하	3,516,000 + 50억원 초과액의 7/10,000 × 0.8	4,345,000 + 50억원 초과액의 7/10,000	5,174,000 + 50억원 초과액의 7/10,000 × 1.2
100억원 초과 500억원 이하	6,316,000 + 100억원 초과액의 6/10,000 × 0.8	7,845,000 + 100억원 초과액의 6/10,000	9,374,000 + 100억원 초과액의 6/10,000 × 1.2
500억원 초과 1,000억원 이하	25,516,000 + 500억원 초과액의 5/10,000 × 0.8	31,845,000 + 500억원 초과액의 5/10,000	38,174,000 + 500억원 초과액의 5/10,000 × 1.2
1,000억원 초과 3,000억원 이하	45,516,000 + 1,000억원 초과액의 4/10,000 × 0.8	56,845,000 + 1,000억원 초과액의 4/10,000	68,174,000 + 1,000억원 초과액의 4/10,000 × 1.2
3,000억원 초과 6,000억원 이하	109,516,000 + 3,000억원 초과액의 3/10,000 × 0.8	136,845,000 + 3,000억원 초과액의 3/10,000	164,174,000 + 3,000억원 초과액의 3/10,000 × 1.2
6,000억원 초과 1조원 이하	181,516,000 + 6,000억원 초과액의 2/10,000 × 0.8	226,845,000 + 6,000억원 초과액의 2/10,000	272,174,000 + 6,000억원 초과액의 2/10,000 × 1.2
1조원 초과	245,516,000 + 1조원 초과액의 1/10,000 × 0.8	306,845,000 + 1조원 초과액의 1/10,000	368,174,000 + 1조원 초과액의 1/10,000 × 1.2

○ 검사인의 조사보고서 등 처리 요령

검사인의 조사보고서 등 처리 요령

(재민 99-3) 제정 1999. 5. 20. [재판예규 제719호, 시행 1999. 5. 24.]

제1조(목적) 이 예규는 상법의 규정에 의하여 검사인·공증인·감정인의 조사보고서·감정서가 제출된 때의 처리에 관하여 필요한 사항을 정함을 목적으로 한다.

제2조(사건접수) ① 검사인의 조사보고서가 제출된 때에는 독립한 사건으로 접수하지 아니하고 검사인 선임신청 사건 기록에 가철한다.

② 상법 제299조의2· 제310조· 제422조의 규정에 의하여 발기설립시의 변태설립사항과 현물출자·모집설립시의 변태설립사항·신주발행시의 현물출자의 조사에 관하여, 검사인의 조사보고서에 갈음하여 공증인의 조사보고서 또는 감정인의 감정서가 법원에 제출된 때에는 "검사인 선임 신청 사건"에 준하여 비송사건으로 접수한다.

제3조(사건명 및 신청인) ① 상법 제299조의2의 규정에 의하여 공증인의 조사보고서·감정인의 감정서가 제출된 때에는 사건명을 "발기설립 조사"로, 제310조의 규정에 의하여 공증인의 조사보고서·감정인의 감정서가 제출된 때에는 사건명을 "모집설립 조사"로, 제422조의 규정에 의하여 감정인의 감정서가 제출된 때에는 사건명을 "신주발행 조사"로 한다.

② 상법 제299조의2· 제422조의 규정에 의하여 공증인의 조사보고서·감정인의 감정서가 제출된 때에는 그 조사·감정을 위임한 이사를, 제310조의 규정에 의하여 감정인의 감정서가 제출된 때에는 그 감정을 위임한 발기인을 신청인으로 본다.

제4조(보고방법) 공증인·감정인의 조사·감정결과 보고는 검사인의 조사보고서에 준하여 서면으로 하여야 한다.

제5조(기재사항) 공증인·감정인의 조사보고서·감정서에는 다음 각호의 사항을 기재하고 공증인·감정인이 기명날인하여야 한다.

1. 조사·감정을 위임한 이사(상법 제299조의2· 제422조) 또는 발기인(제310조)의 성명·주소·전화번호
2. 상법 제299조의2의 규정에 의한 조사·감정의 경우 발기인의 성명·주소·전화번호
3. 상법 제422조의 규정에 의한 감정의 경우 현물출자자의 성명·주소·전화번호

4. 조사·감정의 목적
5. 조사·감정 사항
6. 공증인·감정인의 주소·전화번호
7. 작성연월일
8. 법원의 표시

제6조(부본제출 및 송달료 납부의무) 검사인·공증인이 조사보고서를, 감정인이 감정서 를 제출함에는 부본 1통을 첨부하고, 신청인의 계산으로 송달료 2회분을 납부하여야 한다.

제7조(심사) ① 상법 제310조의 규정에 의한 검사인·공증인의 조사보고서 및 감정인의 감정서가 제출된 때에는 법원은 이를 심사하지 아니하고 원본 및 부본 표지의 적당한 여백에 "19 . . . 접수"라고 기재하며 재판장이 기명날인한 후 신청인에게 부본을 송달한다.

② 상법 제299조의2· 제422조의 규정에 의한 검사인·공증인의 조사보고서 및 감정인의 감정서가 제출된 때에는 다음 각호의 예에 의한다.

1. 검사인·공증인의 조사보고서 및 감정인의 감정서를 심사한 결과 정당하다고 인정한 때에는 원본 및 부본 표지의 적당한 여백에 "19 . . . 인가"라고 기재하고 재판장이 기명날인한 후 신청인에게 부본을 송달한다.
2. 검사인·공증인의 조사보고서 및 감정인의 감정서를 심사한 결과 부당하다고 인정하여 변경결정을 한 때에는 원본 및 부본 표지의 적당한 여백에 "19 . . . 변경결정"이라고 기재하고 재판장이 기명날인한 후 신청인에게 부본과 변경결정 등본을 송달한다.

③ 상법 제299조의2의 규정에 의한 조사보고서·감정서를 부당하다고 인정하여 변경결정을 한 때에는 발기인에게도, 상법 제422조의 규정에 의한 감정서를 부당하다고 인정하여 변경결정을 한 때에는 현물출자자에게도, 각 그 변경결정 등본을 송달한다.

부칙 제1조(시행일) 이 예규는 1999. 5. 24.부터 시행한다.

제2조(경과조치) 이 예규는 이 예규 시행 당시 법원에 계속 중인 사건에도 적용한다.

◇ 저자 서제진

- 상업등기전문법무사
- 서울디지털대학교 부동산학과 졸업
- 회사설립 기업자문
- 경매컨설턴트
- 현) 법무사

저서) 유치권실무

신청사례로 보는

개인기업 법인전환 실무

2018년 1월 30일 인쇄
2018년 2월 5일 발행

인지

저 자 : 서 제 진
발 행 인 : 양 갑 수
발 행 처 : 법률&출판

등록번호 : 25100-2005-000110
주 소 : 서울 서초구 법원로2길 7-4 1층 104호(서초동, 동용빌딩)
전 화 : 02-521-8199 팩 스 : 02-598-0332
홈페이지 : www.법률서적.한국 / www.kslawbook.com
ISBN : 978-89-97476-55-8 (93360)

정 가 80,000 원